Die Kirchen und das Dritte Reich

Das Buch

Im ersten Band seines Werkes *Die Kirchen und das Dritte Reich* hatte der Tübinger Kirchenhistoriker Klaus Scholder die innere und äußere Lage der beiden Konfessionen dargestellt, die große Teile von ihnen den »nationalen Aufbruch« lebhaft begrüßen ließ, obwohl es bereits 1933 sowohl in der katholischen als auch in der protestantischen Kirche zu entscheidendem Widerspruch gekommen war. Das Jahr, das dem Sieg der Nationalsozialisten folgte, ließ die Illusion verfliegen. Den gewaltsamen Gleichschaltungsversuchen des Reichskirchenregiments antwortete in der evangelischen Kirche die erste Opposition, die dann in der Barmer Theologischen Erklärung ihren dramatischen Höhepunkt fand. Die von den vatikanischen Entscheidungen abhängige katholische Kirche hatte 1933 keinen vergleichbaren Einbruch erlebt. Aber sie war mit dem Abschluß des Reichskonkordats zu einem höchst problematischen Arrangement mit dem Regime Hitlers bereit gewesen, dessen Brüchigkeit in der Folgezeit immer deutlicher werden sollte.
Diese spannungs- und konfliktreiche Zeit ist der Gegenstand des zweiten Bandes von Scholders großem Werk, das nach dessen Tod von seinen engsten Schülern und Mitarbeitern betreut worden ist.

Der Autor

Klaus Scholder (1930–1985), Theologe und Historiker, war Professor für kirchliche Zeitgeschichte und Kirchenordnung an der Universität Tübingen. Scholder wirkte in zahlreichen Gremien seiner Kirche mit, darunter in der EKD-Synode und anderen Institutionen. Große Anerkennung fand er mit der Herausgabe der Gesprächsprotokolle der Berliner Wissenschaftlerrunde *Die Mittwochs-Gesellschaft. Protokolle aus dem geistigen Deutschland 1932–1944*. Als sein bedeutendstes Werk gilt *Die Kirchen und das Dritte Reich*, dessen zweiter Band bei Scholders Tod im April 1985 kurz vor der Vollendung stand.

INHALT

VORWORT

Der erste Band von Klaus Scholders Werk »Die Kirchen und das Dritte Reich« hat ganz außerordentliches Aufsehen erregt. Das Werk, das inzwischen auch schon in englischer Übersetzung vorliegt, legte nicht nur neues Material vor, sondern gab der seit Jahrzehnten anhaltenden Diskussion eine neue Perspektive, indem es zum ersten Mal die beiden großen Kirchen nebeneinanderstellte, wobei der häufige Perspektiven-Wechsel mitunter zur wechselseitigen Erhellung der Positionen beitrug. Nicht nur in dieser Parallelisierung der Konfessionen folgt der nun vorliegende zweite Band der ursprünglichen Gesamtkonzeption. Scholder ist auch angesichts einer deutlicher werdenden Tendenz zur Tribunalisierung von Kirchengeschichte im Interesse eines Moralismus von links oder von rechts dem Vorsatz treu geblieben, das Gewesene weder zu verdammen noch zu entschuldigen. Sein Standort ist vielmehr eine gemäßigt relativistische Position, die von pluralen Deutungsmöglichkeiten vergangener Wirklichkeit ausgeht. In einem Vortrag »Über den Umgang mit unserer jüngsten Geschichte« sagte er 1979: »... mit Schlagworten wie faschistisch, neofaschistisch, kryptofaschistisch [ist] überhaupt noch nichts gewonnen. Vielmehr geht es darum, zu erkennen, nicht so sehr welche Ziele eine politische Bewegung verfolgt, sondern wie sie ihren Gegner beschreibt und wieviel Toleranz sie grundsätzlich einzuräumen bereit ist. Aus den Erfahrungen unserer Geschichte lassen sich heute keine unmittelbaren politischen und gesellschaftlichen Ziele gewinnen, wohl aber Maßstäbe, an denen sich alle Parteien, Gruppen, Bewegungen orientieren können«(22).

Als reformatorischer Theologe sah Scholder freilich zunehmend schärfer *die unterschiedlichen* Mittel geschichtlichen Handelns in Kirche und Polis. So schreibt er in seinem letzten großen Aufsatz »Die theologische Grundlage des Kirchenkampfes« (EvTh 44 (1984), 505–524): »Die Kirche ist auch dort, wo sie politisch gerufen ist, als Kirche gerufen und kennt keine anderen als kirchliche Mittel« (523), nämlich insbesondere »die Anrede der Verantwortlichen« durch Predigt und Fürbitte (524). Fraglos prägte diese theologische Position sein historisches Urteil, aber das suchte er auch nirgends zu verbergen.

Unter den genannten Voraussetzungen und auf der Grundlage von umfassenden Archivstudien stellt Scholder das Jahr 1934 im Lichte neuer Perspektiven und origineller Fragestellungen so dar, wie es der Leser des ersten Bandes erwartet: Auch dieses Buch ist zwar eine spannende, aber ». . . keine durchweg erbauliche Lektüre, weder für evangelische noch für katholische Christen. Ich habe in keinem Falle etwas beschönigt, sondern Blindheit und Lüge, Arroganz, Dummheit und Opportunismus beim Namen genannt, auch wenn sie in einem geistlichen Gewand steckten und die Sprache der Kirche sprachen. Ich hoffe aber, daß ich mit keiner Zeile des Buches den Eindruck erwecke, als wollte ich mich damit von der Kirche distanzieren. Die Wahrheit mag für die Kirche schmerzlich sein, schmerzlicher noch ist die Unwahrheit« (aus Scholders Vorwort zum ersten Band, IX).

Dies heißt, daß Scholder sich wiederum nicht scheute, liebgewordene Legendenbildungen aufzudecken und in historiographische Vernebelungen – auf evangelischer wie katholischer Seite – Licht zu bringen. In seiner Auseinandersetzung mit Konrad Repgen beschrieb er einmal ein vorzugsweise mitteleuropäisches Wissenschaftsphänomen, das hartnäckig ignoriert zu haben jedenfalls *einen* wichtigen Grundbestandteil seiner eigenen Geschichtsschreibung darstellte: »Es gibt ja zweifellos so etwas wie Forschungsmonopole, Forschungsgruppen also, die bestimmte Problemfelder nahezu lückenlos besetzen. Ein solches Forschungsmonopol war in den sechziger Jahren für den deutschen Katholizismus in der Kommission für Zeitgeschichte entstanden. (Ein ähnliches Monopol im Sinne der ›Dahlemer Richtung‹ besaß übrigens auf evangelischer Seite bis zu Beginn der siebziger Jahre die ›Kommission der Evangelischen Kirche in Deutschland für die Geschichte des Kirchenkampfes‹.) Solche Monopole haben, wie die eindrucksvolle Liste der Veröffentlichungen der Kommission für Zeitgeschichte zeigt, eine überaus anregende und fördernde Wirkung . . . Andererseits tendieren [sie] . . . naturgemäß zu einer gewissen Einseitigkeit. Gefördert und gedruckt werden in der Regel nur solche Arbeiten, die in den vorgegebenen Rahmen passen; Außenseiter mit konträren Meinungen haben kaum eine Chance. Das ist im übrigen die Stärke und Schwäche aller wissenschaftlichen Schulen, die nur durch den Gang der Wissenschaft insgesamt, also durch die Tatsache, daß von einem gewissen Zeitpunkt an die Konzeptionen als Ganzes zur Diskussion stehen, korrigiert werden kann« VZG 26 (1978), 540). Auch der vorliegende Band ist frei von Zugeständnissen an irgendwelche Wissenschaftskartelle, ja stellt die Konzeption des einen oder anderen entschieden in Frage.

Klaus Scholder ist am 10. April 1985 in Tübingen gestorben. Seine Schüler haben daher die Aufgabe übernommen, den zweiten Band seines Werkes herauszugeben. Während der Entstehungszeit dieses Bandes, in die sich noch ein anderes Projekt – »Die Mittwochs-Gesellschaft. Protokolle aus dem geistigen Deutschland 1932 bis 1944« (ebenfalls im Siedler Verlag 1982 erschienen) – schob, hat Klaus Scholder von vielen Bibliothekaren, Archivaren, Mitarbeitern und Freunden, Kollegen und Studenten Anregungen, Rat, Hilfe, Entlastung und Unterstützung erfahren. Ihnen allen wollen die Herausgeber an seiner Stelle herzlich danken. Unser besonderer Dank gilt denen, die unsere Arbeit während der vergangenen Monate mit Verständnis und Tatkraft begleitet haben: den vielen Kollegen, den wissenschaftlichen Hilfskräften Ingrid Richey, Sabine Schober und Matthias Weindel, Frau Klara Förster und Frau Ute Watermülder und nicht zuletzt den Mitarbeitern des Siedler Verlages.

Für die großzügige finanzielle Unterstützung des Gesamtprojekts danken wir der Deutschen Forschungsgemeinschaft, für die finanzielle Hilfe zur raschen Fertigstellung des Buches dem Universitätsbund Tübingen und der Friedrich-Naumann- Stiftung.

Gerhard Besier *Dieter Kleinmann* *Jörg Thierfelder*
Loccum/Tübingen/Heidelberg
im Juli 1985

Für die Taschenbuchausgabe des zweiten Bandes von Klaus Scholders *Die Kirchen und das Dritte Reich* wurden gegenüber der ersten Auflage kleinere Ergänzungen vorgenommen und der gesamte Band auf formale Dinge hin durchgesehen.

Gerhard Besier Dieter Kleinmann Jörg Thierfelder
im Juli 1987

1. KAPITEL

Die Evangelische Kirche im Zeichen des »totalen Staates« (Dezember 1933 – Januar 1934)

Das erste Regierungsjahr hatte Hitler mehr Erfolge gebracht als irgend jemand für möglich gehalten hätte. Der neue Hauptschriftleiter der bürgerlichen »Deutsche[n] Allgemeine[n] Zeitung« gab offensichtlich einen weitverbreiteten Eindruck wieder, als er zum Jahrestag der Machtergreifung am 30. Januar 1934 schrieb: »Daran aber ist gar kein Zweifel: daß Hitler als Persönlichkeit ein einzigartiges Vertrauen genießt, daß er während dieses Jahres im Bewußtsein der Nation (wie im Ansehen des Auslandes) zur selbstverständlichen Führerschaft emporgewachsen ist, und daß dieses unmittelbare Vertrauen ... um der Nation willen etwas Unantastbares sein muß.«[1] Und es war mehr als bloß die Anerkennung eines geschickten Politikers, wenn der »Daily Telegraph« zum selben Anlaß bemerkte, vor einem Jahr hätte man doch einige Zweifel gehabt, ob Hitler »... das Material zur wirklichen Größe in sich trüge ... Heute« jedoch müsse man anerkennen, »daß nicht nur ein kraftvoller und entschlossener Reiter im Sattel Deutschlands sitzt, sondern einer, der seines Weges so sicher ist, als ob er ihn schei[o]n einmal vorher geritten wäre«.[2]

Diese Sicherheit galt zunächst auch für Hitlers Kirchenpolitik. Bereits im März hatte der neue Reichskanzler Kontakte mit den beiden großen Kirchen aufgenommen. Das Ziel der Verhandlungen, die er im Lauf des Sommers 1933 energisch vorantrieb, war ein Reichskonkordat für die deutschen Katholiken und eine einheitliche Reichskirche für die deutschen Protestanten, um damit die beiden großen Kirchen je auf ihre Weise mit dem Dritten Reich zu verbinden und alle oppositionellen Ansätze von dieser Seite auszuschalten. Die gemeinsame Verabschiedung beider Vorhaben auf derselben Kabinettssitzung am 14. Juli 1933 unterstrich die grundsätzliche politische Bedeutung dieser Vorgänge.

Tatsächlich schien Hitlers Rechnung zunächst aufzugehen. Das Reichskonkordat blieb nicht ohne Wirkung. In den Wahlen vom 12. November waren zum ersten Mal die bisher unübersehbaren Unterschiede zwischen katholischen und protestantischen Wahlkreisen verschwunden. Und trotz schwerer Spannungen zwischen Staat, Partei und katholischer Kirche hoffte man am Jahresende 1933 noch allgemein auf eine baldige vertragliche Lösung der ungeklärten Fragen. Diese, allerdings immer schwächer werdende Hoffnung bestimmte bis 1935 das Verhalten beider Verhandlungspartner und verhinderte das öffentliche Aufflammen der Gegensätze.

Auch auf evangelischer Seite schien zunächst alles dem Willen Hitlers zu gehorchen: Die Reichskirche wurde errichtet, im September wurde Hitlers Vertrauensmann zum ersten Reichsbischof gewählt. Allein hier zeigten sich schneller die Probleme dieser Politik. Schon am Jahresende 1933 war die mit soviel Hoffnungen gegründete Reichskirche praktisch gescheitert. Das lag vor allem an der Unfähigkeit des Reichsbischofs und an der Unklarheit seiner Reichskirchenpolitik. Für die Vorstellungen der radikalen Deutschen Christen war die Anpassung der Kirche an das Dritte Reich längst nicht weit genug, für die kirchliche Opposition dagegen bereits viel zu weit gegangen. Der offene Streit um den zukünftigen Kurs der Kirche war damit unvermeidbar geworden und nahm bald dramatische Formen an.

So boten die beiden großen Kirchen in Deutschland in den Jahren 1934 und 1935 ein ganz verschiedenes Bild. Dennoch standen beide vor der gleichen Herausforderung und waren in vieler Hinsicht enger verbunden, als der Augenschein erkennen ließ und als ihnen selbst bewußt war.

In der Geschichte des deutschen Protestantismus nimmt das Jahr 1934 einen besonderen, ja einzigartigen Rang ein, den es einer durchaus widersprüchlichen Entwicklung verdankt. Im Verlauf dieses Jahres kam es auf der einen Seite zu einer fast völligen Zerstörung des rechtlich verfaßten evangelischen Kirchenwesens in Deutschland, ein Schaden, der sich bis zum Ende des Dritten Reiches trotz aller Bemühungen von staatlicher wie von kirchlicher Seite als irreparabel erwies. Auf der anderen Seite und in engem Zusammenhang damit kam es gleichzeitig zu einer kirchlichen und theologischen Erneuerung, wie sie der deutsche Protestantismus seit der Reformation nicht mehr erlebt hatte.

Es ist begreiflich, daß sich die Blicke der Zeitgenossen wie der Historiker bisher vorzugsweise auf die Erneuerungsbewegung gerichtet haben, die in den großen Bekenntnissynoden von Barmen und Dahlem ihre bedeutenden, weithin sichtbaren Höhepunkte hatte. Die Politik der Reichskirchenregierung dagegen wurde weitgehend als bloße Erscheinungsform und Ausfluß der nationalsozialistischen Gewaltherrschaft betrachtet, die einer näheren Untersuchung und Begründung nicht bedürften.

Aber so einfach lagen die Dinge nicht. Vielmehr folgte auch die Reichskirchenpolitik einer Konzeption, die, so rückschlägig sie heute erscheint, angesichts einer 400jährigen Tradition der Verbindung von Staat und Kirche im Jahre 1934 durchaus eine gewisse politische und kirchliche Schlüssigkeit besaß. Nur wenn man beides zusammen sieht, Irrtum und Wahrheit, Zerstörung und Erneuerung, wird man der besonderen Gefahren und Möglichkeiten inne, die den Weg des deutschen Protestantismus in den dreißiger und vierziger Jahren unseres Jahrhunderts bestimmten.

Zugleich macht die dramatisch bewegte Geschichte dieses Jahres auf evangelischer Seite den Unterschied der beiden großen christlichen Kirchen in Deutschland greifbar. Denn die katholische Kirche erlebte keinen derartigen Einbruch, freilich auch keine vergleichbare Erneuerung. Im Schutze des Reichskonkordats, unter der Führung Roms, mit intaktem Episkopat und in ungebrochener hierarchischer Ordnung schien sie ihre Position zu behaupten, und es war ganz verständlich, daß in dieser Zeit nicht wenige evangelische Christen mit Bewunderung und heimlichem Neid auf die soviel geschlossenere Schwesterkirche blickten.

Aber nicht nur kirchengeschichtlich war dies alles von Bedeutung. Vielmehr erschließt der Blick auf die scheinbar staatskonforme Reichskirchenpolitik und ihr überraschendes Ende im Herbst 1934 auch wichtige Aspekte der politischen Wirklichkeit in den Anfangsjahren des Dritten Reiches, die wir uns weit vielschichtiger und weniger »totalitär« zu denken haben, als sie im Rückblick regelmäßig und fast zwangsläufig erscheint. Nicht alles, was sich damals als politische Vertretung der neuen Ordnung ausgab, war dies wirklich; und über die Lösung bestimmter Probleme entschieden noch immer nicht nur die politischen Gewalten, sondern auch unabhängige Gerichte. So führt die Geschichte des Kampfes um die evangelische Kirche zugleich tief hinein in die leidenschaftlichen Auseinandersetzungen um das richtige Verständnis der nationalsozialistischen Revolution und ihrer politischen Fortentwicklung.

Selbstverständlich hingen die kirchlichen Ereignisse des Jahres 1934 aufs engste mit den Entwicklungen und Entscheidungen des Jahres 1933 zusammen. Gleichwohl läßt sich um die Jahreswende 1933/34 ein neuer Abschnitt in der Geschichte der evangelischen Reichskirche erkennen. Sein wichtigstes Merkmal bestand in dem Bemühen, die Deutsche Evangelische Kirche ihrer noch bestehenden rechtlichen und organisatorischen Selbständigkeit zu berauben und sie mit dem neuen Staat schlechthin zu verschmelzen. Es war nichts anderes als der Versuch einer kirchlichen Revolution von oben, der schließlich scheitern mußte, weil ihm ein illusionäres Verständnis der neuen politischen Ordnung und ein grundlegender Irrtum über das Wesen der evangelischen Kirche zugrunde lag. Aber beides war zu Jahresbeginn 1934 noch keineswegs ohne weiteres zu erkennen.

Immer sind es Menschen, Ideen und Verhältnisse zugleich, die den Lauf der Geschichte bestimmen. Dies gilt im besonderen Maße für den neuen Abschnitt in der Geschichte der Reichskirche. Seine geistigen und politischen Grundlagen standen längst bereit. Aber konkret begann er erst am 25. November 1933 mit einem Besuch des deutschchristlichen Bischofs von Köln-Aachen, Dr. Heinrich Oberheid, beim Reichsbischof Ludwig Müller in Berlin.

Die beiden Männer trafen sich in einer schwierigen Situation. Die Krise der Deutschen Christen, die durch den Sportpalastskandal vom 13. November ausgelöst worden war, hatte sich inzwischen auf das ganze Reich ausgeweitet. Haufenweise gingen Erklärungen in Berlin ein, in denen sich prominente Einzelmitglieder, Gemeinden und ganze Gaue von Reichsleiter Hossenfelder und der Berliner Führung lossagten. Es war deutlich, daß die Deutschen Christen als Volksbewegung am Ende waren. Zur gleichen Zeit zerfiel auch die erste Reichskirchenregierung, das Führungsgremium der Reichskirche also, das nach der Verfassung der Deutschen Evangelischen Kirche vom 11. Juli 1933 zusammen mit dem Reichsbischof zur Leitung der Kirche berufen war.

Auf der anderen Seite verband sich in diesen Tagen die kirchliche Opposition zum ersten Mal zu einer geschlossenen Front. Am 24. November hatten sich in Stuttgart Martin Niemöller als Vertreter des Pfarrernotbundes,[3] die Landesbischöfe Meiser, Wurm und Marahrens und der westfälische Präses Karl Koch getroffen und beschlossen, ultimativ den Rücktritt des deutschchristlichen Reichsleiters Hossenfelder zu fordern und der für den 3. Dezember geplanten feierlichen Amtseinführung des Reichsbischofs demonstrativ fernzubleiben.

Nur wenige Tage nach dem ersten Gespräch zwischen Ludwig Müller und Heinrich Oberheid wurde dem Reichsbischof in einer Besprechung mit dem Reichskanzler am 29. November eröffnet, daß er mit seiner bisherigen Politik auch von Hitler keine Unterstützung mehr zu erwarten habe, denn dieser machte ihm zu seiner Bestürzung klar, daß der Staat in keiner Hinsicht in den Kirchenstreit eingreifen werde und daß der Bischof mit seinen Schwierigkeiten selber fertig werden müsse.[4]

Damit hatte denn auch Hossenfelder seine Rolle als Führer der Deutschen Christen und Ratgeber Ludwig Müllers ausgespielt. An seine Stelle trat mit bald ständig wachsendem Einfluß Heinrich Oberheid.

Daß der Reichsbischof gerade Oberheid eine Bewältigung der Krise zutraute, hatte seine Gründe, denn der damals 38jährige brachte außergewöhnliche Eigenschaften und Verbindungen mit.

Es ist nicht leicht, ein zutreffendes Bild von diesem merkwürdigen Mann zu gewinnen, der – ähnlich wie Hossenfelder im Sommer 1933 – in den kommenden Monaten zu einer Schlüsselfigur der evangelischen Kirchenpolitik wurde. Im Unterschied zu Hossenfelder trat Oberheid kaum an die Öffentlichkeit. Er war kein Mann der Massenversammlungen, sein Feld waren vielmehr die Vorzimmer, das Parkett der Empfänge, der persönliche Einfluß. Dabei hinterließ er nur wenig Spuren; Akten scheint er so gut wie nie geführt oder bearbeitet zu haben. Nur in den Berichten, Aufzeichnungen und Erinnerungen anderer ist er in den folgenden Monaten ständig gegenwärtig, für ein knappes halbes Jahr fast ein »alter Ego« des Reichsbischofs. So ist es erklärlich, daß die bisherigen Darstellungen ihn ohne Ausnahme fast völlig übersehen haben. Dazu trug auch bei, daß er später in den Schatten seines mächtigeren und brutaleren Mitstreiters August Jäger geriet, obwohl dieser die entscheidenden Anstöße für die Gleichschaltungspolitik des Jahres 1934 vermutlich Oberheid verdankte.[5]

Der rheinische Bischof war ein typischer Vertreter jener Frontgeneration, die der Krieg aus der Bahn geworfen hatte und die sich niemals wieder in ein bürgerliches Leben einfinden konnte.[6] Als Sohn einfacher Eltern in Mülheim an der Ruhr geboren, hatte er vor 1914 in Marburg mit dem Theologiestudium begonnen. Nachdem er als junger Leutnant aus dem Krieg zurückgekehrt war, wandte er sich den Rechtswissenschaften und der Nationalökonomie zu und wurde 1919 binnen eines Jahres in Heidelberg mit einer wirtschaftspolitischen Arbeit zum Dr. rer. pol. promoviert. Danach machte er eine glänzende Karriere im Stinnes-Konzern und eröffnete nach dem Tode des alten Stinnes 1931 in Mülheim ein eigenes Textilgeschäft und später einen landwirtschaftlichen Betrieb. Die theologischen Fragen haben ihn aber offensichtlich niemals losgelassen, denn im Sommersemester 1926 nahm er in Bonn das Theologiestudium wieder auf und brachte es tatsächlich – wenn auch mit einiger Mühe – 1933 zum Abschluß. Während dieser Zeit – und dies

Dr. Oberheid, Chef des Stabes beim Reichsbischof

Bischof Dr. Oberheid wurde auf Grund der Verordnung zur Neuregelung der kirchlichen Verwaltung zum Chef des Stabes des Reichsbischofs berufen.

Dr. Oberheid ist gebürtiger Rheinländer. Er begann sein theologisches Studium vor Kriegsbeginn. Im Weltkrieg schwer verwundet, trat er nach Friedensschluß bei den Stinnes-Werken

ein, wo er in leitender Stellung besonderes kaufmännisches Geschick und große Tatkraft bewies. Jahre hindurch war er Führer eines SA-Sturmes in Hamborn. Nach Stinnes' Tod wurde Dr. Oberheid selbständiger Landwirt. Dann nahm er sein theologisches Studium wieder auf und schloß es im Frühjahr 1933 ab. Er wurde Pfarrer in Asbach (Westerwald) und war Leiter der Glaubensbewegung „Deutsche Christen" im Gau Mittel- und Oberrhein.

Der deutschchristliche Bischof Heinrich Oberheid übte Ende 1933/Anfang 1934 einen verhängnisvollen Einfluß auf Reichsbischof Müller aus.

weist ihn als einen ungewöhnlichen Theologiestudenten aus – trat er durch den Kirchenhistoriker Erik Peterson in eine enge persönliche Verbindung zu einem der bedeutendsten Staatsrechtslehrer der damaligen Zeit, dem ebenso bewunderten wie umstrittenen Carl Schmitt.[7] Zu den Schülern Carl Schmitts zählte unter anderem auch der junge Ernst Forsthoff, dessen Vater, der Mülheimer Pfarrer D. Dr. Heinrich Forsthoff, bald zu den führenden Deutschen Christen im Rheinland gehören sollte.

Politisch stand Oberheid wie die meisten seiner Generation weit rechts. 1930 schloß er sich der NSDAP an und bald nach ihrer Gründung im Rheinland auch den Deutschen Christen. Bereits im Sommer 1933 stand der eben ernannte Pfarrer der 360-Seelen-Gemeinde Asbach im Westerwald mit an der Spitze dieser Bewegung.[8] Der große Bischofsschub der preußischen Generalsynode brachte ihn noch im selben Jahr, am 5. Oktober, auf die neugeschaffene Stelle des Bischofs von Köln-Aachen, wo er sich von Anfang an – freilich mit geringem Erfolg – gerade auch um die theologische Begründung der deutschchristlichen Bewegung bemühte. Die sogenannten Rengsdorfer Thesen, eine kurze Darstellung der deutschchristlichen Grundsätze, die im Spätherbst 1933 im Rheinland eine lebhafte Diskussion auslösten, gingen unmittelbar auf seine Anregung zurück.[9]

Man wird Oberheid also schwerlich gerecht, wenn man in ihm nur den machtbesessenen Karrieristen sieht, der er fraglos ein Stück weit auch war. Daneben aber leitete ihn offensichtlich das schwärmerische Bild einer neuen deutschen Nationalkirche, das ihn dann schon im Sommer 1934 Anschluß an die Thüringer Richtung der Deutschen Christen suchen ließ. Und für die Thüringer formulierte er wenige Jahre später in einer Auseinandersetzung mit Paul Althaus sein ideales Ziel: »Eine Christusgemeinde der Deutschen, der christliche Dom der Deutschen, die Deutsche Christliche Nationalkirche – nur drei Namen für ein und dieselbe Sache.«[10]

Mit seinen beruflichen Erfahrungen, seinen politischen Verbindungen, seinen deutschchristlichen Überzeugungen und nicht zuletzt seiner persönlichen Gewandtheit erschien Oberheid dem Reichsbischof an jenem 25. November offenbar wie der Retter aus der Not. Jedenfalls kehrte der rheinische Bischof nicht mehr nach Koblenz zurück, sondern fungierte von diesem Tage an als »theologischer Berater« im Büro des Reichsbischofs.[11] Und es dauerte nicht lange, da hatte er den schwachen und korrupten Mann völlig in der Hand.[12] Bis zum Frühjahr 1934, als die Führung der Dinge mehr und mehr auf August Jäger überging, ließ Oberheid den immerfort schwankenden Reichsbischof buchstäblich nicht aus den Augen. Er riegelte sein Vorzimmer gegen alle Besuche auch aus der eigenen Behörde ab; er begleitete ihn zu allen wichtigen Terminen; er stand bei entscheidenden Besprechungen hinter ihm und griff blitzschnell ein, wenn die Lage es erforderte. Alle wichtigen Entscheidungen in dieser Zeit trugen seine Handschrift.

Oberheids besonderer Auftrag bestand zunächst vor allem darin, »... Verbindungen zu Staats- und Parteistellen ...« anzuknüpfen und, wie der damalige Kirchenminister Hermann Wolfgang Beyer festhielt, »noch einmal die Kirche mit dem Staat in eine beiderseitig bejahende Stellung zueinander zu bringen«.[13]

Einer der ersten Kontakte, die Oberheid in diesem Zusammenhang wiederherstellte, führte zu August Jäger. Der einstige preußische Kirchenkommissar, im Sommer 1933 treibende Kraft der Veränderungen in der evangelischen Kirche und zugleich ihr böser Geist, hatte trotz seiner Niederlage im September sein Ziel, die unumschränkte politische Macht in der Reichskirche zu erringen, keineswegs aus den Augen verloren.[14] Auch wenn sein Name in kirchlichen Kreisen schwer belastet war, besaß er als Ministerialdirektor und Leiter der Kirchenabteilung im preußischen Kultusministerium unverändert ein starkes politisches Gewicht. So lag es nahe, daß sich Oberheid zunächst mit Jäger besprach, und offenbar kamen beide sehr schnell überein, von nun an gemeinsam, der eine als Theologe, der andere als Jurist, die Geschicke der Reichskirche in die Hand zu nehmen.

Dies war der Beginn jener personellen Konstellation, die fast genau ein Jahr, bis zu Jägers Sturz im Oktober 1934, die Reichskirchenpolitik bestimmen sollte.

Der erste Schritt in diese Richtung, nämlich der Versuch, den preußischen Ministerialdirektor regulär als juristisches Mitglied in die neu zu bildende Reichskirchenregierung zu berufen, scheiterte allerdings fast augenblicklich am nachdrücklichen Widerstand der kirchlichen Opposition wie dem des Reichsinnenministeriums.[15] Für Jäger und Oberheid konnte dies nur wie ein Beweis für die reaktionäre Rückständigkeit der Reichskirche und ihrer Verfassung erscheinen. Um so dringender stellte sich für sie die Frage nach einer neuen kirchenpolitischen Konzeption.

Diese neue Konzeption fanden sie in der Lehre vom totalen Staat, wie sie von Carl Schmitt und seinen Schülern im Laufe des Jahres 1933 entwickelt worden war. Dabei ging es im Kern um die – im Rückblick gewiß überraschende – Frage, ob Deutschland nach der Machtergreifung und dem Ermächtigungsgesetz noch als Rechtsstaat im traditionellen Sinne dieses Begriffes verstanden werden konnte oder ob es unter einem völlig neuen, aus der nationalen Revolution zu entwickelnden Recht stand, eben dem Recht des totalen Staates.

Um die Bedeutung dieser Frage gerade auch für die Zukunft der evangelischen Kirche im Dritten Reich zu begreifen, muß man sich einige grundlegende staats- und kirchenrechtliche Gegebenheiten vergegenwärtigen.

Seit der Reformation waren Staat und Kirche im evangelischen Deutschland durch das Landesherrliche Kirchenregiment aufs engste verbunden gewesen. Die lutherische Theologie hatte darin keineswegs bloß eine Last gesehen, vielmehr diese Verbindung als das gegebene Verhältnis zu einem christlichen Staat verstanden, dem die Kirche Schutz und Pflege ihrer äußeren Ordnung anvertraute, um desto freier und ungehinderter ihrer Aufgabe, der Verkündigung des Evangeliums, dienen zu können. Die lutherischen Kirchen beriefen sich dabei auf den berühmten Artikel 7 des Augsburgischen Bekenntnisses von 1530, in dem als einzige Kennzeichen der Kirche die reine Predigt des Evangeliums und die stiftungsgemäße Verwaltung der Sakramente genannt werden. Wo dies gewährleistet war, war demnach Kirche, wie immer sonst ihre äußere Ordnung auch beschaffen sein mochte. In bewußtem Gegensatz zur katholischen Kirche verzichteten die lutherischen Kirchen deshalb auf ein eigenes kirchliches Recht und eigene, vom Staate unabhängige kirchliche Ordnungen, und daran war doch immerhin soviel richtig, daß nach evangelischem Verständnis in der Tat nicht das Recht, sondern die Predigt Kirche begründet.

Die Weimarer Reichsverfassung machte diesen Verhältnissen ein Ende. Sie sprach in ihrem Artikel 137 zum ersten Mal in der deutschen Geschichte die Trennung von Staat und Kirche aus und zwang damit die evangelischen Landeskirchen, sich eigene, neue Ordnungen zu geben.[16] Zugleich machte das Trennungsgebot der Verfassung eine Neuregelung des Verhältnisses von Staat und Kirche erforderlich. Diese Neuregelung erfolgte – immer im Anschluß an die katholische Konkordatspolitik – auf dem Wege über Verträge, die zwischen den Ländern und den jeweiligen Landeskirchen abgeschlossen wurden, so 1924 mit Bayern, 1931 mit Preußen und – als letzter Kirchenvertrag vor der Machtergreifung – 1932 mit Baden. Es entstand das System des sogenannten Vertragsstaatskirchenrechts.[17] Die anfänglich heftigen kirchlichen Widerstände gegen diese Vertragspolitik,[18] die davon ausgingen, daß es lutherischem Kirchen- und Glaubensverständnis widerspreche, zum Staat in ein vertragliches Verhältnis zu treten, schienen Anfang der dreißiger Jahre weitgehend geschwunden. Ein neues kirchliches Unabhängigkeitsgefühl und Freiheitsbewußtsein trat auf den Plan.

Es erwies sich jedoch (wie übrigens im politischen Raum auch) als eine Illusion, anzunehmen, jahrhundertealte Traditionen von der Art des Landesherrlichen Kirchenregiments verlören gleichsam über Nacht ihre prägende Kraft. Vielmehr blieb vor allem im deutschen Luthertum auch in der Zeit der Republik die Erinnerung lebendig, daß die lutherischen Kirchen in besonderer Weise mit dem Staat verbunden gewesen waren. Und an diese Erinnerung wurde nun wieder angeknüpft.

Die Entwicklungen des Jahres 1933 standen rechtlich allerdings zunächst noch im Zeichen der Weimarer Unabhängigkeit. Trotz allen Drängens der Deutschen Christen baute die Gründungsurkunde der Reichskirche, die Verfassung der Deutschen Evangelischen Kirche vom 11. Juli 1933, noch weitgehend auf den Vorstellungen einer selbständigen, vom Staate unabhängigen Kirche auf. Dem entsprach die Überzeugung, daß nach der Gründung der Reichskirche ihr Verhältnis zum Staat auch im Dritten Reich vertraglich neu geregelt werden müsse. Die Einstweilige Leitung der evangelischen Kirche ging daher im Sommer 1933 – ebenso wie später der Reichsbischof – selbstverständlich davon aus, daß dem katholischen Reichskonkordat ein inhaltlich gleichwertiger evangelischer Reichskirchenvertrag folgen müsse. Dies schien um so gewisser und sicherer, als Hitler selbst in seiner Regierungserklärung vom 23. März – das lag noch kein Jahr zurück – den Kirchen die feierliche Garantie gegeben hatte, daß ihre Rechte »... nicht geschmälert und ihre Stellung zum Staat nicht geändert« werden sollten.[19] Auch das zuständige Reichsinnenministerium, wo der Entwurf eines Reichskirchenvertrages bereits vorlag, machte sich diese Auffassung ausdrücklich zu eigen.[20]

Dies alles aber hatte nur Sinn unter der Voraussetzung, daß die Grundbestimmungen der Weimarer Reichsverfassung – in diesem Fall die Trennungs- und Unabhängigkeitsgarantie des Artikels 137 – auch im Dritten Reich unverändert fortbestanden, soweit nicht ihre formelle gesetzliche Aufhebung verfügt war. Wer diese Auffassung vertrat, versuchte mithin zugleich, soviel traditionelle Rechtsstaatlichkeit zu bewahren, wie im Dritten Reich irgend möglich war. Da autoritative Erklärungen zu diesem Problem von staatlicher Seite nicht vorlagen, handelte es sich um eine Auslegungsfrage.

Und eben hier hatte sich nun im Lauf des Jahres 1933 unter dem maßgeblichen Einfluß von Carl Schmitt bei vielen jüngeren Staatsrechtslehrern ein ganz anderes Verständnis der Rechtslage durchgesetzt. Diese Rechtsschule, die man im Rückblick freilich eher als Unrechtsschule bezeichnen möchte, vertrat die Überzeugung, daß die nationalsozialistische Revolution eine völlig neue und neuartige Ordnung geschaffen habe, die der Verfassungsordnung von Weimar schlechterdings entgegengesetzt sei.[21]

Als wichtigstes Merkmal dieser neuen Ordnung galt ihre Totalität. Im strikten Gegensatz zur pluralistischen oder auch, wie man damals gerne sagte, polykratischen Ordnung des liberalen Staates, der durch das Neben- und Gegeneinander von zahlreichen Einzelkräften und -interessen gekennzeichnet gewesen sei, sah diese Lehre die neue Ordnung von einem einzigen und einheitlichen Willen bestimmt, dessen gleichgestaltende Kraft sich auf alle Lebensgebiete bis in ihre letzten Verästelungen hinein auswirken sollte. »Der *totale völkische Staat«*, so beschrieb im Anschluß an Gedanken von Carl Schmitt der junge protestantische Staatsrechtslehrer Ernst Rudolf Huber diese Auffassung, »ist die von einer allumfassenden und alldurchdringenden Idee geprägte, von einem Führungskern getragene *Lebenswirklichkeit eines politischen Volkes.«*[22]

Die staatsrechtlichen Voraussetzungen für diesen neuen, totalen Staat hatte Carl Schmitt durch seine Theorie geschaffen, daß das Ermächtigungsgesetz vom 24. März 1933 keineswegs bloß eine befristete Ausnahmeregelung, sondern in Wahrheit »... *ein vorläufiges Verfassungsgesetz des neuen Deutschland«* sei.[23] Dem entsprach die Behauptung, daß die Weimarer Verfassung nicht mehr gelte, »und zwar in keinem Atom ihrer Verfassungsexistenz«.[24] »Alle Grundsätze und Regelungen«, so erklärte Carl Schmitt in seinem berühmten Aufsatz »Staat, Bewegung, Volk«, »die dieser Verfassung weltanschaulich und organisatorisch wesentlich waren, sind mit allen ihren Voraussetzungen beseitigt.«[25]

Damit war die Aufhebung der Grundrechte ebenso wie die sogenannte Gleichschaltung, die Erfassung und Ausrichtung des gesamten politischen, wirtschaftlichen und kulturellen Lebens nach dem Willen des Führers und nach den Prinzipien der nationalsozialistischen Weltanschauung, zugleich begründet und gerechtfertigt. Ein völlig neues Staats- und Rechtsverständnis, eine Neuordnung aller Lebensverhältnisse schien im Werden.

Man kann sich heute, nach dem Zusammenbruch der nationalsozialistischen Herrschaft und nach so vielen Jahren eines gesicherten Lebens in einem liberalen Verfassungsstaat, nur schwer eine Vorstellung davon machen, welche Faszination diese Gedanken in den Anfangsjahren des Dritten Reiches ausübten.

Der »totale Staat«, die Zusammenfassung aller Kräfte für die Erneuerung Deutschlands, schien nicht nur der einzige Ausweg aus einem Zustand, den die überwältigende Mehrheit der Deutschen als politisches, wirtschaftliches und moralisches Elend empfand; er erschien darüber hinaus als die modernste Form staatlichen Lebens in Europa überhaupt.

Wie groß diese Faszination war, zeigt sich selbst an einem Mann wie Karl Barth. Obwohl überzeugter Bürger der Schweiz und Mitglied der SPD, blieb auch er von dem großen Aufbruch im Sommer 1933 offensichtlich nicht unberührt. So hieß es am Ende seiner berühmten Streitschrift »Theologische Existenz heute!«: »Wo ist alles das hingekommen, was noch vor einem Jahr und vorher hundert Jahre lang Freiheit, Recht und Geist hieß? Nun, das sind zeitliche und irdische Güter. Alles Fleisch ist wie Gras ... Kein Zweifel: schon manches Volk in alter und neuer Zeit hat diese Güter entbehren müssen und dann auch entbehren können, wenn das kühne Unternehmen des ›totalen Staates‹ es von ihm verlangte.«[26]

Die theologische Schlußfolgerung, die Karl Barth daraus zog, entsprach freilich ganz der selbstbewußten reformierten Tradition. »*Aber* das Wort unseres Gottes bleibt ewiglich«, so fuhr er fort, und darum erst recht müßten Theologie und Kirche auf ihrer Freiheit und Unabhängigkeit bestehen. »Darum kann die Kirche, kann die Theologie auch im totalen Staat keinen Winterschlaf antreten, kein Moratorium und auch keine Gleichschaltung sich gefallen lassen. Sie ist die naturgemäße Grenze jedes, auch des totalen Staates. Denn das Volk lebt auch im totalen Staat vom Worte Gottes, dessen Inhalt ist: ›Vergebung der Sünden, Auferstehung des Fleisches und ein ewiges Leben‹.«[27]

Ganz anders dagegen sahen diese Dinge für jene Tradition des deutschen Luthertums aus, die das Wesen der evangelischen Kirche im Unterschied zum Katholizismus gerade in ihrem engen Verhältnis zum Staat und in ihrem Verzicht auf alle eigene, vom Staate unabhängige oder ihm gar entgegengesetzte äußere Gestalt sah. Wenn man hier, fasziniert von den Visionen Carl Schmitts, seine Überzeugungen aufgriff, so mußte dies zu völlig anderen Schlußfolgerungen führen. Es konnte dann gerade nicht mehr die rechtliche Selbständigkeit, Abgrenzung und Sicherung der evangelischen Kirche gegenüber dem Staat das Gebotene sein – dies war vielmehr eine Fehlentwicklung des liberalen Systems –, sondern es galt dann, sich sowohl in den innerkirchlichen Ordnungen wie in den Beziehungen zum Staat ganz und vorbehaltlos der neuen Totalität zu öffnen. Und dies hieß jetzt konkret, innerkirchlich »Führertum und Artgleichheit« als die Grundlagen der neuen Ordnung zu übernehmen[28] und an die Stelle von Verträgen zwischen Kirche und Staat erneut ein staatliches Kirchenregiment zu setzen, das die äußere Ordnung der Kirche bestimmte, garantierte und schützte. Nur so war offenbar die verhaßte »zweiteilige Staatskonstruktion der Liberaldemokratie« zu überwinden.[29] Setzte man ganz und gar auf die Idee des totalen Staates, so lagen solche Schlußfolgerungen für bestimmte lutherische Traditionen nicht gar so fern, das galt um so mehr, als dieser Weg zugleich einen außerordentlichen konfessionspolitischen Vorteil zu versprechen schien. Hatte die Weimarer Ordnung nach der Überzeugung vieler Protestanten eindeutig den Katholizismus begünstigt, so schien mit dem totalen Staat des Dritten Reiches wieder die Zeit des deutschen Luthertums gekommen. Denn da der katholischen Kirche ihrem Wesen nach der Weg zu einer deutschen Reichs- und Nationalkirche verschlossen war, schien es möglich, für den Protestantismus im neuen Reich einen entscheidenden Vorsprung zu gewinnen, ja am Ende in einer überkonfessionellen Nationalkirche Protestanten und Katholiken zu vereinen.

Diesem revolutionären Ziel standen nun freilich – von den theologischen Problemen abgesehen – zwei gewichtige rechtliche Hindernisse im Wege, nämlich auf der einen Seite das Trennungsgebot und die Unabhängigkeitsgarantie der Reichsverfassung und auf der anderen die »von Reichs wegen« anerkannte und dem Schutz des Reiches anvertraute Reichskirchenverfassung. Eben deshalb aber war es für die Zukunft der evangelischen Kirche von entscheidender Bedeutung, ob das alte geschriebene Recht noch galt oder ob an seine Stelle, wie Carl Schmitt behauptete, das neue Recht des totalen Staates getreten war. Dies war der Grund, warum der evangelische Kirchenkampf 1934 ein ganzes Stück weit auch vor den Gerichten ausgetragen und dort im Oktober vorläufig entschieden wurde.

Carl Schmitt war Katholik und vermied es daher, sich zu den besonderen rechtlichen Problemen des deutschen Protestantismus zu äußern.[30] Aber schon im Sommer 1933 gab es Anzeichen, daß sich insbesondere die evangelischen Lehrer des Staatskirchenrechts seinen Überzeugungen zu öffnen begannen. So behauptete im Juli 1933 der Frankfurter Kirchenjurist Friedrich Giese – in den zwanziger Jahren ein bekannter Kommentator des kirchenpolitischen Systems von Weimar[31]–, »... die neue deutsche Staatsgewalt« sei »national, total und autoritär ...«; darauf gründe ihr »... Recht, die Gleichschaltung des weltlichen Verbandes der Kirche mit dem Staat ...« zu fordern und »von der Kirche als öffentlicher Körperschaft eine Erneuerung ihrer Regierungs- und Verwaltungsform nach dem staatlichen Vorbilde zu verlangen«. Den Einwand, daß dies dem Trennungsgebot der Reichsverfassung widerspreche, hielt er neben anderen Gründen deshalb für »... grundsätzlich verfehlt, weil das Revolutionsrecht selbst dem Verfassungsrecht im Widerspruchsfalle vorgehen würde«.[32]

Dabei übersah Giese ebenso wie alle anderen, die ähnlich argumentierten, bezeichnenderweise gerade den entscheidenden Punkt, nämlich die Tatsache, daß der Staat eine solche Gleichschaltung von Kirche und Staat keineswegs verlangt hatte und je länger je mehr geradezu als unerwünscht empfand. Was Hitler bei seiner Unterstützung der Deutschen Christen im Sommer 1933 tatsächlich im Blick gehabt hatte, war etwas völlig anderes und sehr viel einfacheres, nämlich eine einheitliche protestantische Reichskirche, die er vor allem als Gegengewicht zu dem gefürchteten Katholizismus einsetzen konnte.

Konkrete kirchenpolitische Folgerungen aus den Überzeugungen von Carl Schmitt zog jedoch erst im Herbst und Winter 1933/34 einer seiner begabtesten jungen Schüler, der damals 31jährige Ernst Forsthoff, der gerade seine erste Professur in Frankfurt erhalten hatte.[33]

Forsthoff hatte sich schon im Sommer 1933 mit seiner vielbeachteten Schrift »Der totale Staat« als kompromißloser Vertreter der Gedanken von Carl Schmitt ausgewiesen. Darin hatte er den totalen Staat ganz im Sinne seines Lehrers als »die Entgegensetzung gegen den liberalen Staat« beschrieben, als »... Staat mit umfassender inhaltlicher Fülle im Gegensatz zum inhaltlich entleerten, durch Autonomisierungen ... minimalisierten und nihilisierten liberalen Staat. Der totale Staat«, so behauptete Forsthoff, »ist eine Formel, die dazu dienen sollte, einer noch an die liberale Begriffswelt gewöhnten politischen Welt durch Setzung des reinen Gegenbildes den Anbruch eines neuen Staates anzukündigen und zu verdeutlichen.«[34]

Nun zog er aus dem neuen Staatsbegriff die Konsequenzen für die evangelische Kirche. Sein Aufsatz »Gegen ein evangelisches Konkordat« erschien unter dem Pseudonym Friedrich Grüter im zweiten Septemberheft der Zeitschrift »Deutsches Volkstum«, die unter Wilhelm Stapels Leitung am entschiedensten den nationalkirchlich-lutherischen Kurs vertrat.[35] Darin beschuldigte Forsthoff zunächst die kirchliche Opposition, »... unter dem Stichwort: ›Wahrung von Bekenntnis und Kirche‹ dem nationalsozialistischen Staat sein umfassendes Lebensrecht zu bestreiten«.[36] Sein Angriff galt dem eher konservativen Verständnis der reichskirchlichen Verfassung, wie sie kurz zuvor unter Betonung der landeskirchlichen Selbständigkeit der bayerische Oberkirchenrat Hans Meinzolt vorgelegt hatte. »In der gleichen Richtung«, fuhr Forsthoff dann fort und kam damit auf sein eigentliches Thema, »gehen die Bestrebungen der gekennzeichneten oppositionellen Kreise, die auf den Abschluß eines dem Konkordat entsprechenden Vertrages mit der evangelischen Kirche gerichtet sind.« Es gehe hier schlechthin ». . . *um die Totalität des Staates«, um* ». . . die wirkliche Einheit des deutschen Volkes, die wirkliche Überwindung aller partikularistischen und pluralistischen Reichsfeinde«. Denn der Abschluß eines Vertrages zwischen Staat und Kirche ». . . würde klar und unmißverständlich dokumentieren, daß das evangelische Kirchentum ein *selbständiges Gebilde innerhalb des Staates und neben dem Staate* darstellt, vor dem die staatliche Gewalt ein Ende hat, das sich darum mit dem Staate koordinieren, auf eine irdische Rangstufe stellen kann . . . Die katholischen und evangelischen Reichsfeinde« aber, so behauptete Forsthoff, warteten nur ». . . auf diesen Augenblick, um dann öffentlich den Verzicht auf die Totalität, den Verzicht auf den entscheidenden Sieg der nationalsozialistischen Revolution, die formelle Anerkennung des Fortbestandes reichsfeindlicher Rechte proklamieren zu können«.[37] So werde die evangelische Kirchenfrage zur Schicksalsfrage des Staates selbst. Daß Forsthoff dabei durchaus auch das konfessionelle Verhältnis im Auge hatte, zeigt sein Schluß, wonach die Einheit mit dem Staate Adolf Hitlers ». . . zugleich die wirksamste Selbstbehauptung des Protestantismus gegenüber dem Katholizismus« sei, »der sich durch den Abschluß des Konkordats von dem deutschen Staate geschieden . . .«[38] habe.

So hoch griff man nun freilich nur in der Schule Carl Schmitts und bei den ihr folgenden deutschchristlichen Theologen. Hitler selbst dagegen und die wirklich Mächtigen des Dritten Reiches dachten keineswegs in den Kategorien des »totalen Staates«. Sie sahen die Kirchenfrage wesentlich nüchterner, und das Innenministerium – immerhin die höchste zuständige Reichsbehörde hätte 1934 zweifellos gerne einen Kirchenvertrag abgeschlossen, wenn sich die evangelische Kirche nur in einem vertragswürdigen Zustand befunden hätte. Es war das Problem jener intellektuellen Deuter der Diktatur, daß sie dem nationalsozialistischen System mehr Geist verliehen, als es je besaß, und ihm einen Sinn gaben, den es niemals ausfüllte. Als sie – dies zu spät – begriffen, brachen manche innerlich mit dem Dritten Reich und verfielen, wie Carl Schmitt, in Schweigen. Andere, wie Johannes Popitz, wurden sogar zum

Kern der deutschen Opposition. Zum Zeitpunkt dieser Auseinandersetzungen freilich war das noch keineswegs zu übersehen, und man konnte den Begriff des »totalen Staates« tatsächlich für eine genuine Interpretation des neuen deutschen Staatswesens halten.

Am Jahresende 1933 wiederholte Forsthoff seine Überzeugung, daß eine »... evangelische Kirche, die über ihren Bekenntnisauftrag hinaus für ihre sichtbare, irdische Existenz Selbständigkeit, Autonomie, in Anspruch nimmt, ... die staatliche Totalität« zerstöre. »Darum darf die Kirche«, so versicherte er erneut, »in der Totalität dem Staate verbunden, die Regelung ihrer äußeren Rechtsbeziehungen nicht im Wege eines Vertrages mit dem Staate suchen ... Denn innerhalb der Totalität kann es keine Selbständigkeit, sondern nur die einheitliche Unterordnung unter die Hoheit des Staates geben.«[39]

Damit erhielt die Kirchenpolitik der Reichskirche eine neue intellektuelle Konzeption und ein klares politisches Ziel. Beides wurde alsbald von den Deutschen Christen in großer Breite aufgegriffen.

Besondere Bedeutung bekam in diesem Zusammenhang die Tatsache, daß sich auch der Rechtsberater des Reichsbischofs, der angesehene Kirchenjurist Johannes Heckel, diesen Gedanken anschloß. Gerade an Heckel wurde deutlich, wie gering die Standfestigkeit und Widerstandsfähigkeit eines betont lutherischen Kirchenrechtes damals waren. Hatte Heckel noch 1932 als wichtigster kirchenrechtlicher Berater des alten Kirchenbundes nach den Normen des Weimarer Systems gearbeitet und im Sommer 1933 unter Bodelschwingh entscheidend an einer selbständigen Reichskirchenverfassung mitgewirkt, so sah ihn das Jahresende ganz auf der Seite Ludwig Müllers und der neuen Männer an der Spitze der Reichskirche, denen er bis weit in das Jahr 1934 juristische Hilfsdienste leistete.

Heckel dürfte denn auch der »bekannte[r] Rechtslehrer« gewesen sein, der im Februar 1934 in einem Beitrag über »Kirche und Staat« im »Evangelium im Dritten Reich«, dem Sprachrohr der Deutschen Christen, auf ungewöhnlich kundige Weise die Notwendigkeit der Gleichschaltung von Staat und Kirche im Dritten Reich begründete.[40]

Interessant an diesem Beitrag war ein kurzer Rückblick auf die bisherige Entwicklung. Nach einer knappen Verurteilung des Weimarer Trennungssystems, das für »... *die lutherische Haltung ... von vornherein unerträglich«* gewesen sei, hieß es dazu: »Mit der Errichtung des Dritten Reiches, mit der Geburt des totalen Staates zeigte sich die Schwierigkeit, in einem solchen Staate einen exemten« – also vom Staat rechtlich unabhängigen – »Bereich des öffentlichen kirchlichen Lebens herzustellen. Sie zeigte sich *trotz des guten Willens der nationalsozialistischen Staatsführung, die* – vom Führer *unmittelbar geleitet* – alles daran setzte, um den Kirchen jeden nur möglichen Spielraum für die Verkündigung zu gewährleisten.«[41] Dies konnte sich nur auf die Bemühungen um die Verfassung der Deutschen Evangelischen Kirche und den Kirchenvertrag beziehen, die Johannes Heckel ja von Anfang an entscheidend mitbestimmt hatte. Jetzt gab der Kronjurist der Kirche diesen Bemühungen um ihre selbständige rechtliche Gestaltung und Sicherung im Dritten Reich offensichtlich den Abschied. In einem kurzen Abschnitt machte er sein neues Verständnis der Lage und ihrer Erfordernisse deutlich. *»Dieser gegenwärtige Augenblick«*, so hieß es nun, *»ist die große Chance des Protestantismus.* Denn während die katholische Kirche, *auch bei bestem Willen,* mit großen Schwierigkeiten zu kämpfen hat, um ihre umfangreiche weltliche Organisation in ein fruchtbares Verhältnis zum alle Gebiete des Lebens umfassenden totalen Staat zu bringen, kann und muß die evangelische, lutherische Kirche ... diese seltene Gelegenheit ergreifen, mit gutem Gewissen *ihren weltlichen Bereich auf ein Mindestmaß zu beschränken, um ... mit um so größerer Sicherheit ihrem ewigen Auftrag zu leben.« In »volksgemäßen Ordnungen«* erfaßt, sollten sich, so meinte der Verfasser, *»... gesunde staatliche und gesunde kirchliche Ordnung im Dritten Reich«* treffen.

Die politisch entscheidende Schlußfolgerung lag in der Behauptung, daß der Schutz der äußeren »... Ordnung der Kirche gegen Böswillige ...« und »Urteilslose ...« – etwas anderes konnte der Verfasser in der kirchlichen Opposition offensichtlich nicht sehen – *»... nach lutherischer Auffassung nur vom Staat ...«* geleistet werden könne, eine Forderung, deren schlimme Folgen sich alsbald herausstellen sollten.[42]

Wenn in dem Beitrag behauptet wurde, eine solche Kirche sei *»keine Staatskirche«*, weil sie *»... sich ihr Recht selbst in freier, selbstgewählter Zusammenarbeit mit dem Staat«* setze, so war das ein bloßes Spiel mit Worten.[43] Denn selbstverständlich lief das alles auf eine lutherische Staatskirche hinaus, zumal von »Freiwilligkeit« keine Rede sein konnte.

Es war kaum überraschend, daß sich die deutschchristlichen Theologen, jedenfalls die klügeren unter ihnen, diese staats- und kirchenrechtliche Konzeption schnell zu eigen machten. Sie versprach ja nicht weniger als einen scheinbar sicheren – nämlich vom Staat garantierten – Ausweg aus der Krise der zerfallenden Bewegung. Hossenfelder und die Seinen hatten noch alle Rechts- und Verfassungsprobleme gründlich verachtet und ganz auf ihren revolutionären Schwung vertraut. Ihre Nachfolger dagegen setzten alle Hoffnung auf eine Neuordnung der Rechtsverhältnisse. Dabei waren deutlich zwei landeskirchliche Schwerpunkte zu erkennen. Der eine lag im deutschchristlichen Kirchenamt der sächsischen Landeskirche, der andere in der deutschchristlichen Kirchenleitung der Rheinprovinz.

In Dresden war es der Junge, erst 27jährige Oberkonsistorialrat Walter Grundmann, der die neue Konzeption aufgriff. Grundmann, einer der begabtesten Schüler des Tübinger Neutestamentlers Gerhard Kittel,[44] zählte zu den führenden Köpfen der sächsischen Deutschen Christen.[45] In den von ihm entworfenen »28 Thesen der sächsischen Volkskirche zum inneren Aufbau der Deutschen Evangelischen Kirche«, die der neue Reichsleiter der Deutschen Christen, Christian Kinder, unmittelbar nach ihrem Erscheinen im Dezember 1933 als für die ganze Bewegung verbindlich erklärt hatte, stand die Frage nach dem Verhältnis von Staat und Kirche an der Spitze.[46] Ausgehend von dem noch immer wirksamen Schlagwort vom »positiven Christentum« aus dem nationalsozialistischen Parteiprogramm, forderte die erste These eine evangelische Kirche, die »nicht *neben* dem Staate« oder »*gegenüber* dem Staate« stehen, weder »Kirche *über* dem Staate« (das entspreche »katholischer Haltung«) noch »Kirche *unter* dem Staate« sein dürfe, vielmehr nur »*als Kirche im Staate*« Luthers ursprüngliche Absicht verwirkliche. Die zweite These erläuterte dies ganz im Sinne der neuen Konzeption: Die lutherische Kirche »kann um ihrer Volksverbundenheit willen dem nationalsozialistischen Staat gegenüber keine Konkordatshaltung einnehmen. Als Volkskirche steht sie im Vertrauen zu diesem Staate. Kirchenführer kann nur sein, wer das Vertrauen der Staatsführung besitzt ... Staat und Kirche gehören als die beiden großen Ordnungskräfte eines Volkes zusammen. Ihr Verhältnis ist das des Vertrauens und nicht des Vertrages.«[47]

In seiner Erläuterung zu den Thesen machte Grundmann immerhin deutlich, daß er das Verhältnis nicht ganz so bedingungslos einseitig sah wie die Lehrer des Staatskirchenrechts. Mit den ersten Thesen, so meinte er nämlich, strecke »... die Kirchenführung ihre Hand zum Staate hin mit der Erwartung, daß der Staat auf Grund der gegebenen Voraussetzungen in diese ausgestreckte Hand einschlage ... Es ...« gehe »natürlich nicht an, daß eine Kirche vom Vertrauen redet und ein Staat dieses Vertrauen nicht will«.[48] Was allerdings geschehen sollte, wenn genau dies eintreten würde, darüber schwieg sich der sächsische Oberkonsistorialrat aus.[49]

Noch folgenreicher für die Kirchenpolitik freilich sollte der Kreis werden, der sich in der rheinischen Kirche gesammelt hatte. Seinen Mittelpunkt bildete eben jener Heinrich Oberheid, der seit Ende November in Berlin den Kurs bestimmte. Der wichtigste Mann neben ihm war der Mülheimer Pfarrer D. Dr. Heinrich Forsthoff, eben der Vater des jungen Frankfurter Staatsrechtslehrers, übrigens ein angesehener Historiker der rheinischen Kirchengeschichte. Auch der ältere Forsthoff vertrat mit Überzeugung die neue Konzeption. In einer Rechtfertigungsschrift mit dem Untertitel »Zur Sache der Deutschen Christen« wandte er sich daher Anfang 1934 gegen den Kirchenbegriff Karl Barths, der unvermeidlich zum Konflikt mit dem Staat führen müsse, und behauptete unter ausdrücklichem Rückgriff auf Carl Schmitt, dieser angeblich unpolitische Kirchenbegriff sei in Wahrheit hochpolitisch und deshalb grundsätzlich als unevangelisch abzulehnen.[50] Wie eng Oberheid und Forsthoff verbunden waren, zeigte sich, als der Mülheimer Pfarrer im Januar mit Oberheids Vertretung in der Kirchenleitung der rheinischen Kirche beauftragt[51] und vier Wochen später, am 23. Februar, überdies in das neue Geistliche Ministerium berufen wurde, das freilich nur noch eine Schattenfunktion besaß.[52]

Heinrich Forsthoffs Beitrag erschien in der deutschchristlichen Schriftenreihe »Kirche in Bewegung und Entscheidung«, die – offensichtlich als Gegenstück zur »Theologische[n] Existenz heute« gedacht – die Gedanken dieses rheinischen Kreises vertrat und verbreitete. In der programmatischen Erklärung zu dieser Schriftenreihe war ausdrücklich vom totalen Staat und seinen Forderungen die Rede, die die Kirche mit Dankbarkeit aufgreifen müsse. Es sei rätselhaft, so meinten die Herausgeber, was ». . . einen großen Teil kirchlicher Kreise dazu veranlaßt« habe, »die äußere Formbildung der Kirche unter völliger Beiseiteschiebung des Staates und der nationalsozialistischen Weltanschauung vollziehen zu wollen«.[53]

Nachdem Oberheid in Berlin Fuß gefaßt und sich mit August Jäger verbunden hatte, waren beide entschlossen, dieses Rätsel nicht auf sich beruhen zu lassen, sondern vollendete Tatsachen zu schaffen. Was sie, nachhaltig unterstützt von Johannes Heckel, in den ersten Dezemberwochen als neues politisches Programm des Reichsbischofs entwarfen, war nichts anderes als die Umsetzung der Theorie vom totalen Staat und seinem Verhältnis zur lutherischen Kirche in ein umfassendes politisches und kirchenpolitisches Handlungskonzept und zwar in doppelter Hinsicht: staatsrechtlich und innerkirchlich.

Damit begann ein neuer Abschnitt in der Geschichte der Reichskirchenpo-

So sah Walter Grundmann, einer der führenden Deutschen Christen in Sachsen, die Rolle der Kirche im NS-Staat.

litik. Aus einer ebenso elitären wie illusionären Deutung des totalen Staates wurde nun handfeste Politik. Dabei zeigte sich, daß Carl Schmitts Ideen in der politischen Wirklichkeit des Dritten Reiches nicht nur sehr schnell allen scheinbaren Glanz verloren, sondern darüber hinaus auch kläglich versagten.

Es wird für Oberheid nicht schwer gewesen sein, August Jäger für die neue Konzeption zu gewinnen; möglicherweise begriff der ehrgeizige und skrupellose Mann noch eher als Oberheid, welche außerordentlichen politischen Möglichkeiten sich daraus für ihn ergeben könnten. Jedenfalls war der neue Entwurf im personellen Teil bereits ganz auf Jäger zugeschnitten.

Das oberste Interesse der beiden Männer galt selbstverständlich dem Verhältnis zum Staat als Voraussetzung für alle weiteren Maßnahmen. Wie dieses Verhältnis konkret aussehen und umgesetzt werden sollte, verriet eine Denkschrift, die Oberheid, Jäger und Heckel gemeinsam erarbeiteten und die in einem Auszug Jägers enthalten ist.[54] Unter der Überschrift »Über die Notwendigkeit der Verbindung zwischen Staat und evangelischer Kirche« wurden zunächst in einem ersten Abschnitt die Gründe für die neue Konzeption aufgeführt. Aus der bekannten Trennung von äußerer Ordnung und dem »Gebiet des Glaubens«, der für die evangelische Kirche wesentlich sei, folgerte die Aufzeichnung, daß die äußere Ordnung durch den Staat, jetzt also durch den totalen Staat bestimmt werden müsse.[55] Dies sei um so wichtiger, als sich im »Raum des Glaubens« »... nicht nur die ausgesprochene politische Reaktion« sammle, »sondern überhaupt alles, das den totalen Staat in irgendeiner Hinsicht verneint«.

Dies verlange »... gebieterisch eine funktionelle Verbundenheit zwischen Staat und evangelischer Kirche«.[56] Ein Konkordat könne das nicht leisten. Vielmehr könne diese Verbundenheit - und damit wurde ausgesprochen, was an die Stelle eines Vertrages treten sollte, - »... nur von einer Persönlichkeit ausgehen, welche, vom Staate her bestimmt, zur Mitwirkung in der Kirche berufen ist«.[57] Nur so könne »... der Primat des totalen Staates in bezug auf jede äußere Ordnung gewahrt ...« werden. Und dann folgte in einem Satz der politische Kernpunkt des Ganzen: »Als Einrichtung hierfür kommt nur das Reichsministerium in evangelicis in Frage.«[58] Dies hieß nichts anderes, als daß die Kirchenhoheit, die nach dem Ende des Landesherrlichen Kirchenregiments den Kirchen zugefallen war, erneut auf den Staat übergehen sollte - im Unterschied zum Kirchenregiment der einstmaligen Landesherren aber nicht bloß als ein ererbter Rechtstitel, sondern als ein politischer Auftrag.

Der merkwürdige Begriff »Minister in evangelicis«, der in den kommenden Wochen eine große Rolle spielen sollte, knüpfte an historische Vorbilder an.[59] 1697 hatte der sächsische Kurfürst August der Starke bei seinem Übertritt zum Katholizismus das evangelische Kirchenregiment in seinem Land »... drei ›in evangelicis beauftragten Geheimräten‹ übertrage[n] ...«.[60] Nach diesem Vorbild war es 1919 in Preußen vorübergehend zu einer ähnlichen Regelung gekommen; die damals mit den kirchenregimentlichen Befugnissen betrauten drei »Staatsminister evangelischen Glaubens« wurden durchweg als »Minister in evangelicis« bezeichnet.[61] An diese längst überholt geglaubten Vorgänge also knüpfte der neue Vorschlag an, und auch darin verriet sich die Mitwirkung eines kundigen Kirchenjuristen.

Daß es sich bei dem geplanten Ministerium in evangelicis um einen politischen Auftrag mit revolutionären Zielsetzung handeln sollte, verriet die Bemerkung der Aufzeichnung, es werde »... einer näheren gesetzlichen Umschreibung ...« seiner Aufgaben nicht bedürfen, da es in der heutigen

Aufbauzeit entscheidend »auf das rechtsgestaltende Wirken von Persönlichkeiten . . .« ankomme.[62]

In dieser rechtsgestaltenden Persönlichkeit aber sah – dies wurde schnell deutlich – August Jäger niemand anderen als sich selbst. Denn da der Reichsminister in evangelicis kaum persönlich die Kirchenangelegenheiten bearbeiten würde, bedurfte er eines in Kirchendingen erfahrenen Staatssekretärs, und eben dies war die Rolle, die August Jäger sich zugedacht hatte.[63] Er erweiterte sie später noch um den Gedanken, daß der Staatssekretär auch der Reichsleitung der Partei angehören und zugleich die rechtliche Leitung der Kirche übernehmen müsse, um so ihre totale Gleichschaltung mit dem Willen von Staat und Bewegung zu gewährleisten.[64]

Dieser Plan ist niemals ganz verwirklicht worden. Das entscheidende politische Hindernis bildete wohl Hitlers tiefverwurzelte Abneigung gegen jede engere Verbindung mit den Kirchen, die seit den zwanziger Jahren seine Kirchenpolitik bestimmte.

Gleichwohl spielten der Grundgedanke und einzelne Vorstellungen aus diesem Plan in der folgenden Zeit eine wichtige Rolle. August Jägers Amt als »Rechtswalter« der Deutschen Evangelischen Kirche bei gleichzeitigem Verbleib in seiner staatlichen Stellung als preußischer Ministerialdirektor[65] ging darauf ebenso zurück wie die Bestellung eines Reichskirchenministers im Juli 1935, der zwar als Minister in ecclesiasticis ernannt wurde, sich aber doch vor allem als Minister in evangelicis fühlte.

Die wichtigste Voraussetzung für die Ausführung dieser Pläne lag Anfang Dezember 1933 selbstverständlich in der Gewinnung einflußreicher politischer Bundesgenossen. Und hier gelangen Oberheid dank seiner guten Verbindungen in kurzer Zeit überraschende Erfolge. Die Empfehlung Carl Schmitts öffnete dem jungen rheinischen Bischof die Tür zum Reichsjustizkommissar Hans Frank, der ihn zum Referenten für kirchenrechtliche Fragen an der Akademie für Deutsches Recht machte und damit seinen Plänen eine Art parteiamtlichen Anschein gab.[66]

Weit wichtiger freilich war eine andere Verbindung, die ebenfalls durch Carl Schmitt zustande kam und die zum preußischen Finanzminister Johannes Popitz führte.

Popitz gehörte damals zweifellos zu den einflußreichsten Männern in Preußen. In den zwanziger Jahren Staatssekretär im Reichsfinanzministerium, war er im November 1931 als Reichsminister ohne Geschäftsbereich in das Übergangskabinett Schleicher berufen worden und hatte nach der Machtergreifung seine brillanten Kenntnisse und Fähigkeiten auch der neuen Regierung zur Verfügung gestellt. Mit Hermann Göring, dem preußischen Ministerpräsidenten und unbestrittenen zweiten Mann im Staate, verband ihn jahrelang ein besonderes Verhältnis. Dabei war Popitz keineswegs Nationalsozialist, vielmehr sah er – ähnlich wie der ihm befreundete Carl Schmitt, dessen Gedanken er teilte – nach dem Scheitern der Republik in Hitler die einzige Möglichkeit zur Erneuerung Deutschlands im Sinne eines autoritären, zentralistisch geordneten Reiches. Als Popitz seinen Irrtum begriff, zog er die Konsequenz, trat entschlossen auf die Seite des Widerstandes und gehörte als einziger amtierender Minister Jahre hindurch zu den führenden Köpfen der deutschen Opposition. Nach dem 20. Juli 1944 wurde er verhaftet und am 2. Februar 1945 hingerichtet.[67]

Popitz war ein Mann, der sich gerne im Hintergrund hielt. So ist seine Beteiligung an der Kirchenpolitik Ende 1933 und noch einmal Ende 1934 bisher so gut wie völlig verborgen geblieben, obwohl er selbst bei seinen Vernehmungen nach dem 20. Juli ausdrücklich darauf hinwies. »In der Kirchenfrage«, so hielt das Protokoll der Gestapo seine Aussage fest, habe er sich »... anfangs sehr stark der Bemühungen angenommen, durch Errichtung einer evangelischen Reichskirche ein Gegengewicht gegen den Katholizismus zu schaffen«. Er »... habe außerordentlich bedauert, daß diese Bemühungen scheiterten«.[68]

Zunächst konnten aber – dank der Fürsprache von Carl Schmitt – Oberheid und der Reichsbischof dem preußischen Finanzminister am Sonntag, dem 10. Dezember 1933, nachmittags beim Tee in seinem Hause ihre Pläne zur Einrichtung eines Ministeriums in evangelicis vortragen. Popitz, ein eher konventionelles Kirchenmitglied, sah die Dinge im Sinne Carl Schmitts und war offensichtlich nicht schwer zu überzeugen. Für ihn mußte dies vor allem als eine weitere Maßnahme im Sinne des Abbaus von Pluralismus und Polykratie und damit als Stärkung der Zentralgewalt des Reiches erscheinen. Theologische Erwägungen wird er damit schwerlich verbunden haben.

Möglicherweise kam an diesem Nachmittag auch bereits der Name für das neuzuschaffende Amt ins Spiel. Wenige Tage später jedenfalls berichtete der Reichsbischof dem neuen Kirchenminister Hermann Wolfgang Beyer von der jüngsten Entwicklung. Um Kirche und Staat in ein neues geordnetes Verhältnis zueinander zu bringen, so erfuhr der völlig überraschte Professor, der erst Anfang Dezember zur Leitung der Reichskirche nach Berlin gekommen war, sei die Schaffung eines Ministers in evangelicis notwendig, in dessen Händen alle staatlichen Zuständigkeiten für die Kirche liegen müßten. »Als solcher Minister in evangelicis«, so hielt Beyer die Meinung des Reichsbischofs fest, »käme allein Hermann Göring in Frage. Dieser sei ein bewusst evangelischer Mann von jener soldatischen Haltung, nach der ein ordentlicher Preusse auch eine ordentliche Religion haben muss ... Mit ihm werde er, der Reichsbischof, gut zusammen arbeiten können. Die Fühlung mit Göring«, so fügte Ludwig Müller hinzu, »sei bereits aufgenommen. Vielleicht sei es möglich, noch in der letzten Sitzung des Reichskabinetts vor den Weihnachtsferien das Gesetz zu verabschieden, welches das Amt eines solchen Ministers schaffe.«[69]

Das war nun allerdings stark übertrieben. Denn noch war Hitler nicht einmal unterrichtet, geschweige daß seine Zustimmung vorlag. Aber an der Tatsache dieser Pläne und ihrer Begünstigung durch die preußische Regierung gab es keinen Zweifel. Denn als Ludwig Müller sich am 27. Dezember 1933 mit Bodelschwingh traf, kam er, wie dieser verwundert vermerkte, immer »... wieder ... auf den Gedanken zurück: Das Wichtigste sei die Ordnung des Verhältnisses zum Reich.« Dabei denke er an »... die Bestimmung eines Reichsministers in evangelicis ...«, dessen Staatssekretär »... dann die äußeren Angelegenheiten der Kirche in erster Linie zu ordnen ...« habe; »also ...«, wie Bodelschwingh zu Recht vermerkte, »eine Art von dauerndem Staatskommissar[!]«.[70]

Von diesen ersten politischen Erfolgen beflügelt leiteten Oberheid und Jäger nun auch einen radikalen innerkirchlichen Kurswechsel ein. Als zentrales Problem erwies sich dabei die – noch nicht einmal ein halbes Jahr alte – Verfassung der Deutschen Evangelischen Kirche.

Diese Verfassung war im Sommer 1933 nach heftigen Auseinandersetzungen zustande gekommen und trug alle Zeichen eines unklaren Kompromisses.[71] Noch waren damals die traditionellen Kräfte in den Landeskirchen stark genug, um gegen die radikalen Gleichschaltungsforderungen der Deutschen Christen verschiedene Sicherungen durchzusetzen. Dies betraf hauptsächlich zwei Punkte, nämlich die Stellung des Reichsbischofs und das Verhältnis von Reichskirche und Landeskirchen. Wenn es nach dem Willen des radikalen Flügels der Deutschen Christen gegangen wäre, so hätte die Verfassung schon damals die Leitung der Reichskirche ausschließlich nach dem Führerprinzip ordnen, das heißt dem Reichsbischof praktisch unbeschränkte Kompetenzen und eine umfassende Weisungsbefugnis für die ganze Kirche einräumen müssen. Daran war im Sommer 1933 aber noch nicht zu denken gewesen, und daher war es zu einer Kabinettslösung gekommen. Sie sicherte dem Reichsbischof eine starke Stellung, nicht aber die Alleinherrschaft. So hieß es zwar im Artikel 6 Abs. 1: Der Reichsbischof »... ist berufen, die Gemeinsamkeit des kirchlichen Lebens in den Landeskirchen sichtbar zum Ausdruck zu bringen und für die Arbeit der Deutschen Evangelischen Kirche eine einheitliche Führung zu gewährleisten. Er trifft die zur Sicherung der Verfassung erforderlichen Maßnahmen.« Daß damit jedoch keine Alleinherrschaft gemeint war, zeigte die Tatsache, daß die Verfassung dem Reichsbischof ein »Geistliches Ministerium« zur Seite stellte und in Artikel 7 die Leitung der Kirche dem ganzen Kabinett übertrug. »Das Geistliche Ministerium«, so lautete die entscheidende Bestimmung dort, »ist berufen, unter Führung des Reichsbischofs die Deutsche Evangelische Kirche zu leiten und Gesetze zu erlassen.«[72] Das Ministerium mußte aus mindestens drei Theologen und einem rechtskundigen Mitglied bestehen, wobei die drei Theologen die drei konfessionellen Gruppierungen in der Kirche - lutherisch, reformiert und uniert - vertreten sollten. Das Vorschlagsrecht für die theologischen Mitglieder lag bei den Landeskirchen, während das Amt des rechtskundigen Mitglieds in Personalunion mit dem entsprechenden Amt der preußischen Landeskirche verbunden war.

Noch deutlichere Züge der alten föderalistischen Ordnung trug die Regelung des Verhältnisses von Reichskirche und Landeskirchen. Dazu hieß es in Artikel 2 Abs. 1 der Verfassung: »Die Deutsche Evangelische Kirche gliedert sich in Kirchen (Landeskirchen)«, und in Abs. 3: »Die Landeskirchen bleiben in Bekenntnis und Kultus selbständig.«[73] Ferner verpflichtete die Verfassung in Artikel 6 Abs. 2 den Reichsbischof »... zu regelmäßigen Aussprachen und Beratungen ...« mit »... den führenden Amtsträgern der Landeskirchen«.[74]

Diese beiden Punkte, die kollegiale Leitung der Reichskirche und die verfassungsmäßig verbürgte Selbständigkeit der Landeskirchen, standen den Jäger-Oberheidschen Gleichschaltungsplänen am entschiedensten entgegen. Und so entschlossen sich beide, in Zukunft ohne Rücksicht auf die Verfassung zu handeln. Da auch das Unrecht einer Rechtsbegründung bedurfte, argumentierten sie dabei mit Artikel 6 Abs. 1, den sie als eine Art »Ermächtigungsartikel« interpretierten, der dem Reichsbischof angeblich das Führeramt in der Kirche zuweisen und ihm im Notfall »... zur Sicherung der Verfassung ...« unbeschränkte Vollmachten einräumen sollte. Nachdem bis zum 12. Dezember 1933 sämtliche Gesetze der Reichskirche im Namen des Geistlichen Ministeriums ergangen waren, bezog sich am 21. Dezember zum ersten Mal eine Notverordnung des Reichsbischofs auf den Artikel 6 Abs. 1, mit dem

Das CVJM-Jungvolk Ulm am 4. März 1934 auf dem Marsch zur Feier der Eingliederung der evangelischen Jugend in die Hitlerjugend. Zum letzten Mal sah man die alten Fahnen.

Jäger und Oberheid dann bis zum März 1934 die Kirche zu regieren versuchten. Im Hintergrund stand die Auffassung vom höheren Wert des revolutionären Rechts über alles geschriebene Recht, wie sie Jäger und Oberheid bei Carl Schmitt, bei vielen jungen Staatsrechtslehrern, aber auch bei den Lehrern des Staatskirchenrechts finden konnten.

Als August Jäger nach dem katastrophalen Scheitern seiner Kirchenpolitik 1936 eine späte Rechtfertigung versuchte, kam er immer wieder gerade auf diesen Punkt. Bei der Kirchenverfassung vom 11. Juli 1933 habe es sich, so behauptete er, »... überhaupt nicht um eine solche« gehandelt. »Der Ausdruck Verfassung ...« sei lediglich »als eine sprachliche Konzession ...« an die Vergangenheit zu werten gewesen. Es sei bei dieser Verfassung daher auch »... nicht so sehr um juristische Formulierungen« gegangen, vielmehr habe es sich »... um *dynamische* Sätze« gehandelt, »*die die Gestaltung neuen Lebens fordern*, die aber deshalb sich der reinen Begriffsjurisprudenz als Objekt verweigern«. Die Unterscheidung zwischen »dynamischen Sätzen« und »juristischen Formulierungen« zeigte nicht nur Jägers ganze Verachtung für alles positive Recht; sie zeigte zugleich, daß er die Verfassung lediglich als Instrument zur ideologisch-politischen Führung der Kirche verstand. So verstieg er sich trotz seines Scheiterns zu der Behauptung, keine »... der Kirchen der Erde ...« sei in der Lage, »sich eines gleichen oder ähnlichen Lebensinstrumentes zu rühmen«.[75]

Unter dem Einfluß der neuen staatskirchlichen Konzeption veränderte sich so am Jahresende 1933 die Kirchenpolitik der Reichskirchenregierung und damit die gesamte kirchliche Lage im evangelischen Deutschland. Während sich das Anfang Dezember neuberufene zweite Geistliche Ministerium noch mühte, der Reichskirchenregierung eine neue Vertrauensbasis zu schaffen, und Ludwig Müller in allen Verhandlungen und Aussprachen den Anschein erweckte, als strebe er mit ganzem Herzen nach Verständigung und Ausgleich,[76] hatten Oberheid und Jäger längst eine Art Diktatur des Reichsbischofs und damit zwangsläufig einen Kurs rücksichtsloser Konfrontation beschlossen. Dabei leitete sie nicht nur die Absicht, die Gleichschaltung der Kirche voranzutreiben, sondern fast noch mehr die Hoffnung, angesichts der unausbleiblichen Auseinandersetzungen in der Kirche, den Staat zum unmittelbaren Eingreifen zu bewegen.

Zielbewußt und skrupellos gingen die beiden Männer daran, entsprechende Fakten zu schaffen. Zwei Ereignisse vor allem lösten in großen Teilen der Kirche tatsächlich den erwarteten Widerstand aus. Diese Ereignisse schienen äußerlich gesehen ohne Zusammenhang, im Blick auf die neue Konzeption freilich folgten sie dem gleichen Ziel.

Das erste war das »Abkommen über die Eingliederung der evangelischen Jugend in die Hitler-Jugend«, das der Reichsbischof am 19. Dezember gegen den Willen der evangelischen Jugendführer und unter Bruch aller Zusagen und Versprechen unterzeichnete.[77] Auch wenn Ludwig Müller diesen Vertrag auf das lebhafteste wünschte, um damit seine wankende Position bei Hitler zu festigen,[78] so hätte er doch allein schwerlich den Mut zu diesem Schritt besessen, wenn ihn nicht Oberheid dazu gedrängt hätte. Denn gerade in diesen Wochen bot der Reichsbischof ein Bild jämmerlicher Schwäche. Wann immer eine Situation unangenehm wurde, legte er sich entweder gleich ins Bett oder griff sich plötzlich ans Herz und verschwand, oder er verließ auch einfach die Behörde, offensichtlich erleichtert, daß ein anderer für ihn die Verantwortung übernahm und die Entscheidungen traf.[79] Für Oberheid aber war die Eingliederung der evangelischen Jugend eine Konsequenz aus seiner Konzeption, die nicht nur die Selbständigkeit der Jugend, sondern am Ende die Selbständigkeit der ganzen Kirche aufzuheben versuchte.

Und so war es nicht zufällig der rheinische Bischof, der am 16. Dezember im Auftrag des Reichsbischofs und unter Umgehung des Geistlichen Ministeriums die Verhandlungen mit dem Führerrat der evangelischen Jugend übernahm. Daß diese bewußte Brüskierung des Geistlichen Ministeriums dessen alsbaldigen Rücktritt zur Folge haben mußte, war zweifellos einkalkuliert und konnte im Sinne des neuen Kurses nur zur Klärung der Verhältnisse dienen.

Das andere Ereignis – den eigentlichen Schritt über den Rubikon – stellte die »Verordnung betreffend die Wiederherstellung geordneter Zustände in der Deutschen Evangelischen Kirche« dar, die zum ersten Mal öffentlich die diktatorischen Ansprüche des Reichsbischofs proklamierte.[80] Mit dieser Verordnung vom 4. Januar 1934 begann jene Ausnahmegesetzgebung, die im Lauf des Jahres zur vollständigen rechtlichen Zerstörung der Reichskirche führen sollte. Im Rückblick Jägers erschien sie daher folgerichtig als Beginn eines »... neuen Abschnitts der Rechtsentwicklung«.[81] Für die kirchliche Opposition dagegen wurde sie zum Ausgangspunkt eines dramatischen Ringens um die Führung und Ordnung in der Reichskirche.

Schon die Eingangssätze der Verordnung ließen erkennen, worum es ging. »Die kirchenpolitischen Kämpfe zerstören Frieden und Ordnung in der Kirche«, hieß es da, »sie zerrütten die notwendige Verbundenheit der evangelischen Kirche mit dem nationalsozialistischen Staat und gefährden sowohl die Verkündigung des Evangeliums als auch die neu errungene Volkseinheit«. Deshalb verbot der Reichsbischof in Ausübung des ihm, wie es hieß, »... verfassungsmäßig zustehenden Führeramtes auf Grund des Artikels 6 Abs. 1 der Verfassung ...« alle »kirchenpolitischen Kundgebungen« in kirchlichen Räumen, untersagte allen Amtsträgern jede öffentliche Kritik am »Kirchenregiment oder dessen Maßnahmen« und bedrohte Zuwiderhandelnde mit unverzüglicher Amtsenthebung, Gehaltskürzung und einem Disziplinarverfahren.[82] Und um neben dem »Führertum« auch dem Grundsatz der »Artgleichheit« gerecht zu werden, setzte die Verordnung außerdem erneut den Arierparagraphen in Kraft, jene Bestimmung, nach der Geistliche jüdischer Herkunft aus ihrem Amt entlassen werden sollten; aber gerade diese Bestimmung, die mehr als alles andere die kirchliche Opposition zusammengehalten hatte, rief sie nun auf den Plan.[83]

Überdies zeigten die Ereignisse bei der Entstehung und Veröffentlichung dieser Verordnung, daß die neuen Herren an der Spitze der Reichskirche tatsächlich zu allem entschlossen waren. Der Text nämlich war von Jäger und

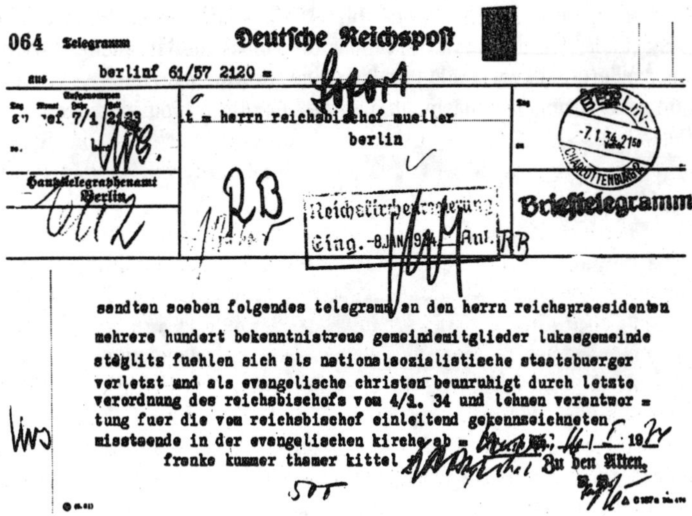
064 Telegramm Deutsche Reichspost

aus berlinf 61/57 2120 =

t = herrn reichsbischof mueller
berlin

Haupttelegraphenamt Berlin

Reichskirchenregierung Eing. -8.JAN 1934 Anl.

Brieftelegramm.

sendten soeben folgendes telegramm an den herrn reichspraesidenten
mehrere hundert bekenntnistreue gemeindemitglieder lukasgemeinde
steglitz fuehlen sich als nationalsozialistische staatsbuerger
verletzt und als evangelische christen beunruhigt durch letzte
verordnung des reichsbischofs vom 4/1. 34 und lehnen verantwor =
tung fuer die vom reichsbischof einleitend gekennzeichneten
misstaende in der evangelischen kirche ab =
frenke kummer themer kittel

Zu den Akten.

Bekenntnistreue Gemeinden und Pfarrer protestierten gegen den Maulkorberlaß des Reichsbischofs.

Oberheid im Vorzimmer des Reichsbischofs ausgearbeitet und ohne Kenntnis der zuständigen kirchlichen Behörde zum Druck gegeben worden. Die Vertreter der Behörde, vor allem der Präsident des Evangelischen Oberkirchenrats, Dr. Werner, und sein Stellvertreter, Vizepräsident D. Hundt, beides Deutsche Christen der ersten Stunde, hielten die Verordnung für verfassungswidrig und suchten deshalb ihre Veröffentlichung zu verhindern.[84] Daraufhin gaben Jäger und Oberheid den Text an die Presse und erschienen sogar persönlich in der Druckerei des Kirchlichen Gesetzblattes, um dessen Auslieferung und damit die Rechtsgültigkeit der Verordnung zu erzwingen.[85]

Kurz darauf bewogen die beiden den Reichsbischof, sowohl den Präsidenten wie den Vizepräsidenten ihrer Ämter zu entheben.[86] Dies bedeutete zugleich die Entmachtung der beiden obersten Kirchenbehörden, der reichskirchlichen und der preußischen, die trotz deutschchristlicher Besetzung durch ihre Bindung an das Verfassungsrecht offensichtlich ein Hindernis für die weiterreichenden Pläne gebildet hatten.

Angesichts dieser Vorgänge war schlechterdings nicht mehr zu übersehen, daß es bei der Verordnung vom 4. Januar 1934 nicht um Befriedung und Ausgleich, sondern um Provokation und Machtanspruch ging.

Und so hing nun alles davon ab, wie die kirchliche Opposition darauf reagieren würde.

2. KAPITEL

Die Niederlage der Evangelischen Opposition (Januar 1934)

Die kirchliche Opposition gegen den Reichsbischof und sein Regiment war breit aber wenig einheitlich. Sie stützte sich zu Beginn des Jahres 1934 vor allem auf den Pfarrernotbund, auf die beiden süddeutschen Landeskirchen Bayern und Württemberg und auf starke Gruppen in Berlin-Brandenburg, im Rheinland und vor allem in der westfälischen Kirche, der einzigen unter den preußischen Provinzialkirchen, in deren Synode die Deutschen Christen in der Minderheit geblieben waren. Dieser sogenannten Bekenntnisfront hatten sich im Laufe des Dezember zahlreiche andere Gruppen und Persönlichkeiten angeschlossen. Fast alle nicht-deutschchristlichen »Kirchenführer« – der Begriff, der sich jetzt überall einbürgerte, verriet, wie weit der Geist der Zeit auch in die Reihen der kirchlichen Opposition eingedrungen war – rechneten sich inzwischen dazu, daneben die Vertreter vieler kirchlicher Verbände, unter ihnen diejenigen der so schmählich verratenen evangelischen Jugend; endlich eine große Zahl ehemaliger Deutscher Christen, vornehmlich Universitätsprofessoren, die durch den Sportpalastskandal erschreckt worden waren. Wo die Gemeinden standen, war schwer auszumachen; die überwiegende Mehrheit hätte es zu dieser Zeit vermutlich nicht einmal selbst zu sagen gewußt.

Als Sprecher dieser Bekenntnisfront galt der bayerische Landesbischof Hans Meiser. Er besaß damit ein Amt, das angesichts der Verschiedenheit der Ausgangslagen und Interessen, die er zu vertreten hatte, ungewöhnlich schwierig und undankbar war.

Die stärkste und zugleich beweglichste Gruppe innerhalb der Bekenntnisfront bildete ohne Zweifel der Pfarrernotbund, von dem auch die erste und wirkungsvollste Reaktion auf die neue Verordnung des Reichsbischofs ausging.

Für seine Schlagkraft gab es verschiedene Gründe.

Der erst im September gegründete Zusammenschluß von Pfarrern, die sich auf Schrift und Bekenntnis verpflichtet und zu gegenseitiger brüderlicher Hilfe und Unterstützung bereit erklärt hatten, war in den drei Monaten seines Bestehens erstaunlich angewachsen und umfaßte im Januar 1934 mit mehr als 7000 Mitgliedern rund 37 Prozent aller amtierenden evangelischen Geistlichen.[1] Sein Schwerpunkt lag eindeutig in der preußischen Kirche. Hier hatte sich jeder einzelne Pfarrer mit seiner Unterschrift persönlich für den Beitritt entscheiden müssen,[2] angesichts der offenen politischen Agitation gegen den Notbund und der völlig ungesicherten kirchlichen Lage ein bemerkenswerter Vorgang. Schon die Zahl der Mitglieder verlieh dem Pfarrernotbund in den Auseinandersetzungen der folgenden Wochen ein besonderes Gewicht. Eine große Rolle spielte dabei, daß die Führung in den Händen Martin Niemöllers lag, dessen Mut und Unerschrockenheit sich auf den ganzen Notbund übertrugen;[3] ferner die Tatsache, daß die Gruppe als unabhängiger Zusammenschluß von Pfarrern weniger Rücksichten zu nehmen hatte als die Kirchenführer, die ja immer auch an ihre Landeskirchen zu denken hatten. Und schließlich erreichte der Notbund in kurzer Zeit eine weitaus größere Öffentlichkeit als alle anderen Oppositionsgruppen.

Und genau dieses Potential setzte Niemöller jetzt ein. Es war typisch für die schnelle und entschlossene Art seiner Führung, daß er noch am selben Tag – es war Sonnabend, der 6. Januar –, an dem die Nachricht von der neuen Verordnung des Reichsbischofs in den Berliner Morgenzeitungen erschien, zusammen mit seinem Dahlemer Amtsbruder Fritz Müller eine Kanzelabkündigung für die Mitglieder des Pfarrernotbundes entwarf, die mit allem Nachdruck gegen den neuen Gewaltstreich protestierte. Vermutlich hatten Oberheid und Jäger den Sonnabend zur Veröffentlichung gewählt, um eine Woche Zeit für Gegenmaßnahmen gegen einen zu erwartenden Widerstand zu gewinnen. Aber diese Rechnung ging nicht auf. Noch am Nachmittag und Abend des 6. vervielfältigte man den Text im Dahlemer Pfarrhaus, brachte ihn in der Nacht auf die Post und gab ihn gleichzeitig telephonisch an alle erreichbaren Notbundpfarrer durch. So wurde die Erklärung schon am Sonntag, den 7. Januar, in zahlreichen Kirchen Berlins und der näheren Umgebung nach den Gottesdiensten verlesen; wo dies nicht mehr gelang, war die Abkündigung für den 14. Januar vorgesehen.[4]

Das Vorgetragene war klar und entschieden. Nach einer Darstellung der bisherigen Entwicklung hieß es, mit »... dieser Verordnung ...« nehme »das gegenwärtige Kirchenregiment von Amts wegen den Kampf gegen alle diejenigen auf, die eine Befriedung der Kirche nur in der Rückkehr zur biblischen

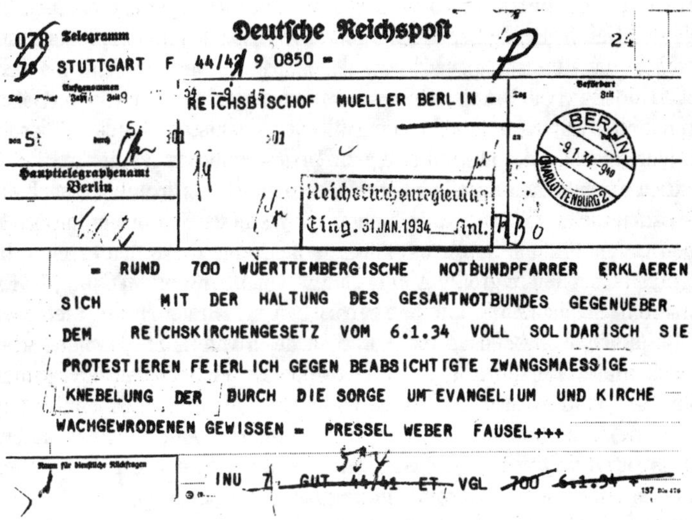
Deutsche Reichspost
Telegramm
STUTTGART F 44/42 9 0850 =
REICHSBISCHOF MUELLER BERLIN =
Haupttelegraphenamt Berlin
Reichskirchenregierung Eing. 31. JAN. 1934 Anl.
BERLIN CHARLOTTENBURG 2

= RUND 700 WUERTTEMBERGISCHE NOTBUNDPFARRER ERKLAEREN SICH MIT DER HALTUNG DES GESAMTNOTBUNDES GEGENUEBER DEM REICHSKIRCHENGESETZ VOM 6.1.34 VOLL SOLIDARISCH SIE PROTESTIEREN FEIERLICH GEGEN BEABSICHTIGTE ZWANGSMAESSIGE KNEBELUNG DER DURCH DIE SORGE UM EVANGELIUM UND KIRCHE WACHGEWRODENEN GEWISSEN = PRESSEL WEBER FAUSEL+++

INU 7 GUT 44/41 ET VGL 700 6.1.34 +

Mehr als die Hälfte der württembergischen Pfarrer schloß sich dem Protest des Pfarrernotbundes gegen den Maulkorberlaß des Reichsbischofs an.

Grundlage erblicken ...« könnten. »Wir erheben vor Gott und dieser christlichen Gemeinde Klage und Anklage dahin, daß der Reichsbischof mit seiner Verordnung ernstlich denen Gewalt androht, die um ihres Gewissens und um der Gemeinde willen zu der gegenwärtigen Not der Kirche nicht schweigen können, und zum andern bekenntniswidrige Gesetze« – gemeint war der Arierparagraph – »von neuem in Kraft setzt, die er selbst um der Befriedung der Kirchen willen aufgehoben hatte.«[5] Es klang in einer ganz auf Disziplin, Gehorsam und Geschlossenheit ausgerichteten Zeit unerhört, wenn dem Reichsbischof im folgenden das Vertrauen entzogen und offener Widerstand gegen seine Maßnahmen angekündigt wurde. Zum Schluß hieß es unter ausdrücklicher Berufung auf das Augsburger Bekenntnis: »Wir müssen uns auch dem Reichsbischof gegenüber nach dem Worte verhalten: ›Man muß Gott mehr gehorchen als den Menschen!‹«[6]

Was dieser Erklärung ihr weit über andere Proteste hinausreichendes Gewicht gab, war eben die öffentliche Verlesung. Am 7. Januar mögen es wohl nur einige hundert Pfarrer in Berlin und der näheren Umgebung gewesen sein, die die Abkündigung vollzogen.[7] Aber diese Zahl genügte vollauf, um die Menschen in Bewegung zu bringen. Wie gespannt die Aufmerksamkeit gerade in der Reichshauptstadt war, zeigte sich am Montagabend bei neun großen öffentlichen Bekenntnisversammlungen: Trotz behördlicher Gegenmaßnahmen waren sie allesamt überfüllt und verstärkten so den Eindruck, daß hier etwas für das Dritte Reich ganz Ungewöhnliches geschah.

Einen wesentlichen Anteil an der außerordentlichen Wirkung dieses Protestes hatten die ausländischen Zeitungen, die zu dieser Zeit in Berlin noch zu haben waren. Fast alle größeren Blätter in den protestantischen Ländern berichteten – zum Teil in großer Aufmachung – von der neuen Wendung im Kirchenstreit. »Ecclesia protestans« überschrieben die »Basler Nachrichten« vom 13./14. Januar ihren Beitrag und sprachen darin von einem »evangelischen Kulturkampf«.[8] Der Korrespondent des »Manchester Guardian« spürte »tenseness and fervour«, also Spannung und leidenschaftliche Hingabe in den Bekenntnisversammlungen,[9] und im »News Chronicle« vom 8. Januar lauteten die Schlagzeilen: »Pastors Defy German Primate. Gravest Church Crisis Since Reformation. Historic Declaration From 6,000 Pulpits« – wobei letzteres zweifellos erheblich übertrieben war.[10] Durchaus zweischneidig für den Pfarrernotbund waren die Schlußfolgerungen, die die Blätter aus den Ereignissen zogen. Ein aufmerksamer Beobachter im preußischen Geheimen Staatspolizeiamt faßte sie alle in einem Bericht zusammen: Die »... verblüffendste Eigentümlichkeit der Hitler-Revolution ...«, so gab der Bericht die Meinung der Auslandspresse wieder, sei »die Schwäche des Widerstands« gewesen, der »... kraftvolle Widerstand der protest. Pastoren ...« aber zeige, »daß im Herzen Deutschlands der Funke trotzigen Unabhängigkeitssinns ... noch nicht erloschen ...« sei.[11] Es hatte seine Gründe, wenn die von der Gestapo gesammelten »Ausschnitte aus der ausländischen Presse zum evangelischen Kirchenstreit« bald eine wichtige Rolle spielten.[12] Sehr viel gemäßigter und zurückhaltender war der Widerspruch, der vom anderen Flügel der kirchlichen Opposition, von den süddeutschen Landeskirchen Bayern und Württemberg, gegen die reichsbischöfliche Verordnung ausging.

Beide Kirchen waren insofern in einer besonderen Lage, als sie sich als einzige große Landeskirchen in Deutschland dem Zugriff der Deutschen Christen auf die Kirchenleitungen hatten entziehen und damit ihre bekenntnistreuen Bischöfe hatten behalten können. Obwohl es auch in diesen Kirchen eine deutschchristliche Agitation gab, bildeten sie im Chaos der kirchlichen Verhältnisse gleichsam die letzten Inseln eines rechtlich und geistlich geordneten kirchlichen Lebens. Das war ihre Stärke und ihre Schwäche zugleich. Denn einerseits konnten ihre Bischöfe damit von einer vergleichsweise sicheren und zuverlässigen Basis aus operieren, andererseits zögerten sie begreiflicherweise, diese Basis, nämlich ihre geordneten Kirchen, durch öffentliche Aktionen möglicherweise aufs Spiel zu setzen – eine Situation, die in vielem der Lage der katholischen Kirche ähnlich war.

An der Spitze der bayerischen Landeskirche stand seit dem Sommer 1933 der damals 53jährige Hans Meiser, eher ein treuer Kirchenverwalter als ein Mann mit Charisma, dem vor allem an der Geschlossenheit seiner Landeskirche lag. Nationalbewußt und bekenntnistreu zugleich, fand er immer wieder Wege zum Ausgleich der entstandenen Spannungen. Eben dies befähigte ihn, 1934 als Sprecher der ganzen kirchlichen Opposition aufzutreten, ein Amt, das am Jahresende 1934 an den noch kompromißfreudigeren hannoverschen Landesbischof Marahrens und später im Kriege, als die Auseinandersetzungen härter wurden, auf den württembergischen Bischof Theophil Wurm überging.

Die verschiedenen Ausgangspunkte, aber auch die verschiedenen Temperamente der leitenden Männer innerhalb der Bekenntnisfront führten in kritischen Situationen immer wieder zu heftigen Meinungsverschiedenheiten zwischen dem Pfarrernotbund und später den Bruderräten auf der einen und den süddeutschen Landeskirchen auf der anderen Seite. Fühlten sich die einen gefährdet, so glaubten sich die anderen verraten – ein fortdauerndes Problem, das den gesamten Kirchenkampf belastete.

Auch die unterschiedlichen Reaktionen auf den »Maulkorberlaß«, wie man die Verordnung vom 4. Januar nun überall nannte,[13] machten diesen Unterschied deutlich. Statt öffentlicher Proteste legten die Kirchenleitungen von Württemberg und Bayern zusammen mit einigen kleineren Kirchen lediglich telegraphisch »Rechtsverwahrung« ein und ließen den Reichsbischof wissen, daß sie sich »... hinsichtlich der Anwendung der Verordnung alles Weitere vorbehalten« müßten.[14] Die Mitteilung der Kanzelabkündigung des Pfarrernotbundes vom 7. Januar an die rund 700 württembergischen Notbundpfarrer trug deshalb – um »... Mißverständnissen vorzubeugen« – den ausdrücklichen landeskirchlichen Vermerk, diese Abkündigung sei »... nicht zur Verlesung im Gottesdienst bestimmt..., weil sie auf ganz andere als die württ. Verhältnisse zugeschnitten ...« sei.[15] Während also die Führung des Pfarrernotbundes mit Ludwig Müller öffentlich gebrochen hatte, fühlten sich die opponierenden Landeskirchen als Glieder der Reichskirche, deren Ord-

Der bayerische Landesbischof Hans Meiser trat 1934 als Sprecher der gesamten kirchlichen Opposition auf.

nung und damit auch dem Reichsbischof noch immer ein Stück weit verbunden.

Neben den aktuellen kirchlichen und kirchenpolitischen Protesten dieser Tage bekam auf längere Sicht jedoch eine andere Verteidigungslinie ein entscheidendes Gewicht, nämlich die rechtliche Argumentation. Die neue staatskirchliche Konzeption, die mit der Verordnung vom 4. Januar zum ersten Mal Gestalt gewann, ruhte auf einem bestimmten Verständnis der Rechtsverhältnisse im Dritten Reich. Der rechtliche Einspruch gegen dieses Verständnis mußte den Kern des Ganzen treffen. Tatsächlich war es erst die Verbindung der Bekenntnisfrage mit der Rechtsfrage, die aus der Bekenntnisfront die Bekennende Kirche entstehen ließ.

Der herausragendste Vertreter dieses rechtlichen Einspruches – und damit der eigentliche Gegenspieler der neuen Männer an der Spitze der Reichskirche war der Leipziger Reichsgerichtsrat Wilhelm Flor.[16] Seine Bedeutung für die Bekennende Kirche im Jahre 1934 war nicht geringer als die von Karl Barth. Flor war ein klares, durch keinen Druck zu beugendes und durch keine Begeisterung zu verführendes Rechtsbewußtsein zu eigen. In den zwanziger Jahren Oberlandesgerichtsrat in Oldenburg und zugleich nebenamtliches Mitglied der Oldenburger Kirchenleitung, war der damals 51jährige 1931 zunächst als Hilfsrichter an das höchste deutsche Gericht berufen worden. Obwohl politisch der Deutschen Volkspartei Stresemanns nahestehend, trat er im März 1933 der NSDAP bei. Aber dieser Beitritt veränderte keineswegs, wie bei so vielen anderen, auch sein Rechtsbewußtsein. Noch im Oktober 1937, zu einer Zeit, als das Dritte Reich dem Zenit seiner Macht zustrebte, schrieb der Reichsgerichtsrat an den Reichsjustizminister: »... *Daß die deutsche Justiz, die wahrlich nicht dazu da ist, irgendwelche politische Wünsche zwangsweise gegen das Recht durchzusetzen, vielmehr die Aufgabe hat – auch gegenüber Willkürakten einer staatlichen Stelle – unter allen Umständen das Recht hochzuhalten, ist eine Selbstverständlichkeit. Wir müssen das leider sagen, weil das deutsche Volk ... jetzt den Eindruck hat, als sei die Justiz dieser Aufgabe nicht in jeder Beziehung gerecht geworden ...*«[17]

Auf dieser Linie lagen auch seine Rechtsgutachten zum Kirchenstreit. Das erste erschien im Oktober 1933 in der »Junge[n] Kirche«, der Zeitschrift der kirchlichen Opposition, unter der anspruchslosen Überschrift: »Der Kirchenstreit vom Rechtsstandpunkt aus beurteilt«. Die Brisanz des Inhalts erschloß sich aus der vorsichtigen Notiz der Redaktion, die dem Verfasser vorweg »... *eine restlose Bejahung* der von seiten der Reichsregierung ... in der Kirchenfrage unternommenen Schritte« bestätigen zu müssen glaubte.[18]

Tatsächlich gehört dieser Beitrag Flors mit seiner Nüchternheit, seiner Weitsicht und seinem Mut neben den Äußerungen Barths und Bonhoeffers zu den klassischen Zeugnissen kirchlich-evangelischer Besinnung in dieser Zeit.

»In Zeiten revolutionärer Veränderung«, so begann der Aufsatz, »fragt man, zum mindesten auf seiten derer, die die Revolution begrüßen, nicht viel nach dem Recht ... Ja Leute, die Rechtsbedenken äußern, werden als rückständig bezeichnet, man sagt, sie verständen nicht den Geist der neuen Zeit.«[19] Gleichwohl habe der Verfasser es unternommen, die Rechtsgrundlage der jüngsten kirchlichen Entwicklung – im Blick lag dabei der Staatseingriff in Preußen[20] – zu prüfen; denn es handele sich hier um Fragen, die »an innerste

Dinge« rührten. »Wenn das aber der Fall ist«, schrieb im Oktober 1933 einer der höchsten deutschen Richter, »würde es Feigheit sein, wollte man sich mit der bequemen Wendung, daß die Prüfung von Rechtsfragen praktisch zwecklos sei, sein Gewissen beruhigen, alles hinnehmen und auf jede kritische Betrachtung überhaupt verzichten, oder wenigstens das bei einem Studium der Rechtslage gefundene Ergebnis deshalb nicht aussprechen, weil es vielleicht dem einen oder anderen maßgebenden Politiker unbequem sein möchte.«[21]

Die Überzeugung, die Flor im folgenden vortrug, befand sich im strikten Gegensatz zu der von Carl Schmitt geprägten Auffassung vom Wesen des Rechts im totalen Staat, wie sie Heckel, Forsthoff, Huber und viele andere vertraten. Damit zeigte sich zugleich die grundsätzliche politische Bedeutung dieser Position.

Trotz der »nationale[n] Revolution« sei es falsch, so erklärte Flor, wenn behauptet werde, »wir lebten in Deutschland nach revolutionärem Recht. Nein, wir leben nach den verfassungsmäßig erlassenen deutschen Gesetzen.« Zwar könnten »... bestehende Gesetze auf Grund des ...Ermächtigungsgesetzes aufgehoben oder geändert werden; aber soweit dies nicht geschehen ...« sei, seien »auch der Staat und seine Organe an die Gesetze gebunden«.[22] Im Blick auf die bestehende Rechtslage formulierte Flor eine vernichtende Kritik des Staatseingriffs mit dem Ergebnis, »daß eine Rechtsgrundlage für das Eingreifen in Preußen nach bestehendem Staats- und Kirchenrecht nicht als gegeben angesehen werden kann«.[23]

Im Zusammenhang mit diesen Überlegungen berührte der Reichsgerichtsrat interessanterweise schon im Oktober genau den Punkt, um den es jetzt bei der neuen Konzeption ging. Es könnte hinter dem Staatseingriff ja der Gedanke stehen, meinte er, »zwar nicht rechtlich aber faktisch« eine Staatskirche zu schaffen. Wie in einer Art vorgreifender Erwiderung auf die Argumentation Heckels bemerkte Flor dazu: »Wer glauben sollte, daß die Herstellung einer ganz engen Verbindung zwischen Staat und Kirche Staatsnotwendigkeit sei« – und eben das war ja Heckels, Jägers und Oberheids gemeinsame Überzeugung –, »der mag offen den Standpunkt eines Staatskirchentums vertreten. Es würde aber unwahrhaftig sein, einerseits die Einrichtung der Staatskirche weit von sich zu weisen, andererseits aber zu fordern, daß die Kirche doch in allen wichtigen Fragen vom Staat abhängig sei.«[24]

Auf der Linie unbeirrten Festhaltens an den Rechtsnormen der Kirchenverfassung lag nun auch das kurze Gutachten Flors zur Gültigkeit der Verordnung vom 4. Januar. Er bestritt darin die Auffassung von der unumschränkten Vollmacht des Reichsbischofs auf Grund von Artikel 6 Abs. 1 der Verfassung und wies zugleich nach, daß der »... Pfarrer, der im Angesicht Gottes vor seine Gemeinde tritt und deshalb zu unbedingter Wahrhaftigkeit *verpflichtet* ist«, auch das Recht haben müsse, »die Wahrheit zu ergründen und zu sagen, wenn er ernste Zweifel ...« an kirchenregimentlichen Maßnahmen habe.[25] Dies gelte im geschlossenen Kreis ohne Einschränkung, in der Öffentlichkeit mit einem Vorbehalt bezüglich Form und Umfang der Kritik, der sich aus der Verantwortung des Amtes von selbst ergebe.[26]

Die Bedeutung dieser und weiterer Rechtsgutachten für die kirchliche Entwicklung des Jahres 1934 und darüber hinaus ist schwerlich zu überschätzen, und zwar in mehrfacher Hinsicht: Zum einen machten sich die Gerichte fast ohne Ausnahme den Florschen Rechtsstandpunkt zu eigen und entschieden – wie dann im Fall Werner, in dessen Urteilsbegründung seitenlang aus einem Florschen Gutachten zitiert wurde[27] – durchweg gegen die Maßnahmen des Reichskirchenregiments; zum anderen aber, und das war noch wichtiger, gab diese Argumentation dem aus Bibel und Bekenntnis erwachsenden Widerstand in der Kirche seine unerläßliche rechtliche Begründung. Kaum ein halbes Jahr später legte Flor auf der Barmer Bekenntnissynode in einem großen Vortrag mit der Kritik am Reichskirchenregiment die Rechtsgrundlagen der Bekennenden Kirche dar und gab damit dem notorisch rechtsschwachen deutschen Protestantismus zum ersten Mal in seiner Geschichte das Bewußtsein eines eigenen kirchlichen Rechts.

Anfang Januar freilich lag dies alles noch in weiter Ferne. Nicht Rechtsfragen und erst recht nicht theologische Besinnung bestimmten das Bild, sondern ganz allein Politik und Kirchenpolitik. Und dies galt nicht nur für den Reichsbischof und seine neuen Gehilfen, sondern in gleichem Maße auch für die kirchliche Opposition.

Schon am 3. Januar, also noch ehe die neue Verordnung bekannt war, wurde auf einer Sitzung des Bruderrates des Pfarrernotbundes davon gesprochen, daß die Opposition nun auch ihrerseits alle zur Verfügung stehenden politischen Möglichkeiten nutzen müsse.[28] Martin Niemöller teilte den Versammelten mit, daß er sich bereits telephonisch erneut mit Ministerialrat Conrad in Verbindung gesetzt habe.[29] Conrad war im Reichsinnenministerium für die Kirchenfragen zuständig und blieb Niemöller lange Zeit freundschaftlich verbunden. Noch im März 1935 ließ er sich von Niemöller in Dahlem trauen – ein für einen hohen Staatsbeamten im Dritten Reich zumindest ungewöhnlicher Entschluß.[30] Mit Conrad und seinem Abteilungsleiter,

Ministerialdirektor Buttmann, die zu jener Zeit noch weitgehend die Haltung des Reichsinnenministers bestimmten, durfte die kirchliche Opposition das verantwortliche Reichsressort zuverlässig auf ihrer Seite wissen. Als weiterer glücklicher Umstand erwies es sich, daß der Reichsfinanzminister, Graf Schwerin von Krosigk, zur Gemeinde von Niemöllers Amtsbruder Eberhard Röhricht gehörte und lebhaften Anteil am Kirchenstreit nahm.[31] Der junge, konservative Minister verfügte über gute Beziehungen zum Reichspräsidenten, und auf den Einsatz Hindenburgs, der im Sommer 1933 schon einmal mit Erfolg zugunsten der kirchlichen Opposition bei Hitler interveniert hatte,[32] setzten nun wiederum die bekenntnistreuen Kreise.

Der 87jährige Reichspräsident war bereits im Bilde. Schon am 3. Januar hatte ihn ein Schreiben seines alten Kriegskameraden, des Generalfeldmarschalls August von Mackensen, erreicht, der über »die Erregung im Volke« berichtete, die das Vorgehen des Reichsbischofs in der Jugendfrage ausgelöst habe.[33]

Drei Tage später, in der Nacht vom 6. auf den 7. Januar, unterrichtete der Reichsfinanzminister den Staatssekretär Hindenburgs, Meißner, handschriftlich über die Verordnung vom 4. Januar und übersandte zugleich ein Exemplar der Kanzelabkündigung des Pfarrernotbundes, das ihm gerade von Röhricht zugegangen war. »Das ist nun der offene Bruch«, schrieb der Minister, »und ich bedauere diese Entwicklung tief, glaube aber, daß die Hauptschuld den Reichsbischof selbst trifft.« Da er »... nach wie vor ein Eingreifen des Staates außen- und innenpolitisch für eine Katastrophe halten würde«, beeile er sich, »... den Sachverhalt mitzuteilen, damit etwaiges Unheil, das nun sehr schnell eintreten könnte, verhütet wird«.[34] Dies war eine unmißverständliche Aufforderung an den Reichspräsidenten, im Sinne der kirchlichen Opposition auf den Reichsbischof einzuwirken.

Gleichzeitig wurde auch Bodelschwingh, dem das besondere Vertrauen Hindenburgs galt, durch seinen Berliner Beauftragten Gerhard Stratenwerth bei Meißner vorstellig und verstärkte so die Bemühungen um den Reichspräsidenten auch von kirchlicher Seite. Nimmt man hinzu, daß der Reichsaußenminister von Neurath durch den württembergischen Landesbischof Wurm und der Vizekanzler von Papen durch Bodelschwingh unterrichtet wurden, so wird man kaum an dem Urteil vorbeikommen, daß auch auf seiten der Opposition inzwischen eine handfeste Kirchenpolitik betrieben wurde.[35]

Während die Opposition ihre Stellung kirchenpolitisch, politisch und rechtlich auszubauen versuchte, blieben Oberheid und Jäger selbstverständlich nicht untätig. Ziel ihrer Bemühungen war neben dem Reichspräsidenten vor allem die preußische Regierung. In mancher Hinsicht waren die folgenden Auseinandersetzungen eine Fortsetzung der alten Rivalität zwischen Preußen und dem Reich, wobei Preußen die revolutionäre, die Reichsbehörden dagegen die rechtssichernde Rolle übernahmen.

Die Dinge begannen am 6. Januar mit einem Besuch Oberheids im Büro des Reichspräsidenten. Dabei legte der deutschchristliche Bischof die Dinge ganz aus der Sicht des Reichsbischofs dar. Schuld an der Zuspitzung des Konflikts, so behauptete Oberheid, trügen die süddeutschen Landeskirchenführer im Verein mit dem Pfarrernotbund; der Streit ginge »... letzten Endes um die Posten ...«.[36]

Schon am darauffolgenden Sonntag widerlegte Ludwig Müller selbst diese Behauptung. Nachdem der Reichsbischof, der wie immer in diesen Wochen mit Jäger und Oberheid angereist war, am Nachmittag in Kiel den deutschchristlichen Landesbischof Adalbert Paulsen in sein Amt eingeführt hatte, sprach er am Abend auf einer Massenkundgebung in der Nordostseehalle, wobei er den Pfarrernotbund drohend wissen ließ, daß er notfalls auch ohne Pfarrer auskommen könne. »›*Unsere neue deutsche Evangelische Kirche im neuen Deutschland darf niemals Pfaffenkirche werden*‹, erklärte Ludwig Müller und fuhr fort, ›*wenn die Pastoren an diesem Werk nicht mitarbeiten wollen: dann sollen die Laien predigen in Deutschland. Ich bin überzeugt, wenn wir das Deutsche Evangelische Kirchenvolk dazu aufrufen, dann wird es uns verstehen.*‹ – Mit einem frohen, wie befreiten Jubel ...« belohnte »die Versammlung diese mutigen, wahrhaft christlichen Worte ...«[37]

Was unter diesen »wahrhaft christlichen« Worten zu verstehen war, das erläuterte Oberheid umgehend im Büro des Reichspräsidenten: Der Reichsbischof beabsichtige, die führenden Pfarrer der Opposition vom Dienst zu suspendieren und eine Aufforderung an geeignete Laien zu erlassen, sich für das Predigtamt zur Verfügung zu stellen. Dies solle dem Pfarrernotbund zeigen, »dass der Reichsbischof einen Pfarrerstreik ...« nicht fürchte.[38] Am Schluß erklärte Oberheid, daß er auch mit dem Chef der Geheimen Staatspolizei, Diels, Fühlung genommen habe, »der der Frage nähertreten ...« werde, »ob die Verbreitung von Flugblättern und aufhetzerischen Schriften verboten werden ...« solle.[39]Und schon am Abend dieses Tages tauchten Müller und Jäger gemeinsam im Büro des Gestapo-Chefs auf, um das staatliche Eingreifen dringlich zu machen. Aber Diels blieb vorsichtig. Eine Anordnung an sämtliche Staatspolizeistellen und Regierungspräsidenten in Preußen vom 8.

Januar befahl lediglich genaueste Überwachung der oppositionellen Kundgebungen; ein Eingreifen sollte »nur notfalls« erfolgen. Allerdings seien in Angriffen gegen das Jugendwerk bezüglich der Eingliederung »... Angriffe gegen [den] Staat zu erblicken«. Im übrigen sollten die Berichte ein Urteil »... über sofortiges weiteres Einschreiten für zentrale Dienststellen ermöglichen«.[40] Offensichtlich hatten Müller und Jäger alles versucht, den Chef der Gestapo von der politischen Gefährlichkeit des Pfarrernotbundes zu überzeugen, erreichten zunächst aber nicht mehr als eine Überwachung.

Die gezielte politische Beschuldigung der Opposition und insbesondere des Notbundes wurde fortan zur wichtigsten Waffe von Jäger und Oberheid. Dabei erhielten sie intern und öffentlich vielfache Schützenhilfe. Daß die Deutschen Christen, soweit sie sich aus ihrem Debakel hatten retten können, entsprechend argumentierten, war nicht überraschend. So forderte die Landesleitung in Schlesien kategorisch, daß der Abkündigung der schlesischen Notbundpfarrer »... unter Einsatz aller Staatsmittel entgegenzutreten« sei. »Der Reibi ist der Bevollmächtigte des Führers«, lautete die vielfach wiederholte Begründung, »und wer sich darum gegen den Reibi stellt, stellt sich gegen den Führer... Der Staat Adolf Hitlers kann und wird sich eine Zerschlagung der Einheit des deutschen Volkes durch die Pfarrer des Notbundes nicht gefallen lassen.«[41]

Noch bedenklicher als diese direkten Angriffe war eine Analyse, die Wilhelm Stapel am 6. Januar im »Deutsches[n] Volkstum« veröffentlichte, der Zeitschrift, in der Forsthoff seine Überlegungen zum Verhältnis von totalem Staat und evangelischer Kirche vorgetragen hatte.[42] Der Bund, so meinte er, sei »... soziologisch das interessanteste Gebilde unserer Tage, weil sich hier zum erstenmal eine wirksame Form der *Obstruktion...«* gegen das Dritte Reich gezeigt habe. »Daher« rühre auch »das Interesse des demokratischen Auslandes an dem Bunde«. Aus der ursprünglichen *»Glaubensbruderschaft«* sei inzwischen »... ein Bund zur Sicherung der Anstellung...« und »... damit zugleich eine politische *Macht...«* geworden. »Zunächst«, und damit kam Stapel zum Kern, »ist die Macht negativ: Abwehr. Sie kann jeden Tag positiv werden: Angriff. Dann würde sie soziologisch alle Merkmale einer *Verschwörung* aufweisen. Nach dem Modell des Pfarrernotbundes könnte man einen Professorennotbund, einen Juristennotbund, einen Lehrernotbund usw. schaffen.« Stapel hatte wenig Mühe, vorauszusehen, was daraus folgen mußte: »Ein solcher Bund fordert... den Gegenschlag des Staates heraus.« Es müsse »... unvermeidlich das geschehen, was seit Constantin dem Großen immer geschah: der Staat schafft Ordnung, *weil er Unordnung nicht dulden kann«.*[43] Daß gerade dieser Artikel in der Parteipresse mehrfach nachgedruckt wurde, war ein unübersehbares Warnsignal.

Bis zu welchem Grade von Blindheit und politischem Fanatismus es in diesen Auseinandersetzungen an den Brennpunkten des Geschehens bereits gekommen war, machten zur gleichen Zeit Vorgänge in der Kirchengemeinde Berlin-Tempelhof deutlich. Nach einer langen und offenbar höchst kontrovers verlaufenen Sitzung des Kirchengemeinderates richtete am späten Abend des 14. Januar Pfarrer Samuel Pfeiffer namens der nationalsozialistischen Mitglieder ein Telegramm an die Geheime Staatspolizei, das die Verhaftung seines Amtsbruders an der gleichen Gemeinde forderte. »Pfarrer Dr. Buchholtz«, so lautete der beschämende Text, »hat heute trotz Verbotes ... die bekannte Protestkundgebung des Pfarrernotbundes gegen den Reichsbischof, den kirchlichen Vertrauensmann des Führers, von der Kanzel verlesen. Wegen Verstosses gegen die Verordnung ... vom 4. Januar 1934 ... wird Anzeige erstattet. Da Erregung in der Gemeinde nicht mehr zu meistern, ist Schutzhaft dringend erforderlich.«[44]

Die Überzeugung von der politischen Gefährlichkeit der kirchlichen Opposition verbreitete sich mehr und mehr auch unter hohen Parteifunktionären. Die »... evangelische Kirche« werde »in verstärktem Maße zum Tummelplatz einer staatszersetzenden Tätigkeit gemacht ...«, schrieb der kurmärkische Gauleiter und Oberpräsident Kube am 18. Januar an Diels,[45] und sein württembergischer Kollege Wilhelm Murr meinte am 22. Januar in einem Brief an Hitler, unter »dem Glorienschein des Einstehens für die kirchlichen Belange« werde »hier gleichzeitig auch gegen die nationalsozialistische Weltanschauung und gegen den neuen Staat gekämpft«.[46]

Angesichts dieser schweren Angriffe und Verdächtigungen hing nun für die kirchliche Opposition alles davon ab, wie sich ihre politischen Bundesgenossen, vor allem der Reichspräsident und das Reichsinnenministerium, verhalten würden. In der Tat spielten in den kommenden Wochen, bis zur vorläufigen Entscheidung der Dinge am 25. Januar, das Büro des Reichspräsidenten und die Kirchenabteilung des Innenministeriums eng zusammen bei dem Versuch, durch den Sturz des Reichsbischofs zur Befriedung der evangelischen Kirche zu gelangen.[47]

Das Drängen der kirchlichen Opposition und insbesondere des Reichsfinanzministers war beim Reichspräsidenten nicht ohne Wirkung geblieben, denn dieser ergriff nun die Initiative und bat am 11. Januar den Reichsbischof zu sich, der wie immer in diesen Tagen von Oberheid begleitet wurde. Gewissermaßen für die andere Seite nahmen Schwerin von Krosigk und Hindenburgs Staatssekretär Dr. Meißner an dem Treffen teil. Nachdem der Reichspräsident betont hatte, daß er »... nicht in amtlicher Eigenschaft ...« spreche, »sondern nur, um ...« sich »persönlich zu informieren ...«,[48] hielt er dem Reichsbischof drei Punkte vor, die die Gemüter beunruhigten: die Frage der Besetzung des Geistlichen Ministeriums, die Eingliederung des Evangelischen Jugendwerkes und die Verordnung vom 4. Januar, »die als zu weitgehend angesehen und als Androhung von Gewalt und Bedrückung gegenüber dem evangelischen Gewissen ausgelegt ...« werde.[49] Ludwig Müller erwiderte darauf in seiner bekannten Suada – nach Bodelschwinghs Informationen sprach er »... über eine Stunde, bis Hindenburg ermüdet war«[50] –, die Dinge lägen ganz anders und alles solle nur dem Frieden dienen. Dagegen erläuterte von Krosigk »... mit sehr ernsten Worten ...« die Haltung des Pfarrernotbundes, und zum Schluß der Unterredung wurde es noch einmal interessant, als Ludwig Müller nämlich den Reichspräsidenten über die Pläne informierte, »... in Abänderung der bisherigen Kirchenverfassung ein staatliches Mitwirkungs- oder Aufsichtsrecht über die Evangelische Kirche einzuführen. Ein Konkordat zwischen Evangelischer Kirche und Staat sei nach seiner Auffassung als dem Wesen der Evangelischen Kirche widersprechend nicht möglich; aber in Anlehnung an die frühere Stellung des Monarchen als summus episcopus müsse die Reichsregierung gewisse Rechte über die Kirche haben; er beabsichtige, einen solchen Vorschlag dem Herrn Reichspräsidenten zu unterbreiten.«[51]

Dies war selbstverständlich nichts anderes als der Plan des Ministers in evangelicis, den Oberheid im Dezember zum ersten Mal bei Popitz entwikkelt hatte.

In dieser Unterredung hielt sich der Reichspräsident gegenüber dem Reichsbischof noch zurück, aber das sollte sich sehr schnell ändern. Schon am nächsten Morgen nämlich berichteten der Reichsfinanzminister und Bodelschwingh, der nun selbst die Vermittlungsdienste für die Opposition in Berlin übernommen hatte, von einer neuerlichen Verschärfung der Situation durch »Verhaftungen von Pfarrern« und »Haussuchungen in Büros des ›Pfarrer-Notbundes‹«.[52] Angesichts der anhaltenden Gewaltmaßnahmen stünden der Austritt der süddeutschen Landeskirchen aus der Reichskirche und die Ausrufung einer Evangelischen Freikirche durch den Pfarrernotbund unmittelbar bevor.[53] Jetzt war der Reichspräsident endgültig alarmiert. Noch am selben

Tag bat er den Reichsinnenminister, »... eine gewisse Vermittlung zur Herbeiführung einer Verständigung ...« zu übernehmen.[54] Und wenig später ließ er auf dem Dienstweg »... zur persönlichen Kenntnis des Herrn Reichskanzlers bringen«, daß nach seiner Ansicht »... der Reichsbischof teils aus gesundheitlichen Gründen, teils aus Mangel an Autorität nicht in der Lage ...« sei, »die gegenwärtig sehr besorgniserregenden Zustände in der evangelischen Kirche zu bessern und die Einheit der Reichskirche zu wahren«.[55] Deutlicher konnte der Reichspräsident seine Meinung schwerlich zum Ausdruck bringen.

Angesichts dieser Unterstützung begann das Innenministerium nun, den Reichsbischof unter stärksten Druck zu setzen.

Ludwig Müller hatte für den 13. Januar die Kirchenführer kurzfristig nach Berlin gerufen, angeblich um Vorschläge für die Besetzung des Geistlichen Ministeriums entgegenzunehmen, in Wahrheit aber, um sie zu einer Distanzierung vom Widerstand des Pfarrernotbundes zu zwingen,[56] und es gelang ihm immerhin, die Kirchenführer, sogar die der Opposition, zu einem »Burgfrieden« bis zum 17. Januar zu bewegen. Diese verweigerten zwar weiterhin die Durchführung der Verordnung vom 4. Januar, erklärten sich jedoch bereit, dafür zu sorgen, »daß am morgigen Sonntag die Verlesung der Erklärung des Pfarrernotbundes auf den Kanzeln unterbleibt«.[57] Müllers entscheidendes Argument ihnen gegenüber war der Hinweis, daß er am 17. Januar von Hitler empfangen werde und wichtige kirchenpolitische Entscheidungen bevorstünden.

Für Niemöller und den Pfarrernotbund mußte das begreiflicherweise wie Verrat erscheinen, und so war nur zu gut zu verstehen, daß der Dahlemer Pfarrer »nachts am Telefon« bei Conrad tobte und zu Meiser wollte, »um Bündnis zu kündigen«.[58] Buttmann jedoch hatte auf die kirchliche Opposition eingewirkt aus Furcht, eine weitere Zuspitzung der Situation würde nur dem Reichsbischof zugute kommen.[59] Das aber mußte, wollte man die eigenen Pläne nicht gefährden, unter allen Umständen vermieden werden. Ludwig Müller machte er gleichzeitig mit aller Schärfe klar, daß das Innenministerium sich jeder Absicht zur revolutionären Umgestaltung der Reichskirche nachdrücklich widersetzen würde. Die rechtssichernde Politik des Innenministers schlug sich in einer persönlichen Erklärung Fricks nieder, die Buttmann dem Reichsbischof überbrachte. Darin hieß es: »Der Staat nähme nur Interesse an einer Kirche, in der innerlich Frieden und Ordnung herrsche. Träten diese Voraussetzungen nicht ein, so könne der Staat solche Kirche auch aus Staatssteuermitteln nicht weiter unterstützen.«[60]

Das Reichsinnenministerium und das Büro des Reichspräsidenten arbeiteten zielstrebig weiter am Sturz Müllers. Am 15. Januar veranlaßte Conrad den Präsidenten des preußischen Oberkirchenrates zur Vorlage einer Denkschrift, die die Verfehlungen Müllers, Jägers und Oberheids festhielt und die schon am 16. auch in Meißners Hände kam.[61] Dieser tat ein übriges, indem er ein Schreiben der deutschen Pfarrer in England, das auf Bonhoeffers Betreiben zustande gekommen war und eine mögliche Loslösung der deutschen Gemeinden von der Heimatkirche ankündigte, unverzüglich an Lammers weiterleitete mit dem ausdrücklichen Hinweis, der Reichspräsident bitte um Vorlage bei Hitler.[62]

Damit war nun endgültig Hitlers Entscheidung gefordert. Alles hing jetzt davon ab, welche Seite den Reichskanzler für ihre Sicht der Dinge gewinnen würde. Und hier schien das Innenministerium am 18. Januar kurz vor dem Ziel.

Der Reichskanzler nämlich, des Streites in der Kirche überdrüssig und wohl auch voller Zweifel hinsichtlich der Person Ludwig Müllers, hatte den geplanten Empfang des Reichsbischofs am 17. Januar kurzerhand abgesagt und statt dessen am folgenden Tag Frick und Buttmann zu sich kommen lassen, um die Kirchenfrage mit ihnen zu besprechen. Nach der Zusammenkunft erteilte er Weisung, in der kommenden Woche die maßgebenden Kirchenführer beider Seiten zu einer Aussprache in die Reichskanzlei einzuladen und dabei, wie Meißner in einem Aktenvermerk festhielt, »... noch einmal den Versuch einer Verständigung ...« zu machen.[63] Daß Frick und Buttmann mit ihren Vorstellungen überzeugend gewirkt hatten, zeigte sich daran, daß Hitler nicht nur die Vorbereitung und die Auswahl der Teilnehmer an diesem entscheidenden Empfang dem Innenministerium übertrug, sondern daß er auch die neutrale Haltung des Staates ausdrücklich bestätigte. Der mehr als eine Stunde im Vorzimmer wartende Reichsbischof mußte, wie die kirchliche Opposition triumphierend vermerkte, unverrichteter Dinge umkehren.[64] Da es überdies gelang, den Reichspräsidenten dafür zu gewinnen, unmittelbar vor dem geplanten Empfang »seine Auffassung der kirchlichen Lage mit dem Kanzler ...« zu besprechen,[65] sah es nun doch entschieden so aus, als ob die Tage Ludwig Müllers und damit auch die Tage Oberheids und Jägers gezählt seien.

In Wahrheit jedoch war das verwirrende Spiel um Macht und Einfluß noch keineswegs entschieden. Denn in der Reichskirchenregierung, der die Gefährdung ihrer Position keineswegs entgangen war, mobilisierte man nun ebenfalls die politischen Verbündeten. Und dies blieb nicht ohne Erfolg.

Nachdem sich Oberheid am 10. Januar der Unterstützung des Reichspropagandaministeriums versichert hatte,[66] bot Görings prächtig gefeierter 41. Geburtstag am 12. Januar die Möglichkeit, den preußischen Ministerpräsidenten und das preußische Staatsministerium - neben Göring vor allem Kultusminister Rust und Finanzminister Popitz - um politische Unterstützung für die revolutionären Reichskirchenpläne anzugehen. Schon Ludwig Müllers Glückwunschadresse verriet dem Eingeweihten die weitreichenden Absichten: »Wir haben auch das Vertrauen, dass Sie der Evangelischen Kirche weiterhelfen werden in ihrem Streben, Volk, Staat und Kirche immer mehr einander näher zu bringen.«[67]

Vermutlich beim Geburtstagsfrühstück, an dem Oberheid und der Reichsbischof teilnahmen, errang Ludwig Müller bereits die rückhaltlose Unterstützung Görings. Denn anders ist kaum zu erklären, weshalb der nur noch von fremder Hilfe lebende Reichsbischof dem Druck des Innenministeriums nicht nachgab, sondern sich - im Gegenteil - in einem arroganten Schreiben an Frick über Buttmann beschwerte.[68] Dieses Schreiben verriet in seiner ganzen Tonart wiederum Jägers Handschrift, und es war auch Jägers Werk, daß der preußische Kultusminister auf den Protest von 72 Theologieprofessoren hin gegen die Verordnung vom 4. Januar öffentliche Stellungnahmen und die Mitgliedschaft im Pfarrernotbund für alle Beamten der preußischen Kultusverwaltung verbot. Eine persönliche Beschwerde einer Delegation von vier Professoren bei Jäger blieb ohne Ergebnis.[69]

Die entscheidende Wendung nahmen die Dinge allerdings erst, als Göring persönlich eingriff. Beim preußischen Ministerpräsidenten mochte die Aussicht auf eine neue Würde mit im Spiel gewesen sein, bei Popitz die Zusammenfassung aller Kräfte durch den Staat, bei Rust die notorische Konkurrenz zu Frick - jedenfalls ließ Göring sich am 20. Januar, zwei Tage nach dem Erfolg von Frick und Buttmann, bei Hitler melden, um dem Reichskanzler seinerseits Vortrag über die kirchenpolitische Lage zu halten. Dabei machte er sich völlig die Sicht von Oberheid und Jäger zu eigen. Hatten Frick und Buttmann alle Schuld am Kirchenstreit der Unfähigkeit des Reichsbischofs und seiner Berater zugeschrieben, so erschien in Görings Darstellung die gesamte kirchliche Opposition als Hort einer staatsgefährdenden politischen Reaktion. Dabei hatte Göring ebenso wie Frick die für die kommende Woche angesetzte entscheidende Besprechung Hitlers mit den Kirchenführern im Auge.

Angesichts dieser widersprüchlichen Informationen tat Hitler, was jeder andere in seiner Lage auch getan hätte: Er forderte die Vorlage weiteren Materials über die kirchliche Opposition.[70] Nun wurde offenbar, was es hieß, Göring zum Gegner zu haben. Noch am selben Tag setzte der preußische Ministerpräsident den gesamten Apparat der Geheimen Staatspolizei in Bewegung und ersuchte »... in enger Zusammenarbeit mit [den] Gauleitern um sofortige Vorlage ...« von kirchenpolitisch belastendem Material, so zum Beispiel: »Verbot des deutschen Grußes, Entfernung nationaler Symbole, Äußerungen, wie Hitler kann Staat zwingen aber nicht Kirche, Sabotage des Winterhilfswerks, Presseverlautbarungen und Flugblätter.« Auch über Zweck und Eilbedürftigkeit ließ die Anweisung keinen Zweifel: »Einzeldarstellungen der Staatspolizeistellen werden hier zur Denkschrift zusammengestellt, die Reichskanzler gefordert hat. Berichte für künftige Politik des Führers bedeutungsvoll, spätestens in 5 Tagen ...«[71]

Der Polizeiapparat funktionierte mit gewohnter Präzision. Schon am 24. Januar konnte Göring dem Reichskanzler eine »... Zusammenstellung der Preußischen Geheimen Staatspolizei über politische Ausschreitungen evangelischer Geistlicher gegen Staat und nationalsozialistische Bewegung« übersenden mit dem Zusatz, »... eine weitere Zusammenstellung hinsichtlich des katholischen Klerus und der katholischen Jugendverbände ...« werde in Kürze folgen. [72] Dem Schreiben waren zwei Mappen beigefügt. Die eine mit der Aufschrift »Politische Ausschreitungen evangelischer Geistlicher« enthielt insgesamt 29 Berichte über einzelne Pfarrer, vor allem aus Berlin und dem Westen des Reiches; in der anderen mit der Aufschrift »Ausschnitte ausländischer Zeitungen« befanden sich 32 Zeitungsausschnitte oder Zusammenfassungen, die sich mit dem deutschen Kirchenstreit und seinen politischen Folgen beschäftigten.[73]

Das Material war nicht überwältigend, aber es mochte hinreichen, einen ohnehin Mißtrauischen vollends zu überzeugen. Immerhin konnte Hitler hier beispielsweise lesen, daß Pfarrer Wilhelm Schubring in der Marienkirche in Berlin dem Dritten Reich »... die fundamentalste Grundlage, das Vertrauen,« abgesprochen habe und alles als »Lüge« bezeichnet,[74] daß in der kleinen Gemeinde »Leuthen-Wintdorf bei Cottbus« Pfarrer Hans Düring »das Regiment des Reichskanzlers Adolf Hitler ...« mit »Maschinengewehre[n] und Gewalt«[75] in Verbindung gebracht oder der Kölner Superintendent Georg Klingenburg vor einer Pfarrerbesprechung »... die Entfernung der Hoheitszeichen« aus dem Raum verlangt habe.[76] Das alles mochte ungefährlich scheinen, solange es Einzelfälle blieben. In einer Organisation unter Führung eines entschlossenen Mannes konnte sich das aber ändern. Und so blieb Hitler von all dem sicher nicht unbeeindruckt.

Göring tat noch mehr. Unter dem harmlosen Namen »Forschungsamt« hatte sich der preußische Ministerpräsident gerade erst ein persönliches Überwachungsinstrument für die telephonfreudige Reichshauptstadt geschaffen, eine streng geheimgehaltene Einrichtung, die nur auf seine Weisung tätig werden durfte.[77] Dieses »Forschungsamt« beauftragte er nun mit der Überwachung von Niemöllers Telephon, und dieser Auftrag sollte ihm am 25. Januar zum entscheidenden Vorsprung verhelfen.

Weder im Innenministerium noch bei der kirchlichen Opposition ahnte man etwas von diesen Vorbereitungen. Vielmehr gingen hier alle Beteiligten fest davon aus, daß die Besprechung bei Hitler den Sturz Ludwig Müllers nach sich ziehen werde. Dazu schien es freilich notwendig, daß die Opposition dem Reichskanzler als eine möglichst breite und geschlossene Front gegenübertrat. Diesem Ziel galten in den Tagen vor dem Empfang die Bemühungen ihres Sprechers, des bayerischen Landesbischofs Hans Meiser.

Inzwischen nämlich waren die Einladungen des Innenministeriums an den ausgewählten Personenkreis ergangen. Neben dem Reichsbischof waren sieben Mitglieder der Bekenntnisfront und sieben Mitglieder der Deutschen Christen vorgesehen. Aber die Fronten waren inzwischen so in Bewegung geraten, daß Ludwig Müller tatsächlich nur vier zuverlässige Anhänger unter den Eingeladenen besaß, nämlich außer Oberheid noch den Reichsleiter der Deutschen Christen, Dr. Kinder, und die Bischöfe Adler aus Münster und Coch aus Dresden. Die andere Seite vertraten die drei Landesbischöfe Meiser, Wurm und Marahrens, dazu Präses Koch, der eine feste Stellung in Westfalen besaß, und Martin Niemöller. Dazwischen bewegten sich ehemalige Deutsche Christen und führende Mitarbeiter des Reichsbischofs, die sich aber jetzt mehr oder weniger zur Opposition rechneten: der Hamburger Landesbischof Schöffel, der Tübinger Theologe Karl Fezer und die ehemaligen Kirchenminister Hermann Wolfgang Beyer und Otto Weber, der die Reformierten vertrat.[78] Rechnete man die Stimmen zusammen, so ergab sich ein Verhältnis von 10:4 gegen den Reichsbischof.

Kaum waren Einladungslisten und Termin bekannt geworden, begannen auf allen Seiten fieberhafte Vorbereitungen. Schon am Montag traf der größte Teil der Gesprächsteilnehmer in Berlin ein, aber nicht nur sie. Nahezu alles, was Rang und Namen hatte in der evangelischen Kirche und auf die eine oder andere Weise an den Auseinandersetzungen des vergangenen Jahres beteiligt gewesen war, versammelte sich am Dienstag im Hospiz St. Michael in der Reichshauptstadt. Hier erfuhr man, daß der Termin noch einmal verschoben worden war, weil Hitler am Mittwoch zur Beerdigung von Professor Troost nach München flog. Der neue und endgültige Termin war nun auf Donnerstag, den 25. Januar, 1 Uhr nachmittags festgelegt.[79]

Es war eine merkwürdige und in vieler Hinsicht bezeichnende Situation. Nichts konnte die unvergleichliche Stellung, die Hitler inzwischen gewonnen hatte, und die Veränderungen, die in Deutschland vorgegangen waren, besser kennzeichnen als die Tatsache, daß sämtliche führenden Bischöfe und Theologen der evangelischen Kirche die Lösung der kirchlichen Schwierigkeiten von einem Mann erwarteten, der die ganze Kirchenfrage überhaupt nur politisch sah und der überdies auch noch katholisch war. Ähnliches wäre noch ein Jahr zuvor unter einem Kanzler der Republik undenkbar gewesen. Und dieser merkwürdige Führerglaube beschränkte sich keineswegs auf die evangelische Seite, auch der katholische Episkopat erhoffte sich das ganze Jahr 1934 hindurch einen Ausweg aus der bedrängten Lage der Kirche allein von Hitler.

Kein Zweifel: Deutschland war innerlich zu einem Führerstaat geworden, längst ehe auch die äußeren Ordnungen dies deutlich machten. Und dieser Führerstaat ruhte auf der nahezu unbestrittenen Autorität eines Mannes.

Die Vorbereitungen auf kirchlicher Seite gestalteten sich überaus mühsam. Die angestrebte Geschlossenheit machte es notwendig, sich auf eine gemeinsame Vorlage zu einigen. Dies aber war bei der Spannweite der Opposition, die jetzt vom deutschchristlichen Präsidenten Dr. Werner bis zu Martin Niemöller und von Friedrich Gogarten bis zu Karl Barth reichte, eine kaum erfüllbare Forderung. Tatsächlich ist während des Dritten Reiches niemals wieder in der evangelischen Kirche eine ähnlich offene Diskussion in einem solchen Kreis geführt worden wie an diesen beiden Tagen.

Die erste Sitzung der Opposition – aus Kirchenführern, Pfarrernotbund und Professoren – begann am Vormittag des 23. Januar. Landesbischof Meiser, der die Leitung übernommen hatte, eröffnete sie mit dem beziehungsreichen Wort aus Lukas 12: »Wer mich bekennet vor den Menschen, den wird auch des Menschen Sohn bekennen vor den Engeln Gottes. Wer mich aber verleugnet vor den Menschen, der wird verleugnet werden vor den Engeln Gottes.«[80] Wenige Tage später mochte an dieses Wort niemand mehr erinnert werden.

Einig war sich die Versammlung im wesentlichen nur in der Ablehnung Ludwig Müllers. Als Meiser erklärte: »Reichsbischof muß fallen«, »Oberheid,

Jäger müssen fallen«, notierte er »Allgemeine Zustimmung«.[81] Auch über den Maulkorberlaß und die staatskirchlichen Pläne des Reichsbischofs gab es keine Meinungsverschiedenheiten. Schwierig dagegen wurde es bei der Diskussion über die kirchlichen und politischen Grundfragen. Allen Beteiligten war bewußt, daß es um das grundsätzliche Verhältnis von Kirche und Staat ging. Dabei gab es neben viel Verworrenem und Allgemeinem überraschend klare Einsichten in die tatsächliche Problematik dieser Beziehung im Dritten Reich. Das galt nicht nur für den Essener Pfarrer Heinrich Held, der von Anfang an zur rheinischen Pfarrerbruderschaft gehört hatte und der nun die Durchsetzung der völkischen Weltanschauung, »für die der Staat nur ein Mittel ...« sei, als die eigentliche Herausforderung der Kirche bezeichnete.[82] Diesem Staat könne es die Kirche unmöglich überlassen, ihre Grenzen zu bestimmen. Auch ein sonst eher farbloser und schwankender Mann wie der bayerische Lutheraner Hans Lauerer sprach von der Gefahr, daß der Staat sich der nationalsozialistischen Weltanschauung ausliefern könnte. »Dann müßte die Kirche«, meinte er, »eine offene Oppositionsstellung beziehen« und »... den Weg des Martyriums« gehen.[83]

Auch darüber herrschte Einmütigkeit, daß hier nur Hitler selbst eine Wende bringen könne, und diese Ansicht teilte sogar Martin Niemöller: »Christlicher Glaube und Reaktion wird in unserem Volk identisch«, sagte er. »Der einzige Punkt, an welchem man dagegen noch ankämpfen kann, ist der Führer.« Die Sorge der Kirche sei »... heute die Sorge um Staat und Volk. Unter diesem Gesichtspunkt soll man es dem Kanzler sagen. Es gibt auf die Dauer kein Nebeneinander zwischen evangelischem Christentum und einer verkappten völkischen Weltanschauung.«[84]

Verband hier die Versammelten die gemeinsame Sorge, so wurde die Diskussion begreiflicherweise gereizt und strittig, als es um die Frage der Trennung von den Deutschen Christen ging. Der Dortmunder Notbundpfarrer Karl Lücking hatte diesen Streitpunkt auf den Tisch gebracht mit der Forderung, es müsse Hitler gezeigt werden, was evangelische Kirche in Wahrheit sei: nicht zwei entgegengesetzte Gruppen, die sich bekämpften, sondern eine Gruppe, die für sich in Anspruch nehme, »die Kirche zu sein«.[85] Gekränkt erwiderte Gogarten, daß er da nicht mitkönne; er sei »... aus sehr ernsten Gründen zu den Deutschen Christen gegangen«.[86] Auch die Tübinger Theologen Fezer und Kittel und der Gießener Systematiker Haenchen verteidigten den deutschchristlichen Aufbruch. Alles käme darauf an, so meinte etwa Kittel, dem Kanzler mit der Überzeugung gegenüberzutreten: »In diesem Jahr ist etwas geschehen. Gott hat gehandelt in der Geschichte des Jahres 1933.«[87] Und für Fezer besaß Hitlers Glaube an das deutsche Volk nach wie vor »eine religiöse Wurzel«, die die Kirche anerkennen müsse.[88] Obwohl dies seit dem Sommer die entscheidenden theologischen Themen gewesen waren, die die Spaltung der Kirche ausgelöst hatten, schien die Versammlung unter dem Zwang der Situation zu einem Kompromiß bereit. Jedenfalls endete die Sitzung ohne entschiedenen Widerspruch.

Der Nachmittag begann mit einer Besprechung im kleineren Kreis, die der konkreten Neuordnung der Reichskirche und der Landeskirchen mit deutschchristlichem Kirchenregiment galt. Hier war man sich verhältnismäßig schnell über einen Katalog von sieben Punkten einig, der unter anderem die Amtsniederlegung des Reichsbischofs, die Neuerrichtung eines Geistlichen Ministeriums, die Aufhebung der Notverordnungen, die Wiederherstellung der Ordnung in den Landeskirchen und eine neue Verständigung mit dem Reich enthielt. Diese Liste ist vor allem deshalb aufschlußreich, weil sie zeigt, wie nahe sich die Opposition ihrem Ziel wähnte.[89]

Um 18 Uhr wurden dann die grundsätzlichen Beratungen über die gemeinsame Vorlage für Hitler wieder aufgenommen. Sie erhielten ihren Akzent durch das Hinzutreten von Karl Barth, der inzwischen völlig überraschend ebenfalls im Hospiz St. Michael eingetroffen war. Der Bonner Theologe, der im Sommer den entscheidenden theologischen Beitrag zur Klärung der Fronten geleistet hatte, warnte seit dieser Zeit unablässig vor allen bloß kirchenpolitischen Aktionen und versuchte, die Kirche zu einer entschieden kirchlichen Widerstandslinie aufzurufen. Daß er nun mitten im kirchenpolitischen Getümmel auftauchte, verdankte er den Sorgen der Reformierten im Westen, die eben jenen Kompromiß fürchteten, der sich gerade anbahnte. Erst am Montagabend hatte der Sprecher der Reformierten, Hermann Hesse, bei Barth angerufen und ihn – ausgestattet mit einer »General- und Spezialvollmacht« – gebeten, unverzüglich nach Berlin zu reisen, um einen falschen Kompromiß zu verhindern.[90] Noch in der Nacht war Barth aufgebrochen und erschien nun für manche wohl eher unerwünscht in der Versammlung.[91]

Gegenstand der Verhandlungen war nun ein Memorandum, das Fezer in der Mittagspause als Entwurf für eine gemeinsame Vorlage bei Hitler ausgearbeitet hatte. Es lag auf einer gemäßigt deutschchristlichen Linie im Sinne jener Voten vom Vormittag, die neben dem Wort Gottes die Bedeutung des deutschen Aufbruchs für Theologie und Kirche so nachdrücklich betont hatten.

Karl Barth hatte diese »Sowohl-als-auch-Theologie« von Anfang an für schlimmer gehalten als die offene Häresie der Krause-Leute im Sportpalast und löste erneut eine grundsätzliche Diskussion aus, die sich konkret um die Frage drehte, ob das Memorandum mit einem »... Wort des Dankes an Gott ...« beginnen sollte, »für alles, was er im Jahre 1933 dem deutschen Volk durch Adolf Hitler getan habe«.[92] Barth erhob dagegen Widerspruch, und als die Gegenseite ihren Vorschlag »... mit dem Hinweis auf die Rettung von dem Bolschewismus, auf die Bekämpfung der Arbeitslosennot, auf das Winterhilfswerk u.a. ...« zu begründen versuchte, gab er seinem Widerspruch die denkbar schärfste Fassung.[93] In Anlehnung an das berühmte Schlußwort Luthers beim Marburger Religionsgespräch von 1529, das seinerzeit ebenfalls den politischen Kompromiß verworfen und damit den endgültigen Bruch mit Zwingli besiegelt hatte, rief er Fezer zu: »Ihr habt einen anderen Glauben, einen anderen Geist, einen anderen Gott!«[94]

In dieser Nacht begann das Gespräch zwischen Karl Barth und Fezers Tübinger Kollegen, dem Neutestamentler Gerhard Kittel, das in Briefen im Juni und Juli 1934 fortgesetzt wurde und das Verstrickung und Klarheit in dieser Zeit beispielhaft deutlich werden ließ.[95]

Die Sätze wirkten in der Versammlung wie ein Schock.

Barths Mitarbeiterin Charlotte von Kirschbaum berichtete darüber mit der dem Barth-Kreis eigenen Ironie dem Freunde Thurneysen in der Schweiz: »Wüster Tumult entstand. Fezer erbleichte und war der Ohnmacht nahe, wieder Andere schrien: ob das Ernst sei (darunter Gogarten!) wieder Andere wollten das Lokal verlassen (so Rückert) wieder Andere wollten Karl rausschmeissen, wieder Andere ihn zur Zurücknahme dieses Wortes veranlassen unter Beschwörungen der christlichen Liebe. Als wieder etwas Ruhe herrschte, ergriff Karl neuerdings das Wort und sagte: Natürlich sei ihm das Ernst. Das sei die Situation zwischen ihm und den D. C. Das sage er seit dreiviertel Jahren in seinen Schriften. Bischof Meiser stöhnte, das sei das Ende der evangelischen Kirche und ... Lau[e]rer aus Neuendettelsau sagte wimmernd: ›Nun ist alles aus. Nun können wir kein Memorandum machen und können morgen nicht zu Hitler gehen. Und ich kann auch nicht geistl. Minister werden‹ ...«[96]

In der Tat scheint Meiser durch diese Auseinandersetzungen in seiner Abneigung gegen Barth bestätigt worden zu sein. Es war ungemein charakteristisch für den bayerischen Landesbischof, daß er sich abschließend gegen jede theologische Verketzerung wandte und meinte, theologische Kämpfe seien

»... immer dadurch entschieden worden, daß man miteinander im Gespräch geblieben ...« sei »und die Gemeinschaft aufrecht erhalten ...« habe[97] – eine gewiß bestreitbare Behauptung. An diesem Abend sah es nach einem Scheitern aller Vermittlungsbemühungen innerhalb der Opposition aus, doch schon der nächste Tag zeigte, daß der Zwang der Situation stärker war. Auf Grund verschiedener neuer Vorlagen – auch Karl Barth steuerte einen Entwurf bei[98] arbeiteten Hermann Wolfgang Beyer, Martin Niemöller und der bayerische Oberkirchenrat Hans Meinzolt am frühen Nachmittag ein neues Memorandum für Hitler aus, das allgemeine Billigung fand.

Mit diesem Memorandum wurde der Versuch unternommen, Hitler zu erklären, warum es zu den gegenwärtigen Auseinandersetzungen in der Kirche gekommen sei. Schuld daran sei nicht etwa eine mangelnde Aufgeschlossenheit gegenüber dem Nationalsozialismus gewesen, sondern allein dies, »daß die Kirche ihre eigentliche Aufgabe, das reine Evangelium zu verkünden und nichts anderes zu tun, nicht entschieden genug gewahrt ...« habe.[99] Man habe in der Kirche gegen das Bekenntnis verstoßen und eine ungeistliche Führung aufgerichtet. Auch wenn der Reichsbischof nicht genannt wurde, war klar, daß er gemeint war, denn es hieß: »Zur Führung berufene Männer haben versagt.« Deshalb müsse »... jetzt grundlegend Wandel geschaffen ...« werden. Das Memorandum warnte dann vor einer Staatskirche und erklärte dazu wörtlich: »Aus der Kenntnis unserer Kirchen und Gemeinden heraus müssen wir dringend und mit allem Ernst davor warnen, in der Schaffung einer Staatskirche eine Lösung der gegenwärtigen Schwierigkeiten zu suchen. Die Schwierigkeiten werden auf diesem Wege nicht beseitigt, sondern notwendigerweise nur verschärft.« Die Unterzeichneten, so hieß es weiter, seien bereit, der »... Kirche ein Kirchenregiment zu geben, dessen Glieder in persönlichem Vertrauen und im Willen zu echter Kirche verbunden sind«.[100] Das Ganze schloß mit der Bitte an den Reichskanzler: »Schenken Sie uns das Vertrauen und machen Sie die Bahn frei, diese letzte Möglichkeit in die Tat umzusetzen.«[101]

Dies war nun doch der Wille zum großen Kompromiß. Denn die elf Unterschriften, die das Dokument trug, vereinigten die denkbar größten Gegensätze: mit Martin Niemöller die radikale Opposition; mit den Landesbischöfen Meiser, Wurm und Marahrens die landeskirchliche Linie; mit den Professoren Beyer und Fezer gemäßigte Deutsche Christen und mit dem Präsidenten Dr. Werner sogar einen radikalen Deutschen Christen, den nur sein Streit mit Ludwig Müller ins Lager der Opposition getrieben hatte. Aber of-

Berlin, den 25. Januar 1934.

327

Betr. Kirchenkonflikt.

N i e m ö l l e r spricht mit Unbekannt und sagt ihm unter Anderem, dass H i t l e r um 12 Uhr zu H i n d e n - b u r g befohlen ist. Der Reichspräsident empfängt Hitler in seinem Ankleidezimmer. Die letzte Ölung vor der Besprechung! Hindenburg empfängt ihn mit unserem Memorandum in der Hand. Auch über das Innenministerium ist der Weg gut gewesen. (Zusatz des F.A.: Wie? war nicht zu erfassen).

„Ich bin froh, dass ich den.......? noch hier geholt habe und wir alles so gut über M e i s s n e r eingefädelt haben. Wenn es schief geht - was ich nicht glaube - haben wir eben einen schlichten Absprung mit der Freikirche.

Rufen Sie mich spät nachmittags an, dann weiss ich schon mehr."

(Aufgenommen 10^{15} Uhr.) (Z)

Als Ministerpräsident Hermann Göring beim Führerempfang am 25. Januar 1934 ein abgehörtes Telephonat zwischen Niemöller und Künneth verlas, wirkte dies auf die Anwesenden wie ein Schock.

fensichtlich waren alle Beteiligten entschlossen, nicht zuletzt um Hitlers willen einen letzten großen Versuch zur Einigung zu machen.[102] So lief nun alles auf Hitlers Entscheidung zu.

Für den Reichskanzler kam dieser große, öffentliche Kirchenstreit zweifellos außerordentlich ungelegen. Denn gerade zu dieser Zeit war seine ganze Aufmerksamkeit von zwei anderen Problemen in Anspruch genommen. Am Vormittag des 25. Januar empfing Hitler noch vor den Kirchenvertretern den polnischen Gesandten Josef Lipski, um die letzten Einzelheiten des deutsch-polnischen Nichtangriffsabkommens zu besprechen. Dieses Abkommen, das bereits am folgenden Tag unterzeichnet wurde, bedeutete eine kühne Revision der bisherigen deutschen Außenpolitik. Es vergrößerte durch die Lockerung der polnisch- französischen Allianz die Bewegungsfähigkeit des Reiches und schien überdies Hitlers friedliche Absichten zu bestätigen.[103]

Zugleich bereitete der Reichskanzler seine große Rede zum ersten Jahrestag der Machtergreifung am 30. Januar 1934 vor, die neben einer Generalabrechnung mit seinen Gegnern die großen Zukunftsperspektiven des geeinten deutschen Volkes entfalten sollte. Unter beiden Aspekten, dem außen- wie dem innenpolitischen, mußte Hitler an einer möglichst schnellen und geräuschlosen Beendigung des Kirchenstreites gelegen sein.

Das geschah natürlich am besten und für die Öffentlichkeit am überzeugendsten, wenn es gelang, die kirchliche Opposition zur freiwilligen Aufgabe ihres Widerstandes und zu einer erneuten Einigung mit dem Reichsbischof zu bewegen. Und allein darum ging es jetzt. An der Sachentscheidung war Hitler, entgegen den Hoffnungen auf beiden Seiten, überhaupt nicht interessiert. Er unterstützte den Reichsbischof, weil er meinte, damit am ehesten Ruhe in die Kirche zu bringen. Wenn ihn die Opposition hätte überzeugen können, daß er dieses Ziel mit ihr erreichen konnte, hätte er vermutlich nicht gezögert, den Reichsbischof fallenzulassen. Eben dies jedoch war nicht gelungen. Und so nahmen die Dinge nun ihren Lauf.[104]

Der Empfang begann für Hitler um 12 Uhr mittags mit dem Gespräch beim Reichspräsidenten, auf das die kirchliche Opposition vor allem ihre Hoffnungen setzte. In der Tat erklärte Hindenburg dabei ganz in ihrem Sinne, nach seiner Meinung stünde die Person des Reichsbischofs einer »... Verständigung im Wege, man dürfe die Einheit der Kirche nicht an einer Personenfrage scheitern lassen, und vielleicht gebe die Krankheit des Reichsbischofs und die Notwendigkeit eines längeren Urlaubs hier die Möglichkeit zu einer Lösung«.[105] Hitlers Antwort war erstaunlich offen. Die Personenfrage sei nicht entscheidend, meinte er, wichtiger »... sei, dass die Evangelische Kirche nicht länger dieses beschämende Bild des Zwiespalts böte. Er werde mit allem Nachdruck auf eine Verständigung hinwirken«. Allerdings entfalte »... der Pfarrernotbund ... eine mehr politische wie kirchliche Tätigkeit ...«. Dies könne nicht geduldet werden, »wenn der Pfarrernotbund seine Tätigkeit nicht einstelle, müsse die Regierung aus Autoritätsgründen gegen ihn vorgehen«.[106] Er hoffe aber auf eine gütliche Verständigung.[107]

Gegen 13 Uhr trafen sich dann im Empfangssaal der Reichskanzlei Hitler und die Vertreter der evangelischen Kirche. Hitler stand an der Stirnwand des

Raumes, neben ihm Göring, Lammers, Frick und Buttmann. Auch der Reichsbischof stand auf der Seite der Regierung. Ihnen gegenüber bildete die Gruppe der Geladenen, die inzwischen auf achtzehn angewachsen war, einen Halbkreis.

Nach der Vorstellung durch Frick erteilte Hitler überraschenderweise dem preußischen Ministerpräsidenten das Wort. Dieser öffnete eine rote Mappe und erklärte, als der für die Sicherheit im Staat verantwortliche Mann habe er Kenntnis zu geben von einem Telephongespräch, das der hier anwesende Pfarrer Niemöller heute vormittag geführt habe.

Das »Forschungsamt« hatte seine erste Bewährungsprobe bestanden. Der Text, der Göring vorlag, lautete folgendermaßen: »*Niemöller* spricht mit Unbekannt und sagt ihm unter Anderem, dass *Hitler* um 12 Uhr zu *Hindenburg* befohlen ist. Der Reichspräsident empfängt Hitler in seinem Ankleidezimmer. Die letzte Ölung vor der Besprechung! Hindenburg empfängt ihn mit unserem Memorandum in der Hand. Auch über das Innenministerium ist der Weg gut gewesen. (Zusatz des F. A.: Wie? war nicht zu erfassen). ›Ich bin froh, dass ich den ... ? nach hier geholt habe und wir alles so gut über *Meissner* eingefädelt haben. Wenn es schief geht – was ich nicht glaube – haben wir eben einen schlichten Absprung mit der Freikirche. Rufen Sie mich spät nachmittags an, dann weiss ich schon mehr.‹ (Aufgenommen 10.15 Uhr.)«[108] Inzwischen sind die Einzelheiten dieses Gesprächs weitgehend geklärt. Es fand statt, als Martin Niemöller eben im Aufbruch war. Der Anrufer war Walter Künneth von der Apologetischen Zentrale, den Niemöller in aller Eile zu informieren versuchte.[109] Die »letzte Ölung« hatte durch einen Zuruf ein junger Mitarbeiter beigesteuert. Der Name, der dem Forschungsamt entging, war zweifellos »Bodelschwingh«.

Die Wirkung dieser Mitteilung auf die Kirchenführer war niederschmetternd. Noch 1942 erinnerte sich Hitler im Führerhauptquartier mit boshafter Freude an diesen Augenblick. »Die Abgesandten der evangelischen Kirche« seien »... vor Schreck so in sich zusammengerutscht, daß sie fast nicht mehr dagewesen seien«.[110]

In der Tat mußten die Vorbereitungen der Opposition in der verkürzten Darstellung Niemöllers wie eine politische Verschwörung erscheinen, die die Autorität des Reichspräsidenten gegen Hitler ausspielen wollte. So geriet die ganze Gruppe, noch ehe einer von ihnen auch nur den Mund aufmachen konnte, hoffnungslos in die Defensive. All das während der Vorbereitungen mühsam Aufgebaute war mit einem Schlage zunichte.

Es war typisch für Hitler, der ja erst unmittelbar vor dem Empfang von dem Telephonat erfahren haben konnte, daß er diese Wirkung sofort erfaßte und ohne Zögern ausnutzte. Nicht minder typisch für das Zwanghafte der ganzen Situation war es, daß keiner der Kirchenmänner auch nur von fern daran dachte, gegen ein derart eingeführtes Druckmittel zu protestieren. So diktierte Hitler nun von Anfang bis Ende den gesamten Verlauf des Empfanges.

Zunächst fragte er Niemöller, der bei der Nennung seines Namens nach militärischem Brauch einen Schritt vor die Front der übrigen getreten war, ob er das Gespräch so geführt habe. Niemöller bestätigte das, verwies dabei ausführlich auf den schweren Kampf des Pfarrernotbundes und erklärte in diesem Zusammenhang, dieser Kampf werde nicht nur aus Sorge um die Kirche, sondern auch aus Sorge um Volk und Staat geführt. Hitler erwiderte mit großer Schärfe: »Die Sorge um das Dritte Reich überlassen Sie mir und sorgen Sie für die Kirche!«[111] Offensichtlich erregt, fuhr er dann fort, selbst wenn er sich vom Reichsbischof hätte trennen wollen, mache man ihm dies durch solche »Hintertreppenpolitik« unmöglich.[112] Es sei auch erwiesen, daß viele evangelische Pfarrer gegen das Dritte Reich Stimmung machten. Zum Beweis trat noch einmal Göring in Aktion und zitierte aus seiner Mappe weitere Belege über die angebliche staatsgefährdende Arbeit des Pfarrernotbundes und dessen Zusammenarbeit mit dem Ausland.

Hitler kam dann auf die Person des Reichsbischofs zu sprechen und spielte auch hier geschickt seine Trümpfe aus. Ludwig Müller sei schließlich nicht von ihm, sondern von der Kirche gewählt worden; er halte ihn nicht, er wolle ihn aber auch nicht absetzen. Unmöglich jedoch sei die Denkschrift hier bezog sich Hitler auf das Memorandum von Werner –, die man bei ihm gegen den Reichsbischof eingereicht habe. Auf solche Methoden wolle er sich nicht einlassen; dies sei auch für die Kirche unwürdig.

Erst jetzt kamen die Bischöfe zu Wort, die sich nun natürlich weitgehend darauf beschränken mußten, Hitlers Vorwürfe zu entkräften und ihre Position zu erläutern. Weder Wurm noch Meiser noch Marahrens gelang es, aus der Situation der Beschuldigten herauszufinden, kaum daß sie die Einwände gegen den Reichsbischof klar zu formulieren vermochten. Auf Hitlers Frage, die mehr als alles andere sein eigentliches Interesse deutlich machte, nämlich, ob ein Reichsbischof aus dem anderen Lager den Frieden in der Kirche garantieren werde, antwortete der bayerische Landesbischof wahrheitsgemäß, daß dafür niemand einstehen könne. Daraufhin schloß Hitler mit einer Art Ultimatum. Er appellierte an alle Anwesenden, um der politischen Lage und um der Einheit von Volk und Nation willen sich »christlich und brüderlich« zu vertragen und noch einmal eine Zusammenarbeit zu versuchen.[113] Sollte dies jedoch nicht gelingen und der Streit weitergehen, so könnte sich der Staat auch ganz von der Kirche zurückziehen und ihr die finanziellen Zuwendungen sperren. Er werde sich dann an die Spitze des Volkes stellen und sei sicher, daß das Volk ihm folgen werde.

Danach verabschiedete er sich mit Handschlag von jedem Teilnehmer.

Er hatte ein Paradebeispiel für seine Taktik im Kampf mit dem Gegner geliefert. Einige Jahre später, im April 1937, schilderte er sie einmal in einer Rede vor Kreisleitern der Partei so: »Ich will ja nicht gleich einen Gegner mit Gewalt zum Kampf fordern, ich sage nicht: ›Kampf!‹, weil ich kämpfen will, sondern ich sage: ›Ich will dich vernichten! Und jetzt *Klugheit, hilf mir, dich so in die Ecke hineinzumanövrieren, daß du zu keinem Stoß kommst, und dann kriegst du den Stoß ins Herz hinein.*‹ Das ist es!«[114]

Genau das war hier geschehen. Die kirchliche Opposition hatte sich auf ein politisches Spiel mit Hitler eingelassen und mußte nun erfahren, daß er ihr darin schlechterdings überlegen war. Ohne selbst aus seiner Rolle als Vermittler herauszutreten und ohne den umstrittenen Reichsbischof förmlich zu unterstützen, hatte er es fertiggebracht, seinen einzigen ernsthaften Gegner, Martin Niemöller, zu isolieren, die ganze festentschlossene Oppositionsfront völlig zu verwirren und alle Beteiligten genau dorthin zu bringen, wo er sie haben wollte: auf den Weg zu einer erneuten freiwilligen Einigung. Das Ganze war – politisch gesehen – für Hitler ein völliger Sieg und für die kirchliche Opposition nicht weniger als eine Katastrophe. Denn sie war jetzt nicht nur gespalten, sondern sie hatte dazu ihren ganzen politischen Rückhalt verloren. Der Reichspräsident konnte kaum ein zweites Mal in dieser Weise intervenieren, und auch die Position des Innenministers war erheblich geschwächt. Wurm sah die Dinge politisch völlig richtig, wenn er am 2. Februar an Buttmann schrieb: »An die Stunde in der Reichskanzlei kann ich nur mit tiefster Erschütterung zurückdenken. Was da am Anfang vor sich ging, war einfach vernichtend! Es war ja auch für Sie und den Herrn Minister eine abscheuliche Situation, in dieser Beleuchtung zu erscheinen! Diesmal hat der U-Bootführer nicht den Gegner, sondern den Freund und sich selbst torpediert!«[115] Tatsächlich wurde Conrad wenige Tage später das Referat für die evangelische Kirche entzogen.[116] Damit begann auch Buttmanns Stern zu sinken, seine Resignation im Sommer 1935 war nicht zuletzt eine Folge dieser Niederlage. Aber auch Schwerin von Krosigk agierte von nun an vorsichtiger – mit einer Kirche, die offensichtlich zu keiner Einigung finden konnte, wollte niemand mehr etwas zu tun haben.[117]

Der Empfang erhielt damit eine politische Bedeutung, die weit über die Kirchenfrage hinausreichte. Denn mit dem Reichspräsidenten und den evangelischen Kirchenführern war hier ohne Frage der gemäßigte Flügel der Regierung unterlegen und in der großen Auseinandersetzung über die zukünftige Richtung der deutschen Politik eine wichtige Entscheidung gefallen.

Der kirchlichen Opposition stand nun der unausweichlich folgende und nicht weniger schlimme Streit in den eigenen Reihen über die Ursachen und die Folgen dieses Ausgangs bevor.

Da Hitler sich tatsächlich nicht eindeutig ausgesprochen hatte, versuchte Martin Niemöller am Nachmittag des Unglückstages einer bedrückten Schar von Notbundpfarrern aus Berlin die Dinge als noch unentschieden darzustellen. Wie bei der Seeschlacht am Skagerrak, wo die Gegner sich nach beiderseitigen Verlusten getrennt hatten, »hänge« nun »das Urteil der Geschichte, aber zumeist auch der tatsächliche Erfolg daran, welcher von beiden Partnern zuerst und am lautesten ›Sieg‹ zu rufen die Kraft finde«.[118] Und auch in einem Rundschreiben vom folgenden Tag meinte er noch, man habe »... keinen Anlaß, mit dem bisherigen Ergebnis unzufrieden zu sein«.[119]

Aber dies war eine Fehleinschätzung der Situation. Sie verkannte, daß Hitler faktisch den Reichsbischof der kirchlichen Opposition noch einmal aufgenötigt hatte und daß alle Beteiligten – mit Ausnahme des Dahlemer Pfarrers selbst – dem Appell an ihre nationale Pflicht zur Einigung zu folgen bereit waren. Wenn man den Ausgangspunkt betrachtete, so war dies eben kein Unentschieden, sondern ein Sieg der anderen Seite.

Genau so sahen es auch die Deutschen Christen. Sie waren diejenigen, die als erste »Sieg« schrien[120], und nach Lage der Dinge hatten sie scheinbar allen Grund dazu.

Am Nachmittag des 25. Januar versammelten sich auch die Bischöfe und Professoren der Opposition, um über ihre weiteren Schritte zu beraten. Es war bezeichnend, daß Martin Niemöller und damit der Pfarrernotbund jetzt offenbar nicht mehr dazugehörten. Auch hier war man sich über die Haltung Hitlers zum Reichsbischof unsicher, kam aber nicht zuletzt auf Grund der Drohungen Hitlers zu dem Schluß, daß man es keinesfalls zu einem Bruch kommen lassen dürfe.

Daraufhin wurde Professor Fezer beauftragt, mit dem Reichsbischof Kontakt aufzunehmen. Und als hätte die ganze Versammlung nun vollends aller Mut und alle Geistesgegenwart verlassen, ließ sich die Opposition vom Reichsbischof jetzt sogar ihre Verhandlungsdelegation diktieren. Ludwig Müller wünschte den schwankenden Schöffel als Unterhändler, der seinerseits Marahrens und den pfälzischen Kirchenpräsidenten Keßler um ihre Begleitung bat.

Und so kam es nun zu einer wahrhaft schmählichen Kapitulation.

Am Freitagabend, dem 26. Januar, verhandelte die Dreier-Delegation mit Ludwig Müller und Oberheid, der den Reichsbischof bekanntlich keine Minute aus den Augen ließ. Es ging, wie es hieß, darum, »... eine Bereinigung hinsichtlich der bestehenden Bedenken ...« zu versuchen.[121] Schöffel trug die wichtigsten dieser Bedenken gegen den Reichsbischof auf den Gebieten der Verfassung und Verwaltung, der Staatskirchenpläne, des Bekenntnisstandes, der Substanz der Kirche und der persönlichen Amtsführung vor. Ludwig Müller wich aus, beschönigte, log und versprach am Schluß Abhilfe und Wohlverhalten.[122] Es war das sattsam bekannte Verhalten, mit dem er sich schon im Sommer und Herbst 1933 durchgeschwindelt hatte.

Am darauffolgenden Vormittag trafen dann alle Kirchenführer zu der entscheidenden Sitzung mit dem Reichsbischof zusammen. Die unsichere und verstörte Opposition beraubte sich zuvor noch selbst ihres Sprechers, da man Meiser bat, sich in der Diskussion zurückzuhalten. Ludwig Müller begann mit einer langen Rede, in der er von dem »tiefen Eindruck« des Kanzlerempfangs sprach,[123] erneut die Notwendigkeit der Einheit und die Autorität des reichsbischöflichen Amtes beschwor, unbestimmte Drohungen in der Niemöller-Angelegenheit aussprach, im übrigen aber das Festhalten an Bibel und Bekenntnis als klar und selbstverständlich hinstellte. Die umstrittene Notverordnung vom 4. Januar allerdings müsse in Kraft bleiben; dafür wolle er auf die Durchführung des Arierparagraphen in den Landeskirchen verzichten und könne für dieses Opfer wohl Zurückhaltung und Unterstützung von der anderen Seite verlangen.[124]

Nach einer längeren Diskussion – streckenweise ein förmlicher Nervenkrieg, dem der letzte Rest von Widerstandswillen bei der Opposition zum Opfer fiel – trug Oberheid der Versammlung eine Erklärung vor, über die abgestimmt werden sollte. Meiser berichtete wenige Tage später über diesen Augenblick: »Wir waren zermürbt, sprachlos, wie gelähmt. Als nicht sofort sich jemand zum Wort meldete: ›Es erfolgt kein Widerspruch, also ist sie angenommen.‹ Ich gestehe, daß mir die Entschlußkraft nicht gegeben war, das richtige Wort zu finden.«[125]

Die Erklärung wurde sofort veröffentlicht und erschien in der gesamten Tagespresse. Sie war das schlimme Ende einer von Anfang an verfahrenen Geschichte.

Die Unterzeichneten bekräftigten darin »... *ihre unbedingte Treue zum dritten Reich und seinem Führer*« und verurteilten »... aufs schärfste alle Machenschaften der Kritik an Staat, Volk und Bewegung«, insbesondere die Benutzung der ausländischen Presse.

Entscheidend aber war der Schlußsatz. »*Die versammelten Kirchenführer*«, so lautete er, »*stellen sich geschlossen hinter den Reichsbischof* und sind gewillt, seine Maßnahmen und Verordnungen in dem von ihm gewünschten Sinne durchzuführen, die kirchenpolitische Opposition gegen sie zu verhindern und mit allen ihnen verfassungsmäßig zustehenden Mitteln die Autorität des Reichsbischofs zu festigen.«[126] Damit hatten sich Oberheid und Jäger vollkommen durchgesetzt.

Wer einigermaßen Bescheid wußte und diese Erklärung las, konnte sich nur an den Kopf fassen. Wo waren die Vorbehalte gegen den Reichsbischof geblieben, wo der Rechtsnotstand, wo das Bekenntnis? Alles war dem Willen eines Mannes geopfert worden, der den Kirchenfrieden wünschte, weil öffentliche Auseinandersetzungen seinen Plänen schadeten.

Wenigstens Wurm und Meiser begriffen zwar, daß sie sich mit dieser Erklärung nicht nur dem Reichsbischof bedingungslos unterworfen, sondern auch den Pfarrernotbund preisgegeben hatten; Wurm machte noch vor seiner Abreise nach Stuttgart die Einschränkung, seine Zustimmung zum letzten Satz gelte nur, wenn der Reichsbischof seine mündlichen Zusagen einhalte,[127] und auch Meiser schrieb noch in der Nacht an den Reichsbischof und widerrief halb und halb sein Einverständnis.[128] Aber das vermochte an der einmal getroffenen Entscheidung nichts mehr zu ändern.

Das ganze Ausmaß der Niederlage zeigte sich jedoch erst in den kommenden Tagen und Wochen.

Auf der einen Seite jubelten die Deutschen Christen und hielten den Bischöfen vor, angesichts ihrer Kehrtwendung könne es mit ihren »bekenntnismäßigen Bedenken« nicht eben weit her gewesen sein. »Man *sieht, was ein Wort Adolf Hitlers vermag!*« schrieb das »Evangelium im Dritten Reich« triumphierend und meinte spöttisch, niemand werde »... die für die früher oppositionellen Kirchenführer beleidigende Behauptung aufstellen wollen, sie hätten Glaubens- und Bekenntnisbedenken auf einen Wink des Staates hin zurückgestellt«. Es seien vielmehr »... politische Ziele als unerreichbar aufgegeben worden«.[129]

Auf der anderen Seite traf die Bischöfe eine bittere Erklärung des Pfarrernotbundes.

Am 31. Januar schrieb Martin Niemöller namens des Bruderrates »An die Herren Kirchenführer, z. H. von Herrn Landesbischof Schöffel, Hamburg«: »Wir sind durch die Kapitulation vom 27. Januar 1934 aufs tiefste betroffen und erschüttert; denn wir können darin nur eine glatte Preisgabe des Evangeliums und damit auch der Kirche sehen. Wir fürchten, daß die evangelische Kirche diesen Schlag nicht überstehen wird; wir fürchten, daß ihr Ende bereits da ist; wir fürchten aber vor allem, daß durch diesen Schritt der zur Führung berufenen Männer eine Verwirrung der Gewissen hervorgerufen wird, die viele Pfarrer und Gemeindeglieder zum Verleugnen führt, wo bekannt werden müßte!«[130]

Diese Sätze mußten auf die Kirchenführer um so erbitternder wirken, als man dort von Martin Niemöller viel eher ein Eingeständnis der Schuld oder wenigstens der Mitschuld an der ganzen Entwicklung erwartete. Zu einer solchen Entlastung des Gewissens der Kirchenführer fand sich Niemöller jedoch keineswegs bereit. Statt dessen verriet ein Nebensatz des Schreibens, daß man im Bruderrat den Grundirrtum des Ganzen zu begreifen begann: »Wir sehen diese Tatsache«, hieß es weiter, »und beugen uns darunter als unter ein Gericht, weil wir vielleicht doch auf Menschen gebaut hatten.«[131]

Die Reaktion der lutherischen Bischöfe auf diese Vorwürfe fiel sehr unterschiedlich aus.

Während Schöffel sich wieder einmal vor allem um den »Schutz seiner Ehre als lutherischer Kirchenführer« sorgte und Marahrens seine Entscheidung mit dem Ernst der Stunde begründete, versuchte Wurm, den Reichsbischof durch eine Art Erfüllungspolitik an seine mündlichen Zusagen zu binden. [132] Am tiefsten jedoch war als Sprecher der Gruppe Hans Meiser getroffen. Die Tatsache, daß er im entscheidenden Augenblick das rechte Wort nicht gefunden hatte, belastete ihn so, daß er mehrfach seinen Rücktritt erwog.[133] Diese wohl schwerste Krise seiner Amtszeit überwand er erst, als er im März zusammen mit Wurm Hitler das gegebene Versprechen zur Zusammenarbeit mit dem Reichsbischof förmlich zurückgab.

Die Kapitulation der Kirchenführer entzweite und lähmte nicht nur die kirchliche Opposition, sondern schwächte auch den Pfarrernotbund. In allen

Landeskirchen, wo Bischöfe und Pfarrer bisher gemeinsam Widerstand gegen den Reichsbischof geleistet hatten, also vor allem in Bayern, Württemberg und Hannover, fühlten sich auch die Pfarrer an die Unterwerfungserklärung vom 27. Januar weitgehend gebunden. So schieden in den kommenden Wochen etwa 1500 Pfarrer dieser Landeskirchen aus dem Notbund aus.[134]

Am spektakulärsten sah das in Württemberg aus. Im Unterschied zu seinem bayerischen Amtskollegen Meiser hatte sich Wurm nämlich entschlossen, die Kapitulation vom 27. Januar auch in Württemberg zu vollziehen. Beeinflußt von der notorisch kompromißbereiten Tübinger Fakultät mag er gehofft haben, Ludwig Müller dadurch tatsächlich zu einem Einlenken zu bewegen und zugleich die Einheit seiner Landeskirche zu retten.

Es war nicht das einzige Mal, daß Wurm sich in der Beurteilung der Lage und ihrer Erfordernisse bedenklich irrte; erst viel später, im Kriege, fand er zu jener Eindeutigkeit der Haltung, die ihn unbestritten an die Spitze der Bekennenden Kirche rücken ließ.

So kam es nun in Württemberg zur Auflösung des Pfarrernotbundes und zu einem allgemeinen Friedensschluß zwischen Staat, Kirche und Partei. Am 31. Januar versammelten sich im Gebäude der Politischen Polizei in der Stuttgarter Dorotheenstraße zum Abschluß des sogenannten Dorotheenpaktes neben Wurm und dem Polizeipräsidenten Dr. Mattheis zwei Oberkirchenräte, die Tübinger Professoren Fezer, Weiser und Kittel, Vertreter des Pfarrernotbundes, der Deutschen Christen, der Regierung, der Gauleitung, des Reichsstatthalters, des NS-Kuriers und – um die groteske Szenerie dieser Versammlung abzurunden – sogar ein Beauftragter von Hauers Deutscher Glaubensbewegung. »Nach eingehenden Erörterungen aller der Punkte«, so hieß es in der abschließenden Vereinbarung, »die hauptsächlichen Anlaß zu Mißverständnissen und Auseinandersetzungen gegeben haben«, verabschiedeten die Beteiligten einstimmig unter anderem folgende Punkte: »Der Württ. Pfarrernotbund wird seine Auflösung beschließen ... Jede kirchliche oder religiöse Gruppe enthält sich der öffentlichen Kritik an der Neugestaltung der Deuschen Evang. Kirche ... Die bisherigen Auseinandersetzungen ... werden durch ausdrückliche Erklärung der Führer der Kirche und der kirchlichen Gruppen als beendet erklärt.«[135]

Es war der große Friedensschluß zwischen Jesus, Herodes und Pilatus. Wurms Autorität war so groß, daß der württembergische Bruderrat am 2. Februar tatsächlich den Beschluß zur Auflösung faßte. Immerhin verriet er dabei mehr Zweifel als der Landesbischof selbst. »Geradliniger«, bekundete er in einem Schreiben an Wurm, »und nach außen hin leichter zu vertreten wäre es gewesen, wenn wir die Auflösung durch die Politische Polizei abgewartet hätten. Es ist die Rücksicht auf die Friedensaktion gewesen, welche uns den ... Beschluß der Selbstauflösung hat fassen lassen. Ob er der rechte war?«[136]

Die organisatorischen Folgen dieses Beschlusses für den Notbund waren allerdings geringer, als der Anschein erwarten ließ, weil nur rund 250 württembergische Pfarrer austraten, während weit über 400 unverändert zum Notbund standen und ihn vor allem auch weiterhin finanziell unterstützten.[137]

Beträchtlich dagegen war der politische und kirchenpolitische Schaden. Der Alleingang Württembergs machte unübersehbar deutlich, daß mit einer einheitlichen Bekenntnisfront in der Kirche nicht mehr zu rechnen war.

Damit aber hielten Oberheid und Jäger ihre Stunde für gekommen. Gedeckt durch Hitlers Unterstützung des Reichsbischofs, die freilich, wie sich dann herausstellen sollte, weit weniger zuverlässig war als sie schien, und ermutigt durch den preußischen Ministerpräsidenten, der die Geheime Staatspolizei am 29. Januar erneut gegen den Pfarrernotbund als »... besonders gefährlichen politischen Angriff gegen Staat und Bewegung ...« mobilisierte,[138] fühlten sich beide nun als die wahren Herren der Kirche.

So begannen sie in diesen Tagen entschlossen mit der Umgestaltung der Deutschen Evangelischen Kirche zur nationalen Führerkirche im totalen Staat, und zwar in doppelter Hinsicht, personell und rechtlich.

Am vordringlichsten schien ihnen dabei die Einschüchterung des Pfarrernotbundes und seiner Anhänger zu sein. Schon am Abend des 25. Januar erschien die Geheime Staatspolizei im Dahlemer Pfarrhaus und suchte offensichtlich nach Beweisen für die von Göring unterstellten Auslandsbeziehungen des Pfarrernotbundes. In den folgenden Tagen wurden die gesamten Akten des Notbundes beschlagnahmt, Niemöller selbst wurde mehrfach zu ausführlichen Verhören in das Geheime Staatspolizeiamt gebracht.[139]

Hand in Hand mit der Polizei arbeiteten die deutschchristlichen Kirchenabteilungen. Am 27. Januar wurde Niemöller auf »Anordnung des Herrn Reichsbischofs« die Ausübung der Amtsverrichtungen vorläufig untersagt, am 10. Februar versuchte Ludwig Müller, den unbequemen Mann zum 1. März in den Ruhestand zu versetzen. Aber Niemöller, nachdrücklich unterstützt vom Notbund und von der großen Mehrheit seiner Gemeinde, weigerte sich zu gehen. Er ließ es auf einen Rechtsstreit ankommen und gewann ihn.[140]

Der Dahlemer Pfarrer Martin Niemöller, im Ersten Weltkrieg U-Boot-Kommandant, wurde im Dritten Reich zum Symbol des kirchlichen Widerstandes.

Für weniger prominente Mitglieder des Notbundes war die Lage schwieriger. In diesen Tagen verlor Hans Asmussen, der Mitverfasser des Altonaer Bekenntnisses, sein Amt – und wurde damit frei für seine führende theologische Rolle in der Bekennenden Kirche. [141]

Rund 40 Superintendenten und 50 Pfarrer der altpreußischen Kirche mußten sich in diesen Tagen Maßregelungen gefallen lassen; aus Sachsen erreichte Meiser ein Hilferuf, daß die gesamte Führung des Notbundes kurzfristig in Haft genommen worden sei; schlimm waren die Zustände auch in Braunschweig und Nassau-Hessen.[142]

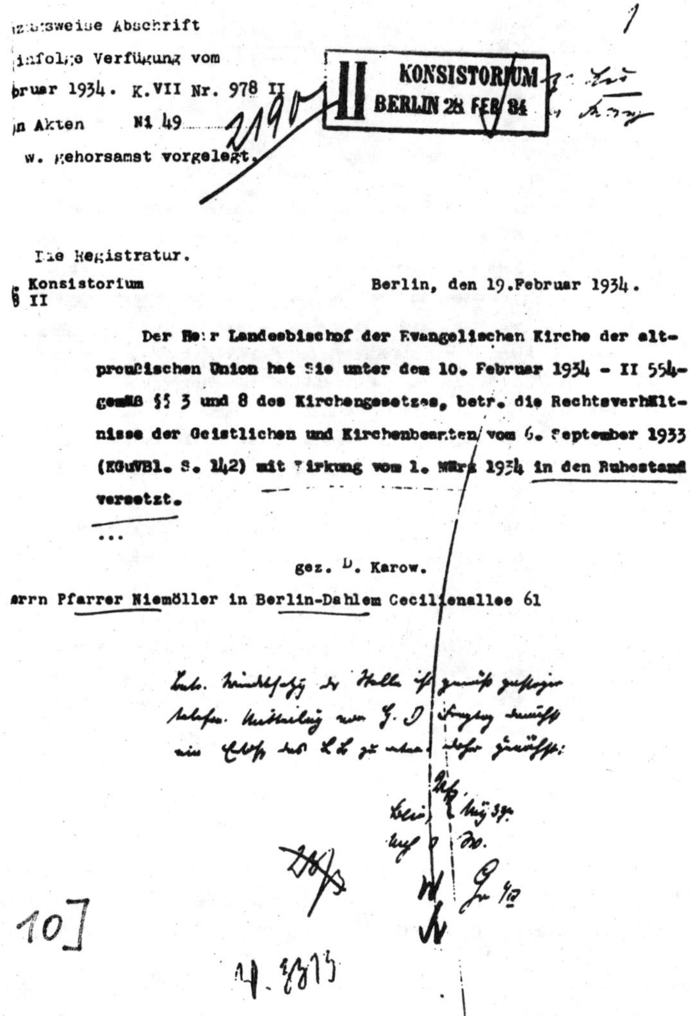

zugsweise Abschrift
infolge Verfügung vom
bruar 1934. K.VII Nr. 978 II
n Akten Nr. 49
w. gehorsamst vorgelegt.

KONSISTORIUM II BERLIN 28 FEB 34

2190

Die Registratur.

Konsistorium II — Berlin, den 19. Februar 1934.

Der Herr Landesbischof der Evangelischen Kirche der altpreußischen Union hat Sie unter dem 10. Februar 1934 – II 554 – gemäß §§ 3 und 8 des Kirchengesetzes, betr. die Rechtsverhältnisse der Geistlichen und Kirchenbeamten vom 6. September 1933 (KGuVBl. S. 142) mit Wirkung vom 1. März 1934 in den Ruhestand versetzt.

...

gez. D. Karow.

Herrn Pfarrer Niemöller in Berlin-Dahlem Cecilienallee 61

10]

Am 1. März 1934 entledigte sich Reichsbischof Müller seines unliebsamen Gegners; er versetzte Martin Niemöller in den Ruhestand. Nach einem von Niemöller angestrengten Prozeß mußte die Kirchenleitung ein Jahr später die Disziplinierung wieder zurücknehmen.

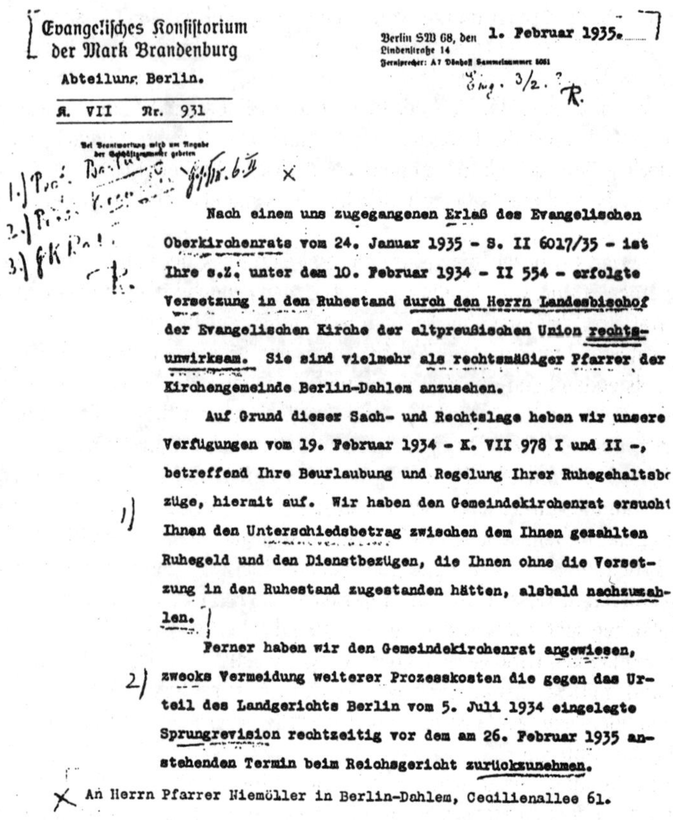

Evangelisches Konsistorium der Mark Brandenburg

Abteilung Berlin.

K. VII Nr. 931

Bei Beantwortung wird um Angabe der Geschäftsnummer gebeten

Berlin SW 68, den 1. Februar 1935.
Lindenstraße 14

Nach einem uns zugegangenen Erlaß des Evangelischen Oberkirchenrats vom 24. Januar 1935 - S. II 6017/35 - ist Ihre s.Z. unter dem 10. Februar 1934 - II 554 - erfolgte Versetzung in den Ruhestand durch den Herrn Landesbischof der Evangelischen Kirche der altpreußischen Union rechtsunwirksam. Sie sind vielmehr als rechtsmäßiger Pfarrer der Kirchengemeinde Berlin-Dahlem anzusehen.

Auf Grund dieser Sach- und Rechtslage heben wir unsere Verfügungen vom 19. Februar 1934 - K. VII 978 I und II -, betreffend Ihre Beurlaubung und Regelung Ihrer Ruhegehaltsbezüge, hiermit auf. Wir haben den Gemeindekirchenrat ersucht Ihnen den Unterschiedsbetrag zwischen dem Ihnen gezahlten Ruhegeld und den Dienstbezügen, die Ihnen ohne die Versetzung in den Ruhestand zugestanden hätten, alsbald nachzuzahlen.

Ferner haben wir den Gemeindekirchenrat angewiesen, zwecks Vermeidung weiterer Prozesskosten die gegen das Urteil des Landgerichts Berlin vom 5. Juli 1934 eingelegte Sprungrevision rechtzeitig vor dem am 26. Februar 1935 anstehenden Termin beim Reichsgericht zurückzunehmen.

An Herrn Pfarrer Niemöller in Berlin-Dahlem, Cecilienallee 61.

Die deutschchristlichen Positionen in den Kirchenleitungen zu verstärken, war neben der Einschüchterung der Opposition ein weiteres Anliegen Ludwig Müllers.

Am 4. Februar führte er in Magdeburg mit Friedrich Peter einen Deutschen Christen der ersten Stunde als Bischof der Kirchenprovinz Sachsen ein, obwohl Peter seit der Sportpalastveranstaltung seine Glaubwürdigkeit weithin verloren hatte.[143] Bei diesem Anlaß verkündete Ludwig Müller in der Magdeburger Stadthalle: »Wir haben ein so starkes Gottvertrauen, daß wir den

Kampf nicht fürchten. Und wir wollen den Kampf führen, bis wir siegen. Und wir haben die feste Zuversicht, daß wir eines Tages diese Einheit haben: *ein Staat, ein Volk, eine Kirche!*«[144]

Es war das erste Mal, daß der Reichsbischof öffentlich erkennen ließ, daß er tatsächlich über die Einigung der evangelischen Kirche hinausdachte an ein noch größeres Ziel: die einheitliche deutsche Nationalkirche, in der die evangelische und die katholische Kirche Deutschlands sich finden und aufgehen sollten.

Nicht weniger bezeichnend für den radikalen Kurs, der von Berlin aus eingeschlagen wurde, war die Entwicklung in der neugebildeten hessischen Kirche. Während sich eine überwältigende Mehrheit der Pfarrer und Gemeinden in Darmstadt, Frankfurt und Wiesbaden für den erfahrenen Prälaten Wilhelm Diehl als ersten Landesbischof der neuen Kirche aussprach, versuchte August Jäger, den ihm eng verbundenen, radikalen Deutschen Christen Ernst Ludwig Dietrich durchzusetzen. Nach heftigen Debatten behielt Jäger erwartungsgemäß die Oberhand. Am 10. Januar, als die voraussichtliche Ernennung Dietrichs bekannt wurde, hatte der Wiesbadener Oberkirchenrat Zentgraf nach Berlin geschrieben, er sehe gewiß nicht zu schwarz, wenn er versichere, »daß eine Ernennung Dietrichs heute mehr als je eine ungeheure Erbitterung, vor allen Dingen in Hessen, aber auch in Nassau und in Ffm auslösen würde«.[145] Vier Wochen später, am 6. Februar, ernannte der Reichsbischof den erst 36jährigen zum ersten Landesbischof der Evangelischen Landeskirche Nassau-Hessen und machte damit eine weitere Kirche zum Schauplatz erbitterter Auseinandersetzungen zwischen deutschchristlichem Kirchenregiment und kirchlicher Opposition.

Auch die kleine bremische Kirche geriet entgegen allen kirchlichen Traditionen der liberalen Hansestadt in die Hand eines deutschchristlichen Landesbischofs. Durch rechtlich zweifelhafte Ermächtigungen des Reichsbischofs wurde am 27. Januar der Pastor an der St. Petri Domkirche, Lic. Dr. Heinz Weidemann, Landesbischof der Bremischen Kirche. Geprägt vom Fronterlebnis, theologisch beweglich und ähnlich ehrgeizig wie Dietrich, entwickelte sich Weidemann in den kommenden Jahren zu einer besonders schillernden Figur im innerkirchlichen Streit.[146]

Nicht weniger bedeutsam waren die institutionellen und rechtlichen Veränderungen in der Kirche, die Jäger und Oberheid nun auf dem Verordnungswege betrieben. Hier war längst alles vorbereitet gewesen, man hatte lediglich noch die Entscheidung vom 25. Januar abgewartet und konnte dann mit der ersten und grundlegenden dieser Verordnungen bereits am 26. Januar erscheinen: Sie nannte sich »Verordnung zur Sicherung einheitlicher Führung der Evangelischen Kirche der altpreußischen Union« und machte schon in der Überschrift deutlich, daß es hier um die Durchsetzung des Führerprinzips ging.[147] Ihre Rechtsgrundlage sollte der Artikel 6 Abs. 1 der Reichskirchenverfassung sein. Mit einem verfassungsrechtlichen Taschenspielertrick machten sich Ludwig Müllers Berater dabei den Umstand zunutze, daß der Reichsbischof zugleich preußischer Landesbischof war. So übertrug nun in Paragraph 1 dieser Verordnung der Reichsbischof Ludwig Müller auf den Landesbischof Ludwig Müller alle Befugnisse des preußischen Kirchensenats und erteilte sich in den folgenden Paragraphen uneingeschränkte Weisungsbefugnis gegenüber allen preußischen Kirchenbehörden.

Es war nur konsequent, daß eine weitere Verordnung am 5. Februar die Ämter des Präsidenten und des Vizepräsidenten der preußischen Kirche aufhob. Werner und Hundt waren ohnehin schon suspendiert, und damit wurde auch rechtlich der Weg frei für den Einzug Jägers in die Reichskirchenregierung.

Neben diese Verordnungen, mit denen die preußische Kirche in eine Führerkirche mit unumschränkten Befugnissen des Führer-Bischofs verwandelt wurde, traten zwei weitere, die der Disziplinierung der Pfarrerschaft dienen sollten. Danach konnten die Pfarrer der preußischen Kirchen – und das betraf nahezu die Hälfte aller evangelischen Geistlichen in Deutschland – durch den Landesbischof »... im Interesse des Dienstes ...« in ein anderes Pfarramt eingewiesen, beurlaubt oder in den einstweiligen Ruhestand versetzt werden – und zwar ohne jedes Einspruchsrecht.[148]

Es sei bedauerlich, so kommentierte das »Evangelium im Dritten Reich« unter der Überschrift »Ordnung, Führung, Verkündigung«, daß solche Maßnahmen überhaupt notwendig seien. »Aber auf einen groben Klotz ...« gehöre nun einmal »ein grober Keil. *Die Rädelsführer des Widerstandes gegen die Neuordnung der Kirche haben es allein zu verantworten, wenn heute, in großer Zeit, ausgerechnet die evangelische Pfarrerschaft mit solchen Mitteln dazu erzogen werden muß, zu begreifen, daß nicht nur im Staat, sondern auch in der Kirche fruchtbare Arbeit nur geleistet werden kann, wenn Zucht und Ordnung anerkannt sind.*«[149] Das Ziel des Ganzen wurde am Ende deutlich, wenn es hieß, erst die »... enge Bindung und Verbindung zwischen Kirche und Staat ...« gewährleiste der Verkündigung »... die volle Freiheit, den vollen Spielraum und die ganze Wucht ...«.[150]

Die grundlegende »Verordnung zur Sicherung einheitlicher Führung« war kaum erschienen, als Wilhelm Flor ihr in einem neuen Rechtsgutachten jede rechtliche Gültigkeit bestritt.[151] Auf Grund einer kurzen Erörterung der zur Begründung herangezogenen Rechtsgrundlagen erklärte Flor, »... in einem Rechtsstaat« sei »wohl kaum je eine Rechtsverordnung erlassen ...« worden, »aus deren Text schon ihre rechtliche Unhaltbarkeit so offensichtlich zutage ...« trete, »wie es hier der Fall ...« sei.[152] Seine Schlußfolgerung war eindeutig: »Es unterliegt somit nicht dem geringsten Zweifel, daß die Verordnung vom 26. Jan. 1934 aus verschiedenen Gründen nichtig ist. Damit ist auch alles das nichtig, was etwa der Reichsbischof auf Grund der Vollmacht, die er sich selbst gegeben hat, veranlaßt hat und noch veranlassen wird.«[153] Mit diesen Sätzen war, wie sich dann später herausstellen sollte, tatsächlich die gesamte kirchenrechtliche und kirchenpolitische Problematik des Jahres 1934 beschrieben. Denn da die gesamte Eingliederungspolitik dieses Jahres letztlich auf die Verordnung vom 26. Januar zurückging, diese Verordnung aber selbst in nationalsozialistischen Rechtsgutachten als ungültig bezeichnet wurde,[154] herrschte beim Sturz Jägers im Oktober ein vollständiges rechtliches Chaos, das niemand mehr zu ordnen vermochte.

Auf Grund ihrer Theorie von der Überlegenheit revolutionären Rechtsschöpfung im totalen Staat über alles positive Recht glaubten Jäger und Oberheid ihre Maßnahmen freilich zumindest politisch völlig abgesichert. Aber eben das erschien schon Anfang Februar zweifelhaft.

Selbstverständlich hatten die beiden Männer den Minister in evangelicis, der ja gewissermaßen den Kerngedanken des Ganzen bildete, nicht aus den Augen verloren. Die alles entscheidende Figur dabei war Hitler. Gerade hier aber kamen die Pläne einer besonderen personellen und rechtlichen Verbindung der evangelischen Kirche mit dem Dritten Reich nicht recht weiter.

Am 30. Januar gab der Kanzler zum ersten Jahrestag der Machtergreifung seine mit Spannung erwartete Regierungserklärung ab, die er zu einem umfassenden Überblick über die innen- und außenpolitischen Ziele der Regierung gestaltete. Damit erhielten auch die jüngsten kirchenpolitischen Entscheidungen ihren großen Rahmen.

In seinen den Kirchen gewidmeten Abschnitten wiederholte Hitler zunächst die politische Grundidee des Reichskonkordats. Man hätte, so erklärte er, »... die politischen Organisationen« der Kirchen »beseitigt, die religiösen Institutionen aber gestärkt. Denn ein Vertrag mit dem nationalsozialistischen kraftvollen Staat ...« sei »für eine Kirche wertvoller, als der Kampf konfessioneller politischer Verbände«.[155] Mit dem Ende des Zentrums und der Ausschaltung des sogenannten politischen Katholizismus war das katholische Thema für Hitler offensichtlich zunächst erledigt.

Interessanter waren deshalb die Bemerkungen zur evangelischen Kirche, die ganz unter dem Eindruck des Empfangs vom 25. Januar standen. Sie bestätigten, daß der Reichsbischof noch einmal eine Chance erhalten sollte. »Wir alle«, so behauptete Hitler in einem merkwürdig verschlungenen Satz, »leben aber in der Erwartung, daß der Zusammenschluß der evangelischen Landeskirchen und Bekenntnisse zu einer deutschen evangelischen Reichskirche dem Sehnen jener eine wirkliche Befriedung geben möge, die in der Zerfahrenheit des evangelischen Lebens eine Schwächung der Kraft des evangelischen Glaubens an sich befürchten zu müssen glaubten.«[156]

Damit wiederholte er sein Interesse an einer einigen Reichskirche. Von einer besonderen rechtlichen Bindung dieser Kirche an den Staat jedoch war nicht die Rede, und sie konnte nicht in Hitlers Absicht liegen.

In die gleiche Richtung wies offenbar ein Gespräch, zu dem Hitler den Reichsbischof am 2. Februar empfing und das dieser nach seiner Art als greifbares »... Bewußtsein der Verbundenheit, die nichts trennen kann«, deutete.[157]

Tatsächlich scheint Hitler dem Reichsbischof lediglich erneut die Einigung und Befriedung aufgetragen zu haben. Von weitergehenden Plänen jedoch wollte er offensichtlich nichts hören. Denn in mehreren Briefentwürfen versuchten sowohl Jäger wie Müller den Reichskanzler im Anschluß an die Unterredung für ihre Pläne zu gewinnen. Nach der Behauptung, die »... Konkordatsidee ...« sei »›römisch‹ und ›nicht deutsch‹«, bat der Reichsbischof selbst in einem Briefkonzept den Reichskanzler feierlich darum, »die Errichtung eines ... Ministeriums in evangelicis vorzunehmen«.[158] Ob der Brief jemals abging, ist unbekannt. Sicher jedoch ist, daß Hitler an eine derart exklusive Lösung für die evangelische Kirche niemals dachte. Der ganze Plan war eine Illusion, ein bloßes Hirngespinst, wie so vieles andere im Umkreis der evangelischen Reichskirche auch.

So standen die Dinge für die evangelische Kirche Anfang Februar 1934 schlecht, ja verzweifelt. Der Bruderrat des Pfarrernotbundes hatte kaum übertrieben, wenn er im Blick auf die zurückliegenden Ereignisse feststellte: »Wir fürchten, daß die evangelische Kirche diesen Schlag nicht überstehen wird; wir fürchten, daß ihr Ende bereits da ist.«[159]

In der Tat gab es angesichts des gewalttätigen Siegeswillens der Männer um den Reichsbischof und der vollkommenen Demütigung und Zersplitterung der kirchlichen Opposition kaum eine Hoffnung, daß diese Kirche zu Glaube und Bekenntnis zurückfinden konnte.

Um so überraschender war die Wende, die sich nun anbahnte.

3. KAPITEL

Gleichschaltung von Oben – Erneuerung von Unten (Februar – April 1934)

Die ersten Zeichen der Besinnung erschienen schon Anfang Februar. Bemerkenswert war das Beispiel zweier unbekannter Pfarrer aus dem kleinen uckermärkischen Landstädtchen Strasburg, Gerhard Haehnelt und Siegfried Wolter, die zu dieser Zeit eine kurze Erwägung »Zur Lage« nach Berlin schickten, in der alles enthalten war, was nun zu sagen war.[1]

»Die kirchenpolitischen Aktionen sind zusammengebrochen«, so erklärten die Verfasser, »nicht nur infolge des schuldhaften Umfalls der Kirchenführer, sondern auch weil der *Pfarrernotbund* seine Sache mit der ihren verkoppelt und auf menschliche Geschicklichkeit der Verhandlungsführung und Zuverlässigkeit von Menschen gebaut« hat. »Lernen wir Gehorsam aus dem Erlebten«, fuhren die beiden Pfarrer fort, »so haben wir die Rettung nicht von noch so gut gemeinten ... Aktionen zu erwarten, sondern wir haben die Erhaltung der Kirche zu *glauben* und dem gemäss zu handeln.« Solches Glauben und Handeln schloß nach ihrer Überzeugung alles Ausnutzen von »Verkündigung, Bekenntnis« und »Gebet für unsere menschlichen Zwecke ...« aus. Mit einfachen Sätzen beschrieben sie das schwierige Verhältnis von Politik, Kirchenpolitik und Verkündigung in dieser Zeit. »Rechte Kirchenpolitik in der evangelischen Kirche ist nur möglich als Verkündigung. Rechte Verkündigung wirkt immer als ein politisches Handeln in Gemeinde, Kirche und Staat. Niemals aber darf die Verkündigung in den Dienst politischer oder kirchenpolitischer Zwecke gestellt werden. Dies gilt auch von den sogenannten Bekenntnishandlungen.«[2]

Drei Folgerungen ergaben sich daraus für die beiden Notbundpfarrer: »l. mit wachem Gewissen auf das Wort Gottes zu hören und das Wort zu verkündigen im Gehorsam und ohne Furcht und ja nicht zu Verleugnern zu werden. 2. Die Gemeinde zu sammeln ... 3. Stets der brüderlichen Gemeinschaft eingedenk zu sein ... Durch eine Umlage muss den Brüdern, denen ihr Gehalt gekürzt oder entzogen ist, geholfen werden.« Zugleich warnten die Verfasser vor voreiligen Schritten. Auch für Synoden, so meinten sie, sei »... die Zeit in den Uckermärkischen Gemeinden und wohl auch in der Mehrzahl der Märkischen Gemeinden noch nicht da«.[3]

In der Tat waren die Gemeinden in den mittleren und östlichen Provinzen Preußens nur langsam in Bewegung zu bringen. Ganz anders dagegen sah es in den westlichen Provinzen, im Rheinland und in Westfalen aus. Hier war man dank des reformierten Einflusses seit Jahrhunderten daran gewöhnt, über Lehre und Leben der Gemeinden in eigener Verantwortung mitzubestimmen. Und so begann nun im Westen der große Aufbruch der Pfarrer und Gemeinden.

Karl Barth, von jener denkwürdigen Sitzung in Berlin eben nach Bonn zurückgekehrt, schrieb noch am selben Tag das Vorwort zu einem neuen Heft der »Theologische[n] Existenz heute«[4] und gab damit einmal mehr das Signal für diese Bewegung.

Das Heft enthielt neben Barths Vorwort auch die Erklärung der reformierten Synode vom 4. Januar und einen Vortrag »Gottes Wille und unsere Wünsche«. Weit entfernt davon, in den allgemeinen Ton der Verbitterung, Ratlosigkeit und Niedergeschlagenheit einzustimmen, schrieb Barth im Blick auf die freie, reformierte Synode: »Daß, wie es immer um die Bekenner stehen möge, das Bekenntnis auf dem Plan war und ist, das kann man im Glauben gerade heute unmöglich leugnen. Und dann mag man wohl mit grimmigem, dann darf man aber auf keinen Fall mit einem sauren, versorgten Gesicht in dem viel berufenen ›Raum der Kirche‹ herumstehen. Überall da, wo man sie *glaubt: credo unam sanctam catholicam et apostolicam ecclesiam*, da ist die Kirche und da hat man Grund, fröhlich zu sein.«[5]

Kein anderer besaß damals die Souveränität, in diesen aufgeregten Tagen gerade nicht nach Berlin zu blicken, gerade nicht die Reaktionen Hitlers oder des Reichskirchenregiments oder der Deutschen Christen zu verfolgen oder die Kräfteverhältnisse in der Partei, im Staat oder in den kirchlichen Gruppen abzuschätzen, sondern seine eigene und die Aufmerksamkeit aller evangelischen Christen auf ein völlig anderes Ereignis zu lenken: eben jene erste Freie reformierte Synode vom 4. Januar 1934 und ihre »Erklärung über das rechte Verständnis der reformatorischen Bekenntnisse in der Deutschen Evangelischen Kirche der Gegenwart«.[6]

Und dieser Unbekümmertheit entsprang auch, daß Karl Barth am 13. Februar 1934 die Hefte 5 und 7 der »Theologische[n] Existenz heute«, »Die Kirche Jesu Christi« und »Gottes Wille und unsere Wünsche«, an den »Hochgeehrter[n] Herr[n] Reichskanzler« schickte mit dem Bemerken, dieser habe »offenbar noch nie Gelegenheit...« gehabt, »eine authentische Darlegung darüber, was die evangelische Kirche ist und soll, zur Kenntnis zu nehmen«.[7] »Wir rechnen immer wieder damit«, schrieb Barth unter ausdrücklichem Hinweis auf die Erklärung der reformierten Synode, »dass Sie, hochgeehrter Herr Reichskanzler, der Sie so gut um die Ganzheit des Staates wissen, auch für die Ganzheit der Kirche und ihres Auftrags Verständnis haben müssen. In diesem Sinn erlaube ich mir, Ihnen meine Schriften vorzulegen.«[8] Auf dem Entwurf der Empfangsbestätigung vermerkte der zuständige Referent in der Reichskanzlei die Entnahme der beiden Hefte für den Herrn Reichskanzler. Ob Hitler sie je in der Hand hatte, wissen wir nicht.[9]

Die erste »Barmer Erklärung« und insbesondere ihr Artikel 1, der »... durch den Beschluß der Barmer Synode eine gewisse kirchliche Geltung erlangt hat«, wie Barth schrieb, gab ihm seine Zuversicht.[10] In diesem Artikel 1 war die Rede von einem Irrtum, der die evangelische Kirche seit Jahrhunderten verwüstet habe, nämlich »... *der Meinung, daß neben Gottes Offenbarung, Gottes Gnade und Gottes Ehre auch eine berechtigte Eigenmächtigkeit des Menschen über die Botschaft und die Gestalt der Kirche, d. h. über den zeitlichen Weg zum ewigen Heil, zu bestimmen habe*«.[11] Damit verbunden aber war ein Aufruf an alle »... *in der einen Deutschen Evangelischen Kirche zusammengeschlossenen Gemeinden..., unbeschadet ihrer lutherischen, reformierten oder unierten Herkunft und Verantwortung, aufs neue die Hoheit des einen Herrn der einen Kirche und darum die wesentliche Einheit ihres Glaubens, ihrer Liebe und ihrer Hoffnung, ihrer Verkündigung durch Predigt und Sakrament, ihres Bekenntnisses und ihrer Aufgabe zu erkennen*«.[12]

Diese neue Einsicht und die Tatsache, daß sich ihr landauf landab Pfarrer und Gemeinden zu öffnen begannen, war nach Barths Überzeugung das einzig wirklich wichtige kirchliche Ereignis dieser Zeit.

Man hat diese Wendung schon damals als eine Flucht vor der politischen Verantwortung des evangelischen Christen verurteilt, einer Verantwortung, die seine unbedingte Solidarität mit dem politischen Schicksal von Volk und Reich fordere. Aber dies war keine Flucht. Es war vielmehr der Versuch, Ernst zu machen mit dem, was in den evangelischen Kirchen Sonntag für Sonntag gepredigt wurde oder jedenfalls gepredigt werden sollte: Gottes Offenbarung, Gottes Gnade und Gottes Ehre.

Das Vorwort zu jenem Heft enthielt noch einen weiteren wichtigen Anstoß.

RK. 1751 / 20.FEB.1934

PROF. D. KARL BARTH, D. D.

BONN A. RHEIN
SIEBENGEBIRGSTR. 18
FERNSPRECHER 8166

den 13.Februar 34.

38

S. Ang. v. 27.2.

An den

Herrn Reichskanzler

Adolf Hitler

Berlin

Hochgeehrter Herr Reichskanzler!

Gestatten Sie mir,Ihnen in der Beilage die von mir verfassten Hefte 5 und 7 der Schriftenreihe "Theologische Existenz heute" zu überreichen. Ich darfdarauf hinweisen,dass sich die Dinge in der evangelischen Kirche seit Ihrer Unterredung mit den Kirchenführern leider erst recht in einer gefahrvollen Weise weiter entwickelt haben. Viele unter denen,denen es unmöglich ist,die Rechtmässigkeit und Bekenntnismässigkeit der derzeitigen Leitung der evangelischen Kirche zu anerkennen,beklagen es tief,dass Sie,hochgeehrter Herr Reichskanzler,offenbar noch nie Gelegenheit hatten, eine authentische Darlegung darüber,was die evangelische Kirche ist und soll,zur Kenntnis zu nehmen. Vielleicht kann Ihnen dazu die in dem beiliegenden Heft 7 abgedruckte "Erklärung",die von den Vertretern von 167 deutschen Gemeinden gutgeheissen worden ist,dienlich sein. Wir rechnen immer wieder damit,dass Sie,hochgeehrter Herr Reichskanzler,der Sie so gut um die Ganzheit des Staates wissen,auch für die Ganzheit der Kirche und ihres Auftrags Verständnis haben müssen. In diesem Sinn erlaube ich mir,Ihnen meine Schriften vorzulegen.

Mit deutschem Gruss!

Karl Barth

In freimütiger Weise versuchte der Bonner Theologieprofessor Karl Barth im Februar 1934 Adolf Hitler über Wesen und Auftrag der evangelischen Kirche zu belehren.

Angesichts der alten und tief verwurzelten konfessionellen Unterschiede vertrat Karl Barth mit Nachdruck die Überzeugung, daß Lutheraner und Reformierte »... heute nicht *gegeneinander,* sondern ... *evangelisch*-lutherisch und *evangelisch-reformiert miteinander* bekennen« könnten und müßten. »Nicht in Sachen des Abendmahls, sondern in Sachen des ersten Gebots ist heute Streit in der Kirche und haben wir heute zu ›bekennen.‹ Dieser unserer Not und Aufgabe gegenüber muß die der Väter zurücktreten.«[13]

In eben dieser Zeit, als das neue Heft der »Theologische[n] Existenz heute« erschien, erhielten die drei Sprecher der Rheinischen Pfarrerbruderschaft, der Düsseldorfer Pfarrer Joachim Beckmann und die Essener Pfarrer Heinrich Held und Friedrich Graeber, die Mitteilung des Evangelischen Konsistoriums der Rheinprovinz, daß ein »... förmliche[s] Disziplinarverfahren mit dem Ziele der Entfernung aus dem Kirchenamt« gegen sie »eröffnet« und zugleich ihre Suspension vom Amt verfügt sei.[14]

Diese Mitteilung war für den Bruderrat das Signal zum Handeln. Nun zeigte sich, wie weit die kirchliche Opposition im Rheinland auch organisatorisch bereits Fuß gefaßt hatte. In allen Kreissynoden bestanden längst neben den – von den Juliwahlen herrührenden – deutschchristlichen Mehrheiten synodale Arbeitsgemeinschaften aus Pfarrern und Presbytern, die sich zu den Zielen der Pfarrerbruderschaft bekannten. An die Vertrauensleute dieser Arbeitsgemeinschaften ging nun am Montag, dem 12. Februar, ein Schreiben, das den zuversichtlichen Ton Karl Barths ganz und gar aufnahm. Beabsichtigt wurde die Einberufung einer freien Synode, die am 18. und 19. Februar in Barmen-Gemarke zusammentreten sollte. Nicht mehr als sechs Tage also standen zur Vorbereitung zur Verfügung.

»Liebe Brüder!«, begann das Schreiben, »Wir leben! Gott sei Dank! Und wir werden leben, wenn wir als Jesu Leute wissen, was wir sollen, und wenn wir *tun,* was Er will! Nun laßt uns tapfer und entschlossen auf die Schanzen treten.«[15]

Der Ton verriet, daß man aus den Berliner Ereignissen auch ganz konkret einiges gelernt hatte. »Niemand verderbe in dieser Stunde durch eitle Geschwätzigkeit unsere gute Sache. Meidet das Telephon!«[16] Darauf folgten die Anweisungen im einzelnen. Aus jeder Synodalgruppe sollten zwei Pfarrer und zwei Älteste gemeldet werden; wo eine Wahl nicht möglich war, sollte der jeweilige Vertrauensmann der Pfarrerbruderschaft zu einer Entsendung berechtigt sein.[17] Dieses Verfahren wurde später auch bei den anderen freien Synoden bis zu den großen Reichssynoden angewandt.

Theologen der reformierten Kirche leisteten einen wichtigen Beitrag für die Bekennende Kirche. Führend unter ihnen waren Paul Humburg, Karl Immer und Harmannus Obendiek von der rheinischen Kirche.

Die rechtlich einwandfrei geordnete Bestellung der Delegierten war von außerordentlicher Bedeutung, da die Synode ja nicht einfach eine Bekenntnisversammlung sein sollte, sondern als kirchliches Leitungsorgan gedacht war, das für die angeschlossenen Pfarrer und Gemeinden verbindliche Beschlüsse fassen sollte. Dafür aber war die genaue Feststellung der Teilnehmer und der Stimmenzahl unerläßlich. Im Februar stand man freilich gerade erst im Begriff, sich dieser Möglichkeiten und Konsequenzen bewußt zu werden. In der Einladung war noch von »einer evangelischen Tagung« die Rede,[18] das Berichtsheft dagegen sprach bereits klar von der »Freie[nl Evangelische[n] Synode im Rheinland«.[19]

Das Ganze gestaltete sich nicht nur rechtlich, sondern auch politisch als ein ungemein schwieriges Unterfangen. Da man mit polizeilichen Maßnahmen – etwa einem Versammlungsverbot – rechnen mußte, war äußerste Vorsicht geboten. Andererseits blieb jede Art von konspirativer Geheimhaltung ausgeschlossen, nicht nur aus praktischen, sondern mehr noch aus grundsätzlichen Erwägungen: Die Öffentlichkeit gehört zum Wesen evangelischer Synoden. In der Tat hat sich in der ganzen Zeit des Dritten Reiches die Bekennende Kirche stets bemüht, mit Vorsicht, aber ohne Konspiration ihre Synoden offen und – in Grenzen – auch öffentlich zu halten.

Der Synode ging ein Rheinisch-Westfälischer Gemeindetag »Unter dem Wort« voraus, zu dem sich die Gemeindeglieder in der überfüllten Gemarker Kirche sammelten.[20] Noch strömten hier nicht die Massen, die dann im März in Dortmund die Westfalenhalle füllten, aber das Zeichen war deutlich: Die Synode war nicht ohne Gemeinde, sie kam aus der Gemeinde und blieb Synode der Gemeinde.

Am Abend des 18. Februar erfolgte die offizielle Eröffnung der Tagung mit einer Predigt von Pfarrer Friedrich Graeber, demselben Friedrich Graeber, dem der junge Rechtsanwalt Gustav Heinemann den Zugang zu Glauben und Gemeinde verdankte.[21] 30 von 33 rheinischen Kreissynoden waren durch rechtmäßig entsandte Prediger und Älteste vertreten.

»Rechte Kirchenpolitik in der evangelischen Kirche«, so hatten die beiden uckermärkischen Pfarrer geschrieben, »ist nur möglich als Verkündigung. Rechte Verkündigung wirkt immer als ein politisches Handeln in Gemeinde, Kirche und Staat.«[22]

Friedrich Graeber zeigte, wie das gemeint war. Er hatte als Text 1. Mose 12,1 gewählt[23]: »Und der Herr sprach zu Abraham: Gehe aus deinem Vaterland und von deiner Freundschaft und aus deines Vaters Hause in ein Land, das ich dir zeigen will.« » Abraham«, so erklärte der Prediger den Text, sei »das Urbild der wahren Kirche ... Darum«, so rief er der Gemeinde zu, »wenden wir in dieser Stunde Augen und Herzen zum Worte der Schrift, zur Berufung Abrahams. Das wird der ›Freien evangelischen Synode im Rheinland‹ den Weg zeigen, den sie mit Predigern, Ältesten und Gemeinden zu gehen hat. Das wird uns, komme, was da mag, immer wieder aufrichten und getrösten.«[24] Allem Elend und aller Schwäche zum Trotz offenbarte sich hier die Stärke der evangelischen Kirche, hier konnte einer predigen: »Heraus aus aller Sünde, aus allem Kleinglauben, aus aller Feigheit, heraus aus aller Lüge, heraus aus allem Schein, aus aller Menschenverherrlichung; denn das alles ist Unglaube. *Heraus*!«[25] Dies war nicht der Aufruf zum Austritt aus der von Jäger, Oberheid und Forsthoff beherrschten Kirche, gerade nicht. »Ich überlasse *nicht kampflos* die Kirche meiner Väter«, sagte Graeber, »die Kirche meiner Berufung und heißen Liebe den Tyrannen in Berlin oder Koblenz, auch wenn sie der Staat stützt.«[26] Was jenes mächtige »Heraus« meinte, war etwas anderes. Die Religion seines Volkes nämlich sollte Abraham verlassen, und jedermann begriff, was damit gemeint war. »Welch eine Anfechtung! Welch ein Bruch! Ist das nicht ein Irrtum? Sind wir dazu Kinder eines Volkes, daß wir auseinandergehen?« Aber, so fuhr Graeber fort, das »... Kreuz Christi ist dazu aufgerichtet, daß wir zu dieser Scheidung tapfer entschlossen und demütig ja sagen ... Kirchenzugehörigkeit und Staatszugehörigkeit muß heute zweierlei sein. Eine vom Staat gemachte Religion ist Götzendienst, ob man das Weltanschauung nennt oder sonstwie, ist furchtbar gleichgültig.« Deshalb rief Graeber jetzt zur »*innerkirchlichen Separation*« auf, zur Trennung von denen, mit denen keine Gemeinschaft mehr möglich war.[27]

Und dies alles galt nicht nur den Männern, den Ältesten und Pfarrern, sondern ausdrücklich auch den Frauen. Mochten die Auseinandersetzungen bisher im wesentlichen von Männern getragen worden sein, so erinnerte Graeber nun daran, daß Sara mit Abraham mitzog – und zwar nicht nur im patriarchalischen Sinne aus Gehorsam gegen den Mann, sondern auf Grund eigener Berufung. »Wir haben die Hoffnung«, sagte er, »daß der Kirchenkampf nicht am Ehestand der rheinischen Pfarrer scheitert. Und die Gemeinden sind aufgerufen zur Fürbitte sonderlich auch für die Frauen und Kinder der Pfarrer, wenn es zum Schlimmsten kommen sollte ... *Sara zieht mit*, ihr Pfarrfrauen, die ihr hier seid, weil sie glaubt, ohne zu sehen.«[28] Hier wurde zum ersten Mal ausgesprochen, daß der Kirchenkampf, obwohl nach Lage der Dinge die Männer im Vordergrund standen, tatsächlich von Männern und Frauen und oft genug von ganzen Familien gemeinsam getragen wurde.[29]

Die Predigt schloß mit der Verheißung Moses an Israel im Angesicht des gelobten Landes: »Fürchtet euch nicht und laßt euch nicht vor ihnen grauen; denn *der Herr, dein Gott wird selber mit dir wandeln* und wird die Hand nicht abtun, noch dich verlassen.«[30]

Es war mit dieser Predigt gesagt, was zu sagen war. Die beiden Referate, die den Kern der Synodaltagung bildeten, konnten dies im Grunde nur erklären und verdeutlichen. Das erste Referat hielt Joachim Beckmann über »Reformatorisches Bekenntnis heute«.[31] Der junge Düsseldorfer Pfarrer begründete darin vor allem die Notwendigkeit der Trennung von den Deutschen Christen. Dies war ja für den gewöhnlichen, theologisch bis zur Unkenntlichkeit verblaßten deutschen Protestantismus die eigentliche

Schwierigkeit und Herausforderung, daß jetzt ein Bekenntnis und mit ihm die theologische und kirchliche Scheidung gefordert wurde. Beckmann wandte sich kritisch gegen die drei säkularen Prinzipien, die jetzt an die Stelle der Bekenntnisgrundlage der Kirche getreten seien: »l. Das nationale oder Rasseprinzip 2. Das Führerprinzip 3. Das Machtprinzip.« Dabei griff er besonders den »... *Arierparagraph* ...« an, der »in jeder Form eine Irrlehre« bedeute, »die die Kirche in ihrer Substanz ...« zerstöre.[32] »Alles ...« werde heute »unter das Vorzeichen ›artgemäß‹ gestellt, alles ...« müsse »mit dem Prädikat ›deutsch‹ versehen werden«. Es sollte noch zwölf lange Jahre dauern, bis die gesamte Kirche begriff, was Beckmann meinte, wenn er sagte: »Sie wollen damit wahr machen, was schon der Name ›Deutsche Evangelische Kirche‹ außerordentlich symptomatisch anzeigt. Warum heißen wir nicht – Evangelische Kirche in Deutschland?«[33] Im folgenden führte der Vortrag in vier Abschnitten aus, daß das »... reformatorische Bekenntnis ... in allen Punkten gegen Lehre und Wollen der ›Deutschen Christen‹« steht.[34] Mit bemerkenswertem Mut und ungewöhnlicher Offenheit trat Beckmann dabei zugleich gegen die politische Theologie der Zeit an. Die »... christliche Hoffnung«, so erklärte er, sei hier »ersetzt ... durch die in der Neugeburt des Deutschen Reiches erfüllte Hoffnung«. Ihr gelte heute »... die ganze Glut des Herzens, und man lebt davon, daß in absehbarer Zeit das Endziel: Ein Staat, ein Volk, ein Glaube, eine Kirche erfüllt sein wird. Das ist der *nachchristliche Messianismus*, das ist die immer wieder in der Christenheit auftauchende Gestalt der Reich-Gottes-Hoffnung der schwärmerischen Bewegungen aller Zeiten.«[35] Diese Kirche aber sei nicht die Kirche des dritten Artikels, sondern sie stehe »... eindeutig in dieser Welt, auf Blut und Boden, Volkstum und Rasse ... Ihre Grundlage ist Volk und Staat, das Dritte Reich. Ihre Aufgabe ist die ›seelische Untermauerung‹ des im neuen Staate geformten deutschen Volkes.«[36] Ihre schlimmste Gefahr aber sei ein Konflikt zwischen Staat und Kirche. »Wie völlig anders« dagegen »redet das Neue Testament von der Gemeinde, ihren Ordnungen und Aufgaben, ihrer Leitung und Zucht«.[37] Und er schloß mit der Aufforderung: »Es muß daher für uns dabei bleiben, Bekenntniskirche – nicht Nationalkirche, Gemeindekirche – nicht Bischofskirche, ... Amt als Dienst des Christen in der Gemeinde – nicht Führung und Gefolgschaft.«[38]

Ein zweites Referat von Johannes Graeber, dem Bruder des Predigers, beschäftigte sich vor allem mit der vom Reichskirchenregiment immer wieder betonten Unterscheidung zwischen äußerer und innerer Kirche, äußerlicher,

Im Februar 1934 wählte die Freie rheinische Synode die Pfarrer Heinrich Held, Joachim Beckmann und Friedrich Graeber in den rheinischen Bruderrat.

staatlich bestimmter Ordnung und innerlichem, von allem Zwang freien Glauben.[39] Dies war in der Tat der Angelpunkt der Argumentation Jägers, Oberheids und Heckels ebenso wie der von Ludwig Müller, und so rührte Graeber an einen entscheidenden Punkt. Was er zu entwickeln versuchte, war nichts anderes als eine neue Begründung des evangelischen Kirchenrechts. Unsicher noch und eher tastend entwarf er gegen alle Formen »autoritären[r] Kirchenleitung«,[40] seien sie nun politisch inspiriert oder römisch-katholisch tradiert, das Bild einer bekenntnismäßig gebundenen, presbyterial-synodal bestimmten Ordnung, nach der »... die Gemeinde regiert wird in brüderlichem Rat der Gemeinde oder der von der Gemeinde dazu bestellten Brüder, die ihre Beschlüsse gemeinsam fassen müssen«.[41]

Ganz in diesem Sinne wählte sich die Synode als Leitungsorgan einen Bruderrat, dem zehn Pfarrer und sechs Älteste angehörten. Unter den Pfarrern befanden sich neben Joachim Beckmann, Friedrich Graeber und Heinrich Held, die bis dahin bereits die Pfarrerbruderschaft geleitet hatten, viele Namen, die später zu den Trägern der Bekennenden Kirche im Rheinland zählten, so aus Elberfeld Hermann-Albert Hesse, der zugleich den Reformierten Bund vertrat, aus Barmen Paul Humburg, später Präses der rheinischen Bekenntnissynode, Harmannus Obendiek, ebenfalls reformierter Pfarrer und später Mitbegründer der Kirchlichen Hochschule Wuppertal, Johannes Schlingensiepen, der von den Schüler-Bibelkreisen kam,[42] und nicht zuletzt Georg Schulz, Gründer der Sydower Bruderschaft und Mitglied im Bruderrat des

Pfarrernotbundes. Unter den Ältesten standen an der Spitze der Fabrikant und Kirchmeister von Gemarke Karl Frowein und der Essener Rechtsanwalt Gustav Heinemann.[43]

Schließlich verabschiedete die Synode einstimmig eine Entschließung, die den Zusammenhang erkennen ließ, in dem sie stand. Darin übernahm man ausdrücklich die von Karl Barth entworfene Erklärung der Freien reformierten Synode vom 4. Januar und stimmte gleichzeitig dem Vortrag von Joachim Beckmann »als einem schriftgemäßen Zeugnis« zu. Schließlich wiederholte die Entschließung den Aufruf des Pfarrernotbundes zum Widerstand gegen das deutschchristliche Kirchenregiment: »*Wir ermahnen unsere Gemeinden, ihre Prediger und Ältesten, die wegen ihres bekenntnistreuen Handelns aus ihren Ämtern entfernt werden sollen, ihren Dienst an den Gemeinden zu erhalten. Solcher Ungehorsam gegen ein Kirchenregiment, das wider Gottes Wort regiert, ist Gehorsam gegen Gott.*«[44]

Mit dieser ersten in einer langen Reihe von Synoden war ausgesprochen oder unausgesprochen eine ganze Anzahl von grundsätzlichen Entscheidungen gefallen, die den zukünftigen Weg der Bekennenden Kirche nachhaltig bestimmen sollten.

Zunächst und vor allem war mit dieser Synode entschieden – auch wenn die Diskussion darüber noch lange anhalten sollte –, daß die kirchliche Opposition nicht den Schritt zur Freikirche tun, sondern innerhalb der Kirche um Bekenntnis und Ordnung kämpfen wollte. Damit erübrigte sich die Frage der Freikirche, die in diesen Tagen von Niemöller und vielen anderen noch ernsthaft erwogen wurde.[45] Ob diese Entscheidung richtig war, läßt sich im Rückblick kaum sagen. Zwar ist durch sie die rechtliche und bekenntnismäßige Kontinuität der evangelischen Kirche in Deutschland auch für die Zeit des Dritten Reiches gesichert worden. Für eine Kirche mit Ludwig Müller und August Jäger an der Spitze hätte es nach dem Krieg wohl kaum noch Anknüpfungsmöglichkeiten gegeben. Auf der anderen Seite wäre die Bildung einer evangelischen Freikirche möglicherweise die klarere Lösung gewesen. Sie hätte der Kirche viele der qualvollen Auseinandersetzungen der nächsten Jahre erspart, die doch fast alle in dem Widerspruch wurzelten, daß die Bekennende Kirche den Anspruch einer freien, bekennenden Gemeinschaft erhob, aber Gestalt, Rechte und Ordnungen einer öffentlichrechtlich verfaßten Volkskirche nicht aufgab.[46]

Welche Folgen die Bildung einer evangelischen Freikirche im einzelnen gehabt hätte, ist ungewiß. Aber die Wahrscheinlichkeit ist groß, daß ein solcher

Schritt das ganze Kirchenwesen in Deutschland verändert und auch die katholische Kirche nicht unberührt gelassen hätte.

Die Entscheidung, in der Kirche zu bleiben, fiel ohne förmlichen Beschluß. Sie geschah faktisch durch die Art und Weise, wie die Synode sprach und handelte. Und damit war zugleich ein zweiter, wesentlicher Punkt entschieden.

Die kirchliche Opposition beließ es nicht beim bloßen Protest, sondern sie stellte in der Kirche der nach ihrer Überzeugung falschen, schriftwidrigen Kirchenleitung eine wahre, schriftgemäße Kirchenleitung entgegen. Dies war ein in der alten und mittelalterlichen Kirche bis zur Reformationszeit nicht eben seltener Vorgang, wie überhaupt vieles in dieser Zeit an die Auseinandersetzungen auf den altkirchlichen Konzilien erinnerte - in der Leidenschaft und Bitterkeit, im staatlichen Zugriff, im Bekenntnismut und in der unvergleichlichen theologischen Fruchtbarkeit dieser schwierigen Jahre.

Das Neue bestand darin, daß sich derlei in einem scheinbar so trockenen und bürgerlich-aufgeklärten Gebilde wie dem deutschen Protestantismus des 20. Jahrhunderts ereignen konnte.

Die rheinische Synode war sich dieser kirchlichen Konsequenzen noch nicht völlig bewußt. Aber der erste Schritt hin zum Anspruch der großen Synoden von Barmen - und vor allem von Dahlem -, die einzige wahre Kirchenleitung der Deutschen Evangelischen Kirche zu sein, war zweifellos getan.

Dieser Anspruch mußte begründet werden. Und damit fiel eine weitere Entscheidung. Denn da fast alle Synoden und Kirchenleitungen der preußischen Kirche von den legalen deutschchristlichen Mehrheiten beherrscht wurden, konnte er nur vom Bekenntnis her begründet werden. Damit aber erhielt das Bekenntnis eine neue Funktion. Es war nicht mehr Ausdruck bloßer persönlicher Glaubensüberzeugung, sondern wieder Zeichen der Kirche. Zur allgemeinen Überraschung erwiesen sich die scheinbaren Leerformeln der Reichskirchenverfassung, insbesondere der Artikel 1, plötzlich als höchst bedeutsame Aussagen mit weitreichenden rechtlichen Konsequenzen.

Und weiter entschied die rheinische Synode allein durch die Tatsache, daß hier reformierte, lutherische und unierte Vertreter zusammen sprachen und handelten, daß die konfessionellen Unterschiede das gemeinsame Vorgehen nicht ausschlossen. Auch dies war von außerordentlicher Bedeutung, denn eine rein reformierte Synode wäre eine Angelegenheit der kleinen reformierten Minderheit geblieben. Erst durch die rheinische Synode wurde es zu einer Angelegenheit der ganzen Kirche. Das Problem der konfessionellen Gegensätze im deutschen Protestantismus war damit keineswegs gelöst, aber es waren doch Wege zur Gemeinsamkeit eröffnet.

Und schließlich und nicht zuletzt fand der deutsche Protestantisnius mit diesen Synoden und den ihnen verbundenen Gemeindetagen eine neue Form der Gemeinschaft, die später von den großen Kirchentagen aufgegriffen und fortgesetzt wurde. Die ängstlich gehütete Individualität des einzelnen – sichtbar ausgedrückt im Abstand vom anderen auf der Kirchenbank – wich hier einem durch gemeinsames Beten, Singen und Bekennen vermittelten Gemeinschaftsbewußtsein, wie es die evangelische Kirche seit langem nicht mehr gekannt hatte.

Alle diese Entscheidungen, auch wenn sie in ihrer Tragweite am 18. und 19. Februar kaum zu übersehen waren, verliehen der ersten Synode der werdenden Bekennenden Kirche ein besonderes Gewicht. Hier war, ohne daß man lange danach gesucht hätte, ganz offensichtlich der neue Weg der kirchlichen Opposition gefunden worden. Dies Ereignis besaß so viel innere Überzeugungskraft, daß es die ganze zukünftige Entwicklung prägte.

Die erste kirchliche Gruppe, die dies begriff, war der Bruderrat des Pfarrernotbundes. Als er am 20. Februar in Hannover zusammenkam, konnte der gerade in den Bruderrat der Synode gewählte Georg Schulz über den Verlauf und die Ergebnisse der Synodaltagung berichten. Das Ergebnis war ein Telegramm nach Barmen: »Der heute in Hannover versammelte Bruderrat des gesamten Pfarrer-Notbundes hat ... einmütig beschlossen, den Bruderrat der Synode zu bitten, den Bruderrat des Pfarrer-Notbundes in die Synode aufzunehmen. Wir teilen zugleich mit, daß wir die dem Pfarrer-Notbund angehörenden Brüder auffordern werden, ihre Gemeinden bzw. die von ihnen gesammelten Gemeindekreise der Freien evangelischen Synode anzuschließen.« Und auch das Ziel dieses Anschlusses wurde bereits genannt: »Wir hoffen, ... auf diesem Wege in organischer Weiterentwicklung zu einer Freien evangelischen Synode für den Gesamtbereich der Deutschen evangelischen Kirche zu kommen.«[47] Schon am 28. Februar folgte das Rundschreiben Nr. 11, das die neue Lage allen Mitgliedern des Notbundes mitteilte mit der Bemerkung: »Es scheint, als böte sich hier der jetzt allein noch mögliche Weg eines ›kirchlichen Handelns‹ das über den Kreis der einzelnen Gemeinden oder Gemeindegruppen hinausgreift.«[48]

Damit war der Anstoß aus dem Westen von der kirchlichen Opposition aufgenommen worden. Kaum drei Wochen nach der rheinischen Synode wiederholte sich der gleiche Vorgang in Berlin-Brandenburg. Am 7. März traten

»Abgesandte aus den bekenntnistreuen Gemeinden Berlins und der Mark ...« von jedem Kirchenkreis zwei Pfarrer und vier Laien, zusammen etwa 400 Männer und 40 Frauen – zur ersten Freien Evangelischen Synode in Berlin und Brandenburg in der Dahlemer Kirche zusammen.[49] Die personelle Verbindung zur rheinischen Synode bildete Joachim Beckmann, der auch hier sein Referat über »Reformatorisches Bekenntnis heute« vortrug.[50] Zum Präses wurde Gerhard Jacobi bestellt, der »Großstadtpfarrer«, der neben Martin Niemöller von Anfang an im Zentrum des Geschehens gestanden hatte;[51] in den Bruderrat wählte man unter anderen Superintendent Martin Albertz und die Pfarrer Kurt Scharf, Eitel-Friedrich von Rabenau und Heinrich Vogel, als Laien die märkischen Edelleute Detlev von Arnim – Kröchlendorff, der als Vorsitzender des Patronatsverbandes der preußischen Kirchenpatrone in den östlichen Provinzen großen Einfluß besaß, Wilhelm von Arnim-Lützlow, der später für die Stellenbesetzungen der Bekennenden Kirche zuständig wurde, und den Vorsitzenden der Berliner Anwaltskammer, den angesehenen Justizrat Dr. Willy Hahn.[52] Und wie im Rheinland Joachim Beckmann, so formulierte hier Heinrich Vogel das scharfe Entweder-Oder: »Nicht als ob wir den Christen verbieten wollen, eine Weltanschauung zu haben. Aber die Weltanschauungen, die Menschenworte, die irdischen Werte gehören nicht *neben* oder gar über, sondern *unter* Gottes Wort.« Und um dies auch wirklich ganz unmißverständlich deutlich zu machen, wiederholte Vogel: »Das Hakenkreuz gehört nicht *neben* das Kreuz, auch nicht in *eins* mit dem Kreuz oder gar an seine Stelle, sondern mit allem Menschlichen und Irdischen *unter das Kreuz*, denn das Kreuz ist Gottes Zeichen und alle anderen Zeichen sind Zeichen dieser vergehenden Welt.«[53]

Auch die Berliner Synode bejahte dann wie die rheinische einmütig die Barmer Artikel als »gegenwärtige Bezeugung der uns allein verpflichtenden Wahrheit der Heiligen Schrift« und faßte eine der rheinischen ähnliche Entschließung.[54]

Die Bekennende Kirche hatte den Anfang ihres Weges gefunden.

Während diese Ereignisse der kirchlichen Opposition ihren neuen Weg wiesen, fuhren die Männer an der Spitze der Reichskirche unbeirrt fort, die Deutsche Evangelische Kirche in eine zentralistische Führerkirche umzuwandeln. Für die Mehrheit der Zeitgenossen, auch diejenigen, die mit der Bekennenden Kirche sympathisierten, konnte es eigentlich nicht zweifelhaft sein, wer in diesem ungleichen Kampf schließlich siegen würde.

In der Tat durften Jäger und Oberheid ihre Politik der Vereinheitlichung und Gleichschaltung der evangelischen Kirche vollauf bestätigt sehen durch ein Gesetz, das der Reichstag am 30. Januar 1934 einstimmig verabschiedete und das die Umgestaltung des Reiches zu einem vorläufigen Abschluß brachte. Dieses »Gesetz über den Neuaufbau des Reichs«[55] bedeutete, wie der Reichsinnenminister zu Recht sagte, nicht weniger als eine Art »erweitertes Ermächtigungsgesetz«.[56] Es beseitigte endgültig die Selbständigkeit der Länder, unterstellte die Landesregierungen der Reichsregierung und sprach dieser die Befugnis zu, »neue[s] Verfassungsrecht« zu setzen. Verfassungsrechtlich sei damit, wie Carl Schmitt im »Völkischer[n] Beobachter« feststellte, »*eine legale Form zur Fortsetzung der nationalsozialistischen Revolution* im Hinblick auf das neue Verfassungsrecht überhaupt« geschaffen worden. »Das vorläufige Verfassungsgesetz vom 24. März 1933« sei »jetzt überholt ... Schritt für Schritt ...« sei »der neue Verfassungsboden erreicht worden, und«, so schloß der Beitrag, »wir können sicher sein, daß die Neugestaltung Deutschlands im Jahre II des nationalsozialistischen Staates mit derselben methodischen Sicherheit weitergeführt wird«.[57]

Nach Oberheids und Jägers Überzeugung konnte die Gleichschaltung der Länder mit dem Reich, die das Neuaufbaugesetz vollzog, für die Kirche nur eine Konsequenz haben, nämlich die beschleunigte Gleichschaltung der Landeskirchen mit der Reichskirche. Im Rückblick bezog sich Jäger für die Kirchenpolitik des Jahres 1934 denn auch ausdrücklich auf jenes Gesetz, das im »... Grundsatze ... für die Evangelische Kirche im nationalsozialistischen und lutherischen Sinn ...« den »Weg gewiesen« habe, »wie auch hier die von der Verfassung der Deutschen Evangelischen Kirche erstrebte und von der Gesamtheit des deutschen Volkes her zu fordernde Einheit verwirklicht werden könne«.[58]

Rechtliche Bedenken im Blick auf die Bestimmungen der Kirchenverfassung ließen sich, falls sie überhaupt entstanden, leicht mit dem Hinweis auf den »neuen Verfassungsboden« entkräften.

Und so machten sich Oberheid und Jäger nun ans Werk. Den Hebel setzten beide in Preußen an. Hier hatten nach Jägers Überzeugung die Verordnung zur Sicherung einheitlicher Führung vom 26. Januar und die Disziplinierungsverordnungen vom 3. und 5. Februar die »Verfassung der altpreußischen Kirche ... an entscheidenden Stellen zerschlagen ...« und damit »den Weg für den Neuaufbau der Verfassung« frei gemacht.[59] Zugleich waren sich beide in diesem Lande des unentbehrlichen politischen Rückhalts sicher, der ihre Pläne namentlich gegen das unverändert ablehnende Reichsinnenministerium abschirmte. So vollzog sich nun in weniger als drei Wochen die Gleichschaltung der preußischen Kirche mit der Reichskirche und ihr verfassungsrechtlicher Umbau in eine Führerkirche.

Der erste Schritt war die Neuberufung eines Geistlichen Ministeriums. Schon am 10. Februar hatte Frick persönlich beim Reichsbischof die »ordnungsmäßige Wiederbesetzung« der Reichskirchenregierung dringend angemahnt.[60] Zwei Wochen später, am 23. Februar, teilte Ludwig Müller die neuen Namen mit. An ihrer Spitze stand Oberheids Stellvertreter im Rheinland, Heinrich Forsthoff, ein Mann, von dem Oberheid und Jäger wußten, daß er aus Überzeugung ganz auf ihrer Linie lag. Als lutherisches Mitglied berief der Reichsbischof den Leiter des Rauhen Hauses in Hamburg, Pastor Friedrich Engelke, der sich als Vertreter der Volksmission empfahl, den reformierten Sitz nahm kommissarisch wiederum Otto Weber ein, dessen Ehrgeiz offenbar noch immer seine Einsicht überwog. Zum juristischen Mitglied wurde ebenfalls kommissarisch der von Jäger abhängige Berliner Konsistorialpräsident Paul Walzer bestellt, der diese Stelle jedoch lediglich für den derzeitigen Ministerialdirektor freihalten sollte.[61]

Sobald die Reichskirchenleitung wieder funktionsfähig schien, folgte der zweite Schritt. Auf Grund der Verordnung vom 26. Januar übertrug der Reichsbischof als preußischer Landesbischof am 1. März seine Befugnisse auf die Deutsche Evangelische Kirche.[62]

Damit war der Weg frei für den dritten Schritt, das »Kirchengesetz über die Leitung der Evangelischen Kirche der altpreußischen Union« vom 2. März.[63] Vom neuen Geistlichen Ministerium beschlossen, lautete der Paragraph 1 Abs. 1 dieses Gesetzes: »Die Deutsche Evangelische Kirche übernimmt unter Führung des Reichsbischofs als Landesbischof durch ihre Organe die Leitung der Evangelischen Kirche der altpreußischen Union.«[64]

Mit dieser Abfolge schien ein Modell von genialer Einfachheit gefunden, dessen Mechanismus Jäger bei anderen Landeskirchen im Lauf des Jahres 1934 nicht weniger als vierzehnmal in Bewegung setzte: Zuerst erfolgte jeweils die Übertragung der landeskirchlichen Befugnisse auf die Reichskirche, dann vollzog die Reichskirche die Übernahme der Leitung der Landeskirche.

Dieses Modell hatte nur einen Nachteil: Es war von Anfang bis Ende rechtlich ungültig. Aber als Hitler dies endlich begriff, war es längst zu spät.

Das »Kirchengesetz über die Leitung der...« preußischen Kirche beschränkte sich keineswegs auf bloße Erklärungen. Es hob zugleich die bisherige Kirchenverfassung in allen wichtigen Teilen auf und sollte die preußische

Kirche in ein einheitlich organisiertes und zentral geführtes Kirchengebiet der Reichskirche verwandeln. Dies betraf vor allem die bisher weitgehend selbständigen Provinzialsynoden.[65] Das Gesetz bestimmte, daß sie innerhalb von vierzehn Tagen umzubilden seien und in Zukunft aus dem Bischof als Präses, achtzehn Mitgliedern und einem Fakultätsmitglied bestehen sollten. Zwei Bestimmungen sollten den reibungslosen Ablauf der Umbildung sichern, nämlich das ausdrückliche Verbot einer Aussprache und die Ermächtigung für den Bischof, im Fall von Schwierigkeiten ».. sämtliche Mitglieder der neuen Provinzialsynode« kurzerhand zu ernennen.[66] Die Opposition in den Provinzialsynoden hatte also nicht die Möglichkeit, auch nur ihren Widerspruch anzumelden.[67]

An dem Tag, an dem die preußische Kirche gleichgeschaltet wurde, geschah auch der erste Schritt zur Umgestaltung der reichskirchlichen Führungsspitze, durch die Oberheid nahezu unumschränkte Einflußmöglichkeiten verschafft wurden. Auch hier hatte Jäger die Weichen gestellt. In einer Denkschrift vom 26. Februar hatte er es als »... abwegig« bezeichnet, »angesichts des Führeramtes des Reichsbischofs von einer Reichskirchenregierung zu sprechen«.[68] Ein entsprechendes Gesetz vom Oktober[69] sei ».. offenbar mit einer Absicht im Hintergrunde dem Herrn Reichsbischof vorgelegt worden«.[70] Es »... sei vielmehr selbstverständlich, daß der Reichsbischof als der Führer der Reichskirche die gesamte Verwaltung in seiner Hand ...« vereinige;[71] lediglich »das rechtskundige Mitglied« walte selbständig »in seinem Amtsbereich«.[72] Gehorsam hob dementsprechend das Geistliche Ministerium am 2. März das Gesetz vom Oktober auf;[73] fünf Tage später hatten Jäger und Oberheid eine reichskirchliche Führung nach ihrem Geschmack. Die »Verordnung zur Neuregelung der Verwaltung ...« vom 7. März stellte den Reichsbischof an die Spitze, ihm zur Seite stand ein Bischof als »Chef seines Stabes« mit voller Weisungsbefugnis an die Verwaltung, beiden untergeordnet waren drei Verwaltungsstellen: das Sekretariat des Reichsbischofs, das Kirchliche Außenamt und die Deutsche Evangelische Kirchenkanzlei.[74] Zum Chef des Stabes wurde selbstverständlich Heinrich Oberheid bestimmt.[75]

Mit der gleichen Unverfrorenheit wurde kurz darauf ein Kirchengesetz über den reichskirchlichen Haushalt verabschiedet, der, wie es hieß, »in noch stärkerem Maße als der Nothaushaltsplan des Übergangsvierteljahres die Umlagekraft der Landeskirchen ...« anspanne[76] – der gleichen Landeskirchen, die die Reichskirche so schnell wie möglich zu entmachten und gleichzuschalten bemüht waren.

Denn daran, daß das preußische Gleichschaltungsmodell auch für alle anderen Landeskirchen bestimmt war, gab es nun nicht mehr den geringsten Zweifel. Schon am 19. März riefen Oberheid und Jäger daher die deutschchristlichen Kirchenführer nach Berlin, um sie mit den entsprechenden Plänen vertraut zu machen. Versammelt waren die Vertreter von elf Landeskirchen, die im Sinne der Reichskirche als zuverlässig galten: Anhalt, Bremen, Hamburg, Nassau-Hessen, Lippe-Detmold, Lübeck, Mecklenburg, Oldenburg, Schleswig-Holstein, Waldeck-Pyrmont und Sachsen. Diese Liste verdeutlichte zugleich den Stand der Dinge zu jener Zeit. Auf der einen Seite nämlich fehlte außer den süddeutschen Kirchen Bayern, Württemberg, Baden und der Pfalz auch Hannover, wo Marahrens mit den erneut vordringenden Deutschen Christen um sein Überleben kämpfte;[77] auf der anderen Seite vermißte man Vertreter der Thüringer Richtung, die sich im Dezember vom kirchenpolitischen Kurs der Berliner Deutschen Christen getrennt hatten und nun immer stärker einen eigenen völkisch-nationalkirchlichen Weg einschlugen.[78]

Oberheid eröffnete die Sitzung[79] und schwor die Versammelten »... im Zusammenhang mit der Größe dieser Stunde ...« auf strikte Vertraulichkeit ein.[80] Dann teilte ihnen Jäger mit, daß Hitler einen Beauftragten für die evangelische Kirche ernannt habe und über diesen Beauftragten den lebhaftesten Anteil an der Vereinheitlichung der Reichskirche nehme. Er, Jäger, habe »einen Plan vorzulegen, nach dem die einzelnen Landeskirchen in die Reichskirche überführt werden«. Dabei solle »... nicht lange damit gefackelt ..., sondern« nach preußischem Vorbild »im Zug einer raschen Entwicklung, etwa alle 2 oder 3 Tage ... eine Kirche der Reichskirche zugeführt werden«.[81] »Der Beauftragte des Führers ...« stelle »sich vor«, so führte Jäger weiter aus, »daß der Siegeszug des Reichsbischofs in 3 – 5 Wochen beendet ...« sei, dann solle die »Nationalsynode ... ein großes placet ...« geben sowie »... ein Ermächtigungsgesetz ...« beschließen, um auch »... die letzten Widerstände im Süden aufzuräumen«. Damit die Nationalsynode dabei keine Schwierigkeiten mache, müsse sie »... aufgelöst und neu gebildet werden«.[82]

Das klang alles so eindeutig wie möglich, doch blieb – trotz Jägers wiederholter Berufung auf den Willen des Führers – Hitlers Engagement in dieser Sache undurchsichtig. Deutlich war nur, daß er den geplanten »Minister in evangelicis« abgelehnt hatte. Statt dessen erläuterten Jäger und Oberheid jetzt einen Ersatzplan, nämlich ein und dieselbe Person an der Spitze der Kirchenabteilung ins Reichsinnenministerium, in die Reichsleitung der Partei und in die Kirchenleitung der Reichskirche zu bringen. »Dieser Abteilungsleiter im Reichsinnenministerium«, so erklärte Jäger, »ist gleichzeitig der Kanzler der Deutschen Evangelischen Kirche, tritt in enge Verbindung zu der Partei und bearbeitet alle die Dinge, die uns am Herzen liegen«, womit die Grundkonzeption des »Minister[s] in evangelicis« erhalten geblieben wäre.[83] Als der Vertreter von Lippe fragte, wer denn der Mann sein solle, »der diesen wichtigen Posten bekleidet«, erwiderte Jäger: »Ich bin zunächst in Aussicht genommen, aber noch nicht perfekt.«[84]

In der Tat sollte dieses Programm in den kommenden Wochen Schritt für Schritt verwirklicht werden mit einer Ausnahme: Das Reichsinnenministerium war und blieb Jäger verschlossen und damit gerade der entscheidende Punkt in dieser ganzen Konstruktion.

In die große Gleichschaltung der preußischen Kirche wurden auch die theologischen Fakultäten einbezogen. Es sprach für die allgemeine Unterstützung, die das ganze Unternehmen bei der preußischen Regierung genoß, daß der zuständige Referent im Kultusministerium, Ministerialrat Dr. Achelis, dem Reichsbischof Ende Februar vertraulich Auszüge aus den Dienstakten zur Verfügung stellte, anhand derer die Umbesetzungen beraten werden sollten. Anfang März trafen die Professoren Hirsch, Gogarten und Kittel – Fezer hatte sich entschuldigen lassen[85] – mit dem reformierten Mitglied des Geistlichen Ministeriums Otto Weber zusammen, um einzelne Vorschläge für Göttingen, Königsberg, Halle, Bonn und Kiel zu erarbeiten. Entsprechend diesen Vorschlägen wurde in Göttingen mit den Berufungen von Otto Weber und Friedrich Gogarten ein Schwerpunkt für die neue deutsche Theologie geschaffen; andererseits unterbrachen die Listen manche Karriere, so etwa die des praktischen Theologen Wolfgang Trillhaas, der im Sommer 1934 in Halle vergeblich auf seine Berufung wartete.[86]

Auffälliger und wichtiger freilich als diese Fakultätspolitik war das deutliche Bemühen der Deutschen Christen, ihre Bewegung wieder aufleben zu lassen und damit erneut zu Macht und Einfluß zu gelangen. Zwar war im Westen und Süden des Reiches die deutschchristliche Organisation weitgehend zerfallen, aber der Sieg des Reichsbischofs am 27. Januar und die energische Kirchenpolitik von Jäger und Oberheid mobilisierten offensichtlich neue Kräfte. Ein Beispiel dafür bot die Lage in Hamburg, das dank der Tätigkeit des ehrgeizigen Oberkirchenrats Franz Tügel zu einem Mittelpunkt der deutschchristlichen Aktivitäten im Norden geworden war. Von hier aus sollte die Bewegung in ganz Nordwestdeutschland neu belebt werden. Welche Überlegungen man dabei anstellte, zeigte ein Schreiben des deutschchristlichen Schulungsleiters Pastor Dr. Boll, das sich mit der Neugestaltung des Gausiegels beschäftigte. »Mir lag daran«, so schrieb er an Tügel, »alles an den Dutzendstempel Erinnerndes auszuschalten ... Auch sollte das Christuskreuz dominierend zum Ausdruck kommen, dabei aber doch mit dem Hakenkreuz in Verbindung bleiben. Um dies zu charakterisieren, habe ich das Hakenkreuz derart gedreht, dass zwei Flügel nicht deutlich werden.«[87] Der Oberkirchenrat hielt von solcher Drehung aber offensichtlich nichts.

Nach lebhafter politischer und kirchenpolitischer Agitation erreichte Tügel am 5. März endlich sein Ziel. Landesbischof Simon Schöffel, der – aus der Sicht der Deutschen Christen – in den zurückliegenden Monaten soviel Unheil angerichtet hatte, trat zurück und machte den Platz für den machtbewußten Oberkirchenrat frei. Der neue Hamburger Landesbischof, im Braunhemd, empfahl sich der Synode mit einer Rede, die jene politische Kampfesart deutlich machte, die jetzt überall den deutschchristlichen Angriff bestimmte: »Ich kenne nur einen Feind, auch in der Kirche, und das ist nicht, der theologisch oder kirchlich anders denkt, *der* ist nicht mein Feind, der ist mein *Freund*, der morgen überwunden wird – ich kenne nur *einen* Feind, und das ist der, der diesen Staat Adolf Hitlers nicht will.«[88] Deutlicher konnte man die verheerende Wirkung der politischen Theologie schwerlich formulieren. Der Reichsbischof freilich hatte allen Grund, Tügels Wahl »auf das wärmste« zu begrüßen.[89] Denn tatsächlich war damit, wie die »Allgemeine Evangelisch-Lutherische Kirchenzeitung« schrieb, der »... Sieg der *›Deutschen Christen‹* ... in Hamburg ... vollkommener geworden als irgendwo anders«.[90] Und der Aufruf zur ersten Großkundgebung in Eilbeck, auf der Tügel und Kinder gemeinsam auftraten, ließ am Ziel keinen Zweifel: »Wir wollen nicht länger, daß der Aufbruch der Nation erstickt wird, wir wollen, daß auch in der Kirche die Führung den Nationalsozialisten gehört.«[91]

In Berlin zeigte sich gleichfalls der neue Siegeswille der Deutschen Christen. Am 28. Februar, vier Wochen nach der Niederlage der Opposition, veranstalteten sie demonstrativ eine Großkundgebung im Sportpalast, von der das »Evangelium im Dritten Reich« bereits im voraus wußte, daß ihre »kirchengeschichtliche Bedeutung« die der ersten Sportpalastversammlung übertreffen werde.[92] Schon die Eröffnung durch den Gauobmann von Berlin, Pfarrer Tausch, machte den 20000 Versammelten die Stoßrichtung des Angriffs deutlich. Wenn »... man mit heißester Leidenschaft die Durchführung der selbstverständlichsten Grundsätze des Dritten Reiches ...« bekämpfe, den Arierparagraphen etwa oder die Überführung der Jugend in die Hitlerjugend, dann habe das trotz aller gegenteiligen Behauptungen »mit Nationalsozialismus nicht mehr das geringste zu tun. Das nennen wir Reaktion«, schrie Tausch, »und das ist Reaktion.«[93] Reichsleiter Kinder, der anschließend über die »Sendung der Deutschen Christen« sprach, nannte die Dinge dann beim Namen.[94] Nach allgemeinen Ausführungen über den Aufbruch in der Kirche, artgemäße Frömmigkeit und neue Ordnungen, kam er auf den Pfarrernotbund zu sprechen, der sich in »... maßloser Verkennung dieser ... Notwendigkeiten ... gebildet« habe. »Ein ›Notbund‹, meine Volksgenossen[!]«, sagte er, und das sollte wohl ironisch klingen, woher »... nehmen diese Leute das Recht, von ›Not‹ zu sprechen«.[95] Unter Hinweis auf bequeme Pastorate und gute Gehälter bestritt er kurzerhand, daß es irgendwo in Deutschland »... auch nur eine einzige Gewissensnötigung eines Pastors gegeben« habe.[96] Statt dessen stünden hinter dem Notbund ganz andere Absichten. Sie riefen »... zur offenen Revolte gegen die kirchliche Obrigkeit ...« auf und durchbrechen die »wundervolle Volkseinheit«, zu der sich das deutsche Volk am 12. November zusammengeschlossen habe. »Darum«, fuhr Kinder fort, »und wenn sie sich noch so tarnen und sich dagegen wehren, *der ganze Pfarrernotbund ist nichts als Reaktion gegen die Grundsätze des Dritten Reiches*.«[97] Es war nicht schwer zu erraten, an wen diese Bemerkungen adressiert waren.

Schließlich sprach, während »wieder heller Jubel« aufbrandete, der Reichsbischof.[98] Nachdem er sich im November noch eilig von den Deutschen Christen distanziert hatte,[99] versicherte er jetzt als erstes, daß er in seiner ganzen Art, seinem »... *Wollen und Streben immer bewußt und mit voller Absicht ›Deutscher Christ‹* gewesen ...« sei und dies auch »... *bleiben werde*«.[100] Im Mittelpunkt seiner Rede stand die Neuordnung des Verhältnisses von Kirche und Staat. Zum ersten Mal erklärte Ludwig Müller in aller Öffentlichkeit die neuen Pläne: die evangelische Kirche *im* Staat, die Ablehnung eines katholischen Konkordats und die Notwendigkeit, »... eine *neue Form des Zusammenarbeitens zwischen Staat und Kirche* ...« zu suchen. Er habe »... das feste Vertrauen, daß der Führer ...« diese »Form ... finden ...« werde – »und eine solche Abmachung des Vertrauens ist mehr wert als zehn Konkordate«.[101]

Kein Zweifel: Die Deutschen Christen betrachteten sich wieder als Sieger. Als der schlesische Bischof Zänker Anfang März nach Berlin fuhr, um die Wiedereinsetzung seiner amtsenthobenen Superintendenten zu erreichen, erfuhr er, daß davon nach der »... Sportpalastkundgebung durchaus nicht mehr die Rede sei«. Die Deutschen Christen, so berichtete er, »das wurde in Berlin offen ausgesprochen, fühlen sich als ›die‹ Kirche«.[102]

Der Präsident der Hamburger Synode, Professor Dr. Fabian, begrüßt den neuen deutschchristlichen Landesbischof Franz Tügel. Die Versammlung wurde mit einem »Sieg Heil« auf den Führer, dem Lutherlied »Ein feste Burg ist unser Gott!« sowie dem Horst-Wessel-Lied geschlossen.

Angesichts der hemmungslosen politischen Beschuldigungen gegen den Pfarrernotbund war es kein Wunder, daß es an verschiedenen Orten zu Handgreiflichkeiten kam. Besonderes Aufsehen erregte ein Zwischenfall, der sich Anfang März in dem kleinen märkischen Städtchen Beskow ereignete. Auf einer Kreisversammlung der Deutschen Christen im Saal des Bürgervereins war der Beskower Superintendent Eberhard Neumann ohne ersichtlichen Grund von Uniformierten verprügelt und eingesperrt worden. Den erregt protestierenden Pfarrern aber hielten die Deutschen Christen nicht weniger aufgebracht entgegen, sie »... hetzten gegen den Herrn Reichskanzler und den Nationalsozialismus, sowie gegen den Staat«. Ferner versorge »der ‹Club› (Pfarrernotbund) ... das Ausland mit entsprechenden Hetzartikeln«.[103]

Die größte Gefahr lag allerdings darin, daß dieser großangelegte Angriff gegen die kirchliche »Reaktion« und insbesondere gegen den Pfarrernotbund unverändert von der preußischen Regierung unterstützt wurde. Die Fronten glichen denen vom Januar. Während das Reichsinnenministerium mit allen Mitteln versuchte, den Kirchenstreit zu dämpfen und dazu in einem weitverbreiteten Runderlaß feststellte, »daß es nicht Aufgabe des nationalsozialistischen Staates sei, mit seinen Machtmitteln in rein kirchliche Auseinandersetzungen einzugreifen«,[104] verschärfte Görings preußische Gestapo in einer Reihe von Berichten ständig die Tonart. Am 3. März schrieb Diels an den Reichsinnenminister, er meine, in seinen zahlreichen Berichten »... in genügender Form den Nachweis dafür erbracht zu haben, daß die geistige Grundhaltung des Pfarrernotbundes als reaktionär im eigentlichen Sinne des Wortes zu bezeichnen ...« sei. Es hätte »... sich hier ein fester Block evangelischer Geistlicher gebildet«, die sich »... in der Bekämpfung des nationalsozialistischen Führerprinzips, der Rassenlehre und anderer Programmpunkte der NSDAP zusammengefunden« hätten.[105] Es sei höchste Zeit, dem ein Ende zu bereiten.[106]

Am 10. März stellte die Geheime Staatspolizei in ihren »Mitteilungen Nr. 4« »... erneut eine starke Verschärfung und Aktivierung der Opposition des Pfarrernotbundes ...« fest. Das Amt hatte die Bildung der freien Synoden registriert und wertete sie beunruhigt als »... bewußte Zerstörung des mühsam errungenen Aufbaues der evangelischen Reichskirche«.[107] Zur gleichen Zeit ging ein weiteres Schreiben aus dem Gestapo-Hauptquartier in der Prinz-Albrecht-Straße an den Reichskanzler und den Innenminister, das von den »... bedenklichen Auswirkungen« des evangelischen Kirchenstreites »auf die innen- und außenpolitische Allgemeinlage ...« sprach und die Ansicht vertrat, daß die Zerstörung »... mit allen Mitteln – sollte die Autorität des Reichsbischofs hierzu nicht ausreichen, auch unter Einsatz der Autorität des Staates – verhindert werden ...« müsse.[108]

Wahrhaftig, es gab Grund, den Notbund zu fürchten. Anfang März sah die »Neue Zürcher Zeitung« bereits sein Ende voraus – erlegen »... den Versuchungen der Kirchenpolitik«. Zugleich registrierte das Blatt freilich ebenso wie die gesamte Schweizer Presse – eine Rückkehr zum »... Ausgangspunkt des Kampfes ... *die Bildung neuer Gemeinden und neuer Synoden neben dem offiziellen Kirchenapparat auf der Grundlage eines neuen gegenwärtigen Bekenntnisses* ...«[109]

In der Tat machte unter dem Eindruck dieser Ereignisse die neue Sammlung der Opposition sichtbare Fortschritte. Sie vollzog sich in drei deutlich erkennbaren Schritten: Zunächst sagten sich die süddeutschen Bischöfe von ihrem Versprechen zur Zusammenarbeit mit dem Reichsbischof los, dann konstituierte sich mit der Bekenntnissynode in Westfalen das erste bekennende Kirchenregiment; schließlich brachte der reichskirchliche Zugriff auf die württembergische Landeskirche den feierlichen Zusammenschluß aller bekenntnistreuen Kräfte zur Bekenntnisgemeinschaft der Deutschen Evangelischen Kirche.

Nach ihrer Kapitulation im Januar waren die süddeutschen Bischöfe in eine zunehmend schwierige Lage geraten. Zwar herrschte im Gegensatz zu den Verhältnissen in Preußen in Bayern und Württemberg noch weithin Ruhe. Aber im Laufe des Monats Februar begriffen Meiser und Wurm immer deutlicher, daß sie nicht nur getäuscht und betrogen worden waren, sondern daß die Eingliederungspolitik der Reichskirche über kurz oder lang auch ihre beiden Landeskirchen bedrohen mußte.

Am 22. Februar wandte sich Wurm deshalb wieder an Frick. »Wir haben dem Führer das schwere Opfer gebracht«, so schrieb er im Blick auf die Ereignisse vom 25. und 27. Januar, »auf die weitere Geltendmachung unserer wohlbegründeten Bedenken gegen die Führereigenschaften des gegenwärtigen Reichsbischofs zu verzichten und den Schein eines Verrats an unsern Gesinnungsgenossen auf uns zu nehmen.« Die fortdauernde Gewaltpolitik des Reichsbischofs aber, so fuhr Wurm fort, »... die weiteren Drangsalierungen von Notbundpfarrern und die Versuche, auch gegen Landesbischof Meiser und mich anzugehen, ... zeigen, daß unser Opfer umsonst war«. Und wieder schien, allen Erfahrungen zum Trotz, Hitler der einzige Ausweg. »Herr Minister«, schrieb Wurm, »ist es denn ganz unmöglich, daß wir einmal vertraulich dem Führer die Lage darlegen?«[110]

Noch ehe Frick antworten konnte, erschien das Kirchengesetz über die Leitung der preußischen Kirche vom 2. März, über dessen kirchenpolitische Absicht wie über seine rechtliche Unvereinbarkeit mit der Reichskirchenverfassung man sich in Stuttgart und München schnell einig war.[111] Jetzt war offensichtlich Gefahr im Verzug.

Bereits am 5. März machten sich Meiser und Wurm deshalb persönlich auf den Weg nach Berlin, um, wenn irgend möglich, Hitler selbst zu erreichen.

Tatsächlich gelang es den Bischöfen, Staatssekretär Lammers von der drohenden Gefahr einer Kirchenspaltung und eines Kirchenzerfalls zu überzeugen. In einem für Hitler bestimmten Memorandum, das Lammers unverzüglich dem Reichskanzler vorlegte, nannten die beiden Bischöfe die Dinge offen beim Namen und erklärten, eine weitere »... Mitverantwortung für die Führung der Kirche durch Herrn Reichsbischof Müller ...« nicht mehr tragen zu können.[112] Zugleich sagten sie sich in aller Form von ihrem Versprechen zur Zusammenarbeit los. »Wir sind es«, so schrieben sie, »sowohl unseren Landeskirchen als der gesamten evangelischen Kirche schuldig, daß wir dies auch öffentlich bezeugen.«[113] Gleichzeitig baten sie dringend um eine persönliche Aussprache.

Hitler reagierte überraschend schnell. Kaum waren die beiden Bischöfe am Abend des 8. März in ihr Hotel in der Anhalter Straße zurückgekehrt, als Lammers anrief und mitteilte, daß der Reichskanzler die beiden Herren am Dienstag, dem 13. März, empfangen wolle. »Wir reisten sehr vergnügt zurück«, erinnerte sich Wurm, »weil wir nun sicher waren, ohne den Ballast der übrigen Kirchen und der vielen verschiedenen Meinungen einfach sagen zu können, wie es aussah.«[114]

Die Tatsache des Empfangs der beiden oppositionellen Bischöfe und sein Verlauf erlauben eine einigermaßen zuverlässige Einschätzung der wirklichen Haltung Hitlers zum Kirchenstreit. Hier bedurfte er keiner Tricks wie am 25. Januar und keiner propagandistischen Werbung wie in seinen für die Öffentlichkeit bestimmten Äußerungen. So ging aus dem erstaunlich offen geführten Gespräch dreierlei hervor: Hitler hatte seit dem Frühjahr 1933 tatsächlich die Bildung einer starken und geschlossenen evangelischen Reichskirche unterstützt, und zwar vor allem als Gegengewicht zur katholischen Kirche. Es entsprach seinem veräußerlichten katholischen Kirchenbegriff, daß er sich unter einer Kirche nur eine einheitlich verfaßte und hierarchisch geordnete Institution vorstellen konnte. Für die Grundlage der reformatorischen Kirchen, für selbständige, allein an Schrift und Bekenntnis gebundene Gemeinden und Pfarrer besaß er nicht das geringste Verständnis. Deshalb bedauerte er in dem Gespräch, »daß die evangelische Kirche keine feste Lehrautorität habe«, und versicherte, ihm ginge es nur um »eine feste Kirchenordnung« und eine »starke Zentralgewalt«, gegen die sich die evangelische Kirche unbegreiflicherweise sperre.[115]

Zugleich ließ Hitler erkennen, daß er um dieses Zieles willen Ludwig Müller und seine Kirchenpolitik weiter unterstützen werde. Mit keinem Wort jedoch deutete er an, daß er die weiterreichenden Pläne von Oberheid und Jäger, also die durch den »Minister in evangelicis« in das Dritte Reich eingegliederte Nationalkirche, auch nur kannte oder gar vertrat. Im Gegenteil, die Äußerungen über Müller klangen eher verächtlich, und nicht zu Unrecht hielt er den Bischöfen vor, sie hätten ihn ja selbst gewählt und nun müßten sie ihn eben tragen.

Und schließlich verriet Hitler seine eigene Grundposition in der ganzen Frage. Wie schon ein Jahr zuvor gegenüber Bischof Berning, so erklärte er nun den evangelischen Bischöfen: »Die Kirche müsse sich an die Lehre von

Blut und Rasse gewöhnen. So wenig die katholische Kirche es habe ändern können, daß sich die Erde um die Sonne drehe, so wenig können die Kirchen die unwiderleglichen Tatsachen, die mit Blut und Rasse gegeben sind, aus der Welt schaffen. Wenn sie dieselben nicht anerkennen, gehe die Entwicklung einfach über sie hinweg.«[116] Tatsächlich lag hier der Kern des ganzen Problems. Hitler erwartete, daß die Kirchen die Rassenlehre übernehmen würden. So lange hielt er sich noch für ein Bündnis mit ihnen offen. Erst als er diese Erwartung aufgab – im Lauf des Jahres 1937 –, kam er zu der Überzeugung, daß sie langfristig vernichtet werden müßten.[117]

Das zweistündige Gespräch endete mit einer lautstarken Auseinandersetzung. Am Vormittag hatten die Bischöfe von Buttmann den denkwürdigen Rat bekommen: »Wenn er schreit, dann schreien Sie auch!«[118] Als Meiser nun etwas von »unseres Führers allergetreueste Opposition« sagte, wurde Hitler heftig und nannte die Bischöfe »... Verräter des Volkes, Feinde des Vaterlandes und Deutschlands Zerstörer[!]«.[119] Da sich seine Gäste jedoch unbeeindruckt zeigten, lenkte er ein. Und er wäre nicht Hitler gewesen, wenn er nicht bereits einen Ausweg vorbereitet gehabt hätte.

Zur Verblüffung der Bischöfe nämlich bestimmte er den vierten Mann, der an der Unterredung teilgenommen hatte, den Hauptmann a. D. Franz von Pfeffer und Salomon, zu seinem Beauftragten und Verhandlungsführer in der Kirchenfrage.[120]

Damit betrat ein neuer Mann die kirchenpolitische Bühne, der das ohnehin kaum noch durchschaubare Spiel weiter verwirrte. Denn weder von seiner Herkunft noch von seiner Stellung her brachte der katholische Pfeffer auch nur die geringsten Voraussetzungen für diesen Auftrag mit. Gleichwohl verhandelte er bis zum Jahresende im Auftrag Hitlers immer wieder sowohl mit den evangelischen Gruppen wie mit den Vertretern der katholischen Bischofskonferenz.

Wie Pfeffer an diesen Auftrag kam, ist unklar. Hitler und er kannten sich seit vielen Jahren. Der ehemalige Hauptmann und Freikorpskämpfer hatte sich 1924 der Hitler-Bewegung angeschlossen, war zum Osaf, zum Obersten SA-Führer, aufgestiegen, aber 1930 zum Rücktritt genötigt und von Röhm abgelöst worden. Dank seiner vielen alten Beziehungen behielt er jedoch in der Partei einen gewissen Einfluß. Wenn Pfeffer sich nach dem Kriege richtig erinnerte, so versuchte ihn eine konservative Gruppe von Ministern im Frühjahr 1934 in Hitlers Nähe zu bringen, um den Führer »einzudämmen«.[121] In diesem Zusammenhang, so behauptete Pfeffer später, sei ihm ein Ministeramt angeboten worden, er habe jedoch einen informellen Einfluß vorgezogen. Wie immer es damit bestellt gewesen sein mag, sicher ist, daß sich Pfeffer 1934 häufig in der Nähe Hitlers befand und unterverschiedenen Aufträgen auch den zur Lösung der Kirchenfrage erhielt. Es war ein Auftrag der Partei, nicht des Staates, und so bezog Pfeffer seine Amtsräume in der Berliner Dienststelle des Stellvertreters des Führers, Rudolf Heß, in der Wilhelmstraße 64.

Da Hitlers neuer Beauftragter von der Sache selbst nichts verstand, war er ganz auf Beratung angewiesen. Und dabei war Jägers Einfluß offensichtlich stärker als der der beiden Bischöfe. Während Meiser und Wurm Pfeffer noch in ihrem Sinne zu bearbeiten suchten und dieser sich dabei durchaus aufgeschlossen gab,[122] hatte Jäger ihn offenbar für seine Konzeption schon gewonnen. Denn selbstverständlich handelte es sich bei dem geheimnisvollen Beauftragten Hitlers, auf den Jäger am 19. März sein Eingliederungskonzept stützte, um niemand anderen als Pfeffer.

Zunächst freilich war an die vorgesehene, rasche Verwirklichung der Eingliederung nicht zu denken. Denn nun begann sich in der westfälischen Kirche eine völlig neue Entwicklung abzuzeichnen.

Anlaß war die im Kirchengesetz vom 2. März vorgesehene Umbildung der Provinzialsynoden, die überall auf den 16. März angesetzt war. Da auf Weisung des Notbundes die oppositionelle Minderheit den Sitzungen fernblieb, um sich nicht »eines Rechtsbruchs mitschuldig« zu machen,[123] verliefen die meisten Verhandlungen wie geplant. Nur Westfalen machte eine Ausnahme. Auch hier gab es zwar seit dem Herbst 1933 einen deutsch-christlichen Bischof, aber in der Synode verfügte die kirchliche Opposition über die Mehrheit und stellte außerdem mit Präses Koch den Vorsitzenden. So durfte man diese Sitzung mit einiger Spannung erwarten. In der Tat machte schon die eindrucksvolle Eröffnungsrede des Präses klar, daß die Mehrheit dieser Synode sich der Reichskirche nicht fügen würde. Unter feierlicher Berufung auf die geltende Verfassungsurkunde der altpreußischen Union von 1922, die die besondere Rheinisch-Westfälische Kirchenordnung ausdrücklich schütze, sowie auf das Gutachten von Wilhelm Flor und die historische Tradition der Provinzialkirchen von Rheinland und Westfalen erklärte Koch: »Ich kann der Provinzialsynode nicht empfehlen, zu tun, was dieses Kirchengesetz von uns verlangt, ich darf nicht empfehlen, es zu tun. Es ist weder sicher noch geraten, etwas gegen das Gewissen zu tun. Gott helfe mir! Amen!«[124]

Nach dieser Eröffnung stellte der Sprecher der Gruppe »Evangelium und Kirche«, Pastor Karl Lücking, den Antrag, »die Synode möge dem Zeugnis von Präses Koch zustimmen und die Rechtsgültigkeit des Kirchengesetzes bestreiten«.[125]

Damit war für die deutschchristliche Minderheit die Sache entschieden. Bischof Bruno Adler erklärte, wenn die Synode ihrer Umbildung nicht zustimme, werde er von seinem Recht Gebrauch machen und die neuen Mitglieder ernennen. Als die Deutschen Christen sich daraufhin erhoben, um die Synode zu verlassen, wies Präses Koch noch einmal auf die Rechtslage hin. »Ich bin fest davon überzeugt, daß ich auf dem Rechtsboden stehe und nicht Sie.«[126]

Mit diesem Satz war einer der Kernpunkte der Auseinandersetzungen getroffen. Die Bekennende Kirche war nicht nur die kirchlich-theologische Bewegung, wie es im Rückblick vor allem erscheint, sie war ebensosehr eine Bewegung, die für die Geltung des Rechtes kämpfte. Und gerade dies gab ihr in den Anfängen des Dritten Reiches eine besondere Bedeutung.

Tatsächlich bestätigte acht Monate später, am 22. November, die fünfte Zivilkammer des Landgerichts Bielefeld uneingeschränkt den Standpunkt von Koch. Gestützt auf das Rechtsgutachten von Flor wies das Gericht Adlers Klage auf Herausgabe der Synodalakten kostenpflichtig ab und erklärte in der ausführlichen Urteilsbegründung das Gesetz vom 2. März und alle darauf beruhenden folgenden Rechtsakte für unwirksam.[127]

Da war es dann freilich für eine Revision zu spät. Denn zunächst bestimmte nun der Staat den weiteren Fortgang der Dinge. »Die überwiegende Mehrheit der Synode«, so hielt ein zeitgenössischer Beobachter diesen Augenblick fest, »war im Saale geblieben. Als durch Namensaufruf die Beschlußfähigkeit festgestellt wurde, erschienen vorn beim Vorstande zwei Herren, die sich als Beamte der Geheimen Staatspolizei auswiesen und die Synode für aufgelöst erklärten. Daraufhin kamen die ›Deutschen Christen‹ in den Saal zurück und klatschten.«[128]

Dieses gewaltsame Ende der Synode löste zwei Reaktionen aus.

Bischof Adler ernannte gemäß Paragraph 3 des Gesetzes vom 2. März die achtzehn Mitglieder der neuen Provinzialsynode, die sofort zusammentraf und unter seinem Vorsitz den Provinzialkirchenrat bildete.[129]

Die große Mehrheit der Teilnehmer an dieser polizeilich geschlossenen Synode trat ebenfalls noch am selben Tag zusammen und konstituierte sich als erste Westfälische Bekenntnissynode. Sie erklärte, »daß sie die kirchlich rechtmäßige Synode der Provinz Westfalen ...« darstelle, wählte Karl Koch zu ihrem Präses und bestellte einen Bruderrat aus drei Pfarrern und vier Ältesten zu ihrer Leitung.[130] In einer Kundgebung wurde dieser außerordentliche Schritt aus dem evangelischen Verständnis der Kirche begründet: »In der Kirche der Reformation gilt nur das Amt, das seine Autorität aus dem Worte Gottes nimmt. Es empfängt seinen Auftrag in der Gemeinde, die unter dem Wort lebt. Die Kirche bedarf einer geistlichen Leitung, die ihren Auftrag aus der lebendigen Gemeinde empfängt und ihr mit dem Worte dient. Solches lebendiges Miteinander – Handeln von Amt und Gemeinde war das Anliegen der Väter unserer rheinisch-westfälischen Kirchenordnung. Es fand in der Selbstverantwortung der Gemeinde seinen unaufgebbaren Ansatz ...« Deshalb erklärte die Kundgebung weiter: »Die evangelische Bekenntnissynode ... weiß sich verantwortlich für das geistliche Leben der Kirchenprovinz. Sie übernimmt die geistliche Leitung der Gemeinden und ruft alle bekennenden Glieder der Gemeinden auf, sich ihrer Leitung zu unterstellen.«[131]

Damit hatte Westfalen zwei Kirchenleitungen, eine deutschchristliche, die scheinbar alle Macht besaß, die über die Verwaltung, die Finanzen und den Arm des Staates verfügte, und eine bekenntniskirchliche, die dies alles entbehren mußte und die sich lediglich auf das alte Recht der westfälischen Kirchenordnung und auf das Bekenntnis der Kirche stützen konnte.

Noch wußte niemand, wie weit das tragen würde. Darüber würde schon der nächste Schritt entscheiden, die Einladung an alle bekenntnistreuen Gemeinden und Gemeindeglieder im Rheinland und in Westfalen, sich am kommenden Sonntag, nur zwei Tage nach der Synode, zu einem Rheinisch Westfälischen Gemeindetag »Unter dem Wort« in Dortmund zu versammeln. Das Echo war überwältigend. Mehr als 20000 evangelische Christen, überwiegend Männer, füllten am 18. März die Westfalenhalle und die beiden größten Kirchen der Stadt.[132] Karl Lücking nannte die Versammlung später in einem Bericht »die größte gottesdienstliche Gemeinde, die wir je erlebt haben«.[133]

Und in der Tat handelte es sich hierbei weniger um eine Massenversammlung als vielmehr um eine betende und singende Gemeinde. Zum ersten Mal stimmte dieser Gemeindetag das bis dahin kaum bekannte Lied des Schweizer Pfarrers Friedrich Heinrich Oser an, das bald zu einem Erkennungszeichen für die Bekenntnisversammlungen und die Gottesdienste der Bekenntnisgemeinschaft werden sollte:

»Zeuch an die Macht, du Arm des Herrn
wohlauf und hilf uns streiten!
Noch hilfst du deinem Volke gern,
wie du getan vor Zeiten.
Wir sind im Kampfe Tag und Nacht,
o Herr, nimm gnädig uns in acht
und steh' uns an der Seiten!«[134]

Nach einer biblischen Besinnung stand im Mittelpunkt der Veranstaltung ein Vortrag von Pastor Humburg aus Barmen-Gemarke, der unter der Überschrift »Wahrheit wider Irrlehre« die deutschchristliche Theologie einer umfassenden, biblisch begründeten Kritik unterzog.[135] Sie wandte sich gegen die Abwertung des Alten Testaments, gegen die Offenbarung Gottes im »Geschehen unserer Tage«, gegen die Verherrlichung des nordischen Blutes und das Führerprinzip.[136] Die ganze Schwierigkeit der Lage wurde deutlich, wenn Humburg unverändert dem Reichskanzler Hitler Dankbarkeit und Vertrauen bekundete und gewissermaßen im gleichen Atemzug die Grundlagen der nationalsozialistischen Ideologie – vor allem das Rassenproblem unmittelbar und nachdrücklich in Frage stellte. »*Welches Interesse aber* hat man an der Frage«, gab Humburg zu bedenken, »ob *Jesus vielleicht Arier* war? Dahinter steckt wieder der Gedanke: Das arische Blut ist besser als das jüdische Blut ... Die Schrift aber sagt: Er *ist für alle* gestorben.«[137] Ähnlich brisant war der Widerspruch gegen die Behauptung, für Deutschland gebe »›... es nur eine Autorität, die Autorität des Führers‹. Das gilt für das Deutschland des 3. Reiches«, erklärte Humburg dazu, »aber nicht für die Gemeinde des Sohnes Gottes«.[138] Alle Bekenntnisse zur politischen Führung des Reiches konnten nicht verdecken, daß hier ein unaufhebbarer Konflikt vorgezeichnet war.

Schließlich sprach Bodelschwingh, und auf seine Weise fand er vielleicht am besten den Ton des biblischen Bekenntnisses, auf den die ganze Versammlung gestimmt war. »Aus unserer Not aber«, so sagte er, »greifen wir nach dem, was uns gegeben ist und neu gegeben werden kann. Das ist das Wort des Herrn Christus. Er spricht dieses Wort auch in die Schuld der Kirchengeschichte hinein. *Er spricht sein Wort, dann werden tote Gemeinden lebendig.* Er spricht sein Wort, dann bekommen junge Menschen einen neuen Kurs und alte Leute eine neue Hoffnung. Er spricht sein Wort, dann fügen sich die Trümmer zu einem neuen Bau, und dann wird *aus einer geschlagenen und schweigenden Kirche eine bekennende und siegreiche Kirche.*«[139]

Genau dies war es, was die Menge in diesem Augenblick unmittelbar empfand und was sie am Ende in gemeinsamer Bewegung das Glaubensbekenntnis sprechen ließ.

Natürlich ließ dieses Bekenntnis der Gemeinde die Deutschen Christen nicht ruhen. Nur eine Woche später organisierten sie ebenfalls eine Massenversammlung in der Westfalenhalle, die von 18000 Menschen besucht wurde. Als Redner traten Reichsleiter Kinder, Bischof Adler und der Reichsbischof auf. Die beiden Versammlungen machen auch im Rückblick unübersehbar deutlich, auf welcher Seite sich in diesen Tagen christliche Kirche befand und wo nicht. Denn Ludwig Müller wußte nichts Besseres, als erneut den Pfarrernotbund des politischen Widerstandes zu beschuldigen. Die Kritik der Bekenntnisgemeinschaft an den Deutschen Christen bezeichnete er als »Unverschämtheit« und »gemeine Beschimpfung«. »Er habe lange geglaubt«, so hieß es in dem Bericht über seine Rede, »daß die Widerständler Kirche bauen wollten. Er sei jetzt überzeugt, daß sie etwas ganz anderes wollten, nämlich die Opposition gegen den Staat.«[140]

Den Bericht über diese Versammlung hatte das »Evangelium im Dritten Reich« mit der Schlagzeile überschrieben »Das Kirchenvolk bei den Deutschen Christen«.[141] Aber daran konnten nicht einmal Bischof Adler und seine deutschchristliche Kirchenleitung glauben. Denn im Laufe des Jahres 1934 erklärten sich etwa die Hälfte aller westfälischen Gemeinden zu Bekenntnisgemeinden, Gemeinden also, deren Presbyterien dem Konsistorium den Gehorsam aufkündigten und sich der Leitung der Bekenntnissynode unterstellten – eine erstaunliche Zahl, wenn man bedenkt, daß es dazu in jedem einzelnen Fall der Entscheidung des Presbyteriums bedurfte. Die andere Hälfte der Gemeinden blieb zwar neutral, war aber keineswegs deutschchristlich, lediglich vier Kreissynodalvorstände befanden sich zu dieser Zeit noch in den Händen der Deutschen Christen. Auch der Kern der Gemeinden stand fest zur Bekennenden Kirche, rund 90 Prozent der praktizierenden evangelischen Christen Westfalens besaßen ihre Mitgliedskarte.[142] Dies waren freilich Verhältnisse, wie sie so nur in Westfalen und stellenweise im Rheinland auf Grund ihrer kräftigen Erweckungstradition und ihrer festverwurzelten presbyterial-synodalen Kirchenordnung gegeben waren. Aber sie erklären, warum gerade der Westen zu einem Schwerpunkt des Kirchenkampfes wurde.

Die große Frage war nun die Verbindung des Westens mit den süddeutschen Landeskirchen. Schon am 19. März, nur einen Tag nach der Dortmunder Versammlung, trafen sich auf Einladung von Meiser im Hospiz »Baseler Hof« in Frankfurt am Main die Vertreter der Bekennenden Kirche aus dem Rheinland und Westfalen mit Wurm und Meiser.[143] Noch ganz unter dem Eindruck des eben Erlebten berichteten die Westfalen den beiden Bischöfen vom Aufbruch ihrer Gemeinden, und Karl Immer, einer der führenden reformierten Pfarrer aus dem Rheinland, machte deutlich, daß damit bewußt ein ganz neuer Weg beschnitten werden sollte. »Der Weg des Jahres 1933«, so legte er der kleinen Versammlung dar, »Kirche bauen zu wollen, hat sich als falsch erwiesen (man wollte von oben nach unten, von außen nach innen bauen), dieser Weg ist abgeschlossen am 27. Januar 1934. Jetzt geht die Sache an die Gemeinde, die allein nach dem Wort des Herrn Verheißung hat.«[144] Immer bat die beiden Bischöfe um ein offenes Wort an ihre Gemeinden und sparte auch nicht mit Kritik am Pfarrernotbund und insbesondere an Martin Niemöller, dessen »... ungeistliche Redeweise...ein Fallstrick geworden...« sei. »Wir haben einen sehr schweren Kampf vor uns«, meinte er schließlich und fügte das entscheidende Stichwort hinzu: »Es ist der Kampf um die Freiheit des Evangeliums im totalen Staat.«[145] Beide Bischöfe griffen den Vorschlag zur Zusammenarbeit auf. »Nachdem die Bewegung im Westen aufgebrochen ist«, meinte Wurm, »darf der Süden nicht zurückbleiben.«[146] Allerdings wurden nun auch die Unterschiede deutlich. »Bayern ist keine ecclesia pressa«, erklärte der bayerische Oberkirchenrat Meinzolt. »Wir können also nicht den Kampf von einer Bedrückung der bayerischen Gemeinden aus herleiten.«[147] Aber man wolle und müsse die Gemeinden im Süden informieren, und soviel Gefühl für die Deutsche Evangelische Kirche sei »... gewiß vorhanden, daß unsere Leute sagen: Wir sollen helfen, wo es zu helfen gilt«.[148] Als Ergebnis dieser ersten Besprechung wurde vereinbart, in einer Reihe von Bekenntnisversammlungen in München, Nürnberg, Augsburg und Stuttgart auch die süddeutschen Gemeinden zu erreichen und zum Bekenntnis aufzurufen.[149]

Während so der Kampf um die Kirche im Dritten Reich einen neuen und weithin sichtbaren Höhepunkt erreichte, wuchs auch in den protestantischen Kirchen des Auslands die Entschlossenheit, den bedrängten Christen in Deutschland beizustehen.

Ein Schwerpunkt dieser Bemühungen lag in London. Dort lebte und wirkte eine der bedeutendsten kirchlichen Persönlichkeiten der ersten Hälfte unseres Jahrhunderts, der Lordbischof von Chichester, George K. A. Bell. Der anglikanische Bischof-»This Bell never rings for nothing«, hatte schon 1925

Nathan Söderblom in einem treffenden Wortspiel gemeint[150], dem wie den meisten Engländern die theologischen Traditionen des Kontinents eher fern lagen,[151] besaß gleichwohl ein sicheres Gefühl für die Grundpositionen des deutschen Kirchenkampfes. Vom Sommer 1933 an begleitete er unermüdlich und ohne einen Augenblick des Zauderns oder der Unsicherheit die Bekennende Kirche und blieb auch im Kriege, als alles in einer Flut des Hasses zu versinken schien, der unerschütterliche Freund des anderen Deutschland, von dessen Existenz und Glaubwürdigkeit er das Foreign Office vergeblich zu überzeugen versuchte.[152]

Zweierlei machte Bells Unterstützung für die Bekennende Kirche besonders wichtig. Dank seines hohen Amtes und seines Sitzes im Oberhaus hatte er jederzeit Zugang zur Regierung und zur englischen Öffentlichkeit.[153] Eben dies wurde einer seiner bevorzugten Einflußwege. Zum anderen aber stand der englische Bischof als Präsident des Ökumenischen Rates für Praktisches Christentum an der Spitze der sich eben formierenden ökumenischen Bewegung. Auch wenn die Exekutivgewalt des Präsidenten nur gering war, so verschaffte das Amt ihm doch zahlreiche internationale Verbindungen und Einflußmöglichkeiten. Die wichtigsten dieser Verbindungslinien liefen in die Schweiz, und zwar nach Genf, wo zwei rührige Mitarbeiter des Stabes saßen, der deutsche Theologe und Volkswirt Dr. Hans Schönfeld und der schwedische Pfarrer Nils Ehrenström, und nach Basel, wo Bell in dem Präsidenten des Baseler Kirchenrats, Alphons Koechlin, einen hervorragend informierten, klugen und unermüdlichen Freund und Ratgeber besaß.[154]

Den bedeutendsten Einfluß auf den Bischof freilich übte Dietrich Bonhoeffer aus. Der 28jährige – im Sommer 1933 einer der klarsten und entschiedensten Vertreter der Bekenntnisseite – hatte sich im September enttäuscht von seiner Berliner Dozentur beurlauben lassen und bald darauf ein deutsches Auslandspfarramt in London übernommen.[155] Schon Anfang November traf er hier anläßlich einer ökumenischen Tagung mit Bell zusammen. Der Bischof, immer an zuverlässigen Nachrichten aus Deutschland interessiert, lud den jungen Deutschen zum Essen in seinen Club,[156] und damit begann eine Beziehung, die schon bald weit über das Informative hinausging und die bis zu Bonhoeffers Tode anhalten sollte. Bell selbst sprach später von »an intimate friendship« und meinte, durch ihn mehr als durch irgendeinen anderen Deutschen den wahren Charakter des Konflikts begriffen zu haben.[157] Bewegendes Zeugnis dieser Freundschaft war die Predigt, die Bell am 27. Juli 1945 in London beim Gedächtnisgottesdienst für Dietrich und Klaus Bonhoeffer hielt.[158]

Eine erste Folge der Verbindung zu Bonhoeffer war im Januar ein ungewöhnlich deutlicher Brief Bells an Ludwig Müller, in dem er namens des Ökumenischen Rates den Reichsbischof daran erinnerte, daß er eine Aufhebung des Arierparagraphen und der Gewaltmaßnahmen zugesagt, mit dem Maulkorberlaß aber das Gegenteil getan habe. Dieser Brief war für Ludwig Müller um so peinlicher, als er mit ausdrücklicher Billigung des Verwaltungsausschusses des Ökumenischen Rates am 1. Februar in der »Times« erschien.[159] In Berlin begriff man bald, daß hier für die Reichskirchenpolitik eine ernsthafte Gefahr drohte. Deshalb machte sich Anfang Februar der zuständige Referent in der Reichskirchenleitung, Oberkonsistorialrat Theodor Heckel, mit einer kleinen Delegation auf den Weg in die britische Hauptstadt, um weitere Störungen dieser Art möglichst zu verhindern.

Es war nicht das letzte Mal, daß der fränkische Lutheraner in einer höchst unglücklichen Rolle auftreten sollte. Seit 1928 im Kirchenbundesamt mit den auslandsdeutschen Gemeinden befaßt und zunächst noch Anhänger der Jungreformatorischen Bewegung, hatte er sich seit dem Herbst 1933 zusammen mit seinem älteren Bruder, dem Kirchenrechtler Johannes Heckel, und wohl nicht ohne dessen Einfluß völlig dem Reichsbischof und dessen Linie verschrieben. Die Belohnung blieb nicht aus. Am 21. Februar errichtete Ludwig Müller ein »Kirchliches Außenamt«, dem er die doppelte Aufgabe der Betreuung der Auslandsgemeinden und der Pflege der Beziehungen zu den befreundeten Kirchen – also die ökumenischen Belange der Reichskirche zuwies. Zum Leiter dieses Amtes mit dem Titel eines Bischofs aber ernannte er Theodor Heckel,[160] der damit für Jahre zum unmittelbaren Gegenspieler von Bonhoeffer, Bell und all denjenigen wurde, die die ökumenische Bewegung und die Bekennende Kirche verbinden wollten.

Eine Probe seiner künftigen Tätigkeit und Richtung legte Heckel nun bei seinem Londoner Besuch im Februar ab. In zwei Sitzungen mit den deutschen Pfarrern versuchte er, eine gemeinsame Loyalitätserklärung für den Reichsbischof zu erhalten – ein Unternehmen, das bei Bonhoeffer und einigen seiner Kollegen auf heftigen Widerspruch stieß.[161] Ebenso erfolglos verlief Heckels Besuch bei Bell. Von dem in Aussicht gestellten »Reichsminister für die Beziehungen zur evangelischen Kirche« zeigte sich der englische Bischof eher beunruhigt, und auf ein sechsmonatiges Stillhalten, bis die »Befriedung« erreicht sei, wollte er sich erst recht nicht einlassen.[162] Das einzige, was die

Delegation nach Deutschland mitnahm, war ein kurzes Kommuniqué, wonach eine gemeinsame Untersuchung der die Kirchen beschäftigenden Probleme gefördert werden sollte. Zugleich jedoch übergab Bell den Deutschen einige »Informelle Notizen«, die seine Hauptbeschwerdepunkte gegen die Reichskirche enthielten.[163] In zwei weiteren Briefen an Heckel konkretisierte der wohlinformierte Bischof diese Beschwerden anhand verschiedener Beispiele.[164] Als eine Antwort ausblieb, wandte sich Bell erneut an die Öffentlichkeit. In einer Zuschrift an die »Times«, die am 19. März erschien, erklärte er, die schweren Bedenken gegen die Reichskirche bestünden unverändert fort, ja hätten sich durch die jüngsten Maßnahmen – es war die Zeit der westfälischen Ereignisse – noch verstärkt.[165] Angesichts dieses entschiedenen Auftretens war es nicht erstaunlich, daß einige Vertreter der Bekenntnissache in Berlin zur gleichen Zeit den Plan entwickelten, den englischen Bischof direkt in den deutschen Kirchenkampf einzuschalten – und zwar zusammen mit dem schwedischen Erzbischof Erling Eidem.

Die Kombination war nicht zufällig, denn in Schweden lag ein weiterer Schwerpunkt der ökumenischen Bemühungen um die deutsche Kirche. Dabei war Eidem die zentrale Figur. Infolge der engen Verbundenheit der skandinavischen mit der deutschen Theologie und Kirche war der schwedische Primas im Reich weithin bekannt und verfügte über ein hohes Maß an Ansehen. Anfang Februar hatte sich bereits Otto Dibelius, der abgesetzte Generalsuperintendent, brieflich an Eidem gewandt mit der Bitte, als Sprecher des weltweiten Luthertums für Schrift und Bekenntnis in Deutschland einzutreten. Als beträchtlicher Irrtum – freilich als bezeichnender – erwies sich allerdings die Einschätzung seiner eigenen Zukunft, die der spätere Bischof von Berlin-Brandenburg und langjährige Ratsvorsitzende der Evangelischen Kirche in Deutschland darin formulierte: »Darüber, dass meine kirchliche Wirksamkeit zu Ende ist, bin ich mir klar. Es kann sich für den Rest meines Lebens nur noch darum handeln, hier und da einmal einen kleinen Dienst tun zu dürfen.«[166] In seiner Antwort an Dibelius wies Eidem darauf hin, daß in Schweden die Ansicht über die deutsche Entwicklung leider nicht ganz einheitlich sei, so daß er nicht ohne weiteres für die ganze Kirche sprechen könne. Er entschloß sich deshalb für den politischen Weg. Ende Februar besuchte er den deutschen Gesandten in Stockholm, Prinz zu Wied, und teilte ihm vertraulich mit, daß er den Ökumenischen Ausschuß in Schweden nur mit Mühe davon abgehalten habe, die Beziehungen zur deutschen Kirche abzubrechen. Auf die Dauer werde das freilich nicht gelingen, wenn in Deutschland keine Änderung der Verhältnisse eintrete.[167] Wieds Bericht nach Berlin war einer der ersten in einer langen Reihe ähnlicher Berichte, in denen der Gesandte auf die wachsende Belastung der deutsch-schwedischen Beziehungen durch den Kirchenkampf hinwies.

Ähnlich wie Bell besaß auch der schwedische Erzbischof vorzügliche Informationen aus der deutschen Kirche. Sein wichtigster Vertrauensmann war der Pfarrer an der schwedischen Gesandtschaft in Berlin, Birger Forell. Persönlich bekannt mit allen wichtigen Männern der kirchlichen Opposition und von unbedingter Vertrauenswürdigkeit, leistete Forell schon dadurch der Bekennenden Kirche unschätzbare Dienste, daß er dank seines diplomatischen Status über Bewegungs- und Informationsmöglichkeiten verfügte, die für die Deutschen selbst kaum noch bestanden. Unermüdlich versuchte er, Verbindungen zu knüpfen – nicht nur innerhalb des Protestantismus, sondern auch zur katholischen Kirche, wie seine Besuche bei den Kardinälen Faulhaber und Bertram gerade in dieser Zeit zeigen.[168] Sein Pastorat in der Landhausstraße in Wilmersdorf wurde zu einem Zentrum der Bemühungen um die Unterstützung der Bekennenden Kirche.

Und hier entstand denn auch Mitte März in einem kleinen Kreis der Plan, durch die beiden Bischöfe Bell und Eidem Hitler persönlich »... das vom christlichen Standpunkt Unerträgliche und für Deutschlands außenpolitisches Ansehen Schädliche in der Politik der gegenwärtigen Kirchenleitung darlegen« zu lassen.[169] Nach einer gründlichen Besprechung der Angelegenheit in der ökumenischen Zentrale in Genf wurden von dort aus sowohl Eidem wie Bell unterrichtet mit dem ausdrücklichen Hinweis, daß der Plan auch in Deutschland von den ökumenischen Beratern der kirchlichen Opposition, »Dr. Lilje, Mr. Menn, Dr. Dibelius und anderen«, voll unterstützt werde.[170]

Die beiden Bischöfe reagierten zunächst ablehnend. Bell machte in einem langen und grundsätzlichen Schreiben deutlich, warum er diesen Schritt für falsch halte. Dabei verriet er – gewiß auch unter dem Einfluß Bonhoeffers[171] mehr Einsicht in die grundsätzliche Problematik eines solchen Unternehmens, als die große Mehrheit der Deutschen selbst. »*Werden nicht Erzbischof Eidem und ich*«, so formulierte Bell den Kern seiner Bedenken, »*tatsächlich um einen Eingriff des Staates ersuchen, wenn wir zum Reichskanzler gehen?*«[172] Mit bemerkenswerter Klarheit erörterte er im folgenden die verschiedenen Möglichkeiten des Gesprächsverlaufs. Wenn Hitler der Bitte der Bischöfe entsprechen und Müller absetzen würde, »... würden uns dann nicht die Hände im voraus gebunden sein, wenn Hitler später hinsichtlich der Kirche anders vorgehen wird«?[173] »Wenn Hitler aber ... ›Nein‹ sagte und an Müller festhielte, ... wäre dann nicht unsere Stellung als Vertreter der Kirche ausserhalb Deutschlands sehr geschwächt?«[174] Im einen wie im anderen Fall würde nach Ansicht des Bischofs eine Stärkung des Glaubens »... an den totalen Staat und seine Macht über die Kirche ...« eintreten – und eben dies sollte unter allen Umständen vermieden werden.[175]

Statt dessen versuchte Bell – ähnlich wie Eidem – zunächst auf andere Weise auf den Gang der Dinge Einfluß zu nehmen. Am 30. April ließ er sich beim deutschen Botschafter in London, Leopold von Hoesch, melden und machte diesen mit dem Gedanken vertraut, »daß der ökumenische Rat seine *Beziehungen mit Deutschland würde lösen müssen*«.[176] Angesichts der außerordentlichen Bedeutung Englands für die deutsche Außenpolitik sollte sich der Weg über die deutsche Botschaft in London im Laufe des Jahres 1934 als höchst wirkungsvoll erweisen. Aber auch die Öffentlichkeit vergaß Bell nicht; schon am Himmelfahrtstag trat er erneut mit einer ungewöhnlichen Erklärung zur Lage der deutschen Kirche hervor.[177]

Inzwischen war es Forell gelungen, wenigstens Eidem doch noch für den Plan einer privaten Unterredung mit Hitler zu gewinnen, von der sich sowohl das Innenministerium wie das Auswärtige Amt eine Unterstützung ihrer eher oppositionsfreundlichen Haltung erwarteten.[167] Nachdem sich ein in Aussicht genommener Termin Mitte April zerschlagen hatte, ließ der schwedische Erzbischof bei einem kurzen Aufenthalt in Deutschland das Auswärtige Amt wissen, daß er bereit sei, »... im Laufe der nächsten 10–14 Tage auf Wunsch zu einer Besprechung mit dem Führer eigens nach Berlin zu reisen«. Die Kulturpolitische Abteilung, zu dieser Zeit noch eindeutig auf der Seite der kirchlichen Opposition, fand »... es im außenpolitischen Interesse sehr erwünscht, wenn der Empfang ... stattfinden könnte ...«.[179] Am 28. April rief daraufhin der deutsche Gesandte in Stockholm den sich gerade auf einer Visitationsreise befindenden schwedischen Erzbischof an, um ihm mitzuteilen, daß der Reichskanzler ihn am 2. Mai um 12.30 Uhr erwarte.[180]

Das war ein denkbar ungünstiger Zeitpunkt. Die breite Zustimmung im ersten Jahr seiner Regierung hatte im Frühjahr 1934 einer steigenden Spannung und Unruhe Platz gemacht, die sich am 30. Juni im sogenannten Röhm-Putsch entladen sollte.[181] Hitler war in diesen Tagen, wie der Verlauf des Empfangs zeigte, nervös und unkonzentriert. Dazu kamen Informationen aus Schweden über heftige Angriffe gegen Ludwig Müller in der schwedischen Öffentlichkeit. Unmittelbar vor dem Empfang las Hitler einen entsprechenden Bericht des deutschen Gesandten, der ausdrücklich auf die »... immer stärker zu Tage tretende Animosität ...« hinwies.[182]

All dies zusammen ließ die etwa einstündige Unterredung zu einem vollkommenen Fehlschlag werden. Hitler ging kaum auf Eidems Vortrag ein, der alle Beschwerdepunkte des Auslandes gegenüber der Reichskirche offen aufzählte.[183] Statt dessen verbreitete er sich, wie Eidem in seinem Gedächtnisprotokoll festhielt, »... lange über die Notwendigkeit einer evangelischen Einheitskirche«, die er »... als Gegengewicht gegen die katholische Kirche geschaffen« habe.[184] Weiter trat er überraschenderweise mit »... größtem Eifer, ja mit einer gewissen Heftigkeit.. .für den Reichsbischof ein«, aber dies entsprang – was Eidem nicht wissen konnte – zweifellos weniger seiner Überzeugung als vielmehr dem Willen, gegenüber dem schwedischen Gast keinen Fehler eingestehen zu müssen. Schließlich verkündete er seine Überzeugung, die tatsächlich eine Art Schlüssel für sein Verständnis des Ganzen darstellte, »daß der Kirchenkampf als eine Organisationsfrage und allein als eine Organisationsfrage anzusehen sei«.[185] Das Bild, das der schwedische Erzbischof vom deutschen Reichskanzler mitnahm, war verheerend. Als Haupteindruck notierte Eidem ein Wort: »Brutalität. Es war, als ob ein Agitator zu einer Menge von Tausenden sprach. Wilde Gestikulationen, heisere und ziemlich unangenehme Stimme. Er ereiferte sich zu wahrer Wut, schlug mit der Faust auf den Tisch, die Augen sprühten Feuer usw.... Mir stand das Bild eines Kindes vor Augen, das immer höher und höher schaukelte und sich dann überschlug.«[186]

Dies war der aus vielen Audienzen bekannte und gefürchtete Hitler, der einen vermeintlich schwachen Gegner durch Brutalität einzuschüchtern versuchte. Daß es auch einen ganz anderen, einen souveränen und gelassenen Hitler gab, erfuhr der Münchener Kardinal Faulhaber, als er bei seinem Besuch auf dem Berghof im November 1936 »einer imponierenden Sicherheit«[187] und einer vollkommenen Beherrschung der »diplomatischen und gesellschaftlichen Formen« begegnete.[188] In diesen Urteilen wird die Widersprüchlichkeit dieses Mannes ebenso deutlich wie die fast unerschöpfliche Vielfalt seiner Ausdrucksmöglichkeiten, mit denen er Freunde und Gegner verwirrte und betrog.

Das Bild einer einheitlichen, von ihm selbst getragenen und von der Mehrheit bejahten Kirchenpolitik, das der Reichskanzler dem Erzbischof glaubhaft zu machen versuchte, war freilich ein bloßer Wunschtraum. Vielmehr brachten die Wochen zwischen Mitte März und Anfang Mai, als sich jene ökumenischen Aktivitäten entwickelten, eine weitere Verschärfung der Lage. Die Hauptschuld daran trug ohne Zweifel August Jäger, der sich nun zum uneingeschränkten Beherrscher der Deutschen Evangelischen Kirche aufschwang.

Dieser neue Abschnitt des Kirchenkampfs begann mit einem weiteren Versuch des Reichsinnenministers, Ludwig Müller zu einer vermittelnden Linie zu zwingen. In einem persönlichen Schreiben an den Reichsbischof erklärte sich Frick bereit, den Pfarrernotbund aufzulösen, wenn die Kirchenleitung ihrerseits alles tue, »den Kirchenfrieden zielbewußt herbeizuführen und zu sichern«. Dazu rechnete das Schreiben die Rückkehr zu rechtlichen Zuständen, den Erlaß einer Friedenskundgebung, die – soweit war es gekommen, daß ein Reichsminister dies fordern mußte – »... Evangelium und Bibel als Grundlagen ... feierlich bestätigen« müsse, und die Beendigung der willkürlichen Amtsenthebungen.[189] Besonders unangenehm für die Männer um Ludwig Müller war dabei der Hinweis auf die Rechtsproblematik. Denn gerade am Tage zuvor hatte das Berliner Landgericht in Sachen Friedrich Werner gegen die preußische Kirche verhandelt und dabei erkennen lassen, daß es sich den Rechtsstandpunkt von Wilhelm Flor zu eigen machen werde. Damit war die Erklärung der Rechtsungültigkeit sämtlicher Gesetze und Verordnungen seit dem Maulkorberlaß vom 4. Januar zu erwarten, wie sie dann wenig später in der Urteilsbegründung tatsächlich ausgesprochen wurde.[190]

Angesichts dieses doppelten Drucks versuchte Ludwig Müller in den kommenden Wochen, durch eine Reihe von Botschaften und Gesetzen den Schein der Friedensbereitschaft zu erwecken.

Als erstes erschien zum Karfreitag überraschend ein »Wort des Reichsbischofs an die Pfarrer«.[191] Verfasser war, wie sich später herausstellte, der neu in die Reichskirchenregierung berufene Friedrich Engelke, der jetzt mehr und mehr Oberheid als theologischen Berater abzulösen begann.[192] Der ehemalige Hamburger Pfarrer stand Ludwig Müller nicht nach im Hantieren mit den Worten und Formeln der kirchlichen Sprache. Das Karfreitagswort unternahm den Versuch, die Politik der Reichskirche als »... leidenschaftlichen Willen zur Volksverbundenheit ...« zu rechtfertigen, die Schuld an dem ganzen Elend aber »... auf pastorale Zaghaftigkeit, Bedenklichkeit, Unsicherheit, schwankende Haltung oder gar versteckte Anklagen ...« des Pfarrerstandes zu schieben.[193] Was dieses »Wort« so unerträglich machte, waren die ständigen Hinweise auf den Gekreuzigten, der angesichts der »... scheinbar unentwirrbaren Verwirrung ...« allein »von allem kranken Wesen, allem Krampf und aller Bitterkeit befreien ...« sollte.[194]

Protestierende Reaktion

Der Kirchenaustritt D. Freiherr von Pechmanns

= Essen, 16. April. D. Freiherr v. Pechmann, Direktor der bayerischen Handelsbank und von 1924 bis 1930 verfassungsmäßiger Präsident des Deutschen Evangelischen Kirchentages, hat lt. „Protestantischem Kirchenblatt" in einem Schreiben an den Reichsbischof seinen Austritt aus der Evangelischen Kirche erklärt. Eine Angelegenheit, die absolut seine eigene bliebe, wenn er sich dabei auf Glaubensdinge beschränkte. Freiherr v. Pechmann führt aber in seinem Schreiben eine Reihe von Gründen an, die stark ins Politische streifen und nicht unwidersprochen bleiben dürfen, weil sie ein Zeichen dafür sind, welche Art von kultureller und politischer Reaktion sich hinter diesen Glaubenskämpfen versteckt.

Politische Reaktion übelster Art liegt ganz zweifellos vor, wenn Freiherr v. Pechmann der evangelischen Kirche vorwirft, ihr Schweigen zu viel Unrecht und zu all dem Jammer und Herzeleid, das man, aus einem Extrem ins andere fallend, in ungezählte „nichtarische" Herzen und Häuser, christliche und jüdische getragen hat. All der Jammer und all das Herzeleid, das jüdische — getaufte und ungetaufte — Blutsauger über die besten Kräfte des deutschen Volkes gebracht haben, ist allem Anschein nach an dem früheren Herrn Präsidenten des Evangelischen Kirchentages spurlos vorübergegangen.

Vollends abwegig ist es aber, wenn Freiherr v. Pechmann weiter schreibt:

„Es ist Zeit, einen Schritt weiterzugehen, d. h. durch den Austritt aus einer Kirche zu protestieren, die aufhört, Kirche zu sein, wenn sie nicht abläßt, die auch von Ihnen wieder proklamierte „Einheit zwischen Nationalsozialismus und Kirche" zu einem integrierenden Bestandteil ihres Wesens, zur Richtschnur ihrer Verwaltung zu machen; wenn sie nicht abläßt, sich einem Totalitätsanspruch zu unterwerfen, in dem ich schon an sich vollends aber in seiner Anwendung auf Glauben und Kirche, nichts anderes zu erkennen vermag als einen Rückfall in vor- und widerchristlichen Absolutismus."

Das „Protestantische Kirchenblatt" hat die „erschütternde Wirkung" dieses Schreibens mit einem deutlichen Unterton des Bedauerns kommentiert, aber ohne für die unglaublichen Entgleisungen auf politischem Gebiet auch nur ein Wort des Tadels zu finden. Wir sind dagegen der Auffassung, daß es nur zu begrüßen ist, wenn Leute, die politisch so rückständig eingestellt sind, sich auch aus der Leitung der Kirche zurückziehen.

Mit dem Austritt aus der Deutschen Evangelischen Kirche protestierte Freiherr von Pechmann, vor 1933 in vielen wichtigen kirchlichen Gremien tätig, gegen Müllers Gleichschaltungspolitik. Die gelenkte Presse beschimpfte Pechmann daraufhin als politischen Reaktionär.

Die Antwort des Bruderrates des Pfarrernotbundes, die am 5. April in Dortmund veröffentlicht wurde, fiel entsprechend deutlich aus.[195] Der Bruderrat erklärte, dies sei »... kein Bußruf, den wir Pfarrer ernst nehmen könnten. Denn solange« – und dies war immer wieder der Kern der Sache – »der Name und das Wort Gottes zu *menschlichen Zwecken* mißbraucht werden, statt allein der Ehre Gottes zu dienen und den Menschen zu Buße und Glauben zu rufen, müssen wir gegen solchen Mißbrauch mit unserem Zeugnis aufstehen.«[196] Weiter hieß es: »Der Herr Reichsbischof schreibt, es gehe in unserem Kampf nicht um das Bekenntnis, sondern um die Ordnung. Aber was die Ordnung in der Kirche zerstört, ist allein das fremde Evangelium, das der Reichsbischof verkündigen läßt ...«[197]

Die Erklärung war von 29 Mitgliedern des Bruderrates, von denen nicht wenige bereits ihres Amtes enthoben waren, namentlich unterzeichnet.

Ebensoviel Aufsehen erregte in diesen Tagen eine andere Reaktion auf die Karfreitagsbotschaft: der Austritt von Wilhelm von Pechmann aus der Deutschen Evangelischen Kirche. Der hochangesehene ehemalige Präsident des

Kirchentages, einer der wenigen, die in ihrem Urteil über die kirchliche wie die politische Entwicklung von Anfang an niemals schwankend geworden waren, erklärte am 5. April in einem bewegenden Brief an Ludwig Müller: »Ich habe in diesen Tagen wieder viel in Bengels Gnomon gelesen und habe zu Offenbarung III,8 . . .das Wort gefunden: ›Oft kann man nur noch protestieren; man soll aber das nicht lassen, bis gelegene Zeit kommt, durchzudringen.‹« Sein Handeln rechtfertigend fuhr Pechmann fort: »Nun habe ich zwar, Sie wissen es ja, seit April vorigen Jahres oft und oft protestiert: gegen die Vergewaltigung der Kirche, gegen ihren Mangel an Widerstandskraft, auch gegen ihr Schweigen zu viel Unrecht und zu all dem Jammer und Herzeleid, das man. . .in ungezählte, ›nichtarische‹ Herzen und Häuser, christliche und jüdische, getragen hat. Aber ich habe bisher nur in Wort und Schrift protestiert, und immer ganz vergeblich. Es ist Zeit, einen Schritt weiterzugehen, d. h. *durch den Austritt aus einer Kirche zu protestieren, die aufhört, Kirche zu sein*, wenn sie nicht abläßt, die auch von Ihnen wieder proklamierte ›Einheit zwischen Nationalsozialismus und Kirche‹ zu einem integrierenden Bestandteil ihres Wesens, zur Richtschnur ihrer Verwaltung zu machen.«[198]

Gegenüber dem bayerischen Landesbischof, der Pechmann seinen tiefen Respekt bekundet hatte, nannte der bayerische Edelmann seinen Austritt »das schwerste von allen Opfern«, das er seiner Kirche gebracht habe.[199] Der Reichsbischof freilich hielt nicht einmal eine Antwort für nötig. Die flehentliche Stimme der Wahrheit, der Gerechtigkeit und des Glaubens war offensichtlich das letzte, was die Männer an der Spitze der Reichskirche noch zu erreichen vermochte.

In der Tat war man hier mit ganz anderen Dingen beschäftigt. Am 12. April, kaum drei Wochen nach dem Karfreitagswort, erschien eine neue Botschaft des Reichsbischofs, die anzeigte, daß August Jäger endlich sein Ziel erreicht hatte: Um ». . . die äußere Ordnung der Deutschen Evangelischen Kirche zu festigen und auszubauen«, habe ». . . der Reichsbischof den Ministerialdirektor und Leiter der evangelischen Angelegenheiten *Jäger* im preußischen Ministerium für Wissenschaft, Kunst und Volksbildung unter seinem Verbleiben in dieser staatlichen Dienststelle, als rechtskundiges Mitglied in das Geistliche Ministerium berufen«.[200] Diese Berufung zum »Rechtswalter«, wie Jägers neuer Titel hieß, war selbstverständlich so wenig rechtsgültig wie alle anderen Gesetze und Verordnungen seit dem 26. Januar. Aber das kümmerte Jäger nicht. Offensichtlich besaß er weiterhin die uneingeschränkte Rückendeckung des preußischen Staatsministeriums, ohne die der neue

Schritt kaum denkbar gewesen wäre. Und um sich gegen das Innenministerium abzusichern, veröffentlichte der Reichsbischof schon am folgenden Tag eine weitere Botschaft[201] und ein »Kirchengesetz zur Befriedung der kirchlichen Lage«; es war – wie alle nun folgenden Gesetze – gemeinsam von Müller und Jäger unterzeichnet.[202] Das neue Gesetz hob den Maulkorberlaß vom 4. Januar auf, untersagte weitere Maßnahmen gegen kirchliche Amtsträger und unterwarf die abgeschlossenen der Nachprüfung des Reichsbischofs. Zugleich wurde durch einen Trick der Arierparagraph überall dort wieder in Kraft gesetzt, wo er bis zum 4. Januar bereits landeskirchliches Recht gewesen war.

Nur wenige Tage später baute Jäger durch eine abermalige Neuregelung der Kirchenverwaltung – die dritte innerhalb eines halben Jahres – seine Machtstellung auch organisatorisch aus. Eine Verordnung vom 19. April machte den Rechtswalter zum alleinigen kirchenpolitischen Vertreter des Reichsbischofs und Leiter der Kirchenkanzlei, während Oberheid, der fast allmächtige »Stabschef«, abgeschoben wurde auf den bedeutungslosen Posten des theologischen Vertreters und »Vikar[s] der Deutschen Evangelischen Kirche«.[203] Damit war die kurze aber bedeutsame Rolle des rheinischen Bischofs an der Spitze der Reichskirche beendet. Sein Ausscheiden aus allen damit verbundenen Ämtern am 9. Juni 1934 war nur noch die Konsequenz seiner Entmachtung. Ob sein Übertritt zu den schwärmerischen »Thüringern« im Mai dabei Ursache oder Folge war, wissen wir nicht. Sicher ist nur, daß sein Name dort schon bald eine neue Bedeutung gewann.[204]

Weit wichtiger als diese organisatorischen Veränderungen, deren Flüchtigkeit sich am Jahresende offenbarte, war in diesen Tagen ein anderes Bemühen Jägers, nämlich sich durch einen Gewaltstreich der württembergischen Landeskirche zu bemächtigen.

Trotz der überwältigenden Zustimmung, die der württembergische Landesbischof von Pfarrerschaft und Gemeinden erfuhr, hatte auch dort die Lage ihre besonderen Schwierigkeiten. Noch aus dem Sommer 1933 verfügten die Deutschen Christen ausgerechnet in einem der wichtigsten Gremien der Landeskirche, dem Ständigen Ausschuß des Landeskirchentages, über eine knappe Mehrheit. Im Laufe des März hatte diese Mehrheit versucht, die Zustimmung zum Haushalt von bestimmten personellen Forderungen abhängig zu machen, eine Zumutung, der Wurm mit der vorläufigen Verabschiedung des Haushalts unter Einberufung des Landeskirchentags begegnete, in dem die Deutschen Christen ihre Mehrheit verloren hatten. Diese Situation hatte die beiden führenden Deutschen Christen, den Friedrichshafener Stadtpfarrer Dr. Karl Steger und den früheren Pfarrer und jetzigen Stuttgarter Studienrat Wilhelm Rehm dazu veranlaßt, Partei, Staat und Reichskirche auf »die brennende Notlage« der württembergischen Kirche hinzuweisen und baldige Abhilfe zu fordern.[205] Diese Bitte war nicht vergeblich, was sich Anfang April an einer Reaktion der Gegenseite zeigte, als die württembergische Kirche in einer großen Bekenntnisversammlung in der Stuttgarter Stadthalle ihre Verbundenheit mit den rheinischen und westfälischen Bekenntnissynoden bekunden wollte. Die Veranstaltung, von Rehm als »antireichskirchliche Massenkundgebung der Reaktion« bezeichnet,[206] wurde von der Politischen Polizei ebenso verboten wie die statt dessen angesetzten Bekenntnisgottesdienste in den Stuttgarter Kirchen.[207]

Inzwischen holte Jäger in Berlin zum großen Schlag aus. Einen Tag nach seiner Ernennung ließ er den Reichsbischof telegraphisch zum 15. April den Ständigen Ausschuß des Landeskirchentags einberufen und sein – des Reichsbischofs – Erscheinen ankündigen. Am 14. verbreitete der Rundfunk Meldungen über einen kirchlichen Notstand in Württemberg, der den Rücktritt Wurms und das Eingreifen des Reichsbischofs erfordere. Am Sonntagmorgen, dem 15. April, hörte eine atemlose Gemeinde in der Stuttgarter Stiftskirche nach der Predigt des Landesbischofs dessen Erklärung, daß er diesem Druck nicht weichen werde. Auf der für den Nachmittag angesetzten Sitzung des Ständigen Ausschusses erschienen Müller und Jäger, um die Verabschiedung des Haushalts und die Vertagung des Landeskirchentags durchzusetzen. Nachdem ersteres ohne Beteiligung von Landesbischof und Oberkirchenrat erledigt worden war und Ludwig Müller das Haus verlassen hatte, versuchte Jäger vergeblich, von Wurm die Vertagung des Landeskirchentags zu erreichen. Als dieser jedoch bei seinem Nein blieb, zog Jäger eine bereits gedruckte »Verordnung zur Regelung der kirchlichen Lage innerhalb der Evang. Landeskirche in Württemberg« aus der Tasche, in der der Reichsbischof die Einberufung des Landeskirchentags an seine Zustimmung band und die für den folgenden Tag angesetzte Sitzung auf den 11. Juni verschob.[208]

Die Folge dieser Ereignisse war eine Flut von Treuebekundungen für den Landesbischof. In manchen Gemeinden, so etwa in der Stuttgarter Johanneskirche, traten noch am selben Abend die Kirchengemeinderäte zusammen, um Wurm ». . . das uneingeschränkte Vertrauen der weitaus größten Mehrheit unserer Gemeinde . . .« zu versichern.[209] Ganze Kirchenbezirke, Diözesanvereine, die Kreise der evangelischen Jugend, die Innere Mission, die für Württemberg so charakteristischen pietistischen Gemeinschaften der Hahn'schen, der Altpietisten und der Pregizer, Evangelische Arbeiterinnen, Blaues Kreuz, Gemeindedienste, Kirchenchöre und zahllose einfache Gemeindeglieder bekundeten, wie es in einem Bericht hieß, »... teils in großen Unterschriftensammlungen, teils in persönlichen Schreiben ihre Verbundenheit mit dem Landesbischof ...«.[210]

Die Ereignisse mobilisierten aber nicht nur das württembergische Kirchenvolk, sie beschleunigten im ganzen Reich eine Entwicklung, die mit den Bekenntnissynoden im Westen begonnen hatte.

Treibende Kraft dabei war der bayerische Landesbischof Hans Meiser.

Am 19. März, unmittelbar nach dem großen Rheinisch-Westfälischen Gemeindetag »Unter dem Wort«, hatte in Frankfurt die erste Verständigung zwischen den Vertretern der Bekenntnissynoden im Westen und den süddeutschen Bischöfen stattgefunden.[211] In Ausführung der dort gefaßten Beschlüsse waren daraufhin Anfang April in München, Nürnberg und Augsburg große Bekenntnisversammlungen veranstaltet worden, bei denen süddeutsche und westdeutsche Vertreter der kirchlichen Opposition gemeinsam sprachen.[212]

Gleichzeitig lud Meiser die wichtigsten Sprecher der bekenntnistreuen Gruppen zum 11. April nach Nürnberg ein, um das weitere Vorgehen zu beratschlagen. Anwesend waren neben ihm selbst und Wurm unter anderen Präses Koch und die Pfarrer Asmussen, Beckmann und Humburg. Martin Niemöller fehlte in dem Kreis. Er war auf Grund der Vorbehalte Meisers nicht eingeladen worden und hatte seinerseits aus Andeutungen Gerstenmaiers entnommen, die Bischöfe planten eine Kompromißlösung unter Ausschluß des radikalen Pfarrernotbundes.[213] Dafür gesellte sich als Jurist zum ersten Mal Eberhard Fiedler hinzu, ein 36jähriger Rechtsanwalt aus Leipzig, der schon bald neben seinem älteren Freund und Kollegen Wilhelm Flor zum entschiedensten und wichtigsten Rechtsberater der Bekennenden Kirche werden sollte. Die ganze Last der Auseinandersetzungen fiel um so mehr auf ihn, je stärker im Laufe derzeit die kirchliche Tätigkeit des Reichsgerichtsrates beschränkt wurde.[214]

Dieser 11. April wurde ein denkwürdiger Tag, denn mit dem Beschluß der Versammlung, »einen Aktionsausschuß zur Zusammenfassung aller um die Reinerhaltung der evangelischen Kirche kämpfenden Kräfte zu bilden« und seine Leitung Präses Karl Koch zu übertragen, wurde – ohne daß die Versammlung dies schon sehen konnte – das künftige Leitungsgremium der Bekennenden Kirche und ihre Oeynhausener Zentrale geschaffen.[215] Zunächst nur »Nürnberger Ausschuß« genannt, übernahm das Gremium die Vorbereitung für die erste Reichsbekenntnissynode in Barmen und konstituierte sich danach als »Bruderrat der Bekenntnissynode«.[216] Neben dem »Aktionsausschuß« wurden in Nürnberg zwei weitere Ausschüsse ins Leben gerufen: ein theologischer Ausschuß und ein Ausschuß »für die Aufklärung der Gemeinden«; ferner wurden für alle Landeskirchen Vertrauensmänner berufen, die zusammen »den erweiterten Bruderrat« bilden sollten. Als gemeinsame Zentrale wurde der Amtssitz von Präses Koch, eben das westfälische Bad Oeynhausen, bestimmt. Dies waren schnell gefaßte Entscheidungen von großer, damals noch nicht abzusehender Bedeutung.[217]

Die Gremien waren kaum gebildet, als die württembergischen Ereignisse am Ende dieser Woche ein unverzügliches Handeln erforderlich machten. Am 15. April lud Meiser den »Nürnberger Ausschuß« erneut nach München ein und bat telephonisch auch Niemöller um sein Kommen.[218] Der Dahlemer Notbundpfarrer sagte zu, und so kam es am Abend des 17. April zu einer Versöhnung zwischen Niemöller und Meiser, für die sich Bodelschwingh sehr eingesetzt hatte und die von allen Beteiligten wie eine Befreiung empfunden wurde. »Vor unser aller Augen«, so schrieb Hugo Hahn, der Dresdener Bekenntnispfarrer später, »war der Riß überwunden, der über zwei Monate lang den Kampf der Bekenntnistreuen in Deutschland gelähmt hatte.«[219]

Und Hahn war es dann auch, der am folgenden Tag den entscheidenden Vorschlag machte. Bei der Besprechung möglicher Hilfsmaßnahmen für die bedrängten Württemberger stellte sich nämlich heraus, daß Wurm schon vor Wochen für den kommenden Sonntag eine Predigt im Ulmer Münster zugesagt hatte. Nun meinte Hahn, ob man nicht zu diesem Tag die Vertreter aller bekenntnistreuen Gruppen aus dem ganzen Reich einladen und in einer gemeinsamen Erklärung zugleich die Verbundenheit mit der württembergischen Kirche und die wiedergewonnene Gemeinschaft bekunden könnte. Der Gedanke wurde offenbar »freudig aufgegriffen« und unverzüglich in die Tat umgesetzt.[220]

Wie oft bei historischen Anfängen dieser Art ist man im Rückblick auch hier überrascht, wie schnell und scheinbar mühelos weittragende, in ihren Folgen kaum abzusehende Entscheidungen getroffen wurden. Es war ja nur eine Handvoll Männer, die diesen Beschluß faßten, und die Vorbereitungszeit betrug nicht mehr als drei Tage, und doch bedeutete er den entscheidenden

Schritt zur Gründung der Bekennenden Kirche. Alle Beteiligten wurden dabei von einer Freude und Zuversicht getragen, wie sie nur dem Neubeginn innewohnt. Und daß dies ein Neubeginn war, stand außer Zweifel. Es verband sich in diesen Tagen die Erleichterung über das Ende langer, quälender Wochen mit der Hoffnung auf eine neue Zukunft für die Kirche.

Am Vorabend des 22. April trafen sich die Vertreter der Bekenntnisgruppen in Ulm, um unter Meisers Vorsitz die Erklärung für den kommenden Tag auszuarbeiten.[221] Trotz der knappen Zeit, die den Delegierten zur Verfügung stand, wurde über den Erklärungsentwurf intensiv beraten, vor allem über die von Hans Asmussen angeregte Einfügung »sich als ›rechtmäßige evangelische Kirche Deutschlands‹ zu bezeichnen«.[222] Am nächsten Vormittag, es war der Sonntag Jubilate, versammelte sich eine mehr als 5000köpfige Gemeinde im gewaltigen Schiff des Münsters. Die Abgesandten der Bekenntnisgruppen hatten im Chor Platz genommen. Nach der Predigt des württembergischen Landesbischofs über 1. Petrus 2, 11–17 – »Tut Ehre jedermann, habt die Brüder lieb, fürchtet Gott, ehret den König!« – betrat Meiser die Kanzel. Die Gemeinde erhob sich und hörte stehend die dann als »Ulmer Erklärung« bekanntgewordene kirchliche Gründungsurkunde der Bekennenden Kirche.

Sie begann in der denkbar feierlichsten Form »Im Namen des Vaters, des Sohnes und des Heiligen Geistes« und formulierte schon in ihrem ersten Satz das Wesentliche: »Wir versammelten Vertreter der württembergischen und bayerischen Landeskirchen, der freien Synoden im Rheinland, in Westfalen und Brandenburg sowie vieler bekennender Gemeinden und Christen in ganz Deutschland erklären als rechtmäßige evangelische Kirche Deutschlands vor dieser Gemeinde und der gesamten Christenheit ...« Nach diesen Eingangsworten sprach hier also nicht mehr die kirchliche Opposition, eine kirchliche Gruppe, die mit einer anderen Gruppe, den Deutschen Christen, um das Kirchenregiment rivalisierte, sondern hier sprach die »rechtmäßige evangelische Kirche Deutschlands«.[223] Das konnte nichts anderes heißen, als daß dort, auf der Seite der Reichskirchenregierung und ihrer Anhänger, aller kirchlichen Macht zum Trotz nur noch dem Namen nach Kirche war, während die wahre evangelische Kirche rechtlich und theologisch allein durch die Bekenntnisgemeinschaft vertreten wurde. Die Entscheidung darüber lag im Bekenntnis, im Inhalt dessen also, was die evangelische Kirche glaubte, lehrte und bekannte. Nur eine Kirche, die an diesem Bekenntnis festhielt, war Kirche; wo sie es preisgab, war sie nicht mehr Kirche, mochte sie im übrigen auch alle Ämter, Einrichtungen und Institutionen der Kirche besetzt halten.

Beim Ulmer Bekenntnistag am 22. April 1934, der Geburtsstunde der Bekennenden Kirche, bezeichneten sich die Vertreter der kirchlichen Opposition zum ersten Mal als »rechtmäßige evangelische Kirche Deutschlands«. Vor dem Reformationsportal des Ulmer Münsters (von links) Stadtpfarrer Oehler, Landesbischof Wurm, Landesbischof Meiser und Dekan Kappus.

Dies war theologisch eine klare, einfache und unbestreitbare Aussage. In der Wirklichkeit der deutschen evangelischen Volkskirchen freilich, in denen es seit Jahrhunderten mehr um Frömmigkeit und christliche Sitte gegangen war als um das Bekenntnis, war dieser Anspruch alles andere als klar und einfach. Die Spannung, die hier entstand, war schlechterdings nicht aufzuheben. Sie blieb denn auch, im Bewegenden wie im Hindernden, ein Merkmal der Bekennenden Kirche.

Im folgenden sprach die Erklärung von der schweren Sorge um die Reichskirche und wies den Eingriff in die württembergische Landeskirche entschieden zurück. »Man kann nicht Frieden verkündigen«, hieß es, »und unmittelbar darnach einer bekenntnismäßig gebundenen Landeskirche wie der württembergischen Gewalt antun ... Um der dauernden Gefährdung des Bekenntnisses und der Kirche willen, auch um der Wahrhaftigkeit willen stellen wir uns der Christenheit und Allen, die es hören wollen, dar als eine Einheit, die durch die Kraft Gottes treu zum Bekenntnis zu stehen gedenkt, obschon wir damit rechnen müssen, daß uns dadurch viel Not erwachsen wird.«[224]

Die Erklärung trug 35 Unterschriften, unter ihnen die bekanntesten Namen der kirchlichen Opposition, die nun zu einer »Bekenntnisgemeinschaft« geworden war.[225]

Die Reaktionen auf die »Ulmer Erklärung« waren lebhaft und vielfältig. Während sie auf der einen Seite bis weit in die kirchliche Mitte hinein Zustimmung fand, wurde sie auf der anderen Seite vom Reichsbischof und den Deutschen Christen als »Kriegserklärung« gewertet.[226]

Ganz überraschend meldete sich nun eine theologische Stimme aus Württemberg, die gerade deshalb, weil sie so ganz aus der scheinbar endlich errungenen Klärung der Fronten herausfiel, die kritische Funktion reformatorischer Theologie gegen alle kirchliche Selbstgefälligkeit zum Ausdruck brachte. Die Stimme gehörte einem kleinen Kreis junger württembergischer Theologen, allesamt »Barthianer«, die sich später zur »Kirchlich-theologische[n] Sozietät« verbanden und zu den härtesten Kritikern Wurms gehörten. Ihre bekanntesten Sprecher waren Hermann Diem, Paul Schempp und Heinrich Fausel.[227]

Es war ja nicht zu leugnen, daß auch in der Bekenntnisbewegung, und namentlich in der Ulmer Erklärung, ein Hauch von Triumphalismus mitschwang. Ganz anders dagegen argumentierte das »Wort württembergischer Pfarrer«.[228] Zwar war die Abgrenzung gegen die Deutschen Christen hier nicht weniger entschieden: »*Eine Kirche, die mit den Deutschen Christen Frieden schließen kann, hat aufgehört, Kirche Jesu Christi zu sein.*«[229] Gleichwohl sahen die Verfasser schärfer als andere, daß die Linie zwischen wahrer und falscher Kirche nicht so einfach zwischen Bekenntnisgemeinschaft und Deutschen Christen zu ziehen war. »Aber wenn nun umgekehrt die Deutschen Christen uns fragen«, so meinten die Verfasser, »woher wir denn den Mut nehmen, so von unserer Kirche zu reden? Wenn sie uns fragen: Wie ist denn das in eurer Gemeinde? Habt ihr denn so ganz andere Gemeinden als wir?...Auf solche Fragen können wir nur antworten: Ja, ihr werdet recht haben. Es wird in unserer Gemeinde nicht besser sein als über all. Aber gerade weil es bei uns so schlimm ist wie bei euch, müssen wir in der Kirche wieder den Weg gehen, den Gottes Wort uns weist.« Und wenn weiter die Deutschen Christen darauf hinwiesen, daß doch auch in den Landeskirchen »... Kirche auf dem Wege von außen nach innen, von oben nach unten ...« gebaut worden sei, daß man auch hier »Gehorsam unter die äußeren Ordnungen und Gesetze der Kirche verlangt, aber die einzelnen Pfarrer und Gemeindeglieder« hätte »predigen und glauben lassen, was sie wollten«,[230] so müsse man

Ausgabe Groß-Berlin

Evangelium im Dritten Reich

Kirchenzeitung für Christentum und Nationalsozialismus

JAHRGANG 3 BERLIN SW 11, 22. APRIL 1934 NUMMER 16

Wenn Gott einem Volke hat wollen helfen

hat er's nicht mit Büchern getan, sondern nicht anders denn, daß er einen Mann oder zwei hat aufgeworfen, der regiert besser denn alle Schrift und Gesetze

D. Martin Luther

Der Führer verläßt die Bremerhavener Kirche.
Photo: Heinrich Hoffmann

Mit einem Lutherzitat feierten die Deutschen Christen Adolf Hitler als Retter des deutschen Volkes. Das Bild diente der NS-Propaganda vor der Machtergreifung als Beleg für Hitlers »positives Christentum«. Kirchentreue Wähler sollten damit überzeugt werden. Die Deutschen Christen verwendeten dieses Bild 1934, obwohl es – da es seinen Zweck erfüllt hatte – zu diesem Zeitpunkt schon nicht mehr in der NS-Presse auftauchte.

ihnen zugeben: »Ihr habt leider recht.« Die Schlußfolgerung der jungen Theologen bestand in der dringenden Warnung, gegen die Deutschen Christen bloß »... den bisherigen Zustand der Kirche zu verteidigen...Unsere württembergische Landeskirche war seit langem und ist bis heute keine bekennende Kirche mehr, und wir können nur hoffen und glauben, daß sie es einmal wird, wenn sie sich wieder auf ihre Grundlagen besinnt. Wir täten deshalb besser daran« – und dies richtete sich unmittelbar gegen die Ulmer Erklärung –, »zunächst alle großen, öffentlichen Bekenntnisakte zu unterlassen. Sie sind zu gefährlich, weil wir mit ihnen uns und die andern allzuleicht über den wahren Zustand unserer Kirche hinwegtäuschen.«[231]

Diese kritische Stimme aus den eigenen Reihen im Augenblick der schwersten Auseinandersetzungen mit dem Gegner war zweifellos unbequem, unerwünscht und im Blick auf die süddeutschen Bischöfe auch nicht ganz berechtigt. Gleichwohl war und blieb sie unverzichtbar. Sie warnte vor der Gefahr, in die auch die Bekennende Kirche leicht geriet, die eigene Sache ohne weiteres zur Sache Gottes zu erklären und damit die Freiheit des Wortes Gottes einzuschränken oder aufzuheben.[232]

Eine Woche nach der »Ulmer Erklärung« traten in Dortmund die Westfälische Bekenntnissynode und die Freie evangelische Synode des Rheinlands zu einer gemeinsamen Sitzung zusammen. Es war nach allen vorangegangenen Entscheidungen nur konsequent, wenn die 240 Abgeordneten der beiden »... Synoden als die bekenntnis- und verfassungsgemäße Kirche in Westfalen und der Rheinprovinz zum derzeitigen Notstand der Kirche«[233] erklärten: »Das derzeitige Kirchenregiment hat keine Autorität in der Gemeinde, weil es ...« die »grundlegenden, im Bekenntnis der Kirche gegründeten Forderungen in bezug auf Gemeinde und Amt mißachtet und verletzt«.

»Die kirchliche Autorität in Westfalen und der Rheinprovinz liegt vielmehr bei der Synode, deren Glieder die Bindung an Schrift und Bekenntnis als maßgeblich für ihr Amt betrachten.« Die Synoden »... wissen sich von der an Gottes Wort gebundenen Gemeinde beauftragt, die Geltung der Bekenntnisse für Lehre und Ordnung der Kirche zu wahren und dem Bekenntnis zur lebendigen, gestaltenden Kraft in der Kirche zu verhelfen«.[234]

Ob dieser Anspruch auch einzulösen war, mußte die Zukunft zeigen.

4. KAPITEL

Der Kampf um das Konkordat I: Enttäuschte Hoffnungen (Dezember 1933 – 20. April 1934)

Während im deutschen Protestantismus seit Sommer 1933 mit wachsender Leidenschaft und Härte um den zukünftigen Weg der Kirche gestritten wurde, blieb der Katholizismus von vergleichbaren Auseinandersetzungen fast völlig verschont. Zwar registrierte man auch hier besorgt kleine und größere Abwanderungen namentlich unter der Jugend[1] und beklagte einzelne Selbstauflösungen und freiwillige Gleichschaltungen im katholischen Verbandswesen, aber aufs Ganze gesehen bot der deutsche Katholizismus in seinem Kern ein Bild eindrucksvoller Geschlossenheit. Dieser Unterschied war kein Zufall, denn für die reformatorischen Kirchen, die im Streit um die Wahrheit entstanden waren und denen keine andere Autorität als die Heilige Schrift diese Wahrheit verbürgte, blieb auch jetzt die Wahrheit wichtiger als die Einheit. Dies zeigte sich nicht zuletzt an der wachsenden Bedeutung der Bekenntnisfrage.[2] Umgekehrt verbürgte für den Katholizismus das Papsttum zugleich Wahrheit und Einheit. Wo Rom entschieden hatte, konnte es für den treuen Katholiken – gleich ob Bischof, einfacher Kleriker oder Laie keine grundsätzlichen Diskussionen um den Weg der Kirche mehr geben. Und dieser Gehorsam wuchs in dem Maße, in dem die Zeiten schwieriger und gefährlicher wurden.

Die Schlüsselrolle dabei spielte das Reichskonkordat. Denn dieser kirchenpolitisch überragende Vertrag hatte nicht nur eine politische und staatskirchenrechtliche Außenwirkung; er war auch innerkirchlich von großer, kaum abzuschätzender Bedeutung. Schwerlich hätte Rom mit solcher Entschiedenheit den grundsätzlichen Kurs des deutschen Katholizismus im Dritten Reich bestimmen können, wenn ihm nicht dieser Vertrag dazu die kirchenrechtliche und politische Handhabe geboten hätte.

Dies zeigte sich zum ersten Mal mit aller Deutlichkeit Mitte November 1933, als der Freiburger Erzbischof Conrad Gröber, zu dieser Zeit noch überzeugter Vertreter einer Politik der Anpassung und Zusammenarbeit, zu dem Schluß kam, eine Auflösung und Überführung der katholischen Jugendverbände in die Hitlerjugend sei angesichts des allgemeinen Gleichschaltungswillens im Reich nicht mehr aufzuhalten. Deshalb solle man diesen Schritt lieber freiwillig tun, um so der Kirche wenigstens noch einen gewissen Einfluß zu sichern. Auch einige andere Bischöfe neigten dieser Meinung zu, so daß eine Spaltung im Episkopat in dieser entscheidenden Frage unmittelbar bevorzustehen schien.[3]

Auf diese Nachricht reagierte der verantwortliche Leiter der vatikanischen Politik, Kardinalstaatssekretär Pacelli, ebenso schnell wie entschieden. Durch Ludwig Kaas, den einstigen Zentrumsvorsitzenden, nun in Rom sein vertrauter persönlicher Berater in deutschen Angelegenheiten, ließ er dem Freiburger Metropoliten telephonisch mitteilen, »es handele sich hier um eine Causa maior, die nur zwischen Rom und Berlin verhandelt werden könnte«.[4] Damit war die ganze Sache, wie Gröber unmittelbar darauf den Vorsitzenden der Fuldaer Bischofskonferenz, Kardinal Bertram, wissen ließ, für ihn erledigt. »Nachdem Rom ... gesprochen hat«, so hieß es in dem Schreiben, »steht die Sache nicht mehr bei uns. Ich persönlich bin sehr froh«, so fügte Gröber bezeichnenderweise hinzu, »daß ich damit jeglicher Verantwortung enthoben bin.«[5]

Der Hinweis Pacellis auf die alleinige Zuständigkeit des Papstes betraf aber nicht nur diese eine Frage, sondern das Konkordat insgesamt. Nicht die deutschen Bischöfe, sondern der Heilige Stuhl war der Vertragspartner des Reiches bei der Unterzeichnung dieses Vertrages, und so fühlte sich auch die Kurie allein und in vollem Umfang verantwortlich für seine Auslegung und Einhaltung. Das bedeutete, daß die grundsätzlichen kirchenpolitischen Entscheidungen über den Weg der katholischen Kirche im Dritten Reich tatsächlich in Rom und nicht in Breslau, Berlin oder Fulda fielen – ein Umstand, der dem deutschen Katholizismus seine Geschlossenheit sicherte, der aber auch zu einem hohen Maß an diplomatischer Vorsicht, Zurückhaltung und Anpassung führte. Eine Folge dieser Haltung war unter anderem, daß später trotz weit geschlossenerer Haltung auf katholischer Seite überraschenderweise nicht ein katholischer Bischof zur Symbolfigur des christlichen Widerstandes aufstieg, sondern der evangelische Pfarrer Martin Niemöller.

Es entsprach der zentralen Bedeutung des Konkordats, daß die Verhandlungen um seine Ausführung der gesamten katholischen Kirchenpolitik bis zum Frühjahr 1937 ihren festen Rahmen gaben. In vier Anläufen versuchte die Kurie in dieser Zeit, mit dem Reich zu einem beiderseitig tragbaren Ausgleich zu kommen; sie endeten alle ohne Ergebnis.[6] In ihrem Auf und Ab spiegelten sie die Hoffnungen und Befürchtungen, die Wünsche und Enttäuschungen der Kurie ebenso wie die des deutschen Katholizismus.

Das Problem, um das es dabei vor allem ging, hing mit dem Artikel 31 zusammen. Und die vatikanische Diplomatie hatte zur Entstehung dieses Problems ihren Teil beigetragen.[7]

Der Grundgedanke dieses Vertrages bestand bekanntlich darin, daß die Kirche auf eine eigene politische Vertretung, die Zentrumspartei, verzichtete, um dafür vom Staat weitgehende Bestandsgarantien zu erhalten. In diesem Zusammenhang besaßen die Artikel 23 und 31 eine besondere Bedeutung. In Artikel 23 ging es um das staatliche Zugeständnis der katholischen Bekenntnisschule, in Artikel 31 um den Schutz der katholischen Organisationen und Verbände. Schon bei den Verhandlungen in Rom im Juli 1933 hatte sich gezeigt, daß hier erhebliche Schwierigkeiten lagen. Denn für die katholische Kirche stellte ihr Verbandswesen nach dem Ende des politischen Katholizismus den entscheidenden Rückhalt in der Öffentlichkeit dar, während umgekehrt die radikale Gleichschaltungs- und Vereinheitlichungspolitik der Partei die Duldung selbständiger konfessioneller Verbände auf längere Sicht im Grunde ausschloß. Angesichts dieses Widerspruchs hatten sich die Unterhändler auf eine Kompromißformulierung geeinigt, die das Problem aufgliederte und seine Lösung in die Zukunft verlagerte. Der Artikel 31 unterschied zwischen zwei verschiedenen Arten von Vereinigungen und entsprechend auch zwischen zwei verschiedenen Schutzgarantien. Die erste Gruppe umfaßte diejenigen Organisationen, »die ausschließlich religiösen, rein kulturellen und karitativen Zwecken ...« dienten,[8] wie beispielsweise Gebets- und Missionsvereine, Vereine zur Pflege kirchlicher Kunst und Kultur, aber auch die Caritas und kirchliche Berufsgruppen.[9] Da diese Gruppierungen in den Augen von Staat und Partei offensichtlich als reine Sakristeivereine erschienen, fiel es nicht schwer, ihren Einrichtungen und ihrer Tätigkeit ohne weiteres den staatlichen Schutz zuzusichern. In der Tat gab es hier kaum Probleme. Die Schwierigkeiten entstanden bei der zweiten Gruppe von Organisationen, die, wie es in Artikel 31 hieß, »... außer religiösen, kulturellen oder caritativen Zwecken auch anderen, darunter auch sozialen oder berufsständischen Aufgaben ...«[10] dienten. Dazu gehörten die Männer-, Frauen- und vor allem die Jugendvereinigungen. Sie wirkten zweifellos sehr viel stärker in die Öffentlichkeit hinein als die erste Gruppe. Deshalb wurde ihr Bestandsschutz

»unbeschadet einer etwaigen Einordnung in staatliche Verbände« an die Bedingung geknüpft, daß sie »ihre Tätigkeit außerhalb jeder politischen Partei ...« entfalteten.[11] Die kirchliche Seite hatte bei dieser Bestimmung zweifellos vor allem an die Zentrumspartei gedacht, die ohnehin aufgegeben war und daher keine Probleme mehr zu bieten schien. Auf der Seite von Staat und Partei dagegen versuchte man sehr bald, unter »parteipolitischer Tätigkeit« schon jedes selbständige Auftreten katholischer Vereine in der Öffentlichkeit überhaupt zu verstehen. Angesichts dieser widersprüchlichen Auslegung erwies es sich als ein schwerer, nur durch das Drängen beider Seiten auf schnellen Abschluß erklärlicher Fehler, daß der Artikel 31 die Regelungen im einzelnen einer ungewissen Zukunft »vereinbarlicher Abmachung zwischen der Reichsregierung und dem deutschen Episkopat« übertrug. Und da Pacelli es unterlassen hatte, erste Auslegungsgrundsätze, die in Berlin schon ausgehandelt worden waren, noch vor der Ratifizierung zum Bestandteil des Vertrages zu erklären, war beim Inkrafttreten des Konkordats in diesem entscheidenden Punkt tatsächlich alles offen.[12]

Dies war die rechtliche und sachliche Ausgangslage für den Kampf, der schon bald nach der Unterzeichnung des Vertrages zwischen Staat und Partei einerseits und Rom, dem deutschen Episkopat und den katholischen Vereinen andererseits begann und der bis Ende 1936 der wichtigste unmittelbare Streitpunkt blieb.

In diesem Kampf war die katholische Kirche in der entschieden schwierigeren Lage. Denn um ihre Verbände vor dem stürmischen Zugriff der Partei zu schützen, mußte sie alles an eine möglichst schnelle und umfassende Regelung dieser Frage setzen. Sie war also die Fordernde, besaß aber nicht die Machtmittel, ihren Forderungen Nachdruck zu verleihen. Im Grunde blieb ihr nichts, als immer wieder an die Vertragstreue des Partners zu appellieren. Das war jedoch insofern nicht unproblematisch, als dieser Appell auch die Kirche zur strikten Vertragstreue, und das hieß zur unbedingten Staatsloyalität, zwang. Aus diesem Grundwiderspruch hat sich der deutsche Katholizismus auch dort, wo er längst die Grenzen dieser Loyalität begriffen hatte, bis zum Ende des Dritten Reiches nie ganz befreien können. Andererseits schwand in Staat und Partei der Einfluß derjenigen, die ein ernsthaftes Interesse an einem Ausgleich besaßen. Es gab auf dieser Seite zweifellos immer mehr Vertreter, die darauf setzten, daß Druck und Lockungen über kurz oder lang die Ausführungsbestimmungen zu Artikel 31 überflüssig machten, weil dann keine zu schätzenden Verbände mehr existierten. So geboten die Ziele auf politischer Seite ein Hinhalten und Verzögern der Verhandlungen, dem die kirchliche Seite nur schwer etwas entgegenzusetzen vermochte.

Angesichts der Bedeutung, die die Kirche der Erhaltung und dem Schutz ihrer Verbände beimaß, traten die anderen Streitpunkte mit dem neuen Staat zunächst zurück. Wo diese Punkte lagen, machte Pacelli in einem umfangreichen Promemoria an die Reichsregierung vom 31. Januar 1934 im einzelnen deutlich.[13] Danach handelte es sich um die Schwierigkeiten, die sich aus dem Widerspruch zwischen dem »Gesetz zur Verhütung erbkranken Nachwuchses«vom 14. Juli 1933 – kurz »Sterilisierungsgesetz« genannt – und der katholischen Morallehre ergaben, ein Punkt, der zwar lebhaft umstritten war, aber gleichwohl von beiden Seiten mit einem gewissen Entgegenkommen behandelt wurde.[14] Ferner beklagte sich Pacelli über »Unfreiheit des Klerus in der Ausübung seines Amtes«,[15] ohne den Einzelfällen der Bespitzelung, Mißhandlung, Verhaftung und Behinderung von Geistlichen allzu großes Gewicht beizumessen. Auch die »Unfreiheit der katholischen Presse«, womit ausdrücklich nicht ihre »politische Uniformierung«,[16] sondern ihre Behinderung in kirchlichen Angelegenheiten gemeint war, fand in dem Promemoria eine überraschend zurückhaltende Bewertung. Nur der vierte Punkt – unter dem Stichwort »Neuaufleben religions- und kirchenfeindlicher Bewegungen«[17] – erfuhr in der Note eine besondere Betonung. Dies war ein Hinweis darauf, daß die Kirche hier schon sehr bald eine neue Front der Auseinandersetzungen eröffnen würde. Alle diese Punkte waren wichtig. Unverkennbar aber war, daß die Bemühungen des Heiligen Stuhles zu dieser Zeit hauptsächlich und »in erster Linie« der beschleunigten Durchführung des Artikels 31 »nach Wortlaut und Geist der diesbezüglichen Vereinbarungen« galten.[18]

Zugleich war dieses Promemoria ein eindrucksvolles Dokument für den Führungsanspruch, den Rom in allen Konkordatsangelegenheiten auch gegenüber der Reichsregierung geltend machte, wie über den Stil, in dem es die Auseinandersetzungen zu führen gedachte. So sprach die Note vom Sinn des Artikels 31, der »doch unbestreitbar« der sei, »daß einerseits der Staat den die Bedingungen des Artikels 31 Abs. 2 erfüllenden Organisationen seinen Schutz ...« gewähre, »und daß andererseits der Heilige Stuhl als kirchlicher Konkordatspartner dafür ...« hafte, »daß diese Bedingungen durch die katholischen Organisationen loyal eingehalten ...« würden.[19] Immer wieder versicherte Pacelli im folgenden, daß jeder Verstoß gegen die Bestimmungen »von der kirchlichen höchsten Autorität« geahndet werden würde,[20] daß der Heilige Stuhl notfalls »als höchster kirchlicher Konkordatspartner« selbst eingreifen werde und auch bereit sei, gegen Priester vorzugehen, bei denen ein Verstoß gegen die Konkordatsbestimmungen einwandfrei nachgewiesen werden könne.[21] »Das kanonische Straf- und Disziplinarrecht«, so erklärte die Note wörtlich, sei »... so bis in die letzten Feinheiten ausgebildet, daß es jedes wirkliche Vergehen und jeden wirklich seelsorglich schweren Mißgriff wirksam abzustellen ...« vermöge.[22]

Deutlicher konnten das Selbstbewußtsein und der autoritäre Führungswille an der Spitze der Kirche, die notfalls sogar die Entscheidung für jeden Einzelfall zu übernehmen bereit war, schwerlich dokumentiert werden.

Zugleich ließ die Note wissen, daß man trotz aller »Versäumnisse, Verzögerungen, Mißverständnisse, Reibungen der jüngsten Vergangenheit ...« – Formulierungen, deren diplomatische Absicht mit Händen zu greifen war – den »Weg zu positiven und schnellen Verhandlungsergebnissen auch heute noch frei« sehe.[23] Denn, so hieß es weiter, der »... katholischen Kirche liegt es fern, eine Staatsform oder eine staatliche Um- und Neuorganisation als solche abzulehnen. Sie lebt in korrekten und guten Beziehungen zu Staaten der verschiedensten Regierungsformen und der unterschiedlichsten inneren Struktur. Sie hat Konkordate abgeschlossen mit Monarchien und Republiken, mit demokratisch und mit autoritär geleiteten Staaten. Ihre Konkordatsabschlüsse sind Akte religiös-kirchlicher Zielsetzung und keine rein politischen Parteinahmen.«[24] So werde es an Loyalität der Kirche nicht fehlen, wenn die Angriffe gegen sie eingestellt würden.[25]

Daß der Kardinalstaatssekretär den Führungsanspruch Roms in diesem Augenblick so nachdrücklich betonte, hatte seinen guten Grund. Die wachsenden Unsicherheiten im deutschen Episkopat waren der Kurie selbstverständlich nicht verborgen geblieben. Am Neujahrstag hatte Ludwig Kaas gegenüber seinem Freund, dem Freiburger Erzbischof, wieder lebhaft über das »Durcheinander und Gegeneinander« der kirchlichen Meinungen im Streit um den Artikel 31 geklagt. »Die Kritiken«, so berichtete er, »die von Laienseite wegen der mangelnden Einheitlichkeit des Episkopats gelegentlich hierher gelangen, sind geradezu unglaublich scharf.«[26] Und wenige Tage später hatte auch Pacelli den Freiburger Metropoliten, der an den Problemen ja keineswegs unschuldig war, um Verständnis dafür gebeten, »daß der Heilige Stuhl in Zeiten wie den gegenwärtigen mit besonderem Nachdruck die Einheitlichkeit des Handelns wahren ...« müsse.[27]

In der Tat waren in Deutschland im Grunde weder die Organisation des Episkopats noch der Mann an der Spitze den neuen Anforderungen gewachsen. Zwar war es im Sommer 1933 unter dem Eindruck der sich überstürzenden Ereignisse wenigstens gelungen, die bis dahin getrennten beiden Bischofskonferenzen von Freising und Fulda zu einer gemeinsamen Konferenz aller deutschen Bischöfe in Fulda zusammenzuführen.[28] Aber da diese Konferenz in der Regel nur einmal im Jahr am Grabe des Heiligen Bonifatius zusammentrat, war damit für die jetzt erforderlichen schnellen und einheitlichen Reaktionen noch nicht viel gewonnen. Und dies galt um so mehr, als der Konferenzvorsitzende, der 74jährige Breslauer Fürsterzbischof Adolf Kardinal Bertram, unverändert an seinem bisher geübten ebenso umständlichen wie zeitraubenden Leitungsverfahren festhielt. Dieses Verfahren mochte in ruhigeren Zeiten, als wichtige Entscheidungen in Jahren heranreifen konnten, durchaus seinen Zweck erfüllt haben. Jetzt erwies sich die Methode, durch Rundschreiben alle 24 deutschen Bischöfe einzeln zu befragen und aus den eingehenden Antworten in mühseliger Arbeit eine Stellungnahme des Episkopats zu formulieren, als kaum noch brauchbar.

Dazu kam, daß der alte Kardinal in seiner Persönlichkeit alles andere als eine Führungsfigur war. Vorsichtig und verschlossen, ein Mann der ausgefeilten Schriftsätze eher als der zupackenden Entscheidungen, dabei tief der Tradition der Staatsloyalität verhaftet, fehlte ihm jeder Sinn für kühne Entschlüsse. So führte er seinen Krieg mit dem Dritten Reich eher mit Pedanterie und Fleiß als mit Größe und Leidenschaft. Dies wirkte sich in doppelter Hinsicht aus. In den Anfangsjahren bremste er den Enthusiasmus Papens und Gröbers, die eine weitgehende Anpassung anstrebten; später unterdrückte er nicht weniger entschieden alle Versuche eines offenen kirchlichen Protestes gegen das Regime. Obwohl manche unter den deutschen Bischöfen sehr unter diesem Führungsstil litten, erstickte die traditionelle Disziplin der Hierarchie und das herrische Auftreten des Kardinals lange Zeit jede Kritik. Nur ganz selten findet sich in kirchlichen Aufzeichnungen eine Offenheit wie die des Berliner Domvikars Walter Adolph, der lange Jahre als Mittelsmann zwischen Berlin und Breslau fungierte und der am 19. Juni 1937 notierte: »Wird es nicht ein Verhängnis sein, daß ein 79jähriger, autokratischer und mißtrauischer Greis in so entscheidungsvollen Stunden unserer Kirche in Deutschland gebietend die Hand am Steuer hält?«[29]

Nur ein einziges Mal, um die Jahreswende 1933/34, schien auch Bertram selbst unsicher, ob er die Führung des Episkopats behalten sollte. Am 31. Dezember 1933 entwarf er in seiner charakteristischen, peniblen Handschrift ein umfangreiches Rundschreiben »An die hochwürdigsten Herren Oberhirten

Tagung der Fuldaer Bischofskonferenz 1934. Auf der rechten Seite erste Reihe von links: Conrad Gröber, Erzbischof von Freiburg; Wilhelm Berning, Bischof von Osnabrück; Adolf Kardinal Bertram, Erzbischof von Breslau. Zweite Reihe: Rudolf Bornewasser, Bischof von Trier; Kaspar Klein, Erzbischof von Paderborn; Joseph Vogt, Bischof von Aachen; Josef Damian Schmitt, Bischof von Fulda.

der Diözesen Deutschlands«[30], das neben verschiedenen Einzelfragen auch eine Gesamtwürdigung der Situation zu Anfang 1934 enthielt. Nachdem er vor den Gefahren der Uneinigkeit gewarnt und alle Bischöfe zu größter Vorsicht und Zurückhaltung aufgefordert hatte, kam er auch auf die Führungsprobleme zu sprechen. »Bis jetzt habe ich mich stets bemüht«, so schrieb er, »die Gutmeinungen aller hochwürdigsten Herren Oberhirten zu erfragen, um aus denselben das Opportunste zu finden. Aber ist es vielleicht besser, nunmehr einem sehr kleinen Gremium die praktische Arbeit zu überlassen, um rascher und zielbewußter voranzukommen? Ich selbst werde gerne zurücktreten, soweit es gewünscht wird, wenn nur eine klare und sichere Linie gefunden wird. Zu Beginn dieses neuen Jahres«, so schloß Bertram seine Überlegungen, »schulde ich den Konfratres im bischöflichen Amt dieses offene Wort.«[31]

Aber es war offenbar nur ein kurzer Augenblick der Schwäche gewesen, der den Kardinal zu diesem Angebot bewogen hatte. Als die erzbischöfliche Kurie vier Tage später das Rundschreiben ausfertigte, war von dem ganzen Abschnitt nichts geblieben. Bertram hatte ihn inzwischen eigenhändig mit kräftiger Feder durchgestrichen – den Satz mit seinem Rücktrittsangebot sogar zweimal![32] Tatsächlich behielt der Kardinal trotz aller Versuche, ihn abzulösen, von diesem Augenblick an die Zügel fest in der Hand, bis 1945 dem 86jährigen mit der Eroberung Schlesiens durch die Rote Armee eine Grenze gesetzt wurde. So prägte sein bürokratisch-diplomatischer Stil den Abwehrkampf des deutschen Katholizismus bis ins letzte Kriegsjahr hinein.

Im übrigen sollte dieses Rundschreiben vom 4. Januar 1934 in gewohnter Weise der Erkundung der Meinungen unter den Bischöfen zur kirchlichen Lage dienen. Von den fünf Fragen, die der Kardinal zu diesem Zweck formulierte, galten drei dem Artikel 31: »l. In welcher Weise«, so wollte Bertram wissen, »können die . . .Massenlisten zu einigen wenigen Sammelgruppen zusammengefaßt werden? (. . .) 2. Welche Tätigkeiten der katholischen Jugendorganisationen können ohne Schädigung . . . an die nationalsozialistischen Organisationen abgetreten werden? 3. Was ist zu fordern, wenn regierungsseitig eine weitgehende Seelsorgetätigkeit unter der Hitlerjugend . . . eingeräumt werden würde?«[33]

Die Initiative Bertrams kreuzte sich mit einem Schreiben aus Rom, das am 10. Januar in Breslau eintraf und die Sorgen deutlich machte, die man dort vor allem im Blick auf die Zukunft der katholischen Jugendorganisationen hegte. Die Dezemberbesprechungen mit dem deutschen Unterhändler Dr. Buttmann, so teilte Pacelli in seinem Schreiben Bertram mit, hätten ». . . bezüglich dieses lebenswichtigen Punktes . . .« keine »abschliessende Klärung . . .« gebracht. Vielmehr hätte Buttmann »die unmissverständliche Absicht« bekundet, »von der Kirche den Verzicht auf die bisherigen Jugend organisationen bzw. deren bisherigen Tätigkeitsumfang zu erreichen«. Er, Pacelli, ». . . habe demgegenüber dauernd den im Konkordat festgelegten Rechtszustand geltend gemacht«. Gleichwohl sei »mit neuen Vorstößen zu rechnen«, und dies um ». . . so mehr, nachdem jetzt die protestantischen Jugendorganisationen – unter welchem Druck, bleibe dahingestellt – einen Vorgang geschaffen haben, der die diesbezüglichen Wünsche des Staates an die katholischen Jugendorganisationen. . .eher verstärken dürfte«. Deshalb sei höchste Eile geboten. Der Apostolische Nuntius in Berlin habe einen entsprechenden Auftrag erhalten.[34]

In der Tat hatte sich durch die Entwicklung auf evangelischer Seite auch

Noch kurz vor dem »Röhm-Putsch« nahmen an der Fronleichnamsprozession 1934 in Berlin Mitglieder des Reichskabinetts und hohe Beamte teil: im Vordergrund rechts Reichsminister Eltz von Rübenach, links neben ihm Vizekanzler von Papen. In der zweiten Reihe rechts geht Erich Klausener, Ministerialdirektor im Reichsverkehrsministerium und Leiter der Katholischen Aktion.

die Lage der katholischen Jugend erheblich verschlechtert. Denn mit dem Abkommen über die Eingliederung der evangelischen Jugend in die Hitlerjugend, das der Reichsbischof auf Drängen Oberheids gegen den Willen der evangelischen Jugendführer am 19. Dezember unterzeichnet hatte, war der vorletzte selbständige Jugendverband im Dritten Reich gefallen.[35] Nur die katholischen Jugendorganisationen waren jetzt noch übrig, und es war vorauszusehen, daß sie nun mit verstärkten Angriffen rechnen mußten. Als sich Anfang Januar der Führer des evangelischen Jugendwerks, Erich Stange, und der Generalsekretär des katholischen Jungmännerverbandes, Jakob Clemens, in Kassel zu einer langen Aussprache trafen, da hoffte Stange noch, daß sich der Eingliederungsvertrag rückgängig machen ließe. Davon war aber schon bald keine Rede mehr. Immerhin war in dem Gespräch von der Notwendigkeit einer gemeinsamen »christlichen Front« die Rede, wenngleich Clemens sein evangelischer Partner »zu festgefahren in seiner prot. Ideologie« erschien.[36]

Auch wenn dies nur gelegentlich ausgesprochen wurde, standen die Antworten, die auf Bertrams Fragen vom 4. Januar in Breslau eingingen, selbstverständlich mit unter dem Eindruck dieser Ereignisse. Aber auch hier war die Deutung umstritten. Mußte man nun auch wenigstens ein Stück weit nachgeben? Sollte man erst recht weiterkämpfen? Oder ließ sich – wie die Fragen andeuteten – ein Kompromiß finden? Die Stellungnahmen der Ordinariate enthielten die verschiedensten Möglichkeiten.[37]

So stand Bertram vor einer einigermaßen schwierigen Aufgabe, als er daranging, die Antworten zusammenzufassen. Er löste sie, indem er kurzerhand alle weitergehenden Überlegungen ausschied und die Meinung der Bischöfe einheitlich dahingehend festlegte, daß es unmöglich sei, »die katholische Jugend den nationalsozialistischen Organisationen. . .ganz oder auch nur für ein Teilgebiet zu unterstellen«[38] – obwohl etwa der Münchner Kardinal eine Einordnung in die Hitlerjugend unter bestimmten Bedingungen ausdrücklich befürwortet hatte.[39]

Wenn diese Entscheidung vermutlich auch mehr dem Mißtrauen des Kardinals und seiner Abneigung gegen alle Veränderungen entsprang als politischer Weitsicht, so war sie doch für die Zukunft von weitreichender Bedeutung. Denn sie enthielt zugleich eine eindeutige Abgrenzung gegen jenen Flügel des deutschen Katholizismus, der für ein offenes Zugehen auf den Nationalsozialismus eintrat in der Hoffnung, das Dritte Reich dadurch in einem katholisch-autoritären Sinne beeinflussen und mitgestalten zu können. (Es war ein ähnlicher Irrtum wie der, dem Carl Schmitt und die Vertreter der Lehre vom totalen Staat unterlegen waren.)

Prominentester Vertreter dieser Richtung war der Vizekanzler Franz von Papen, der zur Unterstützung seiner Ziele im Oktober 1933 eine eigene Organisation, die »Arbeitsgemeinschaft katholischer Deutscher«, kurz AKD genannt, ins Leben gerufen hatte.[40] Gerade in den Tagen, da der Kardinal seine zusammenfassende Stellungnahme entwarf, trat Papen im oberschlesischen Gleiwitz mit einer programmatischen Rede hervor. Im größten Saal der Stadt, der »Neuen Welt«, verkündete er seine Überzeugung, daß die Grundlagen des Dritten Reiches völlig der Soziallehre der katholischen Kirche entsprächen. »Die AKD«, so erklärte er, habe es sich deshalb zur ». . . Aufgabe gemacht, die heroische Anstrengung des Führers um den Neubau der Gesellschaft im katholischen Sinne zu erläutern, sein Werk dem deutschen Katholizismus näherzubringen, um so dessen reiche Kräfte und Traditionen diesem Neubau nutzbar zu machen«.[41] Diesem Ziel stand der Streit um die katholischen Jugendorganisationen selbstverständlich im Wege. Deshalb forderte Papen eine schnelle Lösung dieses Problems, die er in einer »Teilung der Interessensphären zwischen Staat und Kirche« sah. Die »... staatlichen Jugendverbände« sollten »die staatspolitische Erziehung und die körperliche Ertüchtigung ...«, die konfessionellen Vereine dagegen »... die seelsorgerische Betreuung ...« übernehmen.[42] Dies hätte eine Lösung ähnlich dem evangelischen Eingliederungsvertrag und damit praktisch die Preisgabe der katholischen Verbände bedeutet.

Daß Papen tatsächlich nicht allein aus Schwäche und Opportunität handelte, sondern die Vorstellung einer Einflußnahme auf den Nationalsozialismus verfolgte, zeigte ein Brief an den deutschen Botschafter beim Heiligen Stuhl, Diego von Bergen, in dem der Vizekanzler Anfang April 1934 ausführlich seine Ziele erläuterte. Zwar beanspruche die nationalsozialistische Bewegung, so hieß es darin, »eine gewisse Totalität, aber da für sie nicht der Staat die Grundlage ...« sei, »sondern das Volk mit seinen dauernden Werten, so müßte es weiterhin unsere Aufgabe sein, diese dauernden Werte im Sinne katholischer Gesellschaftsordnung zu interpretieren«.[43] Dabei ging es, wie das Folgende zeigte, gerade auch um eine Begrenzung der Rassenlehre. Man müsse nämlich dafür sorgen, »daß nicht die Überbetonung dieser Werte zu einem neuen biologischen Materialismus ...« führe.[44]

Der Versuch, den Nationalsozialismus an ein katholisch-autoritäres Konzept zu binden, war so illusionär wie die Entwürfe Carl Schmitts vom totalen Staat. Sie waren freilich nützliche und ungemein wirkungsvolle Hilfen für die Etablierung der Macht in der ersten, auch für Hitler noch unsicheren und ungewissen Phase seiner Herrschaft. Dementsprechend war es auch nicht überraschend, daß beide Konzeptionen, nachdem sie ihren Dienst geleistet hatten, samt ihren Hauptvertretern seit dem Sommer 1934 immer mehr in den Hintergrund traten.

Unterstützung fand Papen für sein Konzept außer bei seinen alten konservativen Freunden bei einer Reihe von bekannten Universitätsprofessoren, die schon im Sommer 1933 die katholische Öffnung für den Nationalsozialismus gefordert hatten.[45] Einer unter ihnen, der Braunsberger Kirchenhistoriker Joseph Lortz, beschwor im Januar 1934 erneut seine Kirche, »... jedes Mißtrauen beiseite ...« zu stellen »und durch vorbehaltlose Hingabe sich Heimatrecht im Nationalsozialismus ...« zu erobern. Die Praxis sei sicherlich »alles andere als glatt«. Aber schließlich sei eine Revolution vollzogen wor-

An die katholischen Deutschen!

Das deutsche Volk steht an einem Wendepunkt seiner nationalpolitischen Entwicklung. Schon bald, nachdem bürgerlicher und proletarischer Liberalismus einen späten Sieg in der Weimarer Verfassung errungen hatte, ist seine innere Unfruchtbarkeit offenbar geworden. Was einer unserer größten Führer, Bischof von Ketteler, mit seherischem Blick geschaut, hat sich geschichtlich vollendet. Schöpferische Kräfte, die lange verschüttet waren, drängen jetzt ans Licht. Konservativer Gestaltungswille ist wieder wach geworden. Auch im stürmischen Ausbruch des Nationalbewußtseins lebt der Wille, zum Quellgrunde der deutschen Volkheit zurückzukehren, und die Sehnsucht nach einem künftigen Reiche, das die gottgegebene Sendung des Deutschtums verkörpert.

Die geschichtliche Stunde ruft auch uns katholische Deutsche auf. Wir dürfen es nicht genug sein lassen, daß das neue Deutschland Christentum und Kirche achtet, daß es die Irrwege des Liberalismus zu meiden sucht, vielmehr müssen wir uns bereit machen, in freudiger Hingabe am kommenden Reiche mitzubauen. Der Wahrheitsgehalt unserer religiösen Ueberzeugung, die sittlichen Werte des katholischen Volksteiles, das Vorbild unserer Ahnen, befähigen und verpflichten uns dazu. Wir wollen uns nicht kleinmütig und mißtrauisch auf die Selbstbehauptung beschränken, sondern mit gläubigem Wagemut allen die Hand reichen, die Volks- und Staatsordnung in christlich-deutschem Geiste zu erneuern streben. Gerade das schwere Schicksal des deutschen Volkes, im Glauben getrennt zu sein, stellt seinen katholischen Söhnen eine heilige Aufgabe.

Aus der Erkenntnis der nationalen Notwendigkeit ist in diesen Tagen der Bund katholischer Deutscher „Kreuz und Adler" entstanden. Sein satzungsmäßiger Zweck ist: den christlich-konservativen Gedanken im deutschen Volke zu vertiefen, das Nationalbewußtsein der katholischen

Aufruf des Bundes katholischer Deutscher »Kreuz und Adler«. Die von Vizekanzler von Papen Anfang 1933 gegründete Organisation war eine kleine, aber einflußreiche Gruppe deutscher Katholiken, die die katholische Kirche und den Nationalsozialismus versöhnen zu können glaubte. Der Bund wurde aufgelöst, als im Oktober 1933 die Arbeitsgemeinschaft katholischer Deutscher (AKD) gegründet wurde, die ähnliche Ziele wie der Bund verfolgte. Das Scheitern solcher Bemühungen wurde spätestens 1934 offenbar.

den, und das sei etwas anderes als »die Einkehrstunde einer Jungfrauenkongregation«.[46]

Enttäuschend war und blieb für den Vizekanzler dagegen die Zurückhaltung des Episkopats. Keiner der drei deutschen Kardinäle mochte sich öffentlich für die AKD einsetzen,[47] so daß Papen im April gegenüber Bergen klagte, »daß die Führung des deutschen Episkopats durch eine Persönlichkeit wie den verehrungswürdigen Kardinal Bertram eine Besserung der gegenwärtigen beklagenswerten Lage nahezu . . .« ausschließe.[48] Nur der Freiburger Erzbischof, der als einziger unter den deutschen Bischöfen der AKD eine uneingeschränkte Empfehlung mit auf den Weg gegeben hatte, blieb bei seiner Meinung und versicherte dem jungen Reichsgeschäftsführer Graf Thun, daß er ». . . um jeden Preis für die AKD eintrete«.[49]

Während sich so alles noch um den Artikel 31 mühte, Pacelli nach einer diplomatischen Lösung suchte, Papen auf Öffnung drängte und der alte Kardinal in Breslau die traditionellen kirchlichen Positionen verteidigte, schob sich ein neues Problem in den Vordergrund, das schon bald alle anderen einzelnen Probleme zwischen Kirche und Staat zu überschatten begann. Es ging um das Auftreten und die Ausbreitung einer neuen, deutschvölkischen Religion, die den Anspruch erhob, zunächst neben die alte christliche Religion und schließlich an deren Stelle zu treten, wie sie in den Kirchen gelehrt wurde. Die deutschgläubige Bewegung, die dieses Ziel vertrat, war vor 1933 lediglich ein Bündel hoffnungslos zerstrittener Gruppen und Vereine gewesen. Unter dem Eindruck des großen nationalen Aufbruchs aber hatte sich die Mehrheit Ende Juli 1933 zur »Arbeitsgemeinschaft der Deutschen Glaubensbewegung« zusammengeschlossen. An ihrer Spitze standen seit dieser Zeit der Tübinger Religionswissenschaftler Wilhelm Hauer und der nationalsozialistische Reichstagsabgeordnete Graf Ernst zu Reventlow.

Hauer hatte mit dem Zusammenschluß vor allem auch die Anerkennung der Deutschen Glaubensbewegung als öffentlich-rechtliche Religionsgemeinschaft erreichen wollen, den ersten Schritt zur gleichberechtigten dritten Konfession neben Protestanten und Katholiken.[50] Diese Anerkennung war ihm zwar versagt geblieben,[51] gleichwohl erlebte die Bewegung im Herbst und Winter 1933 einen außerordentlichen Aufschwung. In gewisser Weise gehörte auch Hauer wie Papen und Carl Schmitt zu jenen, die meinten, den Nationalsozialismus in ihrem Sinne verstehen und deuten zu können. Und wie jene so fand sich auch er schließlich getäuscht und abgeschoben.

Zunächst hatte die Entwicklung der Deutschen Glaubensbewegung vor al-

Die von dem ehemaligen Baseler Missionar und späteren Professor für Indologie und Religionswissenschaft Wilhelm Hauer angeführte Deutsche Glaubensbewegung wollte eine neue, dritte Konfession schaffen. In der Zeitschrift »Deutscher Glaube« propagierte Hauer seine nordisch-völkische Religion.

lem die protestantische Theologie und Kirche beunruhigt, weil hier gleichsam eine antichristliche Konkurrenz zu den Deutschen Christen zu erwachsen schien.[52] Aber spätestens seit Kardinal Faulhabers berühmten Predigten am Jahresende 1933 war klar, daß auch die katholische Kirche den neuen Gegner erkannt hatte.[53]

Wo dieser Gegner stand, machte eine Tagung deutlich, die Ende Januar von einer neugegründeten »Gesellschaft für germanische Ur- und Vorgeschichte«

in Berlin veranstaltet wurde. Diese Gesellschaft war kein wissenschaftlicher Verein, vielmehr ging es ihr, wie ihr Programm verkündete, darum, »jenen zahlreichen Strömungen, Denkern und Suchern eine breite Plattform zu geben, die in der seelischen Verwirrung unserer Zeit den Mut haben, voraussetzungslos auf dem Boden arteigener Geisteshaltung zu einer Lösung der Frage des deutschen Innenlebens zu kommen«. Zur ersten Tagung der Gesellschaft versammelten sich dementsprechend unter dem Thema »Das heidnisch-religiöse Ringen unserer Tage« fast alle wichtigen Vertreter der Deutschen Glaubensbewegung. Es war eine merkwürdige Mischung aus gläubigen Idealisten und wissenschaftlichen Phantasten, religiösen Sektierern und historischen Scharlatanen, die im Grunde nichts verband als die entschiedene Ablehnung des jüdisch-vorderasiatisch bestimmten Christentums und der feste Glaube an die Existenz einer arteigenen, deutsch-nordischen Religion.[54]

Der Aufmarsch der damals weithin bekannten, heute allesamt vergessenen Redner läßt im Rückblick diese Mischung deutlich erkennen.

Als erster sprach jener Reinhold Krause, der als Gauobmann der Deutschen Christen im November den Sportpalastskandal verursacht[55] und inzwischen eine eigene Kirche, die »Deutsche Volkskirche«, gegründet hatte. Sein Thema lautete: »Das Ringen um den arteigenen Glauben«, und seine Thesen wiederholten im Grunde nur, was Alfred Rosenberg in seinem »Mythus des 20. Jahrhunderts« längst behauptet hatte, nämlich daß auch die Religion »rassegebunden« sein müsse.[56] Ihm folgte der Leipziger Philosoph Ernst Bergmann, bekannt als Verfasser des Büchleins »Die deutsche Nationalkirche«[57] und der »25 Thesen der Deutschreligion«,[58] mit einem Vortrag über »Dogmenfreie und christentumsfreie Religion«.[59] Sein Angriff richtete sich unmittelbar gegen die christliche Theologie, der er »Antigermanismus« und eine Abwertung alles Deutschen, Nordischen »zugunsten der Bibel und des Gottes Israels« vorwarf. Glaube an einen persönlichen Gott, an Offenbarung und Erlösung, so hieß es in Bergmanns »25 Thesen« – und so hieß es auch hier – sei Aberglaube. In »... der Natur- und Wirklichkeitswelt, in Blut und Boden, Volk und Heimat, Nation und Vaterland« lägen heute Erlebnisgebiete, »... um das Ganze der religiösen Haupt- und Grundgefühle, das Einsgefühl mit dem Göttlichen (Gotteskindschaftsgefühl), das Heiliggefühl und das Seliggefühl, in unserem Herzen entspringen zu lassen und religiöse Weihestimmung über unser Dasein zu breiten«.[60] War dies wenig mehr als eine Art deutscher Gefühlsreligion, so entwickelte Wilhelm Hauer erneut seine These vom historischen »Kampf der vorderasiatisch-semitischen mit der indogermanischen

Der Münchener Erzbischof Michael Kardinal von Faulhaber setzte sich in seinen Adventspredigten 1933 kritisch mit der völkisch-germanischen Weltanschauung auseinander.

Glaubenswelt«, die in einer Gegenüberstellung von vorderasiatischen und indogermanischen Grundhaltungen gipfelte.[61] Schließlich sprach Hermann Wirth, ein Niederländer, dessen vor- und frühgeschichtliche Arbeiten schon vor 1933 nahezu einmütig von den Fachleuten verworfen worden waren. Wirth, der eine »Nordische Gottschau« zu vermitteln versuchte, griff unmittelbar die Faulhaberschen Predigten an, weil, wie er behauptete, »der aus nordischem Blut geborene Mensch zugleich auch aus Gott geboren sei«.[62] Schließlich beendete Johannes von Leers, ein Schüler Wirths und Leiter der neugegründeten »Gesellschaft für germanische Ur- und Vorgeschichte«, die Tagung mit einem Beitrag über »Wandlung und Untergang der Weltreligionen – die große Heimkehr« und schloß mit der auf den christlichen Glauben gezielten Frage: »*Soll das deutsche Volk ganz aus seinem eigenen Geiste le-*

ben oder soll dieses Volk gerade jenem Geiste, den es als zerstörenden anerkennt, immer noch eine Einbruchsstelle lassen?«[63]

Es fällt im Rückblick nicht leicht, die tiefe Beunruhigung zu begreifen, die von der Deutschen Glaubensbewegung auf beide Kirchen ausging. Was hier vorgetragen wurde, war kaum besonders neu und schien vor allem mit seinem umfangreichen und schwer verständlichen religionsgeschichtlichen Material eher in ein Seminar als in eine neue religiöse Bewegung zu gehören.

Aber an der Jahreswende 1933/34 und in den Jahren danach sahen die Dinge anders aus. Offenbar übten die Vorstellungen von einer stolzen, ungebrochenen und arteigenen deutschen Religion tatsächlich eine erhebliche Anziehungskraft aus. Der katholische Beobachter, der den ausführlichen Bericht über jene Tagung erstattete, schrieb ihr »eine Bedeutung von weitesten Ausmassen« zu, die allein »schon aus dem ungeheuren Andrang« hervorgehe. Über tausend Personen hätten ständig teilgenommen.[64] Auch der rasche Ausbau der deutschgläubigen Organisation, die zu Pfingsten 1934 mit der Umwandlung der Arbeitsgemeinschaft in eine geschlossene Bewegung unter Führung Hauers ihren vorläufigen Höhepunkt zu erreichen schien, sprach für diese Anziehungskraft.

Weit wichtiger freilich für die Sorgen der Kirchen war das ungeklärte Verhältnis der Deutschen Glaubensbewegung zum Staat und zur Partei. Hauer selbst und seine Freunde waren zweifellos überzeugt, daß sie dem Dritten Reich die ihm gemäße, arteigene Religion schufen. Und die Ausbreitung des Deutschglaubens gerade unter den kleinen und mittleren Funktionären der Partei, unter Lehrern und Beamten schien diese Überzeugung zu bestätigen. Andererseits war die Zurückhaltung der führenden Männer in Staat und Partei gegenüber der neuen Religion nicht zu übersehen. Aber war dies nur ein Täuschungsmanöver, um die Kirchen zu beruhigen, während sich in Wahrheit das Dritte Reich längst für den Deutschglauben entschieden hatte?

Die ganze Unsicherheit und Unklarheit, die über diesem Gebiet lag, wurde Ende Januar durch eine Entscheidung Hitlers verstärkt, die die schlimmsten Befürchtungen auf kirchlicher Seite zu bestätigen schien. Am 31. Januar gab die nationalsozialistische Korrespondenz bekannt, daß der Führer auf »... Vorschlag des Stabsleiters der P[olitischen] O[rganisation, Dr. Robert Ley] ... den Pg. Alfred Rosenberg mit der Überwachung der gesamten geistigen und weltanschaulichen Schulung und Erziehung der Partei und aller gleichgeschalteten Verbände sowie des Werkes ›Kraft durch Freude‹« beauftragt habe.[65]

Rosenbergs »Mythus« war neben Hitlers »Mein Kampf« die »Bibel« des Nationalsozialismus. Rosenberg vertrat eine völkische Religion. Sein weitverbreitetes Buch löste bei den Kirchen einen erbitterten Kampf gegen das »Neuheidentum« aus.

Damit schien der prominenteste Vertreter der Lehre von der arteigenen Religion innerhalb der Partei in eine ideologische Schlüsselfunktion des Dritten Reiches eingerückt zu sein. Denn Rosenbergs berühmt-berüchtigtes Buch »Der Mythus des 20. Jahrhunderts« enthielt sachlich nichts anderes als das, was die Deutsche Glaubensbewegung auch verkündete. Auch im »Mythus« ging es um eine neue Religion, und auch hier hieß es: »*Die Sehnsucht, der nordischen Rassenseele im Zeichen des Volksmythus ihre Form als Deutsche Kirche zu geben, das ist mit die größte Aufgabe des Jahrhunderts.*«[66]

So war es kein Wunder, daß sich kritische Beobachter in beiden Kirchen aufs höchste alarmiert zeigten. Denn die Beauftragung Rosenbergs legte die Vermutung nahe, daß damit der »Mythus« – entgegen seinem vom Verfasser behaupteten persönlichen Charakter[67] – in Zukunft offiziell zur Grundlage der gesamten weltanschaulichen Schulung der Partei werden würde.

Allein, die Dinge lagen wieder einmal sehr viel komplizierter.

Die Beauftragung Rosenbergs, die wie eine von langer Hand vorbereitete Entscheidung von grundsätzlicher Bedeutung erscheinen mußte, entsprang in Wahrheit »... einer zufälligen und nur für kurze Zeit bestehenden innerparteilichen Interessenkonstellation«,[68] die den mächtigen und einflußreichen Chef des nationalsozialistischen Funktionärskorps, Dr. Robert Ley, und den bei der Verteilung der Macht entschieden zu kurz gekommenen Parteiideologen Rosenberg zusammenführte. Es war Leys Idee, Rosenberg für die Schulung in den Parteiorganisationen einzusetzen, und man darf davon ausgehen, daß Hitler, als er am 24. Januar in München die kurze Verfügung unterschrieb, auch nicht von ferne deren weitreichende Bedeutung voraussah. Zunächst schuf die Verfügung nur einen Titel, dem erst allmählich Macht und Kompetenzen folgten. Aber immer mußte Rosenberg innerhalb der Führung um seine Anerkennung kämpfen, und zu keiner Zeit besaß er ein eindeutig bestimmtes Weisungsrecht in weltanschaulichen Fragen.

Ähnlich offen und unklar blieb die Stellung des »Mythus« im Dritten Reich. Hitler selbst distanzierte sich wiederholt und entschieden von dem Buch – selbst noch 1942 im Führerhauptquartier, als es keinerlei taktischen Grund mehr dafür gab.[69]

Der »Mythus« galt offiziell unverändert als Privatarbeit seines Verfassers, so daß das Reichsgericht 1937 feststellen konnte, Predigten »gegen die Gedanken Alfred Rosenbergs oder der Deutschen Glaubensbewegung« erfüllten nicht den Tatbestand des Kanzelmißbrauchs, weil sie sich »keineswegs ohne weiteres auch gegen den nationalsozialistischen Staat« richten würden. »Denn dieser Staat«, so hieß es in der Entscheidung weiter, »setzt sich nicht einseitig für die Gedanken Rosenbergs ein, die übrigens auch Rosenberg selbst als ›durchaus persönliche Bekenntnisse‹ bezeichnet hat ...«[70] Im täglichen Leben war das allerdings durchaus nicht so eindeutig, wie es hier stand.

Andererseits wurde der »Mythus« nach Hitlers »Mein Kampf« nicht zufällig zum meistverbreiteten programmatischen Werk des Nationalsozialismus.[71] Hatte es zunächst kaum Beachtung gefunden, so ließ Rosenbergs Beauftragung das Interesse an dem Buch seit 1934 sprunghaft ansteigen. Bis 1942 waren dann mehr als eine Million Exemplare verbreitet.[72] Der tiefe und weitreichende Einfluß des Buches erstreckte sich vor allem auf jene Gruppen, die das Regime am nachhaltigsten trugen: die jungen Führer und Führerinnen in den Organisationen der Partei, in der Hitlerjugend, im Arbeitsdienst, in der Deutschen Arbeitsfront oder in der Frauenschaft. Für diese Generation, die an die nationalsozialistische Weltanschauung glaubte und für sie zu leben und zu sterben bereit war, war Rosenberg der Interpret und Künder ihres Glaubens. Mochte der persönlich eher gehemmte Reichsleiter von Hitler hoffnungslos abhängig und mochte er seinen robusteren Konkurrenten um die Macht nicht weniger hoffnungslos unterlegen sein: In den Augen der jungen Führer der Partei war er der strahlende Held ihrer Weltanschauung.[73]

Dies alles war im Frühjahr 1934 freilich noch keineswegs zu übersehen. Auch die große Rede, mit der Rosenberg am 22. Februar 1934 in Anwesenheit der gesamten Parteiführung im Reichstagssitzungssaal der Kroll-Oper seine Tätigkeit eröffnete, brachte keine Klarheit. In seinem mit besonderer Spannung erwarteten Abschnitt über die Kirchen wiederholte er vielmehr die grundsätzliche Neutralität der Partei in allen religiösen Fragen, die Hitler seit 1924 zur Richtschnur seiner Religions- und Kirchenpolitik gemacht hatte.[74] Auch hinsichtlich des Streites zwischen dem christlichen und dem deutschen Glauben gab er sich tolerant und distanziert. »Wir achten«, so sagte er, »den Glauben der staatlich anerkannten Kirchen, aber auch jenes Streben, das nach neuen religiösen Formen sucht.«[75] Andererseits konnte man in der Bemerkung, daß es keinem Nationalsozialisten gestattet sei, »*öffentliche religiöse Diskussionen in der Uniform seiner Bewegung zu führen*«, einen ersten Hinweis dafür finden, daß die Deutsche Glaubensbewegung vergeblich auf offizielle Unterstützung hoffte.[76]

Auch wenn es zweifellos dem politischen Willen Hitlers entsprach, auf diesem schwierigen Feld alle Festlegungen der Partei zu vermeiden, bleibt die Offenheit der Frage im Rückblick erstaunlich. Daß die Partei den prominentesten Vertreter ihrer Ideologie zur offenen Auseinandersetzung freizugeben schien, gehörte zu jenen überraschenden Erfahrungen, die die Beurteilung der nationalsozialistischen Herrschaft nicht eben erleichterten.

Tatsächlich traten beide Kirchen seit 1934 in wachsendem Maße in die Auseinandersetzung mit dem sogenannten Neuheidentum des deutschen Glaubens ein.

Ein erstes weithin sichtbares Zeichen kam am 7. Februar 1934 aus Rom. Das Heilige Offizium setzte Rosenbergs »Mythus« und Ernst Bergmanns »Deutsche Nationalkirche« auf den Index librorum prohibitorum,[77] jene seit dem 16. Jahrhundert fortgeschriebene Liste speziell verbotener Bücher, deren Lektüre damit für den gläubigen Katholiken grundsätzlich untersagt wurde.

Die Zusammenstellung von Bergmann und Rosenberg verriet, daß man in Rom nicht einen einzelnen Mann, sondern allgemein »La nuova Religione della razza« treffen wollte.[78] Entgegen der Gewohnheit, so berichtete die Deutsche Botschaft beim Heiligen Stuhl, habe das Heilige Offizium eine kurze Begründung seiner Entscheidung veröffentlicht und darin erklärt, beide Verfasser leugneten die Fundamente der christlichen Religion und forderten die Einführung einer neuen Religion.[79] Das Verbot, im 20. Jahrhundert ohnehin eine stumpfe Waffe, vermochte freilich die Verbreitung des »Mythus« nicht zu verhindern. Möglicherweise hatte Hitler nicht einmal ganz unrecht, als er behauptete, der kirchliche Kampf gegen den »Mythus« habe das Buch erst populär gemacht.[80] Denn nach der Entscheidung aus Rom wurde berichtet, daß »zahlreiche Gesuche um *Leseerlaubnis*« an die Ordinariate gerichtet wurden.[81] Andererseits machte das Verbot für den gläubigen Katholiken deutlich, wo die Kirche die Grenze zog, und es gab Möglichkeiten des Protestes an die Hand, wo in Schule und Parteiorganisationen nach diesem Buch unterrichtet wurde.[82]

In ihre Hirtenbriefe zu Ostern 1934 nahm ein großer Teil der deutschen Bischöfe zum ersten Mal die Warnungen vor dem Neuheidentum auf. In Trier und Aachen, Paderborn und Breslau wurden die Gläubigen aufgerufen, treu zur Kirche zu stehen und der neuheidnischen Religion mit Entschiedenheit entgegenzutreten.[83]

Besonders deutlich wurde in diesem Zusammenhang der Bischof von Münster, Graf von Galen, der die neuheidnischen Lehren Punkt für Punkt beim Namen nannte und ihnen die christliche Wahrheit entgegenstellte.[84] Der Oldenburger Gauleiter und Rosenberg-Anhänger Carl Röver war sicher, daß dies unmittelbar auf den Nationalsozialismus gezielt sei. Jeder Satz in diesem Hirtenbrief, erzürnte er sich in einem Schreiben an die Reichskanzlei, sei »vom Haß gegen den Nationalsozialismus diktiert« der »dem ›neuen Heidentum‹ gleichgesetzt und immer als solches bezeichnet« werde. In der Reichskanzlei hingegen entdeckte man in dem Hirtenbrief den Hinweis, daß die umstrittene neuheidnische Lehre »eine offene Auflehnung gegen den Willen der Reichsregierung« darstelle, und entschied daraufhin, daß diese »neue Lehre ... wohl teilweise den Grundsätzen der Deutschen Glaubensbewegung entsprechen mag«.[85] Und im Innenministerium war man erst recht nicht bereit, in dieser Angelegenheit gegen Galen anzutreten. So unterblieb ein Einspruch des Staates, was als Beweis gelten mochte, daß die Dinge tatsächlich offen waren.

Im folgenden verschlangen sich die Probleme des Artikel 31 und der Kampf gegen das Neuheidentum immer mehr miteinander. Denn je entschiedener Rosenberg die weltanschaulichen Linien der Partei auszog, um so weniger war die Kirche bereit, ihre Jugend Organisationen zu überlassen, die nach dieser Weltanschauung ausgerichtet waren. Dies mußte die Position des kompromißbereiten Flügels der deutschen Katholiken, also die Richtung Papens und Gröbers, auf die Dauer nachhaltig schwächen.

Im Januar freilich hoffte man in Rom ebenso wie in der großen Mehrheit der deutschen Ordinariate noch auf eine schnelle Beseitigung der Schwierigkeiten. Um einen Abschluß nicht zu erschweren, waren die Bischöfe nach Kräften bemüht, ihren Klerus – notfalls sogar durch Disziplinarmaßnahmen – zu größter politischer Zurückhaltung zu bewegen. Es entsprach zweifellos den allgemeinen kirchenpolitischen Vorstellungen des ganzen Episkopats, wenn etwa Bertram Anfang Januar den Pfarrer von Giersdorf in Oberschlesien, der sich gegen ein unverschämtes Schreiben der Kreisleitung Neisse zur Wehr gesetzt hatte, rügte und ihm anheim gab, sich »in allen Äußerungen auf der Kanzel und sonst einer sehr großen Vorsicht und, soweit politische Andeutungen in Worten gefunden werden können, großer Zurückhaltung« zu befleißigen. Wie eine Begründung seines eigenen Eingabenstils las es sich, wenn Bertram meinte: »Kurze, vornehme und sachlich gehaltene Antwort ohne temperamentvolle Ausdrücke pflegt das Beste zu sein, wenn überhaupt geantwortet werden muß.«[86] Auch Gröber berichtete zu dieser Zeit, daß er »immer und immer wieder. . .den Klerus bitte und warne, er möge sich doch umstellen und nicht durch persönliche Unklugheiten der kirchlichen Sache schaden«.[87] Ähnlich rief am 25. Januar der Bamberger Erzbischof Hauck seinen Klerus zusammen und mahnte ». . . ihn zu loyaler Haltung gegenüber der staatlichen Obrigkeit. . ., um damit einen kirchenpolitischen Spannungsausgleich anzubahnen«.[88]

Auch die heikle Frage des Hitlergrußes im katholischen Religionsunterricht war inzwischen in beiderseitigem Einvernehmen geklärt worden. Wie alle Schulstunden im Dritten Reich, so begann und endete jetzt auch der Religionsunterricht mit »Heil Hitler«. »Wo bisher«, so hieß es in der einschlägigen staatlichen Verfügung in schönstem Amtsdeutsch, »der katholische Religionsunterricht mit dem Wechselspruch ›Gelobt sei Jesus Christus‹ ›In Ewigkeit Amen‹ begonnen und beendet wurde, ist der deutsche Gruß zu Beginn der Stunde vor, am Ende der Stunde nach dem Wechselspruch zu erweisen«.[89] Der gewiß kaum zu vermeidende Kompromiß, der im Rückblick groteske Züge bekommt, zeigte, daß von grundsätzlichen kirchlichen Vorbehalten zu jener Zeit noch kaum die Rede sein konnte.

Und schließlich gab es auch auf katholischer Seite Beispiele für jenen frommen Hitlerkitsch, wie ihn sonst vorzugsweise die Deutschen Christen zu verbreiten pflegten. Jedenfalls wurde Kardinal Bertram - vermutlich zu seiner Verdrossenheit - berichtet, daß in der »Steinschule« in Breslau, einer katholischen Mädchenvolksschule, die Kinder das folgende Abendgebet lernten:

»Lieber Gott im Himmel droben,
Alle Engel, die dich loben,
Laß rings um mein Bettchen stehn,
Wenn ich muß zur Ruhe geh'n.
Doch das schönste Engelein
Mit dem lichten Gottesschein
Und dem silbernen Gefieder
Sende unser'm Hitler nieder.
Es behüte seinen Schlummer
Und verscheuch' ihm allen Kummer,
Daß er morgens froh erwache
Und sein Deutschland glücklich mache.«[90]

Alle Bemühungen um Ausgleich und Anpassung vermochten dennoch nicht zu verhindern, daß sich die wachsende Spannung im Lande in zahlreichen Zwischenfällen entlud.

Am 17. Januar 1934 etwa drang uniformierte Hitlerjugend in Würzburg in eine geschlossene Veranstaltung der Marianischen Studentenkongregation ein, belästigte die Teilnehmer - unter ihnen auch den Bischof - und versuchte, sich der Christusfahnen zu bemächtigen, so daß die Veranstaltung schließlich unter Tumult und Lärmen abgebrochen werden mußte.[91]

Wenige Tage später kam es in Stuttgart zu einem Zusammenstoß, der ausgerechnet einen enthusiastischen Anhänger des Papenschen Öffnungskonzeptes traf, hier ließ sich zum ersten Mal erkennen, welcher Sprengstoff im Streit um das Neuheidentum steckte. Auf der Heilig-Jahr-Feier der Stuttgarter Katholiken am 21. Januar hatte der Tübinger Theologieprofessor Karl Adam die Festrede gehalten. Er hatte darin das katholische Christusbild gezeichnet und es möglichst nahe an die heroisch-männlichen Vorstellungen der Zeit gerückt, um sich desto entschiedener gegen die Deutsche Glaubensbewegung wenden zu können. Dabei hatte er ausdrücklich die Gemeinsamkeit der Konfessionen hervorgehoben. Im ganzen deutschen Volk, so hatte er erklärt, sei der Christusglaube lebendig, auch im deutschen Protestantismus, wie »jenes erhebende Treuebekenntnis von tausend nord- und süddeutschen Pastoren« – gemeint war vermutlich die Kanzelerklärung des Pfarrernotbundes vom 7. Januar – bewiesen habe. Wenn die »Deutsche Glaubensbewegung«, so hatte Adam weiterhin erklärt, »für uns Deutsche einen anderen Grund legen möchte . . ., wenn sie diesen Grund im verschwommenen Dunstkreis des Biologischen, in einem sagenhaften deutschen Urwillen und Lebenswillen sieht . . ., so sagen wir: es ist nicht Gott«.[92] Am folgenden Tag erschien der Stuttgarter NS-Kurier zur allgemeinen Überraschung mit der großaufgemachten Schlagzeile »Hetze gegen die Deutschen Christen/Herausfordernde Haltung uniformierter katholischer Jugendorganisationen«.[93]

Der Bericht im Inneren des Blattes sprach von »einer wilden Gehässigkeit«, mit der Adam die deutsche Geschichte geschmäht habe, und schloß mit der Behauptung, das deutsche Volk könne »diesem verwerflichen Spiel der getarnten Reaktion nicht mehr länger ruhig zusehen«.[94] Wie sich später herausstellte, hatte der NS-Kurier ausgerechnet einen radikalen Deutschen Christen, den Studienassessor Ernst Lörcher, mit der Berichterstattung über die katholische Versammlung beauftragt, und dieser hatte, Katholiken und Pfarrernotbund in einer Front vermutend, die Angriffe gegen Hauers Deutsche Glaubensbewegung für Angriffe gegen die Deutschen Christen gehalten.[95]

Der erbärmliche Artikel genügte, Adam in die größten Schwierigkeiten zu bringen. Die braunen Studenten in Tübingen ließen es sich nicht zweimal sagen, daß der katholische Professor ein Verräter und Schlimmeres sei. Sie veranstalteten in seinem Hörsaal einen wüsten Tumult und zogen anschließend drohend vor sein Haus, wo auch einzelne Schüsse gefallen sein sollen.[96] Die Erregung der Studentenschaft war für das württembergische Kultministerium offensichtlich ein willkommener Anlaß, Adam wegen seiner mißverständlichen, weithin »als Herabsetzung des deutschen Wesens« empfundenen Äußerungen eine scharfe Rüge zu erteilen.[97]

Der ganze Vorgang mußte neben dem Rottenburger Bischof vor allem die Entspannungsbemühungen der AKD und ihres Reichsleiters Papen treffen. In der Tat bemühten sich der Gaubeauftragte der AKD in Württemberg, Freiherr von Raßler, und der Vizekanzler nachdrücklich um eine Rehabilitierung des Tübinger Theologen. Am 31. Januar trug Papen Goebbels und seinem Staatssekretär Funk die Bitte vor, den Berichterstatter des NS-Kuriers zu maßre-

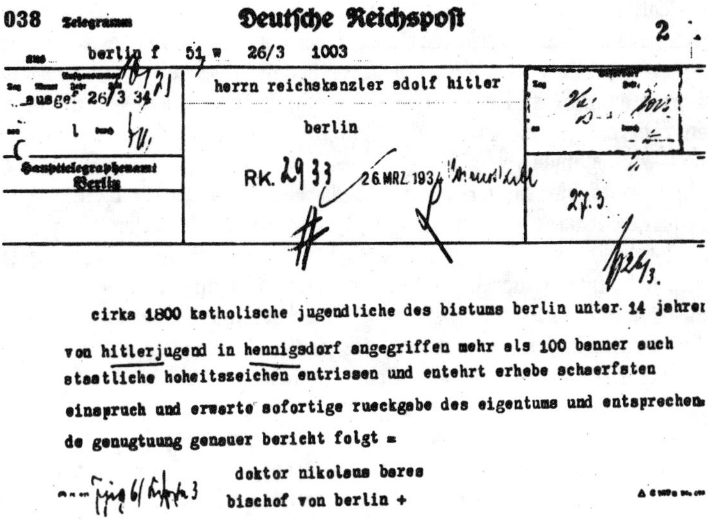
038 Telegramm Deutsche Reichspost 2

berlin f 51 w 26/3 1003

ausge: 26/3 34

herrn reichskanzler adolf hitler

berlin

RK. 2933 26.MRZ.1934

Haupttelegraphenamt Berlin

cirka 1800 katholische jugendliche des bistums berlin unter 14 jahren von hitlerjugend in hennigsdorf angegriffen mehr als 100 banner auch staatliche hoheitszeichen entrissen und entehrt erhebe schaerfsten einspruch und erwarte sofortige rueckgabe des eigentums und entsprechende genugtuung genauer bericht folgt =

doktor nikolaus bares
bischof von berlin +

Der Berliner Bischof Nikolaus Bares protestierte bei Hitler gegen den Überfall von Hitlerjungen auf Teilnehmer eines Treffens der Sturmschar der Diözöse Berlin,.

geln, weil es, wie er bezeichnenderweise erklärte, notwendig sei, nicht nur »... auf der einen Seite mit notwendiger rigoroser Schärfe gegen solche katholischen Geistlichen oder Organisationen ...« vorzugehen, »deren Verhalten staatsfeindlich ist«, sondern »auf der anderen Seite ... auch denen den Schutz des Staates nicht zu versagen, die – wie hier – in völlig ungerechtfertigter Weise in ihrer nationalen Ehre geschädigt werden«.[98] Das Propagandaministerium zog sich dadurch aus der Affäre, daß es meinte, wichtiger als die Bestrafung des Berichterstatters sei doch die Zurücknahme der Rüge, und dafür sei das Reichsministerium des Innern zuständig.[99] So landete der ganze Vorgang Ende Februar auf dem Schreibtisch von Buttmann, der seinerseits auf ein sehr unwilliges württembergisches Staatsministerium stieß.[100]

Inzwischen war es April geworden, und Papen mahnte noch einmal, um darauf im Juni zu erfahren, daß der Innenminister sich entschlossen habe, »die Sache ruhen« zu lassen.[101] Der ganze Vorgang mit seinen grotesken Irrtümern, verwirrenden Feindseligkeiten und nicht minder verwirrenden Beschwichtigungen war ein eindrucksvolles Beispiel für die Verdecktheit der ganzen Lage. Noch am meisten Ahnungsvermögen verriet dabei der Rottenburger Bischof, als er auf einer Kopie seiner Beschwerde für den Breslauer Kardinal handschriftlich vermerkte: »Der Streit ist von den Nationalsozialisten vom Zaune gerissen ... Der Kampf zwischen Glaube und Unglaube scheint zu beginnen.«[102]

Noch weit mehr Aufmerksamkeit als der Fall Adam, der vor allem eine Angelegenheit Papens war, erregte zur gleichen Zeit ein Zwischenfall in München. Der bayerische Staatsminister Hermann Esser, ein wegen seines rüden Tones bekannter »Alter Kämpfer«, hatte am 26. Januar in einer Rede vor Amtswaltern der Partei im allgäuischen Blaichach »die Kreise der ehemaligen Schwarzen in Bayern« und namentlich Kardinal Faulhaber heftig angegriffen.[103] Der drohende Ton war nicht zu überhören, als Esser erklärte, es »... sei traurig genug, dass sich die Männer der Kirche heute bei jeder Gelegenheit hinter Konkordate « verschanzten und offenbar »für alle Zeit...ein Staat im Staat bleiben « wollten; und es »... sei nachgerade ein Skandal«, daß der Kardinal Faulhaber noch immer kein rückhaltloses Bekenntnis zum neuen Staat abgelegt habe »... und dafür Predigten ... über das Verhältnis von ›Germanentum und Christentum‹ halte«.[104]

Am darauffolgenden Abend wurden auf das erzbischöfliche Palais zwei Schüsse abgegeben, deren Spuren – ein zersplittertes Fenster im Sprechzimmer des Kardinals – man am nächsten Morgen fand.[105] Die beiden Ereignisse, selbstverständlich und vermutlich zu Recht alsbald überall in Zusammenhang gebracht, lösten die verschiedensten Aktivitäten aus. Die bayerische Regierung stellte einen Doppelposten der Polizei vor das Palais und setzte – freilich vergeblich – 1000 Reichsmark für die Ergreifung des Täters aus. Dagegen weigerte sie sich, der Bitte des Auswärtigen Amtes nachzukommen und bei Faulhaber ihr »Bedauern über den Vorfall zum Ausdruck« zu bringen.[106] Vielmehr erklärte Esser in der Ministerratssitzung vom 6. Februar, seine Angriffe auf den Kardinal »... seien sachlich berechtigt« gewesen. »Die vier Adventspredigten, die er genau gelesen habe, seien ein großangelegter Angriff gegen die völkische Weltanschauung ... Die Staatsregierung habe durchaus den Willen«, so hieß es im Sitzungsprotokoll weiter, »mit der katholischen Kirche in Frieden zu leben; auf die fortwährenden Angriffe der letzten Wochen sei aber eine andere Reaktion bei offenen nationalsozialistischen Kämpfernaturen« – damit war offensichtlich Esser gemeint – »gar nicht möglich gewesen«.[107]

Mit Wandschmierereien versuchte die Hitlerjungend die katholische Jugend in der Öffentlichkeit unmöglich zu machen.

Obwohl sich der Reichsaußenminister Anfang März noch einmal persönlich dafür einsetzte, »... die auch für unsere Außenpolitik höchst bedeutsamen Verhandlungen mit der Kurie nicht unnötig ...«[108] zu belasten, lenkte die bayerische Staatsregierung nicht ein. Auch hier also, ähnlich wie im Fall Adam, vermochte sich die Reichsbehörde nicht gegen die viel stärker von der Partei bestimmte Landesregierung durchzusetzen.

Ein weiterer Schwerpunkt der Auseinandersetzungen lag im Rheinland.[109] In Köln etwa war es am 28. Januar anläßlich von Feiern des katholischen Jugendbundes Neudeutschland in St. Aposteln und der katholischen Pfarrjugend von St. Agnes erneut zu schweren Zusammenstößen mit der Hitlerjugend gekommen. Dabei verband sich auf seiten der HJ politisches Machtgefühl offensichtlich mit jugendlicher Lust an der Provokation und einem primitiven antikatholischen Haß. Davon zeugten nächtliche Wandschmierereien wie »Christus krepiert, HJ marschiert«[110] ebenso wie ein Lied, das offenbar in dieser Zeit entstand und bald in ganz Deutschland verbreitet war.

»Wir sind die fröhliche Hitlerjugend,
wir brauchen keine christliche Tugend,
denn unser Führer ist Adolf Hitler,
ist unser Erlöser, unser Vermittler.
Kein Pfaff, kein böser, kann uns hindern,
daß wir uns fühlen als Hitlerkinder.
Nicht Christus folgen wir, sondern Horst Wessel,

fort mit Weihrauch und Weihwasserkessel.
Wir folgen singend Hitlers Fahnen,
dann sind wir würdig unserer Ahnen.
Ich bin kein Christ und kein Katholik,
ich geh mit S.A. durch dünn und dick.
Die Kirche kann mir gestohlen werden,
das Hakenkreuz macht uns selig auf Erden,
ihm folg ich auf Schritt und Tritt,
Baldur von Schirach, nimm mich mit.«[111]

Man kann bezweifeln, daß die halbwüchsigen Hitlerjungen wirklich wußten, was sie da sangen. Aber natürlich war ihnen die Herausforderung bewußt, die dieses Lied für die katholische Kirche und ihre Jugend bedeuten mußte. Und gerade darin lag vermutlich der Reiz des primitiven Machwerks, der für seine schnelle Verbreitung sorgte.

Nach den Zusammenstößen und Prügeleien, die keineswegs immer zugunsten der Hitlerjugend ausgingen, zeigte sich auch am Rhein, daß die politische Beurteilung dieser Vorfälle sehr verschieden ausfallen konnte. Der Kölner Regierungspräsident Rudolf zur Bonsen, ein führendes Mitglied in Papens AKD, hielt der Gebietsführung der HJ offen vor, »das zulässige Maß in der Bekämpfung der konfessionellen Jugendverbände weit« überschritten »und durch Störung des Gottesdienstes und Eindringen in die Kirchen unmittelbar die kirchliche Sphäre« verletzt zu haben. Eindringlich forderte zur Bonsen deshalb die HJ auf, Staatsautorität und Gesetze zu achten, »sich jeden Eingriffs oder Angriffs gegen religiöse oder kirchliche Angelegenheiten« zu enthalten und die »durch das Reichskonkordat gezogenen Grenzen« zu respektieren.[112] Ganz andere Konsequenzen aus den Zwischenfällen dagegen zog die Staatspolizeistelle Köln. Auch sie meldete zwar in einem Schreiben vom 30. Januar an die Berliner Zentrale Bedenken gegen das Vorgehen der HJ an, richtete ihre Einschränkungsmaßnahmen aber ausschließlich gegen die katholische Jugend. Zwischen Januar und April wurde in Trier und Aachen, in Düsseldorf, Köln und Koblenz der katholischen Jugend »*jedes geschlossene Auftreten* in der Öffentlichkeit« von der Staatspolizei untersagt.[113]

Empört über das Vorgehen der HJ, die Wandschmierereien, die Lieder und wiederholten Angriffe in der Presse beschloß der Kölner Stadtdechant Hermann Löbbel, Widerspruch und Selbstbehauptung der Kölner Katholiken durch eine Kanzelerklärung aller Pfarrer der Stadt zu bekräftigen. Ohne Wis-

Titelblatt der katholischen Jungmännerzeitschrift »Die Wacht«. Das Christusbanner über der Stadt Düsseldorf symbolisiert den von den Nationalsozialisten bestrittenen Öffentlichkeitsanspruch der katholischen Jugend.

sen des Kölner Oberhirten[114] versandte Löbbel zusammen mit den anderen Dechanten am 3. Februar eine Erklärung an alle Kölner Pfarrer mit der Bitte, sie am Sonntag, dem 4. Februar, ». . . *nur in der letzten Messe* und ohne Kommentar« zu verlesen. Im Text war von »heiliger Entrüstung« über die verschiedenen Vorfälle die Rede und von einer »Empörung«, die »bis weit hinein in die Kreise der evangelischen Mitchristen und weit in die Reihen der Nationalsozialisten selbst . . .« reiche.[115] Wie es in der Kanzelabkündigung des Pfarrernotbundes vom 7. Januar geheißen hatte: »Wir erheben vor Gott und dieser christlichen Gemeinde Klage und Anklage«,[116] so hieß es nun in der Kölner Erklärung fast wörtlich gleich: »Da wir keine andere Möglichkeit haben, erheben wir von der *Kanzel* aus vor dem Angesichte Gottes und vor der hier versammelten Gemeinde feierliche Anklage . . .«[117] Es war offensichtlich der gleiche Weg, der hier eingeschlagen wurde. Allerdings waren auch die Unterschiede der beiden Erklärungen nicht zu übersehen. Während der Pfarrernotbund seinen Widerspruch mit Schrift und Bekenntnis begründete, beriefen sich die katholischen Pfarrer auf den »Gehorsam gegen den Heiligen Vater« und die »Übereinstimmung mit dem Reichskonkordat«.[118]

Im übrigen war dieser offene Widerspruch, der sich vor allem in den traditionell katholischen Gebieten im Süden und Westen des Reiches nachhaltig bemerkbar machte, ein Zeichen, daß man die Dinge durchaus noch nicht für entschieden hielt. Viele katholische Äußerungen in dieser Zeit, auch die der Kölner Pfarrgeistlichkeit, atmeten noch ein überraschendes und ganz ungebrochenes kirchliches Selbstbewußtsein. Wenn im Rückblick deutlich ist, daß alle Versuche, zu einem ehrlichen Miteinander zu kommen, zum Scheitern verurteilt waren, weil der Weg vom autoritären Einparteienstaat zur totalitären Diktatur vorgezeichnet war, so erschien vielen Zeitgenossen die Lage anders und keineswegs so eindeutig, wie sie tatsächlich war.

Dies zeigte sich auch, als Anfang Februar die Kirchenfrage gleichzeitig in Berlin und Rom Gegenstand neuer Verhandlungen auf höchster Ebene war.

Die Initiative zu einem Gespräch über diese Frage in Berlin ging von Hitler aus. Nachdem er am 25. Januar die evangelischen Kirchenführer empfangen hatte, mochte es ihm schon aus Gründen der Gleichbehandlung beider Kirchen richtig erscheinen, auch einen Vertreter der katholischen Kirche bei sich zu sehen. Da er, wie er kurz darauf Papen wissen ließ, sowohl Faulhaber wie Bertram mißtraute, fiel seine Wahl auf den kirchenpolitisch bisher wenig hervorgetretenen Kölner Kardinal Carl Joseph Schulte. Auf Hitlers Weisung übermittelte Hermann von Detten, ein ehemaliger Major, der in Papens AKD mit der Verbindung zur Partei beauftragt war, Hitlers Einladung an den Kölner Oberhirten.[119] Als dieser sich am 7. Februar zu Hitler begab, hatte er ein Memorandum für den Reichskanzler in der Tasche, das an Deutlichkeit nichts zu wünschen übrigließ.[120]

Ungeschminkt, mit Namen und Belegen, stellte der Kardinal darin die bedrängte Lage der Kirche dar. Während es in den ersten Monaten des neuen Regimes leicht gewesen sei, so hieß es gleich zu Beginn, nicht nur »... die für den Katholiken selbstverständliche loyale Haltung einzunehmen, sondern darüber hinaus ihr staatspolitisches Programm auch mit innerer Zustimmung anzunehmen und sich bei seiner Durchführung freudig in den Dienst der Regierung zu stellen«, sei »... in den allerletzten Monaten ein Umschwung eingetreten«. Der Grund liege darin, daß die katholische Bevölkerung immer deutlicher erfahre, »daß die regierende Bewegung gegenüber Kirche und Christentum eine grundsätzlich feindliche Haltung ...« einnehme: »Staatsorgane zeig[t]en sich antichristlich und antikatholisch eingestellt ...«;[121] »Organe der NSDAP bekämpf[t]en die katholische Kirche, den christlichen Glauben und die christliche Sitte ...«; in den nationalsozialistischen Jugendorganisationen herrsche »... dieselbe antichristliche Kulturpropaganda«.[122] Das Memorandum schloß mit dem überraschenden Vorschlag, der Führer möge sich selbst von der Wahrheit der Darstellung »... durch Nachprüfung ... seitens eines ad hoc nach Köln zu entsendenden juristischen Vertrauensmannes« überzeugen.[123]

In seinen mündlichen Ausführungen gegenüber Hitler kam der Kardinal vor allem auf das Problem Rosenberg zu sprechen. Der »Mythus« sei »... ein Pamphlet.. .voller Schmähungen gegen die katholische Kirche«. Hier unterbrach ihn der Reichskanzler und versicherte, er wolle das Buch nicht, Rosenberg wisse das, er »... habe es ihm selbst gesagt« – eine überraschende Erklärung, die aber, wie spätere Äußerungen zeigten, weitgehend Hitlers Überzeugung entsprach.[124] Auf Schultes Einwand, daß man nach der Beauftragung Rosenbergs mit der weltanschaulichen Schulung der Partei so nicht mehr reden könne, erwiderte Hitler, er identifiziere sich mit Rosenberg, nicht aber mit dem Verfasser des »Mythus« – eine Unterscheidung, die so unmöglich nicht war, wie sie dem Kardinal erschien, da sie ja tatsächlich auch später offiziell aufrechterhalten wurde. Und ehe er dieses Thema abbrach, behauptete Hitler noch, erst die Polemik von katholischer Seite habe das Buch bekannt gemacht.[125]

Im weiteren Verlauf des Gesprächs beschwerte sich Hitler offenbar über die Ausfälle katholischer Geistlicher gegen Staat und Partei. Es handelte sich dabei um das Material, das die Geheime Staatspolizei auf Anweisung Görings für den Führerempfang am 25. Januar gesammelt hatte.[126] Dagegen verwies Schulte auf sein Memorandum und beklagte sich über die schlechte Behandlung von katholischen Geistlichen. Das einzige, was den Kardinal bei diesen wechselseitigen Vorwürfen hoffnungsvoll stimmte, war die Tatsache, »daß der Führer« offenbar »nach wie vor am Konkordat festhalten wolle«.[127]

Als Schulte am Abend bei einem Essen mit dem Nuntius und dem Berliner Bischof Bares gefragt wurde, »ob die Unterredung eine Besserung der Lage bringen werde«, antwortete er lediglich: »Ich hoffe.«[128]

Tatsächlich jedoch gab es Hinweise, daß Hitler von der offenen Sprache des Memorandums nicht unbeeindruckt geblieben war und keinesfalls einen offenen Bruch riskieren wollte. Schon zwei Tage später überraschte Papen den Kölner Kardinal mit der Nachricht, daß er im Anschluß an dessen Gespräch eine lange Aussprache mit Hitler gehabt habe, und hielt als Ergebnis fest, daß dieser »nach wie vor bereit zum Frieden« sei und die Fühlung mit Schulte »vertiefen und fortsetzen« wolle. Auch ein Besuch des Breslauer Kardinals sei ihm, wie Papen auf Wunsch Bertrams diskret festgestellt hatte, durchaus erwünscht.[129]

Noch überraschender war ein Schreiben aus München, das am 12. Februar in Köln einging. Absender war Rudolf Heß, der als »Stellvertreter des Führers« und Mitglied des Reichskabinetts als enger und einflußreicher Vertrauter Hitlers galt.[130] Zweifellos mit dessen Billigung schlug er darin dem Kardinal vor, »... nach dem befriedigenden Verlauf dieser ersten Fühlungnahme...in eine vertrauliche Vorbehandlung konkreter Fragen einzutreten«.[131] Wenn es dem Kardinal genehm sei, werde hierfür Herr von Detten bereitstehen, »dem in den nächsten Tagen das neu zu bildende Amt für den kulturellen Frieden ...« in der Reichsparteileitung übertragen werde.[132]

Damit kam ein neuer Begriff ins Spiel, der die Dinge nicht gerade klarer machte. Der Plan, ein solches Amt zu gründen, war bereits auf einer Gauleitertagung Ende Januar in Berlin bekanntgegeben worden. Vermutlich erhoffte sich Heß davon zumindest eine Verminderung der Spannungen zwischen der Partei und den beiden Kirchen, die innen- und außenpolitisch zu einer wachsenden Belastung zu werden begannen. Für diese Absicht sprach der Gründungsbefehl vom 27. Februar, der streng auf ein einheitliches Vorgehen in der Kirchenfrage drängte und es »... allen politischen Leitern zur Pflicht« machte, »bei Behandlung dieser Fragen nur im engsten Einvernehmen mit der neuen

Abteilung zu handeln ...« und alle wichtigen Angelegenheiten vorher mit ihrem Leiter zu beraten.[133] Dafür sprach aber auch die Berufung Dettens, eines konservativen Katholiken, der zweifellos ehrlich um eine Vermittlung bemüht war.[134] Wenn »Kultfried«, wie die neue Abteilung bald überall hieß, gleichwohl ein nennenswerter Erfolg versagt blieb, so lag das an einem Mangel an Kompetenzen und Macht, der seinerseits wieder nur ein Ausdruck des unlösbaren Grundwiderspruchs zwischen diesem Staat und den christlichen Kirchen war. Immerhin zeigte die Tatsache, daß Detten später ins Reichskirchenministerium übernommen wurde und die Arbeit dieses Ministeriums bis zum Frühjahr 1937 wesentlich mitbestimmte, daß es bis zu diesem Zeitpunkt eine Gruppe innerhalb von Staat und Partei gab, die noch an die Möglichkeit eines Ausgleichs glaubte.

Schließlich hatte das Gespräch zwischen Hitler und dem Kölner Kardinal eine weitere erstaunliche Folge, die das Reichsinnenministerium und das Kölner Ordinariat bis weit in den April hinein beschäftigte und die noch einmal deutlich machte, daß auch Hitler selbst zu dieser Zeit einen Bruch mit der katholischen Kirche zu vermeiden suchte.

In seinem Memorandum vom 7. Februar hatte der Kardinal dem Führer angeboten, sich durch einen juristischen Vertrauensmann von der Wahrheit der Beschwerdepunkte zu überzeugen. Am 10. März kündigte daraufhin das Reichsinnenministerium den Kölnern den Wunsch der Reichsregierung an, »den Beschwerden...durch eine gründliche Untersuchung nachzugehen«. Staatsanwalt Dr. Schucht sei beauftragt, »das vorliegende Material an Ort und Stelle genau zu prüfen«. Der offizielle Charakter dieser Untersuchung wurde durch die Tatsache unterstrichen, daß Abschriften dieses Schreibens gleichzeitig an die Reichskanzlei, an die Gestapo zur Unterrichtung der Staatspolizeistellen im Rheinland und an die Partei zur Verständigung der Gauleitung gingen.[135]

Schucht erschien schon am 13. März in Köln und blieb volle zehn Tage. Der ausführliche Bericht des Kölner Kardinals an Pacelli zeigte, daß der Vertreter des Reichsinnenministeriums bei seiner Untersuchung immer wieder in schwierige Situationen geriet. Bestimmte Vorfälle waren eben schlechterdings nicht zu bestreiten.[136] Im abschließenden Schreiben des Reichsinnenministeriums vom 3. April freilich, das Buttmann auf dem Weg nach Rom in Köln persönlich übergab, wurden nach bewährter Manier die eigenen Übergriffe teils als Mißverständnisse, teils als bloße Einzelaktionen untergeordneter Stellen hingestellt, während die Vorwürfe gegen die katholische Seite einen breiten Raum einnahmen. Die Untersuchung habe einwandfrei ergeben, so behauptete die Regierung, daß Staat und Partei bestrebt seien, »alle Kirchenbelange zu schützen und zu fördern. Wenn Zwischenfälle vorgekommen ...« seien, so seien »... sie fast durchweg auf politische Gegensätze zurückzuführen«.[137] Die ausführliche Antwort Schultes an Hitler, in der der Kardinal noch einmal seine Sicht der Dinge darlegte, fiel erstaunlich vorsichtig aus. Offensichtlich war man in Köln von dem ganzen Vorgang doch beeindruckt. Denn nach einer Reihe von Ergänzungen und Korrekturen schloß der Kardinal mit dem Hinweis, daß zweifellos »... ein weiterer vertrauensvoller Austausch begründeter Klagen und Beschwerden zur wirksamen Beseitigung noch vorhandener Schwierigkeiten und damit zu einer wesentlichen Beruhigung weiter katholischer Volkskreise führen ...« könne.[138]

Während so von Februar bis April 1934 zwischen Berlin und Köln nach einem Ausgleich der Spannungen gesucht wurde, gingen auch in Rom die Bemühungen um eine friedliche Verständigung weiter.

Am 6. Februar traf Ministerialdirektor Rudolf Buttmann, der deutsche Unterhändler, erneut im Vatikan ein, um die Mitte Dezember unterbrochenen Verhandlungen wieder aufzunehmen.[139] Das erste, was ihm noch auf dem Bahnhof von Botschaftsrat Klee überreicht wurde, war das vatikanische Promemoria vom 31. Januar, in dem Pacelli alle Beschwerden über die Zustände in Deutschland zusammengefaßt hatte.[140] Buttmann war also gerüstet, als er um 11 Uhr zur ersten Verhandlungsrunde mit dem Kardinalstaatssekretär zusammentraf.[141] In der Tat empfing ihn Pacelli mit dem Hinweis, daß täglich neue schlechte Nachrichten aus Deutschland einträfen, worauf Buttmann erwiderte, auch die Reichsregierung verfüge über reichlich Material »... von staatsfeindlichen Äußerungen katholischer Priester ...«, von einem entsprechenden Notenkrieg verspreche er sich nichts.[142]

Weit wichtiger für Pacelli waren jedoch die Andeutungen Buttmanns, die die Geltung des Reichskonkordates selbst betrafen. Da nach dem Neuaufbaugesetz vom 30. Januar »... die Länder als selbständige Rechtssubjekte ...« nicht mehr bestünden, müsse es nach Auffassung der Reichsregierung »... zu neuen Verhandlungen darüber kommen, wieviel von dem Inhalt der Länderkonkordate in ein Reichskonkordat.. .noch übernommen werden könne«.[143] Dies gelte besonders in finanzieller Hinsicht. Das hieß mit anderen Worten, daß das Reich sich eine einseitige Kündigung und Revision des Konkordates vorbehielt, die all das entscheidend eingeschränkt hätte, was der Kurie unter den außergewöhnlichen Umständen des Jahres 1933 vom Staate zugestanden worden war. Obwohl in den späteren Verhandlungen über diesen Punkt nicht mehr ausdrücklich gesprochen wurde, blieb diese Drohung während der ganzen Zeit der nationalsozialistischen Herrschaft eine der stärksten Waffen der Regierung.

Unmittelbar danach kam der Kardinalstaatssekretär dann auf die Probleme des Artikels 31 zu sprechen. Dabei stellte sich heraus, daß das Ziel des deutschen Unterhändlers wie schon im Dezember unverändert die Zustimmung des Heiligen Stuhls zur Eingliederung der katholischen Jugend in die Hitlerjugend war. Aber inzwischen hatte, wie sich zeigen sollte, die Beauftragung Rosenbergs die Situation erheblich verschärft. Gerade auf diesen Punkt kam Pacelli im Lauf der Verhandlungen immer wieder zurück. So erklärte er in der dritten Verhandlungsrunde am 11. Februar auf die direkte Frage Buttmanns, ob er denn mit dem Papst »... über das Aufgeben der katholischen Jugendorganisationen gesprochen habe«,[144] die katholische Welt würde es nicht verstehen, wenn der Heilige Vater zuließe, »daß die Jugend unter die geistige Führung eines Rosenberg komme«.[145] Alle Versuche Buttmanns, Pacelli in dieser Hinsicht zu beruhigen, schlugen fehl. »Ich glaubte zu beobachten«, so notierte sich vielmehr der deutsche Unterhändler, »daß derartige Gedankengänge Pacelli mehr interessierten als die bisherigen Gesprächsgegenstände. Es scheint im Vatikan tatsächlich die Besorgnis zu herrschen, als ob Deutschland eine heidnische Staatsreligion einführen wolle.«[146]

Die vierte und letzte Verhandlungsrunde dauerte nur zwanzig Minuten. Buttmann wiederholte seine Frage nach der Meinung des Papstes, worauf sich Pacelli ungewöhnlich drastisch mit dem Finger an die Stirn tippte und erklärte: »Wir müßten ja einen Vogel haben, wenn wir unsere Jugendverbände auflösen wollten und die katholische Jugend einer von Rosenberg beeinflußten Organisation anvertrauen wollten.« Daraufhin erwiderte der deutsche Unterhändler kurz, so komme man nicht weiter, und vertagte die Verhandlungen.[147]

Damit hatte das Verhandlungspoker um den Artikel 31 einen neuen Höhepunkt erreicht. Beide Seiten wußten jetzt, daß es ohne Kompromisse keine Lösung geben würde. Und so machten sich beide in den Wochen bis Ostern auf die Suche nach einem Ausweg. In Berlin traf sich Buttmann schon am Tag nach seiner Rückkehr aus Rom mit Papen, um dem Vizekanzler über den Verlauf der Verhandlungen zu berichten und seinen Eindruck mitzuteilen, »daß der heikelste Punkt in dem ganzen Vereinskomplex die Frage der Jugendverbände sei, weil hier das persönliche Interesse des Papstes am deutlichsten engagiert...« sei.[148] Fünf Tage später, am 20. Februar, hatte daraufhin Papen eine Aussprache mit dem Führer der Hitlerjugend, Baldur von Schirach. Dabei erhielt er von Schirach eine Reihe von Zusagen, die dieser noch am selben Tag »...als Zeichen meiner Verständigungsbereitschaft und als Grundlage für die notwendige Eingliederung der katholischen Jugendorganisation in die Hitler-Jugend...« schriftlich festhielt.[149] Unter der Voraussetzung der Eingliederung versprach die Führung der Hitlerjugend darin, »der katholischen Jugend alle Möglichkeiten einer seelsorgerischen Betreuung durch die Kirche zu gewährleisten« und alle Angriffe auf den katholischen Glauben, die Kirche und die Träger der Kirche zu unterbinden.[150] Ferner sollten der Sonntagvormittag und ein Nachmittag in der Woche für Gottesdienst und religiöse Betätigung frei bleiben und die kirchliche Erziehungsarbeit unter der Voraussetzung, daß sie »rein religiösen Charakter erhält«, die besondere Unterstützung der HJ genießen.[151] Das war im Grunde nicht viel mehr, als im evangelischen Eingliederungsvertrag stand, und so waren auch die Hoffnungen, die Papen auf diese Erklärung setzte, kaum sehr begründet.[152] Der Schirach-Brief markierte von nun an die Grenzen der staatlichen Konzessionsbereitschaft. Am 29. März, kurz bevor Buttmann zur Fortsetzung der Verhandlungen nach Rom fuhr, kam es auf Drängen Papens zu einer Besprechung bei Hitler, an der neben dem deutschen Unterhändler der Botschafter beim Heiligen Stuhl und Hitlers neu ernannter Kirchenbeauftragter, Hauptmann von Pfeffer, teilnahmen.[153] Dabei erklärte sich Hitler, wie Bergen noch am selben Tag dem Reichsaußenminister mitteilte, »...damit einverstanden, daß Buttmann beim Gedankenaustausch über die katholischen Jugendverbände die Zugeständnisse des Reichsjugendführers verwertet und den Versuch macht, hierüber eine Einigung herbeizuführen; dahingegen wünschte der Kanzler nicht, daß bezüglich der anderen katholischen Vereine weitere Konzessionen gemacht werden«.[154] Damit war Buttmanns Verhandlungsroute eindeutig festgelegt.

Zur gleichen Zeit versuchte auch Pacelli, seinen Spielraum in dieser Frage zu klären. In einem Schreiben vom 23. Februar an den deutschen Episkopat bat er jeden einzelnen Bischof um eine Stellungnahme zu drei Fragen: 1. ob man, »um ein Scheitern der Verhandlungen zu verhindern..., die katholischen Sportorganisationen wie DJK aufgeben...« dürfe; 2. ob grundsätzlich die Überführung der katholischen Jugend zu verantworten sei, so »daß kirchlicherseits nur noch reine Gebetsvereine...« bestünden; schließlich 3. was man sich von der »Seelsorge in der Hitlerjugend« verspreche.[155]

Die Antworten der Bischöfe fielen ganz unterschiedlich aus. Die Meinung der Mehrheit dürfte dem Gutachten Bertrams entsprochen haben, der ein Aufgeben der Sportorganisationen für möglich und erlaubt hielt, eine allgemeine Überführung der katholischen Jugend ablehnte, aber zu einzelnen Konzessionen an die staatliche Erziehung bereit war und im Blick auf die Seelsorge in der Hitlerjugend eher skeptisch dachte.[156] Es gab aber auch gewichtige andere Stimmen. So beantwortete der Münchner Kardinal die Fragen 1 und 2 mit Ja und gab zu bedenken, daß die Kirche damit zwar »... die Spezialseelsorge für 20% Jugend aufgeben ...« aber dafür, was wichtiger wäre, die normale Seelsorge für 80% Jugend erreichen« würde.[157] Auch der Freiburger Erzbischof vertrat seine bekannte Überzeugung, daß angesichts der bedrängten Situation eine Einreihung in die Hitlerjugend »... sowohl im Interesse der katholischen Jugend als auch der Hitlerjugend selbst« läge.[158]

Inzwischen waren nicht nur im Innenministerium, sondern auch im Auswärtigen Amt die Sorgen über die wachsenden Spannungen gestiegen. Am 19. Februar berichtete der deutsche Vatikanbotschafter aus Rom dem Reichsaußenminister von einer Verschlechterung der deutsch-italienischen Beziehungen. Der Grund sei nach italienischen Äußerungen hauptsächlich in der Behandlung der österreichischen Frage und »... unserem feindseligen Vorgehen gegen die römische Kirche zu suchen. Italien«, so fügte Bergen zur Erklärung der italienischen Äußerungen hinzu, »hätte wohl schwere Differenzen mit dem Heiligen Stuhl gehabt, aber nie den Glauben und die Kirche als solche angegriffen«.[159]

Noch deutlicher wurden die Sorgen des Auswärtigen Amtes in einer Aufzeichnung des Vatikanreferenten vom 1. März greifbar, die eine völlig ungeschminkte Darstellung der Lage und ihrer Ursachen enthielt und dringend konkrete deutsche Schritte zu einer Verständigung empfahl.[160]

In zwei Punkten sah Menshausen vor allem die »... immer bedenklicher werdende Spannung zwischen dem Reich und dem Heiligen Stuhl ...« begründet,[161] nämlich im Streit um den Artikel 31, bei dem sich der Vatikan bewußt hintergangen fühle, und in der Beauftragung Rosenbergs, in der man »... die Gefahr einer von langer Hand vorbereiteten Bekämpfung der katholischen Kirche in Deutschland« erblicke. Ein Bruch mit dem Vatikan scheine unvermeidlich, wenn Deutschland jetzt nicht »durch die Tat« seinen Verständigungswillen beweise.[162] Darunter verstand Menshausen vor allem die »... rückhaltlose Sicherstellung des Bestandes und der Freiheit religiöser Betätigung der katholischen Kirche in Deutschland und insbesondere einer ausreichenden seelsorglichen Betreuung der Jugend in den Schulen und in den nationalen Verbänden«.[163] Unter diesen Umständen sei der Vatikan zum Einlenken auch in der Jugendfrage bereit, denn auch dort sähe man, daß »... die katholische Jugend auf die Dauer von der Teilnahme am nationalen Leben im neuen Deutschland nicht zurückgehalten werden ...« könne.[164] In diesem Zusammenhang wies Menshausen auf eine interessante Äußerung des Nuntius hin, der ihm erst kürzlich erklärt habe, Deutschland brauche »... nur einen Schritt zu tun, dann würde ... der Vatikan zehn Schritte entgegenkommen«. Deshalb müsse, so forderte der Vatikanreferent, in der deutschen Antwort auf das Promemoria Pacellis vom 31. Januar eine eindeutige Erklärung abgegeben werden, »daß die weltanschaulichen Ziele der ... Partei sich keineswegs gegen den Bestand der katholischen Kirche und gegen die Freiheit ihrer religiösen Betätigung ...« richteten.[165]

In der Tat fügte Menshausen der umfangreichen deutschen Antwort vom 14. März, die im Innenministerium entworfen und vom Vizekanzler und dem Auswärtigen Amt überarbeitet worden war, einen entsprechenden Abschnitt ein, der sich vor allem auch auf Rosenbergs Zurückhaltung in seiner Rede vom 22. Februar bezog.[166] Im übrigen freilich war dieses deutsche Promemoria wenig geeignet, den Weg zu einem Übereinkommen frei zu machen. Vielmehr belastete die Reichsregierung darin allein die Kirche mit der Verantwortung für die Verschlechterung der Verhältnisse. Das Promemoria griff dabei zurück auf den politischen Katholizismus, dessen Geist noch immer in der Kirche wirksam und spürbar sei. Den vom Heiligen Stuhl beklagten Widerspruch zwischen den Erklärungen der Reichsregierung und der Haltung der Staats- und Parteistellen im Lande erklärte die deutsche Note mit »dem feinen Empfinden des Volkes«, dem nicht entgangen sei, »daß es hohe kirchliche Stellen an der Bereitschaft fehlen lassen, sich in die alles mitreißende Bewegung nationaler Wiedererweckung einzugliedern, die dem Geschehen unserer Tage ihr Gepräge gibt«.[167]

Dies war gewissermaßen der Schlüsselsatz der Argumentation. Seine elegante Formulierung konnte nicht darüber hinwegtäuschen, daß das Dritte Reich hier jene unbedingte politische Loyalität der Kirche einklagte, die es sich mit den weitreichenden Zusagen des Konkordats erkauft zu haben glaubte.

Das Material im einzelnen hatte wiederum die Geheime Staatspolizei gesammelt. Da hatte beispielsweise Pfarrer Caroli im Bistum Trier behauptet, »der Herr Reichskanzler spreche am Radio wie ein hysterisches Weib«; Pfarrer

Hahnes im hessischen Neuses hatte »... das Hakenkreuz als das Kreuz des Teufels und der Heiden bezeichnet«; Pfarrer Dr. Fritsch im sauerländischen Hellefeld hatte »... in der Frühmesse das Winterhilfswerk ... ins Lächerliche gezogen«,[168] und Pfarrer Schleiß im rheinischen Effeld hatte einem Jungen eine Ohrfeige versetzt, »weil er mit dem Hitlergruß gegrüßt ...« hatte. Von Papen schließlich stammte ein Fall aus der Diözese Passau, wo ein Pfarrer »nach reichlichem Alkoholgenuß« im Wirtshaus erklärt hatte: »Wenn kein anderer Hitler erschießt, erschieße ich ihn.«[169]

Acht Wochen später sollte die vatikanische Antwortnote zeigen, daß man sich in Rom die Mühe gemacht hatte, Fall für Fall genau zu überprüfen. Es war angesichts dieses Materials durchaus glaubhaft, wenn Pacelli im April dem deutschen Unterhändler versicherte, daß ihm Deutschland mehr Arbeit mache »als die ganze übrige Welt zusammen«.[170] Zugleich wurde in der Behandlung der einzelnen Fälle neben dem Gewinn auch die tiefe Problematik des Konkordatswerkes deutlich, das den Heiligen Stuhl nötigte, in allen Zweifelsfällen gegen ihren eigenen Klerus die strikte Loyalität und Staatstreue der Kirche zu beweisen. Nicht die opponierenden Pfarrer wurden hier verteidigt, sondern die Kirche – und dies notfalls sogar unter Opferung der Pfarrer.

So hieß es in Pacellis Antwort vom 14. Mai 1934 im einzelnen: Im Fall Caroli sei »eine scharfe Verweisung« durch die bischöfliche Behörde erfolgt;[171] im Fall Hahnes lägen Mißverständnisse zugrunde; im Fall Fritsch habe der Betreffende für seine »... scharfe und auf der Kanzel unpassende Äußerung ... einen ernsten Verweis erhalten«; und die Effelder Ohrfeige, die im übrigen dem Betroffenen, wie Pacelli nicht vergaß hinzuzufügen, »... nach eigener Aussage nicht weh getan ...« habe, sei in Wahrheit »wegen Nichtgrüßens des Pfarrers« erteilt worden. Ernster war dann wiederum der Passauer Fall, wo über die gerichtliche Feststellung des »groben Unfugs« hinaus die bischöfliche Behörde die Versetzung in den Ruhestand beschloß.[172]

In diesen kirchlichen Disziplinierungsmaßnahmen, so begreiflich sie auch waren, zeigte sich jenes Problem der katholischen Kirche, das im Rückblick als ihre eigentliche und bedruckende Schwäche bis zum Ende der nationalsozialistischen Herrschaft erscheint. Es ist kein Zweifel, daß die Bereitschaft zur Opposition gegen das Regime des Dritten Reiches aus vielerlei Gründen im deutschen Katholizismus größer war als im Protestantismus. Aber es ist ebensowenig zweifelhaft, daß alle Ansätze zu einer solchen Opposition entsprechend der kirchenpolitischen Linie Pacellis von der Hierarchie der Kirche selbst unterbunden worden sind.[173] Kein Priester ist, soweit wir wissen, von seinem Bischof zum Widerstand ermutigt worden; nicht wenige haben sich vielmehr gerade in diesem Punkt tief verlassen gefühlt.

Als sich im Mai 1936 in Berlin Walter Adolph und Prälat Georg Banasch, der gerade von der Gestapo dreieinhalb Monate in Haft gehalten worden war, über die kirchenpolitische Taktik des Breslauer Kardinals unterhielten, meinte Adolph: »Schön dumm ist, wer sich noch aus kirchenpolitischen Motiven irgendwie persönlich exportiert.« Und Banasch erwiderte: »Da haben Sie recht. Ich lasse fünfe jetzt auch gerade sein.«[174]

Während das Promemoria vom 14. März mit seinen Beschuldigungen und Vorwürfen offensichtlich die Position der Reichsregierung bei der Fortsetzung der Verhandlungen um den Artikel 31 verbessern sollte, wurde die Lage der katholischen Jugend in Deutschland immer schwieriger.

Zwar hielten sich die Organisationen insgesamt mit bewunderungswürdigem Mut und bekamen hier und da sogar Zuzug, andererseits war ein gewisses Abbröckeln nicht zu verkennen. Dazu schufen einzelne Sondervereinbarungen, die vor allem auf Betreiben der AKD zustande kamen, und demonstrative Übertritte eine erhebliche Unsicherheit. So wechselte ausgerechnet in Stuttgart, »... am Sitz des katholischen Jugendführers für Süddeutschland ...«, wie der Gestapo-Bericht meldete, Ende März der Leiter des Bundes Neudeutschland zur HJ über[175] und erklärte dazu, sein Schritt ergebe sich notwendig »... aus der Haltung der Kirche dem Staate gegen über ... Es ist für uns junge Katholiken sehr schmerzlich, daß es immer noch Kreise gibt, die sich dem Rettungswerk des Führers fernhalten.« Daß auch wirtschaftliche Gründe dabei nicht verschwiegen wurden, machte die Sache nicht besser.[176]

In dieser Lage reiste Georg Klens, der Generalpräses des Zentralverbandes der katholischen Jungfrauen- und Frauenvereine, nach Rom, um im Auftrag der katholischen Jugend Deutschlands ein persönliches Wort des Papstes zu erbitten.[177]

In der Tat richtete Pius XI. zu Ostern 1934 einen Gruß an die deutsche Jugend, der in den kirchlichen Amtsblättern verbreitet und sogar an den Kirchentüren ausgehängt wurde. Darin wurde deutlich, daß der Papst, anders als Pacelli, an keinerlei Kompromisse dachte. »Eure Verbände sollen jedenfalls wissen«, so rief er der katholischen Jugend zu, »daß ihre Sache Unsere Sache ist.«[178]

Wenige Tage später bekräftigte der Papst seine Entschlossenheit, die katholischen Jugendorganisationen unter keinen Umständen aufzugeben. Bei einem Empfang von 350 katholischen Jugendlichen, die Neudeutschland und der Sturmschar angehörten, erklärte er, der Papst werde »... die Wahrheit und das Recht seiner Söhne verteidigen, wie der katholische Glaube und die Ehre Gottes dies verlang[t]en« und fügte hinzu: »In Deutschland« genüge »es heute nicht mehr, von christlicher Lehre und christlichem Leben zu sprechen ... Wesentlich ...« sei »die Betonung von katholisch ... Ohne *Katholizismus* und Kirche« werde das Christentum in Deutschland »... zu einem Nichts, ja ... zu eigentlichem *Heidentum* «.[179]

Damit waren die Verhandlungen mit Buttmann, die unmittelbar nach Ostern beginnen sollten, von vornherein zusätzlich belastet.

Wenn der Papst sich so entschieden für die Selbständigkeit der katholischen Jugend einsetzte, so hatte er möglicherweise auch die demonstrative öffentliche Unterstützung im Auge, die die Kirche von seiten des Kirchenvolkes in diesen Wochen erfuhr. Dies galt vor allem für das Rheinland, dessen Katholizismus ja schon aus Tradition romtreuer und kämpferischer war als etwa der Katholizismus im Süden oder auch im Osten des Reiches. Unter den von der Geheimen Staatspolizei mit großer Aufmerksamkeit verfolgten Ereignissen ragte insbesondere die Kalker Bußwallfahrt hervor, die in der Nacht vom Gründonnerstag auf den Karfreitag 1934 rund 40000 katholische Männer und Jungmänner - weit mehr als im Jahr zuvor - zu einer Bittprozession vereinigte.[180] »Die Lage des Nationalsozialismus«, so meldete der zentrale Lagebericht der Gestapo in diesem Zusammenhang, sei »... in dieser Gegend gegenüber dem katholischen Angriff geradezu als verzweifelt zu bezeichnen«.[181] Auch wenn dies vermutlich übertrieben war, so hatte der örtliche Stapo-Chef doch zweifellos recht, wenn er feststellte, der Grund für die ungewöhnlich hohen Teilnehmerzahlen bei kirchlichen Feiern und Veranstaltungen werde darin zu sehen sein, »daß man die gegen die katholischen Verbände usw. getroffenen Maßnahmen nicht billigt und nun in aller Öffentlichkeit zeigen will, daß man nach wie vor treu zur katholischen Kirche steht«.[182]

So war die Lage schwierig und die Hoffnung auf eine Einigung von vornherein gering, als Buttmann am 9. April - zum dritten Mal in einem halben Jahr - zur Fortsetzung der Verhandlungen in Rom eintraf. So wie sein Verhandlungsspielraum durch Hitler, so waren Pacellis Möglichkeiten durch den Papst eindeutig beschränkt.

Buttmanns erstes Wort gegenüber dem Kardinalstaatssekretär galt den jüngsten Erklärungen des Papstes zur Jugendfrage. So könne man nicht reden, wenn man Frieden wolle, er empfände es geradezu als Beleidigung, wenn »... alle nichtkatholischen Christen mit Heiden derart in einen Topf...« geworfen würden. Pacelli kannte Deutschland gut genug, um zu wissen, daß dies tatsächlich ein empfindlicher Punkt für die deutschen Protestanten war. So befand er sich, wie später noch so häufig, in der undankbaren Rolle dessen, der die päpstlichen Äußerungen erklären und entschuldigen mußte. Er habe das nicht so aufgefaßt, meinte er, im übrigen habe der Papst in diesem Jahr ungezählte Ansprachen gehalten, und er sei außerdem, was man in Italien »retti - lineo«, also geradlinig nenne, was Buttmann dagegen eher als »stur« bezeichnet wissen wollte.[183]

Zur Sache kam man erst in der zweiten Runde am 12. April, als Buttmann als Verhandlungsgrundlage den Schirach-Brief auf den Tisch legte. Pacelli begriff sofort, daß damit die katholischen Jugendorganisationen ihr bisheriges Leben verlieren und nur noch als »reine Gebetsvereine« weiterbestehen würden. Eben dies aber war es, was die kirchliche Seite unter keinen Umständen zugestehen konnte. Nachdem Buttmann auf Pacellis Bitte den Schirach-Brief in die Form einer offiziellen Erklärung der Reichsregierung gebracht hatte, präsentierte der Kardinalstaatssekretär am nächsten Tag einen Gegenvorschlag, der all das für die katholischen Vereine festhalten sollte, was der Staat gerade aufzugeben forderte.[184] Nach dem kirchlichen Vorschlag sollten alle Jugendorganisationen in einem »Jugendwerk der katholischen Kirche in Deutschland« zusammengefaßt werden, das generell den Schutz des Artikels 31 Abs. 1 genießen sollte.[185] Das einzige, worauf die Kirche zu verzichten bereit war, war der »eigentliche Sport«, der dem Staat überlassen werden sollte. Alles andere samt Einheitstracht, Banner, Heimen, Fahrt und Spielen sollte zum »Eigenleben« der Verbände gehören und wie bisher erhalten bleiben.[186]

Es war begreiflich, daß Buttmann zögerte, diesen Gegenvorschlag mit Pacelli auch nur durchzusprechen. Als man sich schließlich auf ein »informatorisches« Gespräch einigte, mußte der deutsche Unterhändler eine Reihe wesentlicher Punkte für »unmöglich« und »unannehmbar« erklären. Aber Pacelli gab nicht auf. Zwei Tage später übersandte er Buttmann einen zweiten, überarbeiteten Entwurf, von dem er meinte, darin »gewissen von Ihnen bei der letzten Besprechung geltend gemachten Anregungen Rechnung...« getragen zu haben.[187] In der Sache freilich war nichts geändert, und so blieb dem deutschen Unterhändler bei der letzten Besprechung am 19. April nur der Hinweis, daß man die kirchlichen Vorschläge in Berlin gründlich beraten werde. Dabei wies er noch einmal darauf hin, daß sowohl in der Frage des

Sport- und Spielbetriebs wie in der Frage der Einheitstracht unbedingt Klarheit geschaffen werden müsse.[188]

Damit war der Versuch, auf höchster Ebene durch unmittelbare Verhandlungen zu einem Ausgleich zu kommen, gescheitert.

Schon am folgenden Tag unterrichtete Pacelli den Breslauer Kardinal in einem aufführlichen Schreiben von der neuen Sachlage. Dieses Schreiben vom 20. April bedeutete das Ende der ersten Verhandlungsrunde und schuf zugleich einen ganz neuen Ausgangspunkt. Sein wesentlicher Inhalt bestand in der überraschenden Mitteilung, daß auf Weisung des Papstes die Verhandlungen jetzt vom Episkopat in Deutschland weitergeführt werden sollten. Er, Pacelli, habe Buttmann bereits »... wissen lassen, daß der Heilige Stuhl möglicherweise dem Episkopat anheimstellen werde, durch gewählte Vertreter die direkte Fühlung mit dem Reichsministerium des Innern (bzw. dem Herrn Reichskanzler) aufzunehmen«. Der Episkopat, so fügte Pacelli hinzu, müsse sich jetzt schlüssig werden, welche Bedingungen für die Lebensfähigkeit der katholischen Organisationen ihm so wichtig erschienen, »daß er bereit...« sei, »dafür gegebenenfalls auch die Folgen eines Bruches zu tragen... Der Heilige Vater...« wünsche, »daß die Hochwürdigsten Herren Ordinarien Deutschlands in ihrer genauen, in der täglichen Erfahrung gewonnenen Kenntnis der sachlichen und psychologischen Gesamtlage in eine ernste und eindringliche Beratung der Entwürfe eintreten«.[189]

Um die Mitglieder des Episkopats »... in die Lage zu versetzen..., zu den akuten Fragen in genauerer Kenntnis der vom Hl. Stuhle unternommenen Schritte Stellung zu nehmen«,[190] ließ Pacelli gleichzeitig eine Sammlung der wichtigsten Dokumente veranstalten, die Ende April als streng vertrauliches Weißbuch auf geheimem und sicherem Weg den einzelnen Bischöfen zugingen.[191]

Kurz darauf erläuterte Kaas dem Breslauer Kardinal in einem persönlichen Brief die Gründe für die überraschende Anweisung aus Rom. Da sich herausgestellt habe, »daß ein effektiver Einfluß der A.k.D.-Leute auf die Entschließungen der Reichsregierung nicht...« bestehe und auch mit Buttmann nicht weiterzukommen sei, müsse Hitler »... selbst durch den Episkopat bezw. durch die dazu zu bestimmenden Vertreter angegangen werden«.[192] Der Zentrumsführer vom Frühjahr 1933, der mit Hitler unter vier Augen das Reichskonkordat vorbereitet hatte,[193] berief sich nun auf seine Erfahrungen und schrieb: »So schwer und fragwürdig dieser Weg scheinen mag – die Eigenart der personalen Verhältnisse legt sein Beschreiten nahe. Im politischen Bereich habe ich ganz analoge Erfahrungen gemacht. Die dem Katholizismus feindlichen Kräfte arbeiten auf diese persönliche Art. Will man sie zurückdrängen, wird es ohne Anwendung ihrer eigenen Methoden schwer gehen. Der Reichskanzler hat nun mal, seiner ganzen Anlage und seinem Werdegang entsprechend, eine Vorliebe für mündliche und eine Abneigung gegen schriftliche Verhandlung.«[194]

So hatte nun der deutsche Episkopat den Schwarzen Peter in der Hand, wobei sich Rom jedoch vorbehielt, das letzte Wort in diesem schwierigen und gefährlichen Spiel zu sprechen.

Pacelli hatte in seinem Schreiben an den Kardinal nicht vergessen, auf die Dringlichkeit des Ganzen hinzuweisen.[195] Als sollte diese Dringlichkeit noch unterstrichen werden, erschreckte Ende April eine Meldung von der Deutschen Arbeitsfront die deutschen Bischöfe. Der Führer der DAF, Robert Ley, hatte am 27. April zu der bereits bewährten Waffe des Verbotes der Doppelmitgliedschaft gegriffen. Wo Doppelmitgliedschaft bei der DAF und einem konfessionellen Arbeiter- und Gesellenverein bestehe, so hieß es in der Anordnung, sei die Mitgliedschaft in der DAF »sofort zu löschen«.[196] Da die Mitgliedschaft in der DAF aber in der Regel die Voraussetzung für das Arbeitsverhältnis war, blieb den Betroffenen keine andere Wahl, als ihr Verhältnis zum konfessionellen Verein zu lösen, wollten sie nicht ihre Arbeit verlieren. Am 3. Mai protestierte Bertram dagegen bei Frick[197] am 4. Mai bei Hitler,[198] am 8. Mai intervenierte Pacelli bei Bergen.[199] Damit lag ein weiteres Problem auf dem Berliner Verhandlungstisch.

Auch im Innenministerium, wo man nach wie vor an einer Lösung der Schwierigkeiten interessiert war, drängte man nun auf baldige Besprechungen. So bat schon am 3. Mai, kaum vierzehn Tage nach Buttmanns Rückkehr aus Rom, der Reichsinnenminister den Breslauer Kardinal offiziell um die Benennung einer Verhandlungsdelegation.[200]

»Die Verhandlungen«, so hatte Bertram am 4. Januar den deutschen Bischöfen geschrieben, »gehen anscheinend einem recht baldigen Abschluß entgegen«.[201]

Fast ein halbes Jahr später war dieser Abschluß so unsicher wie je.

5. KAPITEL

Die Fortsetzung der Gleichschaltung, die Synode von Barmen und das konfessionelle Problem (Ende April – Anfang Juli 1934)

Seit im April August Jäger endgültig die Zügel der Reichskirchenregierung in die Hände genommen hatte, bestimmte der Wille zur rücksichtslosen Unterwerfung und Gleichschaltung aller Landeskirchen die reichskirchliche Politik. Als Ziel schwebte dem »Rechtswalter« eine überkonfessionelle deutsche Nationalkirche vor, die unter seiner politischen Führung dem nationalsozialistischen Staat ohne Einschränkung zu Diensten sein sollte. Dabei setzte Jäger in seinem Vorgehen ganz auf die Wirkung politischer und organisatorischer Maßnahmen, die die inhaltlichen Veränderungen von selbst nach sich ziehen würden.

Möglicherweise lag hier der entscheidende Unterschied zu Oberheid, der sich mehr und mehr den Fragen eines neuen deutschen Christusglaubens zuwandte, wie er von den Deutschen Christen der Thüringer Richtung vertreten wurde. Jedenfalls war schon Ende April deutlich, daß das Gesetz des Handelns jetzt ganz auf Jäger übergegangen war.

In einem Interview, das zu dieser Zeit in verschiedenen Zeitungen erschien, ließ der Rechtswalter keinen Zweifel an seiner Entschlossenheit.[1] An der Spitze der Reichskirche stehe zwar der Reichsbischof, so erklärte er darin, aber die »... gesamte äußere Ordnung, das heißt die Fragen rechtlicher und organisatorischer Art, werden durch mich, den Rechtswalter der evangelischen Kirche, bearbeitet«.[2] Und auf die Frage, ob er auch »den modernen Führergedanken« übernehme, erwiderte er: »Ja, denn es scheint uns ohne das Führerprinzip keine große Organisation heute lebensfähig.«[3] In der neuen Reichskirche müsse »... auch schon rein äußerlich gesehen das Wesen der vollzogenen Staatsumwälzung zum Ausdruck kommen«.[4] Deutlicher konnte man kaum zum Ausdruck bringen, daß es bei all dem um ein rein politisches Programm ging.

Tatsächlich übte August Jäger von Mitte April bis zu seinem Sturz im Oktober 1934 an der Spitze der Reichskirche eine nahezu unumschränkte Macht aus. Dabei kamen ihm neben seinem Ehrgeiz, seinen Kenntnissen und seiner zeitgemäßen Brutalität vor allem drei Umstände zu Hilfe.

Zum einen half ihm die unveränderte Schwäche und Charakterlosigkeit des Reichsbischofs, der sich und die ganze Kirche, wie vordem Hossenfelder und Oberheid, so nun August Jäger vorbehaltlos auslieferte. Was dieser von seinem Reichsbischof hielt und wie das Verhältnis der beiden Männer zueinander beschaffen war, das vertraute Jäger im Mai 1934 seiner ehemaligen Frau an. »Reichsbischof Müller«, so soll er damals nach deren eidesstattlicher Versicherung erklärt haben, »der Bischof aller Deutschen, also auch Dein und mein Seelsorger, ist nichts anderes als ein ganz unsicherer Kantonist und ein Kujon.«[5] Und das hieß, daß er Ludwig Müller schlechtweg für einen Schuft hielt. Und damit hatte er ausnahmsweise recht.

Zum zweiten, und das war weitaus wichtiger als die persönliche Unzulänglichkeit des Reichsbischofs, war es Jäger offensichtlich gelungen, für die Gleichschaltungspläne noch einmal die Unterstützung Hitlers und der Partei zu gewinnen. Zwar handelte es sich dabei nicht um eine direkte und offene Unterstützung, aber sie genügte ihm, um sein weiteres Vorgehen mit dem ausdrücklichen Willen des Führers begründen und rechtfertigen zu können. Und allein darauf kam es in diesem Augenblick an. Die Vermittlung zwischen dem Führerwillen und Jägers Plänen hatte Hitlers neu ernannter Beauftragter für Kirchenfragen, Franz von Pfeffer, übernommen. Erst Anfang März mit diesem Auftrag betraut,[6] fühlte der alte SA-Führer sich inzwischen offenbar sachkundig genug, am 20. April auf einer Sondertagung der Gauleiter im thüringischen Schwarzburg zum Thema »Kirche und Partei« das Hauptreferat zu halten. Wir sind über diese Tagung, zu der Hitler übrigens nicht erschien, nur durch eine Notiz Bormanns unterrichtet.[7] Aber ihr wesentlicher Inhalt ist auch so nicht schwer zu erraten. Vermutlich informierte Pfeffer die Gauleiter darüber, daß Hitler bei grundsätzlich unveränderter kirchlicher Neutralität der Partei weiterhin den organisatorischen Zusammenschluß des deutschen Protestantismus zu einer Reichskirche wünsche und daß er, Pfeffer, zusammen mit Dettens »Abteilung für den kulturellen Frieden«[8] dabei zum Sonderbeauftragten der Partei bestimmt sei.

Daß innerhalb dieser politischen Dreiergruppe, von Pfeffer, von Detten und Jäger, die nun bis zum Spätherbst auf die evangelische und die katholische Kirchenpolitik von Staat und Partei einen beträchtlichen Einfluß nahm, jemals eine Art von Kompetenzabsprache stattgefunden hat, muß man bezweifeln. Jedenfalls berief sich Jäger auf Pfeffer, wenn er vom Willen des Führers sprach, und über Detten erhielt er die ersehnte Verbindung zur Partei. Denn die bei seinem Amtsantritt als Rechtswalter großartig herausgestellte gleichzeitige Funktion als »Amtswalter für evangelische Angelegenheit in der Reichsleitung der NSDAP«,[9] die ihn »als Vertrauensmann der Partei« ausweisen sollte,[10] war bei näherem Zusehen mit keinerlei Einfluß verbunden und lediglich eine Zuordnung zu Dettens Abteilung.[11] Seine unmittelbare politische Macht bezog der preußische Ministerialdirektor weiterhin vor allem von seinem Minister und der preußischen Staatsregierung.

Für die Zeitgenossen war dies freilich nicht erkennbar. Vielmehr erschien die Zusammenfassung der Ämter von Staat, Partei und Kirche in einer Hand wie die Verwirklichung der totalen Gleichschaltung von Kirche und Staat, von der im Januar soviel die Rede gewesen war.

Im Mai jedenfalls gab der deutschchristliche Landesbischof von Sachsen, Friedrich Coch, der Erfinder des »Theologensturm[es]«,[12] den Entwicklungen der letzten Zeit diese Deutung. Es sei »... ein Ereignis von größter Bedeutung«, so erklärte er auf einer Pfarrerversammlung in Leipzig, »daß Dr. Jäger als hoher Staatsbeamter und Mitglied der Reichsleitung der NSDAP zum Kirchenminister berufen sei. Diese Berufung sei eine Art Fortsetzung des landesherrlichen Kirchenregiments und gleichbedeutend mit dem Konkordat auf römischer Seite; sie bringe zum Ausdruck, daß evangelische Kirche und Staat nicht in einem Vertrags-, sondern in einem Vertrauensverhältnis miteinander gehen wollten.«[13]

Angesichts dieser Entwicklungen war es nicht erstaunlich, daß sich Jäger und dies war der dritte Umstand, der ihm zugute kam – inzwischen wieder der vollen Unterstützung der Deutschen Christen erfreute. Dies war vor allem innerkirchlich von erheblicher Bedeutung. Die später vielfach verbreitete Vorstellung, August Jäger habe allein mit Hilfe der Partei die Gleichschaltung der evangelischen Kirche erzwungen, traf keineswegs zu. Zwar litt die neue deutschchristliche Reichsbewegung noch immer unter ihrem Debakel vom Spätherbst, aber in Norddeutschland verfügte sie inzwischen wieder über einen beträchtlichen Rückhalt. So gaben die Deutschen Christen dem Reichsbischof und seinem Rechtswalter das Gefühl, wenigstens von einem Teil des Kirchenvolkes getragen zu sein. Ihr Sonntagsblatt, das »Evangelium im Dritten Reich«, vertrat in der Öffentlichkeit vehement die Jägersche Gleichschaltungspolitik. Und nicht zuletzt besetzten Deutsche

Christen nun erneut die Schlüsselfunktionen in der Reichskirchenregierung.[14]

Im April 1934 zog der geistliche Vizepräsident des Kieler Landeskirchenamtes, Nikolaus Christiansen, ein alter Freund Kinders, in die Reichskirchenregierung ein, um das Referat Presse und Öffentlichkeitsarbeit zu übernehmen.[15] Ihm folgten aus Hamburg Otto Langmann, der sich als junger Auslandspfarrer in Guatemala um die Auslandsorganisation der NSDAP verdient gemacht hatte und nun das theologische Grundsatzreferat leiten sollte,[16] und Walter Birnbaum, ebenfalls aus Hamburg, der das Referat »Gemeindeaufbau« mit der volksmissionarischen Begeisterung der Wichern-Vereinigung zu erfüllen versuchte.[17]

So konnte Jäger Ende April durchaus zuversichtlich sein. Als Ministerialdirektor und Leiter der Kirchenabteilung im preußischen Kultusministerium verfügte er über eine beträchtliche Verwaltungsmacht. Die Unterstützung Hitlers und der Partei schien durch Pfeffer und Detten gesichert. Und mit Engelke und Forsthoff im Geistlichen Ministerium, mit Kinder an der Spitze der Deutschen Christen, mit Christiansen, Langmann und Birnbaum in der Kirchenregierung und mit den jungen, zu allem entschlossenen deutschchristlichen Bischöfen in Preußen, Sachsen, Hamburg und Nassau-Hessen besaß er auch in der Kirche eine Macht, der sich so leicht niemand widersetzen konnte. Die Leichtfertigkeit, mit der jetzt an der Spitze der Kirche gearbeitet wurde, läßt sich allein daran ermessen, daß man die Gegenseite kaum noch zur Kenntnis nahm. »Selbst die Synode von Barmen«, so hielt Birnbaum später fest, »hat uns kirchenpolitisch ... kaum besonders Eindruck gemacht; ich glaube nicht, daß wir länger als eine halbe Stunde davon gesprochen haben.« Und von der hochproblematischen Rechtslage der ganzen Kirchenregierung und ihrer Maßnahmen war offenbar in diesem Kreise nur die Rede, »wenn ... Reichsgerichtsrat Flor wieder einmal ein Gutachten für die ›Junge Kirche‹ verfaßt hatte«.[18]

Wie weit Jägers Pläne bereits gediehen waren, zeigte sich am 23. April, einen Tag nach der »Ulmer Erklärung«, als der Rechtswalter die Vertreter der wichtigsten deutschchristlichen Landeskirchen zu einer Besprechung in Berlin einlud.[19] Unter ausdrücklicher Berufung auf den Willen des Führers und die Weisung seiner Beauftragten erklärte er, nunmehr müßten die Landeskirchen unverzüglich in die Reichskirche übergeleitet werden. Zwar sei im Moment mit Baden, Bayern, Württemberg, Aurich und der Pfalz nicht zu rechnen, dafür müßten die anderen Kirchen um so geschlossener die Eingliе-

Im April 1934 wurde in Wiesbaden der deutschchristliche Landesbischof von Nassau-Hessen, Ernst Ludwig Dietrich, in sein Amt eingeführt. Im Vordergrund, umrahmt von SA-Männern, Reichsbischof Müller, links Rechtswalter Jäger, rechts Landesbischof Dietrich.

derung vollziehen. Nachdem Jäger verschiedene Bedenken wegen möglicher reichskirchlicher Eingriffe in Bekenntnis und Kultus der Landeskirchen mit dem Hinweis zerstreut hatte, es handle sich »um eine rein äußere Ordnung«,[20] stellte er einen Terminplan auf, der für die Zeit vom 4. Mai bis 12. Juni die Eingliederung von insgesamt elf Landeskirchen in die Reichskirche vorsah. Über das Schicksal kleinerer Kirchengebiete wie Anhalt, Schaumburg-Lippe, Eutin und Birkenfeld sollte erst später entschieden werden.

Dieser Terminplan wurde mit der dem Rechtswalter eigenen Energie und Rücksichtslosigkeit in den kommenden Wochen tatsächlich im wesentlichen eingehalten.

Die erste Landeskirche, die nach Preußen das Schicksal der Eingliederung erfuhr, war die neugebildete Landeskirche von Nassau-Hessen. Offensichtlich hatte Jäger diese seine eigene ehemalige Kirche zur weithin sichtbaren Demonstration seiner Macht bestimmt. Zunächst wurde am 26. April der erste

Landesbischof der neugeschaffenen Kirche, der 36jährige Lic. Dr. Ernst Ludwig Dietrich, den Ludwig Müller im Februar auf Drängen Jägers gegen den nahezu einmütigen Widerstand aller Verantwortlichen ernannt hatte, feierlich in sein Amt eingeführt.

Der junge nassau-hessische Bischof gehörte zu jener großen Gruppe von Deutschen, deren Wesen sich unter dem Einfluß des Nationalsozialismus von Grund auf verändert zu haben schien. Bis zum Sommer 1933 war der Wiesbadener Pfarrer noch Mitarbeiter und Vertrauter eines liberalen Hamburger Gelehrten gewesen, übrigens ausgerechnet auf dem Gebiet des rabbinischen Schrifttums.[21] In wenigen Monaten hatte er sich dann zu einem deutschchristlichen Führer gewandelt, dessen rüdes Vorgehen selbst für diese Zeit ungewöhnlich war.

Pfarrer Karl Tang, ein Mitglied des kleinen hessischen Notbundes, hielt im April eine Unterredung mit dem Landesbischof fest, die zweifellos typisch war für den Ton, den damals in Deutschland viele junge Nationalsozialisten für besonders fortschrittlich hielten. Anlaß des Gesprächs war der Vorwurf gegen Tang, daß er weiterhin das Fleisch für ein evangelisches Altersheim von einem jüdischen Metzger beziehen ließ. Das Gespräch endete folgendermaßen:

»LB : Im neuen Deutschland müssen die Juden von Lieferungen ausgeschlossen sein. Kein evang. Altersheim in ganz Deutschland kann sich von einem Juden beliefern lassen. Sie handeln nicht nach nationalen Grundsätzen.

Tg : Ich handle nach meinem Gewissen vom biblischen Standpunkt aus.

LB : Das ist Ihre persönliche Angelegenheit. Ich werde keine Renitenz und keine Unruhen dulden. Wer so handelt, der will sich nicht fügen in den neuen Staat. (Tg: Nochmals Protest.) In Nassau haben Sie nichts mehr zu suchen. Von mir haben Sie nichts zu hoffen. Mit Leuten Ihrer Art werde ich aufräumen.

Tg : Darf ich noch zwei Fragen stellen?

LB : Nein! Raus!«[22]

Später, noch im Dritten Reich, rückte Dietrich von seinen Fehlern ab. Im Januar 1939 bekannte der inzwischen abgesetzte Landesbischof vor mehr als 600 hessischen Pfarrern seinen bisherigen Weg als Irrweg und ermöglichte damit in Hessen Ansätze zu einer neuen Einigung.[23]

Am Tag der Einsetzung Dietrichs freilich lag dies alles in ferner Zukunft, noch erschienen Staat, Partei und Kirche hier in vollkommener Eintracht.

Der Kreisleiter und der Oberbürgermeister von Wiesbaden hatten gemeinsam zur Beflaggung der Häuser aufgerufen; die Kinder bekamen schulfrei, um am Straßenrand Spalier zu bilden, und »... eine nach Tausenden zählende Menschenmenge... bejubelte«, wie die Wiesbadener Zeitung berichtete, »die hohen Würdenträger der DEK«.[24] Als an der Spitze des Zuges der Bischöfe und Pfarrer die Fahnen der SA in die Marktkirche einzogen, grüßte die Gemeinde mit erhobener Rechten. Dann setzte der Reichsbischof zusammen mit den deutschchristlichen Bischöfen Coch, Oberheid, Paulsen und Sasse den ersten nassau-hessischen Landesbischof in sein Amt ein. In Dietrichs anschließender Predigt kam erneut die ganze blinde Gläubigkeit der Zeit zum Ausdruck, wenn er vom Bekenntnis des Führers sprach und vom Kampf um die Totalität der Kirche im totalen Staat.[25]

Am folgenden Tag bestätigte die Synode in Darmstadt in Anwesenheit von Ludwig Müller und August Jäger einstimmig die Eingliederung der nassau-hessischen Landeskirche in die Reichskirche. Dietrich hatte von einem Opfer gesprochen, das es »aus n[ational]s[ozialistischer] Disziplin« zu bringen gelte, wenn Adolf Hitler es wünsche, und Jäger hatte ausdrücklich bestätigt: »Der Führer will die kirchliche Einheit. Sie liegt nicht nur im Interesse des ganzen deutschen Volkes, sie ist auch für die Kirche selbst eine Notwendigkeit.«[26]

Das Gesetz bestand nur aus zwei kurzen Paragraphen: »§1 Die Befugnisse des Landeskirchenrates und der Landessynode der Evangelischen Landeskirche Nassau-Hessen werden der Deutschen Evangelischen Kirche mit der Ermächtigung übertragen, auch verfassungsändernde Kirchengesetze zu erlassen. Der Landesbischof wird dem Reichsbischof unterstellt. §2 Das Kirchengesetz tritt mit sofortiger Wirkung in Kraft.«[27]

Es mag vielleicht überraschen, daß niemand mehr gewagt hatte, wenigstens eine Klausel zur Sicherung der Unabhängigkeit von Bekenntnis und Kultus in das Gesetz aufzunehmen, möglicherweise spielten dabei aber auch die konfessionellen Verhältnisse eine nicht unbedeutende Rolle: In dem bekenntnis-unierten Nassau war man seit über hundert Jahren daran gewöhnt, zunächst einmal das aktuell Gemeinsame stets stärker zu betonen als die traditionellen Unterschiede. So jedenfalls, wie das Gesetz nun in Kraft trat, war es ein Ermächtigungsgesetz, das die nassau-hessische Landeskirche ohne jede Einschränkung der Willkür der Reichskirchenleitung auslieferte. Die schlimmen Folgen dieses Schrittes sollten sich alsbald bemerkbar machen.

Dem Terminplan entsprechend folgte als nächste die sächsische Landeskirche. Obwohl es am Jahresende wegen der Schwäche und Richtungslosigkeit des Reichsbischofs noch zu heftigen Auseinandersetzungen zwischen den deutschchristlichen Kirchenregierungen in Dresden und Berlin gekommen war,[28] hatte sich mittlerweile auch hier Jägers Linie durchgesetzt. Wie fast alle anderen deutschchristlichen Führer sah auch der sächsische Landesbischof Friedrich Coch in dem neuen Rechtswalter der Kirche den vom Vertrauen des Führers und der Partei getragenen Mann, dem nach den Gesetzen des Dritten Reiches unbedingt zu gehorchen sei. Ganz in Jägers Sinne erklärte daher eine amtliche Kundgebung des sächsischen Landeskirchenamtes am 2. Mai die Notwendigkeit der inneren und äußeren Übereinstimmung von Kirche und Staat im Dritten Reich: »Wie der Nationalsozialismus aus *den völkischen Kräften von Blut, Boden und Rasse heraus* sich neue Grundlagen und Ordnungen im Volks- und Staatsleben gegeben hat, so muß auch *die in den gleichen Kräften wurzelnde deutsche evangelische Kirche* die alten Formen ihrer äußeren Ordnung wandeln, wenn sie wirklich volksverbundene Kirche des Dritten Reiches sein will.«[29] Die »Allgemeine Evangelisch-Lutherische Kirchenzeitung« – sonst nicht eben ein Organ des Widerstandes – bemerkte dazu, die Erklärung, daß »... die Deutsche Evangelische Kirche in den ›völkischen Kräften von Blut, Boden und Rasse ...‹« wurzele, sei »... eine völlig neue Lehre«.[30]

Gleichwohl wiederholte sich am Nachmittag des 4. Mai im Dresdener Landtagsgebäude das gleiche Schauspiel, das sich kurz zuvor in Wiesbaden vollzogen hatte. In Anwesenheit des sächsischen Ministerpräsidenten, des Reichsbischofs und des Rechtswalters beschloß die Landessynode ohne Aussprache einstimmig ein Kirchengesetz zur Übertragung ihrer Befugnisse auf die Reichskirche, dessen beide Paragraphen sachlich genau dem nassau-hessischen Gesetz entsprachen.[31]

Anders als in Hessen jedoch, wo der Widerstand gegen das Kirchenregiment Dietrich sich erst zu sammeln begann, stieß das Vorgehen der sächsischen Kirchenleitung alsbald auf heftigen Widerspruch. Unter dem Eindruck der Ulmer Kundgebung, die hier wie fast überall in Deutschland als weithin beachtetes Signal wirkte, hatte der Dresdener Pfarrer Hugo Hahn den sächsischen Pfarrernotbund und die Gemeindebewegung »Evangelische Volkskirche« – eine Art Laiennotbund – schon am 25. April »... zu vollem ganzen Einsatz für unsere Kirche und unser Bekenntnis« aufgerufen.[32] Es war die Geburtsstunde der Bekennenden Kirche in Sachsen, die sich zunächst »Bekenntnisgemeinschaft der evangelisch-lutherischen Kirche in Sachsen« nannte.[33] Die neue Bekenntnisgemeinschaft protestierte noch vor dem Zusammentritt der Landessynode gegen die geplante Gleichschaltung und sprach der Synode schlechthin die Befugnis ab, einen solchen Schritt zu vollziehen.[34] Als dieser Einspruch ohne Wirkung blieb, fanden sich am 6. Mai, dem Sonntag Rogate, Vertreter aller 31 sächsischen Kirchenbezirke, jeweils ein Pfarrer und zwei Laien, in Dresden zur ersten großen öffentlichen Kundgebung der Bekenntnisgemeinschaft zusammen. In einer feierlichen Erklärung erhoben sie gegen die Entscheidung der Synode den doppelten Vorwurf der Bekenntniswidrigkeit und der Rechtswidrigkeit und stellten fest: »*Die von Landesbischof und Synode gewollte Kirche kann nicht mehr als die bekenntnismäßige und rechtmäßige Fortsetzung der sächsischen Landeskirche angesehen werden ... In dem heiligen Willen, daß im Mutterlande der Reformation die evangelisch-lutherische Kirche nicht verderbe, ergreifen wir das von unserer Landessynode und Kirchenregierung fallengelassene Panier und rufen alle, die mit ihrem Gebet und ihrer Arbeit unsere liebe sächsische Landeskirche bisher getragen haben, auf, sich in unserer Landeskirche mit uns zusammenzuschließen ... als rechtmäßige Fortsetzung der lutherischen Kirche in Sachsen.*«[35]

Ob und wie diese Erklärung theologisch und kirchenrechtlich umzusetzen war, blieb auch in Sachsen lange umstritten. Gleichwohl sollte man das ganz und gar Ungewöhnliche dieses Vorgangs nicht übersehen. Denn die Erklärung bedeutete in jedem Fall ein Heraustreten aus der gewohnten bürgerlichen Sicherheit und zwar in zweifacher Hinsicht: Kirchlich war der Rückgriff auf das Bekenntnis gegen das herrschende Kirchenregiment ein Schritt ins Ungewisse; politisch aber lag für die Zeitgenossen ein offenkundiger Akt des Ungehorsams mit unabsehbaren Folgen vor, weil die Gegenseite sichtbar die Einheit von Kirche, Staat und Partei zu vertreten schien. So war für jeden der 103 Vertreter der Bekenntnisgemeinschaft – Pfarrer wie Gemeindeglieder –, die die Erklärung unterschrieben, mit der Unterschrift auch ein Akt persönlichen Glaubens und politischen Mutes verbunden.

Unmittelbar nach der öffentlichen Erklärung richtete die Bekenntnisgemeinschaft ein Schreiben an die sächsische Staatsregierung, in der sie vor allem auf die rechtliche Problematik hinwies.[36] Ganz im Sinne der Gutachten von Wilhelm Flor, der ja selbst zur sächsischen Kirche gehörte, sprach dieses Schreiben von »... in tatsächlicher und rechtlicher Hinsicht noch gar nicht übersehbare[n] Folgen ...« der Eingliederung, zumal das Kirchengesetz zu einem Zeitpunkt erlassen worden sei, da – hier bezog sich das Schreiben auf das Urteil des Berliner Kammergerichts in der Klage Werners gegen den Reichsbischof – »durch Gerichtsurteil die Zusammensetzung der Reichskirchenregierung und alle von ihr in dieser Zusammensetzung getroffenen Maßnahmen als rechtswidrig dargetan worden sind«.[37]

In der Tat war damit ein Punkt berührt, den Jäger trotz aller Berufung auf das höhere Recht der nationalsozialistischen Revolution auf die Dauer nicht übersehen konnte. Die Gutachten Flors und die ihnen folgenden Urteile der Gerichte nötigten die Reichskirchenregierung zu einer Legitimierung ihres Vorgehens, so überflüssig und lästig dies in Berlin auch erscheinen mochte. Da jedoch der einzige rechtliche Weg dazu, nämlich die Aufhebung aller Gesetze und Verordnungen der Reichskirche bis zurück zum preußischen Führungsgesetz vom 26. Januar und die Wiederherstellung der alten Ordnung für Jäger selbstverständlich nicht gangbar war, mußten alle Legitimierungsversuche nur zu neuen, weiteren Rechtsbrüchen führen.

Jägers Vorstellungen in dieser Hinsicht wurden deutlich, als am 7. Mai das Geistliche Ministerium zusammentraf, um zunächst die Eingliederung von Nassau-Hessen und Sachsen zu vollenden. In zwei gleichlautenden Gesetzen beschloß das Gremium die Übernahme der beiden Landeskirchen und die Umbildung der Landessynoden nach dem Vorbild der preußischen Provinzialsynoden.[38] Der Einfachheit halber stimmte das Gremium im voraus zu, daß die für die weiteren Landeskirchen erforderlichen gleichartigen Kirchengesetze ebenfalls »*als beschlossen*« gelten sollten. In einem zweiten Tagesordnungspunkt wurde nun noch Jägers Vorschlag gebilligt, einen Verfassungsausschuß einzusetzen, der unter seiner Leitung die »Um- und Neubildung der Verfassung« vorbereiten sollte.[39] Die geplante Zusammensetzung verriet, daß man bis weit ins lutherische Lager hinein Bundesgenossen für das reichskirchliche Vorgehen zu finden hoffte. Neben den Professoren Heckel und Hirsch waren Gogarten und Werner Elert genannt, und neben Dr. Kinder und Landesbischof Dietrich die eher der Opposition zuzurechnenden Namen von Bodelschwingh und Marahrens.[40] Als der Verfassungsausschuß dann Anfang Juli zusammentraf, stellte sich freilich heraus, daß die Hoffnung auf eine solche Verbreiterung der deutschchristlichen Front vergeblich gewesen war.[41]

In einer Bekanntmachung vom selben Tage erklärte Jäger, nach der Eingliederung der preußischen, nassau-hessischen und sächsischen Landeskirche hätten »... sich schon jetzt weit mehr als die Hälfte aller evangelischen Deutschen der Reichskirche unterstellt und sich dadurch zu dem großen evangelischen Einigungswerk bekannt«. Diese Entwicklung erfordere es, »die Verfassung der Reichskirche zu vertiefen und auszubauen«.[42] Zu diesem Zwecke werde unverzüglich ein vorbereitender Verfassungsausschuß einberufen. In der Tat bereiteten dieser Verfassungsausschuß und seine Arbeitsgruppen im Laufe des Juli die Nationalsynode vor, bei der es dann freilich weniger um den Neubau der Verfassung als vielmehr um die nachträgliche Bestätigung der getroffenen Maßnahmen ging.[43]

Zunächst aber schritt im Mai das Eingliederungsprogramm termingemäß fort. Ohne weitere Umstände wurde am 8. und 9. Mai Schleswig-Holstein übernommen. Wenige Tage später, am 14. Mai, folgte Thüringen. Auch hier gehorchte man, obwohl die Entwicklung in diesem Kirchengebiet eigentlich in eine ganz andere Richtung wies.

Seit der Zeit, da die beiden jungen Pfarrer Siegfried Leffler und Julius Leutheuser im Wieratal eine völkisch-christliche Bewegung ins Leben gerufen hatten, verfolgten die Deutschen Christen in Thüringen ihren eigenen Kurs.[44] Nur für kurze Zeit mit der offiziellen Glaubensbewegung der Deutschen Christen verbunden, war es schon im November zum Bruch mit Hossenfelder gekommen. Leffler warf diesem damals in einem bitteren Brief das rein taktische, kirchenpolitische Vorgehen vor, dem man keinerlei »... Leben, Kraft, Liebe abspüren ...« könne.[45] So war es nur konsequent, daß die Thüringer am 11. Dezember eine eigene Organisation gründeten, die sich »Kirchenbewegung Deutsche Christen (Nationalkirchliche Bewegung)« nannte und ihren Sitz in Weimar nahm.[46] Ihre Richtlinien wiesen die neue Gruppierung als eine schwärmerisch-völkische Bewegung aus, deren Ziel in der Schaffung einer überkonfessionellen deutschen Nationalkirche lag. Namentlich im vierten Punkt der Richtlinien kam dies zum Ausdruck, in dem es mit dem enthusiastisch bewegten Pathos der Thüringer hieß: »Der Weg zur Erfüllung des deutschen Gesetzes ist die gläubige deutsche Gemeinde. In ihr regiert Christus, der Herr, als Gnade und Vergebung. In ihr brennt das Feuer heiliger Opferbereitschaft. In ihr allein begegnet der Heiland dem deutschen Volke und schenkt ihm die Kraft des Glaubens. Aus dieser Gemeinde Deutscher Christen soll im nationalsozialistischen Staat Adolf Hitlers die das ganze Volk umfassende ›Deutsche Christliche Nationalkirche‹ erwachsen. Ein Volk! – Ein Gott! – Ein Reich! – Eine Kirche!«[47] Was die Thüringer Richtung unverändert von der Berliner Richtung unterschied, war jedoch weniger das nationalkirchliche Ziel hier stimmten Reichsbischof und Rechtswalter durchaus zu –, sondern die Methode. Während es August Jäger um die Macht ging, ging es den Thüringern um eine neue Gläubigkeit. Deshalb vermieden sie auch, wenn es irgend ging, Zwang, Gewalt und politische Nötigung und hofften in blindem Vertrauen auf die Sammlung einer völkischen Gemeinde um einen »Christus im Dritten Reich der Deutschen«.[48] Und schon im Laufe des Jahres 1934 und noch stärker nach dem Scheitern der reichskirchlichen Politik zeigte sich, daß dieser schwärmerische Ansatz sehr viel mehr Anziehungskraft besaß als das kirchenpolitische Programm bloßer äußerlicher Gleichschaltung. Tatsächlich vermochte die Thüringer Richtung als einzige unter den deutschchristlichen Gruppierungen bis weit in den Krieg hinein ihre Anhängerzahl und ihren Einfluß in ganz Deutschland ständig zu vermehren.

Diese ganze Entwicklung, die sich im Mai 1934 bereits deutlich abzeichnete, widersprach im Grunde einer schematischen Eingliederung der Thüringer Kirche in die Reichskirche. So war es verständlich, daß der Reichsbischof, als er am Tag vor dem Ereignis den neuen Thüringer Landesbischof Martin Sasse in sein Amt einsetzte, den hier herrschenden Kräften weit entgegenkam. Zum ersten Mal bekannte sich Ludwig Müller dabei ebenfalls zum Ziel einer Nationalkirche, allerdings mit deutlich antikatholischem Akzent: »*Wir sind dem Nationalsozialismus eine einige, romfreie, deutsche Kirche schuldig.*«[49] Das Echo auf diese markigen Worte innerhalb und außerhalb der Kirche war beträchtlich. Gleichwohl kam es am darauffolgenden Tag zu Schwierigkeiten, weil sich Leffler und Leutheuser, der eine inzwischen Oberregierungsrat im Volksbildungsministerium, der andere Kirchenrat in der Kirchenleitung, weigerten, dem Eingliederungsgesetz zuzustimmen. Erst ein Machtwort des Reichsstatthalters Sauckel beendete den Streit. So konnte das Eingliederungsgesetz wie vorgesehen einstimmig beschlossen werden. Und da der Rechtswalter das Übernahmegesetz aus Berlin gleich mitgebracht hatte, wurde die Synode sogleich aufgelöst und umgebildet. Damit war auch Thüringen gleichgeschaltet.[50]

Jägers Drängen auf Eile war begreiflich, denn schon am folgenden Tag sollte Hannover eingegliedert werden. Und hier standen größere Schwierigkeiten zu erwarten. Während Jäger die bisherigen Gleichschaltungen jeweils mit jungen, deutschchristlichen Kirchenführern bewerkstelligt hatte, trat ihm in Hannover in der Gestalt von August Marahrens ein Mann der alten Kirche gegenüber, der sich, wenngleich mühsam und mit vielen Konzessionen, in seinem Amt behauptet hatte.

Allerdings befand sich der hannoversche Landesbischof in einer schwierigen Lage. Er war als Vorsitzender des Kirchensenats an die Beschlüsse eines Gremiums gebunden, dessen deutschchristliche Mehrheit mit Nachdruck auf den Vollzug der Gleichschaltung drängte. Zugleich war er politisch ein gläubiger Anhänger Hitlers und kirchenpolitisch ein überzeugter Vertreter des reichskirchlichen Zusammenschlusses. Was ihn gleichwohl zögern ließ, war einzig die Sorge um den lutherischen Bekenntnisstand seiner Kirche, dessen Hut ihm als lutherischem Bischof, wie er meinte, vor allem anvertraut sei. Die Vorstellung, daß die hannoversche Kirche in einer Reichskirche unklaren unionistischen Bekenntnisses – oder Schlimmerem, wie die Thüringer Vorgänge zeigten – aufgehen könnte, war für ihn das eigentliche Hindernis für seine Zustimmung zur Gleichschaltung. Wäre Jäger nur ein wenig geschickter gewesen, so hätte er Marahrens' Unterschrift trotzdem gewinnen können. Denn der Landesbischof machte selbst einen Kompromißvorschlag, der eine vorbehaltlose Eingliederung Hannovers in den »... lutherischen Zweig innerhalb der geeinten Deutschen Evangelischen Kirche ...« vorsah.[51] Aber Jäger und die deutschchristliche Fraktion bestanden auf ihren Plänen. Und so kam es nun unausweichlich zum Konflikt.

Die entscheidende Sitzung des Kirchensenats begann am 15. Mai um 17 Uhr.[52] Gegen den vergeblichen Widerspruch von Marahrens beschloß die deutschchristliche Mehrheit wie geplant das Eingliederungsgesetz. Es kam dem Landesbischof immerhin insoweit ein Stück entgegen, als es im Unterschied zu den anderen Gesetzen in Paragraph 2 eigens eine Bekenntnisklausel enthielt.[53] Gleichwohl waren Marahrens' Vorbehalte damit keineswegs ausgeräumt. Und so geriet er in eine geradezu verzweifelte Situation, denn er meinte, das ordnungsgemäß verabschiedete Gesetz zwar als Vorsitzender des Kirchensenats unterschreiben zu müssen, war aber gleichzeitig der Überzeugung, als lutherischer Bischof diese Unterschrift nicht verantworten zu können. Das Ergebnis dieser widersprüchlichen Überlegungen war überraschend. Unmittelbar nach der Verabschiedung setzte der Landesbischof seine Unterschrift unter das Gesetz, um sie nach einigem Bedenken kurz darauf wieder durchzustreichen. Noch am Abend dieses Tages machte man sich daraufhin auf die Suche nach einer Lösung. Sie wurde in der Nacht im Hotel »Ernst-August« in der »Behinderung« des Landesbischofs gefunden. Wenn er, der Landesbischof, sich entferne, so riet ihm der leitende Kirchenjurist, so könnte er als »behindert« gelten,[54] und sein rechtmäßiger Vertreter, der Präsident des Landeskirchenamtes, könne das Gesetz unterschreiben. Verwirrt und zermürbt von den Verhandlungen und offensichtlich hin und her gerissen zwischen politischem Gehorsam und bischöflicher Verantwortung ließ sich Marahrens tatsächlich auf diese abenteuerliche Lösung ein. So konnte das hannoversche Eingliederungsgesetz am 17. Mai im Gesetzblatt

»Der Kirchensenat der Evangelisch-lutherischen Landeskirche Hannovers.

In Vertretung des behinderten Landesbischofs/*Schnelle*/stellvertretender Vorsitzender.«[55]

Aber an diesem Sieg sollte Jäger wenig Freude haben. Denn schon wenige Tage später legte Marahrens im Innenministerium Rechtsverwahrung ein. Und gleichzeitig wurden die Vorgänge, ähnlich wie in Sachsen, zum Signal für den Zusammenschluß der bekenntnistreuen Pfarrer und Gemeinden zu einer Bekenntnisgemeinschaft, die sich am 23. Mai auf einer Bekenntnisversammlung im Rusthaus »... geschlossen hinter die gewissensmäßige Entscheidung ihres Landesbischofs ...« stellte.[56]

Nicht zuletzt wegen der schweren politischen Angriffe, die nun gegen Marahrens erfolgten, scharte sich in den folgenden Wochen und Monaten die überwältigende Mehrheit der Pfarrer und Gemeinden fest um ihren Landesbischof. Eine Umfrage von Ende August zeigte die wahren Kräfteverhältnisse: Von 985 Geistlichen sprachen sich bis Oktober 810 für den Landesbischof und nur 76 gegen ihn aus.[57]

In der hannoverschen Landeskirche blieb das Vertrauen in Marahrens weithin ungebrochen, in der Bekennenden Kirche außerhalb Hannovers jedoch, und insbesondere in den preußischen Bruderräten, erlitt sein Ansehen durch die Vorgänge um die Eingliederung einen weiteren schweren Schlag. Hier galt er nun vielfach als ein unsicherer Mann, dem man sich keinesfalls anvertrauen wollte. Das sollte zum Jahresende schwerwiegende Folgen haben.

Mit der Eingliederung Hannovers waren zahlenmäßig rund Dreiviertel aller evangelischen Deutschen in der Reichskirche gleichgeschaltet.[58] Und wenn auch im Rückblick das rein Formale und Schematische dieser Vorgänge deutlich heraustritt, so war die Wirkung auf die Zeitgenossen doch tief.

Angesichts der Rücksichtslosigkeit und Schnelligkeit, mit der Jäger arbeitete, schien das Ende einer evangelischen Kirche, die diesen Namen verdiente, unmittelbar bevorzustehen.

Der sich verstärkende öffentliche Druck schien dazu beizutragen.

Am 1. Mai, der nun als »Tag der nationalen Arbeit« begangen wurde, versammelten sich zwei Millionen Menschen auf dem Tempelhofer Feld in Berlin zur größten Massenkundgebung des neuen Reiches. In einer leidenschaftlichen Rede beschwor Hitler dabei die Entschlossenheit des nationalsozialistischen Staates, »die neue deutsche Volksgemeinschaft zu bilden«, die »... über Stände, Berufe, Klassen, Konfessionen ...« hinwegreichen sollte. »Die gigantischen Organisationen ...« der Bewegung, die SA, SS und auch die Staatsorganisation des Heeres seien »Schmelztiegel, in denen ... allmählich ein neuer deutscher Mensch herangebildet ...« werde.[59] Und wieder schloß Hitler mit der Aufforderung, »demütig dem zu danken, der uns durch ein ganzes Jahr unserer Arbeit so erfolgreich gedeihen ließ«, und ihn zu bitten, »auch für die kommende Zeit unserem Volk seinen Segen nicht zu versagen«.[60]

Am 2. Mai, einen Tag nach jener Massenkundgebung, traf sich der Nürnberger Ausschuß, das im April gebildete Führungsgremium der Bekenntnisgemeinschaft, zu seiner zweiten Sitzung in Berlin. Es bestand jetzt aus elf Personen, und die Zusammensetzung verriet, wo die Bekenntnisgemeinschaft vor allem ihren Rückhalt besaß. Neben dem westfälischen Präses Koch, der den Vorsitz innehatte und bei dem in der nächsten Zeit alle Fäden zusammenliefen, gehörten die beiden süddeutschen Bischöfe Meiser und Wurm und der Führer des Pfarrernotbundes Martin Niemöller dazu; letzterer ließ sich allerdings wie Beckmann und der bayerische Landesbischof durch einen Bevollmächtigten vertreten.[61] Von entscheidender Bedeutung war außerdem die Mitwirkung von Eberhard Fiedler, der als Jurist die Verbindung zu Wilhelm Flor hielt und die Hauptlast der innerkirchlichen Rechtsfragen zu tragen hatte.

Das Gremium stand vor schwierigen Fragen, denn was die feierliche Erklärung der Bekenntnisgemeinschaft in Ulm zur »rechtmäßige[n] evangelische[n] Kirche Deutschlands« tatsächlich bedeutete,[62] war weder politisch, noch rechtlich, noch theologisch geklärt. Und ob das Bündnis zwischen Landeskirchen, freien Bekenntnissynoden und Pfarrernotbund wirklich halten würde, war nach allem Vorausgegangenen keineswegs sicher. Nicht zufällig äußerte Karl Barth zur gleichen Zeit in einem Brief an Asmussen dazu seine spöttischen Zweifel, die namentlich die beiden süddeutschen Bischöfe betrafen. »Vielleicht gelingt es«, so meinte er, »- wenn man ihnen immer und immer wieder eine Korsettstange einsetzt, und wenn der Reibi, von seinem bösen Geist getrieben, nicht aufhört, eine Dummheit nach der andern zu machen - die bayrische Meise und das württembergische Würmlein noch zu allerhand Taten zu begeistern, aber irgend etwas Solides und eigentlich Bedeutungsvolles erwarte ich von den sämtlichen Leuten dieses Kalibers nicht mehr.«[63] Doch trotz aller Bedrängnisse, Schwierigkeiten und Zweifel kam der Nürnberger Ausschuß an jenem 2. Mai zu überraschend klaren und eindeutigen Entscheidungen.[64]

Zunächst beschloß das Gremium eine Erklärung, die in vier Punkten die Konsequenzen aus der Ulmer Botschaft zog. Mit deutlichem Bezug auf die

Dem Theologischen Ausschuß, der die Barmer Theologische Erklärung ausarbeitete, gehörten der lutherische Pfarrer Hans Asmussen aus Altona an, der reformierte Professor Karl Barth aus Bonn und der lutherische Oberkirchenrat Thomas Breit aus München.

vorangegangenen Feiern zum 1. Mai hieß es dort: »l. Der Streit, der seit langem die DEK erschüttert, schadet der Volksgemeinschaft. Das Kirchengesetz zur Befriedung der kirchlichen Lage vom 13. April 1934 hat die Spannung nicht beseitigt, sondern verschärft.« In Punkt II wurde dann eine Behauptung vorweggenommen, die in den folgenden Jahren innerhalb der Bekennenden Kirche immer und immer wieder umstritten war: »Ein *Ausgleich* der Gegensätze zwischen DC und der Bekenntniskirche ist *nicht möglich.«*[65] In Punkt III wurde begründet, warum die Reichskirchenregierung das Vertrauen verloren habe, und schließlich zur Herbeiführung des Friedens in Punkt IV zuallererst die Wiederherstellung der Verfassung gefordert. Auf Beschluß der Versammlung stellte man diese Erklärung dem Reichsinnenminister zu, damit dieser, wie es hieß, ». . . über unsere Absichten im Bilde sei«.[66]

Weitere Überlegungen des Ausschusses galten der Auswertung der Ulmer Botschaft, der Einrichtung einer Berliner Geschäftsstelle und der Neuordnung der Reichskirchenleitung für eine Übergangszeit. Dabei dachte Koch an Marahrens, während Immer ein Leitungsgremium aus Koch, Flor, dem reformierten Konsistorialrat Eberhard Baumann aus Stettin und dem bayerischen Oberkirchenrat Thomas Breit vorschlug. Am Jahresende übernahm dann ein ganz ähnlich zusammengesetztes Gremium die vorläufige Leitung der Bekennenden Kirche.

Der wichtigste Beschluß dieses Tages, der Beschluß, der alles Weitere bestimmte, betraf die Einberufung einer deutschen Bekenntnissynode. Damit war für die gesamte Bekenntnisgemeinschaft jener Weg beschnitten, auf den Karl Barth schon im Herbst 1933 hingewiesen hatte und auf dem inzwischen die Bekenntnisgemeinschaften im Rheinland und in Westfalen, in Berlin, Brandenburg und Schlesien vorangegangen waren. Es war der Weg einer Kirche, die sich gegen ein ungeistliches Kirchenregiment eine neue, eigene, auf Bibel und Bekenntnis gegründete Vertretung schuf. Bei diesem Vorgehen, das ohne Beispiel und Vorbild in der neueren Kirchengeschichte war, kam alles auf die klare theologische und rechtliche Begründung an. Auf Vorschlag des reformierten Pastors der Gemeinde Barmen-Gemarke, Karl Immer, setzte das Gremium deshalb gleichzeitig mit seinem Beschluß einen Dreierausschuß zur theologischen Vorbereitung der Synode ein. Er bestand aus Karl Barth, dem Verfasser der Erklärung der Freien reformierten Synode vom 4. Januar 1934, Hans Asmussen, der das lutherische »Wort und Bekenntnis Altonaer Pastoren« vom Januar 1933 mitgestaltet hatte, und dem bayerischen Lutheraner Thomas Breit, der als Vertrauensmann der süddeutschen Landeskirchen gelten durfte.[67] Schon am folgenden Tag bestätigte Karl Barth in einem Schreiben an Koch den Auftrag, »zusammen mit P.[astor] Asmussen und Dekan Breit einen Ausschuß zur Abfassung einer Bekenntniserklärung zu bilden«. Er »... nehme diesen Auftrag an ...«, bitte jedoch Koch, mit »eigenen Worten noch einmal zu sagen, wie ...« er »sich die Direktiven zu dieser Arbeit ...« denke.[68]

Der erste Schritt zur Barmer Erklärung, einer der berühmtesten kirchlichen Urkunden des 20. Jahrhunderts, war getan.

Wiederum nur fünf Tage später, am 7. Mai, zur gleichen Zeit, da das Geistliche Ministerium in Berlin die Eingliederung von Nassau-Hessen und Sachsen vollendete und die Weichen für eine deutsche Nationalsynode stellte, trat der Nürnberger Ausschuß in Kassel zu seiner dritten Sitzung zusammen. Die dramatischen Ereignisse in Wiesbaden und Dresden hatten deutlich gemacht, daß keine Zeit zu verlieren war. So fiel auf Vorschlag von Koch und Niemöller die Entscheidung, die geplante Bekenntnissynode schon in der Woche nach Trinitatis für die Tage vom 29. bis 31. Mai – und zwar nach Wuppertal-Barmen einzuberufen. Damit blieben für die Vorbereitungen genau drei Wochen Zeit.

Aber bedenklicher als die kurze Frist waren andere Schwierigkeiten, die das so mutig begonnene Unternehmen von allem Anfang an begleiteten.

Das heikelste Thema in diesem Zusammenhang schlug gleich zu Beginn der Kasseler Sitzung der bayerische Landesbischof an, indem er davor warnte, sich auf »Bekenntnisfragen« einzulassen. Vor allem, so fuhr er fort, »... würde es verhängnisvoll sein, ein gemeinsames Bekenntnis zu entwerfen«.[69] Hinter diesen, für die Vorbereitung einer gemeinsamen Bekenntnissynode etwas überraschenden Bemerkungen verbarg sich eine theologische Tradition, die die lutherischen Bekenntnisschriften des 16. Jahrhunderts als klare und vollständige Lehr- und Bekenntnisnorm der lutherischen Kirche verstand und die dementsprechend in dem Gedanken an ein neues Bekenntnis eine Verfälschung des lutherischen Erbes sehen mußte. Und dies galt erst recht dort, wo dieses neue Bekenntnis etwa unter reformierten Einfluß geraten und als ein Unionsbekenntnis, also als ein gemeinsames lutherisch-reformiertes Bekenntnis erscheinen konnte. Dabei ging es nicht nur um die Wahrung bestimmter lutherischer Lehrpunkte. Nicht minder gewichtig war der Unterschied zwischen lutherischem und reformiertem Kirchen- und Staatsverständnis. Die Verfechter dieser lutherischen Linie setzten damit eine Tradition fort, die schon im 16. und 17. Jahrhundert die reformierte Ketzerei für schlimmer gehalten hatte als die katholische. Entsprechend galten einigen von ihnen jetzt die theologischen Irrtümer der Deutschen Christen für weit weniger bedenklich als das Abendmahlsverständnis oder die Kirchen und Staatslehre der Reformierten – ein besonders bemerkenswerter Irrtum unter den vielen Irrtümern dieser Zeit, die sich im Rückblick enthüllen.[70] Tatsächlich hat in den ersten Jahren nichts die Bekennende Kirche mehr belastet als dieser Gegensatz, der trotz aller Bemühungen von beiden Seiten schließlich zum Kern ihrer späteren Spaltung wurde.

Selbstverständlich wußten alle Beteiligten des Nürnberger Ausschusses von der Empfindlichkeit dieses Problems, und so beeilten sie sich, Meiser zu versichern, daß die Bekenntnisfrage in diesem Sinne auf der Synode selbstverständlich nicht zur Debatte stehe. Lediglich der württembergische Landesbischof betonte aus der pietistischen Tradition seiner Landeskirche heraus »... das Gemeinsame der beiden Bekenntnisse« und wies darauf hin, »dass Württemberg eine biblische, keine konfessionelle Kirche sei ...«[71] Offensichtlich um den lutherischen Charakter der geplanten Erklärung zu sichern, erhielt Meiser die Zustimmung, auch den Erlanger Theologen Hermann Sasse zu den Beratungen des theologischen Dreierausschusses hinzuzuziehen.

Eher lutherischer Tradition entsprang auch eine beiläufige Bemerkung Meinzolts, der nur Männer als Vertreter in die Synode entsandt wissen wollte. Karl Barth allerdings hielt dies in einer Kritik an ähnlichen Bestrebungen im Rheinland mehr für »... eine Konzession an den männerbündelnden Geist der Zeit..., die sich in keiner Weise auf Schrift und Bekenntnis berufen...« könne. Die »... Willkürlichkeit« solcher Bestimmungen, so meinte er, bedeute »ein Unrecht gegenüber den zahllosen Frauen,... die heute nicht weniger intensiv als wir Männer an der Not und an dem Kampf der Kirche beteiligt sind und deren Stimme in den Organen der Gemeinde und Kirche in Zukunft einfach zu unterdrücken eine sehr gefährliche Belastung bedeuten könnte«.[72]

Neben den Fragen des Bekenntnisses und der Zusammensetzung der Synode wurde im Ausschuß vor allem die Rechtslage verhandelt. Dabei betonten alle Beteiligten mit Nachdruck, daß die Bekenntnisgemeinschaft sich auf den Boden der geltenden Reichskirchenverfassung stellen müsse. Während Fiedler in diesem Sinne ausdrücklich die Wahrung von »Legalität und Kontinuität« forderte, sprach Meiser in einer anschaulichen Wendung davon, daß die »Bekennende Kirche... in die Reichskirche hineingeschoben werden« solle.[73] Zur Klärung dieser Fragen wurde als zweites Vorbereitungsgremium ein Rechtsausschuß gebildet, in den neben Fiedler, Flor und Meinzolt auch die Theologen Friedrich Müller aus Dahlem und Johannes Graeber aus Anhausen berufen wurden.

Schließlich teilte Niemöller mit, daß zur gleichen Zeit in Barmen eine altpreußische Bekenntnissynode vorgesehen sei. Diese fand am 29. Mai, einen Tag vor den offiziellen Beratungen der Reichsbekenntnissynode, als erste Bekenntnissynode der Evangelischen Kirche der altpreußischen Union statt.[74] Ihre Beschlüsse, die aus vielerlei Gründen von der Reichssynode nur am Rande zur Kenntnis genommen wurden, griffen weit voraus und wurden bald zum Gegenstand lebhafter Auseinandersetzungen.

Am Ende dieser Sitzung verabschiedete der Ausschuß jedenfalls einmütig eine für die Öffentlichkeit bestimmte Erklärung, die erneut »dem jetzigen Reichskirchenregiment den Charakter einer wahrhaft evangelischen Kirchenleitung...« absprach und alle evangelischen Christen und Gemeinden dazu aufrief, »sich zu örtlichen Bekenntnisgemeinschaften unter Verbleib in ihrer Kirche zusammenzuschließen«,[75] bis die Zeit »zu einer gemeinsamen Kundgebung des Bekennens« gekommen sei.[76]

Am folgenden Tag, dem 8. Mai, beantwortete nun Präses Koch Barths Frage nach den Direktiven des theologischen Ausschusses. Es gehe, so Koch, bei der zu formulierenden »... Bekenntniserklärung... um die Herausstellung der gemeinsamen Anliegen der Bekenntnisse gegenüber den Deutschen Christen, ihrer Lehre und ihren Methoden«. Im einzelnen nannte er fünf

Punkte, die die »... Erklärung ... z.B. behandeln« müßte: »1. unsere Auffassung vom kirchlichen Amt und vom Recht dieses Amtes, 2. unsere Stellung zum Führerprinzip in der Kirche, 3. unsere Auffassung über das Verhältnis von Verfassung und bekenntnismäßiger Gestalt der Kirche, 4. unsere Auffassung darüber, wie weit, vom Bekenntnis aus gesehen, die rechtliche Vereinheitlichung der Kirche gehen kann. 5. Welches Bild von der Deutschen Evangelischen Kirche schwebt uns vor?«[77]

Außerdem teilte er Barth mit, daß der theologische Ausschuß um Sasse erweitert worden sei, und schlug vor, die Viererkommission möge sich am 15. und 16. Mai im Hospiz »Baseler Hof« in Frankfurt am Main zu einer gemeinsamen Sitzung treffen.[78]

Während so in Deutschland mit Nachdruck an der Vorbereitung der ersten Bekenntnissynode gearbeitet wurde, blickte man auch im Ausland mit wachsender Spannung und Sorge auf die Entwicklung. Dietrich Bonhoeffer, der schon im März in Berlin von Plänen für eine Freie Nationale Synode erfahren hatte,[79] unterrichtete am 15. April Bischof Bell über den neuesten Stand der Dinge und leitete zugleich die Bitte weiter, durch ein Rundschreiben des Präsidenten die Mitgliedskirchen des Ökumenischen Rates zu informieren und sie vor jeder Unterstützung der Reichskirchenregierung zu warnen.[80] Nach einer Besprechung mit Bonhoeffer am 27. April im Athenäum-Club wurde Bell tatsächlich entsprechend tätig.[81] Am 30. April besuchte er den deutschen Botschafter in London, Leopold von Hoesch, um ihm die Besorgnisse der außerdeutschen Kirchen über »die autokratische Herrschaft des Reichsbischofs« vorzutragen und zugleich anzudeuten,[82] daß die weitere Entwicklung dahin führen könnte, »daß der Ökumenische Rat *seine Beziehungen mit Deutschland würde lösen müssen*«.[83] Hoesch, der einer alten reformierten Familie des Rheinlandes entstammte,[84] faßte seinen Bericht über diesen Besuch wohl nicht ohne Absicht so ab, daß er im Auswärtigen Amt in Berlin als Warnsignal verstanden wurde.[85] Zum Himmelfahrtsfest, am 10. Mai, veröffentlichte Bell dann die erbetene Erklärung. Sie trug den Titel: »A Message Regarding the German Evangelical Church To the Representatives of the Churches on the Universal Christian Council for Life and Work from the Bishop of Chichester.« Darin verurteilte er ausdrücklich das Führerprinzip und die autokratische Herrschaft des Reichsbischofs; beide seien »... without precedent in the history of the Church«.[86] Die Erklärung Bells erschien selbstverständlich nicht in der Tagespresse; aber die der Opposition nahestehenden kirchlichen Blätter konnten sie unbeanstandet abdrucken.[87] Auch dies gehörte zum Bild der Zeit. Die Kritik am Reichsbischof war zwar unerwünscht, aber sie war keineswegs verboten.

Ungefähr zur gleichen Zeit, in der Woche zwischen Exaudi und Pfingsten, fielen die beiden wichtigsten Vorentscheidungen für die geplante Synode.

Schon in Kassel hatten sich die Mitglieder des Rechtsausschusses zu einer ersten Besprechung zusammengefunden, deren Ergebnis Fiedler in einer Vorlage zusammenfaßte. Am 18. Mai stimmte der Rechtsausschuß dieser Vorlage weitgehend zu, die damit zur Grundlage der entsprechenden Synodalbeschlüsse wurde.[88]

Fiedlers Entwurf ließ das schwierigste Problem, das der Rechtsausschuß zu lösen hatte, nämlich das rechtliche Verhältnis der Bekenntnissynode zu den verfassungsmäßigen Organen der Reichskirche, bewußt in der Schwebe. Zwar hieß es in der Vorlage, der Zusammentritt der Bekenntnissynode bedeute, »daß an Stelle der Organe, die sich selbst durch ihr fortgesetztes Handeln gegen Bekenntnis und Verfassung außerhalb der Reichskirchenverfassung gestellt« hätten, »wiederum eine Vertretung vorhanden« sei, aber die folgende Begründung machte deutlich, daß der Rechtsausschuß dies ausdrücklich nur als eine kirchliche und theologische und noch nicht als eine rechtliche Vertretung im strengen Sinne verstanden wissen wollte. Da die Organe der Reichskirchenverfassung, so argumentierte die Vorlage, »... an sich noch zu Recht ...« bestünden, sei es »im gegenwärtigen Zeitpunkt ... also nicht etwa möglich, die Bekenntnissynode als Nachfolgerin oder Ersatz der Deutschen Nationalsynode zu bezeichnen«.[89] Das hieß mit anderen Worten: Der Begriff der rechtmäßigen Kirche, den die Bekenntnisgemeinschaft seit Ulm für sich benutzte, bedeutete rechtlich nur den Anspruch auf die Vertretung der Deutschen Evangelischen Kirche, nicht aber schon deren faktische Übernahme.

Man hat diese Entscheidung, auf die unmittelbare Übernahme der Kirchenleitung zu verzichten, später vielfach gerügt, und Kurt Dietrich Schmidt, einer der bedeutendsten älteren Historiker des Kirchenkampfes, hat in diesem Zusammenhang sogar von einer »klaffende[n] Lücke« in den Synodalbeschlüssen gesprochen.[90] Allein, angesichts der wirklichen Lage in Deutschland war jede andere Entscheidung in höchstem Maße unrealistisch. Denn noch befand sich die Bekennende Kirche erst im Aufbau und ihr gegenüber standen nicht nur die faktischen Inhaber der deutschchristlichen Kirchenleitungen, sondern auch eine große schweigende Mehrheit, die erst noch gewonnen werden mußte.

Für den Rechtsausschuß stellte die Synode deshalb nur einen ersten Schritt dar, dem weitere folgen sollten. »Mit dem Zusammentritt der Bekenntnissynode allein«, so hieß das in Fiedlers Formulierung, »wird eine Tatsache geschaffen, die es ermöglicht, in absehbarer, vielleicht schon sehr kurzer Zeit die entsprechenden rechtlichen Folgerungen zu ziehen. Mehr als diese Tatsache zu schaffen, kann im Augenblick nicht unsere Aufgabe sein.«[91] Aus dieser zurückhaltenden rechtlichen Beurteilung der Synode ergab sich als ihre wichtigste Aufgabe, »die unantastbaren Grundlagen der Deutschen Evangelischen Kirche gemäß Art. 1 der Verfassung ... zu hüten und alle Verletzungen dieser Grundlage abzuwehren«.[92]

Und eben dies gab nun der Arbeit des theologischen Ausschusses ihre große, ja schlechthin entscheidende Bedeutung. Drei seiner Mitglieder – Barth, Breit und Asmussen – trafen sich verabredungsgemäß am 15. und 16. Mai in Frankfurt, um gemeinsam den Entwurf für die Theologische Erklärung der Synode zu erarbeiten. Hermann Sasse, Kirchenhistoriker aus Erlangen, der auf Meisers Wunsch ja noch hinzutreten sollte, mußte wegen plötzlicher Erkrankung absagen,[93] ein Umstand, der im Blick auf die spätere Haltung dieses schwierigen Mannes die Entstehung des Barmer Textes zweifellos erleichtert, wenn nicht überhaupt ermöglicht hat. Der damalige Aschaffenburger Stadtvikar Friedrich Wilhelm Hopf, den Sasse im Einvernehmen mit Meiser als seinen Stellvertreter nach Frankfurt schickte, erreichte die Mainmetropole erst so spät, daß er nur noch an dem die Beratungen abschließenden Mittagessen am 16. Mai teilnehmen konnte.

Diese Sitzung hat nach dem Kriege – nicht ohne kräftiges Zutun von Karl Barth selbst – gewisse legendäre Züge angenommen. In der Mittagspause nämlich, so schilderte Barth 1953 den Hergang, während »... sich die beiden Lutheraner einem realen ›dreistündigen Mittagsschlaf‹.« hingegeben hätten, habe er, »»mit einem starken Kaffee und 1–2 Brasil-Cigarren versehen, den Text ... redigiert‹«.[94] Und noch später meinte er gelegentlich: »Die lutherische Kirche hat geschlafen und die reformierte Kirche hat gewacht.«[95] Die ironische Pointe dieser kleinen Geschichte war so amüsant, daß sie inzwischen in viele Darstellungen der Barmer Synode eingegangen ist.

Aber die Wirklichkeit sah doch etwas anders aus. Zwar besteht kein Zweifel daran, daß der Text der Theologischen Erklärung tatsächlich, wie Barth in jenen Tagen mehrfach festhielt, »... mit Ausnahme eines Satzes ... von mir stammt«,[96] aber der Entstehungsprozeß des Ganzen war sehr viel komplizierter und die Mitwirkung der beiden anderen Mitglieder sehr viel intensiver als jene Formulierungen vermuten lassen.[97]

Die Sitzung des Dreierausschusses begann am Vormittag des 15. Mai gegen 11.00 Uhr mit einer ausführlichen Besprechung des rechtlichen und theologischen Charakters der geplanten Erklärung. Dabei wurde ganz entsprechend den Überlegungen des Rechtsausschusses Einmütigkeit darüber erzielt, daß diese Erklärung an die Grundbestimmungen der geltenden Kirchenverfassung anknüpfen müsse, weil darin die Legitimität der kirchlichen Opposition begründet sei. »Wir sagen mit dieser Anknüpfung einfach«, so erläuterte Karl Barth wenig später in einem Brief, »dass wir uns auf den in Sachen der evangelischen Kirche in Deutschland einmal vorhandenen Rechtsboden stellen m. a. W. dass unser Unternehmen kein revolutionäres sondern ein legitimes ist.«[98] Für den bayerischen Lutheraner Breit, der vor allem die konfessionellen Bedenken vertrat, bot diese Anknüpfung darüber hinaus die Gewähr, daß hier im Sinne der gemeinsamen Präambel der Verfassung gesprochen und also kein Unionsbekenntnis geschaffen werden sollte.[99] In dieser ersten Gesprächsphase muß wohl auch die grundsätzliche Entscheidung gefallen sein, entgegen dem Vorschlag Asmussens das Altonaer Bekenntnis nicht als Synodalvorlage zu verwenden.[100]

Nachdem diese erste Besprechungsrunde abgeschlossen war, folgte die berühmte Mittagspause, in der Barth tatsächlich in einem Zuge den ersten Entwurf der zunächst nur fünf Thesen umfassenden Erklärung zu Papier brachte.[101] Er stützte sich dabei neben seinen Notizen vom Vormittag vor allem auf vier Artikel, die er kurz zuvor, am 13. Mai, für die Bonner Bekenntnisgemeinschaft entworfen und möglicherweise schon in der Vormittagsdiskussion den anderen mündlich vorgetragen hatte.[102] Dabei weist die fünfte These unzweifelhaft auf die ebenfalls von ihm entworfene Erklärung der Freien reformierten Synode vom 3./4. Januar 1934 hin, und zwar bis hinein in einzelne Formulierungen.[103]

Es ist anzunehmen, daß Barth dann am Nachmittag sein Arbeitsergebnis den vom Mittagsschlaf erfrischten Lutheranern vortrug und dieser Entwurf nun auch die Grundlage für die sich anschließende gemeinsame Sitzung bildete. Jedenfalls weist das Barthsche Manuskript zahlreiche Tinten- und Bleistiftkorrekturen auf und diente auch als Vorlage für die erste maschinenschriftliche Fassung, die Asmussen, der als Schriftführer fungierte, nach dem Diktat von Barth vermutlich noch am selben Nachmittag herstellte.[104] Diese Fassung, von der zwei Durchschläge existierten, stellte nun die Arbeitsvorlage für drei weitere, sehr intensive Gesprächsrunden dar, in deren Verlauf die Präambel und die zweite These auf Wunsch der Lutheraner einige bedeutsam

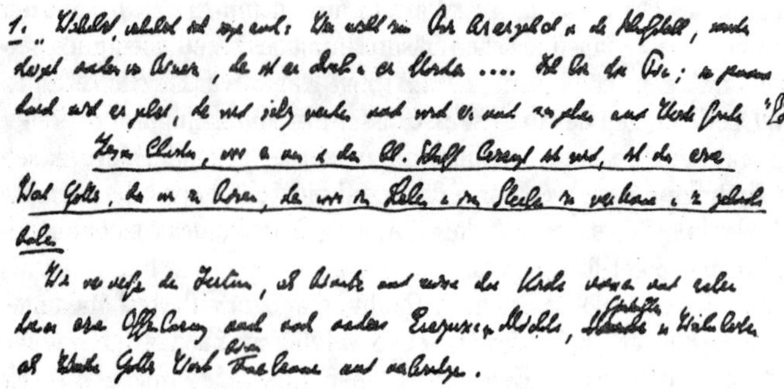

Die älteste Niederschrift der ersten These der von Karl Barth entworfenen »Theologischen Erklärung« von Barmen, aufgeschrieben am 15. Mai 1934 im Hotel »Baseler Hof« in Frankfurt am Main.

Zusätze erhielten. Außerdem wurde das Ganze um eine von Barth entworfene sechste These erweitert.[105] Nach dem Zeugnis aller Beteiligten verlief die Frankfurter Arbeitssitzung in einer ausgesprochen guten und kollegialen Atmosphäre. So schrieb Karl Barth kurz darauf an Wilhelm Niesel: »Die Zusammenarbeit mit Asmussen und Breit, die ich letzten Dienstag und Mittwoch zu dem Ihnen bekannten Zwecke hatte, war eine sehr erfreuliche und ich glaube, daß Sie und die Wuppertaler Freunde auch mit dem Ergebnis zufrieden sein werden.«[106]

Bereits am folgenden Tag, dem 17. Mai, schickte Asmussen von Altona aus ein Exemplar der »*Frankfurter Konkordie*« an Koch und teilte dem Präses mit, daß er von den beiden anderen Mitgliedern des Ausschusses beauftragt sei, »das Referat zu diesen Sätzen zu übernehmen und darum auch die Sätze vorzutragen«.[107] Am selben Tag trug auch Breit in München die Erklärung dem bayerischen Landeskirchenrat vor. Dabei kritisierte Meiser, »daß in der Formulierung die Beziehung zu all den Mächten, mit welchen wir es zu tun haben«, fehle »und daß das lutherische Interesse in der Erklärung nicht genügend gewahrt« werde. Und Oberkirchenrat Kern fügte hinzu, daß die Erklärung »für die weite Öffentlichkeit nicht klar genug« sei.[108] Entsprechend dem Vorschlag Meisers erhielt Breit den Auftrag, dies mit Sasse zu besprechen. Sasse jedoch lehnte das Vorhaben einer gemeinsamen Theologischen Erklärung rundweg ab. Er, aber auch Paul Althaus, der von Sasse und Breit informiert worden war, richteten daraufhin Protestschreiben an Meiser. Althaus kündigte gar ultimativ an: »... tritt der Entwurf ›in der gegenwärtigen oder in einer ähnlichen Gestalt ans Licht, so würde ich selber und andere lutherische Theologen um der Sache des Luthertums willen gezwungen sein, sofort öffentlich diese Erklärung als untragbar zu kennzeichnen und eine eigene an die Stelle zu setzen‹.«[109] Sasse hingegen sah immerhin noch die Möglichkeit eines gemeinsamen Vorgehens: Beratungen in *einem* Gremium bei getrennten Abstimmungen in konfessionellen Konventen.

Als der Nürnberger Ausschuß am 22. Mai in Leipzig zum dritten Mal tagte, platzte mitten in die Beratungen über die Vorlagen der einzelnen Ausschüsse – dem theologischen, juristischen und praktischen Ausschuß – der Brief Sasses. Davon unbelastet konnte Asmussen zwar noch die kaum veränderte vervielfältigte Fassung[110] des Frankfurter Entwurfs auf der Grundlage seines gerade fertiggestellten Synodalreferats erläutern; auch wurde nach der sich daran anschließenden Aussprache beschlossen, einen Redaktionsausschuß – bestehend aus Asmussen, Beckmann, Meiser und Schulz einzusetzen. Über diesen »*Leipziger Entwurf*«[111] kam es jedoch zu keiner Beschlußfassung mehr, da der inzwischen eingetroffene Brief Sasses bei Meiser grundsätzliche Bedenken gegen den eingeschlagenen Weg hervorrief.

Nach Abschluß der Leipziger Tagung erteilte Meiser den beiden Lutheranern des theologischen Ausschusses, Asmussen und Breit, sowie Christian Stoll den Auftrag, neue Entwürfe zu verfassen,[112] die auch in Erlangen akzeptiert werden könnten. Asmussen reiste am 24. Mai mit seinem Vorentwurf zu Sasse. Beide machten sich sogleich an die Überarbeitung des Textes. Dabei konnte Sasse durchsetzen, die Präambel noch einmal so umzuformulieren, daß die klare Unterscheidung in der Bekenntnisbestimmtheit zwischen lutherischer und reformierter Kirche unterstrichen und die von diesen berufenen konfessionellen Konvente als die alleinigen Instanzen autorisiert wurden, eine gemeinsam abgegebene Erklärung auslegen zu können. Noch am Abend des 24. Mai legte Asmussen diesen »*Erlanger Entwurf*« Meiser in München vor. Da der bayerische Landesbischof und seine Berater mit dieser Fassung offenbar einverstanden waren, suchte Asmussen nun an den beiden folgenden Tagen Präses Koch und Karl Barth für den »Erlanger Entwurf« zu gewinnen.

Am 22. Mai hatte Asmussen dem Bonner Systematiker sein Synodalreferat zugeschickt; Barth hatte umgehend geantwortet und sein volles Einverständnis versichert. Es war gerade auch im Blick auf die späteren Entscheidungen der Synode von Bedeutung, wenn er schrieb: »Das Referat ist ein Werk aus einem Guß, das ich als Ganzes wie im Einzelnen als eine genaue Wiedergabe der Meinung anerkenne, in der ich meinerseits die Vorschläge für den Text der Erklärung gemacht hatte. Erklärung und Text stimmen nun wirklich zusammen wie Topf und Deckel.«[113]

Als am 26. Mai das Telegramm bei Barth eintraf, das Asmussens Besuch in Bonn ankündigte, ahnte Barth schon nichts Gutes, und diese Ahnung trog nicht. Als seine Befürchtungen dann aber tatsächlich eintraten, blieb er fest und sorgte mit großer Überzeugungskraft für eine neuerliche Wendung Asmussens um beinahe 180 Grad. Denn der von beiden nun verfaßte letzte Entwurf legte die »Frankfurter Konkordie« zugrunde und übernahm aus dem »Leipziger Entwurf« lediglich einige Formulierungen, die als eindeutige Verbesserungen gegenüber der Frankfurter Arbeit gelten konnten. Der »Erlanger Entwurf« wurde dagegen völlig verworfen. Nur in bezug auf den Präsentationsmodus der Vorlage trug man den süddeutschen Bedenken Rechnung. Asmussen sollte den Entwurf der theologischen Kommission nun nicht mehr – wie ursprünglich geplant – der Synode zur Annahme empfehlen, sondern Thesen und Referat lediglich als Arbeitsgrundlage für die noch zu schaffenden konfessionellen Theologenkonvente vorschlagen.

Mit den Vorlagen des Rechtsausschusses und des theologischen Ausschusses waren die wichtigsten Vorarbeiten abgeschlossen. Daß hier etwas Ungewöhnliches vorbereitet wurde, offenbarte nicht zuletzt die Kürze der Einladungsfrist. Sie betrug genau eine Woche. Erst am 22. Mai ging das Einladungsschreiben hinaus, und schon am 29. Mai trat die Synode zusammen.[114] Trotzdem waren fast alle deutschen Kirchengebiete mit ihren entscheidenden Bekenntnisvertretern versammelt. Es fehlten von den größeren selbständigen Landeskirchen nur die Pfalz und Lübeck – jene vermutlich, weil sie bisher vom Kirchenkampf noch kaum berührt war, diese, weil in der Hansestadt in diesen Tagen ein deutschchristlicher Bischof eingesetzt wurde.[115] An eine reguläre Wahl der 120 Synodalen war schon aus diesen zeitlichen, aber auch aus sachlichen Gründen nicht zu denken. Vielmehr bestimmten in Bayern und Württemberg die Kirchenleitungen, in Kirchengebieten mit Bekenntnissynoden deren Präsidien, in allen anderen Gebieten die Bruderräte des Pfarrernotbundes die Delegierten. Auch in dieser Hinsicht beruhte das Recht der Synode nicht auf dem Bestellungsverfahren, sondern auf ihrer Bekenntnisbindung. Angesichts dieser Schwierigkeiten waren Pannen nahezu unvermeidlich. So vergaß das Präsidium in der Eile ausgerechnet die

Einladung an Karl Barth, die Asmussen noch in der Nacht vom 26. auf den 27. Mai telegraphisch anmahnen mußte.[116]

Am Ende waren es einschließlich der Mitglieder des Nürnberger Ausschusses, der nun als Arbeitsausschuß der Synode fungierte, 138 stimmberechtigte Abgeordnete aus 18 Landeskirchen, die sich in Barmen versammelten, 83 Pfarrer und Theologen und 55 Laien – unter ihnen eine einzige Frau, die tapfere Stephanie von Mackensen vom pommerschen Bruderrat.[117] »Da saßen sie« nun, wie es später in einem Bericht des biblischen Wochenblattes »Unter dem Wort« hieß, »in der reformierten Kirche von Barmen-Gemarke: die Abgesandten von Gemeinden, Synoden und Kirchen aus allen Teilen des Reiches. Zusammen band sich Bayern mit Westfalen, Rheinland mit Ostpreußen, Schlesien mit Hannover, Schwaben mit Holstein, Brandenburg mit Baden usf. zu Einem Bekenntnis und zu Einem kirchlichen Handeln ... Da saßen sie und ließen sich in ernster Beratung, im Ringen um gegenseitigem Verstehen, in Abwehr aller Irrlehre und aller Gewalt ... durch Gottes Geist zusammenschmieden zu einer Bekenntnissynode Deutschlands.«[118] Und wer die Fülle von Schwierigkeiten, Problemen und Widerständen im Blick hat, die sich dieser Synode entgegenstellten, wird den Berichterstatter begreifen, wenn er hinzufügte: »Das ist ein Wunder vor unseren Augen!«[119] Wie das politische Leben des Dritten Reiches ganz allgemein von der jungen Generation bestimmt wurde, so gab auch hier, wie ein Beobachter festhielt, »... die Jugend der Bekenntnissynode weithin das Gepräge ...« .[120] Das Durchschnittsalter der Synodalen betrug nicht einmal 45 Jahre – viele, wie Asmussen, Beckmann, Fiedler, Kloppenburg, Putz, Hermann Sasse, Heinrich Vogel und andere waren noch wesentlich jünger. Neben den Synodalen waren rund 200 Gäste – meist Vertrauensleute der Bekenntnissynode und des Pfarrernotbundes – eingeladen worden, die während der Verhandlungen Seitenschiffe und Emporen der Gemarker Kirche füllten.[121] Auch sie wurden übrigens, wie die Synodalen, in Privatquartieren untergebracht, die die Barmer Gemeinde zur Verfügung gestellt hatte.

Wenn die Verantwortlichen in diesen Tagen im Blick auf die kommende Synode Sorgen hatten, so lagen sie offensichtlich mehr auf kirchlich-theologischem als auf politischem Gebiet. Auch wenn die Einladungen mit der Bitte um vertrauliche Behandlung versandt wurden, trug Niemöller keine Bedenken, in einem Rundschreiben vom 25. Mai den Tausenden von Notbundpfarrern den unmittelbar bevorstehenden Zusammentritt der Bekenntnissynode offen anzukündigen.[122] In der Tat war vom Reichsinnenministerium nichts zu befürchten; eine entsprechende Mitteilung war dort offenbar zustimmend zur Kenntnis genommen worden.[123] Das konnte bei den engen Verbindungen zwischen Buttmann, Wurm und Meiser kaum überraschen.

Anders und weit unübersichtlicher lagen die Dinge bei der preußischen Geheimen Staatspolizei. Denn hier war inzwischen ein für die ganze weitere Geschichte des Dritten Reiches entscheidender Wechsel eingetreten. Am 20. April 1934 hatte Göring den Reichsführer SS Heinrich Himmler, formell noch als seinen Stellvertreter, zum Chef der preußischen Geheimen Staatspolizei ernannt, der seinerseits zwei Tage später seinen Mitarbeiter Reinhard Heydrich zum Leiter des Geheimen Staatspolizeiamtes berief.[124] Aber auch die beiden neuen Männer an der Spitze der preußischen Gestapo sahen offensichtlich keinen Grund, unmittelbar in die Dinge einzugreifen. In einem umfangreichen »Lagebericht des Chefs des Sicherheitsamtes des Reichsführers SS« vom Mai/Juni 1934 hieß es zwar, auf die Dauer könne der Staat nicht mit ansehen, »wie die von ihm geschaffene Einheit des Volkes durch diesen Kirchenstreit aufs schwerste gefährdet ...« werde. Aber da die Opposition nicht zu überzeugen sei, und »... dem Zwange erst recht nicht folgen ...« werde, scheine nur »... in der Gewährleistung der religiösen Gewissensfreiheit ... die Möglichkeit einer Beruhigung zu liegen«.[125] Diese Neigung, die Dinge in der evangelischen Kirche sich selbst zu überlassen, wurde in den kritischen Tagen vor der Synode auch von Hermann von Detten und seiner Abteilung Kultfried geteilt. Detten, so lautete jedenfalls eine vertrauliche Mitteilung für Niemöller, habe sich noch am 28. Mai »... persönlich bei Himmler dafür eingesetzt, dass die Synode in keinem Fall gestört wird, weil die Chance einer inneren Spaltung bestehe, und weil durch eine Polizeiaktion die Einigung der Bekenntnisfront geradezu erzwungen werde«. In derselben Mitteilung hieß es auch, daß Jäger und die Partei weiterhin bemüht seien, »... auf lutherischen Wegen via Erlangen die lutherischen Bischöfe zu einem Separatabkommen zu verführen ...« – ein bedeutungsvoller Hinweis.[126]

So konnte die »Bekenntnissynode der Deutschen Evangelischen Kirche«, wie sie nun offiziell hieß, am Abend des 29. Mai mit einem Gottesdienst in der reformierten Kirche von Barmen-Gemarke feierlich eröffnet werden. Die Predigt hielt der Dresdener Superintendent Hugo Hahn, der sich vor einem Jahr von der Kanzel der Frauenkirche aus von den Deutschen Christen losgesagt hatte und der seither – trotz Absetzung und Polizeihaft – den Widerstand in Sachsen anführte.[127] Hahn predigte über Offenbarung 2,4: »Aber ich habe wider dich, daß du die erste Liebe verlässest.«[128] Seine Predigt stimmte auf

Berliner Synodale in Barmen: von links die Pfarrer Franz Hildebrandt (Gast), Martin Niemöller, Fritz Müller (Dahlem), Willi Praetorius, Eberhard Röhricht und Gerhard Jacobi.

überraschende Weise mit dem Thema der ganzen Synode überein, wenn er gleich zu Beginn dazu aufrief, daß über dem vielen, was jedermann in diesen Tagen bewege, »... dennoch der Blick unverrückt gerichtet bleiben« solle »auf den *Einen*, auf den, der hier in dem Gotteswort, das wir hörten, unmittelbar zu uns redet, *der allein der Herr der Kirche ist*«.[129] Und ebenso entsprach es der Überzeugung der Synode, wenn Hahn nicht alle Schuld den Deutschen Christen zuschob, sondern von »... einer langen Entwicklung der Verweltlichung, des Nachlassens der ersten Liebe in der Kirche ...« sprach[130] und die bekennende Gemeinde Deutschlands vor »... der großen Gefahr der Selbstüberhebung, des Richtgeistes« warnte.[131]

Nicht weniger bemerkenswert ist, was in der Predigt fehlte, und das fällt erst im Rückblick, im Zusammenhang mit dem allgemeinen politischen Klima jener Zeit überraschend ins Auge. Selbstverständlich schloß Hahn am Ende seiner Predigt auch »... unser Volk und Vaterland und seine Führer, insbesondere unseren Reichspräsidenten und Reichskanzler« in seine Fürbitte ein.[132] Aber es fehlte dabei jede Spur von politischem Enthusiasmus. Und dies galt für die ganze Synode. So wenig sie auch nur den geringsten Zweifel an der Zuverlässigkeit und Loyalität der evangelischen Christen gegenüber Volk und Staat gelten lassen wollte, so wenig war sie bereit, den erwarteten Tribut an nationalsozialistischer Begeisterung zu entrichten. Und dies war eine gewiß unabgesprochene, aber gleichwohl unübersehbare politische Entscheidung. Es gab auf der ganzen Synode nur eine einzige Ausnahme, und diese betraf nicht zufällig den hannoverschen Bischof, der im Unterschied zu Wurm und Meiser in Barmen nur Gast war. Marahrens hielt am 30. Mai die Morgenandacht und verriet dabei, daß er von der theologischen und kirchlichen Aufgabe dieser Synode nichts begriffen hatte. Denn nach seiner Meinung sollten die Beratungen von dem Wunsch durchglüht sein, »daß wir der Wohlfahrt unsres Volkes unzerstörbare Wurzeln schenken«; und es lag den Ansichten der Deutschen Christen nicht allzufern, wenn er vom Auftrag der Kirche in einem Volke sprach, »das in treuer Dankbarkeit seinem Führer, dem Schöpfer neuen nationalen Lebens . . .« folge, einem Volke, »das wir ebenso wie seinen Führer mit heißer, unbeirrter Liebe umfangen«.[133] Diese Andacht blieb später als einzige unveröffentlicht.

Zwischen Hahns Abendgottesdienst und Marahrens' Morgenandacht hatte sich hinter den Kulissen Entscheidendes zugetragen. Am Tag der Anreise war ja auch für den Nürnberger Ausschuß noch immer völlig offen, welcher Erklärungsentwurf auf welche Weise der Synode vorgelegt werden sollte. Da im Laufe des 29. Mai darüber in verschiedenen Vorgesprächen keine Einigung erzielt werden konnte, lud Meiser die Lutheraner zu einer geschlossenen Nachtsitzung nach dem Eröffnungsgottesdienst ein. Hier trug Asmussen erstmals einem größeren Kreis die in Bonn überarbeitete »Frankfurter Konkordie« vor. Daran schloß sich eine so erregte Debatte, daß der Betheler Dozent Georg Merz an eine »Räubersynode« erinnert wurde.[134] Vor allem Meiser übte heftige Kritik an der schwierigen Sprache des Entwurfs und seiner angeblich fehlenden Klarheit in bezug auf die Bekenntnisbestimmtheit. Zwar teilten nicht wenige die Bedenken des bayerischen Landesbischofs, doch da der theologische Hauptopponent Sasse erst am 30. Mai gegen Mittag in Barmen eintraf, fehlte dem Kreis die Leitfigur und damit die letzte Entschlossenheit zum entschiedenen »Nein«. Vielmehr gelangte man nach stundenlangem Ringen zu dem von Barth und Asmussen im Grunde schon skizzierten Kompromiß: Asmussen sollte der Synode die in Bonn überarbeitete Frankfurter Fassung vorlegen und erläutern; sodann sollte die Vorlage ohne vorherige Aussprache im Plenum sofort den konfessionellen Konventen zur weiteren

Beratung überwiesen werden. Gleichzeitig benannten die anwesenden Lutheraner aus ihren Reihen einen kleinen Ausschuß, der noch in derselben Nacht »... bestimmte Vorschläge zur Ergänzung oder zur Berichtigung der vorgelegten Thesen von lutherischer Seite her ...« erarbeiten und dann in der Konventssitzung des folgenden Tages einbringen sollte.[135]

Um 5.00 Uhr in der Frühe konnte Asmussen endlich dem Oberprimaner Karl Immer jun. den Text des *Frankfurt-Bonner Entwurfes* zur Vervielfältigung übergeben.[136] Wenige Stunden später – Asmussen hatte mit seinem Vortrag vor der Synode schon begonnen – brachte Immer die vervielfältigten Thesen herein und verteilte sie.[137] Dabei stellte sich heraus, daß in der Eile versehentlich der Entwurf einer Beschlußvorlage zu der Erklärung mit vervielfältigt und verteilt worden war.[138] Asmussen bat darum, diesen Teil der Synodalvorlage zu vernichten und die Aufmerksamkeit auf die verbliebenen zweieinhalb eng beschriebenen Schreibmaschinenseiten zu konzentrieren. Dann diktierte er zwei in der Präambel fehlende Sätze und einen in der Verwerfung von These 4 vergessenen Halbsatz. Im Anschluß daran begann er mit seinem Referat.[139] Abschnitt für Abschnitt verlas er zunächst die Präambel, dann die sechs Thesen und schließlich die Schlußvermahnung und erläuterte sie auf eine ebenso klare wie nachdrückliche Weise. Es war eine Stunde atemloser Spannung und höchster Konzentration, die vielen Beteiligten unauslöschlich im Gedächtnis blieb.

Unter dem Eindruck des Vortrags erhoben sich zunächst einzelne Stimmen, die eine Diskussion des Ganzen für unangebracht hielten, um diese »... große Predigt« nicht »in Kleinigkeiten zu zerpflücken«.[140] Glücklicherweise jedoch setzte sich Beckmann, ein Mitglied des lutherischen Nachtausschusses, mit seiner Meinung durch, daß schon um des konfessionellen Problems willen »... eine Prüfung, ein Durchdenken der Sätze auf ihre Schriftgemäßheit im Verständnis der reformatorischen Bekenntnisse erfolgen« müsse, »damit diese Synode eine wirkliche Synode ist und nicht nur irgendwie etwas gehört hat«.[141] Gerade im Blick auf die alsbald einsetzende Diskussion um die Barmer Erklärung war es von großer Bedeutung, daß der Text auf der Synode tatsächlich noch einmal gründlich durchgearbeitet wurde.

So traten nun zunächst die lutherischen und die reformierten Synodalen zu getrennten Bekenntniskonventen zusammen, um die Vorlage jeweils von ihren Voraussetzungen her zu überprüfen.[142] Dabei lagen die Probleme vor allem auf lutherischer Seite. Hier wurden als Stichworte, die eine Annahme der

Erklärung erschwerten, vor allem drei Punkte genannt: »1. die Frage der natürlichen Theologie, 2. die Frage der Schöpfungsordnung, 3. das Ethos des christlichen Handelns.«[143] Ein kleinerer theologischer Ausschuß wurde damit beauftragt, die Vereinbarkeit oder Nichtvereinbarkeit dieser Punkte lutherischer Lehre mit den Barmer Thesen festzustellen.[144] Er kam zu dem Schluß, daß eine Annahme möglich sei unter drei Bedingungen: Die Erklärung sei nur im Zusammenhang mit dem Vortrag von Asmussen zu verstehen; die Synode hoffe und erwarte theologische Weiterarbeit; endlich solle die Erklärung nicht als ein Bekenntnis im Sinne des Heidelberger Katechismus oder des Augsburger Bekenntnisses gelten.[145]

Immerhin erschien zu dieser Zeit eine Einigung noch so gefährdet, daß sich eine Reihe von lutherischen Laienvertretern und Laiengästen zu einer dringenden Eingabe an den Lutherischen Konvent veranlaßt sah. Das »... Scheitern einer gemeinsamen Erklärung«, so hieß es darin, würde »das Ende der evangelischen Kirche in Deutschland zur Folge haben ...«. In einer Art Verzweiflung, wie sie Nichttheologen auf Synoden auch heute noch gelegentlich befallen kann, forderten sie deshalb »von den Dienern am Wort, sie möchten nicht durch eine Überspitzung theologischer Formulierungen das Grundanliegen der evangelischen Christenheit im Kampf um das Dasein der Kirche gefährden«.[146]

Mit diesen Problemen, Auflagen und Ermahnungen trat am Abend des 30. Mai eine kleine interkonfessionelle Schlußberatungskommission zusammen, die bis spät in die Nacht einen neuen – den endgültigen – Entwurf der Theologischen Erklärung erarbeitete. Für die reformierte Seite nahmen unter anderen Barth und Niesel teil;[147] für die Lutheraner neben Asmussen und Beckmann auch Hermann Sasse.[148] Und in dieser Kommission kam es nun zur ersten und einzigen Abspaltung während der Synode. Hermann Sasse verließ Barmen vor Beginn der Plenarsitzung; er fuhr am Vormittag des anderen Tags nach Hause. In einer handschriftlichen Erklärung, die er dem Präses hinterließ, stimmte er zwar den biblischen Wahrheiten und Verwerfungen des Entwurfs zu, meinte jedoch gleichwohl seine Annahme nicht verantworten zu können. »Was reine Lehre und was Irrlehre ist«, so schrieb er dem Präses, »das kann zwar auch von einer freien Synode beim Versagen der kirchenordnungsmäßig dazu berufenen Stelle gesagt werden, aber es kann nur von einer lutherischen Synode für die Lutheraner und von einer reformierten Synode für die Reformierten gesagt werden ... So bin ich genötigt«, schloß das Schreiben, »gegen die Beschlüsse der Freien Synode in Barmen als gegen eine Vergewaltigung der evangelisch-lutherischen Kirche feierlich zu protestieren.«[149]

Man ist im Rückblick im Zweifel, ob man mehr die Konsequenz respektieren oder die Blindheit beklagen soll, mit der ein strenger Lutheraner sich hier selbst vom wichtigsten Bekenntnis seiner Zeit ausschloß. Aber der Vorgang ist geeignet, deutlich zu machen, in welchem Maße die Synode von den Teilnehmern als ein theologisches und nicht als ein politisches Ereignis verstanden wurde. Denn für Sasse, der von Anfang an zu den kompromißlosen Gegnern des Dritten Reiches zählte, war die theologische Problematik offensichtlich wichtiger als die politische, während die Geschichtsschreibung durchweg zur umgekehrten Wertung neigt.

Inzwischen nahm die Synode am Nachmittag ihre Beratungen wieder auf. Zur Verhandlung standen nun die Rechtsfragen. Wie Asmussen am Vormittag die Vorlage des theologischen Ausschusses, so trug nun Fiedler die Vorlage des Rechtsausschusses vor.[150]

Seine Ausführungen griffen weit zurück in die Kirchengeschichte. Er machte für den Schaden, der heute offenbar geworden sei, vor allem das Landesherrliche Kirchenregiment verantwortlich, das zwischen Verwaltung und Bekenntnis der Kirche unterschieden habe – eine im Blick auf die Bemühungen Jägers um ein staatliches Kirchenregiment durchaus bedenkenswerte These. Hier, in der Trennung von äußerer Ordnung und Bekenntnis und in dem Versuch, »äußere Ordnung als etwas Selbständiges zu behandeln«,[151] liege »... der grundlegende Irrtum der heutigen Reichskirchenregierung, aus dem sich alle weiteren Folgerungen von selbst ...« ergäben.[152] Dieser »*unrichtige Ausgangspunkt*« habe es dahin gebracht, »daß wir ein *legales Kirchenregiment heute nicht mehr haben*«. Zur Begründung formulierte der junge Rechtsanwalt einen Satz, der gewissermaßen die Lehre der Bekennenden Kirche vom Kirchenregiment enthielt: »Es ist ... ein anerkannter Satz allen Kirchenrechtes, daß auf diesem Rechtsgebiet formal einwandfreies Recht nur dann Recht ist, wenn die Lösung, die es bringt, dem Wesen der Kirche, ihrem Bekenntnischarakter, nicht widerspricht.«[153] Das hieß, selbst ohne Rechtsbrüche bewegte sich ein Reichskirchenregiment, das das Führerprinzip bejahte und mit der kirchlichen Neuordnung »*weltliche Macht* zu erringen«[154] suchte, »... grundsätzlich auf dem Boden der *Rechtswidrigkeit*«.[155]

In diesem Sinne war auch die »Erklärung zur Rechtslage der Bekenntnissynode der Deutschen Evangelischen Kirche« abgefaßt, deren Thesen Fiedler im folgenden vortrug und erläuterte.[156] Diese Erklärung enthielt drei entscheidende Aussagen. Die erste betraf die Feststellung, daß das Reichskirchenregiment den Anspruch verwirkt habe, »*rechtmäßige Leitung der Deutschen Evangelischen Kirche zu sein* «.[157] Ausdrücklich fügte Fiedler jedoch im Sinne seiner ursprünglichen Vorlage hinzu, das bedeute nicht, »daß die Bekenntnissynode etwa verfassungsmäßig an [die] Stelle der Nationalsynode . . .« trete.[158] Noch konnte und wollte die Synode nicht selbst Kirchenregiment sein, sondern nur ein neues Kirchenregiment vorbereiten. Dementsprechend wurde in der zweiten These ihre Aufgabe dahin bestimmt, in der Kirche »*die Bekennende Gemeinde zu sammeln und zu vertreten*«. Schließlich wurde drittens grundsätzlich erklärt, daß in der Kirche ». . . *eine Scheidung der äußeren Ordnung vom Bekenntnis nicht möglich*« sei.[159]

Bevor die Synode in die Diskussion dieser Erklärung eintrat, sprach Wil-

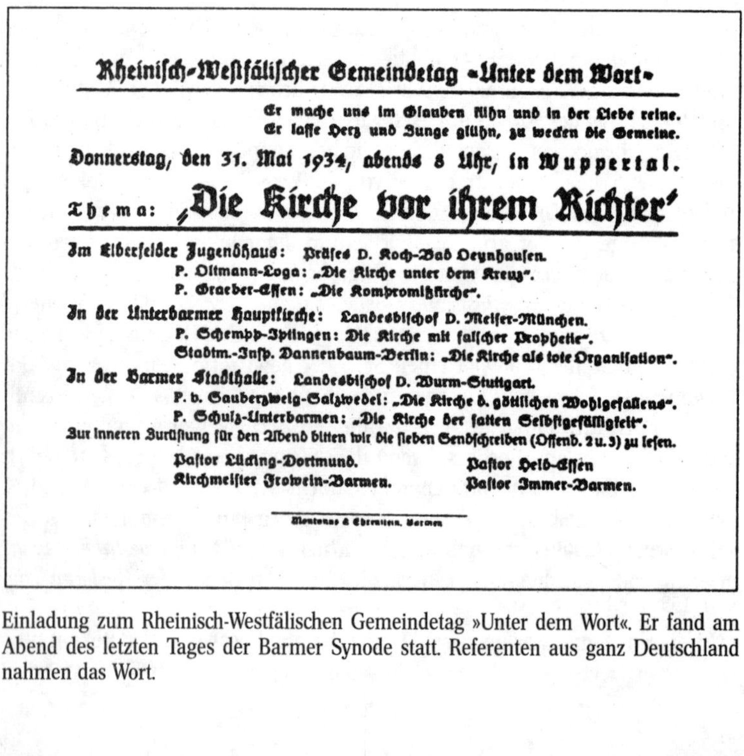

Rheinisch-Westfälischer Gemeindetag »Unter dem Wort«

Er mache uns im Glauben kühn und in der Liebe reine.
Er lasse Herz und Zunge glühn, zu wecken die Gemeine.

Donnerstag, den 31. Mai 1934, abends 8 Uhr, in Wuppertal.

Thema: „Die Kirche vor ihrem Richter"

Im Elberfelder Jugendhaus: Präses D. Koch-Bad Oeynhausen.
P. Oltmann-Loga: „Die Kirche unter dem Kreuz".
P. Graeber-Essen: „Die Kompromißkirche".

In der Unterbarmer Hauptkirche: Landesbischof D. Meiser-München.
P. Schempp-Iptingen: Die Kirche mit falscher Prophetie".
Stadtm.-Insp. Dannenbaum-Berlin: „Die Kirche als tote Organisation".

In der Barmer Stadthalle: Landesbischof D. Wurm-Stuttgart.
P. v. Sauberzweig-Salzwedel: „Die Kirche d. göttlichen Wohlgefallens".
P. Schulz-Unterbarmen: „Die Kirche der satten Selbstgefälligkeit".

Zur inneren Zurüstung für den Abend bitten wir die sieben Sendschreiben (Offenb. 2 u. 3) zu lesen.

Pastor Lücking-Dortmund. Pastor Held-Essen
Kirchmeister Frowein-Barmen. Pastor Immer-Barmen.

Einladung zum Rheinisch-Westfälischen Gemeindetag »Unter dem Wort«. Er fand am Abend des letzten Tages der Barmer Synode statt. Referenten aus ganz Deutschland nahmen das Wort.

helm Flor über die neueste kirchliche Gesetzgebung. Während Fiedler vor allem die rechtstheologischen Fragen behandelt hatte, unterzog Flor das Vorgehen der Reichskirchenregierung seit dem 4. Januar einer vernichtenden juristischen Kritik. Dabei wiederholte er im wesentlichen die Ergebnisse seiner bisherigen Gutachten und kam zu dem Schluß, »daß sie [die Rechtsnot] bald an einem Punkt angekommen sein wird, an dem es einfach nicht weitergehen kann. Diese Dinge kann auch der Stärkste nicht auf die Spitze treiben«.[160] Die Entwicklung sollte ihm recht geben. Vier Monate später war Jäger tatsächlich am Ende.

Nach einer kurzen Aussprache nahm die Synode einstimmig die Erklärung zur Rechtslage an.

Am Abend trafen die Synodalen erneut im Gemeindehaus in der Klingelhollstraße zusammen, um Berichte über die kirchliche Lage in Ostpreußen und Bremen, Hannover, Sachsen, Württemberg und Bayern entgegenzunehmen.

Der folgende Tag, der 31. Mai, brachte dann den Höhepunkt. Am späten Vormittag lag der Synode der umgearbeitete Entwurf der Theologischen Erklärung zur zweiten Lesung vor. Wiederum war es Asmussen, der ihn begründete. Er rechtfertigte die Gründlichkeit und Sorgfalt, mit der am Text gearbeitet worden sei, und erläuterte dann Punkt für Punkt die Veränderungen.[161]

Nachdem Asmussen geendet hatte, gaben sechs Synodale jeweils im Namen bestimmter Gruppen zustimmende Erklärungen ab. Dann las der Präses die Beschlußanträge vor. Sie lauteten: »*1. Synode erkennt die Theologische Erklärung zur gegenwärtigen Lage der Deutschen Evangelischen Kirche im Zusammenhang mit dem Vortrag von Pastor Asmussen als christliches, biblisch-reformatorisches Zeugnis an und nimmt sie auf ihre Verantwortung. 2. Synode übergibt diese Erklärung den Bekenntniskonventen zur Erarbeitung verantwortlicher Auslegung von ihren Bekenntnissen aus.*«[162]

Als der Präses unmittelbar danach über die Anträge abstimmen ließ, meldete sich keine einzige Gegenstimme. Die »Theologische Erklärung zur gegenwärtigen Lage der Deutschen Evangelischen Kirche« war einstimmig angenommen.[163] Spontan erhob sich daraufhin die ganze Gemeinde in der dichtgefüllten Kirche. Und gemeinsam stimmten Synode und Gäste den dritten Vers des alten Rinckartschen Dankliedes an:

»Lob, Ehr und Preis sei Gott,
dem Vater und dem Sohne
und dem, der beiden gleich
im höchsten Himmelsthrone,
dem dreimal Einen Gott,
als der ursprünglich war
und ist und bleiben wird
jetzund und immerdar.«[164]

In der anschließenden Mittagspause trat der Nürnberger Ausschuß zum letzten Mal in dieser Form zusammen. Er beschloß, der Synode vorzuschlagen, ihn zum Bruderrat der Synode zu bestellen. Dem Vorsitzenden, Präses Koch, sollten als Mitarbeiter Asmussen für das theologische und Fiedler für das juristische Referat beigegeben werden.[165] Dies waren die Anfänge einer neuen Kirchenleitung.

Der letzte Nachmittag war mit Beratungen über den Antrag des praktischen Ausschusses zur Erneuerung von Pfarrstand und Gemeinden ausgefüllt. Hier kamen vor allem die Laien zu Wort. So sprach Reinhold von Thadden, damals Präses der pommerschen Bekenntnissynode, vom Auftrag der Verkündigung, der nicht nur dem Pfarramt, sondern auch der Gemeinde anvertraut sei[166] – ein Thema, das nach dem Krieg in der großen Kirchentagsbewegung aufgenommen werden sollte. Nicht weniger eindrucksvoll waren die Bemerkungen des einflußreichen Vorsitzenden des Patronatsverbandes, Detlev von Arnim-Kröchlendorff, der zum öffentlichen Bekenntnis des Glaubens auch in einer feindlichen Umwelt aufrief. An Bismarcks Wort von der Zivilcourage erinnernd, meinte er, die sei Laien und Pastoren heute vor allem vonnöten. Wir »... dürfen nicht zurückzucken«, mahnte er, »wenn jemand höhnisch die Lippen kräuselt und antwortet: ›Du bist wohl unter die Frommen gegangen?‹ Dann muß man ihm erwidern: ›Jawohl! Ich habe für den König von Preußen mein Schwert gezogen, warum soll ich das nicht auch für meinen himmlischen König tun?‹«[167]

Wie ein Vorgriff auf die zukünftigen Schwierigkeiten wirkte es, als Missionsdirektor Thieme von der Berliner Stadtmission bat, den kirchlichen Verbänden ihre Selbständigkeit zu belassen, und Niemöller darauf entgegnete, auch die Verbände hätten »... sich klipp und klar zu entscheiden, ob sie zur Kirche oder zur Unkirche, ob sie zur verfaßten Kirche oder zur Bekennenden Kirche gehören wollen«.[168]

Die Synode endete mit der Verabschiedung der Anträge. Sie berief, wie vorgeschlagen, den Arbeitsausschuß zum Bruderrat der Synode und beschloß unter anderem, diesen Bruderrat mit der Fürsorge für die jungen Theologen zu betrauen und sich dabei »... mit besonderem Ernst der nichtarischen Theologen anzunehmen«.[169] So war dieses bedrückende Thema doch nicht ganz aus dem Blickfeld verschwunden.

Die Schlußandacht hielt der bayerische Landesbischof Meiser, und, kurz nach 7.00 Uhr am Abend, schloß der Präses die Synode.

Die Theologische Erklärung, die am 31. Mai 1934 unter so bewegenden Umständen von der ersten Bekenntnissynode der Deutschen Evangelischen Kirche einstimmig »auf ihre Verantwortung« genommen wurde, war theologisch gesehen zweifellos das herausragende Ereignis des Kirchenkampfes. Dank ihrer klaren Sprache, ihrer biblischen Begründung und ihres unzweifelhaften Bekenntnischarakters erreichte sie nicht nur Theologen und Pfarrer, sondern wirkte tief in die bekennenden Gemeinden hinein. Sie blieb der *cantus firmus* der Bekennenden Kirche auch dort, wo ihre Stimme immer wieder von anderen Stimmen übertönt zu werden drohte. Und sie hat im Laufe der folgenden Jahre die evangelische Kirche in zwei wesentlichen Punkten, dem Kirchenverständnis und dem Staatsverständnis, tiefer verändert als irgendein anderes Ereignis seit der Reformation.

Dementsprechend war diese Erklärung, der Weg, auf dem sie zustande kam, und die Art ihrer Wirkung und Fortwirkung auch schlechthin protestantischer Natur. Während auf katholischer Seite der Heilige Stuhl die grundsätzlichen Entscheidungen traf und eine päpstliche Enzyklika im Frühjahr 1937 die Grundzüge des katholischen Kirchenglaubens den Gläubigen in Erinnerung rief, fiel auf evangelischer Seite den Bekenntnissynoden, und unter ihnen vor allem der Barmer Synode und ihrer Theologischen Erklärung, die Aufgabe der Orientierung der Gemeinden zu.

Die Erklärung bestand aus einer Präambel, sechs Thesen und einer abschließenden Vermahnung.

In der Präambel, die nach Asmussens Aussage »nicht zu den eigentlichen Bekenntnisformeln ...« gehörte,[170] ging es um die Klärung der rechtlichen und konfessionellen Voraussetzungen für die folgenden Bekenntnissätze. Rechtlich bezog sich die Synode dabei auf den Artikel 1 der geltenden Kirchenverfassung vom 11. Juli 1933, in dem es hieß: »Die unantastbare Grundlage der Deutschen Evangelischen Kirche ist das Evangelium von Jesus Christus, wie es uns in der Heiligen Schrift bezeugt und in den Bekenntnissen der Reformation neu ans Licht getreten ist.«[171] Mit dieser Anknüpfung an die Verfassung begründete die Synode ihre Legitimität. Denn die folgenden Bekenntnissätze sollten nichts anderes sein als eine biblisch-reformatorische Auslegung des Artikels 1, so daß nicht diejenigen sich von der Kirche schieden, die der Barmer Erklärung folgten, sondern diejenigen, die ihr nicht folgten. Zugleich aber wurde mit dieser Anknüpfung daran erinnert, daß nach der geltenden Verfassung die Deutsche Evangelische Kirche ein Bund von Bekenntniskirchen war. So redeten die Synodalen bewußt »... *als Glieder lutherischer, reformierter und unierter Kirchen ...* «, denen »*in einer Zeit gemeinsamer Not und Anfechtung ein gemeinsames Wort in den Mund gelegt ...*« worden sei. Der Satz, der das Unterschieden-und-doch-Gemeinsam theologisch gleichsam in der Schwebe hielt, lautete: »*Wir befehlen es Gott, was dies für das Verhältnis der Bekenntniskirchen untereinander bedeuten mag.*«[172] Inzwischen hat der Fortgang der Geschichte diesen zugleich bescheidenen und anspruchsvollen Satz enträtselt. Die Konkordie reformatorischer Kirchen in Europa aus dem Jahre 1973 hat mit der Erklärung der vollen Kirchengemeinschaft unter allen reformatorischen Kirchen die Hoffnung der Barmer Synode eingelöst.[173]

Unmittelbar auf die Präambel folgte das Kernstück der Erklärung, die berühmte erste These. Sie sah in dem charakteristischen Schriftbild der ersten Veröffentlichungen so aus:[174]

1. **„Ich bin der Weg und die Wahrheit und das Leben; niemand kommt zum Vater denn durch mich."** (Joh. 14, 6).
   „Wahrlich, wahrlich ich sage euch: Wer nicht zur Tür hineingeht in den Schafstall, sondern steigt anderswo hinein, der ist ein Dieb und ein Mörder. Ich bin die Tür; so jemand durch mich eingeht, der wird selig werden." (Joh. 10, 1. 9).

   Jesus Christus, wie er uns in der heiligen Schrift bezeugt wird, ist das eine Wort Gottes, das wir zu hören, dem wir im Leben und im Sterben zu vertrauen und zu gehorchen haben.

   Wir verwerfen die falsche Lehre, als könne und müsse die Kirche als Quelle ihrer Verkündigung außer und neben diesem einen Worte Gottes auch noch andere Ereignisse und Mächte, Gestalten und Wahrheiten als Gottes Offenbarung anerkennen.

Das eigentümliche Schriftbild sollte schon äußerliche das besondere Gefälle der Thesen andeuten, das vom alles begründenden und Gehorsam heischenden Schriftwort über die als eine aktuelle Auslegung verstandene These zur daraus folgenden, notwendigen, aber minder Verwerfung ging. Schon durch die äußere Gestaltung also widersetzten sich die Thesen dem Verständnis, daß die Barmer Erklärung vornehmlich politisch, als Protest gegen die herrschenden Mächte und Gestalten und also von den eindrücklichen Formulierungen der Verwerfungen her zu interpretieren sei. Mit ihrem Aufbau und erst recht mit ihrem Inhalt wiederholte die erste These im Grunde nichts anderes als das mächtige dreifache »Solus« der Reformation: Solus Christus, sola scriptura, sola fide. Die Barmer Erklärung steht mit dieser Wiederholung weit näher beim jungen Luther und seiner Theologie als bei irgendeiner anderen Gestalt der Kirchengeschichte. Indem die Erklärung das »Solus Christus« ausdrücklich wiederholte, begründete sie zugleich, daß es in den Auseinandersetzungen mit den Deutschen Christen zuerst und vor allem um ein theologisches Problem ging.

Und dieses theologische Problem war nicht einmal ein aktuelles, etwa durch die besonders anstößige »Politische Theologie« der Deutschen Christen hervorgerufenes Problem, sondern es handelte sich dabei um eine sehr viel ältere Frage, die unter dem ganz unverfänglichen Begriff der »natürlichen Theologie« seit Jahrhunderten verhandelt wurde.[175]

Asmussen hielt diesen entscheidenden Punkt in seinem Kommentar ausdrücklich fest. »Wenn wir ...« gegen die deutschchristliche Theologie »protestieren«, so sagte er, und das war keineswegs eine taktische Formel, »dann protestieren wir nicht als Volksglieder gegen die jüngste Geschichte des Volkes, nicht als Staatsbürger gegen den neuen Staat, nicht als Untertanen gegen die Obrigkeit, sondern wir erheben Protest gegen dieselbe Erscheinung, die seit mehr als 200 Jahren die Verwüstung der Kirche schon langsam vorbereitet hat.«[176] Rechnete man jene 200 Jahre zurück, so kam man in die ersten Jahrzehnte des 18. Jahrhunderts, also in die Anfänge der deutschen Aufklärung. Und genau darauf zielte Asmussen, wenn er in seinem Kommentar weiter meinte, es sei eben nur »... ein relativer Unterschied, ob man neben der Heiligen Schrift in der Kirche geschichtliche Ereignisse oder aber die Vernunft, die Kultur, das ästhetische Empfinden, den Fortschritt oder andere Mächte und Größen als bindende Ansprüche an die Kirche nennt«.[177]

Man muß sich der Radikalität dieser Aussage stellen. Denn sie bedeutet nichts anderes, als daß die Synode hier unter dem Aspekt des »Solus Christus« die Deutschen Christen in eine Reihe mit Kant und Fichte, mit Schleiermacher und Ritschl, mit Friedrich Naumann und den Religiösen Sozialisten rückte. Aber das war die gleiche Ungeheuerlichkeit, die Luther unter dem gleichen Aspekt in einem Atemzug Papsttum, Humanisten, Schwärmer, Türken und Juden als Feinde des Evangeliums nennen ließ.[178]

Aber war dies nicht eine völlig falsche Thematisierung des Kirchenkampfes? Ging es im Mai 1934 nicht um ganz andere Fragen, um Unterdrückung, Unrecht und Gewalttat? Mußte die Kirche nicht vielmehr gegen Konzentrationslager und Judenverfolgungen protestieren als gegen die »natürliche Theologie«? Die Fragen sind gewiß nicht leichthin zu beantworten. Aber als Karl Barth 1940, in der Sicherheit der Schweiz und zu einer Zeit, als er längst auch die politische Seite des kirchlichen Widerstandes kräftig betonte, den ersten Artikel von Barmen in seiner Dogmatik erläuterte, da hielt er unverändert daran fest, daß es für die Bekennende Kirche in Deutschland allein um dieses eine theologische Problem gehe. »Eben im Zeichen dieses Protestes«, so schrieb er damals, »verlief von da ab der deutsche Kirchenkampf. Alle seine einzelnen und praktischen Probleme hingen und hängen direkt oder indirekt mit jenem ersten Satz von Barmen zusammen. Die Kirche wurde genau in dem Maß ›bekennende‹ Kirche, als sie jene Entscheidung nach allen Seiten ernst nahm ... Die deutsche Bekenntniskirche«, so wiederholte er, »hat entweder die Kraft der ökumenischen Gabe und Aufgabe, die sie in Barmen empfangen und in die Hand genommen hat, oder sie hat keine Kraft. Sie kämpft entweder für die Reinigung, die der evangelischen Kirche längst not tat und überall not tut, oder sie kämpft in Wirklichkeit gar nicht.«[179]

Die Bekennende Kirche, die von Barmen herkam, hatte nach ihrem eigenen Verständnis als Kirche also tatsächlich einen theologischen und keinen politischen Auftrag. Ihr Verzicht, sich im Dritten Reich als politische Widerstandsgruppe zu verstehen (wobei die Frage bleibt, ob das auf Grund der äußeren Umstände überhaupt möglich gewesen wäre), entsprang also nicht nur der allgemein kritisierten Blindheit, Mutlosigkeit und Anpassungsbereitschaft, die gewiß auch im Spiele waren. Im Kern entsprang dieser Verzicht einer theologischen Entscheidung.

Andererseits bedeutete dieser Verzicht – und das ist nun nicht weniger wichtig – keineswegs auch den Verzicht auf politische Wirkungen. Luther hat sich ja auch trotz der Zwei-Reiche-Lehre nicht gescheut, vom Bauernkrieg bis zu den Auseinandersetzungen mit den Mansfelder Grafen notfalls sehr konkret politische Stellung zu beziehen, wenn die Unterscheidung der Mandate deutlich blieb. Ähnliches gilt auch für Barmen. Schon die Verwerfung anderer »*Ereignisse und Mächte, Gestalten und Wahrheiten*«[180] als Quelle der Verkündigung bestritt ja den allumfassenden Anspruch des neuen Systems. Denn niemand mußte damals erklären, daß mit den »Ereignissen« die nationalsozialistische Revolution, mit den »Mächten« Rasse, Blut und Boden, mit den »Gestalten« der Führer selbst und mit den »Wahrheiten« die neue Weltanschauung gemeint war. Niemand konnte der Kirche vorwerfen, sie hätte sich mit diesen Aussagen in ein fremdes Amt gemischt. Aber jeder, der es hören wollte, konnte hören, daß das Bekenntnis zu Jesus Christus als dem einen Wort Gottes der Gottähnlichkeit des totalen Staates und seiner Träger und Ideen eine unübersehbare Grenze setzte.

Die erste These ist von einigen lutherischen Theologen alsbald als ein reformierter Irrtum, ja als Irrlehre angegriffen worden. Dabei hätte doch niemals übersehen werden dürfen, daß die Barmer Erklärung lutherischer war als alles, was die Lutheraner dagegen einwandten.

Die reformatorische Konzentration auf das »Christus allein« erklärte auch jene einigermaßen befremdliche Front der Gegner, bei denen Asmussen nur einen relativen Unterschied zwischen Aufklärungstheologie, Kulturprotestantismus, religiösem Sozialismus und den Deutschen Christen erkennen konnte. Mochten diese Bewegungen im übrigen auch noch so verschieden sein, in der Einschränkung und Beeinträchtigung des »Christus allein« durch ein fremdes Evangelium waren sie fest verbunden.[181]

Die Barmer Erklärung ist im Rückblick leicht und bequem zu preisen als der tapfere Widerspruch gegen die inzwischen längst als unmöglich erkannte und der Lächerlichkeit preisgegebene deutschchristliche Theologie. In Wahrheit reicht ihr Anspruch weit darüber hinaus und ist bis auf den heutigen Tag nicht eingelöst.

Das Bekenntnis zu Jesus Christus als dem einen Wort Gottes, wie es in der ersten These ausgesprochen wurde, mußte Folgen haben. Welche Folgen in diesem Augenblick für die evangelische Christenheit in Deutschland die wichtigsten und vordringlichsten waren, entfalteten die weiteren Thesen. Sie betrafen das christliche Leben, Gestalt und Auftrag der Kirche und das Verhältnis von Kirche und Staat.

Was bedeutete das Bekenntnis zu Jesus Christus in einer Welt, in der sich zwei Millionen Menschen im Zeichen des Hakenkreuzes auf dem Tempelhofer Feld versammelten, einer Welt, in der ein Führer und eine Partei unablässig ihre Ansprüche an jeden Mann, jede Frau, jedes Kind erhoben und in der kein Gebiet, kein Gedanke, keine Bindung mehr unpolitisch, persönlich und frei sein sollte? Die zweite These gab die Antwort: »*Wie Jesus Christus Gottes Zuspruch der Vergebung aller unserer Sünden ist, so und mit gleichem Ernst ist er auch Gottes kräftiger Anspruch auf unser ganzes Leben.*«[182] Um das alte Thema von Rechtfertigung und Heiligung also ging es hier, um das Verhältnis der göttlichen Gnadenzusage zum Leben und Handeln des Christen neu formuliert für die Wirklichkeit des Jahres 1934. Und das hieß dann im Blick auf jene umfassenden Ansprüche des neuen Systems: Gottes Anspruch an den Menschen war die Grenze aller anderen Ansprüche. Dieser Anspruch Gottes aber war – und darin lag der evangelische Charakter dieser Aussage – nicht schlechthin göttliches Gesetz, sondern er war die Entsprechung der göttlichen Gnade, darum band er nicht nur, sondern befreite, wie es in der These hieß, »*zu freiem, dankbarem Dienst*«[183] an Gottes Geschöpfen. Daß dieser Zusammenhang von Bindung und Freiheit in der Wirklichkeit des Dritten Reiches auf eine unheimliche Weise gefährdet war und daß damit diese ganze Wirklichkeit selbst gefährdet war, machten einige Sätze in Asmussens Referat deutlich, die den Hintergrund dieser These erschlossen. »Wir erfahren«, so erklärte Asmussen, »die Schönheit der Kreaturen Gottes und ihre Dämonie, wir erfahren Höhepunkte und Tiefstände in der unter Gottes Weltregiment sich vollziehenden Geschichte genauso wie andere Leute. Was wir aber fürchten mehr als den Tod, ist die Tatsache, daß die Kreaturen Gottes und Geschehnisse der Geschichte uns in Versuchung führen, wie sie im Lauf der Geschichte alle Menschen in Versuchung geführt haben.« Gemeint war die Versuchung, »aus ihnen und in ihnen« – den Kreaturen und Geschehnissen – »Gott *ohne Christus* zu suchen«, also sich einen eigenen Gott zu formen.[184]

Hier wurde eine theologische Erklärung für die Entstehung des Dritten Reiches angedeutet, die den historisch-politischen Erklärungen eine neue Dimension hinzufügte. Und diese Dimension erschloß nicht nur Rausch und Größe der Gegenwart, sondern auch das Elend der Zukunft. »Wo immer das geschieht«, so fuhr Asmussen daher fort, »... gewinnen andere Herren als Jesus Christus, andere Gebote als seine Gebote über uns Gewalt. Sie bieten sich uns an als Erlöser, aber sie erweisen sich als Folterknechte einer unerlösten Welt.«[185] Der scheinbare Erlöser als Folterknecht: kürzer und prägnanter läßt sich der Weg Hitlers nicht zusammenfassen.

Eine Kirche, die sich theologisch so verstand, konnte auch ihr Verhältnis zum Staat neu und anders bestimmen, als es lutherischer Tradition unter Landesherrlichem Kirchenregiment möglich gewesen war.

Die dritte und die vierte These betrafen Wesen, Gestalt und Auftrag der Kirche. Ihr entscheidender Akzent lag auf der Abweisung jener Theorie der Trennung von äußerer Kirchengestalt und Bekenntnis, mit der die Reichskirchenregierung ihre gesamte Kirchenpolitik begründete.

Dies wurde in der dritten These im Anschluß an Epheser 4,15 – Christus als das Haupt des Leibes – mit der Formulierung verdeutlicht, daß die Kirche »... *mit ihrem Glauben wie mit ihrem Gehorsam, mit ihrer Botschaft wie mit ihrer Ordnung zu bezeugen«* habe, »*daß sie allein ... von seinem Trost und von seiner Weisung in Erwartung seiner Erscheinung lebt und leben möchte*«. In der dazugehörigen Verwerfung wurde die falsche Lehre abgelehnt, »*als dürfe die Kirche die Gestalt ihrer Botschaft und ihrer Ordnung ihrem Belieben oder dem Wechsel der jeweils herrschenden weltanschaulichen und politischen Überzeugungen überlassen* «.[186]

Und die folgende vierte These konkretisierte dies im Blick auf das zentrale Problem der neuen Ordnung: das Führerprinzip. Alle Ämter in der Kirche begründeten nicht Herrschaft, sondern Dienst, hieß es darin, deshalb wurde die falsche Lehre verworfen, »*als könne und dürfe sich die Kirche abseits von diesem Dienst besondere, mit Herrschaftsbefugnissen ausgestattete Führer geben oder geben lassen*«.[187] In der ursprünglichen Fassung war die Aussage noch dadurch verstärkt, daß der Begriff »Führer« mit Anführungszeichen herausgehoben worden war. Sie fielen der Schlußredaktion ebenso zum Opfer wie der Zusatz »nach dem Vorbild bestimmter Staatsformen« und der einschränkende Hinweis »über deren Recht und Wert als solche der Kirche kein Urteil zusteht«.[188]

Auch hier freilich reichte die Bedeutung der Thesen weit über den Anlaß hinaus. Denn mit der dritten These der Theologischen Erklärung wurde zum ersten Mal in der evangelischen Kirche Deutschlands der Versuch gemacht, über das gerade in diesem Punkt unbefriedigende Augsburger Bekenntnis hinaus eine lehrmäßige Beschreibung des evangelischen Kirchenbegriffs zu geben.[189] Und an dieser Beschreibung der Kirche als der »... *Gemeinde von Brüdern, in der Jesus Christus in Wort und Sakrament durch den Heiligen Geist als der Herr gegenwärtig handelt*«[190] orientierte die Bekennende Kirche auch ihren gesamten äußeren Aufbau und ihre Ordnung.[191] Wenn sich nach dem Krieg gleichwohl die alten landeskirchlichen Ordnungen überall wieder durchsetzten, so geschah dies weniger in der Abkehr von Barmen als vielmehr in der Berücksichtigung bestimmter, mit der Kirche als Volkskirche verbundener Auflagen und Bedingungen.

Großes Gewicht erhielten nach Lage der Dinge schließlich jene Konsequenzen aus der ersten These, die das Verhältnis von Kirche und Staat betrafen. In diesem Punkt waren die einer Einigung entgegenstehenden Schwierigkeiten besonders groß. Nicht allein, daß hier eine alte Streitfrage zwischen Lutheranern und Reformierten lag, auch die Beurteilung des Dritten Reiches war unter den Synodalen alles andere als einheitlich. Und schließlich hatte die Synode der Beschuldigung zu begegnen, daß sie in Wahrheit eine kaum getarnte politische Opposition betreibe.

So blieb die fünfte These am längsten umstritten, und erst eine Neuformulierung durch Karl Barth am späten Abend des 30. Mai ermöglichte endlich die allgemeine Zustimmung.[192]

Die Voraussetzung für die gemeinsame Aussage war auch hier der Wille, als Synode der Kirche kirchlich zu sprechen und auf jede unmittelbare Wertung der gegenwärtigen politischen Verhältnisse zu verzichten. Fast beschwörend erinnerte Asmussen die Synodalen in der zweiten Lesung daran, es müsse »... in dem, was die Kirche theologisch über den Staat sagt, abgesehen werden, und zwar grundsätzlich und ein für allemal davon, was die Synodalen weltanschaulich über den Staat sagen«.[193] Gleichwohl war die These fünf alles andere als unkritisch und unpolitisch. Ihre Aussage ging in eine doppelte Richtung. Sie bejahte zunächst auf eine sehr nüchterne Weise die Aufgabe des Staates:

»*Die Schrift sagt uns, daß der Staat nach göttlicher Anordnung die Aufgabe hat, in der noch nicht erlösten Welt, in der auch die Kirche steht, nach dem Maß menschlicher Einsicht und menschlichen Vermögens unter Androhung und Ausübung von Gewalt für Recht und Frieden zu sorgen. Die Kirche erkennt in Dank und Ehrfurcht gegen Gott die Wohltat dieser seiner Anordnung an.*«[194]

Damit wird die Würde und Souveränität des Staates ausdrücklich bestätigt, und die politisch Handelnden erhalten – »nach dem Maß menschlicher Einsicht und menschlichen Vermögens« – einen breiten Ermessensspielraum politischer Verantwortung, der von aller Einrede der Kirche frei zu bleiben hat. Dieser erste Teil der fünften These ist weit entfernt von allen enthusiastischen wie anarchistischen Ideen über den Staat. Von einem »herrschaftsfreien Raum« ist keine Rede. Es wird vielmehr nicht nur nüchtern die Notwendigkeit des Staates anerkannt, sondern ihm ausdrücklich sein »Monopol der Gewalt« bestätigt – freilich nicht absolut, sondern instrumental, nämlich im Sinne seines gottgewollten Auftrags, »... für Recht und Frieden zu sorgen«. Dies ist nichts anderes als die Einsicht, die der junge Dietrich Bonhoeffer 1933 festhielt, als er meinte, die Kirche wisse »... um die wesenhafte Notwendigkeit der Gewaltanwendung in dieser Welt und um das mit der Gewalt notwendig verbundene ‹moralische› Unrecht bestimmter konkreter Akte des Staates«.[195] Auch die Barmer Erklärung anerkennt in diesem Sinne Recht und Würde staatlichen Handelns auch dort, wo solches Handeln mit der Androhung und Ausübung von Gewalt verbunden ist.

Aber dies, nämlich den Staat in seinem staatlichen Handeln zu bestätigen und dankbar anzuerkennen, ist nicht alles, was die Kirche zum Staat zu sagen hat. Im zweiten Teil der These heißt es deshalb: Die Kirche »... *erinnert an Gottes Reich, an Gottes Gebot und Gerechtigkeit und damit an die Verantwortung der Regierenden und Regierten. Sie vertraut und gehorcht der Kraft des Wortes, durch das Gott alle Dinge trägt.*«[196]

Die Kirche erinnert also den Staat gleichzeitig immer auch an die Grenzen seiner Gewalt, die durch Gottes Reich, Gottes Gebot und Gerechtigkeit gezogen werden. Asmussen hat dies in seinem Referat vor der Synode unüberhörbar deutlich gemacht, wenn er dazu meinte – und dies immerhin Ende Mai 1934 (!) –: »Wir glauben, nichts zu tun als unsere Pflicht vor Gott, dem allein Weisen und allein Gerechten, wenn wir in Abwehr deutschchristlicher Irrtümer darauf aufmerksam machen, daß auch die Staatsweisheit in unserer gegenwärtigen Staatsform ... nicht Gottes Weisheit, daß auch das Maß der Gerechtigkeit, welches in unserem Staatswesen herrscht, nicht das Maß göttlicher Gerechtigkeit ist. Und ein für allemal müssen wir es betonen, daß wir kein irdisches Gesetz kennen, durch welches mit Recht göttliches Gesetz gebrochen werden könnte.«[197]

Die Kirche bleibt dem Staat gegenüber nicht stumm. Indem sie ihn an Gottes Reich, Gottes Gebot und Gerechtigkeit erinnert, erinnert sie ihn an seine Grenzen und sagt ihm zugleich etwas, was er sich schlechterdings nicht selbst sagen kann. Sie erinnert ihn daran, daß es für sein Handeln Maßstäbe gibt, die er sich nicht selbst setzen kann, die durch Gottes Wort gesetzt sind und denen Regierende und Regierte – ob sie es wahrhaben wollen oder nicht – unterworfen und verantwortlich sind.

Entscheidend bleibt dabei die Einsicht der Kirche, daß sie nicht selbst politisch handeln, nicht an die Stelle des Staates treten kann, wenn sie ihn versagen sieht (von der einzigen Ausnahme »in extremis« einmal abgesehen). Sie ist die Mahnerin, das ist ihr Auftrag. Bleibt sie damit jetzt oder später oder überhaupt ungehört, so gilt: »Sie vertraut und gehorcht der Kraft des Wortes, durch das Gott alle Dinge trägt.«

Aus der These folgt auch hier die Verwerfung. Sie betraf gleichermaßen den Totalitätsanspruch des Staates wie die staatlichen Ansprüche der deutsch christlichen Reichskirche. »*Wir verwerfen die falsche Lehre*«, hieß es deshalb, *»als solle und könne der Staat über seinen besonderen Auftrag hinaus die* *einzige und totale Ordnung menschlichen Lebens werden ...*« Und nicht minder nachdrücklich hieß es: »*Wir verwerfen die falsche Lehre, als solle und könne sich die Kirche ... staatliche Aufgaben und staatliche Würde aneignen und damit selbst zu einem Organ des Staates werden.*«[198] In Karl Barths ursprünglichem Entwurf stand es noch deutlicher: »Wir verwerfen den Irrtum, als sei der Staat die einzige und totale Ordnung menschlichen Lebens. Wir verwerfen den Irrtum, als habe sich die Kirche ... einer bestimmten Staatsform ›gleichzuschalten‹.«[199]

Aber auch in der endgültigen Fassung war die Sache, um die es ging, noch immer klar erkennbar. Hier, in These und Verwerfung, war kein Wort mehr gesagt, als kirchlich zu verantworten war. An keinem Punkt hatte die Kirche ihre Grenzen überschritten. Und doch hatte sie hier einen politischen Widerspruch gegen das Dritte Reich und seinen Staat angemeldet, wie er grundsätzlicher kaum denkbar war.

Mit aller Entschiedenheit lehnte die fünfte These also ein unmittelbares politisches Mandat der Kirche ab. Die Kirche hatte nicht politisch zu diskutieren, sondern sie hatte bei ihrer Sache zu bleiben, der Verkündigung Jesu Christi. Und gerade indem sie dabei blieb, gewann sie ihr eigenes, unersetzliches und unverwechselbares politisches Profil. Die Synode zeigte es. Denn wo sonst wäre im Sommer 1934 das Dritte Reich in aller Öffentlichkeit so bestimmt an seine Grenzen erinnert worden wie hier?

Mit der fünften Barmer These hatte die Synode auch eine Neubestimmung des Verhältnisses von Staat und Kirche vorgenommen, die nicht traditionellen Grundmustern konfessioneller Staatslehren folgte,[200] sondern »neu aus dem ›unlöslichen Zusammenhang von Glauben und Gehorsam im Blick auf das Staatsverständnis‹ abgeleitet« wurde.[201] Damit machte sie Front gegen alle Versuche von deutschchristlicher und nationalsozialistischer Seite,[202] die erst wenige Monate alte Reichskirchenverfassung zu unterlaufen und an ihrer Stelle eine einheitliche deutsch-lutherische Reichs- und Nationalkirche zu errichten.[203] Eine solche moderne Erneuerung des Landesherrlichen Kirchenregiments, dessen Ende ja gerade erst fünfzehn Jahre zurücklag, durch die Übergabe der Kirchengewalt circa sacra an die Führung des Reiches hätte sichergestellt, daß die Reichskirche dem Staat vollständig gleichgeschaltet worden wäre. Und als die Barmer Synode Ende Mai zusammentraf, sah es ganz danach aus, als sollten diese Pläne binnen kurzem gelingen. Nahezu alles, was die kirchliche Opposition bis dahin politisch und kirchenpolitisch dagegen unternommen hatte, war entweder fehlgeschlagen oder hatte sich letztlich als unwirksam erwiesen. Erst Barmen V erteilte allen diesen Tendenzen eine endgültige, theologisch begründete Absage.[204]

Die sechste und letzte These handelte vom Auftrag der Kirche, und sie betonte, daß dieser Auftrag allein darin bestehe, »*an Christi Statt und also im Dienst seines eigenen Wortes und Werkes... die Botschaft von der freien Gnade Gottes auszurichten an alles Volk*«. Verworfen wurde damit alle menschliche Selbstherrlichkeit, die »... *das Wort und Werk des Herrn in den Dienst irgendwelchen eigenmächtig gewählter Wünsche, Zwecke und Pläne*...« stellte.

Die Erklärung schloß mit der Feststellung, daß »... *in der Anerkennung dieser Wahrheiten und in der Verwerfung dieser Irrtümer die unumgängliche theologische Grundlage der Deutschen Evangelischen Kirche*...« gegeben sei, und mit der Bitte an alle evangelischen Christen, »*in die Einheit des Glaubens, der Liebe und der Hoffnung zurückzukehren*«.

Darunter stand schon im Frankfurter Entwurf von Asmussens Hand das Wort aus Jesaja 40, Vers 8: »*Verbum Dei manet in aeternum.*«[205] »Gottes Wort bleibt in Ewigkeit.«

Die Theologische Erklärung der Barmer Synode war und ist ein Dokument höchsten theologischen Anspruchs. Sie machte in einer Zeit dramatischer politischer und ideologischer Einbrüche in die evangelische Kirche ein scheinbar weit entferntes theologisches Thema zur alles entscheidenden Frage, nämlich das Thema von der menschlichen Erkennbarkeit Gottes. Und sie entschied diese alte Frage auf die denkbar radikalste Weise so, daß sie diese Erkennbarkeit Gottes allein und ausschließlich an Jesus Christus als das fleischgewordene Wort Gottes band. Sie strich damit kurzerhand alles aus, was bis dahin als christliche Politik, christliche Kultur, christliche Sitte, christliche Humanität doch auch Anspruch auf ein Erkennen und Handeln im Sinne Gottes erhoben hatte, und ließ allein noch das »Solus Christus« gelten.

Aber konnte man im 20. Jahrhundert tatsächlich noch so reden wie im 16.? War damit nicht ein für den wirklichen Zustand des Christentums in der Neuzeit weit überzogener dogmatischer Anspruch erhoben worden?

Die Frage bewegte schon damals die Freunde der Bekennenden Kirche, und zwar vor allem diejenigen im Ausland. So schrieb etwa Adolf Keller, der Sekretär des Schweizerischen Kirchenbundes und Freund von Bischof Bell, Mitte Juni in einem ungewöhnlich klugen und nachdenklichen Kommentar zur Barmer Synode im Berner »Bund«: »Die Deutschen Christen haben keinen Platz in dieser Kirche. Aber wo bleiben die Liberalen, die wohl die

Grundprinzipien der Reformation annehmen können, aber nicht die Herrschaft des Dogmas? Wo bleibt die bisherige tolerante Mitte, die auch bei materieller Zustimmung Zwang und Ausschließlichkeit religiöser Überzeugung verabscheut? Wo bleiben die Religiös-Sozialen, die diese Vertheologisierung der Kirche als eine Verkürzung ansehen? ...Wo bleiben die Arbeitermassen, die Millionen, die diese Theologenkirche nicht mehr verstehen oder wenigstens nicht die hinter den Glaubensbekenntnissen bereits schon lauernden theologischen Formulierungen?«[206]

Überraschenderweise spielten diese naheliegenden Fragen in Deutschland selbst zunächst nur eine geringe Rolle. Und das hing nicht nur mit dem Druck der Verhältnisse zusammen, die für liberale Positionen keinen Raum ließen. Vielmehr bestätigte sich hier eine Erfahrung der Kirchengeschichte, wonach in Zeiten höchster Gefährdung die Kirche nicht durch das Aufwerfen äußerer Dämme gerettet wird, sondern allein durch den Rückgriff auf die theologische Mitte. So dürften nur wenige Gemeinden im 4. Jahrhundert wirklich den strengen Formeln von Nicaea gefolgt sein; und nur wenige Anhänger der Reformation werden Luthers Gnadenlehre tatsächlich in ihrer ganzen Radikalität übernommen haben. Und doch konnte beides, die Entscheidung von Nicaea wie Luthers reformatorische Predigt, für unzählige Christen und Gemeinden zum entscheidenden Orientierungspunkt werden.

Ganz ähnlich wird man die Wirkung der Barmer Erklärung zu sehen haben. Es ist kein Zweifel, daß sie von vielen ernsten Christen als eigenes Bekenntnis übernommen wurde. Aber auch wer sie nicht Wort für Wort unterschreiben konnte, wer dogmatisch anders dachte, ja sogar wer ihren Formulierungen im einzelnen kaum einen Sinn abzugewinnen vermochte, der konnte sie doch als eine grundsätzliche Orientierung begreifen, als eine Unterscheidung der wahren von der falschen Kirche, an der es sich in diesem Augenblick auszurichten galt.

Bedenken blieben freilich nicht aus. So schrieb Rudolf Hermann, der führende lutherische Theologe der Greifswalder Fakultät, der selbst an der Synode teilgenommen hatte, am 19. Juni 1934 an Hans Asmussen, er hätte »... schon in Barmen das Gefühl nicht ganz loswerden können, dass eine neue Gefahr in Gestalt der Lehrgesetzlichkeit über uns kommen könnte ... Wenn wir uns unter der Not der Kirche und der Zeit zueinander finden, und dabei mehr oder weniger alle etwas aufs Spiel setzen, ... so sollen wir uns doch, meine ich, nicht vorschreiben, wie wir zu denken haben! Ist nicht die Kampfgemeinschaft auch ein Zeugnis über die Theologie, aus der her sie doch kommt?«[207] Der Fall des bedeutenden, liberalen Berliner Kirchenhistorikers Hans Lietzmann, der 1935 aus der Prüfungskommission der Bekennenden Kirche ausschied, weil er die geforderte Unterschrift unter die Barmer Erklärung nicht leisten wollte, blieb aber zunächst die Ausnahme.[208] Erst später stellte sich heraus, daß durchaus Anlaß zu Befürchtungen bestand. Denn wie aus der Entscheidung des Nicaenums eine nicaenische Orthodoxie wurde und aus Luthers Gnadenlehre die lutherische Orthodoxie, so lag auch in der Barmer Erklärung die Tendenz zur Lehrgesetzlichkeit, die sich seit 1938 immer stärker auf Teile der Bekennenden Kirche zu legen begann. Noch im Krieg unternahmen deshalb zwei ihrer führenden Theologen, Rudolf Bultmann und Dietrich Bonhoeffer je auf ihre Weise den Versuch, die Kirche aus dieser Lehrgesetzlichkeit zu befreien.

Im Sommer 1934 freilich lagen diese Probleme noch in weiter Ferne. Die Kunde von der Barmer Synode ging wie ein Lauffeuer durch die bekennenden Gemeinden in Deutschland. Und überall, wo die Sorge um das Bekenntnis der Kirche die Menschen in Bewegung gebracht hatte, fand sie offene Türen. Karl Barth begann am 1. Juni seine Vorlesung mit einer »... so lennen Verlesung der ›Theologischen Erklärung‹ ...« und berichtete am selben Tag in einem Brief, »ein lange andauernder Beifall der ganzen Mannschaft ...« habe deutlich gezeigt, »dass wir damit rechnen dürfen – jedenfalls hier zu Lande! – die theologische Jugend ungefähr geschlossen hinter uns zu haben«.[209] Bekenntnispfarrer verteilten die Flugblätter mit der Theologischen Erklärung in ihren Gemeinden; als am 17. Juni in Heilbronn die neue Martin-Luther-Kirche eingeweiht wurde, befand sich bereits ein Exemplar in einer Kupferkapsel unter dem Altar.[210] Im übrigen sorgte der Barmer Pastor Karl Immer, der schon die organisatorische Vorbereitung der Synode übernommen hatte,[211] nun auch für die Verbreitung ihrer Beschlüsse in ganz Deutschland. Zwar gelang es nicht, das Deutsche Nachrichtenbüro zur Weitergabe eines offiziellen Berichtes zu bewegen, aber eine ganze Reihe kleinerer und größerer Blätter brachten eigene Artikel.[212] So widmete etwa die lokale »Barmer Zeitung« dem Ereignis zwei volle Seiten, und die weit verbreitete »Deutsche Allgemeine Zeitung« übernahm einen umfangreichen Artikel von Martin Niemöller – allerdings ohne den Schluß, in dem vom »entschiedenen Widerstand« der bekennenden Gemeinden gegen alle reichskirchlichen Übergriffe die Rede war.[213]

Am wichtigsten freilich wurde das von Karl Immer herausgegebene Berichtsheft, das in einer ersten Auflage von 25000 Exemplaren erschien und

Montag, 4. Juni 1934 Blatt 1 Der Zürcher Zeitung 155. Jahrgang Morgenausgabe № 1001

Neue Zürcher Zeitung

und schweizerisches Handelsblatt

Täglich 3 Ausgaben

Je mehr über die Bekenntnissynode bekannt wird, die während dreier Tage in Barmen versammelt war, desto ungewöhnlicher stellt sich dieses epochemachende Ereignis in der Entwicklung des deutschen Protestantismus dar. Vertreter aus dem Gebiete von 18 Landeskirchen und überdies von Danzig waren in der rheinisch-westfälischen Grenzstadt erschienen, darunter die sämtlichen Vorkämpfer: Koch, Meiser, Wurm, Marahrens, Bodelschwingh, Superintendent Hahn, Reichsgerichtsrat Flor, die Berliner Pfarrer Niemöller und Jacobi. Der entscheidende Punkt in den Beschlüssen der Bekenntnissynode ist darin zu erblicken, daß diese sich nicht bloß als Opposition betrachtet, sondern im Gegenteil als Vertreterin der rechtmäßigen evangelischen Kirche auftritt. Das derzeitige Kirchenregiment habe, so erklärte die Tagung von Barmen, die Grundlage der Bibel und die Bekenntnisse der Reformation verlassen, an die sie durch die Reichskirchenverfassung ausdrücklich gebunden war; auch über die Verfassungsvorschrift, die die Aufrechterhaltung der Landeskirchen gewährleistet, sei die Reichskirchenregierung hinweggeschritten; sie habe durch ihre zahlreichen Rechts- und Verfassungsbrüche den Anspruch verwirkt, die rechtmäßige Leitung der Deutschen Evangelischen Kirche zu sein. Mit andern Worten: Reichsbischof Müller wird als abgesetzt erklärt, zusammen mit seinem Geistlichen Ministerium und seinem ganzen Mitarbeiterstab.

Beweis dafür sind die von der Bekenntnissynode angenommenen sechs Glaubensartikel, deren Hauptgewicht auf der Ablehnung der Hierarchie, des Gewissenszwanges und staatlicher Uebergriffe liegt. Die Kirche, heißt es darin, könne außer dem Worte Gottes keine andere Offenbarung anerkennen; dieses Wort habe Anspruch auf das ganze Leben, und es gebe keinen Bereich des Lebens, wo der Mensch anderen Herren zu eigen wäre und nicht der Rechtfertigung bedürfte. Die Botschaft der Kirche müsse von den jeweilig herrschenden politischen Ueberzeugungen unabhängig bleiben. Der Staat habe auf weltlichem Gebiet für Recht und Frieden zu sorgen. „Wir verwerfen die falsche Lehre, als solle und könne der Staat über seinen besondern Auftrag hinaus die einzige und totale Ordnung menschlichen Lebens werden und also auch die Bestimmung der Kirche erfüllen. Wir verwerfen die falsche Lehre, als solle und könne sich die Kirche über ihren besondern Auftrag hinaus staatlichen Aufgaben und staatliche Würde aneignen und damit selbst zu einem Organ des Staates werden." — Deutlicher kann das Prinzip der Trennung der Kirche von nationalsozialistischen und deutschchristlichen Prinzipien kaum ausgesprochen werden.

Die Barmer Bekenntnissynode und ihre Entschließungen wurden von der ausländischen Presse aufmerksam registriert.

Ende Juni bereits verkauft war.[214] Es enthielt alle Vorträge und Entschließungen der Synode und sorgte damit für die gemeinsame theologische Grundlage der gesamten Bekennenden Kirche.[215]

Ein Exemplar dieses Berichtsheftes ging an den Reichspräsidenten, der umgehend dafür danken ließ.[216] Nicht immer freilich waren die Hefte mit den Barmer Beschlüssen willkommen. So ließ Pastor Johannes Glück aus

Bekenntnissynode der Deutschen Evangelischen Kirche

Barmen 1934

Vorträge und Entschliessungen

Wir sind es doch nicht, die da könnten die Kirche erhalten, unsere Vorfahren sind es auch nicht gewesen, unsere Nachkommen werden es auch nicht sein, sondern der ist's gewesen, ist's noch und wird es sein, der da spricht: Ich bin bei euch alle Tage bis an der Welt Ende, JESUS CHRISTUS.

D·MARTIN LUTHER

Karl Immer, Pfarrer der Gemeinde, in der die Barmer Synode stattfand, gab ein umfangreiches Berichtsheft über Barmen heraus.

dem kleinen schlesischen Prietzen seine Sendung zurückgehen mit der giftigen Bemerkung, »daß ich Ihr ganzes Unternehmen nicht nur für ein Verbrechen am neuen deutschen Staate sondern auch an der Kirche halte«.[217] Äußerungen dieser Art waren typisch für jene Gruppen in der Kirche, die unverändert die nationalen Ziele vor die kirchlichen setzten.

Bedenklicher war, daß weder die württembergische noch die bayerische Landeskirche, obwohl auf der Synode durch ihre Bischöfe offiziell vertreten, den Text der Theologischen Erklärung in ihren Amtsblättern veröffentlichten. Dies war ein erster Hinweis auf Verständigungsschwierigkeiten, die schon bald die Barmer Einigung wieder in Frage stellen sollten.

Aber man bemühte sich nicht nur um eine möglichst weite Verbreitung der theologischen Ergebnisse, es wurden auch die organisatorischen Beschlüsse der Synode unverzüglich in die Tat umgesetzt. Der wichtigste betraf die Einrichtung einer ständigen Vertretung unter dem westfälischen Präses Koch. So richteten Asmussen und Fiedler schon Anfang Juni in Kochs Superintendentur in dem kleinen westfälischen Badestädtchen Oeynhausen eine theologische und eine Rechtsabteilung ein, die in Zukunft für ein gemeinsames Vorgehen der Bekenntnisgemeinschaft sorgen sollten. Es waren dies die Anfänge der späteren »Vorläufigen Kirchenleitungen« der Bekennenden Kirche, im Ansatz nichts anderes als eine Gegenkirchenregierung zur Kirchenleitung von Müller, Jäger und den deutschchristlichen Landesbischöfen.

In ihrem ersten Rundschreiben vom 7. Juni forderte die neue »Zentralstelle« dazu auf, in allen Landesteilen einen »Rat der bekennenden Kirche« zu gründen und gleichzeitig die Arbeit in den Kirchenkreisen und Gemeinden in Angriff zu nehmen.[218] Ganz wichtig sei der ständige Kontakt mit allen zur Bekenntnisfront gehörenden Geistlichen, für den die Vertrauensleute in den Ländern verantwortlich seien.[219]

Schon wenige Tage später machte ein weiteres Rundschreiben die Grundprobleme der Sammlung und des Aufbaus einer Bekennenden Kirche in dieser Zeit deutlich. Denn theologisch hatte die Barmer Erklärung eindeutig die wahre von der falschen Kirche unterschieden und damit die Trennung eingeleitet. Rechtlich dagegen gab es nur eine Deutsche Evangelische Kirche, und wer diesen gemeinsamen Rechtsboden aufgab, lief Gefahr, zur Freikirche zu werden und die verfaßte Kirche, und das hieß eben auch die ganze kirchliche Mitte, den Deutschen Christen zu überlassen. Ohne die mächtigen Klammern des Staatskirchenrechts und des Kirchenrechts, also bei einem System der Trennung von Staat und Kirche, wäre in Barmen zweifellos die Spaltung der evangelischen Kirche in eine bekenntnistreue Mehrheit und eine staatstreue Minderheit erfolgt. So aber mußte die Leitung in Oeynhausen ihre Grundsätze für den Aufbau sehr vorsichtig formulieren. Deshalb hieß es im zweiten Rundschreiben, das erste Ziel der Bekenntnisgemeinschaft sei »... nicht die Schaffung einer neuen Verfassung ...«. Die Lage sei vielmehr »... diese: Gott hat der evangelischen Christenheit neue Bewegung geschenkt. Die kommenden Formen wachsen aus dieser Bewegung. Man muß ihnen Zeit lassen zu wachsen und nun endgültig auf Konstruktionen verzichten«.[220] Diese Konzeption lag ganz auf der vor allem von den Juristen vertretenen Linie, die bei strenger Wahrung der Legalität nicht auf den Bruch, sondern auf die allmähliche Veränderung von innen heraus setzten. Aber so sehr diese vorsichtige Haltung von den süddeutschen Kirchen begrüßt wurde, so wenig mochte man sich, wie sich alsbald zeigte, in Preußen damit abfinden.

Zugleich war in diesem Rundschreiben von einem Plan die Rede, der bisher schon hier und da regional verwirklicht worden war und der nun gemeinsam in Angriff genommen werden sollte, nämlich die Ausgabe von Beitrittserklärungen zur Bekenntnisgemeinschaft. Es ging um die sogenannte Rote Karte, die bald zum Inbegriff der Bekennenden Kirche wurde.

Der Wunsch nach einer besonderen Verpflichtung der Mitglieder war in den bekennenden Gemeinden inzwischen allgemein geworden. So schrieb beispielsweise der Neutestamentler Hans von Soden, der in Marburg einen Kreis von Laien sammelte, eben zu dieser Zeit an Präses Koch, der Kreis wünsche, daß sein Charakter »... durch eine Verpflichtung, die seine Glieder übernehmen, gesichert ...« werde, und fügte hinzu, diese Verpflichtung dürfe allerdings keine »... dogmatische Formulierung ...« enthalten, »die Laien nicht verständlich oder nicht tragbar ...« sei, »sondern« sie solle »den entscheidenden Akzent auf das ›mit Ernst Christen sein wollen‹ ...« legen.[221]

Ganz in diesem Sinne hieß es gleichzeitig im Rundbrief Nr. 2 der Oeynhausener Leitung, »... die Forderungen ...« dieser Verpflichtung dürften nicht »zu hoch gespannt werden« und der Kreis der zu Sammelnden solle nicht auf die Kerngemeinde beschränkt bleiben, weil man sonst leicht »... in bedenkliche Nähe des Freikirchentums ...« komme.[222]

Die ganze Fülle dieser Schwierigkeiten zeigte sich, als sich der alte »Nürnberger Ausschuß«, nun »Bruderrat der Bekenntnissynode der Deutschen Evangelischen Kirche«, am 14. Juni zu seiner ersten Sitzung nach Barmen im Frankfurter Hotel »Kölner Hof« traf. Unter dem Vorsitz von Präses Koch waren das neben den süddeutschen Landesbischöfen Meiser und Wurm die Vertreter der »zerstörten« – wie man nun sagte – preußischen Kirchengebiete: die Pfarrer Immer, Hesse und Beckmann aus dem Rheinland, Müller/Dahlem und Jacobi aus Berlin, außerdem Klügel aus Hannover sowie Fiedler und Asmussen.[223]

Wie ein roter Faden durchzog die Diskussion der zahlreichen Tagesordnungspunkte einerseits das Bemühen von Meiser, die Bekenntnisgemeinschaft weit offen zu halten, andererseits das Drängen der preußischen Vertreter, möglichst bald zu definitiven Entscheidungen zu kommen. So glich die Bekenntnisgemeinschaft einem weit auseinandergezogenen Heereszug: An der Spitze marschierten die Vertreter von Westfalen, dem Rheinland und Berlin, die bei einem definitiven Bruch mit den Deutschen Christen wenig zu verlieren und viel zu gewinnen hatten, etwa in der Mitte hielt sich die Oeynhausener Leitung, und weit am Ende lag die bayerische Landeskirche, die umgekehrt bei einem solchen Bruch den Verlust ihres legalen Kirchenregiments und das Ende ihrer bisherigen Geschlossenheit befürchtete.

Dieses Grundproblem der Bekennenden Kirche wurde niemals völlig gelöst und führte im Februar 1936 auf der letzten Bekenntnissynode in Oeynhausen zu einer Spaltung, deren Folgen bis weit nach Kriegsende im deutschen Protestantismus spürbar blieben.

Auf der Frankfurter Sitzung war es zunächst Meiser, der nach längeren Diskussionen über die konfessionelle Problematik seine Vorschläge vortrug. Sie liefen darauf hinaus, in Übereinstimmung mit Württemberg alle Sammlungsversuche und Kompromißvorschläge sowie überhaupt ein Gespräch mit der gegenwärtigen Reichskirchenregierung strikt abzulehnen und statt dessen das Reichsinnenministerium um seine Vermittlung zu bitten.[224] Ziel der Verhandlungen sollte ein Kirchendirektorium aus Mitgliedern der Bekenntnisfront sein, das Müller und Jäger ablösen und durch Neuwahlen der evangelischen Kirche zu einer neuen, legalen Kirchenregierung verhelfen sollte. Eine wichtige Rolle bei diesen Verhandlungen war Wilhelm Flor zugedacht, von dem Buttmann gemeint hatte, er sei »die stärkste Stütze der Bek[enntnis]Fr[ont]«.[225] Dementsprechend notierte Fiedler als »Voraussetzung unbedingte Wiedergutmachung. Rückkehr zu verfassungsmässigen Verhältnissen.«[226]

Unmittelbar danach berichtete Beckmann über die Zuspitzung der Lage im Rheinland. Hier hatte Oberheids Nachfolger Heinrich Forsthoff in Fortführung der staatskirchlichen Konzeption den Entwurf einer neuen Kirchenordnung für die Rheinprovinz vorgelegt, die in genauer Entsprechung zum staatlich-politischen Vorbild ganz am Führerprinzip orientiert war.[227] Angesichts dieser unmittelbaren Bedrohung schien eine weitere, auch nur formale Zusammenarbeit mit der rheinischen Kirchenleitung nicht mehr möglich, und so stellte Beckmann die Frage: »Ist der Bruderrat einverstanden, wenn die rheinische Bekenntnissynode eine echte legale rheinische Kirche auf dem Boden der rheinisch-westfälischen Kirchenordnung errichtet?«[228] Koch bestätigte, daß die gleiche Frage auch für Westfalen gelte.

Damit stand der Bruderrat schon auf seiner ersten Sitzung vor dem entscheidenden Problem: Legalitätskurs oder Bruch und damit verbunden die Gefahr der Freikirche.

Die Antworten von Fiedler, Asmussen und Jacobi hielten sich etwa in der

Mitte. Asmussen meinte, der Weg der Bekennenden Kirche habe zwischen zwei Extremen hindurchzugehen, nämlich dem »Abdrängen in eine Freikirche« und der Rückkehr zu einer »Massenkirche«.[229] Jacobi bekräftigte dies und machte damit deutlich, welche Hoffnungen sich mit Barmen und dem großen Aufbruch der Bekennenden Kirche tatsächlich verbanden: »Wir wollen unter keinen Umständen eine Freikirche, aber auch unter keinen Umständen die alte Kirche, sondern eine neue Kirche ... Es wird uns eine Stunde von Gott gegeben, wie sie uns ähnlich ... kaum wieder kommt. Es ist die Stunde, daß wir eine bekennende Kirche werden.«[230]

Die Schwierigkeiten, die sich durch die grundverschiedene Lage in den »intakten« süddeutschen und den »zerstörten« preußischen Kirchengebieten ergaben, bestimmten auch den Nachmittag, als man über die Frage des Verpflichtungsscheines beriet. Nach längerer Diskussion unterbreitete Asmussen einen schnell entworfenen Textvorschlag, der dem allgemeinen Wunsch nach einer möglichst einfachen und offenen Formulierung entsprach. Er lautete: »Ich trete hiermit der Bek.[enntnis]Gem.[einschaft] bei und will sie nach Kräften fördern. Ich sehe in der Hlg. Schrift nach Maßgabe unserer Bekenntnisse die einzige Richtschnur der Kirche. Ich unterstelle mich der geistlichen Leitung des Bruderrates der Bek.[enntnis]Gem.[einschaft].«[231]

Während der Bruderrat noch über den Text diskutierte und dem Präsidium in Oeynhausen den Auftrag gab, »... einen Verpflichtungsschein möglichst einheitlicher Art [zu] entwerfen«, unterstrich der bayerische Landesbischof auch hier die besondere Lage der Süddeutschen. »Für die verfassten Kirchen ...«, so erklärte er, komme »der Verpflichtungsschein noch nicht in Frage«.[232]

Aber schon in der darauffolgenden Woche griff der preußische Bruderrat die Frage erneut auf und beschloß eine Verpflichtungserklärung, die nun doch ein ganzes Stück über den Asmussenschen Vorschlag hinausging.[233]

Die tiefgreifenden Unterschiede zwischen den süddeutschen Landeskirchen und den preußischen Kirchenprovinzen hatten ihren Grund zum einen sicherlich in der verschiedenen Ausgangs- und Interessenlage von »intakten« und »zerstörten« Kirchengebieten. Aber diese Unterschiede wären zweifellos leichter zu überbrücken gewesen, wenn sich damit nicht zugleich auch ein tiefer theologischer Gegensatz verbunden hätte. Es war jener Gegensatz, der schon die Barmer Synode fast zum Scheitern gebracht hätte und der nun nach Barmen und im Blick auf die Theologische Erklärung erst recht auf den Plan trat: das lutherische Bekenntnis und die Union. Dabei ist angesichts der

Vermischung der Motive heute kaum noch zu klären, wo die Grenze zwischen theologischen und politischen Überzeugungen verlief.

Überhaupt ist es im Rückblick ungewöhnlich schwierig, jener lutherischen Front gerecht zu werden, weil ihre Position durch den Verlauf der Geschichte gleich doppelt widerlegt worden ist: durch die politische Entwicklung des Dritten Reiches und durch die kirchlich-theologischen Entscheidungen der siebziger Jahre, die die konfessionellen Unterschiede im Protestantismus als nicht mehr kirchentrennend anerkannt haben.

Gleichwohl ist es nötig, sich auf diese Position einzulassen, weil ohne ihre Kenntnis der Verlauf der Auseinandersetzungen unverständlich bleibt.

Auf jener Sitzung des Bruderrates am 14. Juni in Frankfurt erläuterte Meiser ausführlich, welche Gefahr er für die Bekenntnisgemeinschaft von seiten der lutherischen Theologen kommen sah. »Es droht eine 3. Front:«, so lautete das Stichwort, »Sommerlath, Elert, Sasse, Schreiner, die vorgehen wollen. Langmann und Christiansen stehen in Fühlung mit Erlangen.«[234] Damit meinte der bayerische Landesbischof den vor allem von den Erlanger Theologen ausgehenden Versuch, zwischen Barmen und dem deutschchristlichen Kirchenregiment in Berlin eine neue Front zu bilden, deren Ziel die Schaffung einer großen deutschen Reichskirche lutherischen Bekenntnisses war. Der Gedanke, nicht erst seit Zoellners Aprilaufruf von 1933 in vielen Köpfen lebendig,[235] übte offenbar eine beträchtliche Anziehungskraft aus. Der Zeitgeist stand gegen alle Kompromisse, und die Unionen des 19. Jahrhunderts waren bekanntlich als Kompromisse geschlossen worden. Sollte sich nicht, wo alles im Fluß und Umbruch und gestern noch für unmöglich Gehaltenes heute schon verwirklicht war, auch für das deutsche Luthertum ein Weg zur Einheit und Geschlossenheit finden lassen?

In der Reichskirchenregierung, in der nach dem Ausscheiden Oberheids die aus dem norddeutschen Luthertum stammenden Oberkirchenräte Christiansen, Langmann und Birnbaum die wichtigsten Referate besetzt hielten, beobachtete man diese Tendenzen begreiflicherweise mit der größten Aufmerksamkeit. Hier schien sich plötzlich eine Möglichkeit zu eröffnen, für die theologisch bankrotte Reichskirche Männer von unbezweifeltem kirchlichen und theologischen Ansehen zu gewinnen.

Ein erster Versuch Langmanns und Birnbaums, gemeinsam mit den Professoren Althaus und Elert und den Bischöfen Meiser und Marahrens in Erlangen eine »lutherische Konferenz« zu veranstalten, scheiterte trotz grundsätzlicher Zusagen aus Bayern Mitte Mai an einer vorzeitigen Veröffentlichung des Planes in den »Basler Nachrichten«.[236] Gesprächsbereit fanden Birnbaum und Langmann auch Bodelschwingh, dem sie in einer langen Unterredung erklärten, ihr Ziel sei »... die Aufösung der Union und die Herstellung einer lutherisch-reformierten Kirche in Deutschland«, in der um die wichtigsten gegenwärtigen Probleme, »Ausrichtung des Evangeliums aufs Volk und Anerkennung des nach den Bekenntnissen der lutherischen Kirche berechtigten Politischen innerhalb des Kirchenraumes« gekämpft werden sollte. Überrascht hielt Bodelschwingh fest, daß Langmann »... von den ›Einheitsplänen der Reichskirchenregierung‹« gar nichts wissen wollte.[237]

Allein, eben dies entsprach dem Doppelspiel Jägers, der Anfang Juni in einer vertraulichen Aufzeichnung neben dem raschen Fortgang der Gleichschaltung befriedigt die erfolgreiche Anknüpfung von Beziehungen mit »... namhaften Theologen der völkischen Seite und solchen ...« erwähnte, »die entweder auf der Oppositionsseite oder zwischen den Fronten stehen«.[238] Noch unumwundener beschrieb ein zur gleichen Zeit verfaßter Bericht aus dem Büro von Dettens den Versuch Jägers und der Partei, »unsere Front zu sprengen, indem man auf lutherischen Wegen via Erlangen die lutherischen Bischöfe zu einem Separatabkommen zu verführen sucht«.[239]

War diese ganze Entwicklung bisher eher verdeckt verlaufen, so brachte die Barmer Erklärung dem lutherischen Lager endlich die Gelegenheit, zum großen öffentlichen Widerspruch auszuholen. Und nach Lage der Dinge konnte dieser Widerspruch nur theologisch geführt werden.

Wortführer der lutherischen Aktion war der Erlanger Professor Werner Elert.[240] Der damals 49jährige »Lutheranissimus«, wie man ihn nannte, ein Mann von hoher Gelehrsamkeit und umstrittenem Charakter, hatte sich gerade durch eine zweibändige Darstellung der Geschichte des Luthertums als einer der ersten Kenner des lutherischen Erbes ausgewiesen.[241] Das glänzend geschriebene und noch immer anregende Werk machte den Versuch, den Weg der lutherischen Theologie von den Anfängen bis zu ihren weltweiten Auswirkungen auf Politik, Recht, Gesellschaft, Wirtschaft und Kultur zu verfolgen. Dabei sind im Rückblick leicht die Eigentümlichkeiten jener lutherischen Tradition zu erkennen, die Elert nun in den entschiedensten Gegensatz zur Theologie der Barmer Erklärung brachten. Es ging im Kern um die Lehre Luthers von den beiden Reichen, dem Reich Gottes und dem Reich der Welt. Jenem war das Evangelium, diesem das Gesetz Gottes zugeordnet. Und mit der strengen Unterscheidung beider stand und fiel für Elert die lutherische Theologie. Nur wenn das Gesetz Gesetz blieb, behielt auch das Evangelium seine Kraft. Gegen alle Schwärmer und Wiedertäufer, aber auch gegen Cromwells calvinistischen Reichsgedanken, »dieses Reich Christi in Kürassierstiefeln«,[242] behauptete Elert die Notwendigkeit der strikten »... Trennung des Reiches Christi von allen nur weltlichen soziologischen Gebilden ...«.[243] Die Gefahr dieser Trennung lag zweifellos in einer Beziehungslosigkeit zwischen dem Reich Gottes und der Welt, die damit scheinbar ganz sich selbst überlassen blieb.

Um dieser Gefahr zu begegnen, entwickelte die lutherische Theologie eine eigene und selbständige Lehre vom Gesetz. Gott war nicht nur in der Verkündigung des Evangeliums gegenwärtig, sondern er war nicht minder gegenwärtig in den Grundordnungen seiner Schöpfung. Im Begriff »... der ›Schöpfungsordnung‹, den die spätere lutherische Ethik für das ›Weltreich‹ im Sinne Luthers geprägt ...« hatte, sah Elert »... die schicksalhaften und die ethischen Momente, die dieses Reich für Luther einschließt«, also »... die Tatsache und die besondere Bestimmtheit meiner Verflechtung in die menschliche Gesellschaft« sinngemäß miteinander verbunden.[244] Hier erfuhr der Mensch gleichzeitig Schicksal und Verantwortung; die auferlegten Ordnungen waren »... im Sinne des Schöpfers zu verwirklichen«.[245]

Als die wichtigsten dieser Schöpfungsordnungen beschrieb Elert die Familie, das Volk und den Staat; und nicht ohne Geist sah er das Luthertum als besonderen Hüter dieser Ordnungen in der Überwindung des Zölibats und im Gegensatz zum Übernationalismus des Papsttums.[246] Zugleich freilich war damit der göttliche Rang der Schöpfungsordnungen behauptet. In ihnen trat dem Menschen Gott als der Schöpfer gegenüber, wie in der Predigt des Evangeliums Gott als der Erlöser sprach. Von hier war es nur ein Schritt zum Wunsch einer deutschen »Nationalkirche lutherischen Bekenntnisses«, weil sie allein imstande schien, das richtige Verhältnis von Weltreich und Gottesreich, Gesetz und Evangelium, Ordnung und Heil, Macht und Liebe zu gewährleisten. Noch 1932 beklagte Elert, daß es zu einer solchen Nationalkirche in Deutschland nicht gekommen sei, weil sie »... durch die Begrenzung der Reformation ... auf Teilgebiete« und »... durch das spätere Eindringen des volksfremden Kalvinismus verhindert« worden sei.[247] Kaum zwei Jahre später aber schien in der großen Umgestaltung des deutschen Protestantismus diese Möglichkeit plötzlich doch noch einmal gegeben.

So war Elerts Gegenaktion keineswegs bloß ein nachträglicher »Querschuß«,[248] sie wurzelte tief in bestimmten historischen und theologischen Traditionen des deutschen Luthertums. Daran erinnerte auch der Titel der ersten Flugschrift, die am 11. Juni im Namen eines kleinen Kreises von fränkischen Theologen erschien. Sie nannte sich – wie die erste Bekenntnisschrift der jungen fränkischen Reformation – »Ansbacher Ratschlag«[249] und bekundete schon mit diesem historischen Bezug ihren Anspruch, »in der theologischen und kirchlichen Aussprache endlich die genuin lutherische Stimme zu Gehör« zu bringen.[250] Sein besonderes theologisches Gewicht erhielt dieser zweite Ansbacher Ratschlag durch die Tatsache, daß ihn neben Elert auch dessen nicht minder bekannter Fakultätskollege Althaus unterschrieben hatte.[251]

Obwohl man diese Erklärung auf der Gegenseite bald als »Ansbacher Radschlag« oder »Ansbacher Anschlag« verspottete[252] und im lutherischen Lager nicht wenige von ihr abrückten, wurde sie dennoch zu einem Signal.

Der entscheidende Punkt, in dem sich der Ansbacher Ratschlag von der Barmer Erklärung abgrenzte – übrigens ohne sie ausdrücklich zu nennen –, lag in der betonten Unterscheidung von Gesetz und Evangelium. »Das Wort Gottes redet zu uns als Gesetz und Evangelium«, lautete die Grundaussage, die im folgenden bezeichnenderweise nur mit einem Satz für das Evangelium, aber mit drei Abschnitten für die Bedeutung des Gesetzes entfaltet wurde.[253] Und dabei offenbarte sich, daß jener scheinbar rein theologische Differenzpunkt sehr schnell zu grundlegenden politischen Konsequenzen führte. »Das Gesetz, ›nämlich der unwandelbare Wille Gottes‹«, wie die dritte These im Anschluß an die Konkordienformel von 1577 formulierte, »begegnet uns in der Gesamtwirklichkeit unseres Lebens.« Und das hieß im Jahre 1934: »Es ... verpflichtet uns auf die natürlichen Ordnungen, denen wir unterworfen sind, wie Familie, Volk, Rasse (d.h. Blutzusammenhang).« Und es hieß weiter: Gottes Wille bindet »... uns auch an den bestimmten historischen Augenblick der Familie, des Volkes, der Rasse, d.h. an einen bestimmten Moment ihrer Geschichte«.[254]

Selten läßt sich eine bestimmte kirchlich-politische Entscheidung so präzise auf einen theologischen Punkt zurückführen wie hier. Es war scheinbar nur eine kleine Differenz in der Zuordnung von Gesetz und Evangelium, die die Lutheraner von den Barmer Beschlüssen unterschied, und doch hatte sie im Blick auf die politischen Positionen unabsehbare Folgen. Denn es lag ganz im Sinne der Theologie der Schöpfungsordnungen, wenn es im Ansbacher Ratschlag weiter hieß: Wir »... danken ... als glaubende Christen Gott dem Herrn, daß er unserem Volk in seiner Not den Führer als ›frommen und getreuen Oberherrn‹ geschenkt hat und in der nationalsozialistischen Staatsordnung ›gut Regiment‹, ein Regiment mit ›Zucht und Ehre‹ bereiten will«.[255] Daß Althaus in letzter Minute das ursprüngliche »bereitet hat« in ein »bereiten will« änderte, machte die Sache kaum besser.[256] Angesichts dieser Überhöhung der historisch-politischen Ordnungen war es nicht überraschend, daß der Ratschlag auch die äußere Gestalt der Kirche »... immer aufs neue zu überprüfen« empfahl.[257]

Daß es sich bei all dem nicht bloß um eine aus augenblicklicher Verärgerung geborene Polemik handelte, sondern daß jedenfalls Elert von diesem Ansatz völlig überzeugt war, zeigte sich ein Jahr später, als er die Stellung der Theologischen Fakultäten im Dritten Reich erörterte. Auch hier stellte er fest, daß lutherische Theologie nur innerhalb der völkischen Ordnungen möglich sei: »Weil die Kirche unseres Bekenntnisses so lehrt, ist das alles auch in der ›Kirchlichkeit‹ ihrer Theologie miteingeschlossen. Für eine ›rein wissenschaftliche‹ Theologie mag das alles diskutabel, für die Theologie einer anderen Kirche untragbar sein. Für *unsere* Theologie ist es *bindend*, weil sie kirchlich sein will. Hier ist ein inneres Verhältnis der Theologie zum nationalsozialistischen Ethos vorhanden.«[258]

Elert und Althaus waren keine Deutschen Christen. Beide, Althaus allerdings weitaus nachdrücklicher, setzten sich von ihnen ab.[259] Und doch hätten sich die Deutschen Christen in diesem Augenblick schwerlich eine bessere theologische Begründung für ihren reichskirchlichen Kurs wünschen können.

Das »Evangelium im Dritten Reich« versäumte denn auch nicht, unter der Überschrift »Führende Theologen widerlegen Barmen« den Ansbacher Ratschlag vollständig abzudrucken und hinzuzufügen: »Hier sprechen Theologen von Weltruf. Was sie sagen, deckt sich weitgehend mit dem Standpunkt, den wir Deutschen Christen stets eingenommen haben.«[260] Ein »Christus« überschriebenes heldisches Gedicht von Baldur von Schirach auf derselben Seite gab dazu einen eigentümlichen Kommentar.[261] Aber das vermochte Elert offensichtlich nicht zu erschrecken. Kurz darauf griff er in einem, Gelehrsamkeit und Ironie zugleich bemühenden Artikel unmittelbar die »Theologische Erklärung« an. Diese »Confessio Barmensis«, so befand der Erlanger Theologe, erneuere den untauglichen Versuch der preußischen Generalsynode von 1846, eine Konsensusunion zu erreichen; ihr erster Artikel sei »... eine geradezu provozierende Wiederholung der antinomistischen Irrlehre der Reformationszeit ...«;[262] ihr zweiter Artikel vertrete mit der Etablierung eines »... spezifisch ›christliche[n]‹ Ethos ... die Lehre der Waldenser, Hussiten, Mennoniten und Quäker, aber nicht die der Reformatoren«; der dritte schließlich setze sich mit seiner Leugnung der historischen Bedingungen für eine Kirchenordnung in glatten Widerspruch zum lutherischen Bekenntnis. Wenn Elert in diesem Zusammenhang von dem »... geradezu krampfhaften« Bemühen des Barmer Bekenntnisses sprach, »jede positive Beziehung der Kirche auf das, was unser Volk heute in politischer Hinsicht erlebt, zu unterbinden«, so begriff er mit seinem polemisch geschärften Blick die tatsächliche Bedeutung der Barmer Synode in negativer Hinsicht besser als mancher Anhänger der Bekenntnisgemeinschaft.[263] Das unterstrich auch die Bemerkung, daß der aufmerksame Leser des fünften Artikels genug wisse: »Er weiß das meiste aus dem, was das Barmer Bekenntnis hier *nicht* sagt.«[264]

Wesentlich zurückhaltender, wenngleich sachlich mit Elert weithin übereinstimmend, waren die »Bedenken zur ›Theologischen Erklärung‹ der Barmer Bekenntnissynode«, die Paul Althaus in diesen Tagen veröffentlichte.[265] Immerhin begannen sie mit einer klaren und unmißverständlichen Distanzierung von den Deutschen Christen. Auch wir sind, schrieb Althaus, zu »... dem Kampfe um die Reinheit der kirchlichen Lehre ... entschlossen. Mit der Gewaltherrschaft in der Kirche gibt es für uns keinen Frieden. Auch wir lassen hier *nicht* mit uns reden. Wer sich in dieser Hinsicht wegen unserer theologischen Kritik an der Barmer Erklärung etwa Hoffnungen auf uns machen sollte, der wird sich schwer täuschen.«[266] Wie in allen seinen Stellungnahmen aus dieser Zeit sagte Althaus wieder zugleich Ja und Aber.[267] Und das Aber wog am Ende schwerer als das Ja. Es betraf wie bei Elert die fehlende Lehre vom Gesetz, den mangelnden Sinn für die Schöpfungsordnungen des Volkes und für die geschichtlich bestimmte und wandelbare Gestalt von Botschaft und Ordnung; schließlich das ganz unzulängliche Reden vom Staate. »Kein Wort«, bemängelte Althaus, »über den Zusammenhang von Staat und *Volk*, der nach Gottes Geschichtsführung unser deutsches Schicksal geworden ist, kein Wort über den Dienst des Staates an einem *Volke*, über den Staat als Ordnung *dieses* bestimmten Volkes für das Leben in der Geschichte.« Und erneut wurde die tiefe Abneigung des deutschen Luthertums gegen alles westliche Denken deutlich, das Althaus nicht anders als Elert und Emanuel Hirsch in Karl Barth verkörpert sahen: »Mit dem Anspruch, die reine und volle biblische und bekenntnismäßige Wahrheit zu sein, macht sich hier der liberale Begriff des bloßen Rechtsstaates geltend, den wir in den Schriften Karl *Barths* finden.«[268] Althaus beklagte: »Die Kirche der Barmer Erklärung steht dem Staate gegenüber« – und eben darin lag sein und der Lutheraner tiefster Vorbehalt gegen die Theologische Erklärung – »*nur* gegenüber. Die Erklärung weiß nur von dem Unterschied und von der Trennung des staatlichen und kirchlichen Auftrages, aber nichts von der Berührung und Verbindung von Staat und Kirche im Dienste an dem Volke zu sagen ... Die Sache, um die es ...« Barmen gehe, »nämlich ... die Reinigung der Kirche von unchristlicher Verkündigung, von unkirchlichem Regimente«, sei »... gut und stark«. Aber sie werde »... erst dann ganz stark« sein, wenn der Kampf »... mit einer besseren Theologie ...« geführt werde.[269]

Die kritischen Stellungnahmen aus Erlangen lösten eine Fülle von Gegenstimmen namentlich von jungen lutherischen Theologen aus und führten zu einer lebhaften und langanhaltenden theologischen Diskussion. So antwortete schon Anfang Juli Wolfgang Trillhaas mit einem kurzen Beitrag »Die genuin lutherische Stimme?«;[270] im August sprach Hanns Lilje über »Die Barmer theologische Erklärung und ihre Gegner«;[271] im September folgte Hans Ehrenberg, einer der wenigen evangelischen Theologen jüdischer Herkunft, mit einem Beitrag über »Die Gabe Gottes und das Gesetz Gottes«. Hier fand sich die Anti-Kritik in einem Satz zusammengefaßt: »*In der Bekenntniskirche* ist der lutherisch-reformierte *Bekenntnisunterschied in bezug auf Kirche und Welt,* Evangelium und Volk, im Schwinden, und es bildet sich darin ein *gemeinsames Bekennen* heraus: darüber steht das *erste Gebot; die Herrschaft Gottes* ist bedroht, darum wird gekämpft.«[272]

Inzwischen freilich hatten die Angriffe aus Erlangen ihr Werk bereits getan. Zwar übernahm man im deutschen Luthertum fast nirgends die provozierende Schärfe der Elertschen Kritik. Aber ihre Grundlagen, insbesondere das Verständnis von Volk und Staat als göttliche Ordnungen, entsprachen zweifellos dem Verständnis der großen Mehrheit der älteren führenden Lutheraner. Dies galt für Meiser und Marahrens, für Zoellner, Zänker, Paulsen und viele andere und bis zu einem gewissen Grade selbst für Bodelschwingh. Nur Wurm mit dem stärker biblisch bestimmten Luthertum der württembergischen Landeskirche machte hier ein Ausnahme. Die Kritik von Elert und Althaus machte den Lutheranern erst ihre eigene Position bewußt. Man mußte, wie sich gerade an Bayern zeigte, keineswegs Deutscher Christ werden, wenn man mit ihr übereinstimmte, aber man behielt doch immer eine letzte Distanz gegenüber Barmen.

Es besteht kein Zweifel, daß Meiser ehrlich entschlossen war, an der Barmer Gemeinschaft festzuhalten und wenn irgend möglich die Entstehung einer »3. Front« zu verhindern. In jener Sitzung des Bruderrates vom 14. Juni drängte er deshalb auf die schnelle Bildung eines lutherischen Konvents, der nach dem Beschluß der Synode »zur Erarbeitung verantwortlicher Auslegung«[273] der Theologischen Erklärung bestimmt sein sollte.[274] Einen Monat später, am 13. Juli, kam es – allerdings erst nach langer, kontroverser Diskussion – tatsächlich zur Konstituierung dieses Konvents. Jedoch die Hoffnung, die Schwierigkeiten durch eine theologische Aufarbeitung der Streitpunkte lösen zu können, erfüllte sich nicht.[275]

Erfolgreicher gestalteten sich die Bemühungen des bayerischen Landesbischofs, die Erlanger wenigstens von einer Mitarbeit in Jägers Verfassungsausschuß abzuhalten. Die Einladung zu dieser Mitarbeit war auf einer Kirchenführerbesprechung beschlossen worden, die unter dem Vorsitz des Reichsbischofs »zur Vorbereitung des Verfassungsausschusses« am 14. Juni in Wittenberg getagt hatte.[276] Entsprechend Jägers neuer Taktik war man dabei übereingekommen, an den Verfassungsberatungen, die am 6. und 7. Juli in Erfurt stattfinden sollten, möglichst viele lutherische Kirchenführer und Theologen zu beteiligen. So waren neben Wurm, Meiser, Marahrens und Bodelschwingh auch die Professoren Fezer, Elert, Althaus und Gogarten eingeladen worden. Der bayerische Landesbischof bat nun alle eingeladenen Herren zu einer Besprechung nach Nürnberg. In Oeynhausen hörte man, Jäger habe dem Verfasser des Ansbacher Ratschlags im Falle seiner Mitarbeit die Nachfolge Oberheids, ja sogar das Amt des Reichsbischofs angeboten. Aber ob das nun zutraf oder bloß ein Gerücht war[277] – es bedurfte jedenfalls stundenlangen Einredens auf Althaus und vor allem auf den störrischen Elert, ehe sich beide bereit fanden, auf die Teilnahme in Erfurt zu verzichten und Fezer die gemeinsame Absage an den Reichsbischof formulieren konnte.[278]

Das intensive Bemühen Meisers, die lutherischen Theologen von der Bildung einer dritten Front und der Zusammenarbeit mit der Reichskirchenregierung abzuhalten, hatte freilich seinen Preis. Er bestand darin, daß die süddeutschen Landeskirchen den Verpflichtungscharakter von Barmen so gering wie irgend möglich hielten. Nur bei einer lockeren Verbindung zur Bekenntnisgemeinschaft bestand überhaupt eine Chance, die tiefe Distanz zu den Lutheranern zu überbrücken. So war zwar der Spaltungsversuch zunächst abgewehrt, aber seine Folgen für die Bekennende Kirche waren kaum weniger bedenklich.

Als Meisers Berater, Oberkirchenrat Meinzolt, Anfang Juli in einem längeren Schreiben zu den Plänen für den Aufbau der Bekenntnisgemeinschaft Stellung nahm, da ließ er an der Zurückhaltung der bayerischen Landeskirche nicht den geringsten Zweifel. »Wir müssen doch wohl wünschen und feststellen«, so schrieb er dem Präses, »daß unsere Bekenntnisgemeinschaft nur ein notwendiges Übel ist, ein Übel, das dazu da ist, um möglichst bald beseitigt zu werden. Die ganze Aufmachung unserer Bekenntnisgemeinschaft muß dem Rechnung tragen, d.h. es darf nicht mehr organisiert werden, als unbedingt notwendig ist, ... und es darf nichts so geregelt werden, daß es nicht sofort wieder abgebaut werden könnte. Unter diesem Gesichtspunkt halte ich die Einführung eines *Verpflichtungsscheines* für unmöglich, ebenso scheint es mir weder notwendig noch erwünscht zu sein, daß überall Landesverbände der B.[ekenntnis]G.[emeinschaft] mit eigenen Bruderräten gebildet werden.«[279] Unmißverständlich tat er damit kund, daß man in Süddeutschland gerade das ablehnte, was in den zerstörten Kirchengebieten inzwischen das wichtigste Ziel der Arbeit der Bekenntnisgemeinschaft geworden war.

Vor allem in Preußen war die Entwicklung seit der Barmer Synode genau in entgegengesetzter Richtung verlaufen.[280]

Ausgangspunkt dieser Entwicklung war die erste gemeinsame Bekenntnissynode der Evangelischen Kirche der altpreußischen Union, die – von der Öffentlichkeit kaum bemerkt – am 29. Mai ebenfalls in Barmen zusammengetreten war. Mit den dort gefaßten Beschlüssen waren bereits Entscheidungen getroffen worden, die zum Teil erheblich über die der Reichssynode hinausgingen. Während die Reichssynode es bei dem theologischen Anspruch belassen hatte, die rechtmäßige Vertretung der Kirche zu sein, war die Preußensynode einen entscheidenden Schritt weitergegangen. Ihr Beschluß über den »Aufbau der ›Bekennenden Kirche der altpreußischen Union‹« bedeutete faktisch die Gründung einer eigenen Kirche innerhalb der Landeskirche mit eigenem Bekenntnis, eigenen Gemeinden und einem eigenen Kirchenregiment.[281] Ein *»vorläufiges Arbeitsprogramm«* nannte dazu an erster Stelle die Sammlung von Bekenntnisgemeinden mit einer »schriftlich zu vollziehenden Verpflichtung« ihrer Glieder;[282] weiter die Einrichtung von Kreissynoden, von Provinzialsynoden und an der Spitze die *»Bekenntnissynode der Evangelischen Kirche der altpreußischen Union«*. Diese sollte »... sinngemäß die Aufgaben der Generalsynode und durch ihren Bruderrat diejenigen des Kirchensenats« übernehmen, während ein »... Arbeitsausschuß von fünf Mitgliedern ...« zur ständigen »Leitung und Vertretung ...« bestimmt war.

Auch an die Finanzierung war gedacht, die durch die Glieder der bekennenden Gemeinden auf dem Wege »... freiwillige[r] Selbstbesteuerung in Höhe von mindestens 10 Prozent der ... Kirchensteuern ...« erfolgen sollte.[283]

Im Unterschied zur vorsichtigen Haltung der Reichssynode in dieser Frage sprach die Preußensynode in einem Beschluß zur Rechtslage darüber hinaus den deutschchristlichen Vertretungen auf allen Ebenen samt ihren Bischöfen ausdrücklich die Anerkennung ab und erklärte die Kirchengesetze und Verordnungen seit dem Tage der Kirchenwahlen für »kraftlos«.[284] Während man in den süddeutschen Kirchenleitungen unter dem Einfluß der Lutheraner immer mehr dazu neigte, den weiteren Ausbau der Bekennenden Kirche für ein »notwendiges Übel« und die Preußensynode für eine rein preußische Angelegenheit zu halten, sah man hier – gestützt auf einen Hinweis in den Barmer Beschlüssen[285] – beide Synoden eng zusammen und verstand sie als Grundlage für den Bau einer großen gemeinsamen evangelischen Bekenntniskirche in Deutschland.

Wie weit man in Preußen auf diesem Weg schon vorangeschritten war, zeigte ein Bericht des jungen Notbund-Pfarrers Kurt Scharf über die Barmer Ereignisse. »Es mutet uns«, so schrieb er den brandenburgischen Bekenntnisgemeinden, »die wir heimatlos geworden waren in der Kirche unseres Vaterlandes, wie ein Wunder an: Wir haben auch kirchlich wieder eine irdische Heimat. Die Deutsche Evangelische Bekenntniskirche hat seit dem 31. Mai dieses Jahres sichtbare Gestalt gewonnen! Sie steht auf dem Fundament klar formulierter biblischer Lehre, sie hat die Rechtsnachfolge der ... Landeskirchen in Verfassung und Verwaltung angetreten, sie hat sich ein Kirchenregiment berufen, von dem sie kirchliche Weisungen bis in die Steuer- und Kollektenregelung hinein in Kürze erwartet und erwarten darf.«[286] Ausdrücklich nannte Scharf unter den Barmer Beschlüssen auch die Einführung einer Verpflichtungserklärung, die tatsächlich jedoch nur von der Preußensynode beschlossen worden war. Entscheidend aber war das Verständnis der Theologischen Erklärung als *»das gegenwärtige Bekenntnis* der rechtmässigen evangelischen Kirche Deutschlands«. Dessen einmütige Verabschiedung, schrieb Scharf, sei »... der Höhepunkt der Synode« gewesen: »Lutheraner, Reformierte, Unierte hatten den gemeinsamen Standort gefunden, die gemeinsame Grundlage für den Bau *einer* Deutschen Evangelischen Kirche!«[287] Eben das war es, was man im lutherischen Lager mit allem Nachdruck bestritt.

Allerdings war man sich selbst im preußischen Bruderrat nicht einig, wieweit man mit der Verpflichtung der Gemeindeglieder tatsächlich gehen sollte. Auf einer Sitzung des Bruderrates am 21. und 22. Juni in Dahlem forderten Niemöller und Fritz Müller kategorisch, daß die Verpflichtung den Wortlaut der Theologischen Erklärung und die Bindung an das zehnprozentige Opfer enthalten müsse, während alle anderen – Immer, Thadden, Jacobi und Asmussen – lebhaft widersprachen. Zornig verließ Niemöller daraufhin die Sitzung, auf der dann ohne ihn ein vorläufiger Text für die »Roten Karten« beschlossen wurde.[288] Die endgültige, Anfang Juli verabschiedete Fassung lautete:

»*Die Bekennende Kirche* ist der Zusammenschluß aller derer, die die Heilige Schrift Alten und Neuen Testaments nach der Auslegung der reformatorischen Bekenntnisse als die alleinige Grundlage der Kirche und ihrer Verkündigung anerkennen.

Die Glieder der Bekennenden Kirche sind durch das Evangelium aufgerufen.

Deshalb wollen sie sich zum Wort Gottes und zum Tisch des Herrn halten und ein christliches Leben führen. Sie wollen beten und arbeiten für eine Erneuerung der Kirche aus dem Wort und dem Geist Gottes. Sie wissen sich zu entschlossenem Kampf wider jede Verfälschung des Evangeliums und wider jede Anwendung von Gewalt und Gewissenszwang in der Kirche verpflichtet.

Ich bitte um Aufnahme in die Bekennende Gemeinde und vertraue darauf, daß Gott mir zum Wollen das Vollbringen gebe und mich ein lebendiges Glied Seiner Kirche werden lasse. Ich erkenne an, daß die Not der Bekennenden Kirche von mir Opfer fordert.«[289]

In dieser schlichten, aber gewiß nicht anspruchslosen Fassung wurde die Verpflichtungserklärung bis zum Ende des Krieges von Millionen evangelischer Christen unterschrieben – allein in Westfalen besaßen 1935 rund 500000 Mitglieder die »Rote Karte«.[290] Hier lag, aller wachsenden Isolierung und Unterdrückung zum Trotz, die eigentliche Stärke der Bekennenden Kirche.

Schon die nächsten Wochen machten deutlich, daß die Bekennende Kirche in Preußen trotz aller Schwierigkeiten schnell zur Selbständigkeit gelangte. Wichtige Entscheidungen in diesem Zusammenhang fielen bereits auf der Sitzung des Bruderrates am 4. Juli. Es ging um die ersten kirchenregimentlichen Handlungen. Aus Brackwede bei Bielefeld lag die Bitte um Bestätigung des Superintendenten Gustav Münter vor; aus der Grenzmark der Antrag auf Ernennung des Notbund-Vikars Max Rahmel auf die Pfarrstelle in Tarnowke. In beiden Fällen hatten die zuständigen deutschchristlichen Kirchenbehörden ihre Zustimmung verweigert. Nun beschloß der Bruderrat, die entsprechenden Entscheidungen in eigener Verantwortung zu treffen und dazu an den Staat wegen der Fortzahlung der Staatszuschüsse und der Feststellung der

Pensionsberechtigung heranzutreten. Was geschehen sollte, wenn der Staat die Bestätigungen verweigerte, blieb offen.[291]

Nicht weniger beherzt waren die grundlegenden Entscheidungen, die den theologischen Nachwuchs betrafen. Angesichts der fast einhelligen Ablehnung, die das deutschchristliche Kirchenregiment unter den jungen Theologen erfuhr, beschloß der Bruderrat die Einrichtung eigener, bekenntniskirchlich geleiteter »Predigerseminare«, die »Bildung von Prüfungskommissionen« und die »Übernahme der Ordination, Bestätigung und Einführung der kommenden Pfarrer«.[292] Tatsächlich wurden auf diese Weise im Laufe der Jahre Hunderte von »Illegalen« in Pfarrämter der Bekennenden Kirche eingewiesen ein Zeichen des Mutes und der Zuversicht und zugleich für den Bruderrat ein beständiger Gegenstand der Sorge um die rechtliche und finanzielle Lage der jungen Brüder und ihrer Familien. Der erste, der für die Leitung eines dieser Predigerseminare vorgeschlagen wurde, war auch der bekannteste: Es war Dietrich Bonhoeffer, der Ende April 1935 sein Amt als Leiter des pommerschen Predigerseminars antrat.[293]

So wurde trotz aller Spannungen die Bekennende Kirche nach Barmen ihres Weges gewisser. Es wurde wieder gepredigt im evangelischen Deutschland, es wurde gebetet und gesungen wie seit langem nicht mehr. Bekennende Gemeinden sammelten sich um die Bibel, ihre Bibelabende wurden für viele zur entscheidenden Orientierung. Wo deutschchristliche Pfarrer die Kirchen- und Gemeinderäume verschlossen, da wich man auf Wirtshaussäle und Kinos aus, und oft genug saßen nur zehn oder zwanzig Leute unter der deutschchristlichen Kanzel, während sich Hunderte um den Bekenntnispfarrer drängten.[294] Dies war kein grundsätzlicher Protest gegen das Dritte Reich. Nichts lag den Bekenntnispfarrern und Bekenntnisgemeinden ferner als der Gedanke einer Widerstandsbewegung. Und doch erschienen vielen im In- und Ausland diese Gemeinden und ihr offenes und mutiges Bekenntnis als der letzte Hort der Freiheit und Unabhängigkeit in einem gleichgeschalteten und unterdrückten Land.

Partei und Staat blieb dies alles selbstverständlich nicht verborgen. Und so wuchs nach Barmen der politische Druck. Ende Juni berichtete der Landrat des Landkreises Bielefeld, nach seinen Informationen seien »... die Organisationsarbeiten des Präses Koch – Bad Oeynhausen inzwischen derart fortgeschritten ..., dass er in absehbarer Zeit mit einer fix und fertig durchkonstruierten evangelischen Gegenkirche auf den Plan treten werde, womit der evangelische Kirchenstreit in eine Phase treten würde, deren verheerende Folgen auch in staatspolitischer Hinsicht einfach unübersehbar wären.«[295] Offensichtlich teilte man auf staatlicher Seite mehr und mehr die Meinung des leitenden Beamten im württembergischen Innenministerium, Ministerialdirektor Dr. Dill, der behauptete, die Kirche in Württemberg bestehe »... zur Zeit großenteils aus Hetzpfaffen, die nichts anderes zu tun haben, als, wenn auch ungewollt, die Bewegung Adolf Hitlers im In- und Ausland auf das schwerste zu schädigen«.[296]

Eine umfassende kirchliche Bestandsaufnahme für den Monat Juni, die in Oeynhausen zusammengestellt wurde, zählte dementsprechend neben zahlreichen Willkürakten der Reichskirchenregierung und der deutschchristlichen Kirchenbehörden auch eine Fülle von unmittelbaren Übergriffen von Staat und Partei auf: »In fast allen Teilen des Reiches ...« seien »von den Staatsbehörden, insonderheit von der Geh.[eimen] Staatspolizei, die Erklärungen der Bekenntnissynode beschlagnahmt worden«.[297] Im Freistaat Sachsen und in Westfalen stünden die staatlichen Behörden ganz auf seiten der deutschchristlichen Kirchenbehörden; dort sowie in Pommern, im Rheinland, in der Kurmark und anderswo seien Pfarrer in Schutzhaft genommen worden, häufig nur, weil sie sich geweigert hätten, den Anordnungen der deutschchristlichen Kirchenbehörden Folge zu leisten.[298]

Das herausragende Ereignis in diesem Zusammenhang jedoch war ein großer Prozeß, der in der Woche vom 11. bis 15. Juni 1934 in Schwerin stattfand. Vor den Schranken eines Sondergerichtes, das eigens zu diesem Zweck gebildet worden war,[299] standen sieben mecklenburgische Pastoren, unter ihnen als Hauptangeklagte Pastor Lic. Gottfried Holtz aus dem kleinen Dorf Brüz sowie die beiden Domprediger Henning Fahrenheim aus Schwerin und Johannes Schwartzkopff aus Güstrow. Die Anklage beschuldigte die Pfarrer des Vergehens gegen Paragraph 3 der »Verordnung des Reichspräsidenten zur Abwehr heimtückischer Angriffe gegen die Regierung der nationalen Erhebung« vom 21. März 1933, der die Verbreitung »... unwahre[r] oder gröblich entstellte[r] Behauptung[en] ...« über die Reichsregierung unter Strafe stellte.[300] Sie stützte sich dabei vor allem auf Rundschreiben, die die Pfarrer seit Sommer 1933 an Mitglieder der kirchlichen Opposition und des Pfarrernotbundes gerichtet hatten.[301] Die Bedeutung, die von staatlicher Seite dem Prozeß beigemessen wurde, ging schon daraus hervor, daß der Generalstaatsanwalt aus Rostock persönlich die Anklage vertrat und als Zeugen den mecklenburgischen Gauleiter und Reichsstatthalter Friedrich Hildebrandt und den Ministerpräsidenten Engell aufbot. Die Verteidigung hatte der in vielen kirchlichen Prozessen erfahrene und bewährte Berliner Rechtsanwalt Dr. Horst Holstein übernommen,[302] der seinerseits den ehemaligen mecklenburgischen Landesbischof Rendtorff und Pfarrer Martin Niemöller in den Zeugenstand berief. In der Beweisaufnahme ging es vor allem um die Erklärungen der Angeklagten, der Staat habe auf vielfältige Weise gewaltsam in die Kirchenangelegenheiten eingegriffen. Dies sei, so behauptete die Staatsanwaltschaft, eine Unwahrheit, die dem Ansehen der Regierung schweren Schaden zufüge. Als Beweis wurde unter anderem ein Artikel aus der in Paris und Amsterdam erscheinenden und von Leopold Schwarzschild herausgegebenen Zeitschrift »Neues Tagebuch« verlesen, wonach die Kirche zur Stätte aller Gegner des Nationalsozialismus werde.[303]

Das abschließende Plädoyer des Generalstaatsanwalts ließ deutlich die Absicht erkennen, mit den Angeklagten die ganze oppositionelle Bekenntnisfront zu treffen. Der autoritative Staat, so hieß es darin, habe »... das Recht des Eingriffs in die Kirche ... Die Angeklagten ...« seien »befangen ...« im Individualismus, »in den Bestimmungen der Weimarer Verfassung. Sie ...« seien »gegen« das »Führerprinzip, weil sie die Freiheit nicht verlieren ...« wollten.[304] Demgegenüber machte die Verteidigung geltend, daß die Kirche zwar den Staat akzeptiere, daß es aber »... eine absolute Herrschaft des Staates über die Kirche ...« nicht gebe.[305] Dies sei die Rechtsgrundlage der Beziehungen zwischen Staat und Kirche. Ganz im Sinne von Flor argumentierte Holstein, es gebe kein neues Recht, soweit es der Staat nicht selbst setze, deshalb sei »vom bestehenden Recht« auszugehen.[306]

Unter den Schlußworten der Angeklagten machte vor allem dasjenige von Holtz besonderen Eindruck: »Ich habe mich in der Verhandlung nie auf mein Gewissen zurückgezogen. Auch das Gewissen kann irren. Aber die großen Mächte, die das Gewissen bestimmen, die Heilige Schrift, das Bekenntnis meiner Väter, der lebendige Herr Christus, der lebendige Gott, die sind es!«[307]

Nach vierstündiger Beratung verkündete das Gericht das Urteil, das dem Antrag der Staatsanwaltschaft entsprach: sechs Monate Gefängnis für Holtz, vier Monate für Schwartzkopff, drei für Fahrenheim.[308]

Das Urteil sollte ein Signal sein, und es war ein Signal. Landauf landab drohten nun deutschchristliche Kirchenbehörden und Amtswalter der Partei den widerspenstigen Pfarrern mit dem Schicksal der Schweriner.[309]

Aber noch bevor das Schweriner Urteil wirklich Schule machen konnte, entlud sich die politische Spannung, die seit dem Frühjahr 1934 immer spürbarer geworden war. Entsetzt und erleichtert zugleich erfuhr Deutschland am

30. Juni 1934 von der mörderischen »Säuberungsaktion«, die den Stabschef der SA, Ernst Röhm, und einen großen Teil der höheren SA-Führung getroffen hatte.

Diese Aktion veränderte auch die kirchliche Lage. Unter den Folgen hatte die katholische Kirche allerdings noch mehr zu leiden als die protestantische.

6. KAPITEL

Der Kampf um das Konkordat II: die Röhm-Krise und das Veto aus Rom (3. Mai - 23. Juli 1934)

Verglichen mit der Mühe, die es kostete, eine gemeinsame evangelische Bekenntnisfront aufzubauen und zusammenzuhalten, sahen die Dinge auf katholischer Seite sehr viel einfacher aus. Hier genügte eine Anweisung des Heiligen Stuhls, dem deutschen Episkopat die nächsten Schritte vorzuschreiben.

Am 20. April, unmittelbar nachdem die Verhandlungen mit Buttmann in Rom ergebnislos abgebrochen worden waren, hatte Pacelli dem Breslauer Kardinal mitgeteilt, daß es nun Sache der deutschen Bischöfe sei, durch »zwei oder drei gewählte Vertreter« die Verhandlungen in Berlin fortzuführen.[1] Zwei Wochen später lag die Bitte des Reichsinnenministers um Benennung der Verhandlungsdelegation auf dem Tisch des Konferenzvorsitzenden. Frick verband sein Schreiben mit der ungewöhnlichen Anregung, falls »die einschlägigen Fragen« zuvor auf der Fuldaer Bischofskonferenz verhandelt werden sollten, den Zeitpunkt dieser - wie üblich im August angesetzten - Beratungen »nach Möglichkeit« vorzuverlegen.[2] Diese Bitte stieß auf erhebliche Schwierigkeiten, weil viele Bischöfe zu dieser Zeit durch die Firmungen in Anspruch genommen waren. Aber dem doppelten Drängen um Beschleunigung - aus Rom und aus Berlin - mochte sich der Breslauer Kardinal nicht entziehen. So setzte Bertram am 7. Mai erneut den schwerfälligen Mechanismus einer allgemeinen Umfrage in Gang, um schließlich die Vollversammlung aller Bischöfe auf Samstag, den 5. Juni, nach Fulda einzuberufen.[3]

Die einheitliche Führung des deutschen Episkopats durch Rom konnte freilich nicht darüber hinwegtäuschen, daß es auch im deutschen Katholizismus tiefgreifende Unterschiede in der Beurteilung der Lage und der einzuschlagenden Wege gab. War die allgemeine Stimmung unter den kirchentreuen Katholiken eher von Abneigung und abwartender Skepsis bestimmt, da man vom Regime wenig Gutes mehr erwartete, so gab es im Episkopat ausgesprochene Optimisten, die auf einen baldigen Frieden hofften.

Zur Gruppe der Optimisten zählte zu dieser Zeit noch immer der Freiburger Erzbischof. In einem Schreiben an Pacelli von Anfang Juni begründete er die Unterschiede im Episkopat mit den »... verschiedenartig gelagerten Umstände[n] in den einzelnen Diözesen und in der persönlichen Eigenart der einzelnen Oberhirten ...« und gab seiner Überzeugung Ausdruck, »daß auch das Letzte versucht werden ...« müsse, »um die brennenden Fragen auf freundschaftlichem Wege zu lösen«.[4] Wie weit der Freiburger Erzbischof dabei zu gehen bereit war, zeigte seine Entscheidung, zusammen mit mehreren Domherren »förderndes Mitglied« der SS zu werden,[5] nicht zuletzt deshalb, weil – wie er nach dem Kriege erklärte – »... die SS damals ... in Freiburg als die anstaendigste Organisation der Partei gegolten ...« habe.[6] In der Tat war die sogenannte »FM-Organisation der SS« nur eine Fördereinrichtung ohne unmittelbare politische Bedeutung.[7] Gleichwohl war der hohe Symbolgehalt dieses Beitritts nicht zu übersehen.

Ein entschiedener Vertreter der Politik des Entgegenkommens und Ausgleichs war auch der Osnabrücker Bischof Wilhelm Berning.[8] Bezeichnend für seine Einstellung war sein Buch »Katholische Kirche und deutsches Volkstum«, das die Leistungen der Kirche »... für die Förderung des deutschen Volkstums als Blutgemeinschaft, Sprachgemeinschaft und Kulturgemeinschaft ...« aufweisen sollte[9] und von dem Anfang Mai 1934 ein Exemplar mit Widmung – »als Zeichen meiner Verehrung« – an Hitler ging.[10] Von unzweifelhaft nationaler Gesinnung, überzeugt, daß die Kirche »... dem ›Neuen Reich‹ eine Chance zur Bewährung einräumen und positive Kräfte zuführen ...« müsse,[11] trug zu Bernings Haltung möglicherweise auch die Tatsache bei, daß er im Juli 1933 von Hermann Göring zum Mitglied des Preußischen Staatsrates berufen worden war.[12] Auch wenn dieses Gremium nur dekorative Bedeutung besaß, war Berning offenbar nicht unempfänglich für die damit verbundenen Würden. Denn obwohl der Heilige Stuhl, der die Sache zunächst unterstützt hatte, später darauf drängte, das Amt aufzugeben, behielt Berning den Titel bei und operierte damit als Beauftragter Bertrams noch viele Jahre im Dschungel der Berliner Staats- und Parteibehörden.[13]

Auch der Berliner Nuntius gehörte zu denjenigen, die weniger aus Taktik denn aus Überzeugung eine Vermittlung mit dem Dritten Reich anstrebten. Der damals 60jährige Orsenigo, insgesamt eine wenig überzeugende Figur, war ein Anhänger des italienischen Faschismus und daher, wie Walter Adolph

An der Fridolinsprozession in Säckingen/Baden 1934, bei der auch Erzbischof Gröber (Freiburg) mitwirkte, nahm auch eine SA-Formation teil.

1936 kritisch bemerkte, »... bei der Ähnlichkeit der beiden politischen Systeme von vornherein für eine günstige Beurteilung des Nationalsozialismus disponiert ...«.[14] Von großer Bedeutung war offenbar auch der Einfluß seines persönlichen Sekretärs, Pater Eduard Gehrmann von der Steyler Mission, der unter dem Eindruck seiner Erlebnisse in der Sowjetunion schon seit 1928 innerlich dem Nationalsozialismus zuneigte.[15] Es verriet auch einiges über Pacellis kirchenpolitische Konzeption, daß er allen Beschwerden und Problemen zum Trotz Orsenigo bis zum Ende des Dritten Reiches auf seinem Berliner Posten beließ.

Aber auch weniger optimistische Vertreter des Episkopats, wie etwa der Regensburger Bischof Michael Buchberger, empfahlen nachdrücklich die Vermeidung des Bruches, »solange es nur immer möglich und zu verantworten ...« sei, weil die Folgen »unabsehbar« seien »... und ein gedeihliches seelsorgliches Wirken ... fast unmöglich sein ...« würde.[16] Das Ende der Bekenntnisschule, »... eine hemmungslose Agitation für den ›deutschen‹ Einheitsglauben, ... die Streichung der Staatszuschüsse für die Geistlichen ...« und eine schwere Belastung der katholischen Kirche sah der Regensburger Bischof voraus, falls es zu einem solchen Bruch kommen sollte.[17]

Wilhelm Berning, Bischof von Osnabrück, preußischer Staatsrat und Senator der Deutschen Akademie . . .

Auf der anderen Seite war es bezeichnend für die allgemeine politische Lage, daß es für die Kritiker dieser Kirchenpolitik, die die Kirche zum Widerstand oder doch wenigstens zu einem offenen und klaren Wort der Verurteilung des nationalsozialistischen Systems aufrufen wollten, in Deutschland immer weniger Raum gab.

So erschien bald nach Ostern 1934 in einem kleinen Schweizer Verlag eine Schrift, »Die Glaubensnot der deutschen Katholiken«, die mit den Sätzen begann: »Auch wir deutsche Katholiken sind in eine Entscheidungsstunde eingetreten, ähnlich wie unsere christlichen Brüder, die Lutheraner und Calviner, die schon seit einem Jahr in einer schweren Entscheidung stehen. Nur wissen es noch nicht alle. Leider müssen wir hellsichtig Gewordenen fürchten, die

... trat für eine enge Zusammenarbeit der katholischen Kirche mit dem neuen Staat ein.

Wenigeren zu sein, wenn nicht gar zu wenige.«[18] Hinter dem Verfasser Michael Schäffler verbarg sich der junge Bonner Philosophieprofessor Alois Dempf, der mit dieser Veröffentlichung ein erhebliches Risiko einging. Mit großer Schärfe und Klarsicht charakterisierte Dempf die Funktion der nationalsozialistischen Weltanschauung, die »... zu einer förmlichen *Ersatzreligion«* werde, »zu einem, den ganzen Menschen für sich fordernden Glauben an die Idee der Hitlerbewegung, an die nordische Rasse als Trägerin des revolutionären Schwunges, oder, am unverfänglichsten, an die nationale Ehre der ewigen Deutschheit«.[19] Dies, so meinte Dempf, sei »... *das eigentliche Wesen der Häresie«,* und es sei »... *die eigentliche Schwäche des deutschen Katholizismus«,* daß er diesen Gegensatz nicht klar erkenne.[20] Deutlich inspiriert von Karl Barth und der evangelischen Opposition kritisierte Dempf in diesem

Zusammenhang vor allem die unbegreifliche Zurückhaltung des Episkopats. »*Das katholische Volk wartet* auf die *Führung durch die Bischöfe*«, schrieb er. »Es steht, soweit es gläubig ist, mit derselben Treue und Opferbereitschaft wie in allen früheren Kirchenkämpfen zu seinen Hirten, aber *es versteht bald nicht mehr,* warum durch die Bemühung der Bischöfe ein Konkordat, das in jeder Weise ausgehöhlt wird, ... nicht lieber *gekündigt* und damit der schleichende Kulturkampf zu einem offenen gemacht wird.« Und deutlich ließ der katholische Kritiker zugleich erkennen, daß er den Abschluß des Konkordats selbst für den entscheidenden Fehler hielt, weil »... seine einzige unmittelbare Wirkung nur eine Stärkung des neuen Systems und eine Verwirrung der katholischen Gewissen gewesen ...« sei.[21]

Während Dempf in Deutschland blieb, sah zur gleichen Zeit – Ende April 1934 – der junge katholische Schriftsteller und Publizist Waldemar Gurian keine andere Möglichkeit des Weiterlebens und Weiterarbeitens mehr als die Emigration in die Schweiz. Gurian, ein Russe jüdischer Herkunft, war als 12jähriger in Berlin zur katholischen Kirche übergetreten und hatte sich in der Weimarer Zeit als Vertreter eines modernen, geistig aufgeschlossenen und zugleich entschieden kirchlich gebundenen Katholizismus einen Namen gemacht. Sein Kampf in diesen Jahren galt dem »*säkularisierten Katholizismus*« ebenso wie einem »... das Wesen der Kirche verfälschenden Praktizismus«[22] – jener Haltung also, in der »... *die Wahrheitsfrage an die katholischen Inhalte nicht mehr gestellt* ...« und statt dessen alles Bemühen auf »... *die Schaffung einer gut funktionierenden ... Ordnung*« gerichtet werde, einer Ordnung freilich, die unerträglich sei, »weil in ihr alles Geistige nur einer auf sichtbaren Erfolgen ruhenden Praxis ...« diene.[23] Es lag in der Konsequenz dieser Linie, daß Gurian zu einem der entschiedensten Kritiker jener Politik des Ausgleichs wurde, die Kurie und Episkopat in Deutschland so nachhaltig betrieben.

In einer kleinen Schrift, »St. Ambrosius und die deutschen Bischöfe«, die unter dem Pseudonym Stefan Kirchmann im Juli 1934 in der Schweiz erschien, faßte er alle wesentlichen Einwände gegen diese Politik zusammen.[24] Man wird in jenen Tagen schwerlich eine Veröffentlichung finden, die drängender und beunruhigender die Frage nach dem Verhältnis von Taktik und Überzeugung, Diplomatie und Wahrheit, Anpassung und Widerstand für die Kirche verhandelte.

Gurian, der sich nach den Ereignissen des 30. Juni 1934 leidenschaftlich dafür einsetzen sollte, das Schweigen der Kirche zu brechen,[25] kritisierte schon damals vor allem das taktische Verhalten des Episkopats. »Da nach außen hin an der Fiktion eines Friedens zwischen Staat und Kirche festgehalten ...« werde, schrieb er, erscheine »... jedes grundsätzliche Eingreifen der Kirche für die Wahrung der gesellschaftlich-moralischen Grundlagen nur dann möglich, wenn es der obersten Staatsführung ...« entspreche.[26] »Die Kirche ...« bleibe »also theoretisch anerkannt und nach außen hin in ihrem Verwaltungsapparat wie in ihrem religiösen Leben unangetastet, aber ihr Spielraum in der Öffentlichkeit ...« werde »vom Staate bestimmt, und die Vorsicht ihrer Vertreter ...« diene »nur dazu, diesen Spielraum immer mehr einzuengen und dadurch gerade bei den Gläubigen ... den Anschein zu erwecken, als ob die Kirche sie in ihren Nöten und Fragen im Stiche lasse«.[27] So werde, meinte Gurian und rührte damit tatsächlich an die tiefste Problematik dieses Vertrages, »... das Konkordat zu einer *Fessel für die Kirche* ...«.[28]

Die Gefahr des taktischen Verhaltens, so warnte er weiter, liege darin, daß man die Gefahr so lange fortzuleugnen suche, »bis kein Mensch mehr an sie glaubt, und wenn man eines Tages dann wirklich nicht mehr umhin kann, zum Einsatz für das gefährdete Glaubensgut aufzufordern, dann werden die Leute unter Berufung auf die bisherige Taktik erklären können: Wir müssen weiter nachgeben ... Die Taktik wird so lange getrieben, bis sie ihre eigenen Grundlagen aufgezehrt hat und die Widerstandskraft des Volkes zermürbt, das Vertrauen verspielt ist.«[29] Deshalb meinte Gurian, gegenüber »... einer problematischen juristischen Sicherung wäre der offene Verzicht auf einen Vertrag und das Festhalten an der Freiheit für das Leben der katholischen Jugend vorzuziehen, wenn das auch zu weiteren Kämpfen und Schwierigkeiten führen wird. Aber dann wüßte man wieder: Es gibt Grenzen, die nicht überschritten werden dürfen.«[30]

Um doch wenigstens in diesem Sinne zu tun, was von der Schweiz aus möglich war, faßte Gurian den Entschluß, zusammen mit Otto Knab, dem ehemaligen Chefredakteur einer kleinen bayerischen Lokalzeitung, der ebenfalls gerade Deutschland verlassen hatte, eine Art kirchlich-politischer Korrespondenz zu gründen.[31] Mehr als drei Jahre – vom Herbst 1934 bis zum Frühjahr 1938 – repräsentierten die »Deutschen Briefe« den anderen Katholizismus: Vorzüglich informiert, von hoher analytischer Kraft, kompromißlos im Kampf gegen den Nationalsozialismus und alle kirchlichen Brückenbauer und in diesem Zusammenhang offen auch für die evangelische Kirche, versuchten die »Deutschen Briefe«, den deutschen Episkopat endlich zu einer klaren und eindeutigen Entscheidung gegen das Dritte Reich zu bewegen.[32]

Daß dies nicht gelang und nach Lage der Dinge auch nicht gelingen konnte – und dies nicht nur, weil die 200 Exemplare der »Deutschen Briefe« eine viel zu schwache Stimme waren –, bedeutete für Gurian eine tiefe Enttäuschung. Gleichwohl blieb seine Loyalität gegenüber der Kirche unerschüttert.[33]

Auch für den prominentesten katholischen Politiker der Weimarer Zeit, den ehemaligen Reichskanzler und letzten Zentrumsvorsitzenden Heinrich Brüning, war in jenen Tagen die Zeit in Deutschland abgelaufen. Zermürbt von monatelanger Verfolgung, die ihn zwang, oft Nacht für Nacht das Quartier zu wechseln, überschritt er am 21. Mai 1934 die deutsch-holländische Grenze und rettete damit wahrscheinlich sein Leben.[34] Wenn für Brüning die kirchenpolitischen Fragen auch nicht im Mittelpunkt standen, ließ er doch keinen Zweifel daran, daß er im Abschluß des Reichskonkordats und in der beschwichtigenden Haltung der deutschen Bischöfe einen schweren Fehler, wenn nicht Schlimmeres sah. Verbittert hielt der Emigrant 1934 in seinen Erinnerungen die Folgen des kirchlichen Kurswechsels fest: »Kein Bischof hat schriftlich oder mündlich ein Wort des Dankes ausgesprochen für das, was die Partei in ihrer mehr als 60jährigen Geschichte für den Katholizismus getan und gelitten hat ... Rom schwieg.«[35] Und auch als Brüning Ende Dezember 1935 ein Urteil über die Lage des deutschen Katholizismus abgab, war seine Bilanz vernichtend. Nur die Bischöfe von Berlin und Münster, Preysing und Galen, hielt er für klarblickend und kampfbereit, aber sie seien hoffnungslos in der Minderheit, man habe sie »... auf der Fuldaer Bischofskonferenz völlig abfallen lassen«. Die anderen Bischöfe und Rom gäben nahezu »in allen Punkten« nach;[36] »das Volk ...« schaue »mit Bewunderung auf die Vertreter der protestantischen Kirche, die alles wagten für ihre Überzeugung«; der katholische Pfarrklerus gehe »... indessen schweigend und duldend seinen Weg, ohne Hoffnung und ohne Verständnis für das, was die Bischöfe tun«.[37] Auch wenn in diesem Urteil zweifellos viel persönliche Enttäuschung mitschwang, war es doch nicht ganz ohne Wahrheit.

Mitte Juli 1934 nahm schließlich auch der Jesuit Friedrich Muckermann den Weg über die holländische Grenze. Im März 1933 noch ein enthusiastischer Kommentator der ersten Regierungserklärung Hitlers,[38] hatte er sich schnell zu einem entschiedenen Gegner des Systems gewandelt und fürchtete nun – vor allem nach dem 30. Juni – zu Recht die Folgen.[39] Nach Muckermanns, wie übrigens auch nach Gurians und Brünings Überzeugung wäre auf das einfache katholische Kirchenvolk Verlaß gewesen, wenn die Bischöfe den Mut und die Klarsicht besessen hätten, zum Widerstand gegen das Regime aufzurufen. »Hätte die Führung«, so meinte der Kritiker aus den Reihen des Jesuitenordens im Rückblick, »überall auf der Höhe dieser wunderbaren Frontsoldaten gestanden, man hätte noch im letzten Augenblick ein Wunder wirken können.«[40] Als »schrecklichste[s] Beispiel« erschien Muckermann in diesem Zusammenhang der »Tag der katholischen Saarjugend«, der 29. Juli 1934, »wo 50000 katholische Jugendliche gekommen waren, als Bischof Bornewasser sie gerufen hatte. Diese 50000«, so meinte er, »wollten kämpfen. Sie kehrten enttäuscht nach Haus zurück. Ihr Bischof, der gleiche, der später eine so energische Sprache sprechen sollte, war anderer Ansicht.«[41]

Auch wenn man sich im Rückblick nicht vorstellen kann, wie ein solcher Kampf hätte aussehen sollen, so traf Muckermann mit diesen Bemerkungen vermutlich doch die Stimmung vieler treuer Katholiken in Deutschland. Ob diese allerdings im Jahre 1934 zusammen mit anderen Kräften tatsächlich noch eine wirkungsvolle Opposition gegen das Regime hätten formieren können, muß offen bleiben. Rom und die deutschen Bischöfe hatten sich ohnehin eindeutig für den anderen Weg entschieden.

Ähnlich wie Gurian führte auch Muckermann die Auseinandersetzung mit dem Dritten Reich auf publizistischem Wege fort. Er gründete die Wochenzeitung »Der Deutsche Weg«, die von Holland aus noch einige Jahre zu verschiedenen deutschen Adressen gelangte, vor allem aber im katholischen Ausland wirkte. Für die vermittelnden Kräfte in der Kurie wie im deutschen Episkopat war die Existenz dieser kämpferischen Wochenzeitung so störend, daß sie auf dem Weg über den Orden Muckermann immer wieder zur Einstellung seiner Tätigkeit zu bewegen suchten. Dies scheiterte jedoch an Muckermanns Entschluß, in diesem Fall das Gehorsamsgebot seines Ordens ungewöhnlich weitherzig auszulegen.[42] Trotz wesentlich höherer Auflage als Gurians »Deutsche Briefe« war freilich auch die Wirkung dieser Zeitung eng begrenzt. Weder in Rom noch in Deutschland wurde durch sie irgend etwas bewegt. Trotzdem war das Zeichen wichtig.

Es war kein Zufall, daß die entschiedensten Kritiker des kirchlichen Vermittlungskurses zumeist Emigranten und Laien waren. Wer im deutschen Klerus zu diesen Kritikern gehörte, der schwieg oder verschloß – wie der Berliner Domvikar Walter Adolph – seine Meinung in »Geheime[nl Aufzeichnungen«. Und dies hatte nicht nur mit dem äußeren politischen Druck, sondern ebensoviel mit dem kirchlichen Gehorsam zu tun.

Inzwischen gingen auf allen Seiten die Vorbereitungen für die bevorstehenden Verhandlungen weiter.

Während der Breslauer Kardinal noch damit beschäftigt war, die Fuldaer Bischofskonferenz vorzuverlegen, um möglichst bald die Verhandlungsdelegation benennen zu können, bereitete Pacelli ein neues Promemoria an die Reichsregierung vor, das zweifellos zur Unterstützung der bischöflichen Verhandlungsposition gedacht war. Die umfangreiche Note vom 14. Mai 1934 verriet, daß der Kardinalstaatssekretär das Spiel keineswegs aufgegeben hatte. Noch schärfer und deutlicher als frühere Schriftsätze ging dieses Promemoria vielmehr bis an die äußerste Grenze dessen, was gerade noch ohne Gefährdung des Konkordats möglich schien. So hieß es im Blick auf die kirchenfeindlichen Strömungen, die sich in »... steigendem Maße ... der Macht- und Einflußmittel des Staates ...« bemächtigten: »Die Deutsche Reichsregierung wird es nicht erstaunlich finden können, wenn die im obigen geschilderte steigende Spannung zwischen ... Konkordatsvorschrift und konkordatswidriger Wirklichkeit allmählich einen Grad erreicht, wo die Kritik an diesen Zuständen von der beginnenden Bezweiflung selbst des amtlichen Konkordatserfüllungswillens nicht mehr allzu weit entfernt ist.«[43]

Offensichtlich gestützt auf die Erwartung, daß Hitler den offenen Ausbruch eines Kampfes mit der katholischen Kirche scheuen werde, versuchte die vatikanische Denkschrift durch den Umfang und die Schärfe ihrer Kritik den Eindruck zu erwecken, als stünde eine solche offene Auseinandersetzung unmittelbar bevor, wenn sich die Reichsregierung nicht endlich zu wirksamen Garantieerklärungen und Gegenmaßnahmen bereit finde.

Dabei verband das Promemoria die Kritik an der bisherigen Verhandlungsführung mit der Beschreibung zahlreicher Einzelfälle und grundsätzlichen Aussagen über Kirche und Staat. So wurde etwa zum Begriff der »›Totalität‹ des Staates« erklärt, sie werde als »Totalität des staatsunterworfenen Personenkreises« bejaht, als »Totalität der Sachgebiete« dagegen nachdrücklich abgelehnt.[44]

Besonders eindrucksvoll geriet ein Abschnitt, der sich mit den Beschwerden der Regierung über die ausländische Kritik an den kirchenpolitischen Zuständen in Deutschland beschäftigte. »Das Maß der Presseeinschränkung und jeder auch maßvollen Kritik innerhalb Deutschlands ...«, so hieß es darin mit einem Unterton von Ironie, habe »die Deutsche Reichsregierung wohl in etwa den Maßstab dafür verlieren lassen, was in anderen Ländern als zulässige Kritik empfunden wird und was nicht.« Und dann bewies die Denkschrift mit einem siebenfachen »Weltnotorisch ist ...«, daß es besonderer Informationen von kirchlicher Seite über die Lage in Deutschland nicht bedurfte: »Weltnotorisch ist«, so zählte das Promemoria auf, »daß die Kirche im heutigen Deutschland diejenige Freiheit nicht mehr hat, die sie beanspruchen muß. Weltnotorisch ist, daß die frühere katholische Presse zum großen Teil eingegangen ist. Weltnotorisch ist, daß der Klerus in der Ausübung seiner Seelsorge von Hemmungen und Gefährdungen umgeben ist, die er früher nicht gekannt hat« - und so fort, eine siebenfache Anklage der deutschen Zustände im Lichte der Weltmeinung.[45]

Die Wirkung dieser entschiedenen Sprache wurde freilich erheblich abgeschwächt durch die Tatsache, daß ihre diplomatische Funktion immer erkennbar blieb. Denn trotz aller Beschwerden und Anklagen verlor der Heilige Stuhl zu keiner Zeit sein Ziel aus den Augen, nämlich den ersehnten Friedensschluß. Deshalb verwies das Promemoria am Schluß mit Nachdruck noch einmal auf Verständnis und Verständigungsbereitschaft. »Die Kirche ist gewiß bereit«, hieß es, »und hat es in ihrer fast zweitausendjährigen Geschichte oft genug bewiesen, abwartende Geduld zu üben und anormale Zeiten und anormale Entwicklungen nicht mit schematischen Maßen zu messen. Neben und über solchen Erwägungen ... steht ihre Pflicht, der Wahrheit zu dienen und nicht zuzulassen, daß die Gewissen der ihrer übernatürlichen Führung Anvertrauten durch faktische oder scheinbare Zweideutigkeiten verwirrt und verbildet werden.«[46]

Solches Abwägen zwischen Nützlichkeit und Wahrheit nahm der Drohung mit dem großen öffentlichen Protest, die das vatikanische Schreiben am Ende anklingen ließ, viel von ihrer Überzeugungskraft. Wer so abwog, mochte man in Berlin denken, konnte wohl auch noch länger hingehalten werden. In der Tat dauerte es noch drei Jahre, in denen immer wieder neue Versuche zu einem Ausgleich unternommen wurden, ehe sich der Heilige Stuhl mit der Enzyklika »Mit brennender Sorge« zu dem hier angekündigten öffentlichen Protest entschloß.

Das Promemoria vom 14. Mai, eines der wichtigsten Dokumente in dem umfangreichen Notenwechsel zwischen Berlin und Rom in diesen Jahren, machte Pacellis taktisches Konzept deutlich. Er setzte darauf, daß die Drohung mit dem offenen Bruch mit allen seinen unabsehbaren Folgen für die innen- und außenpolitische Lage des Reiches die Regierung schließlich zum Einlenken in der Kirchenfrage bewegen werde. Ob dieses Konzept aufging, hing neben der Haltung des Episkopats weitgehend von den innenpolitischen Kräfteverhältnissen im Reich ab. Und gerade hier waren die Dinge im Sommer 1934 schwer zu übersehen. Was Hitler selbst betraf, so war er nach der

1015 katholische Jugendliche der Diözese Rottenburg nahmen am Pfingstlager in Wäschenbeuren/Württemberg teil. Es war das letzte Lager dieser Art, noch geplante Treffen wurden von der Politischen Polizei nicht mehr genehmigt.

Phase der aktiven Kirchenpolitik an den ganzen Kirchenfragen offenbar nur noch insoweit interessiert, als sie andere, wichtigere Entwicklungen nicht störten. Sowohl auf evangelischer wie auf katholischer Seite ließ er sich das ganze Jahr 1934 jeweils immer nur im Notfall und nur beschwichtigend und hinhaltend auf das Kirchenproblem ein. Das schloß selbstverständlich im Einzelfall eine Entscheidung nicht aus.

Um so wichtiger wurde die Haltung der obersten Reichsbehörden auf der einen, der verschiedenen Parteiorganisationen auf der anderen Seite. Gerade im Vorfeld der bevorstehenden Verhandlungen kam es verschiedentlich zu bemerkenswerten Kraftproben.

Zu den Reichsbehörden, die - wenn auch in bestimmten Grenzen - grundsätzlich auf eine Erfüllung des Konkordats und einen Ausgleich mit der katholischen Kirche drängten, gehörten das Innen- und das Außenministerium.

Die Haltung des Innenministeriums war dabei insofern von entscheidender Bedeutung, weil es seit der Auflösung des preußischen Kultusministeriums am 1. Mai 1934 die alleinige Zuständigkeit für die gesamte innere Kirchenpolitik des Reiches besaß.[47] Verantwortlich für den kirchenpolitischen Kurs waren hier unverändert Ministerialdirektor Dr. Buttmann und Ministerialrat Dr. Conrad. Wie Conrad die ganze Lage einschätzte, legte er am 19. Mai in einem kritischen Memorandum dar, das in vieler Hinsicht wie eine Entsprechung zu Pacellis Promemoria wirkte. Man wird der Wirklichkeit des Jahres 1934 und gerade auch ihrer Einschätzung durch die Kirchenbehörden nicht gerecht, wenn man sich nicht klarmacht, daß zu dieser Zeit tatsächlich noch ein derart offenes Wort möglich war: Die »... bisherige amtliche und vor allem die parteiliche Politik gegenüber der kathol*(ischen)* Kirche«, so meinte Conrad, sei »schon jetzt als *gescheitert*« anzusehen. Mit dem typischen Respekt des Protestanten vor der ihm fremden Organisation wies er auf »... die kathol*(ische)* Geistlichkeit aller Grade ...« hin, die, »völlig in sich geschlossen, mit souveräner Beherrschung des psychologischen Apparates ausgerüstet, durch den besten Organismus aller Zeiten international eingegliedert, durch Vertrag und Tradition weit über durchschnittliches Menschenansehen hinausgehoben, ... den Kampf gegen den Nationalsozialismus auf der ganzen Linie aufgenommen« habe. Schuld daran seien die »... Überspannung des nationalsozialistischen Totalitätsanspruches« und eine Fülle »... von taktischen und sachlichen Ungeschicklichkeiten von staatlicher und parteilicher Seite«.[48] Als Reaktion habe nun überall ein katholischer Vormarsch eingesetzt, der die nationalsozialistischen Positionen vielfach empfindlich schwäche. Durch eine Verschärfung des Kampfes sei dagegen nichts auszurichten; vielmehr solle sich das Innenministerium bemühen, weiterhin »durch eine möglichst loyale Handhabung des R*(eichs)* Konkordats Boden im katholischen Volksteil zu gewinnen ...«.[49]

Daß das Innenministerium grundsätzlich gesonnen war, diese Linie auch gegenüber den Parteiorganisationen zu vertreten, zeigte der Streit um das Verbot der Doppelmitgliedschaft, das der Führer der Deutschen Arbeitsfront, Robert Ley, am 27. April überraschend ausgesprochen hatte.[50] Auf die nachdrücklichen Beschwerden Bertrams und Pacellis hin schrieb Frick am 29. Mai an Ley, »die katholischen Standesorganisationen seien durch Artikel 31,2 des Reichskonkordats ›grundsätzlich geschätzt worden‹... Die Schutzbestimmung des Konkordats«, so belehrte der Minister den Parteifunktionär, habe »... nicht nur den Sinn, daß die katholischen Organisationen in ihrem Bestande und ihrer Betätigung grundsätzlich geschätzt werden, sondern auch, daß die Mitglieder solcher Organisationen aus ihrer Mitgliedschaft keine Nachteile in ihrem beruflichen Fortkommen erleiden sollen.«[51] Das Verbot der Doppelmitgliedschaft stelle eine ernste Belastung für das Verhältnis von Kirche und Staat dar. Er behalte sich deshalb vor, »... vor den Beratungen mit dem Episkopat ... eine Aussprache mit Ihnen über diese Fragen herbeizuführen«.[52] Dieses bemerkenswerte Schreiben war allerdings nicht nur ein Zeichen für den guten Willen des Innenministeriums, sondern auch für die Grenzen seiner Macht, denn offensichtlich lag es außerhalb der Möglichkeiten des Ministers, das rechtswidrige Verbot kurzerhand aufzuheben. Dies ließ für die bevorstehenden Verhandlungen erhebliche Schwierigkeiten erwarten.

Nicht weniger interessiert an einer Beilegung der Spannungen war auch das Auswärtige Amt. Dies hing neben allgemeinen Überlegungen vor allem mit einem Problem zusammen, das die Reichsregierung in dieser Zeit immer stärker zu beschäftigen begann, nämlich mit der Saarfrage.[53] Der Versailler Vertrag hatte das Saargebiet bekanntlich dem Völkerbund unterstellt und festgelegt, daß die Bevölkerung nach fünfzehn Jahren durch eine Abstimmung darüber entscheiden sollte, »unter welche Souveränität sie zu treten ...« wünsche. Drei Möglichkeiten sollten dabei zur Wahl stehen, nämlich »a) Beibehaltung der durch den gegenwärtigen Vertrag ... geschaffenen Rechtsordnung, b) Vereinigung mit Frankreich, c) Vereinigung mit Deutschland«.[54] Die Frist lief Anfang Januar 1935 ab, und es war vorauszusehen, daß der Völkerbund die Wahlen sobald wie möglich durchführen würde. In der Tat beschloß man in Genf am 4. Juni, die Abstimmung auf den 13. Januar 1935 festzusetzen.[55]

Für Hitler und das ganze Regime besaß dieses Datum eine außerordentliche Bedeutung. Denn es ging nicht allein um eine nationale Frage von höchster Empfindlichkeit; mit der Rückkehr zu Deutschland schienen die Saarländer in einer freien, international überwachten Abstimmung vor den Augen der Weltöffentlichkeit auch ein Votum für das Dritte Reich abzugeben. Es war erneut die Verbindung seiner Herrschaft mit einem nationalen Anliegen, die Hitler hier die Möglichkeit eines großen öffentlichen Triumphes bescherte.

Entsprechend nachdrücklich wurden von deutscher Seite die propagandistischen Vorbereitungen für diese Abstimmung betrieben. Dabei kam der katholischen Kirche eine entscheidende Rolle zu. Die Bevölkerung des Saargebietes war fast rein deutsch, und sie war zu Dreivierteln katholisch.[56] Kirchlich gehörten die Saarkatholiken weiterhin zu den Diözesen Trier und Speyer, und so hing von deren Bischöfen, Bornewasser und Sebastian, zweifellos viel für das Abstimmungsergebnis ab.

Nun waren diese Bischöfe allerdings keineswegs frei, diesen Vorteil voll auszuspielen. Angesichts der politischen Bedeutung der Frage hätte man ja daran denken können, unter Hinweis auf bestimmte Abstimmungsempfehlungen die Reichsregierung ultimativ zu einer umfassenden Garantieerklärung für die katholische Kirche im Reich zu bewegen. Dem stand jedoch nicht nur die nationale Gesinnung der deutschen Bischöfe selbst entgegen, die ein solches Ultimatum - auch gegenüber Hitler - zweifellos als Verrat empfunden hätten, sondern ebenso die Gefahr, daß schon ein bescheidener Versuch in dieser Richtung den deutschen Katholizismus dem Vorwurf der nationalen Unzuverlässigkeit ausgeliefert hätte. Es gab da eindeutige Erfahrungen. Als der Nuntius Pacelli 1921/22 die Besetzung des Saarbistums als Druckmittel gegen die preußische Regierung benutzt hatte und stolz den Erfolg seiner Bemühungen meldete, zeigte sich der Kölner Kardinal keineswegs erfreut, sondern meinte, dies liefe ».. *. auf eine Unterstützung der eroberungssüchtigen französischen Saarpolitik* ...« hinaus und würde beim Bekanntwerden in Deutschland »... *einen erbitterten Kampf gegen Rom und gegen den Katholizismus* ...« zur Folge haben.[57]

Andererseits war natürlich allen Beteiligten klar, daß die Nachrichten über die Lage der katholischen Kirche im Reich, die im Saarland ja ungehindert verbreitet werden konnten, nicht ohne Rückwirkung auf das Abstimmungsverhalten der Saarländer bleiben würden. So versuchte der Trierer Bischof einerseits, im Saargebiet wie in Rom die deutsche Position mit allen Mitteln zu stärken, wies aber andererseits - was ihm niemand verdenken konnte - vertraulich immer wieder auf die ungünstigen Einflüsse hin, die die Vorgänge in Deutschland auf das Wahlverhalten der Saarbevölkerung nähmen. Unterstützung fand er dabei sowohl im Auswärtigen Amt als auch bei Papen, der das Amt des Saarbevollmächtigten ausübte, sowie bei Kaas, der in diesem Sinne auch auf Pacelli einwirkte. In einem ausführlichen Gespräch, das am 18. November 1933 zwischen Pacelli, Kaas und Bornewasser stattfand und das der Vereitelung der französischen Pläne für eine kirchliche Neuordnung im Saargebiet diente, war deshalb zugleich davon die Rede, daß »... die Kenntnis ... vieler schmerzlicher Dinge ... viel Erbitterung im Saarland hervorgerufen habe«.[58] Ende März 1934 schrieb Bornewasser an Papen, er sei im Blick auf die Abstimmung noch immer zuversichtlich, doch bedrücke ihn die wachsende Bedrohung der religiösen und moralischen Freiheit in Deutschland. Es war ungemein bezeichnend für die schwierige Lage zwischen nationaler Treue und kirchlicher Verantwortung, in der sich der Bischof befand, wenn er fortfuhr: »Selbstverständlich spreche ich niemals, außer in ganz kleinem vertrauten Kreise, von diesem Pessimismus vor dem Klerus (vor allem nicht vor dem Saar-Klerus) oder vor dem Volke. In all' meinen Reden und Predigten suche ich das Volk aufzurichten und ihm Mut zu machen im Hinblick auf die göttliche Vorsehung, die immer am Werke ist, auch in unserer Zeit. Aber auch im Hinblick auf das wirklich Gute im neuen Reich.«[59]

Es lag ganz auf dieser Linie, wenn Bornewasser Anfang April den Leiter der »Arbeitsgemeinschaft Katholischer Deutscher« im Saargebiet empfing und ihn zu der Erklärung ermächtigte, »daß sein Klerus es als selbstverständlich ansehe, sich rückhaltlos für die Rückgliederung des Saargebietes an das Deutsche Reich einzusetzen«.[60] Tatsächlich jedoch war die Stimmung im Saar-Klerus keineswegs so einheitlich, und nach den in Berlin vorliegenden Nachrichten hatte man durchaus Grund zu der Befürchtung, daß bei einer weiteren Verschärfung der Lage die Mehrheiten für Deutschland unsicher werden könnten.[61] Dies legte es nahe, im Vorfeld der bevorstehenden Verhandlungen auch von der Wilhelmstraße aus alles zu tun, die Entspannung und den Ausgleich zu fördern.

Die allgemeine Tendenz zur Mäßigung und Zurückhaltung wurde in diesen Tagen selbst vom Propagandaministerium geteilt. Noch Mitte Mai war es in Breslau zu heftigen Auseinandersetzungen zwischen HJ und katholischer Jugend gekommen. Gewissermaßen unter den Augen des Kardinals hatten Hitlerjungen die Dominsel mit Hetzplakaten überschwemmt, und am Donnerstag vor Pfingsten hatte Gotthart Ammerlahn, der höchste schlesische HJ-Führer, in einer Massenversammlung in der Jahrhunderthalle wüste Drohungen gegen »die schwarzen Wühlmäuse«, die »Aasgeier der Nation« ausgestoßen.[62] Drei Wochen später traf im Büro des Vizekanzlers die Nachricht aus dem Propagandaministerium ein, daß seitens des Ministeriums »... im Einvernehmen mit der Reichsjugendführung ... ein Propaganda-Feldzug zur konfessionellen Beruhigung geplant sei ... Lautsprecherwagen der HJ ...« sollten in den nächsten Tagen »eine positiv-christliche und gegen jede konfessionelle Hetze sich wendende Rede des Reichsjugendführers verbreiten«; die gesamte »... NS-Presse einschliesslich der Zeitschrift des NS-Lehrerbundes ...« werde »in gleicher Linie arbeiten«. Man möge doch bitte, so hieß es, auch in der katholischen Presse »auf diese grundsätzliche Umstellung« hinweisen.[63]

Auf der gleichen Linie lag es, daß die Bayerische Politische Polizei sogar eine Nummer des antisemitischen Hetzblattes »Der Stürmer« »... wegen eines Angriffs gegen das christl. Abendmahl ...« beschlagnahmen ließ.[64]

Von einer wirklichen »grundsätzliche[n] Umstellung« konnte freilich keine Rede sein. Im Kern des Regimes bestand der Haß auf die christlichen Kirchen unverändert fort. Dies machte der umfangreiche Bericht deutlich, den der junge Chef des Sicherheitsamtes des Reichsführers SS, Reinhard Heydrich, im Mai/Juni 1934 zur Situation der Kirche vorlegte. Der Verfasser dieses Berichtes war vermutlich der Referent für »politischen Katholizismus« im Sicherheitsamt, Dr. theol. Dr. jur. Wilhelm August Patin.[65] Der damals schon 55jährige, übrigens ein Vetter des Reichsführers SS Heinrich Himmler, war der erste in der nicht sehr langen, aber gewichtigen und einflußreichen Reihe der katholischen Priester, die sich dem Regime zum Kampf gegen ihre eigene Kirche zur Verfügung stellten. Patin, Sohn eines bayerischen Obergeneralarztes, 1904 zum Priester geweiht, später Königlicher Hofstiftsvikar und Religionslehrer in München, seit 1932 förderndes Mitglied der SS, brachte es später bis zum Obersturmbannführer im Reichssicherheitshauptamt.[66] Sein erster großer Bericht verriet eine genaue Kenntnis der katholischen Kirche und war in der Tendenz eindeutig. Patin stellte die ganze Kirche und ihre Einrichtungen, namentlich die Katholische Aktion, als eingeschworene und unversöhnliche Gegner des Regimes dar.[67] Diese Darstellung blieb nicht ohne Folgen. Nur Wochen später, am 30. Juni, ließ Heydrich – möglicherweise als Warnung – den Führer der Katholischen Aktion in Berlin, Dr. Klausener, ermorden. Im übrigen waren die Bedeutung dieses Berichtes und sein Einfluß um so höher einzuschätzen, als der sogenannte Röhm-Putsch schon kurz darauf Himmler und Heydrich den Weg zu den Schlüsselpositionen der Macht öffnete.

Von diesem streng geheimen Bericht wußten die Bischöfe selbstverständlich nichts, und manche hätten davon wohl auch nichts wissen wollen. Vor ihren Augen lag vielmehr eine politische und kirchliche Landschaft, deren endgültige Befriedung bei Festigkeit und Entgegenkommen zugleich tatsächlich möglich schien.

Genau dies war denn auch die Grundlinie des kirchlichen Vorgehens, die sich aus zwei Besprechungen zu Pfingsten ergab. Mit einem großen deutschen Pilgerzug, der zur Heiligsprechung des bayerischen Kapuzinerbruders Konrad von Parzham nach Rom aufgebrochen war, waren auch vierzehn Bischöfe in die Heilige Stadt gekommen. Während der Papst gegenüber den deutschen Pilgern von Kampf und Leiden, aber auch von der Hoffnung sprach, »dass bald bessere Zeiten kommen werden«,[68] nutzten die Bischöfe die Gelegenheit zu zwei Zusammenkünften in der Anima, der deutschen Nationalkirche in Rom. Faulhabers Bericht über die Ergebnisse dieser Besprechungen ließ einige wichtige Vorentscheidungen für die bevorstehenden Verhandlungen erkennen.

Noch ehe die Plenarkonferenz formell darüber abstimmte, stand fest, daß die Verhandlungsdelegation des Episkopats aus den Bischöfen Gröber, Berning und Bares bestehen sollte. Faulhaber interpretierte ihren Auftrag so, daß sie im Unterschied zum Vatikan der anderen Seite eher etwas entgegenkommen dürften, »um die Sache endlich zum Abschluß zu bringen«. Außerdem wurde »die Notwendigkeit eines Hirtenbriefes« über »die Wege und Ziele des neuen Heidentums« festgestellt.[69]

Zwei Wochen später, vom 5. bis 7. Juni, trat dann der Episkopat zu seiner vorgezogenen großen Konferenz in Fulda zusammen. Die Beratungen standen weithin im Zeichen des vatikanischen Schreibens vom 20. April und des Promemorias vom 14. Mai. Als Verhandlungsgrundlage diente das Vatikanische Weißbuch.

Entsprechend der in der Anima gegebenen Anregung beschlossen die Bischöfe zunächst den Text eines Hirtenwortes, das in den kirchlichen Amtsblättern veröffentlicht und von allen Kanzeln verlesen werden sollte.

Der am Vormittag des 5. Juni vorgelegte Entwurf faßte alle Klagen und Beschwerden der deutschen Katholiken eindrucksvoll zusammen. Das Hirtenwort schien sich ausdrücklich zwar nur gegen die Verbreitung der neuheidnischen Lehre zu wenden, die als »eine radikale Leugnung des Christentums in der Gesamtheit seiner Lehre, seiner Moral, seiner Gnadenfülle« und als »... ein Angriff auf die seit tausend Jahren von den Besten unseres Volkes aufgebaute christliche Kultur« bezeichnet wurde.[70] Aber wo dann im folgenden diese Abwehr konkretisiert wurde, gerieten offensichtlich die weltanschaulichen Grundlagen des Dritten Reiches selbst in den Blick. »Ihr habt gehört und gelesen«, so erklärten die Bischöfe zum Beispiel, wenn »... man eine Uniform anziehe, höre man auf, Katholik oder Protestant zu sein. Dazu sagen wir Bischöfe: So treu man im Dienst die Kameradschaft und gegenseitige Achtung pflegen muß, ist doch die religiöse Überzeugung nicht etwas, was man mit dem Rock anzieht und ablegt . . .«[71] »Ihr habt gehört und gelesen«, hieß es weiter, sittlich ». . . sei, was dem Volke nützt. Sittlich sei, was den Forderungen, den Zwecken und dem Wohle der Rasse entspricht. Wir, eure Bischöfe, sagen euch: Sittlich ist das, was dem Willen und den Geboten Gottes entspricht . . .« Und wie eine Vorahnung auf die bedingungslose, persönliche Vereidigung der Wehrmacht auf Hitler am 2. August las sich der folgende Satz aus dem Hirtenbrief: »Ihr habt gehört und gelesen: Man könne einen Eid auf vorbehaltlose Gefolgschaft leisten. Wir, eure Bischöfe, bemerken vorsichtshalber dazu: Der Eid ist eine feierliche Anrufung Gottes, kann also niemals zu einer Leistung verpflichten, die einem Gebote Gottes widersprechen würde.«[72]

Gleichzeitig wehrten sich die Bischöfe gegen den Vorwurf, ihre Mahnungen und Warnungen vor dem Neuheidentum seien ». . . eine unberufene ›Einmischung in die Politik‹«. Es sei ». . . nicht Politik, den Glauben an Gott als das Fundament aller Ordnung auf Erden zu verkünden und zu verteidigen«, und es sei auch ». . . nicht Politik, sich in christlicher Nächstenliebe jener anzunehmen, welche ohne eigene persönliche Schuld durch den Umschwung der Zeitverhältnisse in Not und Bedrängnis gekommen und sogar vielfach ungerecht an Ehre und gutem Ruf geschädigt worden sind«.[73]Ob damit nun abgesetzte ehemalige Zentrumsanhänger gemeint waren oder auch andere Betroffene, Sozialdemokraten oder Juden etwa, blieb der Auslegung des einzelnen überlassen. Daß von in Not und Bedrängnis Geratenen überhaupt die Rede war, war schon wichtig genug.

Ohne Zweifel war dies Hirtenwort trotz mancher Schnörkel und Langatmigkeiten ein wichtiger und mutiger Entschluß. Nicht zufällig notierte Goebbels am 29. Juni in seinem Tagebuch: »Hanke bringt neuesten Hirtenbrief der P[f]affen. Scharf gegen den Staat. Nun aber zugreifen.«[74]

Wenn dieses Wort gleichwohl kein Ruf zur Sammlung wurde, sondern wenig später eher zur Schwächung und Verwirrung der deutschen Katholiken beitrug, so lag dies an der unglücklichen Taktik der bischöflichen Delegation, die den Hirtenbrief gewissermaßen als Verhandlungsobjekt in die staatlichen Verhandlungen einbrachte und damit selbst von seinem unbedingten Anspruch abrückte.

Am Vormittag des zweiten Konferenztages referierte in Fulda der Münchener Kardinal zum Thema »Stellungnahme zu den verschärften Bewegungen gegen Gottesglaube, Christentum und Kirche«.[75] Das Referat fiel offensichtlich so eindrucksvoll aus, daß die Bischöfe beschlossen, Faulhaber zu bitten, das »... Wesentliche in einem Brief an Hitler« zusammenzustellen.[76]

Die Fertigstellung dieses Briefes verzögerte sich allerdings, so daß der Entwurf erst am 24. Juni nach Breslau abging.[77]

Das siebenseitige Schreiben unterschied sich in Ton und Absicht deutlich von dem geplanten Hirtenwort. Während dort für vermittelnde Meinungen fast kein Raum blieb, entbot das Konferenzschreiben dem Reichskanzler zu Beginn »... den Gruß aufrichtiger Verehrung und dankbaren Vertrauens«.[78] Der ganze Brief, der in sechs Abschnitten die wichtigsten Beschwerdepunkte des Episkopats aufführte, appellierte offensichtlich an einen Mann, dem es nicht am guten Willen, sondern an wahrheitsgemäßen Informationen fehlte. Dem entsprach auch der Schluß, der von der Bereitschaft der Bischöfe sprach, »... an Ihren hohen Zielen mitzuarbeiten, die wirtschaftliche Not ... zu meistern und unserem Volk den Frieden zu erhalten«, und die Bitte aussprach, »unseren Vertretern ... Vertrauen und Wohlwollen entgegenzubringen, damit das Konkordat zum endgültigen Abschluß komme und im ganzen Reich auch wirklich durchgeführt werde«.[79]

Auch die Absendung dieses Schreibens fiel jedoch bald darauf der Verhandlungstaktik der Bischöfe zum Opfer.

Danach entledigte sich die Konferenz der Aufgabe, ihre Vertreter bei den bevorstehenden Verhandlungen zu bestimmen. Die Wahl fiel, wie schon in Rom vereinbart, auf den Osnabrücker Bischof Berning, den Berliner Bischof Bares und den Freiburger Erzbischof Gröber.[80] Obwohl Gröber der Ranghöhere war, wurde die Verhandlungsführung Berning übertragen.[81]

Die Motive für die Wahl gerade dieser Männer sind nicht klar. Aber ob es sich nun vor allem um eine Schonung persönlicher Gefühle handelte, weil Berning und Gröber auch bislang schon mit den Konkordatsfragen betraut waren,[82] oder ob die Mehrheit der Bischöfe bewußt auf den Ausgleich setzte, Tatsache war jedenfalls, daß mit dem Osnabrücker und dem Freiburger Bischof ausgerechnet jene beiden Vertreter des Episkopats zu Verhandlungspartnern benannt wurden, die am ehesten auf der staatlichen Linie lagen und die sich am meisten von einem Entgegenkommen versprachen. Den anderen Bischöfen konnte das kaum entgangen sein, aber möglicherweise verhinderte der etwas steife Umgang, den die Hochwürdigsten Herren untereinander pflegten, daß diese Frage offen diskutiert wurde. Jedenfalls erwies sich diese Wahl schon bald als problematisch.

Schließlich erledigte die Konferenz noch eine Fülle von Tagesordnungspunkten, die sich in ihrer Mehrheit mit Schulfragen befaßten, aber beispielsweise auch eine Unterstützung der »... Maßnahmen des Raphaelvereins zur Unterbringung katholischer Nichtarier im Auslande ...« – also der jüdischen Emigration – enthielten.[83]

Unmittelbar nach dem Ende der Konferenz teilte Bertram dem Reichsinnenminister in einem gemessenen Schreiben die Namen der kirchlichen Unterhändler mit und bat um einen Verhandlungstermin. Bald darauf lud Frick die drei Herren auf Montag, den 25. Juni d. J., 10 Uhr vormittags, ins Reichsministerium des Innern ein.[84] Mit diesem Termin aber gerieten die so sorgfältig vorbereiteten Verhandlungen mitten in den Wirbel jener Ereignisse, die als Röhm-Putsch bekannt wurden und die die Lage in Deutschland noch einmal nachhaltig veränderten.

Im Grunde ging es bei dieser Krise um die Frage der Zukunft der nationalsozialistischen Revolution. Der Schwung des ersten Jahres hatte sich offensichtlich erschöpft, und so hielten sich seit dem Beginn des Jahres 1934 zwei Richtungen bereit, die Revolution gewissermaßen zu beerben. Auf der einen Seite stand die SA mit ihrem Stabschef Röhm an der Spitze, die die Dinge weitertreiben und vollenden wollte. Ihr braunes Millionenheer, das den Widerstand der ersten Monate buchstäblich niedergeknüppelt und niedergetreten hatte, wartete noch immer auf die erhoffte Belohnung. Auf der anderen Seite hatte sich um den Vizekanzler von Papen eine konservative Opposition gesammelt, der die Dinge schon viel zu weit gegangen waren. Da diese Gruppe sich für die geistigen Wurzeln der Revolution verantwortlich glaubte, meinte sie, nun auch über deren ferneren Weg mitbestimmen zu können.

Beide Richtungen waren aus Hitlers Sicht auf eine komplizierte Weise mit den letzten unabhängigen Machtfaktoren im Reich verbunden, der Reichswehr und dem Reichspräsidenten. Wandte sich Hitler gegen den konservativen Flügel, so bedeutete dies einen unerwünschten Machtzuwachs der SA und daraus folgend den fast unvermeidlichen Konflikt mit der Reichswehr und dem Reichspräsidenten. Die Reichswehr aber war für Hitlers außenpolitische Pläne unentbehrlich. Entmachtete er jedoch die SA, so war ein Bündnis aller konservativen Kräfte zur Wiederherstellung des Rechtsstaates und zur Erneuerung der Monarchie nicht auszuschließen. Beides war für Hitlers Pläne gleich gefährlich, und so blieb ihm im Grunde, wenn er seine Macht sichern wollte, nur die Möglichkeit, beide Richtungen gleichzeitig zu vernichten. Als zusätzliche Unsicherheit kam der schlechte Gesundheitszustand des Reichspräsidenten hinzu, mit dessen Tod in nächster Zeit zu rechnen war.[85]

Anfang Juni, als in Oeynhausen das Büro der Bekenntnissynode seine Arbeit aufnahm und die katholischen Bischöfe sich in Fulda versammelten, begannen sich in Berlin die Dinge zuzuspitzen. Der Reichspräsident reiste vorzeitig auf sein Gut Neudeck ab und schien damit vorerst aus dem Spiel; gleichzeitig hatte Hitler eine letzte Unterredung mit Röhm, der an schließend einen längeren Krankheitsurlaub in Bad Wiessee antrat.[86] Am 6. Juni begann eine neuerliche Verstärkung des schon seit Wochen andauernden Propagandafeldzuges »gegen Miesmacher und Kritikaster«.[87] Nahezu alle führenden Männer des Regimes richteten in den folgenden Wochen unüberhörbare Drohungen sowohl gegen die angeblichen Revolutionäre der SA wie gegen die sogenannte Reaktion.[88]

In dieser Situation wartete Hitler auf seine Stunde. Aber auch der Kreis um Papen hielt die Zeit für gekommen, ein Signal zur Sammlung der konservativen Kräfte zu geben, und beschleunigte damit den Gang der Dinge.

Schon seit Mitte 1933 hatten eine Reihe von jüngeren Mitarbeitern Papens, an ihrer Spitze Fritz Günther von Tschirschky als Adjutant und Herbert von Bose als Pressechef, die Vizekanzlei zu einem Zentrum der konservativen Opposition ausgebaut.[89] Geistiger Kopf und Berater dieser Gruppe war der 44jährige Münchener Rechtsanwalt Edgar J. Jung, ein ungewöhnlich ehrgeiziger und selbstbewußter Mann, der in der Weimarer Zeit zu den einflußreichsten nationalkonservativen Schriftstellern gehört hatte.[90] Sein Hauptwerk trug den bezeichnenden Titel »Die Herrschaft der Minderwertigen. Ihr Zerfall und ihre Ablösung durch ein Neues Reich«[91] und wurde in den Kreisen der »... *Konservative[n] Revolution* ... als ›das nationale Gegenstück zum kommunistischen Manifest‹ gefeiert«.[92] Obwohl weder Katholik noch Parteimann, galt Jung für viele als Vertreter eines ausgesprochen abendländisch-katholischen Reichsgedankens.[93] Dies ging zweifellos auf die betont christlichen und universalen Ideen zurück, die er mit den Vorstellungen des erhofften »Neuen Reiches« verband. »Die Wiedergeburt des Christentums«, so hieß es etwa in seinem großen Werk, »kann ein Neues Reich mit sich bringen, dessen Umrisse zu erahnen die schwere Aufgabe dieses Buches ist. Die Zukunft der Deutschen hängt von der Inbrunst ab, mit welcher sie religiös-geistiges Leben in den Mittelpunkt ihres Seins stellen. Die gesellschaftliche und politische Gestaltung läuft daneben her oder wird gar zur selbstverständlichen Folge.«[94]

Der Mangel an Realitätssinn und Machtbewußtsein ist in diesen Sätzen nicht zu übersehen. Dieser Mangel war es wohl auch, der Jung zu einer verhängnisvollen Fehleinschätzung des Nationalsozialismus verleitete. Noch im

Sommer 1932 wollte er ihm in der großen »Werksgemeinschaft« der revolutionären Kräfte lediglich »das ›Referat Volksbewegung‹« zugestehen, das er mobilisieren, aber nicht führen dürfe.[95] Dagegen glaubte er sich selbst, ähnlich etwa wie Carl Schmitt, Popitz und Papen aus dem nationalkonservativen Lager, zur geistigen Deutung und Führung der nationalen Revolution berufen.[96] Im Gegensatz zu den meisten anderen jedoch war er von Anfang an ein kompromißloser Gegner Hitlers, dessen Führung nach Jungs Überzeugung das Reich ins Verderben stürzen müsse.[97]

Das politische Ziel der konservativen Oppositionsgruppe war die Erneuerung der Monarchie und die Wiederherstellung des Rechtsstaates. Dazu lagen in der Vizekanzlei eine Denkschrift von Jung und ein Aktionsplan vor, die sich vor allem auf Papens Verbindungen zum Reichspräsidenten und auf die Reichswehr stützten und eine Entmachtung Hitlers zugunsten eines Direktoriums vorsahen.[98] Nun, in der wachsenden Spannung der Juniwochen und angesichts der sich verschlechternden Gesundheit Hindenburgs, drängte man hier auf den Beginn der Aktion.

Am 17. Juni – Hitler kam gerade von seinem wenig geglückten Treffen mit Mussolini aus Venedig zurück – hielt Papen vor dem Universitätsbund in Marburg einen Vortrag, der auch im Rückblick nichts von seiner Eindrücklichkeit verloren hat.[99]

Es war die letzte große, freie Rede, die öffentlich im Dritten Reich gehalten wurde. Sie stammte aus der Feder von Edgar Jung und stellte nahezu alles in Frage, was sich seit dem 30. Januar 1933 unter dem neuen Regime in Deutschland etabliert hatte.[100] Immerhin war es der deutsche Vizekanzler, der namens der Reichsregierung öffentlich die Knebelung der Presse beklagte und vor den Gefahren eines anonymen oder geheimen Nachrichtendienstes warnte;[101] der die »... Vorherrschaft einer einzigen Partei an Stelle des mit Recht verschwundenen Mehrparteiensystems ... als ... Übergangszustand« bezeichnete und als Ziel der Revolution die »freiheitliche Volksgemeinschaft« nannte;[102] der »... die freiwillige Preisgabe eines Staatstotalismus« forderte, »der kein gewachsenes Eigenleben ...« anerkenne;[103] der Geist und Wissenschaft in Schutz nahm, von der »Verwechslung von Vitalität und Brutalität« sprach und vor allem mit Nachdruck auf die Notwendigkeit der christlichen Grundlagen des neuen Reiches hinwies.[104] *»Um diese Entscheidung, ob das neue Reich der Deutschen christlich sein wird oder sich in Sektierertum und halbreligiösem Materialismus verliert, wird gerungen werden.* Sie wird einfach sein«, so fuhr der Vizekanzler fort und jedermann wußte, was damit gemeint war, »wenn alle Versuche, sie von der Staatsgewalt her in der Richtung einer gewaltsamen Reformation zu beeinflussen, unterbleiben«. Es entsprach ganz dem, was in Barmen wie im Hirtenbrief der Bischöfe zum Ausdruck gekommen war, wenn die politische Verantwortung für den Kirchenkampf dem Staat zugewiesen wurde, »weil politische Eingriffe in den religiösen Bezirk die Betroffenen zwingen, aus religiösen Gründen den auf diesem Gebiet widernatürlichen Totalitätsanspruch abzulehnen«.[105]

Papens Rede fand unter den überraschten Zuhörern in Marburg »brausende Zustimmung«. Und obwohl Goebbels sofort handelte und den Abdruck in der Presse verbot und auch die versprochene Rundfunkübertragung verhinderte, verbreitete sich der Inhalt in Windeseile in ganz Deutschland.[106]

Jetzt wäre die Zeit zum Handeln gekommen gewesen. Nach den Plänen der Oppositionsgruppe hätte Papen unverzüglich nach Neudeck fahren und den Reichspräsidenten umfassend über die Lage im Reich informieren müssen. Aber Papen zögerte. Er zögerte selbst dann noch, als er am 26. Juni von der Verhaftung Jungs erfuhr.[107] Und als er sich am 27. endlich zur Reise entschloß, war es zu spät. Hitler war vor ihm in Neudeck gewesen, und nun erlaubte der Gesundheitszustand des Reichspräsidenten keinen weiteren Besuch mehr.[108]

Inzwischen waren die Marburger Rede und ihre möglichen Folgen zum Tagesgespräch überall dort geworden, wo man auf eine Änderung der diktatorischen und gewalttätigen Verhältnisse hoffte. Sie beherrschte selbstverständlich auch die Gespräche am Rande des großen Berliner Katholikentages, der in diesen Tagen eine unerwartet demonstrative Bedeutung bekam.[109]

Am 24. Juni, eine Woche nach den Marburger Ereignissen und unmittelbar vor Beginn der entscheidenden Verhandlungen im Innenministerium, fand in Hoppegarten der lange geplante 32. Katholikentag des Bistums Berlin statt.[110] Etwa 60000 Menschen waren am Morgen bei strahlender Sonne auf das Gelände der Rennbahn gekommen, um mit ihrem neuen Bischof und dem päpstlichen Nuntius gemeinsam ein Bekenntnis zum katholischen Glauben abzulegen. Höhepunkt des Vormittags war die Weihe des Bistums Berlin an das Heiligste Herz Jesu, die Bischof Bares vollzog. Am Nachmittag hielt der Nuntius eine Andacht, danach sprach Professor Emil Dovifat. Er erinnerte an die am nächsten Vormittag beginnenden Verhandlungen und gab der Hoffnung auf »... einen inneren Ausgleich und ein einträchtiges Zusammenwirken ...« zwischen dem neuen Staat und der katholischen Kirche Ausdruck.[111] Zum Schluß ergriff überraschend noch ein Mann das Wort, der als

Führer der Katholischen Aktion in Berlin die Hauptverantwortung für die Veranstaltung getragen hatte: Ministerialdirektor Dr. Erich Klausener. Unter dem Jubel der Menge dankte er dem Nuntius und dem Bischof und rief die Zehntausende dazu auf, ihren Glauben auch »im Werktag des Lebens« frei und mutig zu bekennen. »Gewaltig«, so berichtete eine Zeitung am folgenden Tag, »endete nach den Worten Dr. Klauseners die herrliche Feier in den mächtigen Klängen des Treuliedes ›Fest soll mein Taufbund immer stehen‹.«[112]

Der Mann, der hier so unvorhergesehen in den Mittelpunkt rückte, war einer der einflußreichsten katholischen Laien in Deutschland. Als Leiter der Polizeiabteilung im preußischen Innenministerium und Vorsitzender der Katholischen Aktion im Bistum Berlin besaß er schon in der Weimarer Zeit Schlüsselpositionen in Staat und Kirche. Nach seinen Fähigkeiten wie nach seinen Vorstellungen gehörte er, wie einer seiner engsten Mitarbeiter meinte, weniger zu den geistigen Führern als vielmehr »... in die Reihe der großen katholischen Organisatoren ..., die durch die Kraft des berechnenden, organisierenden, planenden Intellekts wesentlich die Schlacht für die Kirche zu gewinnen hofften«.[113] In der Tat hatte Klausener schon vor 1933 eindrucksvolle Katholikentage organisiert und war auch als Redner weithin bekannt geworden. Ein prominenter Katholik dieses Zuschnitts war im Dritten Reich als Leiter der Polizeiabteilung selbstverständlich nicht tragbar, und so wurde Klausener schon im Februar 1933 in das politisch bedeutungslose Reichsverkehrsministerium versetzt, dessen Chef, Eltz von Rübenach, ebenfalls praktizierender Katholik war.[114] Durchaus offen für viele Ziele der nationalen Revolution, versuchte Klausener in der nächsten Zeit, durch Massenveranstaltungen in Berlin die Bedeutung der katholischen Kirche ins öffentliche Bewußtsein zu bringen und damit zugleich zur Verteidigung ihrer Rechte beizutragen. Ihren Höhepunkt erreichten diese Bemühungen mit jenem großen Tag in Hoppegarten.[115]

Für Göring, Himmler und Heydrich, die in diesen Tagen alle verdächtigen Entwicklungen mit der gespanntesten Aufmerksamkeit verfolgten, mußte der Jubel der 60000 wie eine Demonstration der katholischen Opposition wirken, vor allem »... auch die Begeisterung, mit der ... junge Katholiken ... dabei waren«.[116] Ohnehin beargwöhnte die Geheime Staatspolizei nicht erst seit jenem Patinschen Bericht die Katholische Aktion *»als Mittel des politischen Katholizismus«* und als »... eine Auffangstellung für die Kräfte der früheren politischen Parteien des Katholizismus ...«.[117] Mit um so größerem Mißtrauen mußten diese Stellen jetzt die ausführlichen Agentenberichte über das

Ministerialdirektor Erich Klausener, einer der bekanntesten und einflußreichsten katholischen Laien, rief in seiner Schlußansprache auf dem Katholikentag in Hoppegarten die 60 000 Teilnehmer zum Festhalten am katholischen Glauben auf.

öffentliche Auftreten des prominenten Leiters der Katholischen Aktion verfolgen. Auch wenn zu dieser Zeit tatsächlich kein direkter Zusammenhang zwischen Papen und Klausener bestand[118] – für die Beobachter in der Prinz-Albrecht-Straße kam das alles offensichtlich aus derselben Ecke. Und so verfügte Göring, Erich Klausener auf die Liste derjenigen zu setzen, die am Tag der großen Abrechnung liquidiert werden sollten.[119]

Scheinbar ganz unberührt von diesen Ereignissen begannen am Vormittag des 25. Juni im Reichsinnenministerium endlich die – wie alle Beteiligten hofften – abschließenden Verhandlungen zwischen den Vertretern der Reichsregierung und des Episkopats über die Auslegung und Ausführung des Reichskonkordats. Sie standen im Zeichen einer ungewöhnlichen Hitzewelle, die über der Reichshauptstadt lag. Sie hielt die ganze Woche an und brachte auch am Abend kaum eine Abkühlung. Entsprechend groß war die Belastung der Beteiligten.

Der Innenminister hatte die Liste der politischen Teilnehmer erheblich erweitert. Zum ersten Mal hatte er auch die Vertreter der Partei offiziell an den

Verhandlungstisch gebeten, um sie auf diese Weise in das Abkommen einzubinden. (Erst im November erfuhr die katholische Verhandlungsdelegation, daß die Heranziehung der Parteivertreter vorher dem Heiligen Stuhl mitgeteilt worden sei.[120]) So sahen sich die drei Bischöfe neben Frick, Buttmann, Conrad und Vertretern des Reichserziehungsministeriums zu ihrer Überraschung zusätzlich dem Doppelgespann von Pfeffer und von Detten gegenüber, diesem als »Beauftragten des Führers für Kirchenangelegenheiten«, jenem als Leiter von »Kultfried«; ferner dem Reichsjugendführer Baldur von Schirach, dem Vertreter Leys, Reichsinspekteur Rudolf Schmeer, und dem SA-Oberführer Hans Joachim von Falkenhausen – insgesamt also auch von dieser Seite ein Aufgebot, das die Ernsthaftigkeit der Verhandlungen zu unterstreichen schien.[121]

Der Reichsinnenminister, der die Sitzung eröffnete, betonte zunächst, daß sich Staat und Kirche keineswegs feindlich gegenüberstünden; allerdings seien bei der Ausführung des Konkordats Schwierigkeiten entstanden, die man jetzt lösen wolle. Darauf antwortete Berning mit einer Aufzählung der grundsätzlichen kirchlichen Beschwerdepunkte. Er nannte dabei die ungeklärte Stellung des Staates zum »positiven Christentum« und die staatliche Förderung der neuheidnischen Bewegung, die vielfachen Einschränkungen und die Angriffe auf Kirche und Klerus und schließlich die Schwierigkeiten um den Artikel 31. Entgegen dem Wunsch Buttmanns, der die Verhandlungen gerne von Anfang an auf den Artikel 31 beschränkt gesehen hätte, kam man überein, zunächst über die grundsätzlichen Probleme zu sprechen und dann auf die Fragen der katholischen Organisationen einzugehen.[122] Nach diesem ersten Meinungsaustausch wurden die Verhandlungen auf den Nachmittag des 26. Juni vertagt, um beiden Seiten die Möglichkeit zu geben, schriftliche Erklärungen zu verfassen.

Während die Bischöfe nach der Sitzung vier kurze grundsätzliche Fragen zum Verhältnis von Staat und Kirche formulierten, die sogleich dem Innenministerium übersandt wurden,[123] benutzten Buttmann und Conrad den Nachmittag, die Vertreter der Partei von der Notwendigkeit eines ernsthaften Ausgleichs zu überzeugen. Unter Hinweis auf das Promemoria Pacellis vom 14. Mai, das »seitenweise verlesen« wurde, gelang es den staatlichen Vertretern offenbar, »gewisse Grenzen festzulegen, bis zu denen wir«, wie Conrad festhielt, »unsere Gesprächspartner ... noch würden mitschleppen können«.[124]

Angesichts dieser Schwierigkeiten zwischen Staat und Partei, die der kirchlichen Seite nicht verborgen blieben, war kaum noch zu vermeiden, daß die

Bischöfe in den Verhandlungen nach Kräften die Position der staatlichen Vertreter zu unterstützen suchten. Dabei entstand offenbar ein Klima der Vertraulichkeit, das den Blick für die Realitäten erheblich einschränkte.

So besuchte Buttmann mit Wissen seines Ministers am Abend des 25. Juni Gröber im Bischöflichen Palais in der Berliner Behrensstraße, um ihn dafür zu gewinnen, möglichst bald über den Artikel 31 zu verhandeln.[125] Es ging vermutlich auch um die Schwierigkeiten mit der Partei und die Notwendigkeit, alle zusätzlichen Belastungen zu vermeiden. Dieses Gespräch sollte sich für die Verhandlungsposition der katholischen Kirche bald als ausgesprochen ungünstig erweisen. Denn noch am selben Tag, um acht Uhr abends, rief der Berliner Bischof überraschend in der Breslauer Kurie an und bat den Kardinal dringend, das von der Bischofskonferenz beschlossene und von Faulhaber entworfene Schreiben an Hitler keinesfalls abzusenden, »weil die Vertreter Bedenken hätten«.[126] Am späteren Abend fand dann noch eine Besprechung der Bischöfe mit dem Nuntius statt, der sie in diesen Bedenken zweifellos bestärkt haben dürfte.[127]

Die zweite Verhandlungsrunde am Nachmittag des 26. unter dem Vorsitz Buttmanns begann mit der Verlesung der Antwort des Ministeriums auf die Fragen der Bischöfe.[128] Nachdem Pfeffer dann seinerseits für die Partei drei Fragen an die Bischöfe gerichtet hatte,[129] begannen die konkreten Verhandlungen über die Ausführung des Artikels 31. Dabei versuchte Buttmann den staatlichen Verhandlungsspielraum dadurch zu erweitern, daß er behauptete, dieser Artikel sei »noch nicht geltendes Recht«, weil die Ausführungsbestimmungen dazu vom Reichsinnenministerium noch nicht anerkannt seien.[130] Diese rechtlich anfechtbare Behauptung, die Pacelli überdies an seine eigenen Fehler beim Konkordatsabschluß erinnerte, stieß später in Rom auf den heftigsten Widerspruch und trug wesentlich zur Ablehnung des ganzen Verhandlungsergebnisses bei. Grundlage der Verhandlungen war von bischöflicher Seite der letzte Entwurf, den Pacelli im April Buttmann vorgelegt hatte. Die offenbar lebhafte Diskussion drehte sich vor allem um den Begriff der Katholischen Aktion und um die Zentralen der katholischen Verbände, von denen Pfeffer befürchtete, daß sie »... vielleicht sogar von anderen Geheimzentralen, unabhängig von den Bischöfen, beeinflußt würden«.[131] Nach der Klärung verschiedener Einzelpunkte beschloß man, die Dinge in den nächsten Tagen intern weiterzubehandeln und am Freitag, den 29. Juni, zu abschließenden Besprechungen zusammenzukommen. Zum Schluß teilte Buttmann mit, daß Hitler die drei Bischöfe am nächsten Vormittag empfangen werde.

Die Hoffnung, endlich einen entscheidenden Schritt voranzukommen, bewog die katholischen Unterhändler zu einer weiteren wichtigen Vorleistung. Auf Buttmanns Frage, wie es mit dem in Fulda beschlossenen Hirtenbrief stehe, erklärten die Bischöfe, dieser sei inzwischen »... durch den Gang der Einigungsverhandlungen ... überholt«.[132] Diesmal war es Berning, der am Abend in Breslau anrief und Bertram dringend bat, die für den kommenden Sonntag geplante Verlesung zu verschieben. Dementsprechend telegraphierte der Konferenzvorsitzende am 27. Juli morgens an alle Ordinariate: »Verlesung vorläufig unterlassen. Verschiebung notwendig. Brief folgt.«[133]

Damit war für die Bischöfe eine höchst verwirrende Lage geschaffen. Der Text des Hirtenbriefes lag in vielen kirchlichen Amtsblättern bereits gedruckt vor, und die Verschiebung der Verlesung mußte demnach als eine kaum erklärbare Nachgiebigkeit erscheinen; obendrein verhalf sie den Behörden, die die Amtsblätter prompt beschlagnahmten, zu der bequemen Ausrede, nachdem »... der deutsche Episkopat von sich aus diesen Hirtenbrief ...« habe »fallen lassen«, sei »... nicht ersichtlich, welches Interesse noch an der Freigabe ...« der Amtsblätter bestehe.[134] In Bedrängnis waren insbesondere die Bischöfe von Speyer und Trier, weil der Hirtenbrief im Saarland längst bekannt war.[135] Aber auch Bertram war tief verärgert und versicherte dem Speyerer Bischof, »daß die Absendung ...« dieses »Telegramms ... zu den unangenehmsten Aufgaben eines Konferenz-Vorsitzenden ...« gehöre.[136] Tatsächlich wurde die Verschiebung der Verlesung weithin als ein Zeichen der kirchlichen Unsicherheit und Schwäche verstanden, das noch lange nachwirken sollte.[137]

Während man am Vormittag des 27. Juni in den Ordinariaten damit beschäftigt war, die Weisung aus Breslau an die Pfarrämter weiterzugeben,[138] empfing der Reichskanzler in Gegenwart von Frick, Buttmann und Pfeffer die drei Bischöfe. Und erneut verstand es Hitler, seine – freilich wenig kritischen – Besucher ganz von sich zu überzeugen. Nachdem Berning die bekannten Wünsche und Beschwerden vorgetragen hatte, sprach Hitler vom Aufbau des Staates und der Volksgemeinschaft und von der Abwehr des Bolschewismus, die Europas Aufgabe »für die nächsten 200–300 Jahre« sei. Mit der Hitlerjugend müsse man Geduld haben, einen »... Kulturkampf wolle er nicht und werde ihn ›niemals in seinem Leben‹ führen«.[139] Das Ganze klang offenbar so eindrucksvoll, daß Gröber Hitler schließlich den Dank »für sein Eintreten für die Kirche« aussprach.[140] Gegen Ende des Empfangs gelang es Berning noch, ein Zugeständnis zu erreichen, das die Bischöfe vermutlich vollends von den guten Absichten Hitlers überzeugte. Der Osnabrücker Bischof bat um eine grundsätzliche Anweisung an Partei und Staat, alle »neuheidnische Propaganda« zu unterlassen.[141] Für die Bischöfe bedeutete eine entsprechende Erklärung zweifellos nicht weniger als die offizielle Absage des Führers und Reichskanzlers an Rosenberg und seine ganze Agitation. Um so überraschender war es für alle Beteiligten, daß Hitler eine solche Anweisung ohne weiteres zusagte. Noch im Hinausgehen wurde Buttmann von Frick beauftragt, einen Entwurf vorzulegen.

Der weitere Fortgang der Verhandlungen zeigte, daß Hitler zu dieser Zeit tatsächlich bereit war, für eine Vereinbarung mit der katholischen Kirche einen hohen Preis zu zahlen. Rosenberg, der von Pfeffer informiert wurde, mußte sich am nächsten Tag in seinem Tagebuch damit trösten, daß der Führer ihm lediglich aus taktischen Gründen Zurückhaltung auferlege. Er, der Führer, so hielt Rosenberg fest, unterstreiche »mit aller Energie« den Standpunkt: »Die Kirchen nicht unnütz angreifen (Saarfrage!), sonst aber von unerschütterlicher weltanschaulicher Haltung.« Und wie um sich in seiner eigenen Position Mut zu machen, fügte er hinzu, der Führer habe die ganzen Jahre über immer seinen »... konsequenten Standpunkt geschirmt, soweit er das bei seiner Stellung tun konnte«.[142]

Im übrigen erinnerte der Verlauf der Aussprache in mancher Hinsicht an den Empfang der evangelischen Kirchenführer im Januar. Hier wie dort hatte Hitler das Gespräch mit einer solchen Sicherheit und Überlegenheit geführt, daß der anderen Seite kaum eine Chance zur Entwicklung einer eigenen, kritischen Position blieb.

Doch schon am folgenden Tag, als sich die Bischöfe zu einer informellen Besprechung mit Pfeffer und Detten trafen, erfuhren sie zu ihrer Betroffenheit, »daß die NS-Partei nicht ohne weiteres an die Abmachungen des Staates gebunden sei« und »... auch nicht durch das Konkordat zu seiner Ausführung verpflichtet ...« werde.[143] Wenn man dies akzeptierte, und die Umstände zeigten ja täglich, daß es tatsächlich so war, dann blieb kein anderer Weg als der, neben dem staatlichen Abkommen zusätzliche Vereinbarungen mit den in Frage kommenden Parteiorganisationen, also vor allem mit der HJ und der DAF, zu treffen. Außerdem gewann dadurch die Zusage Hitlers noch mehr an Gewicht und Dringlichkeit.

So schälten sich allmählich die Umrisse eines umfassenden Vertragswerkes heraus. Während Buttmann im Innenministerium den Text für die Vereinbarung über den Artikel 31 festlegte und am Abend auf Gröbers Wunsch diesen und Berning im Josephskrankenhaus »schonend« auf den Wortlaut vorbereitete, hielten die Vertreter der Partei in einer »Sonderbesprechung« ebenfalls die für sie wichtigen Punkte fest.[144]

Am Freitag, dem 29., wurde dann in über elfstündigen Besprechungen im Reichsinnenministerium alles in die endgültige Form gebracht.

Das Vertragswerk bestand aus drei Teilen. Es enthielt, aufs Ganze gesehen, die Zusage der Kirche zur vollständigen »Entpolitisierung« der katholischen Organisationen gegen das Versprechen von Staat und Partei, ihrer Tätigkeit im kirchlichen Raum Schutz und Freiheit zu gewähren. Den Kern bildete die langersehnte »Vereinbarung betr. Ausführung von Artikel 31«.[145] Sie faßte in der Liste der konkordatsgeschützten katholischen Einrichtungen nach Artikel 31 Abs. 1 sämtliche bisher bestehenden Organisationen mit Ausnahme des Kolping-Werks zusammen. Die entscheidenden Bestimmungen standen in Ziffer 5 der Vereinbarung. Danach sollten die umstrittenen Vereine und Verbände als »Glieder oder Hilfsorganisationen des katholischen Laienapostolats (Katholische Aktion)« der Hierarchie unterstellt und in Zukunft »nach Pfarreien oder Diözesen« aufgebaut werden.[146] Über eventuelle überdiözesane Leitungen sollten Reichsregierung und Episkopat übereinkommen. Für die Auflösung der Vereine und die Eingliederung ihrer Mitglieder in das Laienapostolat wurde die Frist von einem Jahr festgesetzt. Im übrigen versicherten die Bischöfe in der Vereinbarung, »daß das Katholische Laienapostolat in jeder Beziehung völlig unpolitisch lediglich . . .«[147] der ». . . Erfüllung religiös-kultureller bzw. seelsorgerischer Aufgaben« dienen werde.[148]

Dafür garantierte die staatliche Seite den genannten Organisationen ». . . die zur Erfüllung ihrer konkordatsmäßigen Aufgaben erforderliche Freiheit«;[149] sie versicherte ihre Mitglieder der rechtlichen Gleichstellung mit denen der staatlichen Organisationen; sie gewährleistete ihr Eigentum und das freie Verfügungsrecht darüber und räumte ihnen ». . . das Recht« ein, »Vereinszeichen (Nadeln) zu tragen und bei Kirchgängen, Prozessionen, Wallfahrten, Patronatsfesten, Beerdigungen, Bischofsempfängen und religiösen Tagungen Banner zu führen«.[150]

Diese Vereinbarung wurde durch eine Reihe von zweiseitigen Absprachen mit den Vertretern der Parteiorganisationen ergänzt. Um die Spannungen im Bereich der Jugend zu mindern, sicherten die Bischöfe zu, den katholischen Jugendorganisationen für einige Zeit das Tragen von Tracht und das Zelten zu untersagen, während Schirach dafür gegenüber den Veranstaltungen der katholischen Jugend eine freundliche Haltung der HJ versprach. Gleichzeitig erklärten sich die Vertreter der HJ und der Arbeitsfront bereit, das Verbot der

Doppelmitgliedschaft aufzuheben, sobald die staatliche Vereinbarung in Kraft getreten und von beiden Seiten erfüllt worden sei.[151]

Als dritter Teil des Vertragswerkes sollte schließlich – so jedenfalls sah Buttmann die Dinge – nach der Billigung und dem Inkrafttreten der anderen Vertragsteile die von Hitler zugesagte Erklärung zur grundsätzlichen weltanschaulichen Neutralität der Partei veröffentlicht werden.[152] Der endgültige Text dieser Erklärung wurde in Erwartung der Zustimmung aus Rom erst im Lauf des Juli fertiggestellt und machte »... es sämtlichen Staats- und Partei*dienst*stellen zur Pflicht, sich jeglicher herabsetzenden Äußerungen über kirchliche Glaubens- und Sittengesetze sowie über kirchliche Einrichtungen und Personen zu enthalten«.[153] Ganz im Sinne von Hitlers einstiger kirchenpolitischer Grundentscheidung[154] hieß es weiter: »Der nationalsozialistische Staat und die NSDAP lehnen jede Einmischung in Glaubensstreitigkeiten ab. Im besonderen haben sich sämtliche Staats- und Partei*dienst*sellen der Werbung für irgendeine Glaubensbewegung durchaus zu enthalten.«[155]

Es kann kein Zweifel bestehen, daß die Bischöfe am Abend dieses langen Verhandlungstages der Meinung waren, das Bestmögliche erreicht zu haben und der Zustimmung des Gesamtepiskopats und des Heiligen Stuhls sicher zu sein. Jedenfalls äußerte Berning am nächsten Vormittag, als die Bischöfe im Innenministerium verabredungsgemäß noch eine Liste von zusätzlichen Wünschen und Forderungen vortrugen,[156] er betrachte das Vertragswerk »... als geeignete Grundlage einer Einigung« und hoffe »in kurzer Frist« auf die Zustimmung von Episkopat und Vatikan.[157] Gleichzeitig meinten die Bischöfe erleichtert, »man sei froh, daß man durch den günstigen Verlauf der Verhandlungen um die Verlesung des Hirtenbriefes herumgekommen sei.«[158]

Wahrscheinlich hatten die Bischöfe mit dieser Einschätzung des Vertragswerkes sogar recht. Wenn man überhaupt ein Abkommen wollte – und in dieser Hinsicht waren die Anweisungen aus Rom eindeutig –, so war nach Lage der Dinge mehr kaum zu erreichen. Zwar hat Ludwig Volk, einer der besten Kenner der Dinge auf katholischer Seite, im Rückblick gemeint, das Ergebnis der Verhandlungen habe »selbst bescheidene Erwartungen« enttäuscht;[159] und vom Standpunkt der Verbände hat man es geradezu »widersinnig« genannt, weil es eine »faktische Preisgabe der Standesvereine gegen Aufhebung des Doppelmitgliedschaftsverbotes« bedeutet hätte, und hat dies als »... Folge des offensiven und kompromißlosen Verhandlungsstils der Parteivertreter« gesehen.[160] Aber dies galt doch nur, wenn man an den überlieferten Formen des katholischen Vereinswesens festhalten wollte und die Möglichkeit einer Neuorganisation innerhalb der Kirche außer Betracht ließ. Auch herrschte auf seiten der Parteivertreter – es handelte sich immerhin um den Reichsjugendführer und den zweiten Mann der Arbeitsfront – keineswegs bloß ein kompromißloses Nein, sondern, wie Berning ausdrücklich festhielt, »... der Wille, zu einer Verständigung zu kommen«.[161] Man konnte die Dinge durchaus so sehen wie Conrad, der seinerseits im Rückblick meinte, das Übereinkommen sei »... den kirchlichen Wünschen jedenfalls unter den damaligen Verhältnissen – ziemlich weit ...« entgegengekommen.[162]

Auf einem ganz anderen Blatt stand die Frage, ob Staat und Partei willens und fähig waren, die Vereinbarungen tatsächlich einzuhalten. Hier waren auch damals schon erhebliche Zweifel angebracht, weit mehr jedenfalls, als die allzu gutgläubigen Bischöfe sich offenbar vorzustellen vermochten. Aber diese grundsätzlichen Zweifel an der Vertragswürdigkeit des Regimes überhaupt hätte auch ein anderes Verhandlungsergebnis nicht zu beseitigen vermocht. Nachdem die Bischöfe einmal bis zu diesem Punkt gekommen waren, hätte es der Klarheit gedient, wenn man das Abkommen entweder angenommen oder aber wegen Unglaubwürdigkeit der Partner grundsätzlich abgelehnt hätte. Statt dessen wählte Rom einen dritten Weg. Es lehnte diese Vereinbarung ab und erklärte seine Absicht, in neuen Verhandlungen ein besseres Ergebnis zu erreichen.

Dieser dritte Weg aber war um so problematischer, als inzwischen in Deutschland Ereignisse eingetreten waren, die nach einem klärenden kirchlichen Wort geradezu drängten.

Es war gegen 12.30 Uhr am 30. Juni, als die erleichterten Bischöfe das Reichsinnenministerium verließen. Unmittelbar danach begab sich Buttmann zu Frick, um dem Minister Vortrag zu halten. Aber das Verhandlungsergebnis war plötzlich ganz nebensächlich geworden. »Frick empfängt mich mit der Mitteilung«, so hielt Buttmann fest, »daß inzwischen die zweite Revolution ausgebrochen sei«.[163]

In der Tat hatte Hitler inzwischen zu dem großen Schlag ausgeholt, der ihn von allen innenpolitischen Schwierigkeiten befreien sollte. Was Frick für den Ausbruch der zweiten Revolution hielt, war in Wahrheit eine von Hitler, Göring, Goebbels, Himmler und Heydrich vorbereitete Aktion zur Beseitigung politischer Gegner.

In den frühen Morgenstunden dieses Tages[164] hatte Hitler persönlich in Bad Wiessee Röhm und seine engste Umgebung durch SS-Männer festnehmen und nach München bringen lassen. Mit tatkräftiger Unterstützung der

Einzelnummer 10 Pfg.

Extra-Blatt

Oberbayer. Gebirgsbote, Holzkirchen · Miesbacher Anz., Miesbach · Tegernseer Ztg., Tegernsee, Aiblinger Ztg., Bad Aibling · Rosenheimer Tagbl., Rosenheim · Kolbermoorer Volksblatt, Kolbermoor · Chiemgau-Ztg., Prien · Tölzer Ztg., Bad Tölz · Wolfratshauser Tagbl., Wolfratshausen, Wasserburger Anzeiger, Wasserburg a. I. · Grafinger Zeitung, Grafing.

Samstag, 30. Juni 34

Röhm verhaftet und abgesetzt

Röhm aus Partei und S.A. ausgeschlossen

München, 30. Juni

Die Reichspressestelle der N.S.D.A.P. teilt folgende Verfügung des Führers mit:

Ich habe mit dem heutigen Tage den Stabschef Röhm seiner Stellung enthoben und aus Partei und S.A. ausgestoßen. Ich ernenne zum Chef des Stabes Obergruppenführer Lutze.

S.A.-Führer und S.A.-Männer, die seinen Befehlen nicht nachkommen oder zuwiderhandeln, werden aus S.A. und Partei entfernt bzw. verhaftet und abgeurteilt.

gez. Adolf Hitler
Oberster Partei- und S.A.-Führer

Der Führer an den neuen Stabschef

München, 30. Juni

Der Führer hat folgendes Schreiben an den Obergruppenführer der S.A. Lutze gerichtet:

An Obergruppenführer Lutze.

Mein lieber S.A.-Führer Lutze!

Schwerste Verfehlungen meines bisherigen Stabschefs zwangen mich, ihn seiner Stellung zu entheben. Sie, mein lieber Obergruppenführer Lutze, sind seit vielen Jahren in guten und schlechten Tagen ein immer gleich treuer und vorbildlicher S.A.-Führer gewesen. Wenn ich Sie mit dem heutigen Tage zum Chef des Stabes ernenne, dann geschieht dies in der festen Ueberzeugung, daß es Ihrer treuen und gehorsamen Arbeit gelingen wird, aus meiner S.A. das Instrument zu schaffen, das die Nation braucht und ich mir vorstelle.

Es ist mein Wunsch, daß die S.A. zu einem treuen und starken Glied der Nationalsozialistischen Bewegung ausgestaltet wird. Erfüllt von Gehorsam und blinder Disziplin, muß sie mithelfen, den neuen deutschen Menschen zu bilden und zu formen.

gez. Adolf Hitler

Aufruf des neuen Stabschefs

Der Führer hat mich an seine Seite als Chef des Stabes berufen. Das mir dadurch bewiesene Vertrauen will und werde ich rechtfertigen durch unverbrüchliche Treue zum Führer und restlosen Einsatz für den Nationalsozialismus und dadurch für unser Volk.

Als ich vor zwölf Jahren zum erstenmal Führer einer kleinen S.A. war, habe ich drei Tugenden an die Spitze meines Handelns gestellt und sie von der S.A. gefordert. Diese drei Tugenden haben die S.A. groß gemacht und heute, wo ich in [illegible] Stunde meinem Führer an verantwortungsvoller Stelle diene, [illegible] sie erst recht Richtschnur für die ganze S.A. sein:

Unbedingte Treue!
Schärfste Disziplin!
Hingebender Opfermut!

So wollen wir, die wir Nationalsozialisten sind, gemeinsam marschieren.

Ich bin überzeugt, dann kann es nur ein Marsch zur Freiheit werden.

Es lebe der Führer! Es lebe unser Volk!

Der Chef des Stabes:
gez. Lutze.

Befehl des Obersten S.A.-Führers Adolf Hitler

Adolf Hitler hat an den Chef des Stabes, Lutze, folgenden Befehl gegeben:

Wenn ich Sie heute zum Chef des Stabes der S.A. ernenne, dann erwarte ich, daß Sie sich hier eine Reihe von Aufgaben angelegen sein lassen, die ich Ihnen hiermit stelle:

1. Ich verlange vom S.A.-Führer genau so wie er vom S.A.-Mann blinden Gehorsam und unbedingte Disziplin.

2. Ich verlange, daß jeder S.A.-Führer wie jeder politische Führer sich dessen bewußt ist, daß sein Benehmen und seine Aufführung vorbildlich zu sein haben für seinen Verband, ja für unsere gesamte Gefolgschaft.

3. Ich verlange, daß S.A.-Führer — genau so wie politische Leiter —, die sich in ihrem Benehmen in der Öffentlichkeit etwas zuschulden kommen lassen, unnachsichtlich aus der Partei und der S.A. entfernt werden.

4. Ich verlange insbesondere vom S.A.-Führer, daß er ein Vorbild in der Einfachheit und nicht im Aufwand ist. Ich wünsche nicht, daß der S.A.-Führer kostbare Diners gibt oder an solchen teilnimmt. Man hat uns früher dazu nicht eingeladen, wir haben auch jetzt dort nichts zu suchen. Millionen unserer Volksgenossen fehlt auch heute noch das Notwendigste zum Leben, [illegible]

[illegible]

Folgende sieben Verräter wurden bereits erschossen:

Im Zusammenhang mit dem aufgedeckten Komplott wurden folgende Personen erschossen:

Obergruppenführer A. Schneidhuber;
Obergruppenführer Edmund Heines;
Gruppenführer Ernst, Berlin;
Gruppenführer Schmidt, München;
Gruppenführer Hans Hayn;
Gruppenführer Heydebreck;
Standartenführer Graf Spreti, München.

Reichswehr verhafteten Einheiten der Leibstandarte bis zur Mittagszeit einen großen Teil der eigens in die bayerische Hauptstadt beorderten obersten SA-Führung und brachten sie ins Gefängnis in Stadelheim. Unter ihnen befand sich auch jener SA-Oberführer Hans Joachim von Falkenhausen, der noch am Nachmittag des vorhergehenden Tages den Bischöfen gegenübergesessen hatte. Wenige Stunden später wurden die prominentesten dieser SA-Leute im Hof des Gefängnisses von der SS ohne Urteil erschossen.

Um 10 Uhr vormittags hatte Hitler an Göring das Stichwort »Colibri« durchgeben lassen. Es löste in Berlin eine Parallelaktion aus, die neben der preußischen SA-Führung vor allem die konservative Opposition vernichten sollte. In der vermutlich von Hitler selbst verfaßten Presseerklärung vom Nachmittag des 30. Juni wurden diese Zusammenhänge offen ausgesprochen. Mit dem sicheren Blick für den allgemeinen Widerwillen gegen das Treiben der SA-Führer und insbesondere gegen ihre bekannten homosexuellen Neigungen scheute sich Hitler nicht, nach einigen Hinweisen auf eine politische Verschwörung von seinem ehemaligen Stabschef und dessen Führungsmannschaft ein Bild des abstoßendsten moralischen Verfalls zu zeichnen. Weite Kreise der Bevölkerung waren nur allzu einverstanden mit einer Aktion, von der es hieß: »Der Führer gab den Befehl zur rücksichtslosen Ausrottung dieser Pestbeule. Er will in Zukunft nicht mehr dulden, daß Millionen anständiger Menschen durch einzelne krankhaft veranlagte Wesen belastet und kompromittiert werden.«

Und als ginge es bei der konservativen Opposition um die gleichen Vorwürfe, hieß es unmittelbar danach: »Der Führer gab dem Preußischen Ministerpräsidenten *Göring* den Befehl, in Berlin eine ähnliche Aktion durchzuführen und dort insbesondere die reaktionären Verbündeten dieses politischen Komplotts auszuheben.«[165]

Göring und Heydrich, der die Einsatzpläne ausgearbeitet hatte, leisteten ganze Arbeit.

Im Lauf des Tages wurden neben anderen die Generäle von Schleicher und von Bredow in ihren Wohnungen erschossen; Hitlers alten Gefährten, Gregor Strasser, ermordete man im Keller der Prinz-Albrecht-Straße.

Ganz besonders aber widmete man sich der Umgebung des Vizekanzlers. Wenige Tage zuvor erst hatte Hitler vom Garten der Reichskanzlei aus in einem Gespräch mit Rosenberg auf die Front der angrenzenden Vizekanzlei gezeigt und erklärt: »Ja, da kommt alles her, ich werde das *ganze* Büro einmal ausheben lassen.«[166]

Statt jeder besonderen Anzeige.

†

Ergeben in den heiligen Willen Gottes, stehen wir tief erschüttert an der Bahre meines über alles geliebten Mannes und treuesten Kameraden, meines sorgenden Vaters, unseres unvergeßlichen Sohnes, Bruders, Schwagers und Onkels

Dr. Erich Klausener

Ministerialdirektor im Reichsverkehrsministerium
Vorsitzender der Katholischen Aktion im Bistum Berlin
Komtur des St. Gregoriusordens
Ritter des Eisernen Kreuzes erster Klasse

Er wurde uns nach einem Leben der Liebe und des Opfers für Familie, Kirche und Vaterland am 30. Juni 1934 plötzlich entrissen.

Berlin W 62 und Düsseldorf.
Lutherstr. 47.

Hedwig Klausener, geb. Kny
Erich Klausener
Elisabeth Klausener, geb Biesenbach
Dr. Bruno Klausener
Maria Klausener, geb. Springmühl

Die Zeit des Requiems und der Beisetzung wird noch bekanntgegeben.

Erich Klausener, der Leiter der Katholischen Aktion, galt den Nationalsozialisten als politisch unzuverlässig. Er wurde im Zusammenhang des »Röhm-Putsches« ermordet.

Nun besetzten, während Papen und Tschirschky unter einem Vorwand bei Göring festgehalten wurden, SS-Einheiten die Vizekanzlei und erschossen dabei den Pressechef Herbert von Bose. Als der Vizekanzler und sein Mitarbeiter zurückkehrten, wurde Tschirschky festgenommen und entging offenbar nur durch einen Zufall der Exekution. In der Prinz-Albrecht-Straße traf er zum letzten Mal den schon vor Tagen verhafteten Edgar Jung, der bald darauf ebenfalls ermordet wurde. Den Vizekanzler selbst schloß die SS mehrere Tage in seiner Wohnung ein.[167]

Daß man bei alldem gerade auch die katholischen Verbindungen Papens im Blick hatte, zeigt die Tatsache, daß zur gleichen Zeit das Büro der von Papen gegründeten und vom Freiburger Erzbischof unterstützten AKD, der »Arbeitsgemeinschaft katholischer Deutscher«, durch die Gestapo besetzt, das

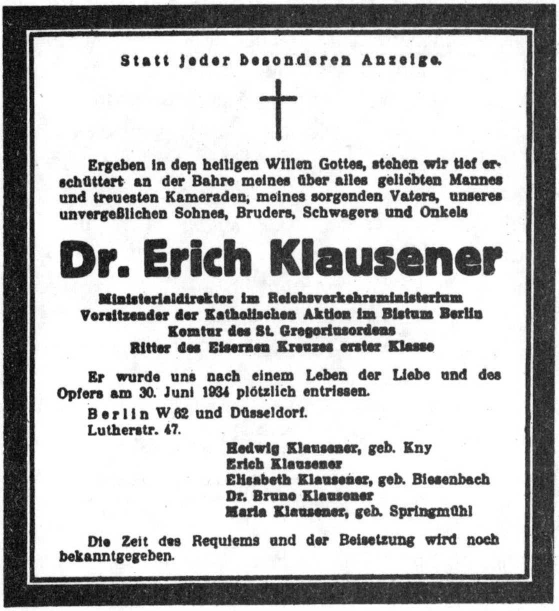

Statt jeder besonderen Anzeige.

Ergeben in den heiligen Willen Gottes, stehen wir tief erschüttert an der Bahre meines über alles geliebten Mannes und treuesten Kameraden, meines sorgenden Vaters, unseres unvergeßlichen Sohnes, Bruders, Schwagers und Onkels

Dr. Erich Klausener

Ministerialdirektor im Reichsverkehrsministerium
Vorsitzender der Katholischen Aktion im Bistum Berlin
Komtur des St. Gregoriusordens
Ritter des Eisernen Kreuzes erster Klasse

Er wurde uns nach einem Leben der Liebe und des Opfers am 30. Juni 1934 plötzlich entrissen.

Berlin W 62 und Düsseldorf.
Lutherstr. 47.

Hedwig Klausener, geb. Kny
Erich Klausener
Elisabeth Klausener, geb. Biesenbach
Dr. Bruno Klausener
Maria Klausener, geb. Springmühl

Die Zeit des Requiems und der Beisetzung wird noch bekanntgegeben.

In einigen Zeitungen mußten die Worte »für Familie, Kirche und Vaterland« auf Verlangen der Gestapo gestrichen werden.

Aktenmaterial beschlagnahmt und der Geschäftsführer, Graf Thun, ebenfalls in Haft genommen wurde.[168] Es war das faktische Ende dieser Einrichtung, die nach Papens Absicht die große Versöhnung zwischen Katholizismus und Drittem Reich hätte bewirken sollen.[169]

Noch unmittelbarer auf den Katholizismus gezielt freilich waren die Schüsse, die gegen Mittag, kurz nachdem die Bischöfe das Reichsinnenministerium verlassen hatten, im Reichsverkehrsministerium Erich Klausener niederstreckten.

Die Einzelheiten dieses Mordes, der einen der prominentesten Katholiken Deutschlands traf, sind nach dem Kriege weitgehend geklärt worden. Danach hatte Heydrich persönlich dem SS- Hauptsturmführer Kurt Gildisch den Befehl erteilt, Klausener in seinem Dienstzimmer im Reichsverkehrsministerium zu erschießen. Gildisch und ein Gestapo-Beamter in Zivil erreichten gegen 13 Uhr das Ministerium, fragten nach Klauseners Zimmer und erklärten den Ministerialdirektor für verhaftet. Während Klausener noch nach seinem Hut griff, erschoß ihn Gildisch aus nächster Nähe durch einen Schuß in den Hinterkopf. Anschließend meldete er Heydrich von Klauseners Telephon aus den Vollzug des Befehls, erhielt Anweisung, die Tat als Selbstmord darzustellen, beorderte zwei SS-Posten vor die Tür mit dem strikten Befehl, niemanden einzulassen, und verließ mit der knappen Erklärung, Dr. Klausener habe sich erschossen, und er werde einen Arzt schicken, bereits um 13.15 Uhr wieder unangefochten das Ministerium.[170]

Der entsetzte Minister, dem ebenfalls jede weitere Auskunft sowie der Zutritt zum Zimmer verweigert wurde, rief um 13.45 Uhr im Bischöflichen Ordinariat an, erreichte aber, da Bischof Bares vom Reichsinnenministerium noch nicht zurückgekehrt war, nur den Domvikar Walter Adolph. Der Minister bat den Domvikar, dafür zu sorgen, daß unverzüglich die Familie benachrichtigt werde. Diese Aufgabe übernahm dann nach einem Anruf des Staatssekretärs der zuständige Pfarrer von St. Matthias, Albert Coppenrath, der mit Klausener auch als Mitglied seines Kirchenvorstandes verbunden war.[171] Unmittelbar danach fuhren Frau Klausener, ihr Sohn, Coppenrath und der Rechtsanwalt Dr. Werner Pünder,[172] ein enger Freund der Familie, ins Reichsverkehrsministerium, um sich Klarheit zu verschaffen. Aber auch ihnen blieb der Blick auf den Toten verwehrt, und vom Minister erfuhren sie lediglich, »... daß er persönlich vor einem Rätsel stehe« und daß auch der Reichsinnenminister »... durch die Vorgänge völlig überrascht« sei.[173] Tatsächlich blieb die ganze Aktion so ausschließlich im Kreise Görings und der SS, daß selbst der Polizeiminister des Reiches noch am Nachmittag auf Gerüchte und Vermutungen angewiesen war. Gegen 18.15 Uhr endlich wurde in Anwesenheit des Ministers und des Staatssekretärs das Zimmer Klauseners geöffnet;[174] die Leiche wurde von Gestapo-Leuten ins Leichenschauhaus gebracht und – wie alle anderen Opfer dieser Tage auch – bald darauf ohne weitere Untersuchung im Krematorium Wilmersdorf verbrannt.[175]

Tiefer hätte man den kirchlichen Katholizismus kaum treffen können. Denn zum Vorwurf des Hochverrats, den Göring wenig später erhob, trat die Beschuldigung des Selbstmordes, der für die Kirche eine schwere Sünde darstellte und in der Regel die kirchliche Bestattung ausschloß, und schließlich die Verbrennung der Leiche, was kirchlich ebenfalls streng verboten war.

Wie würde die Kirche sich nun verhalten?

Am späten Abend dieses beklemmenden Tages – noch immer herrschte in Berlin eine fast unerträgliche Hitze – saßen im Arbeitszimmer des Berliner Bischofs der Nuntius und die drei Mitglieder der bischöflichen Delegation zusammen. Domvikar Adolph, der die Ereignisse aus nächster Nähe miterlebt hatte, erstattete einen ausführlichen Bericht. Am Ende bemerkte der Nuntius: »C'est soviétique«, und Bischof Berning gleichzeitig: »Bolschewismus«. Bares erklärte: »Der Schuß auf Klausener war der Schlußpunkt unserer Konkordatsverhandlungen.«[176]

Zweifellos stellte der 30. Juni auf dem Weg Deutschlands vom Rechtsstaat in die Diktatur einen tiefen, vielleicht sogar den entscheidenden Einschnitt dar. Dies gilt sowohl für Hitler selbst wie für die Machtverhältnisse im Reich. Daß Hitler der Gedanke an politischen Mord nicht fern lag, konnte man seit dem Potempa-Fall wissen.[177] Aber nun hatte er persönlich die Verantwortung für eine unbekannte Zahl von politischen Morden übernommen und damit sich selbst und anderen bewiesen, daß er tatsächlich vor nichts zurückschreckte. Auch die Machtverhältnisse im Reich veränderten sich nach dem 30. Juni. Zwar erschien zunächst als einziger Gewinner des Massakers unter der SA-Führung die Reichswehr. In Wahrheit jedoch zeigten die Ahnungslosigkeit und die Ohnmacht der Reichsbehörden wie der Parteiorganisationen, daß die wahre, die entscheidende Macht im Reich auf die SS überzugehen begann. Ihre formelle Erhebung »... zu einer selbständigen Organisation im Rahmen der NSDAP«, die Hitler am 20. Juli im »... Hinblick auf die großen Verdienste der SS, besonders im Zusammenhang mit den Ereignissen des 30. Juni 1934« aussprach, war nur der formelle Abschluß einer längst eingeleiteten Entwicklung.[178] Und genau vier Monate später entledigte sich die Gestapo endgültig auch der Aufsicht durch das preußische Staatsministerium. Göring, der dieses Instrument am 30. Juni noch so bedenkenlos gehandhabt hatte, war nun selbst von Himmler und Heydrich überspielt worden.[179]

Auch wenn diese Machtverschiebungen und ihre Folgen noch nicht erkennbar waren, so lag doch das Außergesetzliche der ganzen Aktion vor aller Augen. Um so dringender stellt sich im Rückblick die Frage, warum, wenn sonst niemand protestierte, nicht wenigstens die christlichen Kirchen in Deutschland ihre Stimme erhoben.

Die Antwort lautet, daß die meisten Deutschen die Dinge damals überraschenderweise in einem völlig anderen Licht sahen.

Daß man den greisen Reichspräsidenten zu Danktelegrammen an Hitler und Göring bewog, besagte bei seinem Zustand fast nichts mehr. Für die vielen jedoch, die in ihm noch immer den Garanten von Recht und Anständigkeit sahen, bedeuteten sie zweifellos eine wichtige Orientierung. Die gesamte deutsche Presse erschien am 3. Juli mit Schlagzeilen wie »Hindenburg dankt Hitler und Göring«;[180] und an die Adresse Hitlers gerichtet, las man die Erklärung des Reichspräsidenten: »Aus den mir erstatteten Berichten ersehe ich, daß Sie durch Ihr entschlossenes Zugreifen und die tapfere Einsetzung Ihrer eigenen Person alle hochverräterischen Umtriebe im Keime erstickt haben. Sie haben das deutsche Volk aus einer schweren Gefahr gerettet. Hierfür spreche ich Ihnen meinen tiefempfundenen Dank und meine aufrichtige Anerkennung aus.«[181] Und wer etwa rechtliche Bedenken hegte, der konnte sich mit dem am 3. Juli vom Reichskabinett beschlossenen »Gesetz über Maßnahmen der Staatsnotwehr« beruhigen, dessen berühmter einziger Artikel lautete: »Die zur Niederschlagung hoch- und landesverräterischer Angriffe am 30. Juni und am 1. und 2. Juli 1934 vollzogenen Maßnahmen sind als Staatsnotwehr rechtens.«[182]

So gab Karl Silex, der liberal-konservative Chefredakteur der DAZ, zweifellos die Meinung einer überwältigenden Mehrheit wieder, wenn er an diesem Tag schrieb: »Wenn aus der Niederschlagung der Revolte das deutsche Volk das beruhigende Bewußtsein geschöpft hat, eine starke Führung zu besitzen, so ist politisch und menschlich höher zu bewerten das Bewußtsein des Besitzes der moralischen Führung.«[183]

Zwar gab es auch andere Stimmen, wie jenen bayerischen Richter, der das Gesetz vom 3. Juli als »rechtswidrig und ungültig« bezeichnete und die Verfasser beschuldigte,[184] »... den Mantel eines grauenvollen und gewissenlosen Verzeihens über alles« zu breiten, »was in jenen Freinächten geschehen ist, sei es, was es mag«.[185] Aber vergeblich hoffte er auf die Zustimmung seiner Kollegen zu einer Erklärung, die mit den Sätzen schließen sollte: »Wenn wirklich die von der Reichsregierung verkündeten Grundsätze von nun an deutsches Recht sein sollen, so haben wir mit diesem Rechte nichts mehr gemein. Wir sind Richter, nicht Götzendiener.«[186]

Es war, aufs Ganze gesehen, nur eine kleine Minderheit, die so dachte. Und niemandem gelang es, das Gespinst aus Lüge und Furcht öffentlich zu zerreißen. So mußten selbst die Deutschland-Berichte der Sopade, die sonst jede kritische Stimme in Deutschland sorgfältig registrierten, in ihrer Zusammenfassung der Ereignisse erbittert feststellen, daß fast alle Nachrichten aus Deutschland in drei Punkten mehr oder minder übereinstimmten: »1. die breite Masse hat den politischen Sinn der Ereignisse nicht begriffen, 2. große, offenbar sehr große Teile des Volkes feiern sogar Hitler wegen seiner rücksichtslosen Entschlossenheit, und nur ein kleinerer Teil ist nachdenklich gestimmt worden oder gar empört, 3. auch große Teile der Arbeiterschaft sind der unkritischen Verhimmelung Hitlers verfallen.«[187]

Die allgemeine Überzeugung, daß Hitler das Reich vor einem blutigen Umsturz gerettet und *»die Grundsätze der Ehre, Sauberkeit und Zucht«* wiederhergestellt habe,[188] bestimmte auch die Reaktionen in beiden Kirchen.

Dabei kam es zu scheinbar völlig verschobenen Frontstellungen.

Kaum überraschend waren auf evangelischer Seite die Reaktionen der Deutschen Christen. Dr. Kinder, ihr Reichsleiter, sprach in einem Danktelegramm an Hitler von »Gerechtigkeit, Zucht und Treue« und versicherte dem Führer, 600000 Mitglieder und Millionen Anhänger sähen in ihm den »Garanten solcher Gottesordnung« und stünden in »bedingungslosen[r] Gefolgschaft« hinter ihm.[189] Der hessische Landesbischof Dietrich, in dieser Hinsicht wie immer einer der ersten und eifrigsten, meinte gar, es dem großen Führer gleichtun und die Ereignisse zu einem Schlag gegen die Bekenntnispfarrer in Hessen nutzen zu können. Am 4. Juli verfügte er deshalb: »Die Ereignisse des 30. Juni haben auch dem Blinden die Augen geöffnet und die einzigartige Größe des Führers, die mir immer feststand, aller Welt gezeigt. Er ist uns von Gott geschenkt. Und wer jetzt nicht vorbehaltlos auf seine Seite tritt, ist bösen Willens, reaktionär ... Ich verbiete daher für den Bereich der Evangelischen Landeskirche Nassau-Hessen jede Zugehörigkeit der Geistlichen zum Pfarrernotbund oder einer Pfarrerbruderschaft oder die Mitwirkung an der Bildung und Teilnahme an sogenannten Freien Synoden.« Ungehorsamen wurde die »Entfernung aus dem Kirchenamt« angedroht.[190] Dieser Erlaß führte bei vielen Pfarrern zu schweren inneren Konflikten und hatte eine erhebliche Schwächung des nassau-hessischen Pfarrernotbundes zur Folge.[191]

Sehr viel bezeichnender und wichtiger war es, daß im Verlaufe des 30. Juni auch die Leitung der Bekennenden Kirche in Oeynhausen von Mitgliedern des Bruderrates telephonisch bedrängt wurde, ein Danktelegramm an Hitler abzusenden. Aber hier zeigte sich zum ersten Mal die weitreichende politische Bedeutung der Barmer Synode. Diese Bedeutung bestand nicht darin, die Bekennende Kirche etwa zum Protest zu veranlassen. Davon konnte bei der Einschätzung der Lage auch in Oeynhausen keine Rede sein, denn auch hier hielt man die »Niederschlagung der Gegenrevolution« und die »Ausmerzung moralisch zweifelhafter Elemente aus den hohen Führerposten« für eine begrüßenswerte Tat.[192] Die Bedeutung von Barmen lag vielmehr allein darin, daß von einer politischen Stellungnahme und also auch von Dank- und Ergebenheitsadressen grundsätzlich abgesehen wurde. »Unser Verhältnis zur Obrigkeit«, schrieb Asmussen in der Vorlage für den Reichsbruderrat, »ist durch Römer 13 bestimmt.« Dies bedeutete Loyalität und zugleich Distanz. Deshalb fuhr Asmussen fort: »Unsere Stellung zum Staat und zur Bewegung ist nicht abhängig von Handlungen des Führers und seiner Untergebenen, die wir begrüssen oder die wir ablehnen.«[193] Die Bekennende Kirche verhielt sich loyal zum Staat, aber sie behielt ihre in Barmen gewonnene Distanz gegenüber allen politischen Ideen, Bewegungen und Aktionen, mochten sie nun im Augenblick begrüßens- oder verdammenswert erscheinen. Das war nicht viel. Und doch deutete sich hier jenes neue Verhältnis der evangelischen Kirche zur politischen Welt an, das nach einer langen Zeit der Verbindung mit dem Staat die Kirche zu Selbständigkeit und Unabhängigkeit führen sollte.

Der Reichsbruderrat, der am 2. Juli in Würzburg zusammenkam und als erstes über die Stellung zu den jüngsten politischen Ereignissen beriet, billigte die Oeynhausener Vorlage ohne Einschränkung.[194] Damit war für die Bekennende Kirche die ganze Angelegenheit zunächst erledigt.

Weit schwieriger lagen die Dinge für die katholische Kirche. Hier war die unmittelbare Betroffenheit durch die Ereignisse sehr viel größer. Gewissermaßen unter den Augen des Berliner Bischofs war ein führender Katholik wegen seines öffentlichen Bekenntnisses zur Kirche erschossen worden, und nach dem minutiösen Bericht über die Ereignisse, den das Bischöfliche Ordinariat am 13. Juli an alle Bischöfe versandte, konnte im Grunde kein Mitglied des Episkopats mehr daran zweifeln, daß es sich dabei um einen politischen Mord handelte.[195] Dazu kamen Nachrichten, daß sich auch ein prominenter katholischer Jugendführer, der Reichsführer der »Deutschen Jugendkraft«, Adalbert Probst, und der Journalist Fritz Gerlich, der vor 1933 die katholische Kirche so entschieden zum Kampf gegen Hitler aufgerufen hatte, unter den Opfern des 30. Juni befanden.[196]

So war es nicht erstaunlich, daß manche, die die Dinge durchschauten, geradezu verzweifelt auf eine öffentliche Erklärung der deutschen Bischöfe warteten. Zu ihrem Wortführer machte sich Waldemar Gurian in der Schweiz. Es traf den Kern des Problems, wenn er wenige Wochen nach den Vorgängen schrieb: »Die Ereignisse des 30. Juni und ihre Rechtfertigung vor der deutschen Öffentlichkeit haben bewiesen, daß es in Deutschland eine *tiefgehende moralische Krise* gibt. Alle Begriffe sind ins Wanken gekommen. Was bisher als moralisch selbstverständlich galt, ist erschüttert worden.«[197] Um so dringender erschien Gurian ein offenes Wort der Kirche. »Die Kirche ist nicht ein Verein«, so beschwor er Papst und Bischöfe, »der sich den jeweiligen Machtverhältnissen anpaßt, sondern sie ist die Wahrerin und Hüterin der sittlichen Ordnung für alle Menschen und für alle Völker. Die Kirche muß sprechen, wenn eine weltliche Macht diese Ordnung gefährdet und durchbricht ... *Das Schweigen der Bischöfe*«, so meinte er deshalb, »*ist vielleicht noch furchtbarer als alles andere*, was am 30. Juni geschehen ist. Denn das Schweigen zerstört die letzte moralische Autorität in Deutschland, es trägt eine Unsicherheit in die Reihen der Gläubigen, es droht zu einer Entfremdung zwischen Bischöfen und dem Volk zu führen, dem dieses Schweigen nicht mehr begreiflich ist.«[198]

Das Volk, so schloß er, warte sehnsüchtig »... auf eine Stimme, die ruhig und fest die einfache Wahrheit schonungslos, aber unpolitisch sagt. Eine Stimme, die sagt, daß Mord Mord bleibt und daß der Staat nicht alles darf, was er kann.«[199] »Eine Stimme, die es wagt, den Mann, der kühn genug ist, sich als den höchsten Gerichtshof der Nation zu bezeichnen, genau so für das vergossene Blut zur Rechenschaft zu ziehen, wie der heilige Ambrosius Theodosius den Großen.«[200]

Dies war unzweifelhaft richtig und übersah doch die besondere Lage der deutschen Bischöfe.

Sollte man wirklich, so mußte man im Episkopat abwägen, in dieser unübersichtlichen politischen Situation wegen einiger möglicherweise nur zufällig Betroffener die Existenz der gesamten kirchlichen Organisation aufs Spiel setzen? Mußte nicht ein öffentlicher Protest den seit Papens Marburger Rede und Klauseners Auftreten verstärkten Verdacht erhärten, der Katholizismus insgesamt sei ein Hort des Widerstandes und der politischen Reaktion[201] – mit allen Folgen, die das für seine Zukunft haben müßte? Würde der von manchen erwartete öffentliche Protest nicht eine Verhaftungswelle oder Schlimmeres, ein Blutbad unter den deutschen Katholiken auslösen? Wer unter den Bischöfen mochte das verantworten?

Aus der Sicht der Bischöfe hatte Waldemar Gurian in der Schweiz gut schreiben. Die tatsächliche Verantwortung lag allein in Rom und bei ihnen, dem deutschen Episkopat. Und hier beschloß man gleichzeitig und offenbar ohne Absprache, die Ereignisse des 30. Juni als eine rein politische Angelegenheit zu behandeln und sie nicht zu einem kirchlichen Thema zu machen.

Der Berliner Bischof, der besonders betroffen war und von dem Gerüchte wissen wollten, daß er sich ebenfalls unter den Opfern befand, ließ am 3. Juli durch seine Pressestelle erklären, daß er gerade von einer »Firmungsreise aus Pommern« zurückgekehrt sei und sich »seiner vollsten Gesundheit« erfreue.[202] Die Absicht der Beruhigung war unverkennbar. Und so schmückte dieses Dementi am nächsten Tag die Titelseiten der deutschen Morgenpresse. Selbst der »Völkische Beobachter« hielt die Gesundheit des Bischofs für so wichtig, daß er die Meldung in vollem Umfang abdruckte.[203] Und der gleichen Absicht entsprang es, im Fall Klausener nur eben das Minimum dessen zu tun, was die kirchliche Selbstachtung, das Andenken des verdienten Mannes und die Unruhe unter Klerus und Kirchenvolk erforderten. So wurde – auch auf Bitten der Familie hin – die Trauermesse nicht in der Kathedrale, sondern in der bischöflichen Hauskapelle gelesen, und dem Requiem in der Friedhofskapelle wohnten neben dem Bischof und dem Domkapitel nur die engsten Angehörigen bei.[204] Allein, dem Eingeweihten war klar, daß die Tatsache der kirchlichen Bestattung der Erklärung gleichkam, daß die Kirche nicht an den angeblichen Selbstmord glaubte. Und schließlich wurde am darauffolgenden Sonntag, dem 8. Juli, auf Anordnung des Ordinariats in allen Morgengottesdiensten des Bistums eine Kanzelvermeldung verlesen. Ihr karger Text entsprach dem Bestreben, jeden politischen Anstoß zu vermeiden, enthielt lediglich die Mitteilung, daß Klausener »... am Sonnabend, den 30. Juni, unerwartet in die Ewigkeit abberufen worden« sei, und rief »... zum fürbittenden Gebet für den Verstorbenen« auf. Zusätzlich wurde der Klerus ausdrücklich darauf aufmerksam gemacht, »gegenüber den Ereignissen der letzten Woche die gebotene Zurückhaltung zu beobachten und das Gesamtwohl der Kirche nicht aus dem Auge zu lassen«.[205] Lediglich Pfarrer Coppenrath in St. Matthias, der Heimatkirche des Ermordeten, wurde etwas deutlicher.[206] Der Nachruf des Bischofs, der in einer Klausener gewidmeten Nummer des »Katholisches[n] Kirchenblatt[es]« erschien, tat denn auch nichts, die Hintergründe dieses Todes aufzuhellen.[207]

Bei allen weiteren Bemühungen um Aufklärung, die sich bis in den Spätherbst hinzogen, ging es ebenfalls nicht um einen Einspruch oder eine Anklage, sondern, wie Bares im November noch einmal an Hitler schrieb, um »... eine Ehrenrettung des nach unserer Überzeugung völlig schuldlos getroffenen Dr. Klausener ...« vom »... Doppelvorwurf des Selbstmordes und des Hochverrates ...«. Aber selbst diese Bemühungen blieben ergebnislos.[208]

Ähnlich zurückhaltend verhielt man sich in Köln im Falle Adalbert Probst. Der Reichsführer der Deutschen Jugendkraft war am Abend des 1. Juli während eines Besuches bei Generalpräses Ludwig Wolker im Harz von der Gestapo verhaftet und mit unbekanntem Ziel weggeschafft worden. Erst nach Tagen erhielt Wolker die Nachricht, Probst sei – wie es amtlich hieß – »auf der Flucht erschossen worden«.[209]

Die Hintergründe dieses Mordes sind bis heute nicht geklärt, aber daß die Tat, was immer sonst gegen Probst vorlag,[210] dem Führer der umstrittenen katholischen Sportorganisation galt, war offenkundig. Gleichwohl waren auch hier – wie in Berlin – die kirchlichen Vertreter bemüht, jedes öffentliche Aufsehen zu vermeiden. In der ersten Mitteilung an die Führer der Deutschen Jugendkraft betonte Wolker deshalb, man möge die Nachricht »... in der gleichen Kürze und *ohne jeden Zusatz* ... weitergeben ... um wilde und unrichtige Gerüchtebildung zu verhindern«.[211] Und obwohl Unruhe und Bestürzung unter Klerus und Kirchenvolk wuchsen und einzelne Pfarrer gegenüber dem Kölner Ordinariat ihren »tiefen Abscheu über den gewaltsamen Tod unserer Führer aus Laienkreisen« ausdrückten und einen öffentlichen Protest forderten, schwieg der Kölner Kardinal ebenso wie sein Generalvikar.[212]

Ebenso zeigte Faulhaber in München, wo zunächst der Schwerpunkt der ganzen Aktion gelegen hatte, keinerlei Neigung, zur Ermordung von Fritz Gerlich und anderer, erwiesenermaßen unschuldiger Opfer Stellung zu nehmen.

Damit blieb die Gelegenheit, in Deutschland noch einmal an Recht und Gesetz zu erinnern, von beiden Kirchen ungenutzt. Unwidersprochen konnte Hitler in seinem Rechenschaftsbericht vor dem Reichstag am 13. Juli behaupten: »In dieser Stunde war ich verantwortlich für das Schicksal der deutschen Nation und damit des deutschen Volkes oberster Gerichtsherr!« Und unvergessen blieb, was er drohend hinzufügte: »Und es soll jeder für alle Zukunft wissen, daß, wenn er die Hand zum Schlage gegen den Staat erhebt, der sichere Tod sein Los ist.«[213]

Fast auf den Tag genau zehn Jahre später, am 20. Juli 1944, wurde dieser Satz noch einmal blutige Wirklichkeit.

Unterdessen war in Breslau Kardinal Bertram längst wieder zur Tagesordnung übergegangen. Und auf dieser Tagesordnung stand unverändert das Verhandlungsergebnis der Bischöfe vom 29. Juni.

Nur wenige Tage nachdem Berning seine ausführliche Niederschrift vorgelegt hatte, schickte sie der Konferenzvorsitzende mit einem Schreiben nach Rom, das einmal mehr die vollständige und ausschließliche Entscheidungsbefugnis des Heiligen Stuhls unterstrich. »In Befolgung der Weisungen ... vom

20. April«, schrieb Bertram an Pacelli, hätten inzwischen die Bischöfe von Osnabrück und Berlin und der Erzbischof von Freiburg mit dem Reichsinnenministerium verhandelt; er beehre sich anbei die Niederschrift Bernings zu unterbreiten.[214] Auf ein folgenschweres Mißverständnis wies die Bemerkung hin, es sei in nächster Zeit noch »eine Erklärung des Herrn Reichskanzlers« zu erwarten[215] die Bertram offenbar als Voraussetzung,[216] Buttmann dagegen bekanntlich als Folge und Abschluß der Vereinbarungen betrachtete. Der Brief schloß mit der Bitte »um weitere hochgeneigte Weisungen«.[217]

Diese Weisungen ließen nicht lange auf sich warten.

Im Vatikan war man in diesen Tagen selbstverständlich intensiv damit beschäftigt, die Nachrichten aus Deutschland zu sammeln und auszuwerten. Eine erste amtliche Information Pacellis erfolgte schon am 1. Juli vormittags durch den deutschen Botschafter, woraufhin Bergen befriedigt nach Berlin kabelte: »Kardinal durch Darlegungen beruhigt, verhehlte nicht bewundernde Anerkennung des vom *Führer* an den Tag gelegten großen persönlichen Mutes und seiner eisernen Entschlossenheit.«[218]

Aber im Laufe der nächsten Tage, als die Einzelheiten der Vorgänge auch in Rom bekannt wurden, schlug die Stimmung offensichtlich um. Am Monatsende jedenfalls berichtete Bergen, er habe auf geheimem Wege erfahren, daß der Papst durch Nachrichten »... über Einzelheiten der Erschießung von Klausener, Probst, Schmidt, Becker, angebliche Verweigerung geistlichen Beistandes an verschiedene zum Tode verurteilte Personen, Einäscherung von Katholiken ... aufs Tiefste beeindruckt« sei. Er solle daher, fügte Bergen hinzu, »... augenblicklich wenig geneigt sein, sich auf Verhandlungen mit Reichsregierung einzulassen und es entschieden ablehnen, vorbehaltlose Zustimmung zu Berliner Absprachen zwischen Reichsregierung und Episkopat zu geben«.[219]

In der Tat hatte Pacelli inzwischen beim Breslauer Kardinal ein nachdrückliches Veto gegen das Verhandlungsergebnis eingelegt. Aber die naheliegende Vermutung, dieses Veto sei eine Folge der Mordaktion,[220] traf nicht zu.[221] Vielmehr behandelte auch der Kardinalstaatssekretär die Ereignisse als eine rein politische Angelegenheit und sah den Vatikan zu keinerlei Stellungnahme veranlaßt.

Über Klausener, Probst, Gerlich und die anderen Opfer der Verfolgung fiel in den kommenden Wochen zwischen Rom und Berlin kein Wort. Dieses Schweigen war um so auffälliger, als der Strom der Beschwerden, die Kardinalstaatssekretär und Nuntius bei der Reichsregierung vortrugen, nicht abriß.

Am 10. und 26. Juli etwa war der Nuntius im Auswärtigen Amt und beschwerte sich über eine Rede des stellvertretenden Berliner Gauleiters Görlitzer, die nicht »in diesen Entspannungsprozeß« hineinpasse; über Schwierigkeiten beim Geldtransfer und Behinderungen von Exerzitien.[222] Am 4. und 18. Juli erhielt Bergen Noten, die das Studienverbot in Innsbruck, die Mensur- und Duellfrage und die Schulfrage betrafen.[223]

Offensichtlich also ging es dem Kardinalstaatssekretär bei seinem Veto nicht um ein grundsätzliches Nein. Seiner diplomatischen Natur viel näher lag der Versuch, angesichts möglicherweise veränderter Machtverhältnisse die Verbesserung eines Verhandlungsergebnisses zu erreichen, das ihm aus den verschiedensten Gründen außerordentlich mißfallen mußte.

Das ungewöhnlich scharfe, ja fast verletzende Schreiben Pacellis vom 23. Juli, mit dem er sein Veto aussprach, verriet in nahezu jeder Zeile seinen tiefen Unmut. Dabei waren viele seiner Einwände und Bedenken durchaus berechtigt. Aber nachdem er selbst mit seinen Bemühungen nur wenige Monate zuvor bei Buttmann gescheitert war, hätte es nahegelegen, zumindest die Vor- und Nachteile des Erreichten – einschließlich der Zusage Hitlers – gegeneinander abzuwägen. Statt dessen erklärte er kurzerhand die gesamten Ergebnisse für unannehmbar. »Unannehmbar ...« sei die Äußerung Buttmanns, »Artikel 31 ‹sei noch nicht geltendes Recht›«, unannehmbar der staatliche Anspruch, »innerhalb der Katholischen Aktion« müsse »jede Befassung mit Fragen der Politik entfallen ...«;[224] energischer »Zurückweisung« bedürften die Behauptungen der Parteivertreter, sie seien an das Konkordat nicht gebunden;[225] unannehmbar, »um anderes vorerst zu übergehen«, sei die vom Staat behauptete »... Begrenzung der kirchlichen Zuständigkeit«.[226] Pacelli kritisierte die »... Verzettelung der Vereinbarungen in eine Reihe von Einzelabreden mit verschiedenen Kontrahenten ...«,[227] gab dem Wunsch Ausdruck, die Entwürfe bei einer Überarbeitung von »... Unklarheiten, Lücken und Fehlformulierungen zu befreien« und warnte schließlich eindringlich davor, sich auf irgendwelche zukünftigen Vereinbarungen und Versprechungen zu verlassen.[228] Der ganze Brief war zweifellos ein eindrucksvolles Zeugnis kirchlicher Härte und Kompromißlosigkeit. Er hatte nur einen Fehler: Er war an die falsche Adresse gerichtet. Denn auch wenn die drei Bischöfe tatsächlich zu vertrauensselig gewesen waren – an ihnen lag es schließlich nicht, wenn mehr nicht zu erreichen gewesen war.

Erst ganz zum Schluß seines Briefes ließ Pacelli erkennen, daß sein Veto tatsächlich auch mit den Ereignissen des 30. Juni zu tun hatte – freilich auf andere Weise, als der deutsche Botschafter vermutete. Der Staat, so hoffte der Kardinal, werde doch allmählich zu begreifen beginnen, daß die Kirche »... die natur- und gottgewollte Stütze jeder staatlichen Autorität« sei. »Man möchte daher glauben«, fuhr er fort, »daß das Menetekel der jüngsten Tage die Inhaber der höchsten Gewalt in Deutschland davon überzeugen hilft, daß äußere Gewalt ohne das Korrektiv und die Weihe des gottverbundenen Gewissens nicht zum Glück, sondern zum Unheil von Staat und Volk gereichen muß«.[229] Überwältigt von dem Wunsch, das kirchliche Leben in Deutschland endlich gesichert zu sehen, hielt also selbst der Kardinalstaatssekretär die Ereignisse des 30. Juni für ein Zeichen der Hoffnung.

Die Reaktionen im deutschen Episkopat auf das Veto aus Rom waren außerordentlich verschieden. Selbstverständlich gab es niemanden, der der Entscheidung Pacellis widersprochen hätte. Aber die Meinungen über die Lage waren offensichtlich sehr geteilt.

Der Rottenburger Bischof Sproll etwa, der schon seit längerem die Entwicklung mit tiefem Mißtrauen betrachtete,[230] begrüßte das Schreiben Pacellis mit aufrichtiger Freude und erklärte dazu durchaus konsequent: »Lieber kein Konkordat als ein Konkordat, ... das der vollen Rechtsgültigkeit entbehrt und dem man von vornherein die Prognose stellt, daß es von der Dynamik der Bewegung bald hinweggespült sein werde.«[231] Auch der Bischof von Münster, Graf Galen, stimmte weithin den Äußerungen Pacellis zu und schlug vor, jetzt mit dem Fuldaer Beschluß Ernst zu machen und dem Reichskanzler »... in einer ausführlichen Eingabe des Gesamtepiskopates die furchtbare Gefahr darzulegen, welche durch die Propaganda des Neuheidentums und die konkordatswidrige Beschränkung der kirchlichen Freiheit...dem Glück und der Zukunft unseres deutschen Volkes und Vaterlandes ...« drohe. Immerhin setzte Galen eine gewisse Hoffnung auf die Zusage Hitlers und meinte, erst wenn »... wider Erwarten und ungeachtet des gegebenen Versprechens« eine wirksame Abhilfe in Sachen Neuheidentum nicht erfolge, so müsse – »ähnlich wie es gegenüber der ›action française‹ geschehen ...« sei – »eine eindeutige Verurteilung« und ein Verbot der Mitgliedschaft und Mitwirkung für alle Katholiken erlassen werden.[232] »Nicht alle«, meinte der Bischof, »aber sehr viele deutsche Katholiken sind heute noch fest entschlossen, auf das Wort der Kirche zu hören, und sogar unter Opfern Gehorsam zu leisten.«[233]

Ganz anderer Meinung war der Münchener Kardinal. In einem Brief an Bertram und Berning sprach er sich entschieden dafür aus, sich im Sinne des Verhandlungsergebnisses mit dem »Weniger-Vollkommenen« zu begnügen.[234] Gewiß sei es sehr wünschenswert, wenn die Einwände des Heiligen Stuhls berücksichtigt werden könnten. Aber – und hier erwies sich Faulhaber zweifellos als der größere Realist – diese Einwände zeigten doch auch, daß die politische Entwicklung seit dem Abschluß des Reichskonkordats »... eine neue Lage geschaffen ...« habe »und daß jedes längere Zuwarten bis zum Erreichen des Vollkommenen auch das Minder-Vollkommene gefährden kann«. Es gäbe »... für die katholische Kirche in Deutschland«, so meinte der Münchener Kardinal, »außer der Jugendfrage noch andere und zum Teil noch wichtigere Lebensfragen ... als die Erhaltung der Verbände mit ihrem bisherigen Betätigungsradius«.[235] Und deutlich zeigte sich das Unbehagen über das Schweigen des Episkopats, wenn es dort weiter hieß, man müsse möglichst bald zu einem Abschluß der Verhandlungen kommen, um endlich »... in Hirtenbriefen gegen die offensichtlichen Vorbereitungen des Kulturkampfes ...« auftreten zu können, »gegen Ministerreden, es gäbe nur ein einziges Dogma, das Dogma des Blutes, ... gegen die Verherrlichung des politischen Mordes und anderer Dinge, zu denen wir Bischöfe doch unmöglich schweigen können«.[236]

Zu einer realistischen Sicht der Dinge riet auch der Mainzer Bischof Hugo. »Ich stimme natürlich allem gerne bei«, schrieb er nach Breslau, »vom katholischen Standpunkt lässt sich nichts dagegen sagen. Praktisch genommen muss aber doch über manches noch debattiert werden.« So sei die Aufgabe der Standesvereine wohl tatsächlich unvermeidlich. Allerdings, meinte der Bischof, und fiel dabei ins vertraute Latein: »Si tota discussio solis verbis absolvitur, vix ullam utilitatem afferent ... Tempus est, ut gubernium non solum verbo sed etiam facto sensum christianum aliquo saltem modo profiteatur.«[237]

Während man sich so mit dem Veto aus Rom auseinandersetzte und Bischöfe, Klerus und Kirchenvolk einer höchst ungewissen Zukunft entgegensahen, gaben neue bestürzende Ereignisse diesem Krisensommer einen weiteren dramatischen Akzent.

Die Aufregung über die Röhm-Affäre war noch nicht abgeklungen, als die Welt am 25. Juli von der Nachricht über einen nationalsozialistischen Putsch in Wien erschreckt wurde.[238] Um die Mittagszeit war eine starke Gruppe bewaffneter Anhänger der illegalen österreichischen NSDAP in das Bundeskanzleramt am Wiener Ballhausplatz eingedrungen, hatte einige Minister verhaftet und die Regierungsübernahme durch einen Nationalsozialisten verkündet. Schon bei der Besetzung des Gebäudes war der österreichische Bundeskanzler Engelbert Dollfuß, ein strenggläubiger Katholik klerikalen Zuschnitts, niedergeschossen worden und starb Stunden später ohne ärztliche Hilfe und geistlichen Beistand. Die Hoffnung der Putschisten auf einen allgemeinen Aufstand im Lande erwies sich allerdings schnell als trügerisch. So war ihre Lage schon am Nachmittag hoffnungslos. Am Abend war der Putschversuch völlig zusammengebrochen.

Die Erregung in Europa über diese neue Gewalttat war ungeheuer. Überall beschuldigte man Deutschland der Urheberschaft, zumal viele Spuren zur illegalen nationalsozialistischen Landesleitung Österreichs nach München wiesen. Dabei löste in der katholischen Welt besondere Empörung aus, daß man dem sterbenden Dollfuß sogar den Priester verweigert hatte. Der Papst, mit dem katholischen Politiker eng verbunden, sprach von »... dieser markanten Persönlichkeit eines Christen, dieses treuesten Sohnes der Kirche«, von dessen Ermordung die ganze zivilisierte Welt schmerzlich betroffen sei.[239] Und im »Osservatore Romano« las man: »Die Kirche, welche das Gewissen der Jahrhunderte und der christlichen Völker ist, welche die Geschichte verkörpert und das Auge der Zivilisation bildet: die Kirche sieht in ihm einen Ritter Gottes... alle sehen ihn so und verstanden, dass er das Bewusstsein einer Mission hatte, eines christlich-zivilisatorischen Apostolates.«[240]

Noch weit unangenehmer als diese katholischen Stimmen waren für die deutsche Politik die heftigen Vorwürfe und die offene Feindseligkeit, die die italienische Presse zum Ausdruck brachte. [241]

So blieb Hitler, der in Bayreuth von den Ereignissen selbst überrascht worden war, keine Wahl, als sofort und öffentlich von dem ganzen Unternehmen abzurücken. Als erstes wurde der deutsche Gesandte in Wien, der sich in Verhandlungen mit den Putschisten hatte hineinziehen lassen, seines Postens enthoben; am nächsten Tag verlor auch der nationalsozialistische Landesinspekteur für Österreich sein Amt. Telegramme und Erklärungen sollten das Bedauern und die Schuldlosigkeit Deutschlands erweisen. Aber damit allein war die allgemeine Erregung nicht zu dämpfen. Und so kam Hitler auf eine Idee, die sich bald als ausgesprochen glücklicher Schachzug erweisen sollte.

Am 28. Juli, drei Tage nach den Ereignissen, wurde ein Schreiben des Reichskanzlers an seinen Vizekanzler veröffentlicht, in dem Hitler Papen bat, »... für eine befristete Zeit in Sondermission ... den Posten des deutschen Gesandten in Wien ...« zu übernehmen. Als habe es nie einen 30. Juni gegeben, sprach er darin zugleich Papen sein »vollstes und uneingeschränktes Vertrauen« aus und dankte ihm für alles, was er »... einst für die Zusammenführung der Regierung der nationalen Erhebung und seitdem gemeinsam mit uns für Deutschland getan ...« habe.[242] Aus Hitlers Sicht enthielt dieser Plan lauter Vorzüge. In Österreich und Italien war Papen als konservativ und gut katholisch bekannt; er verfügte über Beziehungen zu Mussolini und zum Vatikan und würde, was nicht unwichtig war, vom Reichspräsidenten zweifellos bestätigt werden.[243] Zugleich war damit das Problem eines Vizekanzlers gelöst, dessen Rücktrittsgesuch noch unerledigt auf Hitlers Tisch lag und der nach dem 30. Juni tatsächlich weder bleiben noch ohne Schaden für die Regierung gehen konnte.

Daß man im österreichischen Episkopat die Dinge nicht ebenso erfreut sah, vielmehr befürchtete, Papen habe einen Auftrag zur Gleichschaltung des österreichischen Katholizismus, war auf Grund seiner Rolle im Reich nicht unbegreiflich.[244] Schwerer verständlich war es schon, daß dieser gleiche Episkopat sich kaum vier Jahre später beim sogenannten Anschluß Österreichs selbst und freiwillig gleichschaltete.

Am erstaunlichsten aber war Papens Bereitschaft, auf Hitlers Wünsche einzugehen. Denn die Annahme dieses Amtes konnte in der Öffentlichkeit nur als ein Abrücken von allen früheren Plänen und als stillschweigende Billigung oder zumindest Hinnahme der Ereignisse des 30. Juni gedeutet werden. Daran änderte auch die Tatsache nichts, daß Hitler gegenüber seinem neuen Sondergesandten zu gewissen Zugeständnissen bereit war.[245]

Wie umstritten diese Entscheidung Papens selbst unter den führenden Männern des Dritten Reiches blieb, zeigte sich überraschend Jahre später in Nürnberg, als der einstige Vizekanzler vor dem Internationalen Militärgerichtshof seine Rolle bei den Ereignissen darstellte. Zunächst sei ihm, so berichtete er, auf sein Rücktrittsgesuch hin die Botschaft beim Vatikan und dann am Tage des Dollfuß-Mordes der Wiener Posten angeboten worden. Er »... habe«, so fuhr er fort, »den Posten nur als eine Gewissenssache angenommen und um seine Pflicht zu tun«.[246] Göring jedoch hielt von dieser Version nichts und beschimpfte Papen bei dieser Gelegenheit als Feigling, Angsthasen und Lügner. Schirach dagegen, der einstige Reichsjugendführer, vermutete, »Papen habe es wohl auf Drängen der katholischen Kirche getan, um deren Interessen weiter wahren zu können«,[247] während Frick und Frank meinten, er sei einfach »... die ganze Zeit ein glühender Anhänger Hitlers gewesen«.[248] Vermutlich spielte bei Papens Entscheidung, weiterhin Hitler zu dienen, vieles mit und am Ende vor allem auch die Schwäche und Eitelkeit eines Mannes, der weder sich noch seine Umgebung jemals richtig einzuschätzen gewußt hatte.

Wenige Tage nach diesen Ereignissen verbreitete sich die Nachricht, daß es mit dem Reichspräsidenten zu Ende gehe. Mit seinem sicheren Blick für die Gunst von Ereignissen und Situationen beschloß Hitler, den lange erwarteten Tod Hindenburgs nicht nur verfassungsrechtlich und machtpolitisch zu nutzen, sondern in der Inszenierung von bombastischen Trauerfeierlichkeiten die Erinnerung an den 30. Juni und den Dollfuß-Mord gleichsam untergehen zu lassen.

Daß Hitler beim Tode Hindenburgs auch das Amt des Reichspräsidenten übernehmen würde, war im engsten Führungskreis längst beschlossene Sache. Schon ein Jahr zuvor, im August 1933, hatte Goebbels in seinem Tagebuch die Pläne für diesen Fall festgehalten. »Was nach Hindenburgs Tod?« hieß es da und weiter: »Sofort Hitler ausgerufen. Aber doch Votum des Volkes. Kanzler u. R.Pr. in seinem Amt vereinigt. Neue Stellung des Kanzlers in jeder Hinsicht. Hitler eindeutig Führer in jeder Richtung.«[249] Und genauso wurde nun verfahren. An dem Tag, an dem der Reichskanzler nach Neudeck eilte, um sich vor den Augen der Nation den Segen des Sterbenden geben zu lassen, verabschiedete das Reichskabinett das Gesetz über die Nachfolge, das mit dem Zeitpunkt des Ablebens in Kraft treten sollte und also auch nicht eine Minute die Macht des Staatsoberhauptes aus den Händen gab.

Am Morgen des 2. August war es soweit. Während Extrablätter mit breiten schwarzen Trauerrändern den Tod des Reichspräsidenten meldeten, während die Glocken im ganzen Reich zu läuten begannen und viele Menschen mit ehrlicher Ergriffenheit von dem alten Mann Abschied nahmen, der ihnen die preußischen Tugenden verkörpert hatte, vollendete Hitler den Ausbau seiner unumschränkten Führungsmacht.

Noch in derselben Stunde befahl der Reichswehrminister Generaloberst von Blomberg die sofortige Vereidigung der Wehrmacht auf ihren neuen Oberbefehlshaber. Dies war der Dank der Militärs für die Ausschaltung der SA. Die Eidesformel, die Offiziere und Mannschaften an diesem Tag nachsprachen, war in ihrer unbedingten persönlichen Bindung an einen Mann in der deutschen Staats- und Militärgeschichte ohne Beispiel: »Ich schwöre bei Gott diesen heiligen Eid, daß ich dem Führer des Deutschen Reiches und Volkes, Adolf Hitler, dem Oberbefehlshaber der Wehrmacht, unbedingten Gehorsam leisten und als tapferer Soldat bereit sein will, jederzeit für diesen Eid mein Leben einzusetzen.«[250]

Wenig später, am 20. August, wurde eine entsprechende Vereidigung der Beamtenschaft angeordnet. Die Eidesformel war etwas abgemildert, enthielt aber grundsätzlich die gleiche persönliche Verpflichtung auf Hitler. Dieser Eid wurde im November 1934 Anlaß zu jenem Einspruch Karl Barths, an dessen Ende die Amtsenthebung des Bonner Professors und seine endgültige Rückkehr in die Schweiz standen.[251]

An diesem ereignisreichen 2. August ließ Hitler ferner in einem Schreiben an den Reichsinnenminister wissen, daß der Titel des Reichspräsidenten »mit dem Namen des großen Toten« so unzertrennlich verbunden sei, daß er selbst »... wie bisher nur als Führer und Reichskanzler angesprochen ...« zu werden wünsche. Geschickt war er damit dem Schein eines republikanischen Amtes und Titels ausgewichen. Und geschickt war es zweifellos auch, sich die schon beschlossene und in Kraft getretene Vereinigung der beiden Ämter in einer Wahl scheinbar bestätigen zu lassen. »Tief durchdrungen von der Überzeugung«, so erklärte Hitler, »daß jede Staatsgewalt vom Volke ausgehen und von ihm in freier und geheimer Wahl bestätigt sein muß«, solle der »... Beschluß des Kabinetts ...« dem deutschen Volke »unverzüglich ... zur freien Volksabstimmung ...« vorgelegt werden.[252] Der Termin der Wahl wurde auf den 19. August festgesetzt.

Und schließlich beschloß Hitler, gegen den Willen des alten Herrn, der sich ein schlichtes Begräbnis gewünscht hatte, aus dem Namen Hindenburg ein letztes Mal Kapital zu schlagen und die Beisetzung zu einer pompösen Zeremonie zu gestalten, die alles Zurückliegende vergessen machen sollte.[253]

Am 7. August fand die Trauerfeier im Hof des riesigen Tannenberg-Denkmals statt, das zur Erinnerung an Hindenburgs Sieg über die Russen errichtet worden war und das nun zur letzten Ruhestätte des ehemaligen kaiserlichen Feldmarschalls bestimmt wurde. Eine »... geradezu mythische Erneuerung«, schrieb Alfred Rosenberg am Vortag zum Verhältnis Hitler und Hindenburg in sein Tagebuch, »des alten Hildebrand u. des jungen Dietrich von Bern. Deshalb wird er morgen *zu recht* im Heldenturm von Tannenberg beigesetzt werden – als Symbol für Jahrtausende«.[154] Elf Jahre später, im Januar 1945, sprengten deutsche Truppen beim Rückzug vor der Roten Armee das mächtige Denkmal. Hindenburgs Sarg irrte gemeinsam mit den Särgen der preußischen Soldatenkönige monatelang zwischen den Fronten und Zonen umher, bis sie schließlich in der Elisabeth-Kirche in Marburg eine vorläufige neue Ruhestätte fanden.

An jenem 7. August 1934 wurden im weiten Karree des Ehrenhofes vor den Hunderten von Gästen zwei Reden gehalten. Sie enthüllten für den, der zu hören verstand, den Abgrund, der die christliche Tradition von den neuen Herren trennte. Als erster sprach der evangelische Feldbischof der Wehrmacht, Franz Dohrmann. Dohrmann, der dieses Amt erst im April übernommen hatte, traf genau den Ton schlichter, konservativer, protestantischer Frömmigkeit, die der Reichspräsident selbst repräsentiert hatte. Nach dem Wunsch des Verstorbenen predigte er über Offenbarung 2,10: »*Sei getreu bis in den Tod, so will ich dir die Krone des Lebens geben.*«[255] Dohrmann scheute sich nicht, einfach und biblisch von der Liebe Gottes zu sprechen, »die in dem Kreuze Jesu groß und greifbar « vor uns stehe,[256] und den Verewigten einen Christen zu nennen, der »sich hindurchgebetet . . .« habe »durch alle Wirren des vernichtenden Schicksals«.[257] Es war, trotz der unvermeidlichen nationalen Töne, unzweifelhaft ein biblische Predigt.[258]

Um so krasser hob sich davon die Rede ab, mit der Hitler den Toten würdigte. »Als Reichspräsident«, so hob Hitler hervor, sei ». . . der Generalfeldmarschall Schirmherr der nationalsozialistischen Revolution und damit der Wiedergeburt unseres Volkes« geworden. Nun kehre der tote, greise Held zurück »zur großen Walstatt seines einzigartigen Sieges« und »inmitten der schlummernden Grenadiere seiner siegreichen Regimenter« solle ». . . der müde Feldherr . . .« seine letzte Ruhe finden. Das deutsche Volk werde hierher pilgern und sein Name werde unsterblich sein. Und dann kam jener Schlußsatz, der aus der Welt Richard Wagners genommen schien, ein schlimmer Mißgriff im Blick auf den Toten und zugleich ein antichristliches Signal. »Toter Feldherr«, so rief Hitler am Ende pathetisch aus, »geh' nun ein in Walhall!«[259]

Das Nachspiel zu diesen Reden, das Alfred Rosenberg in seinem Tagebuch festhielt, war bemerkenswert genug. Hitlers letzter Ausruf, so meinte der weltanschauliche Schulungsleiter der Partei, sei ». . . überall verstanden worden, namentlich auch von der Kirche, die sich durch die Rede ihres Feldbischofs unsterblich . . .« blamiert habe.[260] Der »Rei-Bi« sei überall herumgegangen und habe Entschuldigungen gemurmelt. »Die Nation«, so befand der Schreiber, wolle » dieses Kauderwelsch aus Psalmen, ›Propheten‹ usw. nicht mehr hören . . .«[261]

Dies allerdings war denn doch mehr Wunsch als Wirklichkeit.

Mit dem Tode Hindenburgs und der Vereinigung der Ämter von Reichspräsident und Reichskanzler hatte der totalitäre Führerstaat seine endgültige Form erhalten. Nun war Hitler unumschränkter Diktator auf Lebenszeit.

In beiden Kirchen begriff man nicht ohne Furcht, daß damit möglicherweise eine letzte Stütze der kirchlichen Rechte beseitigt worden sei. Wenn Faulhaber in diesen Tagen auf eine schnelle Annahme der ausgehandelten Vereinbarungen drängte, so mochte dabei auch der Blick auf die neue Lage mit im Spiele sein. Pacelli freilich sah offensichtlich keine Veranlassung, das Veto aus Rom zu revidieren.

Auf evangelischer Seite war es der jüdische Pfarrer Hans Ehrenberg, der in einer kleinen Denkschrift die Konsequenzen aus der neuen Situation zu ziehen versuchte. »Jetzt steht die Kirche«, so schrieb er am 5. August, »ohne jede Unterstützung von Seiten staatlicher Instanzen, dem ... durch und durch säkularen Staat gegenüber. Die E.K. muss jetzt totale Kirche, auch dem Staat gegenüber ganz Kirche sein. Die Zeit der Versuche, Personen zu gewinnen, dürfte vorbei sein.«[162]

Aber auch das war ein Irrtum. Vielmehr wurde gerade der Herbst 1934 in der evangelischen Kirche zum großen Ringen um Personen und Positionen.

7. KAPITEL

Reichskirchliche Eingliederungspolitik und Bekenntniskirchlicher Widerstand (Juli – September 1934)

Während die folgenden Monate dem deutschen Katholizismus vor allem wegen der bevorstehenden Saar-Abstimmung eine verhältnismäßig ruhige Zeit bescherten, erreichte der Kirchenkampf auf evangelischer Seite einen dramatischen Höhepunkt: Es war in dieser Form wohl das einzige Mal in der Geschichte des Dritten Reiches, daß Hitler durch eine Art Volksaufstand und eine direkte ausländische Intervention gezwungen wurde, ein erklärtes innenpolitisches Ziel, nämlich die Gleichschaltung der evangelischen Kirche, öffentlich und endgültig fallenzulassen. Nie wieder davor oder danach – vom Niemöller-Prozeß 1938 vielleicht abgesehen – erlangte der Kirchenkampf eine so große politische Aufmerksamkeit und Bedeutung wie in diesen Wochen. Im Rückblick freilich zeigt sich, daß das, was vielen Zeitgenossen wie ein kirchlicher Sieg erschien, in Wahrheit nur eine gewonnene Schlacht war und daß Hitler keinen Augenblick zögerte, den Kampf auf anderen Feldern fortzuführen.

Daß die Niederlage vom Januar überwunden war und sich der innerkirchliche Widerstand entscheidend verstärkt hatte, signalisierte am eindrucksvollsten der Zusammenschluß der Bekenntnisfront auf der Synode von Barmen. Mochte die Bedeutung dieser Synode in der Bekennenden Kirche auch umstritten sein, sie war und blieb der weithin sichtbare Sammlungs- und Orientierungspunkt für alle dem Bekenntnis verpflichteten Pfarrer und Gemeinden in der evangelischen Kirche. Der Bruderrat und die Leitung in Oeynhausen sorgten dafür, daß das Bewußtsein der gemeinsamen Verantwortung aller für den Weg der evangelischen Kirche wach blieb und gestärkt wurde.

In diesen Tagen tauchten die ersten Anzeichen dafür auf, daß der Kampf der beiden christlichen Kirchen in Deutschland zunehmend in den Mittelpunkt des ausländischen Interesses rückte. Seit dem Frühjahr 1934 berichteten die deutschen Vertretungen aus Paris und Rom, London, Washington und

Stockholm übereinstimmend, daß der Kirchenkampf neben oder sogar vor der Judenfrage zu einer schweren Belastung für die auswärtigen Beziehungen des Reiches zu werden drohe. Im April etwa hieß es aus der amerikanischen Hauptstadt, »dass die Entwicklung der Kirchenfragen, falls nicht baldige Regelung erfolgt, in der Öffentlichkeit eine Auswertung erfahren wird, deren nachteilige Wirkung jene bezüglich unserer Judenpolitik möglicherweise noch übersteigt«,[1] während die Botschaft in Paris am 18. Mai von einem »... ohnehin schon viel zu intensivem Interesse« sprach, »das die hiesige Öffentlichkeit den kirchlichen Kämpfen in Deutschland ...« zuwende.[2] Einzelberichte ergänzten diese Urteile. Der junge Pfarrer Hans Christoph von Hase – übrigens ein Vetter von Dietrich Bonhoeffer – stellte dem Auswärtigen Amt einen Erfahrungsbericht über seine Eindrücke am berühmten Union Theological Seminary in New York zur Verfügung, das er als Austauschstipendiat vom September 1933 bis zum Juni 1934 besucht hatte. Auch in diesem Bericht hieß es, daß die Kirchenfrage für die öffentliche Meinung in den Vereinigten Staaten fast noch wichtiger sei als die Judenfrage. Die »... amerikanische Öffentlichkeit« sei »überzeugt«, schrieb Hase, »dass die christlichen Kirchen in Deutschland vom Nationalsozialismus ›verfolgt‹ ...« würden; das Urteil aber, fuhr er fort, »Verfolger der Religion zu sein, ist eins der schärfsten, das die amerikanische Öffentlichkeit über einen Staat fällen kann«.[3] Und es trug alle Zeichen der Glaubwürdigkeit, was Hase in diesem Zusammenhang schilderte: »›What is Hitler doing with the church‹, lautete die stereotype Frage, die ich hundertmal zu beantworten hatte, und ich bin für die Beteuerung, Hitler denke gar nicht daran, sich in innere Angelegenheiten der Kirchen einzumischen, ungläubig angestarrt, ja ausgelacht worden.«[4] War diesem und anderen Berichten das Bestreben anzumerken, die Front der christlichen Kirchen in Deutschland zu stärken, so gab es aber auch in dieser Hinsicht ganz unverdächtige Zeugen. Anfang Juni schrieben die beiden maßgeblichen Vertreter der Partei in London an die Auslandsorganisation der NSDAP, der Kirchenstreit müsse unbedingt so bald wie möglich beigelegt werden. Während der »... Engländer« bereit sei, »»in der Judenfrage sogar halben Weges«« mitzugehen,[5] wirke der Kirchenkampf »in höchstem Maße abstossend«[6] und tue dem Bild der Einigkeit und »... dem Ansehen unseres Führers schweren Abbruch ...«.[7]

Mitte Juni 1934 faßte der stellvertretende Leiter der Kulturabteilung, der vortragende Legationsrat Dr. Conrad Roediger, die bis dahin eingetroffenen Meldungen und Berichte in einer ausführlichen Aufzeichnung zusammen, die an Deutlichkeit nicht zu übertreffen war und die zu einem Schlüsseldokument für die folgende Entwicklung wurde. »Die Verhältnisse in der evangelischen Kirche im Reich«, so stellte Roediger darin fest, »haben sich im Laufe der letzten Monate in einer Weise entwickelt, daß die Gefahr einer ernstlichen Beeinträchtigung der politischen und wirtschaftlichen Beziehungen des Reichs zum Ausland heraufbeschworen wird... Die Ablehnung...« sei inzwischen »eine so allgemeine« geworden, »daß man heute von einer geschlossenen geistigen Front des Weltprotestantismus gegen die Reichskirchenregierung sprechen...« könne. Dies gelte insbesondere für die Vereinigten Staaten, wo dadurch »... eine bisher bestehende große Lücke in der antideutschen Front nunmehr geschlossen worden...« sei.[8] Der Bericht ging dann im einzelnen auf die Tätigkeit von Bischof Bell ein, wies auf einen Beschluß der beiden Kammern der Synode von Canterbury zugunsten der Barmer Erklärung hin und kündigte an, daß »... der Bundesrat der Kirchen Christi in den Vereinigten Staaten von Amerika...« beabsichtige, »die Bekenntnissynode als einzige rechtmäßige evangelische Kirche im Reich anzuerkennen«.[9] Es war offensichtlich auf Hitler selbst gezielt, wenn es am Schluß hieß, die »... drohenden Gefahren...« könnten »nicht durch weitere Gespräche deutscher und ausländischer Kirchenführer, sondern nur durch ein entschlossenes Handeln im Reich selbst gebannt werden«. Es sei »... dringend geboten, daß die Reichsregierung der weiteren Entwicklung der Dinge in der evangelischen Kirche in erhöhtem Maße ihre Aufmerksamkeit...« schenke, »um gegebenenfalls eine weitere Vertiefung der bestehenden Gegensätze durch geeignete Maßnahmen zu verhindern«.[10]

Diese Aufzeichnung erschien Neurath so wichtig, daß er sie noch am selben Tag persönlich an den Reichsinnenminister sowie in Abschriften an den Reichskanzler und den Reichspräsidenten gelangen ließ. Am 21. Juni drückte Lammers seinen berühmten Stempel auf das Dokument: »Der Herr Reichskanzler hat Kenntnis«;[11] wenige Tage später vermerkte Meißner: »Nach Vortrag zu den Akten.«[12]

Allein die Tatsache, daß Hitler trotz dieser unüberhörbaren Warnung des Auswärtigen Amtes seinen kirchlichen Beauftragten von Pfeffer sowie August Jäger und den Reichsbischof weiterhin gewähren ließ, zeigte, daß er entschlossen war, am Plan der Gleichschaltung festzuhalten. Zugleich freilich wird man davon ausgehen dürfen, daß er trotz seines tiefen Mißtrauens gegen das Auswärtige Amt vielleicht zum ersten Mal die Probleme begriff, die in der Politik der gewaltsamen Gleichschaltung lagen. Gelang es Pfeffer und

Jäger, die Geschichte schnell und mit möglichst wenig Aufsehen zum Abschluß zu bringen, so durften sie seiner Unterstützung sicher sein. Wuchs die Angelegenheit sich jedoch zu einem öffentlichen Skandal aus, so konnte sich Hitler eines Tages gezwungen sehen, die ohnehin wenig geliebten Kirchenpläne den wichtigeren außenpolitischen Interessen des Reiches zu opfern. Genau das geschah dann Ende Oktober. Pfeffer und Jäger, die beiden Hauptverantwortlichen, die vom Auswärtigen Amt laufend informiert wurden,[13] traten also tatsächlich in eine Art Wettlauf mit der Zeit und mit den Umständen ein. Und beide hatten bis zu ihrem überraschenden Sturz offensichtlich nicht den geringsten Zweifel, daß sie diesen Wettlauf gewinnen würden.

War die Führung der Reichskirche durch diese Entwicklungen bereits gewarnt, so verstärkten die Ereignisse des 30. Juni offenbar noch ihre Entschlossenheit, die Dinge nun zu einem schnellen Ende zu bringen. Voraussetzung dafür war der Zusammentritt des schon im Mai angekündigten Verfassungsausschusses,[14] der die Grundlagen für die neue, gleichgeschaltete Reichskirche erarbeiten und zugleich die Tagung der Nationalsynode vorbereiten sollte, die der Rechtswalter sich als krönenden Höhepunkt und vorläufigen Abschluß der Eingliederungen gedacht hatte.

Zum Unglück August Jägers mißlang im Vorfeld dieses Verfassungsausschusses der Versuch, die schwankenden Lutheraner der Mitte doch noch für eine Mitarbeit zu gewinnen. Nicht zuletzt wohl dank der intensiven Bemühungen Meisers und Wurms sagten die umworbenen Erlanger Theologen Althaus und Elert ebenso ab wie Gogarten und Fezer, obwohl das Reichserziehungsministerium die Einladungen ausdrücklich unterstützte.[15] Aber selbst das erklärte Interesse des Staates genügte jetzt nicht mehr, um die Bestrebungen der Reichskirchenregierung vertrauenswürdig zu machen.[16]

Um so wichtiger war es für Rechtswalter und Reichsbischof, daß sie sich wenigstens noch auf zwei prominente Männer stützen konnten: Emanuel Hirsch, unverändert von der Sendung der Deutschen Christen überzeugt, übernahm die theologische Führung des Unternehmens, während Johannes Heckel, der nach wie vor als Kronjurist des Reichsbischofs fungierte, in einem Rechtsgutachten dem Handeln der Reichskirchenregierung die rechtliche Unbedenklichkeit bescheinigte. Obwohl Heckel selbst dem Verfassungsausschuß nicht angehörte, spielte seine Äußerung eine große Rolle. Jäger konnte sich angesichts der heftig umstrittenen Rechtslage und sich häufender Gerichtsurteile gegen die Reichskirchenregierung nichts Besseres wünschen als dieses Gutachten, in dem einer der vorzüglichsten Kenner der Reichskirchenverfassung wörtlich erklärte: »Die Verwandlung der landeskirchlich gegliederten Reichskirche in eine Einheitskirche ist in Artikel 12 der Verfassung der Reichskirche als möglich angedeutet. Ein solcher Akt verläßt also die Legitimitätsbasis der reichskirchlichen Verfassung nicht, sondern bleibt auf ihrem Boden.«[17] Es war ein Zeichen für die hemmungslose Politisierung des Rechts, die gerade unter den deutschen Staatsrechtslehrern Mode geworden war, wenn Heckel hier gegen den klaren Wortlaut des Artikels 2, der die Selbständigkeit der Landeskirchen festhielt, aus den Verfahrensvorschriften des Artikels 12 das genaue Gegenteil des Verfassungswillens für Recht erklärte. Der Schaden, den dieses Gutachten anrichtete, war kaum zu ermessen, denn es gab der bei den reichskirchlichen Theologen und Juristen ohnehin ausgeprägten Bereitschaft, das Recht bedenkenlos dem vorwärtsdrängenden Neuen anzupassen, den Schein der Legitimität und ermutigte damit gerade auch die Anhänger des reichskirchlichen Kurses bei ihrem weiteren Vorgehen.

Die Tagung des Verfassungsausschusses war dafür ein eindrucksvolles Beispiel. Als er am 6. und 7. Juli im geschichtsträchtigen Augustinerkloster in Erfurt zusammentraf, war man weitgehend unter sich. Neben Emanuel Hirsch und den Referenten der Reichskirchenregierung waren es vor allem die schneidigen jungen deutschchristlichen Landeskirchenführer und ihre Juristen, die den Ton angaben. Schon die Eröffnungsansprache des geistlichen Ministers Fritz Engelke, des naiv-enthusiastischen Lutheraners aus dem Rauhen Haus,[18] zeigte, wohin der Weg führte. Mit allzu kühnem Schwung trug es Engelke von Luthers Rechtfertigungslehre über seine Befreiung der Kirche zur Weltlichkeit direkt zu der Behauptung: »Wie können Menschen, die von Luthers Geist auch nur einen Hauch verspürt haben, in solchen Zeiten wie in unseren Zeiten, bei einer so ungeheuren alles umstürzenden Bewegung wie in unserem Volke, ihre Mitarbeit abhängig machen von der Erledigung formaljuristischer Bedenken, von der Wiederherstellung sogenannter Verfassungsmäßigkeit.«[19] Hier verband sich die von Enthusiasten und Doktrinären zu allen Zeiten gepredigte Verachtung des positiven Rechts offensichtlich mit jener lutherischen Tradition, die jahrhundertelang kirchliches Recht nur als Recht der Obrigkeit gekannt hatte. Nicht zuletzt deshalb hatte wenige Wochen zuvor die Barmer Synode neben Glauben, Gehorsam und Botschaft auch die Ordnung der Kirche zum Teil ihres Zeugnisses erklärt. Dem hielt Engelke nun entgegen – und im Rückblick entlarvt der Satz auf geradezu peinliche Weise das falsche lutherische Pathos der Zeit –: »*Unsere Kirche wird Kirche sein ohne die Gesetze der Verfassung allein durch Glauben.*«[20] Daß es gar nicht darum ging, Kirche auf »Verfassungsgesetze« zu bauen, sondern allein darum, Rechtsbruch und Gewalttat abzuwehren, kam Engelke offenbar nicht in den Sinn.

Diesen theologischen Enthusiasmus übertraf August Jäger am Nachmittag noch mit seinen politischen Beschuldigungen. Offenbar hatten ihn die Absagen doch getroffen. Denn im Blick auf die gerade erst wenige Tage zurückliegende Röhm-Krise erklärte er, in »... dieser entscheidenden staatlichen Stunde ...« gelte »es vor allem für die, welche heute hier *nicht* anwesend sind, sich zu fragen, ob sie nicht *mitschuldig sind an den Ereignissen, die in jüngster Zeit unser Volk erschütterten*«. Mitschuldig an diesen Ereignissen nämlich, so behauptete Jäger, seien »... alle jene, die in heimlichem Widerstreben sich mit den Lippen zu dem Wollen der vorwärtsdrängenden Entwicklung bekannten, praktisch aber nicht mittaten«.[21] Offenbar hatte sich der Rechtswalter nicht überlegt, daß er damit gerade auch die staatstreuen Lutheraner in die Nähe von Hoch- und Landesverrätern rückte. So war er wenig später zu einem Dementi seiner Aussage gezwungen, das die Betroffenen freilich nicht zu überzeugen vermochte.[22] Immerhin machte der ausdrückliche Hinweis auf das blutige Geschehen deutlich, in welchem Spannungsfeld dieser sogenannte Verfassungsausschuß tagte.

Nachdem Jäger die drei Hauptaufgabengebiete des Ausschusses – die Gemeindeverfassung, die Provinzialverfassung und die Regelung des Verhältnisses der Landeskirchen zur Reichskirche – genannt und mit dem unvermeidlichen »... dreifachen Sieg – Heil! auf den Führer« geschlossen hatte, hielt Emanuel Hirsch das Eröffnungsreferat.[23] Hier sprach nun freilich kein Ahnungsloser und auch kein machtbesessener Funktionär, wohl aber der Vertreter jener politischen Theologie, die den Einbruch der Deutschen Christen in die evangelische Kirche vorbereitet und ermöglicht hatte.[24]

Wie im Lehrbuch entfaltete Hirsch den Unterschied zwischen der presbyterialen Kirchenordnung des Westens, die in der »Kirche unter dem Kreuz« entstanden und später »*das Lieblingskind der liberalistischen Theologie*« geworden sei, und der lutherischen Ordnung, die sich stets dem Staat angepaßt habe. Dies gab Jäger Anlaß zu der Bemerkung, »*daß die Kirchen unserer Zeit mehr denn je ... die tätige Hilfe des Staates hätten genießen können, wenn sie diese helfende Hand nicht ausgeschlagen hätten*«.[25] In der folgenden Diskussion verkündete der nassau-hessische Landesbischof Dietrich dann die vier Grundprinzipien, die bei dem neuen Verfassungswerk beachtet werden müßten, weil sie dem Nationalsozialismus als dem Lebensgesetz des Volkes entsprächen, nämlich: »*die Einheit, das Führerprinzip, die Dynamik und die Anerkennung der staatlichen Gesetzgebung* auch für den kirchlichen Raum« zu deutsch also den Arierparagraphen.[26] Auch die weitere »Eindeutschung« des Christentums etwa - eine alte Forderung der Deutschen Christen - kam in diesem Zusammenhang erneut ins Spiel. Es war der reichskirchliche Oberkirchenrat Birnbaum, der dazu bemerkte, die »... Überfremdung, auch die ideenmäßige Überfremdung, müsse vor allem in den Universitäten aufhören«; Luther habe »... eine wirklich deutsche evangelische Theologie ...« geschaffen.[27]

So schwer erträglich vieles in diesen Diskussionen im Rückblick anmutet, so war doch die Absicht unverkennbar, nicht durch bloßes Dekret, sondern durch gemeinsame Willensbildung den zukünftigen Weg einer deutschchristlichen Kirche im Dritten Reich zu klären. Es war das erste und einzige Mal, daß die um Ludwig Müller und August Jäger versammelten Theologen und Juristen tatsächlich den ernsthaften Versuch machten, die Grundlagen ihres Handelns und Entscheidens historisch und theologisch zu begründen. Daher wurden am Ende des zweiten Tages, ganz entgegen den bisherigen Gepflogenheiten, drei Unterausschüsse eingesetzt, die die Weiterarbeit auf den Gebieten »Bekenntnis und Kirche«, »Gemeindeaufbau« und »Verhältnis der Landeskirchen zu der Reichskirche« übernehmen sollten.[28]

Aber noch ehe sich die Arbeit dieser Unterausschüsse auswirken konnte, hatte August Jäger erneut Tatsachen geschaffen, die die ersehnte Legitimierung des reichskirchlichen Handelns durch die Nationalsynode von vornherein und grundsätzlich zum Scheitern verurteilen mußten. Am Morgen des 7. Juli, vor Eintritt in die Verhandlungen des Verfassungsausschusses, verabschiedete das Geistliche Ministerium ein »Kirchengesetz über die Bestellung der Mitglieder der Nationalsynode«,[29] das es erlaubte, alle inzwischen mißliebig gewordenen Mitglieder auszuschließen und durch neue, linientreue Männer zu ersetzen. Zwar stand in der Verfassung klar und deutlich: »Das Amt der Mitglieder dauert sechs Jahre.«[30] Aber das hinderte Heckel nicht, in seinem Gutachten zu behaupten, mit dem Verlust der Mitgliedschaft in landeskirchlichen Gremien ende »... eo ipso auch die Mitgliedschaft in der Nationalsynode« und gegen »... ein aufsichtliches Eingreifen der Reichskirchenleitung ...« bei der Bestellung sei nichts einzuwenden, solange die entsprechenden »... Vorschriften nicht die Verfassung der Reichskirche ...« änderten.[31] Und eine solche Änderung sah Heckel offenbar in der Gleichschaltung der Nationalsynode nicht.

Zweifellos war der Rechtswalter überzeugt, mit diesem Vorgehen ganz auf der staatlichen Linie zu liegen. In dieser Überzeugung konnte ihn das »Gesetz zur Änderung des Reichswahlgesetzes« bestärken, das die Regierung am 3. Juli fast unbemerkt verabschiedet hatte und das der Säuberung des Reichstags von wirklichen oder vermeintlichen Röhm-Anhängern dienen sollte. Darin wurde der Ausschluß von Mandatsträgern aus der Reichstagsfraktion und ihr Ersatz durch einen Beschluß des Fraktionsführers geregelt.[32] Ganz entsprechend forderte das neue Kirchengesetz nicht nur das rückhaltlose Eintreten aller Mitglieder der Nationalsynode für die Deutsche Evangelische Kirche und den nationalsozialistischen Staat, sondern sprach der Reichskirchenregierung auch das Recht zu, jederzeit darüber zu befinden, ob diese Voraussetzungen noch vorlagen, und gegebenenfalls eine Mitgliedschaft ohne weiteres zu beenden. Damit war – ebenso wie der Reichstag – auch die Nationalsynode ihres verfassungsmäßigen Sinnes beraubt und unwiderruflich zerstört.

Allein was man im Staat inzwischen hinnahm, stieß in der Kirche auf schärfsten Protest. Die Parallelität der Ereignisse sorgte aber dafür, daß dieser Protest, obwohl kirchlich gemeint, auch politisch verstanden wurde.

An der Spitze des kirchlichen Protestes stand wieder einmal der großartige Wilhelm Flor.[33] Mochten anderen Juristen die einfachsten positiven Rechtsbegriffe gänzlich abhanden gekommen sein, der Reichsgerichtsrat erinnerte in seinem Gutachten unbeirrt und ebenso freimütig wie entschieden an das, was in Staat und Kirche bisher als Recht gegolten hatte: Es stelle »... für das evangelische Kirchenrecht überhaupt eine völlig neue Einrichtung ...« dar, »wenn jetzt einer Kirchenregierung das Recht gegeben werden sollte zu bestimmen, dass irgendwelche Synodale, die ihr lästig sind, zu entlassen seien«. Der entsprechende Paragraph des neuen Gesetzes widerspreche »... in seinem ganzen Umfang der Verfassung«.[34] Keiner Kirchenregierung stehe eine Disziplinarbefugnis über die Synode zu; vielmehr »... wäre es umgekehrt nach evangelischer Auffassung möglich«, daß die Nationalsynode den Reichsbischof und das Geistliche Ministerium »... wegen ... Missachtung der Reichskirchenverfassung vor ein Dienstgericht ...« stelle.[35]

Zusammenfassend nannte Flor das neue Kirchengesetz »... eine Verfassungsverletzung schwerster Art«, die »... nicht nur gegen die Reichskirchenverfassung, gegen den Sinn jeder Synodalverfassung überhaupt, sondern auch gegen jedes Rechtsgefühl und gegen die Pflicht der Wahrhaftigkeit« verstoße. »Das ...« sei, meinte er, »ein hartes Urteil. Aber jetzt, wo die Kirche in schwerer Gefahr steht, vergewaltigt zu werden, muß schonungslos die Wahrheit gesagt werden. Wer die Gefahr sieht und bringt den Mut zu einer vollen Offenheit nicht auf, der versündigt sich an der Kirche.«[36]

Ende Juli ging dieses Gutachten offiziell an den Reichskanzler, an das Reichsinnenministerium und das Reichsjustizministerium. Der Bruderrat der Bekenntnissynode, hieß es in dem Begleitschreiben, »schließt sich nach eingehender Beratung dieser Auffassung an und legt ausdrücklich Rechtsverwahrung gegen das Gesetz und alle sich daraus ergebenden Folgen ein«.[37]

Auch das konnte August Jäger nicht hindern, im Gegenteil. Das Gesetz war noch kaum veröffentlicht, da fertigte die Kirchenkanzlei in Berlin bereits – »Sofort! Auf Anweisung des Herrn Rechtswalters!« – nicht weniger als 23 Entlassungsschreiben aus.[38] Am Ende waren zwölf ordentliche und sechzehn stellvertretende Mitglieder – ein Fünftel der Synode – ausgewechselt worden.[39] Die Entlassungen betrafen nicht nur die kirchliche Opposition, wie Präses Koch, Pfarrer Riethmüller und Walter Künneth, sondern weit mehr noch ehemalige Deutsche Christen, die inzwischen aus den verschiedensten Gründen nicht mehr genehm waren. So sahen sich die Professoren Fezer und Schumann, die Ludwig Müller einst mit auf den Schild gehoben hatten, ebenso verabschiedet wie die alten Kämpfer Hossenfelder und Dr. Werner, Oberheid und der Sportpalast-Krause. Dabei kam es zum Teil zu grotesken Erklärungen. Hossenfelder etwa legte Einspruch ein, um »freiwillig« ausscheiden zu können;[40] Krause hingegen warf sein Mandat einer Kirche vor die Füße, »deren Substanz«, wie er behauptete, »nach dem erklärten Willen ihres höchsten Amtsträgers die Heilige Schrift des Judenvolkes ist«.[41] Schlimm in einem anderen Sinne war auch der Einspruch des Religonspädagogen Helmuth Kittel. Er beschwerte sich nicht etwa über die Unrechtmäßigkeit des Ganzen, sondern glaubte lediglich auf eine falsche Personalentscheidung hinweisen zu müssen, da er seine Teilnahme an der Nationalsynode für unentbehrlich hielt. Es war ein bedruckendes Beispiel für die würdelose und kritiklose Jasagerei, die auch unter den Intellektuellen jetzt als Zeichen besonderer Zuverlässigkeit galt, wenn Kittel am Ende schrieb: »Sollte der Herr Reichsbischof aus Gründen, die ich nicht übersehen kann, die aber selbstverständlich wichtiger sein können als die oben von mir entwickelten Gegengründe, mein Ausscheiden aus der Nationalsynode wünschen, so will ich diesen[m] Wunsch sofort Folge leisten und weiterhin die Arbeit der Reichskirchenregierung, mit der ich im inneren Einklang stehe, mit allen Kräften unterstützen.«[42]

Während August Jäger so innerkirchlich alle Vorbereitungen zur endgültigen Gleichschaltung der Reichskirche traf, wurde hinter den Kulissen unablässig der politische Kampf um Macht und Einfluß fortgesetzt. Als Schlüsselfigur agierte der kirchenpolitische Beauftragte Hitlers, Hauptmann von Pfeffer.[43] Ziel war die Verwirklichung des im Frühjahr entwickelten Planes, Jäger ins Reichsministerium des Innern zu übernehmen. Mit der Verbindung von Staatsamt, Parteiamt und Kirchenamt in einer Person sollte endlich jenes Modell einer Staatskirche geschaffen werden, das nach Ordnung und Inhalt dem neuen Staat vollständig angepaßt sein würde.

Diesmal ergriff Dr. Kinder, der Reichsleiter der Deutschen Christen, die Initiative. Während sich Buttmann in Mittenwald im Urlaub befand und sich von den anstrengenden Verhandlungen mit den katholischen Bischöfen erholte, richtete Kinder ein persönliches Schreiben an den Reichsinnenminister, das an Hinterhältigkeit schwerlich zu übertreffen war. Darin beschuldigte er nämlich Buttmann, ganz allein für die Fortdauer des Kirchenstreites verantwortlich zu sein. »Wir hätten am heutigen Tage«, so behauptete Kinder mit Blick auf die Erfurter Tagung, »dem Führer melden können, daß der Kirchenkonflikt ... beseitigt sei. Wir können es nicht, weil ... unsere Gegner sich berufen auf Verhandlungen und Vereinbarungen, die sie mit den Sachbearbeitern im Reichsinnenministerium getroffen haben.« Die »... Parteigenossen ...« seien »auf das stärkste beunruhigt«, weil das Innenministerium auf der Seite der kirchlichen Opposition stehe.[44] Deshalb solle der Reichsinnenminister das Entscheidende tun und dem »... Rechtswalter der Deutschen Evangelischen Kirche dieses Aufgabengebiet ausschließlich übertragen ...«.[45] Offenbar waren sich die Kreise um August Jäger ihrer Sache so sicher, daß Bischof Wurm Mitte Juli in Stuttgart auf der Reichsstatthalterei hören konnte, die Ablösung Buttmanns sei bereits beschlossen.[46]

Aber noch war die Stellung Buttmanns, der einst zusammen mit Frick bei der »Wiederaufrichtung« der Partei im Münchner Bürgerbräu mitgewirkt hatte,[47] zu stark, als daß ihn ein solcher Angriff zu Fall gebracht hätte.

Als er am 13. Juli kurz nach Berlin zurückkehrte, um der Reichstagssitzung beizuwohnen, in der Hitler seinen blutigen Rechenschaftsbericht über die Röhm-Krise vortrug, fand er Kinders Schreiben mit entsprechenden Randnotizen seines Ministers auf dem Schreibtisch.[48] Kurz darauf ließ er Kinder wissen, was er von diesen Angriffen hielt: »Ist es wirklich möglich«, so fragte er empört, »daß Sie die Schuld für den Kirchenkonflikt nicht in den unglaublichen Ungeschicklichkeiten und plumpen Fehlern der kirchlichen Stellen, sondern bei den Sachbearbeitern des Reichsinnenministeriums sehen?«[49] Schuld sei vor allem der Rechtswalter, der jede einheitliche Politik verhindere. Ausgerechnet diesen Mann jetzt für das Reichsressort vorzuschlagen, das hieße, schrieb Buttmann, »... zu dem Schaden auch noch den Hohn hinzufügen«.[50]

Gleichwohl waren auch Buttmanns Möglichkeiten im Ministerium längst beschränkt. So hatte man hier, offensichtlich in Sorge um die unkontrollierbaren Folgen des Kirchenstreites, inzwischen ohne sein Wissen erneut zum Mittel des Verbotes gegriffen. Am 9. Juli erschien überraschend ein Runderlaß, der aus »... Gründen der öffentlichen Sicherheit, Ordnung und Ruhe ...« bis auf weiteres *ausnahmslos* alle den evangelischen Kirchenstreit betreffenden Auseinandersetzungen in öffentlichen Versammlungen, in der Presse, in Flugblättern und Flugschriften verbot und lediglich amtliche »Kundgebungen des Reichsbischofs« davon ausnahm.[51]

Vermutlich war man im Innenministerium zunächst entschlossen, den Erlaß tatsächlich auf alle am Streit Beteiligten anzuwenden. Aber es zeigte sich, daß Müller und Jäger doch über die besseren Verbindungen verfügten. Und so wirkte sich das Verbot in den kommenden Wochen ganz einseitig gegen die Bekennende Kirche aus.

Inzwischen nämlich war es Müller und Jäger mit Hilfe Pfeffers gelungen, einen entscheidenden politischen Vorsprung zu erreichen. Am 14. Juli meldete der »Völkische Beobachter« auf der ersten Seite, anläßlich »... der Eingliederung der ersten süddeutschen Landeskirche in die evangelische Reichskirche« werde der Reichskanzler den Reichsbischof und den Rechtswalter empfangen. »Der Reichskanzler ...«, so hieß es in der Meldung, verfolge »mit Interesse das stetige Vorwärtsschreiten des großen evangelischen Einigungswerkes und der damit verbundenen Befriedung des kirchlichen Lebens«.[52]

Diese Meldung löste bei der kirchlichen Opposition begreiflicherweise Entsetzen aus. Was wurde Hitler hier vorgespielt? Denn von einer Befriedung konnte ja weniger denn je die Rede sein. Die Eingliederung der hilflosen badischen Landeskirche, um die es in der Meldung ging, hatte Jäger am 13. und 14. Juli auf bewährte Weise nach der Auflösung der Landessynode durch die Berufung einer neuen, gleichgeschalteten Synode inszeniert, und der schwache Landesbischof Kühlewein hatte schließlich nachgegeben.[53] Und kurz zuvor erst hatte der Rechtswalter unter Berufung auf die Röhm-Krise, die »... entschlossenes Handeln zum Wohle von Volk und Kirche« fordere, in Kassel einen reichskirchlichen Bevollmächtigten eingesetzt und die rechtmäßige Kasseler Kirchenleitung mit Polizeigewalt aus dem Amt gejagt.[54]

Dies alles stellte Präses Koch jetzt als Sprecher der, wie er schrieb, »... weitaus überwiegenden, ja erdrückenden Mehrzahl aller Evangelischen in Deutschland« Hitler in einem dringlichen Schreiben vor Augen.[55] Dabei bewog ihn die gleiche Hoffnung, die einst Luther bewogen hatte, als er »... a Papa non bene informato ... ad ... Papam ... melius informan dum ...« appellierte,[56] nämlich daß Hitler lediglich falsch informiert sei. Der Reichskanzler möge, so bat er deshalb, nicht nur Müller und Jäger hören, sondern auch Bodelschwingh zu einer Berichterstattung über die wirkliche Lage der evangelischen Kirche empfangen.[57]

Kochs Eingabe blieb, wie so viele andere, zunächst ohne sichtbare Wirkung. Statt dessen wurden Reichsbischof und Rechtswalter, wie angekündigt, am 18. Juli, mittags 12.30 Uhr, in der Reichskanzlei empfangen.[58] Wir besitzen über den Verlauf dieses wichtigen Gesprächs keinerlei zeitgenössische Aufzeichnungen. Vermutlich stellten Müller und Jäger dem Reichskanzler den erfolgreichen Verlauf der Eingliederungsaktion dar und trugen dabei auch ihre Beschwerden über das Reichsinnenministerium vor. Wenn Kinders Erinnerungen nicht trügen, so wurde auch über einen geplanten Staatsakt gesprochen, der mit einer Vereidigung der deutschchristlichen Bischöfe in Anwesenheit Hitlers den Umbau zur Staatskirche krönen und abschließen sollte.[59] Möglicherweise war es doch dem Einspruch Kochs zu danken, daß dieser Staatsakt zunächst unterblieb. Gleichwohl durften die Besucher Hitler mit der Überzeugung verlassen, daß er ihre Pläne billigte und unterstützte. Und dies war das einzige, was nach dem blutigen 30. Juni im Dritten Reich noch zu zählen schien.

Die amtliche Verlautbarung über den Empfang jedenfalls konnte von der Opposition nur als ein voller Erfolg der Reichskirchenregierung gedeutet werden. »Der Reichsbischof ...«, so hieß es darin, habe dem Reichskanzler über »das stetige Vorwärts-Schreiten des grossen Evangelischen Einigungswerkes« berichtet, das »gerade von den breiten Massen des Kirchenvolkes getragen« werde.[60] Lediglich bei drei Kirchen (gemeint waren Bayern, Württemberg und reformiert Hannover) seien die Schwierigkeiten noch nicht überwunden. Der Reichskanzler, so schloß die Verlautbarung, habe »... seine Befriedigung mit dem Fortschritt des Einigungswerkes ...« erklärt, »zumal hiermit die zunehmende Befriedung des kirchlichen Lebens marschiere«.[61]

Die Erklärung war zweifellos ein Erfolg Jägers, enthielt aber zugleich, was der Rechtswalter wohl kaum begriff, ein hohes Risiko. Denn wer Hitler gegenüber dergestalt für die Befriedung bürgte, mußte die Befriedung so oder so auch herbeiführen, wenn er nicht darüber fallen sollte.

Die Folgen dieser Verlautbarung zeigten sich alsbald. Offenbar in der Absicht, den Erlaß vom 9. Juli tatsächlich unparteiisch anzuwenden, versuchte wenige Tage später der noch ahnungslose Regierungsrat Schucht vom Reichsinnenministerium, ein Veröffentlichungsverbot jener Ansprache durchzusetzen, mit der der geistliche Minister Engelke den Verfassungsausschuß in Erfurt eröffnet hatte. Nun aber zeigte sich, was die Reichskirchenregierung vermochte. Wütend beschwerte sich Jäger bei Heß; gleichzeitig telegraphierte der Reichsbischof an Hitler nach Bayreuth: Mein »... freies amtliches Wirken wird durch verbietendes Eingreifen des Reichsinnenministers gehindert ... Erbitte Ihr Eingreifen, da wie schon mündlich geschildert, solche Verhältnisse untragbar.«[62] Die Reaktionen zeigten, bis zu welchem Grade Müller und Jäger jetzt Unterstützung fanden. Während Heß umgehend eine Zurücknahme des Erlasses verlangte, ließ Hitler durch Lammers dem Innenministerium mitteilen, »daß *auf Befehl des Führers* das Verbot sofort aufzuheben ...« sei.[63] Auf diese doppelte Anweisung hin blieb dem Reichsinnenministerium nur noch der schnelle Rückzug. Das Verbot wurde umgehend zurückgenommen, und der Staatssekretär ordnete an, daß sich das Ministerium »... von jetzt ab ... aus dem Kirchenstreit noch mehr als bisher ...« herauszuhalten habe.[64]

Während die Reichskirchenregierung also triumphieren konnte, war die Bekennende Kirche durch dasselbe Verbot zum Schweigen verurteilt. Präses Koch wußte keinen anderen Rat mehr, als sich noch einmal mit einem verzweifelten Schreiben unmittelbar an den Reichspräsidenten zu wenden und ihn zu bitten, »... dem unerträglichen Zustand in der evangelischen Kirche ...« mit seinem »Machtwort ein Ende« zu bereiten.[65] Und dieser Zustand ließ sich kaum eindrucksvoller illustrieren als durch den Vermerk, den Koch dem Schreiben anfügen mußte: »Die in dem vorstehenden Brief an den Herrn Reichspräsidenten erwähnte Anlage konnte leider nicht mitgesendet werden, da der bereits fertiggestellte Entwurf für dieses Schriftstück heute morgen von der Geheimen Staatspolizei Berlin ... beschlagnahmt worden ist.«[66]

Aber die Adresse, von der sich Koch so dringend Hilfe erhoffte, existierte gewissermaßen schon nicht mehr. Am 31. Juli veröffentlichten die Ärzte das erste Bulletin über den bedenklichen Gesundheitszustand des Reichs präsidenten. Drei Tage später war Hindenburg tot.

Überall griff nun die Geheime Staatspolizei zu; aus München machte der Inhaber des Christian Kaiser Verlages, Albert Lempp, am 27. Juli Karl Barth

»die sehr schmerzliche Mitteilung«, daß neben anderen Veröffentlichungen sämtliche bisher erschienene Hefte der »Theologischen Existenz heute« beschlagnahmt worden seien. Alle neuen »... Manuskripte ...« müßten künftig »der Politischen Polizei ...« vorgelegt werden.[67]

Der Schlag saß besser, als die Politische Polizei ahnen konnte, denn Karl Barth trug sich in diesen Tagen mit dem Plan, in der mittlerweile berühmt gewordenen Schriftenreihe einen Kommentar zur Barmer Erklärung zu veröffentlichen. Nun brach er die Arbeit ab, »denn ich nehme an«, so schrieb er Lempp am 29. Juli, »daß das Spiel damit aus ist. Ich will mir die Sache noch durch den Kopf gehen lassen, aber vorläufig erscheint mir der Gedanke, daß ich meine Manuskripte vorher irgendeinem ungebildeten Menschen zur Ansicht vorlegen soll, ganz unmöglich«.[68] Unter dem Eindruck dieses und anderer Ereignisse – so hatte schon im Juni Barths Sohn Christoph wegen kritischer Bemerkungen in einem Brief Deutschland Hals über Kopf verlassen müssen[69] – verstärkte sich in Karl Barth der Eindruck, daß auch er sich nicht mehr allzulange würde halten können.[70] Von seinem Schweizer Feriendomizil aus ließ er Mitte August wissen, daß er es entschieden ablehne, sich den Mund verbieten zu lassen. Das ungewöhnlich deutliche Schreiben zeigte, wie klar er das Dilemma sah, in das er durch sein weiteres Bleiben in Deutschland unweigerlich geriet. Auf die Bitte des Verlegers, in Zukunft auf kirchenpolitische Äußerungen in der »Theologische[n] Existenz heute« zu verzichten, erwiderte er: »... wenn ich diese Unterscheidung von Theologie und Kirchenpolitik akzeptieren und mich danach richten wollte, dann würde ich das treiben, was man mir nun so oft vorgeworfen hat: Theologie ›im leeren Raume‹.« Und mit bemerkenswerter Offenheit fuhr er fort: »Viel näher hätte es mir ja gelegen, endlich auch einmal ein deutliches Wort zur Staatspolitik zu sagen. Spätere Zeiten werden es mir sicher einmal vorwerfen, daß ich das nie getan, sondern mich auf das Feld der Kirche beschränkt habe. Ich hatte meine Gründe dazu. Aber von diesem Felde kann ich mich nicht auch noch verdrängen lassen, ohne zu einem stummen Hunde zu werden.«[71]

Im September entschied sich Barth schließlich für eine Fortsetzung der Schriftenreihe und begründete dies vor seinen Lesern mit gewohnter Offenheit. Im Vorwort des Hefts – mit dem beziehungsreichen Titel »Der Christ als Zeuge« – schrieb er: »Vor die Wahl gestellt, entweder überhaupt nichts mehr zu sagen oder aber jene Beziehungen« – gemeint waren die jeweiligen kirchenpolitischen Hinweise – »vorläufig nur noch halblaut oder gar nicht mehr sichtbar zu machen, wähle ich – nicht ohne Bedauern, aber auch nicht ohne

Humor – das zweite. Die Leser werden nun das, was ich noch drucken lassen darf, mit um so größerer Aufmerksamkeit lesen«.[72]

Daß seine Tage in Deutschland nunmehr gezählt waren, lag auf der Hand. Und der Knoten für den Konflikt war auch schon geschürzt.[73]

Inzwischen geriet die Bekennende Kirche in zunehmende Bedrängnis. Die Fortsetzung der Gleichschaltungsaktion, der Empfang von Müller und Jäger, der Rückzug des Reichsinnenministers und die zahlreichen Beschlagnahmen, Verbote und Zensurmaßnahmen, all das waren unübersehbare Zeichen wachsenden Drucks. Gleichwohl war man im Bruderrat mehr denn je entschlossen, den Kampf durchzustehen.

So forderte Martin Niemöller, als man am 17. Juli wieder einmal im vertrauten Berliner Hospiz St. Michael zusammenkam, es müsse jetzt endlich das Verhältnis zur Reichskirche in dem Sinne geklärt werden, »daß wir mit dieser Reichskirche gar nichts mehr zu tun haben«. Es war ein Aufruf, Ernst zu machen, wenn der Dahlemer Pfarrer fortfuhr: »Wir müssen das Reichskirchenregiment vor der Gemeinde der bewußten Unwahrhaftigkeit zeihen. Wir müssen aus der kirchlich-bürgerlichen Haltung heraus.«[74]

In diesem Zusammenhang schlug Asmussen einen Schritt vor, der dann in den folgenden Wochen lebhaft diskutiert wurde, nämlich den förmlichen Ausschluß von Müller und Jäger aus der Abendmahlsgemeinschaft der Kirche. Die Exkommunikation, dieses letzte und äußerste Mittel auch der evangelischen Kirchenzucht, in der Reformation noch geübt, aber seit der Aufklärung in den lutherischen Kirchen völlig zurückgetreten, sollte nach Asmussens Meinung entweder vom zuständigen Gemeindekirchenrat oder von der Synode ausgesprochen werden.[75] Auch auf der folgenden Sitzung des Rates, am 25. Juli, wurde die Frage verhandelt und erneut am 28. Juli, als in Oeynhausen ein theologischer Ausschuß zur Beratung der mit der Barmer Erklärung aufgeworfenen Probleme zusammentrat.[76] Als Karl Barth vierzehn Tage später – inzwischen war die Nationalsynode zusammengetreten in einem Brief an Asmussen zu dem ganzen Fragenkreis Stellung nahm, da riet er entschieden zu: »Die Exkommunikation von M. und J. . .«, so schrieb er, scheine ihm »eine Fortsetzung des in Barmen Begonnenen, die man, immer im Blick auf das seither Geschehene, der Bekenntnisgemeinschaft zumuten kann und zumuten muß«, und fügte hinzu: »Es könnte wohl sein, daß der Gegenseite und dem Staat und [-] der katholischen Kirche erst angesichts dieses Schrittes der Ernst der Lage wirklich zum Bewußtsein kommt.«[77] Freilich äußerte auch Barth gewisse Zweifel, ob sich die Bekenntnisgemeinschaft tatsächlich einen solchen Schritt zutrauen könne. In der Tat war nicht recht zu sehen, was eine durchschnittliche Gemeinde in Ostpreußen, in Westfalen oder in Bayern, auch wenn sie zur Bekennenden Kirche hielt, mit dieser ungewöhnlichen Entscheidung anfangen sollte. So war es vielleicht doch gut, daß der Bruderrat, als er am 18. September im Blick auf die bevorstehende Amtseinführung des Reichsbischofs tatsächlich die Trennung aussprach, auf den Begriff der Exkommunikation verzichtete und statt dessen von einer Verwerfung der Irrlehrer sprach, »die über die Bekenntnisse hinweg eine deutsche ›Nationalkirche‹ mit deutschgläubigem Einschlag« anstrebten. »Weil sie das tun, haben sich der Reichsbischof Ludwig Müller und der Rechtswalter Dr. Jäger sowie alle, die ihnen hierin Gefolgschaft leisten, von der christlichen Kirche geschieden. Sie haben den Boden der christlichen Kirche verlassen und sich aller Rechte an ihr begeben. – Diese Scheidung muß die christliche Gemeinde sehen, anerkennen und vollziehen!«[78]

Ein weiteres Diskussionsthema des Bruderrats war im Juli ein Wort an die Gemeinden. Entgegen dem Wunsch Immers, der Staat und Volk angeredet wissen wollte – »Der Weg, den du gehst, ist ein Weg ins Verderben« –, verabschiedete der Bruderrat am 25. Juli ein Grußwort, das ganz auf den biblischen Ton des Leidens und der Verheißung abgestimmt war.[79] Die ganze Bedrängtheit der Lage wurde darin deutlich: »Zwar sieht unser natürliches Auge in der kirchlichen Entwicklung viel Finsternis, Bedrängnis, Leid, Unehre und Schuld der Menschen. Wir aber sagen euch wider die Vernunft aus Gottes Wort: Trotz unserer Schwachheit, bei aller Trauer über die Verwüstung der Kirche, bei aller Verunehrung des Wortes und seiner Diener ist Christus doch unter uns gegenwärtig und regiert seine Gemeinde durch sein Wort und seinen Geist.« Deshalb wurden die Gemeinden aufgefordert, zum Bruderrat das Vertrauen zu haben, »daß wir alles tun und tun werden, was in unseren Kräften steht«. Und selbst die alten, für viele fremd gewordenen Begriffe aus der Offenbarung des Johannes schienen einen neuen Sinn zu gewinnen, wenn es am Ende hieß: »Laßt uns die Zeichen der Zeit sehen! Der Erdkreis bebt von schweren Erschütterungen. Der Teufel weiß, daß er wenig Zeit hat (Offenbarung 12,12). Uns mag wohl bange sein. Aber wir brauchen nicht zu verzagen. Denn die Verheißungen des Herrn tragen uns.«[80]

Neben solchen kirchlichen Überlegungen und Entscheidungen beschäftigten den Bruderrat in diesen Wochen aber auch die Möglichkeiten für eine politische Veränderung der Situation. So wie der Rat seine Aufgabe verstand, konnte es ja nicht genügen, sich lediglich von der Reichskirchenregierung loszusagen. Vielmehr gebot die Verantwortung für die ganze Kirche, nach Wegen zu suchen, die Kirchenleitung wieder in rechtmäßige Hände zu legen. Voraussetzung dafür war in jedem Fall der Rücktritt oder die Abberufung des Reichsbischofs und des Rechtswalters. Dies konnte aber nach Lage der Dinge nur mit Hilfe oder wenigstens Billigung Hitlers erreicht werden. In diesem Zusammenhang tauchte überraschend ein neuer Name auf: Carl Goerdeler.[81]

Der Leipziger Oberbürgermeister, später einer der wichtigsten Männer des deutschen Widerstandes, war zu jener Zeit noch als bedeutender Kommunalpolitiker und anerkannter Wirtschaftsexperte ein hochgeschätzter Gesprächspartner des Reichskanzlers. Es scheint, als habe Goerdeler damals mit Flor und Fiedler einen Plan ausgearbeitet, bei Hitler den Rücktritt von Müller und Jäger zu erwirken und an ihre Stelle eine neue, vorläufige Kirchenleitung zu setzen.[82] Die Pläne waren immerhin schon so weit gediehen, daß der Bruderrat am 25. Juli ausführlich über die »Bildung einer Übergangskirchenregierung« beriet und seine beiden Juristen beauftragte, »entsprechende[n] Beschlüsse« vorzubereiten.[83] Der Grundgedanke des am 8. August – dem Tag vor der Nationalsynode – erarbeiteten Vorschlags sah die Bestellung eines zwanzigköpfigen Kirchensenates vor, der für eine Übergangszeit die Rechte der Nationalsynode wahrzunehmen hatte. Dieser Kirchensenat sollte ein vorläufiges Geistliches Ministerium berufen, das – mit weitgehenden Vollmachten zur Wiederherstellung des alten Rechtes ausgestattet – nach achtzehn Monaten durch kirchliche Neuwahlen die Rechtskontinuität erneuern sollte, »es sei denn«, wie es vorsichtshalber hieß, »daß staatspolitische Gründe einer kirchlichen Neuwahl entgegenstehen«.[84] Auf der Mitgliederliste für den Übergangssenat waren neben den bekannten Vertretern der Bekenntnisgemeinschaft auch prominente Regierungsvertreter aufgeführt, so der Reichsfinanzminister Schwerin-Krosigk, der Reichsarbeitsminister Franz Seldte und der ostpreußische Oberpräsident und Gauleiter Erich Koch.[85] Diese gewiß problematische Mischung zeigte doch nur einmal mehr das Dilemma der Bekennenden Kirche, das auch ihre entschiedensten Vertreter nicht aufzulösen vermochten, nämlich daß man des Staates bedurfte, um sich vom Staat zu befreien. Und so lagen denn auch die Versuche einer Neuordnung, die nach dem Sturz von Müller und Jäger im Spätherbst unternommen wurden, ganz auf dieser Linie.

Unterdessen betrieb August Jäger, unbeeindruckt von allen rechtlichen, kirchlichen und politischen Gegenvorstellungen, weiterhin mit großem Eifer den Zusammentritt der Nationalsynode und den Abschluß der Eingliederungen. Nachdem die vorbereitenden Unterausschüsse getagt hatten,[86] berief er am 27. Juli den Verfassungsausschuß zu seiner zweiten Sitzung nach Erfurt ein. Wiederum fehlten die Vertreter der süddeutschen Landeskirchen und die lutherischen Professoren. Dafür verstärkten diesmal der Berliner Kirchenhistoriker Erich Seeberg, ein eher schwieriger Charakter, sowie Wilhelm Stapel, der Herausgeber des »Deutsches[n] Volkstum[s]«, die Versammlung.[87]

Selbstverständlich unterließ August Jäger nicht, in seiner Eröffnungsansprache auf den Empfang beim Führer hinzuweisen, der »gerade auch in diesem Zusammenhang von besonderer Bedeutung« sei, weil der Führer dabei »seiner Befriedigung« über den Gang der Dinge Ausdruck gegeben habe.[88] Im übrigen waren die Bemühungen des Ausschusses unverkennbar, sich den Schein theologischer Ernsthaftigkeit zu geben. In zwei umfangreichen, wohl im wesentlichen von Emanuel Hirsch verfaßten Denkschriften »Über Kirche und Bekenntnis« und »Über das grundsätzliche Verhältnis von evangelischem Christentum und politischer Bewegung«, die dann auf der Nationalsynode vorgelegt wurden, machte man sich zum ersten Mal seit langem wieder die Mühe, nicht bloß politisch zu denunzieren, sondern theologisch zu argumentieren.[89] Damit wurde auch der theologische Kern der Auseinandersetzungen erneut offengelegt. Wenn die Barmer Erklärung Jesus Christus als das eine Wort Gottes bekannt und ausdrücklich alle anderen »Ereignisse und Mächte, Gestalten und Wahrheiten« als Quelle ihrer Verkündigung verworfen hatte,[90] so setzte die Denkschrift über Christentum und Bewegung dem die These von der Offenbarung Gottes im politischen Gesetz der Stunde entgegen. »Die Gesetzesoffenbarung«, so hieß es an einer entscheidenden Stelle, »geht mit der volklich-politischen Ordnung eine Verbindung ein. Sie ist gewissermaßen Gesetz im Gesetze, Gesetz Gottes im Gesetz des irdischen Daseins . . .So bekommt die politische Ordnung als die konkrete Gestalt des uns treffenden Gesetzes eine Bedeutung für das Kommen des Reiches Gottes zu uns.«[91] Von hier war es nur noch ein Schritt zu der Forderung, diesen Zusammenhang auch in der Gestaltung der kirchlichen Ordnung zum Ausdruck zu bringen. Zugleich damit erneuerte die Denkschrift ausdrücklich die Staatskirchenpläne vom Jahresbeginn. Die Eigenart der evangelischen Kirche fordere ». . . eine völlig andersartige Regelung des Verhältnisses zum Staate, als sie für die katholische Kirche erträglich . . .« sei. »Die Reichskirchenleitung erklärt feierlich, daß sie keinen Staatsvertrag mit dem Staate anstrebt, wie ihn die katholische Kirche . . . empfangen hat . . . Sie vertraut darauf, daß die politische Führung des deutschen Volkes dem evangelischen Christentum stets das geben wird, dessen es zur Erfüllung seines Dienstes unter dem Evangelium am deutschen Volke bedarf.«[92]

Auch die Thesen, die Johannes Heckel über das Verhältnis von Reichskirche und Landeskirchen vorlegte, waren eher zurückhaltend formuliert. Zwar sah sein Entwurf vor, die Deutsche Evangelische Kirche »... künftig statt in Landeskirchen in *Gebietskirchen*« zu gliedern und diese Gebietskirchen möglichst zu vereinheitlichen, aber immerhin war doch neben Bekenntnis und Kultus auch in der Verwaltung an eine gewisse Selbständigkeit gedacht.[93] Allerdings war das Ganze so allgemein und ungenau gehalten, daß die Thesen in Jägers Auslegung leicht auch als Instrument einer vollständigen reichskirchlichen Beherrschung der Gebietskirchen dienen konnten.

Vierzehn Tage später, am 9. August – zwei Tage nachdem Hitler den toten Hindenburg »in Walhall« hatte eingehen lassen –, trat auf Befehl von Reichsbischof und Rechtswalter die Nationalsynode im ehemaligen Preußischen Herrenhaus in Berlin zusammen.[94] Ihre Sitzung wurde zu einem Lehrstück nationalsozialistischer Gleichschaltung. Von den 60 Mitgliedern der ersten Synode war auf Grund des Gesetzes vom 7. Juli ein Fünftel ausgewechselt worden. Die bescheidene Opposition, die sich dennoch um die bayerischen und württembergischen Delegierten sammelte, wurde von der Mehrheit befehlsgemäß totgeschwiegen. Zu einer ernsthaften Diskussion kam es nicht. Von den umfangreichen theologischen und kirchlichen Vorarbeiten des Verfassungsausschusses war keine Rede mehr. Statt dessen nahm die Synode im Verlauf von drei Stunden eine Geschäftsordnung entgegen und verabschiedete sechs – zum Teil offenkundig verfassungswidrige – Kirchengesetze. Es war eine der beschämendsten Veranstaltungen, die jemals in einer evangelischen Kirche stattfanden.[95]

Als der Reichsbischof um 12 Uhr die Synode eröffnete, sprach er in seiner verlogenen Art wieder einmal von der Stille, in der er sich am Abend zuvor »... auf diesen Tag und auf diese Stunde rüstete«. Aber schon die sentimale Erinnerung an den »heimgegangenen Reichspräsidenten« geriet ihm unter der Hand zur drohenden Forderung unbedingten Gehorsams gegen den Führer, dem es »... für die großen Aufgaben der Zukunft eine wirklich geschlossene und starke evangelische Kirche« zu »bauen« gelte.[96]

Danach verlas August Jäger die neue Geschäftsordnung der Synode, die ihm und dem Reichsbischof unbeschränkte Leitungsbefugnisse zuwies.[97] Mit zynisch anmutender Offenheit kommentierte der Rechtswalter den Sinn der neuen Ordnung, die sich von früheren wesentlich unterscheide: »Früher wurden bei derartigen Tagungen Kämpfe ausgefochten, Obstruktion konnte zur Geltung kommen. Im Dritten Reich haben wir das nicht mehr nötig. Die Geschäftsordnung regelt einfach das Notwendige und weitere Ausführungen dazu kann ich mir ersparen.«[98]

Nun erläuterte der Rechtswalter die Aufgabe der Synode. Dabei wurde deutlich, daß es ihm vor allem um die Legalisierung der bisherigen Maßnahmen ging. Zwar stünden nach seiner Überzeugung die Eingliederungen in Übereinstimmung mit der Verfassung, wie auch das Gutachten von Heckel beweise, das Jäger ausführlich zitierte, gleichwohl sei die Synode »... wesentlich aus dem Grunde einberufen, um durch ihre Beschlußfassung *die rechtliche Ordnung der Entwicklung* klarzustellen«.[99]

Er verlas als erstes ein neues »Kirchengesetz über die Leitung der Deutschen Evangelischen Kirche und der Landeskirchen«, das der Reichskirche uneingeschränkte Rechtsetzungs- und Weisungsbefugnis zuwies und sämtliche entgegenstehenden Bestimmungen »... in Verfassungen, Kirchengesetzen oder Verträgen ...« kurzerhand aufhob.[100] Das Ganze war nichts anderes als ein auf August Jäger persönlich zugeschnittenes, umfassendes Ermächtigungs- und Gleichschaltungsgesetz, dessen Ausführung ihm die Kirche vollständig und nahezu bedingungslos ausgeliefert hätte.

Das Gesetz enthielt einen Abschnitt, der dem Rechtswalter die Bestimmung darüber vorbehielt, »wann und für welchen Bereich« seine Vorschriften, soweit sie sich auf die Landeskirchen bezogen, in Kraft treten sollten.[101] Der Sinn dieses Abschnittes war eine letzte Warnung an die drei noch unabhängigen Landeskirchen – neben Bayern und Württemberg das kleine reformierte Hannover – möglichst bald ihre »... Bedenken ... zu klären, um«, wie Jäger sagte, so »zu einem Ergebnis zu kommen, das im Interesse von Einheit und Befriedung innerhalb der Kirche nur zu begrüßen wäre«.[102]

Aber in Süddeutschland war man zu einer solchen »Klärung« nun weniger denn je bereit. Widerspruch aus Bayern und Württemberg erhob sich selbst inmitten dieser gleichgeschalteten Synode: Nachdem das neue Leitungsgesetz eingebracht war, gab der Reichsbischof das Wort zu Stellung nahmen frei. Diesen Augenblick nutzten die Vertreter der Opposition, um ihren nachdrücklichen Protest einzulegen.

Es waren alles Männer der Mitte, die hier sprachen, manche unter ihnen langjährige überzeugte Nationalsozialisten, und ihre wiederholten Bekenntnisse zu einer geeinten Kirche im geeinten Volk waren zweifellos ernst gemeint. Gleichwohl standen sie nun gegen die Mehrheit der Synode auf. Als erster legte der bayerische Oberkirchenrat Thomas Breit im Namen von fünf Vertretern aus Württemberg und Bayern Einspruch gegen die Zusammensetzung, gegen die Tagesordnung, den Zeitpunkt und die Art des Verfahrens ein. Dadurch ermutigt sprachen dann nacheinander der ehemalige Geistliche Minister Hermann Wolfgang Beyer, der schlesische Bischof Otto Zänker, der württembergische Chefarzt Dr. Max Kibler und schließlich der junge Stuttgarter Oberkirchenrat Wilhelm Pressel, der am eindrucksvollsten vortrug, was die Opposition von der Mehrheit trennt, nämlich »... die zahlreichen *Rechts- und Verfassungsbrüche ...«*, »... die vielen *nicht eingehaltenen Versprechungen ...«*,[103] *die Welt- und Machtpolitik der Reichskirchenregierung«*, die »*Ausschaltung der Gemeinden*« und nicht zuletzt die »*schwankende Bekenntnishaltung* «.[104] Am Ende schlug Pressel die sofortige Vertagung der Nationalsynode vor, um erst das verlorene Vertrauen wiederherzustellen.[105]

Da die Mehrheit den Befehl erhalten hatte, »... ihren Standpunkt ausschließlich durch die Tat, d.h. durch die Abstimmung, zum Ausdruck ...« zu bringen,[106] blieb ihr als Antwort auf diese Erklärungen nur das höhnische Gelächter.

Das Gesetz wurde mit 49 gegen zehn Stimmen angenommen, und Jäger fuhr ungerührt fort, das nächste Gesetz zu verlesen. Mit dieser Vorlage hatte er sich eine besondere Überraschung ausgedacht. Im Anschluß an den Wortlaut der Vereidigungsformel, mit der gerade eine Woche zuvor die Reichswehr auf ihren neuen Oberbefehlshaber vereidigt worden war, trug der Rechtswalter der Synode nun ein »Kirchengesetz über den Diensteid der Geistlichen und Beamten« vor, das alle Geistlichen eidlich auf die Person Hitlers und die Ordnungen und Weisungen der Reichskirche verpflichten sollte.[107] Gegen die Einwände der Opposition versicherte der Reichsbischof, daß ihm an »... diesem Gesetz ... persönlich ganz besonders gelegen« sei. »Darum stellen Sie nun doch Ihre Bedenken zurück«, meinte er leichtfertig, »und nehmen Sie das Gesetz einmal vorläufig an. Wir machen nichts für die Ewigkeit.«[108] Auch das Diensteidgesetz wurde dann gegen die zehn Stimmen der Opposition angenommen.

Danach krönte Jäger das Ganze mit der Vorlage eines »Kirchengesetz[es] über die Rechtmäßigkeit von gesetzlichen und Verwaltungsmaßnahmen«.[109] Dieses Gesetz war ebenfalls nach seinem Sinn und zum Teil bis in den Wortlaut hinein den Reichsgesetzen vom 3. Juli »... über Maßnahmen der Staatsnotwehr« und »... über die Rechtmäßigkeit von Verordnungen und Verwaltungsakten« nachgebildet[110] und sollte wie diese die Rechtmäßigkeit der bisherigen reichskirchlichen Gesetze und Maßnahmen bestätigen. Freilich wandte Hermann Wolfgang Beyer ein, er verstehe das Gesetz nicht; denn entweder ». . . sind die Maßnahmen, von denen es spricht, rechtmäßig gewesen, dann brauchen sie nicht mehr in ihrer Rechtmäßigkeit bestätigt zu werden, oder sie sind nicht rechtmäßig gewesen, dann haben wir keine Vollmacht, sie für rechtmäßig zu erklären; denn wir haben hier nicht das Recht, uns irgendwie für oberste Gerichtsherren zu erklären«.[111] Aber auch dieser Einwand blieb unbeachtet, und das Gesetz passierte mit großer Mehrheit die Synode. Damit waren die wichtigsten Dinge erledigt. Nach Behandlung einiger weiterer Punkte schloß die Versammlung pünktlich um 3.00 Uhr nachmittags,[112] und Reichsbischof und Rechtswalter sonnten sich – jedenfalls für den Augenblick – in ihrem großen Erfolg.

Für August Jäger, der dies alles geplant und durchgesetzt hatte, sollte die Nationalsynode zweifellos zugleich Abschluß und Neubeginn darstellen: den Abschluß der rechtlichen und kirchenpolitischen Auseinandersetzungen mit der Opposition und den Neubeginn der endgültigen und vollständigen Eingliederung der evangelischen Kirche in die Ordnung und Weltanschauung des Dritten Reiches. Sein Triumph schien zum Greifen nahe.

Ein Schreiben Ludwig Müllers vom 11. August zeigte, woher das ungleiche Paar an der Spitze der Reichskirche in dieser Hinsicht seine Zuversicht bezog. Es war an Hauptmann von Pfeffer gerichtet und dankte dem kirchenpolitischen Sonderbeauftragten Hitlers nach ». . . dem erfolgreichen Abschluss der Nationalsynode . . . von Herzen . . . für all Ihre tatkräftige Hilfe, die Sie uns haben zuteil werden lassen«. Nur ein Wunsch stand jetzt noch offen, nämlich »dass Sie doch noch einmal Ihrerseits den Herrn Reichsminister Dr. *Frick* bitten, Herrn Ministerialdirektor Jäger nunmehr in das Reichsministerium des Innern zu übernehmen, wie das ja auch dem Willen des Führers entspricht«.[113]

Daß Jäger die Dinge tatsächlich für weitgehend abgeschlossen hielt, bestätigte eine vertrauliche Aufzeichnung von Ende August, in der er eine »Darstellung der kirchengeschichtlichen Entwicklung seit dem Sommer 1933« gab. Er schilderte darin kurz den Gang der Dinge aus seiner Sicht, ging dann auf die neuen Kirchengesetze ein und bemerkte zum Leitungsgesetz ausdrücklich, man wolle »den widerstrebenden Kirchenführern von Bayern und Württemberg noch Gelegenheit zur Besinnung . . .« geben, »ob sie nicht freiwillig sich der allgemeinen Ordnung fügen . . .« wollten.[114] Was im Weigerungsfalle geschehen sollte, war nicht schwer zu erraten. Alles in allem, so schloß der

Rechtswalter, sei damit »... ein gewisser Abschluß der kirchenrechtlichen Entwicklung erreicht«, es bleibe nur »... noch übrig, die Arbeiten« des Verfassungsausschusses »... zu vollenden und gesetzlich zu formulieren«.[115]

Und nur wenige Tage später, auf dem zu einer Demonstration der Einigkeit gestalteten Reichsparteitag, erfuhr auch die Öffentlichkeit, daß dies alles nach dem ausdrücklichen Willen Hitlers geschah. Begeistert berichtete das »Evangelium im Dritten Reich« seinen Lesern, daß der Reichsbischof, der Rechtswalter und Dr. Kinder während des Parteitags im »... *bekannten ›Grand Hotel‹« wohnten, »wo auch Ministerpräsident Göring, die Reichsführung der SS* und eine Reihe weiterer Ehrengäste des Führers Quartier erhalten hatten«.[116] Und dies war mehr als nur eine Geste. Denn in der Proklamation, mit der am 5. September in der Luitpoldhalle das Riesenschauspiel eröffnet wurde, hieß es im Blick auf die Kirchenpolitik des Reiches mit deutlicher Betonung: »Wir haben uns bemüht, die Versöhnung der Konfessionen mit dem neuen Staat herbeizuführen. Wir sind entschlossen, ihre rein organisatorische Zersplitterung – soweit es sich um die evangelischen Bekenntnisse handelt – in einer großen evangelischen Reichskirche zu beenden.« Allerdings konnte sich Luther nicht mehr wehren, als die Proklamation kühn zu wissen meinte: »Wenn der große deutsche Reformator unter uns stünde, dann würde er, glücklich, der Not von damals entronnen zu sein, so wie Ulrich v. Hutten in seinem letzten Gebet nicht an Landeskirchen, sondern an Deutschland denken und seine evangelische Kirche.«

Auch mit der zweiten großen Konfession, so behauptete die Proklamation, habe man sich bemüht, »... zu einem *aufrichtigen und ehrlichen* Verhältnis zu kommen«, und auch hier werde zweifellos am Ende »... *der Erfolg die Krönung der Arbeit* dieses letzten Jahres sein ...«[117]

Ein Bild, aufgenommen während des Parteitags und alsbald in der ganzen deutschen Presse verbreitet, schien das alles zu beweisen. Es zeigte den Führer und den Reichsbischof beim männlichen Händedruck, zwischen beiden den törichten Abt Alban Schachleiter, neben Ludwig Müller den Reichsleiter der Deutschen Christen, Dr. Kinder, und alle umringt von einer jubelnden und Heil grüßenden Menge.[118] Proklamation und Bild erschienen wie Brief und Siegel auf die reichskirchliche Politik.

Tatsächlich hatte sich Hitler seit seiner Rundfunkansprache vor den Kirchenwahlen im Juli 1933 nicht mehr so entschieden und öffentlich für sein Ziel einer deutschchristlichen Reichskirche eingesetzt. Und nur dieser scheinbare Rückhalt erklärt die grenzenlose Rücksichtslosigkeit und Verachtung, mit der sich Reichsbischof und Rechtswalter in den kommenden Wochen über Recht, Bekenntnis und Gewissen glaubten hinwegsetzen zu können.

Denn in Wahrheit befand sich die evangelische Kirche zu dieser Zeit in einem Zustand, der alles andere eher erwarten ließ als eine baldige Befriedung. In Preußen war die Bildung einer Bekennenden Kirche mit eigenen Gemeinden, eigener Leitung und eigener Finanzierung weit vorangeschritten; im Rheinland hatte der rabiate Propst Forsthoff weithin alles Vertrauen verloren, und in Westfalen reichte die Autorität der deutschchristlichen Kirchenbehörde nach eigenem Bekunden »nicht weit über die Umfassungsmauern ihres Gebäudes« hinaus.[119] Auch in Berlin-Brandenburg und Schlesien verfügte die Bekennende Kirche über eine starke und lebendige Anhängerschaft unter Pfarrern und Gemeinden. Im lutherischen Sachsen hatte die Bekenntnisgemeinschaft dem deutschchristlichen Kirchenregiment des Bischofs Coch öffentlich die Legitimität abgesprochen; das gleiche galt für Hannover, wo sich die Pfarrer in ihrer überwältigenden Mehrheit zu ihrem Landesbischof Marahrens und damit gegen das deutschchristliche Landeskirchenamt stellten. Und in Bayern und Württemberg, auf deren baldige freiwillige Eingliederung August Jäger hoffte, war die Stellung der Landesbischöfe unter Pfarrern und Kirchenvolk unerschüttert, ja angesichts der Bedrohungen stärker denn je.

In dieser ohnehin gespannten Situation bedeuteten die Beschlüsse der Nationalsynode eine weitere Verschärfung.

Schon am Tag nach dieser Synode kam der Reichsbruderrat in Hamburg zusammen, um sich über den Verlauf berichten zu lassen und über weitere Schritte zu beraten. Am Ende beschloß die Versammlung, eine Kanzelabkündigung für den 12. August auszuschreiben, ferner erneut Rechtsverwahrung einzulegen und schließlich alle Landesbruderräte anzuweisen, »die Gesetze nicht zu beachten« und insbesondere keinesfalls den geforderten Eid zu leisten.[120]

In der Kanzelerklärung, die deutlich die Handschrift Wilhelm Flors verriet, hieß es: »*Diese sogenannte Nationalsynode, ihre Verhandlungen und Beschlüsse sind nach kirchlichem und nach weltlichem Recht ungültig. Wer sie befolgt, bricht selbst Verfassung und Recht der Kirche*... Darum erklären wir ... in der Verantwortung vor Gott: *Gehorsam gegen diese Kirchenregierung ist Ungehorsam gegen Gott.*«[121]

Ein Gutachten Flors mit der Überschrift »Sind die von der ›Nationalsynode‹ am 9. August 1934 beschlossenen Gesetze rechtsgültig?« begründete und be-

Reichsausgabe

Evangelium im Dritten Reich

Die Kirchenzeitung der evangelischen Nationalsozialisten

Jahrgang 3 | Berlin SW 11, 16. September 1934 | Nummer 37

Der Reichsbischof und Dr. Kinder in Nürnberg

Der Führer begrüßt den Reichsbischof

Diese Aufnahme vom Reichsparteitag in Nürnberg diente der Propaganda. Es sollte das gute Einvernehmen zwischen dem NS-Staat und den Kirchen dokumentieren: Zwischen Hitler und Reichsbischof Müller steht der katholische Abt Schachleiter, rechts der damalige DC-Reichsleiter Christian Kinder.

kräftigte diese Erklärung.[122] Darin wiederholte der Reichsgerichtsrat seine an dem Kirchengesetz vom 7. Juli über die Bestellung der Mitglieder geübte Kritik und schloß daraus: »Ist aber hiernach das Gesetz vom 7. Juli 1934 nichtig, so war auch die auf Grund dieses Gesetzes einberufene Versammlung vom 9. August 1934 keine Nationalsynode, sondern eine rechtlich bedeutungslose Zusammenkunft ... Ihre Entschließungen sind nichts als unbeachtliche Meinungsäußerungen.«[123] Der Schluß des Gutachtens verriet die ganze Empörung, die Flor mittlerweile erfüllte. Gewiß waren diese Sätze an die Reichskirchenregierung gerichtet. Aber es ist schwer vorstellbar, daß der Reichsgerichtsrat selbst und der eine oder andere Leser seines Gutachtens dabei nicht auch an jene Ereignisse dachten, die das Vorbild für August Jägers Vorgehen abgegeben hatten. »Unrecht ist geschehen«, schrieb Flor. »Wieder gut gemacht wird das Unrecht nicht, sondern es wird für Recht erklärt, und zwar durch einen Akt, der selbst wieder auf einer Verfassungsverletzung beruht, also neues Unrecht darstellt. Ich will unterlassen auszusprechen, was ich angesichts dieser Feststellung empfinde.«[124]

Nicht weniger einhellig war der Widerspruch gegen das Diensteidgesetz für Pfarrer und Kirchenbeamte. Die Diskussion über dieses Problem zeigte freilich auch, wie eng in der Bekennenden Kirche die Grenzen ihres Widerspruchs noch immer gezogen waren. Denn ihr Protest richtete sich keineswegs grundsätzlich gegen einen Eid auf den Führer, sondern nur dagegen, daß in diesem Eid staatliche und kirchliche Gehorsamsforderung verbunden waren.[125] Nicht nur die bayerischen Lutheraner erklärten in diesem Sinne zugleich mit der kompromißlosen Ablehnung des kirchlichen Eides ihre selbstverständliche Bereitschaft, einen »*Staatseid*« auf den Führer zu leisten,[126] auch der Pfarrernotbund versicherte, »daß sich kein deutscher Pfarrer einem etwa seitens des Führers als von staatlicher Seite von ihm erforderten Eid der Treue entziehen würde«.[127]

Immerhin gab es doch einige, die auch die besondere Problematik des persönlichen Eides auf den Führer begriffen. So wies etwa Otto Dibelius in seinem Beitrag in der »Junge[n] Kirche« ausdrücklich darauf hin, daß der Staat »... seine Beamten auf das Staatsoberhaupt und auf die Gesetze« vereidige, und fügte betont hinzu, »... der Eid ...« werde also »geschworen auf die Gesetze«. Verlange der Staat einen solchen Eid, so könne er – und auf dieser Einschränkung lag nun offensichtlich alles Gewicht –, »wenn er recht formuliert ist«, ohne Gewissensverletzung »... geschworen werden«.[128]

Am schärfsten jedoch sah zweifellos Karl Barth die Dinge. Ein Brief aus der Schweiz an den jungen Wilhelm Niesel (der sich ebenfalls gerade in der Schweiz aufhielt) zeigte, wie weit sich Barth inzwischen von jenen politischen Überzeugungen entfernt hatte, die auch im engsten Kreis der Bruderräte noch für selbstverständlich galten.

»Wer und was ...« wohl, so fragte Barth in diesem Brief beunruhigt, habe »Meiser und Koch zu ...« ihrem »Angebot« eines von jedem Pfarrer gern zu leistenden staatlichen Eides »1. genötigt 2. ermächtigt«? Im Unterschied zum früheren »Treueeid auf den Kaiser« enthalte der Eid auf den Führer wegen seiner absoluten Bindung an eine Person unübersehbare Verpflichtungen und sei daher für einen Christen »nur mit einer reservatio mentalis ...« zu leisten, »oder aber indem man stillschweigend die Möglichkeit in Rechnung zieht, ihn später gegebenenfalls doch nicht zu halten«. Beides aber sei »christlich unmöglich«. Er selbst finde die Schwierigkeiten »... so gross, dass ...« er »keinen anderen Ausweg ...« wisse, »als im Oktober nach Berlin zu fahren und Rust« – also dem Reichserziehungsminister- »womöglich persönlich zu sagen, dass ich den Eid unmöglich leisten könne«.

Vermutlich war es eine Folge des 30. Juni, daß Barth in diesem Zusammenhang zum ersten Mal ganz offen »... auch stärkste materiale Bedenken ...« geltend machte, »die Pfarrer so solenn und unwiderruflich auf Treue und Gehorsam gerade gegenüber *diesem* Führer zu verpflichten«. Hatte sich der Schweizer Staatsbürger bisher mit politischen Urteilen über das Dritte Reich bewußt zurückgehalten, so schrieb er nun: »Wie lange wird es noch gehen, so wird das deutsche Volk, durch immer deutlicher sprechende Tatsachen belehrt, einsehen müssen, dass es in seiner unglaublichen Gutmütigkeit und Naive[i]tät im Frühjahr 1933 einem Bluff zum Opfer gefallen ist, der mit Verbrechen und Wahnsinn gleich viel Aehnlichkeit hat, aber jedenfalls nur mit einer Katastrophe endigen kann.«

Es war nur zu begreiflich, daß Barth den Empfänger beschwor, den Inhalt des Schreibens »... nur im Kopf ...« nach Deutschland mitzunehmen, »dieses Papier aber noch rechtzeitig in einem schweizerischen Papierkorb verschwinden [zu] lassen«.[129] In deutschen Korrespondenzen war derlei, auch wo es solche Gedanken noch gab, zu dieser Zeit nicht mehr zu finden.

Im übrigen nahm die ganze Eidesfrage für dieses erste Mal in der Kirche ein überraschend schnelles Ende. Schon am 13. September hob August Jäger durch eine Verordnung die wichtigsten Bestimmungen des Gesetzes wieder auf und ersetzte sie durch die Verpflichtung der kirchlichen Beamten auf den allgemeinen staatlichen Beamteneid.[130] Die Frage der Vereidigung der Geistlichen blieb zunächst offen, bis sie 1937 und 1938 unter veränderten und erschwerten Umständen erneut zurückkehren sollte.

Aber dies blieb ein begrenzter Einzelerfolg. Auf allen anderen Gebieten dagegen schien nach dem Abschluß der Nationalsynode die Politik der Reichskirchenregierung unaufhaltsam im Vormarsch, und alle Proteste, Gutachten, Einsprüche und Rechtsverwahrungen bestätigten am Ende doch nur die faktische Ohnmacht der kirchlichen Opposition.

Und so richteten sich nun alle Augen immer stärker auf Bayern und Württemberg. Wenn es August Jäger gelang, die süddeutschen Landeskirchen auch noch zu unterwerfen, so waren damit die beiden letzten bekenntnisgebundenen Kirchenleitungen in der Deutschen Evangelischen Kirche beseitigt und der Auszug der bekennenden Pfarrer und Gemeinden aus dieser Kirche wurde unvermeidlich. Gelang es jedoch den süddeutschen Bischöfen, sich zu behaupten, so schien ein Anknüpfungspunkt gegeben, von dem aus eine Wiederherstellung von Recht und Bekenntnis denkbar war. Damit wurde der Kampf um die süddeutschen Landeskirchen zugleich zum entscheidenden Kampf um Sieg oder Niederlage der Reichskirchenregierung.

An der Entschlossenheit Jägers, auch Bayern und Württemberg gleichzuschalten, konnte spätestens seit Mitte Juli kein Zweifel mehr bestehen. Seit dieser Zeit lagen im wesentlichen jeweils gleichlautende Schreiben in München und Stuttgart vor, die nur als eine letzte Warnung aufgefaßt werden konnten. Die in Gang gekommene und bereits weit gediehene Entwicklung, so schrieb Jäger an Meiser und Wurm, »die im übrigen mit dem Willen des Führers und der Lebensnotwendigkeit der Einheit des Deutschen Volkes im Einklang ...« stehe, sei »... im Sinne der geschichtlichen Gesamtentwicklung unseres Deutschen Volkes unabwendbar«. Und »unabwendbar« sei deshalb auch die Eingliederung. »Im Interesse der Gesamtentwicklung läge es«, ließ Jäger die Bischöfe unmißverständlich wissen, »wenn Sie freiwillig den Weg zur Einheit fänden, statt dass Sie in absehbarer Zeit unter eine allgemeine Regelung fallen müssten, die unabwendbar ist«.[131] Abschriften der Schreiben gingen an die zuständigen Staatsministerien und unterstrichen damit den staatlichem Charakter der ganzen Aktion.

Die »allgemeine Regelung«, die jenes Schreiben ankündigte, war selbstverständlich nichts anderes als das am 9. August verabschiedete »Leitungsgesetz«.[132] So bedeutete der Abschluß der Nationalsynode auch für die süddeutschen Kirchen höchste Gefahr.

Schon am 13. August kamen Vertreter der beiden Landeskirchen in Augsburg zusammen, um angesichts drohender Eingriffe ihr Bündnis »... gegen das derzeitige Kirchenregiment und [um] das biblisch-reformatorische Erbe ...« zu erneuern. Gemeinsam beschlossen sie, daß eine Eingliederung in die Reichskirche »niemals in Frage« komme, und bekräftigten zugleich ihre brüderliche Solidarität »... an der Seite der kämpfenden und bekennenden Gemeinden«.[133]

Im Unterschied zur Kriegszeit, als Wurm zum unbestrittenen Führer der kirchlichen Opposition aufrückte, war in diesem Bündnis zweifellos zunächst Meiser der Stärkere. Dies hing mit seiner Stellung als Sprecher der Opposition, aber auch mit der noch größeren Geschlossenheit und Festigkeit der bayerischen Kirche zusammen.

Folgerichtig war es Meiser, der am 14. August an den Reichsinnenminister einen Brief richtete, der an Deutlichkeit nichts zu wünschen übrigließ.[134] »Wir stellen der Scheinsynode von Berlin die echte Synode von Barmen gegenüber und sind uns nun völlig gewiß geworden, in welchem Lager die wahre Deutsche Evangelische Kirche steht.« Es ging immerhin um den von Hitler unverändert unterstützten Reichsbischof, von dem Meiser meinte, die Vorstellung der Reichskirchenregierung, »als habe sie dem Führer des deutschen *Volkes* einen gleichwertigen Führer der Deutschen Evangelischen *Kirche* an die Seite zu stellen, ist so weit von der Wirklichkeit entfernt, daß sie wohl nicht ernstlich zurückgewiesen zu werden braucht«.[135] Der Brief endete mit der Bitte, den Gesetzen der Nationalsynode die Zustimmung zu versagen. Wir »... selbst sind entschlossen«, so lautete der letzte Satz, »– und mit uns die württembergische Nachbarkirche –, der derzeitigen Reichskirchenregierung in keinem Stücke Gefolgschaft zu leisten«.[136]

Gleichzeitig legten beide Bischöfe in einem persönlichen Brief an Hitler gegen die Maßnahmen der Reichskirchenregierung nachdrücklich Verwahrung ein, warnten vor einer möglichen Kirchenspaltung und freikirchlichen Tendenzen und baten erneut um eine Vermittlung des Innenministers, für den sie eine Reihe von Vorschlägen – wohl den im Bruderrat erwogenen Kirchensenat »... sowohl für eine Übergangszeit als für eine endgültige Regelung ...« bereithielten.[137]

Das Schicksal dieses über die Präsidialkanzlei geleiteten Briefes war entmutigend. Nachdem Meißner ihn seinem neuen Herrn vorgetragen hatte, ging das Schreiben mit der Bitte um Stellungnahme an den Reichsbischof. Jäger, der am 1. September antwortete, stritt selbstverständlich alle Vorwürfe ab, und so teilte Meißner am 11. September den beiden Bischöfen »im Auftrage des Führers und Reichskanzlers« mit, eine Prüfung ihrer Behauptungen habe ergeben, daß sie »nicht begründet« seien.[138] Auf diesem Wege war also nicht weiterzukommen. Ohnehin waren bei diesem Spiel auf höchster Ebene die Gemeinden seit langem nicht mehr gefragt worden. Und so griff Meiser nun zu dem einzigen noch möglichen und erfolgversprechenden Mittel: Er mobilisierte die Landeskirche.

Am 23. August trat in München die bayerische Landessynode zu einer außerordentlichen Sitzung zusammen, um über die Haltung von Landesbischof und Landeskirche gegenüber der Gleichschaltungspolitik der Reichskirche zu beraten. Es war die einzige, rechtmäßig zusammengesetzte landeskirchliche Synode, die es im evangelischen Deutschland noch gab. In einer langen, fast leidenschaftlichen Rede stellte Meiser den Synodalen und den Zuhörern, die dicht gedrängt den größten evangelischen Gemeindesaal Münchens füllten, den Stand der Dinge dar. Dabei ging es vor allem um zwei Punkte, nämlich die schweren Rechts- und Verfassungsbrüche der Reichskirchenregierung, die jedes Vertrauen zerstört hätten, und ihre mangelnde Bekenntnisgebundenheit, die allen Irrlehren Raum lasse und längst auf eine Unionskirche zulaufe. Beides, Rechtsbrüche und Bekenntnisverletzungen, seien für die lutherische Kirche in Bayern unerträglich. »Wir erwarten von Ihnen«, rief Meiser am Ende den Synodalen zu, »daß Sie heute klar und unzweideutig erklären, daß Sie sich mit uns gegen diese gesetzwidrige, unevangelische und ungeistliche Art, die Kirche zu leiten, mit aller Entschiedenheit verwahren und daß Sie mit uns verlangen, daß ein gründlicher Kurswechsel in der Reichskirche eintritt.«[139]

Nach einem Bericht über die Nationalsynode sprach Wilhelm Flor zur Rechtslage und begründete noch einmal die vollständige Rechtswidrigkeit ihrer Zusammensetzung und ihrer Beschlüsse. Zweifellos machte auch hier die rechtliche Argumentation des Reichsgerichtsrats besonderen Eindruck.[140] Ihm gelang es, selbst die deutschchristliche Minderheit zu überzeugen, so daß die Synode zuletzt einstimmig »... die *völlig unmögliche Haltung der derzeitigen Reichskirchenregierung*...« verurteilte und dem Landesbischof »*aufs neue ihr vollstes Vertrauen*« aussprach.[141]

Es war allerdings das letzte Mal, daß es zu solcher Einmütigkeit kam.[142]

Am folgenden Tag erließ Meiser daraufhin eine Kundgebung, die am Sonntag, dem 2. September, im Hauptgottesdienst von allen bayerischen Kanzeln bekanntgegeben werden sollte. Darin bat der Landesbischof »... alle Gemeinden, sich in gleicher Einmütigkeit, Entschlossenheit und Freudigkeit hinter die Beschlüsse der Landessynode zu stellen, ... und mit allen Kräften dahin zu wirken, daß durch den einheitlichen Willen unserer Landeskirche der Anfang zu einer wirklichen Neuwerdung ... geschaffen werde«.[143]

Dies war die offene Kampfansage der bayerischen Landeskirche an die Reichskirchenregierung. Aber nun zeigte sich, daß Jäger sich nicht zu Unrecht auf Pfeffers persönliche Vollmacht verließ. Am Tag vor der geplanten Abkündigung ersuchte Pfeffer über die Abteilung »Kultfried« den bayerischen Reichsstatthalter Ritter von Epp im »... Auftrage des Führers ...«, die angeordnete Kundgebung »zu verbieten und ...das Verbot den einzelnen Pfarrern auf dem polizeilichen Wege noch heute bekannt ...« zu machen. Die Kundgebung sei »... ein direkter Angriff auf den kulturellen Frieden und ...« gefährde »die öffentliche Ruhe und Sicherheit«.[144] So erhielten, während sie im Studierzimmer an der Predigt saßen, an diesem Nachmittag nahezu tausend bayerische Pfarrer den Besuch des Gendarmen, der sich durch Unterschrift die Mitteilung des Verbotes bestätigen ließ. Manche hielten sich daran, andere widersetzten sich ostentativ. Nicht wenige hatten die Kundgebung schon am Sonntag zuvor verlesen. Aber es war kaum ein anderer Weg denkbar, der die bayerische Pfarrerschaft insgesamt nachdrücklicher vom Ernst der Lage überzeugt hätte, als diese Aktion.[145]

Nicht ganz so geschlossen standen die Reihen in Württemberg. Hier war die Synode handlungsunfähig, so daß nur ihre »Mehrheitsgruppen« eine Verwahrung gegen die Nationalsynode gemeinsam beschließen konnten.[146] Aber die Kanzelabkündigung, die Wurm am 24. August erließ und die gleichfalls polizeilich verboten wurde, sprach zu Recht davon, daß sich die württembergische Kirchenleitung in ihrem Widerstand gegen das Reichskirchenregiment »... im Einklang mit Bibel und Bekenntnis und mit der weitaus größten Mehrheit derer« wisse, »die das kirchliche Leben tragen und fördern«.[147]

Während so alle Zeichen auf Sturm deuteten und der Bekenntnisgemeinschaft Einigkeit dringend not tat, brach ausgerechnet jetzt das konfessionelle Problem erneut auf.

Am 24. August, nur einen Tag nach der bayerischen Synode, trafen sich in Hannover unter dem Vorsitz von Marahrens eine Reihe führender Lutheraner, um, wie der hannoversche Bischof sagte, einen engen »Zusammenschluß des Luthertums« herbeizuführen.[148] Und dies konnte nichts anderes bedeuten als eine Abgrenzung von Barmen. Gewiß erklärte Marahrens zu Beginn der Grundsatzdiskussion am 25. August, man wolle »enge Fühlung mit Oeynhausen« halten und »kein Zerbrechen der Front« zulassen.[149] Für Meiser, Wurm und vor allem für den jungen oldenburgischen Bekenntnispfarrer Heinz Kloppenburg, der in diesen Tagen mit Leidenschaft und Entschlossenheit für die Barmer Sache focht, stand dies zweifellos im Vordergrund.[150] Aber die Tatsache, daß das Präsidium der Bekenntnissynode nicht einmal eingeladen worden war, und mehr noch der Verlauf der Diskussion machten deutlich, daß es der Mehrheit mehr um Distanzierung als um Unterstützung ging. Es war die alte Überzeugung von der un überbietbaren Vortrefflichkeit des deutschen Luthertums und das tiefe Mißtrauen gegen alle reformierten Ideen, die diesen Kreis bestimmten. Hier hatte noch niemand begriffen, daß der Schaden keineswegs aus der angeblichen und viel bejammerten Bekenntnislosigkeit der preußischen Unionskirche herrührte, sondern vielmehr gerade in jenem völkischen und nationalen Bekenntnis des deutschen Luthertums wurzelte, auf das man unverändert stolz war. Die Mehrheit der Versammelten fürchtete die angebliche Barmer Union und den bedenklichen Einfluß des Schweizer Theologen fast noch mehr als das Gewaltregiment der Deutschen Christen.

So waren sie sich alle einig, daß es dringend notwendig sei, »das Luthertum [zu] sammeln«[151] und ihm eine eigene Leitung, einen »Lutherischen Rat«, an die Spitze zu stellen.[152] Das war nach Lage der Dinge nicht anders zu verstehen denn als Konkurrenz zu dem von der Bekenntnissynode berufenen »Lutherischen Konvent«, dem ja die gleiche Aufgabe zugewiesen worden war, und damit als ein deutliches Abrücken der Lutheraner von der Barmer Gemeinschaft. Nur anderthalb Jahre später, auf der vierten Bekenntnissynode in Oeynhausen im Februar 1936, sollte diese Entwicklung zur Spaltung der Bekennenden Kirche führen.

Vermutlich hätte Meiser dies als einziger aufhalten können. Aber der bayerische Landesbischof sah den Zusammenhalt offensichtlich noch nicht gefährdet, und auch für ihn war es in diesem Augenblick wichtiger, den Kreis der Bundesgenossen möglichst weit ins lutherische Lager auszudehnen.

Tatsächlich gestaltete sich die Diskussion an diesem Tag zu einer einzigen Klage über Barmen. Der neue »Lutherische Rat« solle »... zu Barmen sofort Stellung nehmen«, forderte Althaus und meinte, die »... Zusammensetzung des lutherischen Konventes der Barmer Synode ...« müsse »als sehr eigenartig betrachtet werden«.[153] Der Rostocker Theologe Helmuth Schreiner sekundierte ihm mit der besonders unsinnigen Bemerkung, »Asmussen entwickelt sich zu Karlstadt«, womit er den Oeynhausener Lutheraner offensichtlich als Antinomisten, Schwärmer und Bilderstürmer verdächtigen wollte, und die

Lutheraner dürften sich nicht »unter Barmen beugen«.[154] Auch der alte, aber noch immer ehrgeizige Generalsuperintendent Wilhelm Zoellner, der schon seit langem den Plan einer großen lutherischen Kirche verfolgte, lehnte die Gemeinschaft der Union entschieden ab und meinte, der Lutherische Rat sei »... nötig als Ergänzung zu Barmen«.[155] Schließlich beschloß die Versammlung eine »Lutherische Kundgebung zur Not der kirchlichen Lage«, die sich zwar grundsätzlich den allgemeinen Protesten gegen die Reichskirchenregierung anschloß, im einzelnen – vor allem in der Eidesfrage – aber doch die Akzente deutlich in lutherischer Richtung verschob. Ferner wurde eine Namenliste für den Lutherischen Rat angelegt, die nahezu alle bekannteren Lutheraner in Deutschland enthielt, darunter auch den Namen Werner Elert, der allerdings mit einem Fragezeichen versehen war. Daß man überhaupt daran denken konnte, den Urheber des »Ansbacher Ratschlags« und der »Confessio Barmensis« in den Rat zu berufen, war bezeichnend genug.[156]

Unterdessen wuchsen im Ausland Unruhe und Bestürzung über die deutsche Entwicklung. Je länger desto weniger war man im Weltprotestantismus bereit, der offensichtlichen Vergewaltigung und Unterdrückung der evangelischen Kirchen in Deutschland tatenlos zuzusehen. Hatte schon die Himmelfahrtsbotschaft von Bischof Bell ein eindeutiges Zeichen gegeben, so schien nun die Zeit gekommen, einen Schritt weiter zu gehen. Damit begann der unmittelbare Einsatz der Ökumene im deutschen Kirchenkampf, der für den vorläufigen Ausgang des Ganzen ausschlaggebend werden sollte.

Konkreter Anlaß war die für Ende August auf der dänischen Nordseeinsel Fanø geplante große ökumenische Konferenz. Sie wurde gemeinsam vom Ökumenischen Rat und vom Weltbund für Freundschaftsarbeit der Kirchen veranstaltet und bot gleichzeitig auch noch einer ökumenischen Jugendkonferenz Raum. Der Präsident des Rates, Bischof George Bell, sah sich mit dieser Tagung vor ein ungewöhnlich heikles Problem gestellt. Während der Weltbund nur die persönliche Mitgliedschaft kannte und der Kreis der Delegierten keine Schwierigkeiten erwarten ließ, wurde die Versammlung des Rates aus den offiziellen Delegationen der Mitgliedskirchen gebildet. Selbstverständlich stand das Recht, die Delegationsmitglieder zu ernennen, allein den jeweiligen Kirchen zu. Bischof Bell wußte – und er hatte es durch seine Botschaft zu Himmelfahrt auch öffentlich zum Ausdruck gebracht –,[157] daß die Reichskirchenregierung nicht mehr ohne weiteres als Vertretung der Deutschen Evangelischen Kirche gelten konnte. Es war aber nicht anzunehmen, daß Bischof Heckel, der als Leiter des Außenamtes nun die deutsche Delegation führte, etwa Vertreter der Bekennenden Kirche mit einladen würde. Dies wirkte um so bedruckender, als der Rat sich in Fanø vor allem auch über sein Verhältnis zu Deutschland klar werden mußte.

Schon im Juni war Bonhoeffer deshalb zu einer Besprechung mit Koch und Niemöller von London nach Berlin gereist und mit dem Auftrag zurückgekommen, doch zu erwirken, daß neben der reichskirchlichen Delegation auch eine Delegation der Bekennenden Kirche offiziell eingeladen werde.[158]

Für sich selbst war Bonhoeffer sogar noch einen Schritt weitergegangen. Als Sekretär der Jugendkonferenz von Fanø schrieb er am 4. Juli nach Genf, die Mitglieder der deutschen Jugenddelegation seien sich jedenfalls darin einig, daß sie von denjenigen Sitzungen in Fanø fernbleiben, bei denen Vertreter der Kirchenregierung anwesend sind. »Es wäre gut«, fügte er hinzu, »wenn diese Alternative allgemein klar gesehen ...« würde. Es müsse »rechtzeitig offen zum Ausdruck ...« kommen, »zu welcher der beiden ›Kirchen‹ in Deutschland sich die Ökumene bekennt«.[159]

Mit dieser Vorstellung freilich war die Ökumene bei weitem überfordert, und zwar gleich in mehrfacher Hinsicht. Denn wenn sich das Ausland auch in der Verurteilung der reichskirchlichen Gewaltpolitik weitgehend einig war, so sah die Lage auf theologischem Gebiet doch ganz anders aus. Bei den Auseinandersetzungen zwischen einer Theologie der Schöpfungsordnungen und einer Theologie der Erlösung in Christus, so meinte der Schweizer Ökumeniker Adolf Keller mit bemerkenswerter Offenheit, gehöre »... ein großer Teil der ökumenischen Welt auf die Seite der offiziellen deutschen Theologie in der einen oder anderen Form ...«.[160] »Jene natürliche Theologie der Schöpfung«, so schrieb Keller, »die die ›Deutschen Christen‹ kennzeichnet, findet sich ja auch im Anglikanismus, im modernen Weltprotestantismus, im amerikanischen Aktivismus. Die Theologie der Bekenntnissynode aber, vor allem in ihrer streng dialektischen Ausprägung, wird weder im lutherischen Norden noch im anglikanischen und amerikanischen Westen in vollem Umfang geteilt.«[161] Verbot schon diese schwierige Lage die von Bonhoeffer gewünschte Entscheidung, so mußte der Ökumenische Rat sich darüber hinaus fragen, wie er einen Punkt klären sollte, den nicht einmal die Bekennende Kirche selbst klären konnte und wollte, nämlich das rechtliche Verhältnis der Bekenntnissynode zur Deutschen Evangelischen Kirche. Aus seiner Sicht zu Recht meinte deshalb aus Genf der Generalsekretär des Weltbundes, Henriod, daß zunächst die Bekenntniskirche selbst Klarheit schaffen müsse, »daß zwei Kirchen existieren und nicht eine«, ehe die Ökumene entsprechende Schritte unternehmen könne.[162] In seiner Antwort berief sich Bonhoeffer auf Ulm und Barmen und den dort erhobenen Anspruch der Bekenntnissynode, »die wahre Evangelische Kirche in Deutschland zu sein«.[163] Von seinem Entweder-Oder rückte er allerdings ab, indem er schrieb: »Meiner Meinung nach folgt daraus, daß ein Schritt durch den Ökumenischen Rat getan werden muß in der Form einer offiziellen Einladung an die Bekennende Synode.«[164]

Und genau diesen Weg ging nun Bischof Bell. Nachdem er sich mit dem dänischen Bischof Ammundsen, der als Vorsitzender und Gastgeber in Fanø eine besondere Verantwortung trug, und mit seinem Freunde Koechlin in Basel beraten hatte,[165] richtete er am 18. Juli eine offizielle Einladung an Präses Koch, »... as guests and as authoritative spokesmen in a very difficult situation« an der Sitzung des Rates vom 23. bis zum 30. August in Fanø teilzunehmen. Er begründete die Einladung damit, daß es für den Rat sehr schwierig sein würde, eine Diskussion über die Lage in Deutschland zu führen »... without the assistance of spokesmen representing different positions and points of view«, und ließ zugleich erkennen, daß er Verständnis für die Schwierigkeiten der Bischof wählte den Ausdruck »embarrassment«, also Peinlichkeit – hatte, die das Nebeneinander zweier Delegationen mit sich bringen mußte.[166]

In der Tat löste die Einladung in Oeynhausen mehr Verlegenheit als Freude aus. Und dies hing wohl nicht nur mit dem Umstand zusammen, daß am selben Tag, an dem die Einladung einging, die gesamten Akten des Präsidiums von der Gestapo beschlagnahmt worden waren.[167] Weit bedrängender war die Befürchtung, in eine unmögliche Lage zu geraten, wenn man vor einem internationalen Gremium über die deutschen Verhältnisse offen sprechen sollte. Denn noch immer wog auch im Bruderrat – ebenso übrigens wie im deutschen Episkopat – die unbedingte Pflicht zur nationalen Solidarität mehr als das Vertrauen in die weltumspannende Gemeinschaft des Glaubens und der Kirche.

Georg Merz, einst langjähriger Schriftleiter von »Zwischen den Zeiten«, nun Dozent in Bethel und feuriger nationaler Lutheraner, faßte alle Bedenken und Einwände gegen die Teilnahme der Bekenntnisgemeinschaft in einem langen Schreiben an Koch zusammen. Darin hieß es, weder sei man von der reichskirchlichen Delegation unter Bischof Heckel, der ja kein Deutscher Christ sei, im strengen Sinne getrennt, noch solle man meinen, »daß uns in den Vertretern der Auslandskirchen nicht auch politische Mächte gegenübertreten«.[168] Genau diese ihm wohlbekannte Haltung meinte Bonhoeffer, als er

Anfang August Ammundsen schrieb, er »... habe beim Gedanken an Fanö mehr Angst vor manchen unsrer eignen Leute als vor den Deutschen Christen«. Der Brief zeigte erneut, welche Freiheit und Urteilssicherheit der erst 28jährige inzwischen gewonnen hatte, wenn er fortfuhr: »Viele, auch solche, die schon länger in der ökumenischen Arbeit stehen, können bis heute nicht begreifen und nicht glauben, daß wir hier wirklich allein als *Christen* zusammen sind.«[169] Und auch im Politischen gab es für ihn, ähnlich wie für Karl Barth, inzwischen keinerlei Zweifel mehr: »Es muß klar werden ..., daß die Entscheidung vor der Tür steht: Nationalsozialist *oder* Christ ... Es kann furchtbar schwer und hart für alle werden, aber wir müssen hinein u. hindurch, ohne Diplomatie mit offener christlicher Rede.«[170]

Es war auch im engsten Kreise der Bruderräte zweifellos nur eine Minderheit, die so dachte. Und im Lutherischen Rat hätten viele solche Gedanken vermutlich für glatten Vaterlandsverrat gehalten.

Unter diesen Umständen war es verständlich, daß der Reichsbruderrat beschloß, auf eine Teilnahme in Fanø zu verzichten. Auch Bischof Ammundsen, der am 10. August noch eigens von Hadersleben nach Hamburg kam, um die Lage mit Koch, Asmussen, Fiedler und Bonhoeffers Freund Franz Hildebrandt zu besprechen, konnte und wollte die Deutschen darin nicht umstimmen. Sein Bericht über die Besprechungen schloß mit dem Satz: »They need our fellowship and prayer.«[171] Am selben Tage teilte Koch dem Bischof von Chichester mit, »daß die Schwierigkeiten, von welchen ich schon sprach, sich nicht ...« hätten »beheben lassen«.[172] Zugleich jedoch machte das Präsidium der Bekenntnissynode deutlich, daß damit keine Anerkennung der Reichskirchenregierung verbunden sei. Die derzeitige Kirchenregierung, so teilte Koch am 20. August Bischof Bell offiziell mit, habe ein unevangelisches Gewaltregiment aufgerichtet, darum erhebe »... die Bekenntnisgemeinde für ihre Leitung den Anspruch, die Leitung der rechtmässigen Deutschen Evangelischen Kirche darzustellen«.[173]

Um so aufgeregter reagierte nun Bischof Heckel. Kaum hatte er vom Auswärtigen Amt erfahren, daß Koch tatsächlich eine Einladung nach Fanbø erhalten hatte, da fragte er unverzüglich bei Bell an, »auf welche Bestimmungen der Verfassung und der Geschäftsordnung ...« diese Einladung begründet sei.[174] Der Lordbischof antwortete mit seiner gewohnten Offenheit, er habe mit dem Einverständnis aller Verantwortlichen auf Grund der Vollmacht gehandelt, die die Verfassung des Rates dem Präsidenten »in cases of emergency« verleihe.[175] Daraufhin ließ Heckel ihn wissen, nach seiner Meinung

Gruppe auf der ökumenischen Tagung des Exekutivrates der Weltkirchenkonferenz für praktisches Christentum 1934 in Fanø: Von links nach rechts: Henry Smith Leiper (Life and Work, Amerikanische Sektion), Hans Schönfeld (Life and Work, Studienabteilung), unbekannt, Bischof Theodor Heckel, Kirchliches Außenamt der DEK, OKR August Wilhelm Schreiber, Missionsdirektor, OKR Hans Wahl, Kirchliches Außenamt der DEK, Bischof John L. Nuelsen, Zürich (Methodistenkirche), unbekannt, Bischof Valdemar Ammundsen, Hadersleben, S. Parkes Cadman (Life and Work, Amerikanische Sektion), unbekannt, G. K. A. Bell, Bischof von Chichester, Bischof Irenäus von Novi Sad, unbekannt, Prof. Hamilkar S. Alivisatos, Athen, unbekannt.

sei der Rat für die Behandlung der deutschen Kirchenfrage überhaupt nicht zuständig, aber wenn das Thema denn unvermeidlich sei, so möge es außerhalb der Tagesordnung »in einem kleinen ausgewählten Kreise« behandelt werden. Wenn sich die öffentliche Meinung der Kritik des Rates an der Reichskirchenleitung bemächtige, so würde dies »sicherlich zu einem Politicum ersten Ranges«, was für ihn und die deutsche Kirche ganz untragbar sei.[176] Heckels Lage war nicht beneidenswert. Verteidigte er in Fanø, wie ihm aufgetragen war, die Gewaltpolitik von Reichsbischof und Rechtswalter, so verlor er den Rest seines ökumenischen Ansehens; verteidigte er die beiden nicht, so verlor er in Berlin seinen Kopf.

So durfte man in mehr als einer Hinsicht auf Verlauf und Ausgang dieser ungewöhnlich bedeutsamen Tagung gespannt sein.

Schon am zweiten Verhandlungstag, dem 25. August, fiel im etwa hundertköpfigen Plenum des Rates eine wichtige Vorentscheidung: Nach einer erregten Diskussion beschloß die Versammlung trotz Heckels Widerspruch, eine öffentliche Erklärung zur kirchlichen Lage in Deutschland abzugeben. Sie beauftragte mit der Vorbereitung einen Ausschuß, in dem neben Bell und Ammundsen Marc Boegner aus Frankreich, Adolf Keller aus der Schweiz und Henry Smith Leiper aus den Vereinigten Staaten vertreten waren – alles gute Kenner der deutschen Verhältnisse und offenkundige Freunde der Bekennenden Kirche.[177]

Am 27. August begannen dann die regulären Verhandlungen mit Diskussionen und Vorträgen zum Thema »Die Kirche und das Staatsproblem der Gegenwart«, die am folgenden Tag mit Beiträgen zum Thema »Kirche und Völkerwelt« fortgesetzt wurden.[178]

An diesem Tage hielt Dietrich Bonhoeffer die Morgenandacht. Er legte ihr Psalm 85, Vers 9 zugrunde: »Ach, daß ich hören sollte, was Gott der Herr redet; daß er Frieden zusagte seinem Volk und seinen Heiligen« – und was der junge deutsche Theologe dazu sagte, war durchaus ungewöhnlich.[179]

Es ging um die alte Frage, wie die christliche Kirche den Friedenswillen Gottes erfüllen könne. Mit der ihm eigenen Entschiedenheit stellte sich Bonhoeffer in dieser Frage ganz auf die Seite von Gebot und Gehorsam. »›Friede auf Erden‹«, so erklärte er, »das ist kein Problem, sondern ein mit der Erscheinung Christi gegebenes Gebot. Zum Gebot gibt es ein doppeltes Verhalten: den unbedingten, blinden Gehorsam der Tat oder die scheinheilige Frage der Schlange: sollte Gott gesagt haben?«[180] Für die Glieder der christlichen Ökumene konnte es hier keine Wahl geben. Ihnen sei »sein Wort und Gebot des Friedens heiliger, unverbrüchlicher als die heiligsten Worte und Werke der natürlichen Welt es zu sein vermögen ... Diese Brüder durch Christus gehorchen seinem Wort und zweifeln und fragen nicht, sondern halten sein Gebot des Friedens ... Es gibt für sie in aller Angst und Bedrängnis des Gewissens keine Ausflucht vor dem Gebot Christi, daß Friede sein soll.«[181]

»Wie wird Friede?« so fragte er weiter und gab selbst die Antwort, Friede werde weder durch ein System von Verträgen, noch durch internationale Kapitalverflechtungen, noch »... gar durch eine allseitige friedliche Aufrüstung ..., weil hier überall *Friede und Sicherheit* verwechselt ...« werde. Friede müsse vielmehr »... gewagt werden«, sei »... das eine große Wagnis« und lasse »... sich nie und nimmer sichern«. Zwei lapidare Sätze zeigten indes, daß Bonhoeffer mit all dem keine allgemeingültige Friedensethik verkünden wollte, kein Konzept des Überlebens in einer waffenstarrenden Welt, sondern daß es ihm allein um die Nachfolge Jesu Christi ging: »Kämpfe werden nicht mit Waffen gewonnen, sondern mit Gott. Sie werden auch dort noch gewonnen, wo der Weg ans Kreuz führt.« Gleichwohl hörte die Versammlung vermutlich mit einigem Erstaunen eine der frühesten Konzeptionen der gewaltlosen Verteidigung, wenn Bonhoeffer fortfuhr: »Wer von uns darf denn sagen, daß er wüßte, was es für die Welt bedeuten könnte, wenn ein Volk – statt mit der Waffe in der Hand – betend und wehrlos und darum gerade bewaffnet mit der allein guten Wehr und Waffe den Angreifer empfinge?«[182]

Und so forderte er nun mit einem bei ihm eher ungewohnten Pathos »... das eine *große ökumenische Konzil der Heiligen Kirche Christi* aus aller Welt ...« auf, den »... radikalen Ruf zum Frieden an die Christusgläubigen ausgehen [zu] lassen ... Die Stunde eilt – die Welt starrt in Waffen und furchtbar schaut das Mißtrauen aus allen Augen, die Kriegsfanfare kann morgen geblasen werden – worauf warten wir noch?«[183]

Dies alles klang im Sommer 1934 zweifellos ungewöhnlicher als heute, und so war es kaum überraschend, daß diese Gedanken zunächst ohne unmittelbare Wirkung blieben.[184]

Weit mehr als mit der Friedensfrage beschäftigten sich die Delegierten in Fanø mit dem deutschen Problem. Und in diesem Zusammenhang kam es am folgenden Tag zu einem grotesken Zwischenspiel.[185] Irgend jemand hatte der Reichskirchenregierung in Berlin telephonisch mitgeteilt, daß Heckel die reichskirchliche Sache nicht mit der nötigen Entschiedenheit vertrete. Daraufhin beschloß man in der Jebensstraße, einen weiteren Vertreter zur Konferenz zu entsenden. Die Wahl fiel auf den Oberkirchenrat Walter Birnbaum, von dessen unbekümmerter deutschchristlicher Naivität man sich offensichtlich den nötigen Eindruck auf die Versammlung versprach. Allerdings hatte sich niemand vorher nach der geographischen Lage von Fanø erkundigt; und so landete Birnbaum am Vormittag des 28. August mit der von August Jäger besorgten Sondermaschine der Reichsregierung in Kopenhagen, um zu erfahren, daß Fanø kein Vorort der dänischen Hauptstadt, sondern eine Insel vor der dänischen Westküste sei. Zum Glück für Birnbaum half eine Maschine der Lufthansa aus. So wasserte am frühen Nachmittag vor den Augen der erstaunten Konferenzteilnehmer am Strand von Fanø eine Ju 52 W, der der reichskirchliche Oberkirchenrat und Sonderbeauftragte entstieg.

Heckel glaubte in diesem Augenblick selbstverständlich nichts anderes, als daß Birnbaum seine Absetzung bringe, was ihm, als er sich in einem kleinen Kreis offenbarte, in der Versammlung überraschendes Mitgefühl eintrug.

Dietrich Bonhoeffer und Winfried Maechler (rechts) auf der zur selben Zeit in Fanø stattfindenden Konferenz des Weltbundes für internationale Freundschaftsarbeit der Kirchen. Auf dieser Konferenz hielt Bonhoeffer seine aufsehenerregende Friedenspredigt.

Aber um Absetzung ging es zunächst ja nicht. Vielmehr suchte der reichskirchliche Abgesandte aus deutschchristlicher Sicht zu überzeugen. Er sprach von der großen Kircheneintrittsbewegung, von der neuen Religiosität im Dritten Reich, vom Abbau der Arbeitslosigkeit und vom großen Aufbruch in die Zukunft.

Noch nach Kriegsende hielt der ehemalige reichskirchliche Oberkirchenrat im Rückblick seinen damaligen viertelstündigen Auftritt vor dem Rat am Abend des 29. August für einen großen Erfolg. Zeitgenossen dagegen notierten, er habe »... einen ungeheuer lächerlichen Kram erzählt«,[186] und dies sei »die unwahrscheinlichste Ansprache« gewesen, die man sich denken konnte.[187] Daß die Resolution den Bruch mit der Reichskirche vermied, war zweifellos mehr der allgemeinen Überzeugung des Rates und allenfalls einem Mitgefühl für Heckel zu danken als dem naiven Gerede Birnbaums vom großen religiösen Aufbruch im Dritten Reich.

Denn insgesamt stellte sich der Rat auf seiner abschließenden Sitzung am 30. August so eindeutig wie nur möglich auf die Seite der Bekennenden Kirche. Dies bekundete sich in zwei Entscheidungen.

Zum einen machte die Versammlung von ihrem Kooptionsrecht Gebrauch und wählte neben anderen demonstrativ Präses Koch und Dietrich Bonhoeffer »as consultative and coopted members« neu in den Ökumenischen Rat für Praktisches Christentum.[188] Damit war im Grunde die Anerkennung der Bekennenden Kirche ausgesprochen. Indirekt gab dies selbst Heckel zu, wenn er in seinem offiziellen Protest erklärte, die deutsche Delegation sei gezwungen, »diese Wahl als Beweis einer einseitigen Haltung gegenüber den inneren Verhältnissen der deutschen Kirche anzusehen ...«[189] Wichtiger und nach ihrem internationalen Echo ungleich wirkungsvoller als diese Zuwahl war die mit Spannung erwartete Resolution, die am Nachmittag gegen die Stimmen der deutschen und der österreichischen Delegation angenommen wurde.[190] Sie enthielt in sechs Punkten eine klare Verurteilung der reichskirchlichen Politik. Der Rat gab darin seiner Überzeugung Ausdruck, »daß ein autokratisches Kirchenregiment, besonders wenn es durch feierlichen Eid den Gewissen auferlegt wird, die Anwendung von Gewaltmethoden und die Unterdrückung freier Aussprache mit dem wahren Wesen der Kirche Christi unvereinbar ...« seien, und erbat »für seine christlichen Brüder in ...« Deutschland »Freiheit, das Evangelium ... zu verkündigen ..., Freiheit des gedruckten Wortes und der Versammlung ..., Freiheit ...« endlich, »die Jugend nach den Grundsätzen des christlichen Glaubens zu erziehen ...«[191] Das nach Lage der Dinge unvermeidliche Zugeständnis enthielt der Punkt vier, in dem der Rat erklärte, er wünsche »... mit allen Gruppen in der Deutschen Evangelischen Kirche in freundlicher Beziehung zu bleiben« – eine Erklärung, die zweifellos der Haltung der Mehrheit entsprach. Entscheidend für die kommenden Wochen jedoch wurde der Beschluß des Rates, mit den Brüdern in der Bekenntnissynode »enge Gemeinschaft ... aufrechtzuerhalten«, und der Auftrag an das Präsidium, alle geeigneten Schritte zu unternehmen, um den hier aufgestellten Grundsätzen Geltung zu verschaffen.[192] Dies war die Vollmacht für Bischof Bell, im deutschen Kirchenkampf weiterhin im Sinne der Resolution tätig zu werden. Und der Lordbischof war zweifellos der Mann, diese Vollmacht auch zu nutzen.

Der Protest der deutschen Delegierten, den Heckel alsbald zu Protokoll gab, ließ im ersten Teil die Erleichterung erkennen, daß der Bruch mit der Reichskirche vermieden worden war, und gab gleichzeitig der Hoffnung Ausdruck, daß die deutsche Kirche selber mit ihren Schwierigkeiten fertig werden würde. Im zweiten Teil wies Heckel die Anschauung zurück, es gebe in Deutschland ein »autokratisches Kirchenregiment«,[193] widersprach der Meinung, daß die Freiheit der Verkündigung gefährdet sei, und lehnte schließlich die einseitige Festlegung des Rates auf die Bekennende Kirche und »deren theologische Sondermeinung« ab.[194] Das Ganze sah verdächtig nach einer Pflichtübung aus, und die »Junge Kirche« ermahnte denn auch ihre Leser, die Erklärung »sehr sorgfältig« zu lesen und sie ». . . aus der schwierigen Lage der deutschen Delegation heraus« zu würdigen.[195]

Das internationale Echo auf die Beschlüsse von Fanø war groß, aber nicht einheitlich. Manche ausländischen Beobachter, die den Bruch erwartet hatten, zeigten sich enttäuscht von der scheinbaren Zurückhaltung des Rates, andere versuchten, ihren Lesern die Schwierigkeiten der Situation zu erklären.[196] Aber alle Berichte der deutschen Auslandsmissionen waren sich darin einig, daß die dortigen Vorgänge für die auswärtigen Beziehungen des Reiches von nicht zu unterschätzender Bedeutung seien und daß es, wie die Gesandtschaft aus Kopenhagen für den Norden berichtete, ». . . letzten Endes um die Erhaltung einer kulturellen Vormachtstellung Deutschlands . . .« gehe.[197]

Am Montag nach dieser bewegten Woche, einen Tag vor Eröffnung des Reichsparteitags, der Müller und Jäger noch einmal die scheinbar triumphale Bestätigung ihrer Kirchenpolitik durch Hitler bringen sollte, fanden drei Ereignisse statt, die jeweils auf ihre Weise die Entwicklung der kommenden Wochen nachhaltig bestimmten.

Zunächst traf sich im Bahnhofshotel in Würzburg der Reichsbruderrat, hauptsächlich um einen Bericht Bonhoeffers über Fanø anzuhören. Dabei teilte Bonhoeffer mit, daß Bischof Bell gerne Ende September nach Deutschland käme, wenn er darum gebeten würde. Das eher karge Protokoll hielt daraufhin als Beschluß fest: »George Bell soll bedankt und eingeladen werden.«[198] Kurz darauf berichtete Bonhoeffer nach England, die Resolution von Fanø sei im Bruderrat »der stärksten Zustimmung« begegnet und man habe den lebhaften Wunsch, mit Bell zusammenzutreffen, wann immer es ihm passend erscheine.[199] Damit war jene Verbindung geknüpft, die sich bald als so außerordentlich bedeutsam erweisen sollte.

Zur gleichen Zeit traten in Berlin die deutschchristlichen Bischöfe unter dem Vorsitz des Reichsbischofs zu einem »Bischofstag« zusammen, um ebenfalls über Fanø zu beraten.[200] In diesem Kreise war begreiflicherweise von Zustimmung keine Rede. Aber durchdrungen von der eigenen Bedeutung meinte man der Entschließung des Ökumenischen Rates ein eigenes, würdevolles ». . . Wort des deutschen evangelischen Bischofstages« schuldig zu sein. Dabei ließ man das ernsthafte Bemühen um Verständnis und Mitarbeit

Reichsausgabe

Evangelium im Dritten Reich

Die Kirchenzeitung der evangelischen Nationalsozialisten

Jahrgang 3 Berlin SW 11, 28. Oktober 1934 Nummer 43

Die Inschriften der Glocke:

Reichsbischof
Ludwig Müller 1934

Neben die alte Schwester, im Kriege verwaist, tret' ich, zu künden die neue Zeit und deutscher Helden Opfergeist.

Neu erstanden im Jahre der lutherischen Vollendung der Deutschen Evangelischen Kirche und des Heimganges unseres Hindenburg will ich dienen getreu seinem Wort: Sorgt dafür, daß Christus in Deutschland verkündigt wird.

Die erste Reichsbischofsglocke

Am Sonntag, dem 28. Oktober, wird die Heldengedächtnis- und Reichsbischofsglocke der Heilandskirche zu Sakrow an der Have bei Potsdam eingeweiht.

Im Jahr 1934 verlor der Reichsbischof immer mehr an Ansehen. Diejenigen, die ihn weiter unterstützten, scheuten sich vor keiner Geschmacklosigkeit.

Die deutschchristlichen Siegel verbanden stets Kreuz und Hakenkreuz.

durchblicken, um gleichzeitig zu versichern, die mahnenden Worte des Rates seien ganz »unbegründet«.[201] »Echt deutsch und christlich-mannhaft...«, so faßte der deutschchristliche Landesbischof Johannes Volkers kurz darauf in Oldenburg vor dem Landeskirchenausschuß zusammen, werde »in der Erklärung der Bischöfe versichert, daß es in Deutschland keinerlei Beschränkung der Wortverkündigung gäbe, daß man sich in Wort und Gewissen an Gott gebunden wisse«.[202] Ganz so frei und friedlich ging es freilich auch in Oldenburg nicht zu. Denn der Landesbischof forderte auf derselben Sitzung, es sollte jetzt »energisch durchgegriffen werden«; er sehe in dem »Pfarrernotbund und der Bekenntnisgemeinschaft eine illegitime Organisation, eine Versündigung am Evangelium, gegen die Kirche, gegen Christus, gegen das Deutsche Volk. Viele Türen zum Herzen des Nationalsozialistischen Kirchenvolkes...« hätten »diese illegitimen Bünde zugeschlagen«. Und der Delmenhorster Pfarrer Wilhelm Meyer, der das Protokoll führte, fügte eindrucksvoll hinzu: »(Das haben wir diesen Hornochsen zu verdanken! W. M.)«[203]

Einen weiteren Tagesordnungspunkt des Bischofstages in Berlin bildete ein Bericht Jägers, der behauptete, ein »... ernsthafter Einwand gegen...« die »Legalität der Nationalsynode sei ihm bisher nirgend begegnet«.[204]

Schließlich wurde den Bischöfen mitgeteilt, daß die Einführung des Reichsbischofs inzwischen auf den 23. September festgesetzt sei und daß die Deutschen Christen zur gleichen Zeit in Berlin ihre zweite Reichstagung veranstalten würden. So schien für die Reichskirche alles auf dem besten Wege. Wer dies sah und hörte, konnte kaum noch zweifeln, daß der endgültige Triumph des Rechtswalters und seiner bischöflichen Marionetten unmittelbar bevorstand.

Die größte Überraschung an diesem 3. September aber stand im »Gesetzblatt der Deutschen Evangelischen Kirche«. Es war eine Verordnung des Rechtswalters, nach der die Vorschriften des von der Nationalsynode beschlossenen Leitungsgesetzes mit sofortiger Wirkung »... in der Evangelisch-lutherischen Kirche in Bayern rechts des Rheins und der Evangelischen Landeskirche in Württemberg in Kraft« treten sollten.[205] Dies war nichts anderes als der Versuch der Gleichschaltung auf kaltem Wege. Und jedermann, der die Verhältnisse kannte, auf deutschchristlicher Seite ebenso wie auf seiten der Bekenntnisgemeinschaft und selbst in der katholischen Kirche, wußte, daß es nun ums Ganze ging.

8. KAPITEL

Der Kampf um die süddeutschen Landeskirchen, die Synode von Dahlem und der Zusammenbruch der Gleichschaltungspolitik (September – Oktober 1934)

Mit dem Kampf um die süddeutschen Landeskirchen stand für einen Augenblick möglicherweise die Zukunft der christlichen Volkskirchen im Dritten Reich überhaupt auf dem Spiel. Denn Müllers und Jägers Ziel ging längst über die rechtliche und sachliche Gleichschaltung der Deutschen Evangelischen Kirche hinaus. Was sie vor Augen hatten und wozu die Gleichschaltung nur den organisatorischen Rahmen schaffen sollte, war die eine deutsche Nationalkirche völkischen Bekenntnisses, in der alle christlichen Konfessionen in Deutschland aufgehen sollten. Ob sich eine solche Nationalkirche bei einem Sieg August Jägers tatsächlich hätte verwirklichen lassen, ist schwer zu sagen. Bei der weitverbreiteten Bereitschaft zu zielloser Gläubigkeit, die die Zeit des Dritten Reiches kennzeichnete und die die Deutsche Glaubensbewegung Hauers ebenso trug wie die Thüringer Deutschen Christen und später den Kult der SS, war die Möglichkeit jedenfalls nicht auszuschließen. Eine nationalkirchliche Entwicklung dieser Art aber hätte zweifellos auf längere Sicht auch für den deutschen Katholizismus eine erhebliche Bedrohung bedeutet.

Und die aufmerksamen Beobachter auf katholischer Seite wußten das.

Nicht zufällig ließ im November 1934 der Freiburger Erzbischof Conrad Gröber eine kleine Schrift »Nationalkirche?« erscheinen, in der er sich ausführlich mit dem nationalkirchlichen Gedanken beschäftigte und – nicht zuletzt unter Hinweis auf das Reichskonkordat – eindringlich vor allen derartigen Versuchen warnte. »Die Auseinandersetzungen in der protestantischen deutschen Kirche«, schrieb Gröber, »beklemmen mit ihren auffälligen Vorgängen und unsicheren Zielen auch uns. Manche vermuten und fürchten bereits, daß es dort nur ein Anfang ist, aber noch lange kein Ende. Ob nicht auch die Katholiken in absehbarer Zeit unter die rollende Walze der religiösen Gleichschaltung geraten?«[1] Und nachdem der Erzbischof jedes denkbare Zusammengehen von Protestantismus und Katholizismus in einer deutschen Nationalkirche als unnötig und unmöglich abgewiesen hatte, kam er noch einmal auf »... den Kampf der bekenntnistreuen Protestanten ...« zu sprechen und meinte, die Katholiken verstünden sehr wohl, daß es hier »nicht etwa bloß um äußere Formen ..., sondern um das tiefste Wesen und den grundsätzlichen Kern« gehe.[2]

Daß dies nicht nur eine Einzelstimme war, zeigte auch die Jahresschlußpredigt von Erzbischof Hauck. Der Bamberger Oberhirte wandte sich darin ebenfalls entschieden gegen die »... Idee einer Nationalkirche ...«, die in »grellem brennenden Widerspruch zu dem Wesen der katholischen Kirche« stehe. In diesem Zusammenhang rühmte er »... die Bekenntnistreue unserer evang. Mitbrüder für Christus und ...« begrüßte »ihren Kampf gegen das neue Heidentum«.[3]

Noch eindrücklicher betonten die »Deutsche[nl Briefe« die stellvertretende Funktion der Auseinandersetzungen. Ihre ersten Nummern im Herbst 1934 waren voll von Berichten über den evangelischen Kirchenkampf, »weil wir«, so schrieb Waldemar Gurian, »glauben, dass er auch für den Katholiken und die katholische Kirche von entscheidender Bedeutung ist«.[4] Das Vorgehen der Reichskirchenregierung, so hieß es in dem Abschnitt »Das gemeinsame katholisch-protestantische Anliegen« weiter, »... ist nicht nur eine organisatorische, innerprotestantische Angelegenheit, die darum möglich geworden ist, weil den Protestanten eine sichtbare lehramtliche Autorität und eine auf Sakramenten beruhende kirchliche Hierarchie fehlt, sondern es ist ein direkter Angriff auf die Verkündigung des Glaubens an Christus den Erlöser, den alle Christen, Protestanten und Katholiken, gemeinsam haben«. Jetzt sei nicht die Zeit, so schloß der Abschnitt, sich den Protestanten »überlegen zu fühlen ... Im Gegenteil, heute muss der Katholik den Glaubensmut jener protestantischen Männer bewundern, die es wagen, allen Verleumdungen und Täuschungsversuchen zum Trotz in ihrem Eintreten für Christus und den christlichen Glauben treu und fest zu bleiben.«[5]

Dies waren angesichts der tiefverwurzelten Antipathien zwischen Katholiken und Protestanten erstaunliche und ermutigende Töne. Das Klima zwischen den Konfessionen begann sich offensichtlich zu verändern. Als einer der ersten bemerkte dies der Nachrichtendienst des Reichssicherheitshauptamtes. Unter der bezeichnenden Überschrift »Der Weg des Protestantismus nach Rom« registrierte der SD in einem umfangreichen Sonderbericht verärgert und besorgt zugleich zahlreiche Hinweise für eine wachsende Gemeinsamkeit im Kampf gegen die nationalsozialistische Weltanschauung.[6]

An eine umittelbare Unterstützung der bedrängten süddeutschen Kirchen freilich war aus vielerlei Gründen nicht zu denken. Und so galt es nun in Stuttgart wie in München, sich auf die eigenen Kräfte zu besinnen.

Während in Bayern schon durch die Synode vom 23. August Pfarrer und Gemeinden alarmiert waren, versicherte sich Wurm unmittelbar nach dem Erscheinen der Gleichschaltungsverordnung persönlich des Rückhaltes bei der Pfarrerschaft. Am 7. September ging eine Anfrage des Landesbischofs an alle württembergischen Pfarrer: »Ich frage meine Amtsbrüder, ob sie meine bisherige Haltung gegenüber der gegenwärtigen Reichskirchenregierung billigen und entschlossen sind, mich in dem Kampfe um eine evang. Reichskirche, die auf dem Grund des Evangeliums steht und bleibt, weiterhin zu unterstützen, komme, was da wolle.«[7]Das Ergebnis wurde zu einer eindrucksvollen Vertrauenskundgebung für den Bischof und zeigte damit zugleich, daß der politische Wille Hitlers hier an eine Grenze stieß. Binnen einer Woche hatten sich 1174 Pfarrer, das entsprach 82 Prozent, hinter den Landesbischof gestellt, und nur 92 oder 8 Prozent hatten sich gegen ihn ausgesprochen.[8]

Die Anfrage war keine Stunde zu früh ergangen. Denn schon am folgenden Tag führte Jäger den ersten entscheidenden Stoß gegen die württembergische Kirche.

Was immer man dem Rechtswalter vorwerfen konnte, an rascher Entschlußkraft und persönlichem Einsatz für seine Sache jedenfalls mangelte es ihm nicht. So erschien er, noch während der Reichsparteitag andauerte, am Samstag, dem 8. September um 12.00 Uhr mittags in Begleitung des Berliner Konsistorialpräsidenten Walzer, des württembergischen Ministerialdirektors Gottlob Dill und anderer, die ebenfalls zu den Deutschen Christen zählten, überraschend im Gebäude des Oberkirchenrates am Alten Postplatz, um die renitente Kirchenleitung in die Knie zu zwingen. Vor den versammelten Oberkirchenräten und Kirchenbeamten zog er in einer Ansprache zunächst die großen Linien aus. »Das Bekenntnis solle nicht über das Evangelium gestellt werden«, behauptete er, »denn Bekenntnisse seien wandlungsfähig. Am Ende der Entwicklung sehe er eine Nationalkirche stehen, die sich von selbst entwickeln werde. Als Fernziel sehe er die Überwindung der Konfessionen und der religiösen Spaltungen im deutschen Volke.«[9] Diese Sätze, mehrfach bezeugt und alsbald in der ganzen Bekenntnisgemeinschaft verbreitet, galten von nun an als Beweis, daß die Reichskirchenregierung tatsächlich eine überkonfessionelle deutsche Nationalkirche anstrebe.

Als sich gegen diese Ausführungen Widerspruch erhob, machte der Rechtswalter kurzen Prozeß: Er beurlaubte zwei Oberkirchenräte und entzog einem dritten die Leitung des Evangelischen Gemeindedienstes. Dann fragte er den Landesbischof, ob er bereit sei, die Verordnung vom 3. September anzuerkennen. Als Wurm verneinte, erklärte Jäger, »der Landesbischof sei auf seine geistlichen Rechte beschränkt«, und setzte nach bewährtem Muster den mitgebrachten Konsistorialpräsidenten als reichskirchlichen Kommissar für die Verwaltung der württembergischen Kirche ein.[10]

Für die Begründung dieser Vorgänge in der Öffentlichkeit hatte Jäger sich eine besondere heimtückische Formulierung ausgedacht. »Der Rechtswalter der Deutschen Evangelischen Kirche«, so stand am Montag in allen Zeitungen des Landes, habe »... aus besonderem Anlaß eine Überprüfung der Verwaltungsverhältnisse der württembergischen Landeskirche ...« vorgenommen. »Es handelte sich insbesondere um *Klärung finanzieller Vorgänge*, und zwar von Überweisungen hoher Summen auf Stellen außerhalb der Landeskirche«.[11]

Bei dieser Beschuldigung, die selbstverständlich den Verdacht einer großangelegten Unterschlagung erwecken sollte, ging es um folgendes. Schon in Erwartung des reichskirchlichen Zugriffs hatte nämlich der Finanzreferent des Oberkirchenrates 230000 RM aus einem Sonderfonds teils auf das Stuttgarter Konto der Baseler Mission, teils an die Bekenntnissynode in Oeynhausen überwiesen, um sie »... zur Verwendung durch den rechtmäßigen Landesbischof« sicherzustellen.[12] Da die Gelder auf Antrag der staatlichen Aufsichtsbehörde sofort zurückflossen und die Buchungsvorgänge offenlagen, war der Unterschlagungsvorwurf leicht zu widerlegen. Gleichwohl wiederholten die reichskirchlichen Kommissare und die Presse die Beschuldigungen,[13] bis Ende November das Stuttgarter Landgericht zu einem vollständigen Freispruch kam.[14]

Nachdem eine erste Überprüfung dieser Angelegenheit keine Anstände ergeben hatte, forderte Wurm am 13. September Staatsregierung und Reichskirchenleitung auf, den Kommissar zurückzuziehen.[15] Die Antwort erfolgte prompt mit einem erneuten Besuch August Jägers in Stuttgart. Den ganzen Nachmittag des 14. September versuchte er, die Mitglieder des Oberkirchenrats zu einer Vereidigung auf die Reichskirche zu bewegen. Als dies vergeblich blieb – nur zwei juristische Oberkirchenräte und die mittleren Beamten leisteten den Eid –, erklärte der Rechtswalter im Namen des Reichsbischofs den Landesbischof und die starrköpfigen Oberkirchenräte für beurlaubt, verbot ihnen jede weitere Tätigkeit und beauftragte den Ebinger Stadtpfarrer Eberhard Krauß mit der Wahrnehmung der Geschäfte des Landesbischofs.[16]

Die Frage, was den damals 43jährigen, zuvor ganz unauffälligen Pfarrer zur Übernahme dieses Amtes bewog, ist wie bei so vielen anderen kaum zu beantworten. Im Pfarrbericht über seine frühere Gemeinde Forchtenberg hieß es 1927, er versehe »sein Amt mit vorbildlicher Treue, mit feinem Takt u. mit großem Geschick«. Er sei, so stellte sein Dekan fest, »in seiner Gemeinde außerordentlich geschätzt«; sein Charakter sei »unbedingt zuverlässig«.[17] Nun ließ sich derselbe Mann zum Werkzeug einer gewalttätigen Kirchenpolitik und zum Gegenspieler des Landesbischofs machen und hielt vor der umgebildeten Landessynode kämpferische Reden über die Gleichschaltung von Kirche und Staat.[18] Es war offensichtlich die nationale Revolution, die Faszination des gänzlich Neuen, die auch diesen Mann von Grund auf verändert hatte.

Als Jägers wichtigste Waffe in diesen Tagen erwies sich das Schreiben der Präsidialkanzlei vom 11. September, in dem Meißner im Auftrag des Führers und Reichskanzlers mitteilte, daß die rechtlichen Einwände gegen die Eingliederungsmaßnahmen »nicht begründet« seien.[19] Mit diesem Schreiben forderte Jäger im Oberkirchenrat die Vereidigung; mit diesem Schreiben begründete auch Krauß die Übernahme seines Amtes. Der Führer selbst, so erklärte er am 15. September im Rundfunk, habe die Beschwerden von Meiser und Wurm zurückgewiesen. »Damit ist für jeden Deutschen ohne weiteres die Rechtmäßigkeit dieser Maßnahmen gegeben. Ein Widerstand gegen die Eingliederung ist zugleich auch ein Widerstand gegen den ausgesprochenen Willen des Führers selbst.«[20]

Mit diesem Schreiben war selbstverständlich auch die Haltung von Partei und Regierung festgelegt. Am 19. September konnte der Verwaltungskommissar Walzer dem Reichsbischof berichten, man halte mit »... den staatlichen Stellen ...« nach wie vor »engste Fühlung ... Der Herr Reichsstatthalter ...« habe »in nachdrücklichster Weise erklärt, daß der Kampf mit allen Mitteln geführt werden müsse und daß es ein Zurück nicht gäbe.«[21] Vier Wochen später wiederholte der stellvertretende Gauleiter Friedrich Gottlob Schmidt in einem Aufruf an die Partei: »Die Partei und der Staat wünschen eine einheitliche evang. Reichskirche. Beide begrüßen und unterstützen deshalb alles, was zu diesem Ziele führt.«[22]

Erst vor diesem Hintergrund werden die Schwierigkeiten ganz verständlich, mit denen in den kommenden Wochen die württembergische und die bayerische Kirche zu kämpfen hatten.

Die Verwirrung um das Schreiben aus der Präsidialkanzlei wurde schließlich so groß, daß Wurm dazu eine Oeynhausener Stellungnahme erbat. Flor stellte in seinem Rechtsgutachten ausdrücklich fest, daß es sich bei diesem Schreiben »... nicht um Setzung eines neuen Rechtes handeln« könne.[23]

Mit der Übernahme der Kirchenleitung durch die Reichskirche schien der Kampf um Württemberg entschieden. »Die Deutsche Evang. Reichskirche hat in Württemberg gesiegt!«, jubelte am 16. September der »Deutsche Sonntag«, das Blatt der Deutschen Christen, und fuhr fort: »Alle Anstrengungen der früheren württ. Kirchenleitung samt ihren Anhängern vermochten nicht, den Durchbruch des gewaltigen, evang. Einigungswerks in Württemberg aufzuhalten.«[24]

In der Tat wäre angesichts der hier versammelten Kräfte die württembergische Kirchenleitung verloren gewesen, wenn sich nun nicht die Kräfte des Widerstandes in den Gemeinden selbst geregt hätten. Träger dieses Widerstandes wurde die erst im Juli wiederbegründete Bekenntnisgemeinschaft, gleichsam die württembergische Form der Bekennenden Kirche. Diese Bekenntnisgemeinschaft konnte sich – anders als in vielen preußischen Gebieten auf die rechtmäßige Kirchenleitung und die große Mehrheit der Gemeinden und Pfarrer im Lande stützen und trug darum sehr viel stärker volkskirchliche Züge. Anders als die Bruderräte in den zerstörten Kirchen, also vor allem in Preußen, kannte sie keine persönlichen Mitglieder und keine »Roten Karten«, sondern arbeitete mit einem Bruderrat und Vertrauensleuten in den Dekanaten, die vor allem für Informationen zu sorgen hatten.[25] Im stürmischen Herbst 1934 freilich war von diesen Unterschieden, die später zu großen Verständigungsschwierigkeiten führen sollten, fast nichts zu bemerken. Vielmehr trat nun alles hinter der Notwendigkeit einer gemeinsamen Verteidigung zurück.

Am gleichen 14. September, an dem Jäger die Kirchenleitung beurlaubte, gab die Bekenntnisgemeinschaft in einem Rundschreiben erste »wichtige Hinweise«.[26] Dabei war der letzte Punkt von besonderer Bedeutung: »Das entscheidende Gewicht fällt freilich wie schon immer so jetzt noch mehr darauf, daß wir in dieser Stunde der Kirche unsere Gemeinden auf alle und jede Weise wach rufen, wach halten, sammeln und die Gesammelten in regelmäßigen Zusammenkünften unter das Wort bringen, sie zu regelmäßigem Gottesdienstbesuch und Hausandacht und zur Führung eines christlichen Wandels aufrufen, erziehen und verpflichten.«[27]

Und während das württembergische Innenministerium am 17. September durch Erlaß alle öffentlichen Erklärungen und Auseinandersetzungen zum Kirchenstreit verbot und lediglich Verlautbarungen »... des Reichsbischofs und des rechtmäßigen Württ. Evang. Oberkirchenrats« davon ausnahm,[28] während Partei und Staat mit allen Mitteln die Durchsetzung der reichskirchlichen Politik zu erzwingen suchten[29] und der Landesbischof von seiner Wohnung aus weiterhin die Kirchenleitung ausübte,[30] kam es im ganzen Land zu unzähligen Bitt- und Bekenntnisgottesdiensten, die immer deutlicher demonstrativen Charakter annahmen.[31]

Angesichts der wachsenden Erregung im Land konnte es nicht ausbleiben, daß es da und dort auch schon zu unmittelbaren Zusammenstößen kam. So berichtete der Balinger Dekan über einen Vorfall, der sich am 23. und 24. September in dem kleinen Dorf Truchtelfingen auf der Schwäbischen Alb abgespielt hatte.[32]Hier war zunächst eine geschlossene Versammlung des Pfarrers am Sonntagnachmittag verboten worden. Daraufhin kam es am Montagabend zu einer Demonstration vor dem Pfarrhaus. Mehrere hundert Leute sangen zunächst »Ein feste Burg«, Verbote der Polizei blieben wirkungslos; die Truchtelfinger SA weigerte sich einzugreifen; SA aus Ebingen wurde geholt, und es kam zum Tumult. Schließlich wurde der Pfarrer in Schutzhaft genommen und im Obergeschoß des Rathauses verhört, während unten der gleichfalls festgehaltene Mädchenkreis sang: »Sollt' ich meinem Gott nicht singen!« Das Ganze war ein schwäbisch-dörfliches Genrebild mit ernstem Hintergrund. Der Dekan bemerkte zum Abschluß, Polizei und Kreisleitung wollten die Sache nicht weiterverfolgen, weil sie offenbar eingesehen hätten, »mit welch elementarer Wucht da die Treue zur Kirche aufgewacht ist und daß sie solchen Dingen gegenüber machtlos sind, wenn die Unruhe nicht allgemein werden soll«. Und es war wohl sehr schwäbisch, wenn er mit einem persönlichen Wort schloß: »Erhebend war mir, aus dem Munde des Pfarrers selbst ... zu hören, welches Gefühl der Sicherheit über ihn und die Seinen gekommen sei, wie es ihm ganz klar sei, daß Gott diese Sache ins Werk gesetzt habe, und wie auch viele Gemeindeglieder sich gefreut haben, daß sie ›um des Heilands willen ein wenig haben leiden dürfen‹.«[33]

Kein Zweifel, auch in Gemeinden, die bis dahin von den kirchlichen Auseinandersetzungen noch ganz unberührt geblieben waren, wachten die Menschen auf, und es war nicht abzusehen, was bei einer Fortdauer der Spannungen daraus werden würde.

Während die Reichskirchenregierung wohl glaubte, die württembergische Landeskirche gewissermaßen im Handstreich nehmen zu können, war man über das Vorgehen gegen Bayern noch unsicher. In einem längeren Gespräch am Rande des Reichsparteitags fragte der Reichsbischof den bayerischen Ministerpräsidenten Siebert, ob er nicht einen neuen Landesbischof wisse, »weil Meiser nicht mehr tragbar sei«.[34] Als Siebert den Reichsbischof warnte und meinte, er wisse niemanden, nannte Ludwig Müller zwei Namen: einen gewissen Pfarrer Richard Zwörner aus Selb, offenbar ein Vorschlag des bayerischen Kultusministers Schemm, und den Universitätsprofessor Meyer aus Jena.[35] Und Wolf Meyer ergriff nun in Bayern die Initiative.

Unter den vielen Lebensläufen, die in diesen Jahren fast unbegreifliche Veränderungen und Verwerfungen erfuhren, tat sich derjenige von Wolf Meyer noch hervor. Anfang der dreißiger Jahre war der damals 40jährige Heidingsfelder Pfarrer, der sich Meyer-Erlach nannte, als einer der ersten Rundfunkprediger weithin bekannt geworden. Seit dieser Zeit war er offenbar besessen von der Idee der nationalen Volksmission. So wechselte er im Sommer 1933 ins Lager der Deutschen Christen über und stellte sein leidenschaftliches, ja maßloses Temperament ganz in den Dienst der deutsch-christlichen Sache. Von der Berliner Reichsleitung enttäuscht, wandte er sich den Thüringern zu und wurde auf Lefflers Betreiben im November 1933 auf den Lehrstuhl für Praktische Theologie an der Universität Jena berufen.[36] Von hier aus führte er einen hemmungslosen Feldzug gegen Barmen und die *»bibel- und bekenntniswidrige, gottlose dialektische Theologie«*.[37] Und von hier aus versuchte er nun auch, in Bayern eine deutschchristliche Kirchenbewegung der Thüringer Richtung aufzubauen, um damit die reaktionäre Landeskirche zu erobern und den verhaßten Landesbischof zu stürzen. Sein engster Gehilfe bei diesem Bemühen war der stellvertretende Gauleiter in Mittelfranken und Gaupropagandaleiter Karl Holz, ein Mann, der seinem berüchtigten Chef, Julius Streicher, in nichts nachstand. Holz war zugleich Besitzer und Herausgeber des parteiamtlichen Blattes der Region, der »Fränkische[n] Tageszeitung«. Dieses Blatt wurde zum bevorzugten Sprachrohr Wolf Meyers.

Ende Juni veröffentlichte das Blatt einen flammenden Aufruf Meyers an Pfarrer und Lehrer, Bauern, Arbeiter und Bürger, in die Kirchenbewegung der Deutschen Christen einzutreten und ». . . den heiligen Krieg in deutschen Landen« mitzukämpfen.[38] Fünf Wochen später beschuldigte der Jenaer Professor

Extra-Blatt

Tageszeitung

Fort mit Landesbischof D. Meiser!

Er ist treulos und wortbrüchig – Er handelt volksverräterisch – Er bringt die evangelische Kirche in Verruf

Der Reichsparteitag 1934 ist in einer noch nicht dagewesenen Begeisterung und Einmütigkeit verlaufen. Was Adolf Hitler in allen seinen Reden zum Ausdruck brachte, das konnte jeder Teilnehmer tausendfältig beobachten: Das Volk in allen seinen Schichten und Ständen und auch

feindliche Treiben auf. „Was sich hier zeigt", erklärte er, „ist geistiges Emigrantentum." Ein aufrechter Deutscher könne nicht mehr mitmachen und er werde sich gegebenenfalls an andere Stellen wenden. Die Wirkung dieser mutigen Worte war ein [illegible], bei einer ehemaligen Kommunistenversamm-

Der Schuldige an diesen Zuständen ist Landesbischof D. Meiser. Er ist der Haupthetzer. Er verfaßt die Kundgebungen, die Rundschreiben und die Entschließungen. Er bringt die ihm unterstellten Geistlichen durcheinander. Er will nun auch noch die Kirchenbesucher in Verwirrung bringen.

Insbesondere verurteilen sie es, wenn die ausländische Presse dazu benutzt wird, die Auseinandersetzung in der Kirche fälschlich als Kampf gegen den Staat darzustellen.

Extrablatt der »Fränkischen Tageszeitung« mit Hetzartikeln des stellvertretenden Gauleiters Karl Holz, Nürnberg, gegen Landesbischof Meiser.

an gleicher Stelle die »... kirchliche Reaktion in Bayern ...«, sie rüste »zum Kampf für die kirchliche Mainlinie ... Zerbrecht die kirchliche Mainlinie und die Reaktion«, so forderte Meyer auf, kämpft »... für die Wahrheit. Deutschland, der Friede und die Sicherheit des Reiches sind in Gefahr. In Gefahr ist das Opfer der Millionen des Weltkrieges, das Blutopfer der Vorkämpfer des neuen Deutschland.«[39]

Mit der »Fränkische[n] Tageszeitung« wurde nun auch der Stoß gegen den bayerischen Landesbischof geführt. Am 15. September erschien ein groß aufgemachter Artikel unter der Überschrift: »Fort mit Landesbischof D. Meiser! Er ist treulos und wortbrüchig – Er handelt volksverräterisch. Er bringt die evangelische Kirche in Verruf.«[40] Der Artikel erinnerte an den Januarempfang bei Hitler und beschuldigte Meiser in den gröbsten Ausdrücken, sein damaliges Treuebekenntnis zum Führer *»schmählich gebrochen«* und den Reichsbischof *»schändlich verraten«* zu haben. Der bayerische Landesbischof habe »die sogenannte Bekenntnisfront« gegründet, deren Bekenntnis aber

»... nicht ehrliches und tatbereites Christentum« sei, sondern »... *der Wortbruch, der Treuebruch und der Volksverrat*«. Unwürdige, »... charakterlose und vaterlandslose Geistliche«, so hieß es weiter, beschmutzten »das Ansehen der evangelischen Kirche«.[41] Die Geduld der evangelischen christlichen Bevölkerung sei nun zu Ende. Sie verlange nun »... vor allem *die sofortige Entfernung des wortbrüchigen und treulosen Landesbischofs D. Meiser*«. Der Artikel war von Karl Holz und einem bis dahin unbekannten *»Süddeutscher[n] Bund evangelischer Christen«* unterzeichnet.[42] Dahinter stand ohne Frage Wolf Meyer.

Um die Bedeutung des Artikels zu unterstreichen, wurde er gleichzeitig als Extrablatt der »Fränkische[n] Tageszeitung« massenhaft in Nürnberg verteilt. Und als sei damit der Aufhetzung noch nicht genug getan, überschwemmten riesige rote Plakate die Stadt, die ebenfalls »Fort mit Landesbischof Meiser« forderten. Flugblatt- und Plakataktion mußten allerdings bald darauf auf Weisung der Polizei, die öffentliche Unruhen befürchtete, abgebrochen werden,[43] aber da hatten sie ihre Wirkung längst getan.

Der Sinn dieser dramatischen Kampfansage war nur allzu klar. Mittelfranken, das Land um Nürnberg und Ansbach, war ein Kernland der bayerischen Landeskirche. Wer hier die Gemeinden in die Hand bekam, hatte die Landeskirche fast erobert. Zugleich – und nicht zufällig – besaß der Gau Franken mit dem sogenannten Frankenführer Streicher an der Spitze auch für die Partei eine besondere Bedeutung. Hier hatte die NSDAP ihre ersten großen Wahlerfolge im Süden erzielt, hier hatte sie sich in der Kampfzeit auf den Parteitagen gesammelt und hier besaß sie in der evangelischen Bevölkerung scheinbar unverändert einen breiten Rückhalt.[44] Erst wenige Tage zuvor war hier der Reichsparteitag zu Ende gegangen, der erneut die braunen Massen in die Stadt gebracht hatte, die unter anderem Hitlers öffentliches Bekenntnis zur Reichskirche vernahmen. Was lag für die Gauleitung näher, als diesen Ruf aufzunehmen und Franken für die Deutschen Christen zu erobern?

So riefen denn Karl Holz und Wolf Meyer für den Abend des 17. September Partei und Bevölkerung zu einer Massenkundgebung auf dem Adolf-Hitler-Platz, dem alten Nürnberger Hauptmarkt, auf, um ihre Stärke auch in der Öffentlichkeit zu demonstrieren.

Wider ihre Erwartung gestaltete sich dieser Abend jedoch zu einem überwältigenden Treuebekenntnis der Nürnberger für Meiser.

Die Geistlichen der Stadt hatten schon am Sonntag von den Kanzeln protestiert. Am Montag hatte man versucht, ein Verbot der Massenkundgebung oder wenigstens eine Gegendemonstration zu erreichen. Nachdem beides fehlgeschlagen war, hatte Julius Schieder, der Rektor des Predigerseminars, in München angerufen und den Landesbischof gebeten, am Abend während der Massenkundgebung der Partei in der nahegelegenen Lorenzkirche zu predigen. Und während die SA noch mit klingendem Spiel zum Adolf-HitlerPlatz zog, füllten sich auf diese Nachricht hin binnen weniger Minuten St. Lorenz, Heilig Geist und schließlich Egidien. Der Landesbischof zog predigend von Kirche zu Kirche, die Gemeinden harrten stundenlang aus.[45] »Noch nie habe ich so viel innere Empörung unserer evangelischen Bevölkerung, besser unserer Gemeinden, erlebt wie in diesen Tagen«, begeisterte sich ein junger Katechet.

»Von 1/2 7 Uhr abends bis 11 Uhr saßen und standen die Leute in der Lorenzkirche – die alten Glaubenslieder brausten durch den Kirchenraum … und klangen hinaus, daß die Türen polizeilich geschlossen werden mußten … Nürnberg ist kirchlich erwacht. Christus ist der Herr. Er wird bekannt auf den Straßen, in den Häusern umher, in Bäcker- und Fleischerläden. – Wir stehen fest zusammen.«[46]

Die Bewegung griff schnell auf ganz Mittelfranken über. In den meisten der fast 400 Kirchen des Kreisdekanats Ansbach fanden in dieser Woche Bitt- und Bekenntnisgottesdienste statt, in denen die Prediger einheitlich über Apostelgeschichte 20, V. 28–32 predigten: »So habt nun acht auf euch selbst und auf die ganze Herde, unter welche euch der heilige Geist gesetzt hat zu Bischöfen.« Die Gottesdienste waren vielfach überfüllt, überall, wo Meiser erschien, wurde er begeistert begrüßt.[47]

Der sichtlich um Objektivität bemühte Sonderbericht des Ansbacher Regierungspräsidenten ließ die Schwierigkeiten erkennen, in die die Behörden angesichts dieser ganz unerwarteten Bewegung gerieten. Zwar sei der Polizei bisher »… ein gewaltsames Vorgehen erspart …« geblieben, so hieß es darin, »… aber bei der großen Erregung und dem heiligen Eifer, mit dem gekämpft …« werde, sei ihre Lage »an sich noch heikel genug. Der weit überwiegende Teil der Geistlichkeit und der evangelischen Bevölkerung steht auf Seiten des Landesbischofs; der Zustrom und die Anteilnahme der Kirchenbevölkerung übertraf alle Erwartungen, die Persönlichkeit des Landesbischofs selbst hinterließ allenthalben tiefsten Eindruck«. Das besondere Problem dieser fränkischen Bekenntnisbewegung aber wurde sichtbar in der Feststellung, daß »die große Mehrheit der Anhänger Meisers … gerade in Franken als treue Nationalsozialisten zu betrachten« seien, »die vielfach zu den alten Parteimitgliedern . . .« zählten.[48]

In der Tat, wenn die fränkische Gauleitung gehofft haben sollte, aus dem braunen Franken heraus den Stoß gegen die reaktionäre Kirchenleitung in München führen zu können, so erlebte sie hier ein Fiasko. Obwohl Hitler selbst sich in Nürnberg für die Ziele der Reichskirche und den Reichsbischof eingesetzt hatte und obwohl die Gauleitung den ganzen Propagandaapparat mobilisierte, verweigerten Parteigenossen und Nichtparteigenossen gemeinsam in diesem Punkt den Gehorsam. Noch hielten sie diesen Widerstand mit der Treue zum Dritten Reich für vereinbar und grüßten, wo immer sich die Massen sammelten, ihren Bischof demonstrativ mit der erhobenen Rechten. Aber die Drohungen mehrten sich, daß man notfalls nicht zögern werde, der Partei den Rücken zu kehren.[49]

Es lag in der Natur dieser Entwicklung, die nach Entscheidung drängte, daß sich nun auch die Deutschen Christen in Bayern wieder enger zusammenschlossen. Nach der Auflösung ihrer Organisation im Herbst 1933 hatten sie sich in verschiedenen Gruppen gesammelt, so im Frühjahr 1934 im »Nationalsozialistischer[n] Evangelischer[n] Pfarrerbund« (NSEP), der nach eigenem Bekunden ». . . politische Pfarrer . . .« vereinigen sollte, »die die *›geistige Haltung des Nationalsozialismus erarbeiten und verbreiten‹ wollten«.*[50] Im Juni war es dann zur Bildung des »Ansbacher Kreises« gekommen, der durch den »Ansbacher Ratschlag« weit über die bayerischen Grenzen hinaus bekannt geworden war,[51] und im August hatten Wolf Meyer-Erlach und Siegfried Leffler die Gründung einer Pfarrergemeinde der Deutschen Christen betrieben, die ein Glied der nationalkirchlichen Thüringer Kirchenbewegung bildete.[52]

Den ersten Anstoß zu einem engeren Zusammenschluß dieser verschiedenen Gruppen und Grüppchen gab die Proklamation des Führers auf dem Reichsparteitag. Am 9. September erklärten sieben vorwiegend aus dem »Ansbacher Kreis« stammende fränkische Pfarrer in einem Aufruf, der Wille des Führers sei nun klar und nach lutherischem Verständnis habe die Kirche sich diesem Willen des Staates zu fügen und die Eingliederung anzuerkennen.[53] Obwohl Althaus und Elert daraufhin ihren Austritt aus dem »Ansbacher Kreis« erklärten, schloß sich eine Woche später, unmittelbar nach den dramatischen Ereignissen in Nürnberg, die Pfarrergemeinde der Deutschen Christen diesem Aufruf an und verlangte mit der Unterschrift von weiteren fünfzehn Pfarrern den Rücktritt Meisers.[54] Kurz darauf schwenkte auch der

Nationalsozialistische Pfarrerbund auf diese Richtung ein.[55] Es waren – ähnlich wie in Württemberg – insgesamt nicht mehr als fünf oder zehn Prozent der bayerischen Pfarrer, die sich gegen den Landesbischof stellten – eine bunt zusammengewürfelte Schar aus persönlich Enttäuschten und Unzufriedenen, aus politischen Opportunisten und religiösen Enthusiasten. Sie fanden Unterstützung vor allem bei den Lehrern, die im Kampf gegen die Kirchenleitung alte Rechnungen begleichen, und bei Bürgermeistern und Ortsgruppenleitern, die ihrem Unmut über ungeliebte Pfarrer hier endlich Luft machen konnten. Bei »... uns in Rohr«, so beklagte sich etwa ein orthographisch nicht ganz sattelfester Bürgermeister beim Reichsbischof, »dauert der Gottesdienst oft bis dreiviertel Elf Uhr den die Herren können sich nicht genug reden aber alles durch die Blume es ist ein Jammer wenn mann das mit anhöhren muss ... Wir wollen eine deutsche Reichskirche«, so schloß der Erboste, »und erblicken in Ihnen einen Pionier dieses Werkes und beklückwünschen Sie, halten Sie aus und stecken sie die wiederspenstigen dorthinn wo sie hin gehören.«[56] Eben das hätten Reichsbischof und Rechtswalter zweifellos gern getan. Vorläufig jedoch mußte es bei dem handschriftlichen Vermerk bleiben: »Ja, lb. Bürgermeister, wenn das man so einfach ginge!!«[57]

Unter normalen Umständen hätte diese deutschchristliche Opposition gegen den Landesbischof keinerlei Rolle gespielt. Unter den besonderen Umständen dieser Wochen aber war sie äußerst gefährlich; denn sie bildete innerhalb der Landeskirche die wenn auch schmale Basis, auf die Jäger sich bei einem unmittelbaren Zugriff stützen konnte.

Zunächst jedoch ließ dieser Zugriff auf sich warten. Das lag vermutlich weniger an der Lage in Bayern als vielmehr an einer Reihe von Ereignissen, die Reichsbischof und Rechtswalter in Berlin in Anspruch nahmen. Hatte die Reichskirchenpolitik das ganze Jahr hindurch schon etwas Fassadenhaftes besessen, eine Äußerlichkeit, die durch die immer neuen Maßnahmen nur noch gesteigert wurde, so geriet sie in diesen Wochen vollends zu einer bloßen Schau, an der nichts – nicht einmal der Rückhalt der Partei – mehr echt war.

Äußerlich wurde das Bild der Reichskirche in der dritten Septemberwoche von den Vorbereitungen für die zweite Reichstagung der Deutschen Christen und der feierlichen Amtseinführung des Reichsbischofs bestimmt, die am 23. September im Berliner Dom vorgesehen war. Wenn man den Ankündigungen im »Evangelium im Dritten Reich« Glauben schenkte, so sahen die Führung des Reiches und das ganze evangelische Deutschland mit Dankbarkeit und Begeisterung diesen Tagen entgegen, die den sichtbaren Abschluß des großen Einigungswerkes der Deutschen Evangelischen Kirche bedeuten sollten.

In Wahrheit hatte Hitler alle Verantwortung auf Pfeffer abgeschoben, die Parteiführung demonstrierte ostentatives Desinteresse, und der Reichsaußenminister, dem offensichtlich der Kragen geplatzt war, ließ den Reichsbischof in einer Weise abfahren, die jeden anderen zumindest nachdenklich gemacht hätte.

Anlaß war eine Rede, die der Reichsbischof am 18. September in Hannover gehalten hatte. In seiner gewohnten, forschen Art hatte er darin vom Recht, ja der Pflicht des Staates gesprochen, in der Kirche Ordnung zu schaffen, war dann auf den Kampf gegen die Juden eingegangen, in dem die Christen zusammenstehen müßten, und hatte bei der Eingliederungsfrage auch mit Drohungen nicht gespart. Man werde sehen, sagte er, daß er die Konsequenzen »so hart ziehen« werde, wie sie gezogen werden müßten, und wenn die Unruhe nicht aufhöre, so müsse und werde der Staat für Ruhe sorgen.

Aber nicht diese sattsam bekannten Tiraden hatten besonderen Anstoß erregt, sondern der Schlußsatz, in dem Ludwig Müller triumphierend verkündet hatte: *»Was wir wollen, ist eine romfreie deutsche Kirche. Das Ziel, für das wir kämpfen, ist ein Staat, ein Volk, eine Kirche!«*[58]

Der Bericht über diese Rede führte vor allem im Saargebiet zu heftigen Reaktionen. Der Saarländische »Generalanzeiger« erschien am 20. September mit der dreispaltigen Schlagzeile: »Die Maske fällt! Kampfansage Hitlers an den Katholizismus.« Und darunter hieß es: »Der Führer kündigt durch den Mund seines Reichsbischofs sein kirchenpolitisches Ziel an: Eine romfreie Einheitskirche.« »Können die deutschen Katholiken an der Saar«, so fragte das Blatt, »kann der Vatikan, kann das katholische Saarvolk einen besseren Beweis für die Absichten der Nationalsozialisten haben, als diese Kampfansage an die römisch-katholische Kirche?« Und die Saarländische »Volksstimme« stellte ebenfalls in großer Aufmachung fest: »Die Rede Müllers war eine einzige Kampfansage an die evangelische Opposition, an die Juden, an Rom und an alles, was nicht hundertprozentig nationalsozialistisch ist.«[59]

Da erst wenige Tage zuvor die Botschaft in London auf die »höchst bedenkliche Auswirkung« der Vorgänge in Süddeutschland hingewiesen hatte,[60] brachten diese Nachrichten von der Saar das Faß nun zum Überlaufen. Der Reichsaußenminister ließ noch am selben Tag den Reichsbischof ins Auswärtige Amt kommen und erklärte ihm brüsk, »daß es nicht angängig sei, daß durch Maßnahmen irgendeiner kirchlichen Institution die Gesamtpolitik des

Reiches gefährdet ... werde«. Äußerungen wie die über eine romfreie Kirche könnten »die ganze Abstimmung in der Saar zu unseren Ungunsten ... gestalten«. Da Ludwig Müller selbstverständlich abstritt, derartiges gesagt zu haben, verlangte Neurath eine sofortige öffentliche Richtigstellung und erklärte zum Schluß, daß er »... von dem Herrn Reichskanzler beauftragt sei, ihm [dem Reichsbischof] folgendes mitzuteilen: Wenn es ihm nicht gelinge, die Einheit der evangelischem[n] Kirche auf friedlichem Wege herbeizuführen und wenn er etwa noch solche Reden halten würde wie in Hannover, so werde er in Zukunft keine Unterstützung mehr seitens des Herrn Reichskanzlers erfahren und habe ihn zum letzten Mal gesehen.«[61]

Dies war deutlich in doppelter Hinsicht: sowohl was die Unterstützung des Reichsbischofs durch Hitler in der Vergangenheit betraf als auch wo die Grenze in der Zukunft liegen würde.

Der neue Saarbevollmächtigte, der pfälzische Gauleiter Josef Bürckel, zeigte sich gleichfalls aufs höchste alarmiert. »Situation an der Saar gestattet keine weitere Belassung des Reichsbischofs Müller«, telegraphierte er an Hitler;[62] und vom Reichsbischof selbst verlangte er, »... beim Führer ...« seinen »Verzicht auf Einsetzung als Reichsbischof vorzutragen«.[63]

Ludwig Müller zeigte sich von alldem merkwürdig unbeeindruckt. Am Abend des 20. September ließ er ein fadenscheiniges Dementi veröffentlichen, das die Sache nur noch schlimmer machte.[64] Neurath äußerte unmittelbar nach dem Gespräch gegenüber Buttmann, der Reichsbischof habe »nur gelächelt«, es fehle ihm wohl »... an Intelligenz und Charakter«.[65]

Hitler war trotz dieser massiven Angriffe keineswegs bereit, den Reichsbischof fallenzulassen. Vermutlich mochte er ein Scheitern seiner evangelischen Kirchenpolitik um so weniger eingestehen, als gerade in diesen Tagen die Verhandlungen mit dem Episkopat über die Ausführung des Reichskonkordats erneut aufgenommen wurden. So nahm er die Ereignisse zwar zum Anlaß, sich ausdrücklich von der Einführung des Reichsbischofs zu distanzieren. Sie sei, ließ er Pfeffer mitteilen, »... eine innere Angelegenheit der deutschen evangelischen Kirche ..., in die sich einzumischen er wie die Reichsregierung ablehnen ...« müßten.[66] Gleichzeitig jedoch hielt er an dem schon im Juli vereinbarten Plan fest, Ende Oktober den Reichsbischof und die Landesbischöfe zu einer feierlichen Vereidigung in der Reichskanzlei zu empfangen und sich bei dieser Gelegenheit erneut grundsätzlich zur Reichskirche zu äußern.[67]

Inzwischen rüsteten in allen Gauen des Reiches die Deutschen Christen

Anläßlich ihrer zweiten Reichstagung hielten die Deutschen Christen am 22. September 1934 in der Berliner Kroll-Oper eine große Kundgebung ab. Von rechts nach links: Reichsleiter Kinder, Reichsbischof Müller, Rechtswalter Jäger, Reichsvikar Engelke.

zur großen Fahrt nach Berlin. Da der Andrang offensichtlich eher bescheiden blieb, half die Reichsleitung mit der Weisung nach, die Reisekosten mehr oder weniger aus den kirchlichen Kassen zu bestreiten.[68] So gelang es doch immerhin, eine ganze Reihe von Sonderzügen zu füllen, die im Lauf des 21. September in der Reichshauptstadt eintrafen, wo man mit riesigen grünen Plakaten, mit Fahnen und Transparenten den Eindruck zu erwecken suchte, die ganze Stadt nähme am Aufmarsch der Deutschen Christen Anteil.[69]

Das Riesenprogramm der Reichstagung bemühte sich offensichtlich um eine Kopie des Reichsparteitags.[70] Hier wie dort stand die Heerschar der Massen im Vordergrund. Es begann am Freitagabend mit zwei öffentlichen Kundgebungen im Sportpalast und parallel dazu in den Tennishallen in Wilmersdorf. Die deutschchristliche Berichterstattung über diese Versammlungen schwelgte in der gleichen begeisterten Sprache, wie sie für Parteiveranstalter üblich geworden war. »Lange vor Beginn«, so hieß es im »Evangelium im Dritten Reich«, »stauen sich die Massen vor dem Sportpalast. Es dauert nicht lange und das Plakat wird herausgehängt: *Polizeilich gesperrt!* Über 15000 Deutsche Christen sind versammelt ... Die Fahnen der deutschen Erhebung mahnen von den Wänden, in fröhlichem Grünschmuck steht die Rednertribüne. Marschmusik schmettert durch den gewaltigen, überfüllten Raum. Und dann klingt jener Jubel der Tausenden auf, der im Neuen Deutschland der immer wieder faszinierende Ausdruck völkischer Gemeinschaft geworden ist: Der Reichsbischof und Dr. Kinder sind da, begleitet von einem endlosen Zuge der Bischöfe der Kirche, der Gauleiter, der Kreisleiter der Bewegung. Und der Jubel weicht ehrfürchtiger Stille, als hunderte deutschchristlicher Fahnen, Symbol unseres Ringens, hereingetragen werden.«[71]

In Wirklichkeit war der Sportpalast keineswegs überfüllt, und die Feier in den Tennishallen verlief nach der Erinnerung des deutschchristlichen Hamburger Bischofs Tügel eher kümmerlich.[72] Schlimmer für die Deutschen Christen war jedoch die Tatsache, daß die politische Prominenz des Reiches vollständig fehlte. Weder Staat noch Partei nahmen von dem Unternehmen Notiz. Statt dessen sandte der Reichsinnenminister ein Grußwort, das eher einer Ohrfeige als einer Aufmunterung glich: »Die derzeitigen Spannungen in der Deutschen Evangelischen Kirche«, so ließ Frick wissen, »erfüllen mich mit ernster Sorge. Ich begrüße deshalb jeden Anlaß, der die Möglichkeit bietet, die Befriedung der Lage in der Deutschen Evangelischen Kirche zu fördern ... In der bestimmten Erwartung, daß sich die Arbeit auf der Reichstagung ... diesem Ziele zuwenden und zu greifbaren Ergebnissen führen wird, wünsche ich der Veranstaltung vollen Erfolg.«[73] Das war nun freilich keineswegs nach dem Geschmack der Versammlung. Da traf Heinz Weidemann, der Bremer Landesbischof, den Ton schon besser, wenn er in seinem Grußwort versicherte: *»Was die NSDAP* im Staat, sind die Deutschen Christen in der Kirche ... Im einigen Volk gilt's, eine einige Kirche im gläubigen Draufgängertum zu erkämpfen, zu erobern, oder – wenn's sein muß, zu ertrotzen.«[74]

Es war das falsche Pathos der Zeit, das auch diese Versammlung beherrschte, jenes Pathos, das im Dritten Reich alle und alles durchdrang, das aus Kleinbürgern deutsche Helden, aus Pfarrern gläubige Draufgänger, aus deutschchristlichen Fahnen Symbole des Ringens und aus elenden Charakteren männlich-eherne Figuren machte. Nichts ließ den Unterschied zwischen den Deutschen Christen und der Bekenntnisgemeinschaft, zwischen Barmen und Berlin, deutlicher hervortreten als dieses Pathos, an dem sich hier die Tausende und ihre Führer berauschten.

Am Sonnabend wurde das Programm der Reichstagung mit einer theologischen Tagung im Preußenhaus fortgesetzt, auf der alle bekannten deutschchristlichen Namen zu finden waren. Am Nachmittag schloß sich eine weitere Kundgebung in der Kroll-Oper an, am selben Ort, wie man ausdrücklich betonte, »wo auch die Regierung des Dritten Reiches ihre festlichen und entscheidenden Kundgebungen bisher beging«. Und auch die abendlichen Fackelzüge, der »Feldgottesdienst« im Lustgarten und der große Zapfenstreich des Potsdamer Reiterregiments 4 zeigten das angestrengte Bemühen, es der umworbenen Partei gleichzutun.[75]

Zum Höhepunkt sollte dann die Einführung des Reichsbischofs am Sonntagmittag werden. Zuvor hatte August Jäger auf einer Sitzung der Nationalsynode, erweitert um Synodale aus ganz Deutschland, noch einmal deutlich gemacht, daß das Kapitel der Eingliederung für ihn abgeschlossen war. Durch die heutige Feier, so stellte der Rechtswalter fest, werde sichtbar, »daß eine kirchengeschichtliche Epoche zu Ende gegangen ist und die Entwicklung ein vorläufiges Ziel gefunden hat«. Offensichtlich erschreckt durch die heftigen Reaktionen auf die nationalkirchlichen Pläne, betonte Jäger gleichzeitig etwas zu auffällig, daß die »... Zusammenfassung in einer Einheit ... naturgemäß nur die evangelischen Glaubensgenossen« umfasse.[76]

Danach ging es in den Dom, und hier erschienen endlich auch zwei Vertreter des Staates: der Reichsinnenminister und Staatssekretär Meißner. Aber ihre Anwesenheit konnte nicht darüber hinwegtäuschen, daß das Entscheidende für die Deutschen Christen fehlte: das Grußwort des Führers.

Leichter dagegen verschmerzten sie vermutlich, was in Wahrheit die ganze Unehrlichkeit dieser pompösen Feier enthüllte und was das ganze Aufgebot deutsch-christlicher Talarträger nicht wettzumachen vermochte: Es fehlten die Bischöfe Meiser und Wurm, es fehlte die Bekenntnisgemeinschaft und es fehlte die gesamte Ökumene.[77]

So waren und blieben die Deutschen Christen weitgehend unter sich, als der Reichsbischof, assistiert vom kurz zuvor zum »Reichsvikar« beförderten Friedrich Engelke und dem badischen Landesbischof Kühlewein, sein Gelöbnis sprach, dem nicht weniger als 29 Grußworte folgten.[78] An die Predigt des Reichsbischofs erinnerte sich Franz Tügel später nur noch als an einen »... Gipfel an Belanglosigkeit, eine Häufung von Selbstverständlichkeiten ohne jede geistige oder gar geistliche Durchdringung ...«[79]

Die eigentliche Enttäuschung aber erwartete den Reichsbischof und Dr. Kinder am Ende der Feier. Statt der erhofften Zehntausende, die Ludwig Müller vor dem Dom zujubeln sollten, waren nur ein paar hundert Neugierige er-

Reichsbischof Müller und Rechtswalter Jäger, die beiden Hauptverantwortlichen für die verhängnisvolle Eingliederungspolitik 1934, beim Verlassen des Berliner Doms, in dem Müller soeben in das Amt des Reichsbischofs eingeführt worden ist. Links hinter Jäger der badische Landesbischof Kühlewein.

schienen, und auch sie vertrieb rasch ein kalter Septemberregen. So eilte man schnell zum großen Festbankett ins »Haus der Flieger«.[80]

Es war offensichtlich, daß die Reichstagung und die Einführung des Reichsbischofs gedacht waren, um Geschichte zu machen, zum mindesten aber Kirchengeschichte. Schon am Jahresende jedoch war dies alles so vergessen, als hätte es niemals stattgefunden.

Unmittelbar nach dieser letzten großen Selbstdarstellung der deutschchristlichen Reichskirche begann August Jäger mit dem Versuch, die Verhältnisse in Württemberg und Bayern endgültig in seinem Sinne zu regeln.

Am 28. September erschien ein reichskirchliches Gesetz »... zur Änderung der Verfassung der Evangelischen Landeskirche Württembergs«, das Synode und Landeskirchenausschuß im Sinne der anderen gleichgeschalteten Landeskirchen umbildete und dem geistlichen Kommissar ausdrücklich die Befugnisse des Landesbischofs zuwies.[81] Gleichzeitig wurde ein Versammlungsplan für Reichsbischof und Reichsvikar bekanntgegeben, die in Ulm, Stuttgart, Heilbronn und anderen Städten des Landes in Riesenkundgebungen sprechen sollten.[82] Überall unternahm es die Partei, die Veranstaltungen zu füllen. Und in der Provinz funktionierte noch, was in Berlin längst vorbei war. In der »Heilbronner Zeitung« etwa hieß es am 29. September: »Morgen, Sonntag abend 1/4 10 Uhr, findet auf dem Marktplatz eine große Kundgebung statt, bei der der Reichsbischof sprechen wird. *An dieser Kundgebung nehmen die Formationen der PO, SA, SS, HJ und des Arbeitsdienstes geschlossen teil.*«[83]

Die Antwort des Landesbischofs darauf bestand unter anderem in einer Einladung an alle Pfarrer der Bekenntnisgemeinschft zu einem gemeinsamen Abendmahlsgottesdienst in Stuttgart. Auch für eine so vom Pietismus geprägte Landeskirche wie die württembergische war es etwas ganz und gar Außergewöhnliches, als sich am 4. Oktober 800 der rund 1200 württembergischen Pfarrer mit ihren Frauen und Stuttgarter Gemeindegliedern in der Stiftskirche zusammenfanden. Die Predigt des Landesbischofs unterstrich dieses Außergewöhnliche noch. Die Versammlung zeige, so sagte Wurm sichtlich bewegt, »daß unsere Pfarrerschaft in diesen ernsten Zeiten zusammenwächst, wie es noch nie der Fall war. Bisher hatten wir Kollegialität und die mit ihr stets verbundene Rivalität; jetzt hat uns der Herr der Kirche, ohne daß irgendeiner von uns es machen konnte, die Bruderschaft geschenkt, die er bei seinen Jüngern sehen will. Darum: nicht bloß neuer Glaube, sondern auch neue Gemeinschaft heißt die Frucht, die aus dieser Prüfungszeit herauswachsen soll.«[84]

Es war ein Zeichen dieser neuen Erfahrung, die für die ganze Bekennende Kirche galt, daß anstelle des herkömmlichen »Kollege« unter den Pfarrern der Bekenntnisgemeinschaft nun allgemein die Anrede »Bruder« trat.

Am folgenden Sonntag, es war der 7. Oktober, trugen 900 württembergische Pfarrer die Botschaft des Bischofs bis in die letzte Gemeinde des Landes: »Dich, liebe Gemeinde, rufe ich als euer ordnungsgemäß berufener Bischof auf. Stehet fest im Glauben, haltet am Bekenntnis der Väter, laßt euch nicht wägen und wiegen von jedem Wind der Lehre, prüfet die Geister, ob sie aus Gott sind, steht mit Fürbitte und Opfer ein für diejenigen, die die Last des Kampfes vor allem zu tragen haben!«[85]

Die Gegenzüge der kommissarischen Kirchenleitung ließen nicht auf sich warten. Am 6. Oktober erreichte den Landesbischof eine Verfügung des württembergischen Innenministeriums, die ihm »... bis auf weiteres das Verlassen ...« seiner »Wohnung, ... jede Betätigung im Kirchenstreit und jede Amtshandlung irgendwelcher Art als Landesbischof ...« verbot.[86]

Drei Tage später trat die neugebildete Landessynode zusammen und erklärte den Landesbischof für abgesetzt.[87]

Inzwischen hatte sich auch die Lage in Bayern weiter zugespitzt.

Am 29. September wandten sich Landesbischof und Landeskirchenrat in München mit einer theologischen Erklärung gegen alle Versuche, eine deutsche Nationalkirche zu errichten. Als Aussage einer lutherischen Kirche legte diese Erklärung dabei gemäß der Augsburgischen Konfession allen Nachdruck auf die Reinheit der Lehre. Einen besonderen Akzent erhielt das Ganze durch die ausdrückliche, kirchliche Verwerfung ähnlicher Bestrebungen in der Partei. »Der Versuch«, so hieß es, »eine solche deutsche Kirche zu schaffen, kommt den Erwartungen entgegen, die Alfred Rosenberg und sein Kreis hegt, wenn er erklärt: ›Die Sehnsucht, der nordischen Rassenseele im Zeichen des Volksmythus ihre Form als Deutsche Kirche zu geben, das ist die größte Aufgabe unseres Jahrhunderts.‹« Dem setzte die Erklärung unmißverständlich das Bekenntnis entgegen: *»In einer solchen Kirche ist die Reformation preisgegeben, die Wahrheit verraten, das Evangelium in seiner Fülle begraben.«* Mit der gleichen Entschiedenheit verwarf die Erklärung auch das beliebte Schlagwort *»Ein Staat, ein Volk, eine Kirche!«* und nannte es *»bekenntniswidrig, ... aufklärerisch und schwärmerisch* zugleich«.[88]

Kurz darauf schrieb der bayerische Landesbischof einen »Offenen Brief« an Ludwig Müller.[89] Er verwies darin auf dessen eben erfolgte Einführung und fragte den Reichsbischof: *»Sind Sie bereit, so wie es einem lutherischen Bischof geziemt, alle Lehre, die dem Evangelium entgegen ist, öffentlich zu verwerfen?«*[90] Sieben Punkte wiesen auf, daß diese Verwerfung die Lehre der Deutschen Christen treffen mußte. *»Sind Sie bereit«*, hieß es weiter, *»dafür zu sorgen, daß Recht und Gerechtigkeit, Treu und Glauben in unserer Kirche wiederum eine sichere Heimstätte erhalten ...?«*[91] Und: *»Sind Sie bereit, ... der aufgebrochenen Gewissensnot in der deutschen Evangelischen Kirche voll Rechnung zu tragen ...?«*[92] Das Schreiben schloß: »Herr Reichsbischof! Der deutsche Protestantismus leidet höchste Not! Wir warten auf Ihre Antwort.«[93]

Dieser »Offene Brief« ging am 4. Oktober nicht nur an Ludwig Müller, sondern auch an die bayerische Landesregierung, an das Reichsinnenministerium, an die Reichskanzlei und an die Abteilung »Kultfried«.[94] Er war damit zu einer offenen Herausforderung an die Reichskirchenregierung geworden, die nicht länger zusehen durfte, wenn sie nicht das Gesetz des Handelns verlieren wollte.

In diesem Sinne forderte auch Wolf Meyer-Erlach am 5. Oktober von Reichsbischof, Rechtswalter und Dr. Kinder das sofortige Eingreifen in Bayern. »Es ist meine Pflicht, als Pg.«, schrieb er, »den Herren der Reichskirchenregierung zu sagen, dass in diesem Augenblick die Front in Bayern völlig

Württ. Innenministerium. Stuttgart-S, den 6.Oktober 1934.

Herrn
Landesbischof D. W u r m ,
S t u t t g a r t ,
Silberburgstrasse 187.

Verfügung vom 6.Oktober 1934.

Zur Erhaltung der öffentlichen Ruhe, Sicherheit und Ordnung wird Ihnen gemäss § 1 der Verordnung des Reichspräsidenten vom 28.Februar 1933 (Reichsgesetzbl.I S.83) bis auf weiteres das Verlassen Ihrer Wohnung, Silberburgstrasse 187, jede Betätigung im Kirchenstreit und jede Amtshandlung irgend welcher Art als Landesbischof verboten. Verboten ist danach insbesondere die Erteilung von Anweisungen, das Abfassen von Rundschreiben und sonstigen Schriften, die Annahme von kirchlichen Geldern und die Verfügung über solche. Der Empfang von Besuchen rein privater Art wird durch dieses Verbot nicht behindert.

Bei Zuwiderhandlung ist mit sofortiger Schutzhaft und mit Bestrafung gemäss § 4 der genannten Verordnung zu rechnen.

[redacted]

Der NS-Staat unterstützte die Aktionen gegen Landesbischof Wurm mit allen Mitteln.

zusammenbricht ... Mit der papiernen Eingliederung«, so stellte der rabiate Jenaer Professor fest, »ist nichts getan ... Die Stunde der Tat ist da.«[95]

Aber solcher Belehrung bedurfte Jäger zu dieser Zeit bereits nicht mehr. Denn inzwischen hatte er auch für München alles vorbereitet.

Wenn der Rechtswalter ganz entgegen seiner Gewohnheit mit dem gewaltsamen Abschluß der Gleichschaltungsaktion in Bayern noch gezögert hatte, so hatte das verschiedene Gründe. Der Aufstand in Franken hatte gezeigt, daß eine Absetzung Meisers in der bayerischen Landeskirche auf den lebhaftesten Widerstand stoßen würde. Und zumindest der Reichsbischof wußte, daß die staatlichen Repräsentanten in Bayern, Ministerpräsident Siebert ebenso wie der Reichsstatthalter Ritter von Epp, entschiedene Gegner eines gewalttätigen Vorgehens gegen die Landeskirche waren. Hier lag der große Unterschied zu Württemberg. Unterstützung für die Berliner Pläne war nur von den Gauleitern in Nürnberg und in München zu erwarten, wo Gauleiter Adolf Wagner als Innenminister zugleich über die Polizei verfügte.

Bedenklich stimmte August Jäger auch der Umstand, daß er inzwischen selbst im eigenen Hause auf Kritik stieß. Der Reichsleiter der Deutschen Christen, Christian Kinder, hatte mit wachsender Verärgerung zugesehen, wie der Rechtswalter Landeskirche um Landeskirche gleichschaltete, ohne auf seine illusionären Pläne von der großen lutherischen Einigung im Dritten Reich die geringste Rücksicht zu nehmen.[96] Mit dem Einbruch in Württemberg und der widerrechtlichen Absetzung Wurms war für Kinder offenbar der Punkt erreicht, wo er den Rechtswalter mehr und mehr als Belastung empfand. Jedenfalls begann er seit dieser Zeit ungeachtet aller auf der Reichstagung gerade erst demonstrierten Einigkeit, mit allen Mitteln den Sturz Jägers zu betreiben nicht ohne den Hintergedanken, daß er selbst, Kinder, ein vorzüglicher Nachfolger sein würde. Schon am 3. Oktober teilte Staatssekretär Meißner im Zusammenhang mit bayerischen Beschwerden Hitler mit, er habe in Gesprächen mit Dr. Kinder und dem Reichsinnenminister festgestellt, »dass inzwischen auch die Deutschen Christen eine Zusammenarbeit mit ... Jäger ablehnten, weil sie überzeugt seien, solange er im Amt sei, sei eine Verständigung mit der Opposition der Evangelischen Kirche nicht zu erreichen ... Der Führer ...«, so hielt Meißner fest, habe »gegen eine Abberufung Jägers keine Einwendungen zu erheben ...« gehabt, Frick solle ihn ins Reichsinnenministerium übernehmen.[97]

Jäger reagierte prompt. Am 5. Oktober erließ er eine Verfügung, die der bayerischen Kirche bis auf weiteres ihre Selbständigkeit zugestand;[98] gleichzeitig erklärte er in einem Rundschreiben an alle Kirchenbehörden, zu »... durchsichtigen Zwecken« werde »die Behauptung verbreitet, der Reichsbischof und der Rechtswalter oder beide verfolgten einen sogenannten scharfen Kurs« und stünden damit »... der Befriedung« der Kirche »hindernd im Wege ...«. Manche Empfänger dieses Rundschreibens dürften ihren Augen kaum getraut haben, als sie lasen, Streben und Zielsetzung der Reichskirchenregierung sei vielmehr »... einerseits Wahrung der Ordnung, andererseits Versöhnung und Frieden, nichts anderes«; die »... gerechte Ausübung der Verwaltung unter Achtung und Aufrechterhaltung von Gesetz und Ordnung ...« sei »oberstes Gebot«.[99]

Sah es am 5. Oktober noch danach aus, daß die bayerische Landeskirche vorläufig verschont bleiben würde, so war die Lage nur drei Tage später völlig verändert. Die Verantwortung dafür trug allein Franz von Pfeffer. Sei es, daß sich der Sonderbeauftragte für Kirchenfragen in diesen Tagen eine Spezialvollmacht von Hitler besorgte,[100] sei es, daß der alte Partei-Kondottiere auf eigene Faust handelte, jedenfalls bewog er Jäger, alle Bedenken beiseite zu schieben und auf seine Verantwortung hin die bayerische Landeskirche als letzten Hort des Widerstands gleichzuschalten. Und einem Mann wie Jäger mußte man das nicht zweimal sagen.

Am 8. Oktober kam es im Braunen Haus in München zu einer Vorbesprechung, an der neben Pfeffer und Jäger auch der Münchner Gauleiter und Staatsminister Adolf Wagner und ein Vertreter der Politischen Polizei teilnahmen. Dabei teilten Pfeffer und Jäger mit, »daß Landesbischof Meiser in den nächsten Tagen abgesetzt werden solle«, als Datum für die Aktion legte man Donnerstag, den 11. Oktober, fest.[101] Wie sich später herausstellte, wurden weder das Reichsinnenministerium noch der bayerische Ministerpräsident von dem Plan unterrichtet.[102] Dafür traf die Politische Polizei alle Vorbereitungen. Noch bevor die Aktion begann, erhielten alle bayerischen Polizeibehörden die Weisung, sämtliche kirchlichen Veröffentlichungen bis einschließlich Sonntag, den 14. Oktober »restlos zu unterbinden«;[103] später kam der Befehl hinzu, alle »... zu erwartende[n] Demonstrationen ... zu verbieten und zu verhindern«.[104]

Der Auftritt Jägers am 11. Oktober um 12.00 Uhr mittags im bayerischen Landeskirchenrat war sein letztes und stärkstes Stück. Begleitet von Politischer Polizei und Berliner Kirchenbeamten, befahl er zunächst die anwesenden Oberkirchenräte – der Landesbischof befand sich auf Reisen – in einen Verhandlungsraum. Dort schrie er, dem »... Zustand der Meuterei und Rebellion ...« müsse »ein Ende gemacht werden«, und erklärte nach einem heftigen Wortwechsel alle Anwesenden für beurlaubt.[105] Danach wandte er sich den Beamten und Angestellten zu, teilte ihnen die Absetzung des Landesbischofs und der bayerischen Kirchenregierung mit und forderte Gehorsam gegenüber der Reichskirche. Die verschreckte Versammlung gehorchte mit Ausnahme von fünf Anwesenden, die auf der Stelle entlassen wurden.

Gleichzeitig gab der Rechtswalter bekannt, daß die bayerische Landeskirche ab sofort in zwei selbständige Reichskirchengebiete aufgeteilt werde. Die Leitung des Kirchengebietes Altbayern mit dem Bischofssitz in München übernehme Pfarrer Hans Gollwitzer aus Mühldorf; zur Leitung von Franken mit dem Sitz in Nürnberg sei Pfarrer Hans Sommerer aus Bruckberg bestimmt.[106] Die Verwaltung liege in den Händen von Konsistorialpräsident Walzer.

Eine ausführliche Pressemeldung des Deutschen Nachrichtenbüros vom selben Tage sorgte für die Verbreitung der Nachricht in der Öffentlichkeit. Darin hieß es, mit dieser Neuordnung, die vom Kirchenvolk lebhaft begrüßt werde, sei die Eingliederung der bayerischen Landeskirche, »die bereits am 3. September gesetzmäßig vollzogen wurde, in Geltung gesetzt«.[107] Dies beweise, »daß die Kirche und ihr Kirchenvolk im lebendigen Zusammenhang mit dem gewaltigen Geschehen unserer Zeit ...« stehe »und sich sinngemäß ...« einfüge »in die Arbeit an der Erneuerung unseres Volkes«.[108]

Mit diesem Gewaltstreich aber hatte Jäger den Bogen überspannt. Alles, was sich in den vergangenen Wochen und Monaten in Bayern, in den Bekenntnisgemeinden des Reiches und in der Ökumene an Zorn und Empörung gegen die Reichskirchenpolitik angestaut hatte, brach sich nun Bahn und führte zu Reaktionen, die weit über den kirchlichen Raum hinausreichten und Staat und Partei in erhebliche Bedrängnis brachten.

Die Gegenbewegung begann am Abend des 11. Oktober mit einem Gottesdienst in der Münchener Matthäikirche. Der schnell zurückgerufene Landesbischof predigte vor allen Pfarrern der Stadt und einer dichtgedrängten Gemeinde über Hebräer 10,39, ein Vers, der in den folgenden Wochen zur Losung des kirchlichen Widerstandes wurde: »Wir aber sind nicht von denen, die da weichen und verdammt werden, sondern von denen, die da glauben und ihre Seele erretten.«[109] Dabei erklärte der Bischof, er sei nicht gewillt, das ihm von der Kirche übertragene bischöfliche Amt aufzugeben. »Nun kommt es auf die Tat an. Von dir, Gemeinde, wird jetzt die Tat der Treue gefordert.« Nach der Predigt gelobte der Münchner Stadtdekan im Namen aller Pfarrer, dem Landesbischof auf seinem Weg zu folgen, »möge kommen was wolle«.[110]

Nach dem Gottesdienst wartete am Ausgang eine unübersehbare Menge und empfing die Heraustretenden, wie es in einem zeitgenössischen Bericht hieß, »... mit brausenden Heilrufen und Sprechchören, wie ›Wir wollen Meiser‹. Nur mühsam konnte sich das Auto eine Gasse durch die Menschenmenge bahnen, die den Landesbischof immer wieder mit neuen Liedern und Zurufen aufhalten wollte. Noch lange blieb sie am Platz und sang Kirchenchoräle und Vaterlandslieder, bis sie vom Überfallkommando aufgelöst wurde.«[111]

Auf diese Demonstration hin erschien am Morgen des 12. die Politische Polizei in der Wohnung des Landesbischofs, legte ihm strenge Haft im Hause auf und unterband jeden Kontakt mit der Öffentlichkeit.[112] Aber das vermochte die Erregung nicht zu dämpfen, im Gegenteil. Im ganzen Land fanden in den kommenden Tagen ungezählte Buß- und Bekenntnisgottesdienste statt, zum Teil vor schwarz gedeckten Altären und mit demonstrativ ausgelöschten Kerzen.

Ihren ersten Höhepunkt erreichten diese Proteste in den Gottesdiensten des 14. Oktober mit der Verlesung einer Kundgebung des Landesbischofs und des Landeskirchenrats an die Pfarrer und Gemeinden. »Wir klagen«, so rief es nun von nahezu allen evangelischen Kanzeln Bayerns, »vor Gott und der Gemeinde, wir klagen vor Volk und Staat, wir klagen vor dem Führer des Reiches über den *Bruch von Treu und Glauben,* über die *Zerstörung von Charakter und Vertrauen* ... wir rufen unsere Pfarrer und Gemeinden auf, *diesem bekenntnis- und verfassungswidrigen Kirchenregiment keinen Gehorsam zu* leisten ... *Der Landesbischof und der Landeskirchenrat bleiben auch in Zukunft die rechtmäßige kirchliche Obrigkeit* ...«[113]

Die bayerische Regierung war überrascht und ratlos. Eine schnell einberufene Sitzung am 12. Oktober im Braunen Haus mit dem Ministerpräsidenten, dem Kultus- und dem Innenminister sowie Pfeffer und Jäger endete in völliger Verwirrung. Schließlich erklärte Pfeffer, »was er getan habe, habe er als Bevollmächtigter des Führers und von Heß getan, er müsse jetzt nach Berlin fahren und sich vom Führer weitere Weisung erbitten«.[114] Damit beruhigte man sich vorerst. Aber die erhoffte Weisung blieb aus.

Am Montag, dem 15. Oktober, hatte die allgemeine Erregung einen solchen Grad erreicht, daß es dem Ministerpräsidenten geraten schien, einen dringenden Brief an den Reichsinnenminister zu richten.[115] Siebert teilte darin mit, er habe sich bisher in der Frage der kirchlichen Neuregelung mangels Zuständigkeit »... jeder amtlichen Stellung[nahme] enthalten«. Mittlerweile aber werde er, ebenso wie der Reichsstatthalter »... mit Bergen von Telegrammen, von Vorstellungen der Dekanate, mit Bitten aller Art bestürmt«, die einen »furor protestanticus« erkennen ließen, von dem er, der Ministerpräsident ... nicht glaube, daß er bald abflauen werde. »Die« ganze »Angelegenheit« – und dies war offensichtlich Sieberts Hauptsorge – schlüge »nunmehr zweifellos in das politische Gebiet über«.[116], Gerade alte, bewährte Parteigenossen seien zutiefst verbittert; ein »... Kreisleiter ... aus Mittelfranken ...« beispielsweise habe ihm mitgeteilt, »daß er nichts zu tun habe, als wie sich zu bemühen, die Bauern vom Austritt aus der Partei abzuhalten«.[117] Es müsse, so beschwor Siebert den Reichsinnenminister, »... unbedingt in der Angelegenheit etwas geschehen ..., da sonst zweifellos großer politischer Schaden erwächst«.[118]

In der Tat hatten inzwischen die fränkischen Bauern die Sache ihres Landesbischofs selbst in die Hand genommen. Während die reichskirchlichen Kommissare überall vor verschlossenen Türen standen, ihre Briefe ungeöffnet, ihre Weisungen unbefolgt blieben, reisten Abordnungen aus dem ganzen Land nach München und sogar nach Berlin, um persönlich bei Ministerien und Parteistellen ihren Protest vorzubringen und die Wiedereinsetzung Meisers zu fordern.[119]

Am 20. Oktober schrieb Siebert erneut an Frick und berichtete von einer weiteren Verschärfung der Lage. Das Schreiben glich nun schon fast einem Hilferuf. Gestern morgen, schilderte der bayerische Ministerpräsident, sei »... unangemeldet eine Abordnung von 15 Parteigenossen« bei ihm gewesen, die ihm »... im Auftrag von 60000 *[fränkischen] Bauern ...«* über die Stimmung in Franken berichtet hätten. Danach stünden *»95 v. H.* der Bauernschaft Frankens ... hinter Meiser; wenn die Frage nicht in Bälde im Sinne ihrer Forderung entschieden werde, könnten die Bauern von einer Rebellion nicht zurückgehalten werden und würden irre auch an ihrem politischen Bekenntnisse ... Die Unterredung« habe ihm »deutlich die nur mühsam unterdrückte aber doch vielfach hervorbrechende Erregung der Bevölkerung« gezeigt. »Die Leute machten ganz den Eindruck religiöser Fanatiker, die fest entschlossen sind, es bis zum äußersten kommen zu lassen, keine Gewalt zu fürchten und sich lieber zu Märtyrern stempeln zu lassen.« Solle die weitere Entwicklung »... der Dinge nicht zu schwersten inneren Unruhen führen, so ...« sei eine

»rasche und unmittelbare Würdigung der Sachlage...« durch »den Führer unbedingt erforderlich«.[120]

Das Ganze war zweifellos eine der größten und zugleich merkwürdigsten Protestdemonstrationen, die das Dritte Reich je erlebte. Von einem Widerstand gegen das Regime im strengen Sinne konnte dabei keine Rede sein, dazu fehlte den Protestierenden völlig das Bewußtsein eines grundsätzlichen politischen oder moralischen Gegensatzes zum System. Vielmehr bekundeten nach Sieberts Bericht die fränkischen Bauern in aller Unbefangenheit, sie »... würden nur drei Begriffe kennen: Führer, protestantischer Glauben und Grund und Boden, ließen sich aber von diesen drei Dingen *keines* nehmen«.[121] Andererseits geschah hier etwas, was es im Dritten Reich sonst nirgends und in keiner Hinsicht mehr gab: Der Führerstaat geriet offenkundig an die Grenzen seiner Macht.

Zunächst, in der Woche zwischen dem 14. und 21. Oktober, sah es freilich keineswegs nach einem Nachgeben des Staates aus. Frick, der am 16. Oktober Sieberts erstes Schreiben Hitler übergab, bemerkte lediglich, der Führer habe es kommentarlos zur Kenntnis genommen.[122]

Und selbst als sich zum innenpolitischen Druck eine ganz und gar ungewöhnliche, ja einzigartige außenpolitische Intervention gesellte, zögerte Hitler, seine Niederlage einzugestehen.

Die Intervention kam aus dem als Bündnispartner umworbenen London und ging unmittelbar auf die Aktivitäten von Bischof Bell zurück.

Der Präsident des Ökumenischen Rates hatte den Auftrag von Fanø, mit der Bekennenden Kirche in Deutschland enge Verbindung zu halten, ernst genommen und war Ende September zu einem ausführlichen Gespräch mit Präses Koch und anderen Mitgliedern des Bruderrates zusammengekommen. Dabei wurde er nicht nur über die Lage in Württemberg unterrichtet, sondern erfuhr auch von dem Plan des Bruderrates, zur Klärung der Verhältnisse für Ende Oktober eine neue Bekenntnissynode einzuberufen. In diesem Zusammenhang äußerte Präses Koch die Bitte, der Ökumenische Rat möge seine Verbundenheit mit der Bekennenden Kirche durch die Entsendung eines offiziellen Vertreters bekunden. Unmittelbar danach bat Bell seinen Freund Koechlin, den Präsidenten des Schweizerischen Evangelischen Kirchenbundes, diesen Auftrag zu übernehmen.[123]

Inzwischen überstürzten sich die Ereignisse in Süddeutschland. Am 9. Oktober wurde die Absetzung des württembergischen Landesbischofs bekannt, am 11. der Überfall auf die bayerische Kirche.

Angesichts dieser unvorhergesehenen Entwicklung beschloß Bell, der bedrängten kirchlichen Opposition in Deutschland durch ein direktes diplomatisches Eingreifen zu Hilfe zu kommen. Nachdem er sich mit dem Erzbischof von Canterbury, Cosmo Lang, verständigt hatte, erschien er am 12. Oktober beim deutschen Geschäftsträger in London, Fürst Bismarck, um ihm »... mitzuteilen, daß, falls ...« die Nachrichten aus Süddeutschland »zuträfen, ein alsbaldiger öffentlich erklärter völliger Bruch zwischen sämtlichen protestantischen Kirchen [des] Auslands und den vom Reichsbischof geführten deutschen protestantischen Kirchen unvermeidlich sei«.[124] Bismarck, der unverzüglich einen ausführlichen Bericht über das Gespräch nach Berlin übermittelte, fügte hinzu, der Besuch des Bischofs beweise »... wiederum die in Berichterstattung Botschaft ständig betonte ausschlaggebende Bedeutung einer baldigen Beilegung Kirchenkonflikts, die unbedingt erforderlich, falls englisch-deutsche Beziehungen verbessert werden sollten«.[125]

Der Bericht versetzte das Auswärtige Amt in Alarmzustand. In einer Aufzeichnung, die der Außenminister persönlich am 16. Oktober Hitler übergab, hieß es, die Kirchenfrage sei inzwischen »... mehr und mehr zu einer Frage des politischen Ansehens des Reiches selbst geworden«. Die angekündigten Schritte der ausländischen Kirchen seien »... gleichbedeutend mit einer Erschwerung unserer außenpolitischen Situation und einer Gefährdung der Durchführung unserer Rüstungspolitik«. Neuraths persönlicher Randvermerk zeigte Hitler noch unschlüssig. Er lautete: »Von mir heute dem Führer gegeben. Er will in den nächsten Tagen eine Kundgebung erlassen.«[126]

Noch ehe sich Hitler jedoch entscheiden konnte, entschloß sich der Erzbischof von Canterbury, die Aktion von Bischof Bell durch einen eigenen spektakulären Schritt zu unterstützen. Am 16. Oktober bat er den deutschen Botschafter, der gerade aus dem Urlaub zurückgekehrt war, um eine Unterredung. Dabei wiederholte er nicht nur die Warnungen Bells gegenüber Bismarck, sondern stellte darüber hinaus die Reichsregierung vor ein förmliches Ultimatum. Am 24. Oktober, so teilte er Hoesch mit, sei eine Tagung der englischen Bischöfe, bei der von ihm eine Stellungnahme zu den deutschen Vorgängen erwartet werde, »der er sich nicht werde entziehen können«.[127] Auch die skandinavischen Kirchen warteten auf seine Initiative ebenso wie die französischen Reformierten, und schließlich werde er sich wohl auch mit Kardinal Bourne, dem Oberhaupt der englischen Katholiken, »wegen eines möglichen gemeinsamen Vorgehens in Verbindung ...« setzen. »Die Zeit ...« dränge

»also, und er [der Erzbischof] sehe nicht, wie eine allgemeine Absage an die deutsche evangelische Kirche vermieden werden soll[e], wenn nicht bis zum 24. Oktober neue Tatsachen in Deutschland eingetreten seien, die geeignet wären, den unaufhaltsamen Lauf der Dinge zu ändern«. Natürlich, versicherte Cosmo Lang dem deutschen Botschafter, »... denke er ... nicht im entferntesten an eine Pression oder Drohung«; gleichwohl wurde er am Ende ungewöhnlich deutlich. Als Tatsachen, die die Dinge wenden könnten, würde er sich etwa »... die Rückgängigmachung der gegen die Bischöfe Meiser, Wurm und Dr. Koch getroffenen Maßregeln oder die Ausschaltung Dr. Jägers ...« vorstellen können.[128]

Schon am nächsten Morgen lag das Telegramm aus London mit dem Bericht über diese Unterredung auf dem Tisch des deutschen Außenministers. Neurath schrieb an den Rand: »*Sofort* ... [Reichs] K. [Kanzler] mit Bezug auf meine gestern übergebene Sachdarstellung.«[129] Obwohl jetzt offensichtlich schwerer außenpolitischer Schaden zu befürchten war, weigerte sich Hitler noch immer, seine verfehlte Kirchenpolitik zu revidieren. Vielmehr hielt Lammers am 18. Oktober lediglich die Weisung fest: »Empfang des Reichsbischofs u[nd] der Landesbischöfe auf 23. Oktober 12 Uhr angesetzt.«[130] Das bedeutete nichts anderes, als daß Hitler trotz allem weiterhin an der feierlichen Vereidigung des Reichsbischofs festhielt, die Höhepunkt und Abschluß der Gleichschaltung der evangelischen Kirche darstellen sollte.

Auf Hitlers Weisung hin traf Lammers unverzüglich alle Vorbereitungen. Noch am selben Tag legte das Innenministerium in der Reichskanzlei den »Entwurf eines Gesetzes über den Eid des Reichsbischofs« vor und bat im Begleitschreiben die Ressorts »um beschleunigte Verabschiedung im Umlaufwege«, da die Vereidigung für den 23. Oktober vorgesehen sei.[131] Ein Vergleich mit dem bischöflichen Treueid des Reichskonkordats machte den Weg deutlich, den Deutschland in diesem Jahr zurückgelegt hatte. Galt dort der Treueid noch dem Reich und Land und der verfassungsmäßig gebildeten Regierung, so trat nun auch hier an deren Stelle die persönliche Verpflichtung auf den Führer. »Ich schwöre«, so sollte die Formel lauten, »zu Gott dem Allmächtigen und Allwissenden: Ich werde dem Führer des Deutschen Reiches und Volkes Adolf Hitler, so wie es einem berufenen Diener der Deutschen Evangelischen Kirche geziemt, treu und gehorsam sein.«[132]

Gleichzeitig wurde auch der Reichsbischof verständigt, der daraufhin die Mitglieder des Geistlichen Ministeriums, die Landesbischöfe und die Geistlichen Kommissare in Stuttgart, München und Nürnberg zu dem bevorstehenden Staatsakt einlud. »Anzug für den Empfang«, so ließ er die Herren wissen, »Amtsrock (Lutherrock) mit Amtsabzeichen; graue Handschuhe und runder Hut werden vorher abgelegt.«[133]

Aber während so alles auf den erwarteten feierlichen Höhepunkt zuzulaufen schien, war bei Hitler zum ersten Mal ein Zögern zu beobachten. Am 19. Oktober gab er Lammers die Weisung, den Gesetzentwurf über den reichsbischöflichen Eid nicht in den vorgesehenen Umlaufweg zu geben. Als Begründung verwies der Staatssekretär ausdrücklich auf die Warnungen des Außenministers.[134]

Bahnte sich damit schon die große Wende an?

Noch ehe es darauf eine eindeutige Antwort gab, entschloß sich die Bekennende Kirche ihrerseits zu einem entscheidenden Schritt.

Für das Präsidium der Bekenntnissynode in Oeynhausen stand vom ersten Augenblick an fest, daß der deutschchristliche Zugriff auf Württemberg und Bayern nicht nur eine süddeutsche Angelegenheit war, sondern die gesamte deutsche Bekenntnisgemeinschaft unmittelbar betraf. Schon auf seiner Sitzung am 3. September in Würzburg hatte der Bruderrat angesichts der fortschreitenden Gleichschaltung und der bevorstehenden Einsetzung des Reichsbischofs die Einberufung einer neuen Bekenntnissynode erwogen, die sich vor allem mit der Frage des Verhältnisses zum Staat, der Einsetzung eines kirchlichen Notregimentes und der Exkommunikation des Reichsbischofs beschäftigen sollte.[135] Mitte September war der Plan allerdings wieder zurückgestellt worden, weil man eine Synode nur einberufen wollte, »wenn Aussicht bestand, daß sie zu einer Steigerung der bisher gewesenen werden würde«.[136] Tatsächlich herrschte im Bruderrat zu dieser Zeit Unklarheit darüber, was eine neue Synode über Barmen hinaus etwa beschließen konnte. Am 10. Oktober, als der Bruderrat in Berlin erneut zusammentrat, hatte sich die Lage durch die württembergischen Ereignisse weiter verschärft. Nun war man sich einig, daß eine gemeinsame Aktion notwendig sei, lediglich über Ort und Form gingen die Meinungen auseinander. Während der bayerische Vertreter im Bruderrat, Oberkirchenrat Meinzolt, eher an einen großen Kirchentag mit demonstrativem Charakter dachte, forderten Asmussen und seine Freunde eine Synode, die zu konkreten Beschlüssen kommen sollte. Als Stichworte nannte er vier Punkte, nämlich: »1. Kirche und Ordnung, 2. Kirche und Staat, 3. Exkommunikation, 4. juristische und finanzielle Fragen.« Nach längeren Diskussionen war der Bruderrat überzeugt, daß »der Ernst der Lage« eine neue Reichs-Bekenntnissynode erfordere und beschloß ihre Einberufung zum 30. und 31. Oktober nach Berlin und sah für den 1. November einen Kirchentag vor.[137]

Meinzolt war mit diesem Beschluß kaum von Berlin nach München zurückgekehrt, als dort Jägers Einbruch erfolgte. Unverzüglich wandte sich der bayerische Oberkirchenrat daraufhin mit einem dringenden Schreiben an Koch. »Unsere Landeskirche steht unter Gewalt«, hieß es darin. »Wir wehren uns, überall im Land finden Bitt-Gottesdienste statt, die Pfarrer stehen fest, bitte angeregte Entlastung bald und kräftig!«[138] Tatsächlich wurde das »bald und kräftig« nun zum Stichwort für die gesamte Bekennende Kirche.

Als erste Reaktion auf das Bekanntwerden der Nachrichten aus Bayern erließ der Bruderrat eine Weisung, als »... Zeichen der Trauer über die Gewalttaten, ... die *Kirchenglocken in sämtlichen bekennenden Gemeinden bis auf weiteres schweigen«* zu lassen.[139] Außerdem veröffentlichte er eine Kundgebung, die in ihren Klagen und Anklagen die bayerische womöglich noch übertraf. Es war von der Verwüstung der Kirche die Rede und von der Verantwortung des Reichsbischofs und des Rechtswalters für diese Vorgänge. Durch diese beiden treibe, und diese Formulierung entsprach dem durchgängig überhöhten Ton der Zeit, »... der Satan sein Werk«.[140]

Ferner entschied man unter dem Eindruck des bayerischen Hilferufes, die Synode um zehn Tage - auf den 19. und 20. Oktober - vorzuverlegen.[141] Gewiß schien es in diesen Tagen, als müsse man unter allen Umständen noch vor dem erwarteten Empfang des Reichsbischofs beim Führer die öffentliche Verurteilung und Trennung von Ludwig Müller aussprechen. Andererseits war damit der Zeitraum für die theologische und praktische Vorbereitung der Synode auf wenige Tage zusammengeschrumpft. So blieb manches notgedrungen improvisiert. Die wichtigen Ausführungsbestimmungen zu den Beschlüssen beispielsweise konnten erst Ende Oktober erscheinen, weil der Rechtsausschuß sich außerstande sah, sie bis zu dem vorgezogenen Termin vorzulegen. Nicht weniger bedenkliche Folgen hatte die Vorverlegung auch hinsichtlich der Teilnahme der Mitglieder. Viele hatten sich so kurzfristig nur für den Freitag freimachen können, so daß an den wichtigen Entscheidungen des Sonnabends lediglich die Hälfte der Synodalen teilnahm.

Gleichwohl war erstaunlich, was die vorbereitenden Ausschüsse in den wenigen Tagen, die ihnen blieben, an Vorarbeiten leisteten. Am 16. Oktober tagte der Bruderrat in Oeynhausen von morgens bis abends. Ein junger württembergischer Theologe, der Heimsheimer Pfarrer Heinrich Fausel, trug dem

Rat dabei den Entwurf der inzwischen vom theologischen Ausschuß erarbeiteten »Botschaft der Bekenntnissynode« vor. In der an schließenden Diskussion ging es zunächst um die grundsätzliche Frage, ob nicht durch ein Wort an den Staat dessen Verantwortung für die Vorgänge in Süddeutschland ausdrücklich herausgestellt werden sollte. Bemerkenswerterweise war es vor allem Karl Barth, der sich mit Nachdruck gegen ein solches »deutliches Wort des *Gerichtes*«[142] über den Staat aussprach. Es lag auf der Linie seiner streng an der Kirchlichkeit der Kirche orientierten Theologie, die alles unmittelbar politische Reden und Handeln ausschloß, wenn er in diesem Zusammenhang erklärte: »Die Kirche ist nicht Richterin über den Staat, sie hat das Evangelium zu verkündigen, das das Gericht über alles Irdische impliziert.«[143] Erst im Sommer 1935, nachdem er Deutschland verlassen hatte, begann Karl Barth diese Linie zu korrigieren.[144]

Nach einer Überarbeitung in der Mittagspause nahm der Bruderrat dann am Nachmittag den Entwurf der Botschaft an, der in dieser Form zwei Tage später den Synodalen vorgelegt wurde.

Die »Botschaft der Bekenntnissynode der Deutschen Evangelischen Kirche«, wie das Dokument nun offiziell hieß, war nach der Theologischen Erklärung von Barmen zweifellos die wichtigste Entscheidung der Bekennenden Kirche.[145] Gleichwohl hat es Gründe, daß die Barmer Erklärung bis heute lebendig ist, während die Dahlemer Botschaft seit langem nur noch historische Bedeutung besitzt. Denn diese Botschaft war und blieb mit einer besonderen, ja einzigartigen Situation verknüpft: mit dem Streit zwischen staatlich gebundenem Kirchenregiment und bekenntnisgebundenen Gemeinden in ein und derselben Kirche. Solange diese Situation bestand, blieb die Botschaft von Dahlem aktuell. Als nach dem Zusammenbruch des Dritten Reiches die kirchliche Ordnung in Deutschland erneuert wurde, verlor auch »Dahlem« seine Bedeutung.

Der Entwurf, wie er wenig später von der Synode im wesentlichen bestätigt wurde, bestand aus einer kurzen Einleitung und vier Abschnitten.[146]

In der Einleitung wurde zunächst auf die süddeutschen Ereignisse verwiesen, die die kirchliche Zerrüttung auf einen Höhepunkt gebracht und damit die folgende Erklärung erzwungen hätten. In der Tat setzten die Entscheidungen von Dahlem eine – von der Bekenntnisgemeinschaft aus gesehen vollständig zerstörte Kirche ohne ein einziges legitimes Kirchenregiment und die unmittelbar bevorstehende staatliche Bestätigung des Gewaltregiments von Reichsbischof und Rechtswalter voraus. Angesichts dieser Lage schien der

Synode wirklich kein anderer Weg mehr offenzustehen als die feierliche Erklärung des kirchlichen Notrechtes und die Übernahme der Kirchenleitung.

Vorbereitet wurde diese Entscheidung in den Abschnitten 1 und 11 der Botschaft. Der erste Abschnitt wies in sieben Punkten nach, daß »... durch die Lehren, Maßnahmen und Gesetze der Reichskirchenregierung ... die christliche Grundlage der Deutschen Evangelischen Kirche aufgehoben« sei. Der zweite Abschnitt stellte fest, daß alle »... Proteste, Warnungen und Mahnungen ...« vergeblich geblieben seien,[147] vielmehr die Reichskirchenregierung – und hier wurde die Sache nun doch unvermeidlich hochpolitisch – »... unter Berufung auf den Willen des Führers und unter Heranziehung und Mitwirkung politischer Gewalten rücksichtslos ihr kirchenzerstörendes Werk fortgesetzt« hätte. »Durch die Vergewaltigung der süddeutschen Kirchen ...« sei nunmehr »die letzte Möglichkeit einer an den bisherigen Zustand anknüpfenden Aufrechterhaltung der kirchlichen Ordnung genommen worden«.[138] In der endgültigen Fassung wurde ein weiterer Satz hinzugefügt, der die Konsequenz aus diesen Umständen festhielt: »Damit tritt das *kirchliche Notrecht* ein, zu dessen Verkündigung wir heute gezwungen sind.«[149]

Was mit diesem neuen Begriff gemeint war, formulierte der dritte Abschnitt des Entwurfs, der das eigentliche Herzstück der Botschaft darstellte und der in Zukunft als »Dahlem drei« zu einem festen Begriff wurde. In seinen drei Punkten wiederholte und bestätigte er zunächst die Erklärung des Bruderrats vom 18. September, daß sich Ludwig Müller und August Jäger »... von der christlichen Kirche geschieden ...« hätten; er stellte weiter fest, daß die *»... Leitung und Vertretung derdeutschen Evangelischen Kirche ... aus den Händen dieser Männer in die Hände der Bekenntnissynode ... und der von ihr bestellten oder bestätigten Organe übergegangen«* sei, und forderte endlich »die christlichen Gemeinden, ihre Pfarrer und Ältesten auf, von der bisherigen Reichskirchenregierung und ihren Behörden keine Weisungen entgegenzunehmen und jede Zusammenarbeit mit allen abzubrechen, die diesem Kirchenregiment gehorsam ...« seien.

In einem kurzen Schlußabschnitt schließlich wurde die Reichsregierung gebeten, von der damit »... vollzogenen Veränderung Kenntnis zu nehmen« und anzuerkennen, »daß in Sachen der Kirche, ihrer Lehre und Ordnung die Kirche allein zu urteilen und selbst zu entscheiden berufen ist«.[150]

Damit war der entscheidende Schritt getan. Wenn die Synode diesen Beschluß annahm, so erklärte sie damit eindeutig und unwiderruflich die amtierende Reichskirchenregierung und alle deutschchristlichen Landeskirchenre-

Auf der Bekenntnissynode von Berlin-Dahlem im Oktober 1934 stellte die Bekennende Kirche kraft kirchlichen Notrechts den deutsch-christlichen Kirchenleitungen eigene Kirchenleitungen, die Bruderräte, entgegen. Auf dem Bild eine Gruppe von Synodalen. Von links: Richter, unbekannt, Flor, von Soden (kaum erkennbar im Hintergrund), Barth (Gesicht verdeckt, mit Baskenmütze), Fiedler (ganz vorn), Fritz Müller, Koch, Thimme, Asmussen, Fausel, Hermann Diem.

gierungen – in diesem Augenblick also sämtliche oberen Leitungsorgane der evangelischen Kirche – für illegitim und setzte zugleich ihre eigenen Organe an deren Stelle. Darüber hinaus bedeutete dieser Beschluß, daß bis in die Gemeinden hinein die Trennung von allen vollzogen werden sollte, die sich nicht der Bekennenden Kirche anschlossen. Eben damit waren aber, wie sich bald zeigte, ungemein schwierige Probleme verbunden.

Von den 143 Synodalen aus fünfzehn Landeskirchen und aus den neuen Kirchenprovinzen der altpreußischen Union,[151] die sich am Vorabend der Synode im Landwehrkasino in der Jebensstraße trafen, war die große Mehrheit schon in Barmen dabeigewesen. Präses Koch las zur Eröffnung den Abschnitt von der Stillung des Sturmes aus Lukas 8,[152] jene Geschichte vom flehenden Hilferuf der Jünger »Meister, Meister, wir verderben!« und Jesu Antwort: »Da stand er auf und bedrohte den Wind und die Wogen des Wassers; und es ließ ab, und ward eine Stille. Er sprach aber ihnen zu: Wo ist euer Glaube?«

Anschließend erhielten die Synodalen die Tagesordnung und den Entwurf der Botschaft, mit dem sich noch am Abend eine Arbeitsgruppe zu beschäftigen begann..

Der Ablauf der Synode am folgenden Tag glich dem von Barmen. Neu freilich war, daß der Präses zu Beginn den Schweizer Pfarrer Alphons Koechlin als offiziellen Vertreter des Ökumenischen Rates der Kirchen begrüßen konnte, und neu und ungewohnt war auch, daß man die beiden in ihren Häusern in Haft gehaltenen süddeutschen Landesbischöfe nur aus der Ferne grüßen konnte.[153]

Im übrigen aber bestimmte die Diskussion um die »Botschaft« die gesamte Synode. Dabei standen die Probleme des dritten Abschnittes, »Dahlem drei«, selbstverständlich im Mittelpunkt. Die Einführung in die drei Teile dieses Abschnitts – Exkommunikation, Notrecht und praktische Folgerungen – hatten Asmussen, der Dahlemer Pfarrer Friedrich Müller und Rechtsanwalt Eberhard Fiedler übernommen.

Was den Ausschluß von Müller und Jäger betraf, so war sich natürlich auch Asmussen bewußt, daß man hier die Frage nach der Wirksamkeit stellen konnte. Von Anfang an, so sagte er, sei dem Bruderrat entgegengehalten worden: »Danach fragt ja doch kein Mensch!«[154] Aber es gehe bei diesem Schritt nicht darum, Eindruck zu machen, sondern es gehe um den Gehorsam gegen Gottes Wort. Eindringlich warnte Asmussen am Ende vor Halbheiten – alle verschobenen Entschlüsse kämen nach kurzer Zeit mit Macht zurück.[155]

Entscheidende Bedeutung kam naturgemäß der Begründung des kirchlichen Notrechtes durch Friedrich Müller zu. Der Dahlemer Pfarrer beschritt dazu zwei Wege. Er griff zunächst auf die bereits in Barmen entwickelte Bestimmung zurück, daß alles kirchliche Recht grundsätzlich an das Bekenntnis gebunden sei. »In der evangelischen Kirche«, so faßte er diesen Gedanken zusammen, »kann es kein Kirchenrecht geben, das je im Widerspruch mit dem Evangelium stehen könnte, tut es das, dann ist es kein Kirchenrecht mehr.«[156] Auch formal völlig legal zustande gekommenes Kirchenrecht verliere demnach seinen Rechtscharakter und damit seine Verbindlichkeit, wenn es offensichtlich gegen das reformatorisch verstandene Evangelium verstoße. Dies war das ausschlaggebende Argument für den Anspruch der Bekenntnissynode auf die Kirchenleitung der Deutschen Evangelischen Kirche.

Dazu trat nun als Ergänzung und Unterstützung die positiv-rechtliche Begründung. Nicht nur die Bekenntnisgebundenheit der Reichskirche sei aufgehoben, auch ihr Verfassungsrecht sei zerstört. Die Nationalsynode entbehre ebenso der rechtmäßigen Zusammensetzung wie das Geistliche Ministerium. »Wir geben diese Reichskirchenregierung«, fuhr Friedrich Müller deshalb fort, »in allen ihren Organen ... völlig preis, aber nicht unsere Kirche. Wir gehen aus dieser unserer Kirche nicht in die Freikirche hinaus, sondern wir sind die Kirche. Weil die berufenen Organe der DEK nicht mehr vorhanden sind und sie nicht mehr vertreten können, weil aber die Kirche auch sichtbar getragen und vertreten sein muß, treten wir, als die Bekenntnissynode der DEK, das Notamt in ihr an.« Dieses »Notamt« oder diese »Notordnung«, so unterstrich Müller, komme »... aus dem innersten Wesen der Kirche und ...« sei »darum gültiges Kirchenrecht«.[157]

Unmittelbar darauf kündigte der Dahlemer Pfarrer die neuen Leitungsformen dieser »Notordnung« an. Die Synode wähle heute erneut Präses und Bruderrat, denen »... sie die Leitung und Vertretung der DEK ...« anvertraue. »Aus dem Bruderrat aber ...« wähle sie »für die Aufgaben des Tages das an seine Weisungen gebundene Präsidium«.[158]

Dieses in der endgültigen Fassung »Rat« genannte Gremium unter Leitung des Präses sollte demnach die eigentliche kirchenleitende Institution der Bekennenden Kirche darstellen.[159] Dies war leicht anzuerkennen für die reformierten und unierten Kirchen, für die kollegiale Leitungsorgane keine Schwierigkeiten darstellten, schwer hingegen für die Lutheraner, die am Bischofsamt orientiert waren.

Anschließend versuchte Eberhard Fiedler, die rechtlichen und praktischen Konsequenzen aus dieser grundsätzlichen Entscheidung für die Gemeinden deutlich zu machen. Sie gipfelten in drei Forderungen, nämlich von der bisherigen Reichskirchenregierung keine Weisungen mehr entgegenzunehmen, jede Zusammenarbeit mit denen zu verweigern, die weiterhin diesem Kirchenregiment gehorsam seien, und schließlich sich in allen Dingen an die Anordnungen der Bekenntnissynode und des Bruderrates zu halten.[160]

Nachdem im Laufe des Vormittags die »Botschaft« dergestalt in der Synode eingebracht und begründet worden war, wurde gegen 15 Uhr ein dreißigköpfiger Ausschuß bestimmt, der, ähnlich wie in Barmen, den Entwurf bis tief in die Nacht hinein Punkt für Punkt beriet.[161]

Dabei kamen aus dem ganzen Bündel von Problemen, das die Vorlage aufwarf, vor allem zwei zur Sprache.

Zunächst erhoben die bayerischen und hannoverschen Lutheraner den unvermeidlichen Einspruch gegen die Vorstellung einer gemeinsamen Kirchenleitung. Althaus, der zur allgemeinen Überraschung als bayerischer Vertreter erschienen war,[162] und sein Fakultätskollege Hermann Sasse legten in diesem Zusammenhang sogar einen eigenen Gegenentwurf vor, der ausdrücklich die bekenntnismäßige Gliederung aller leitenden Organe der Bekennenden Kirche forderte.[163]

Es war das eigentliche Elend der Lutheraner, daß sie immerfort auf das Problem der angeblichen »Union« fixiert blieben, das angesichts der bedrängten Lage der Kirche wahrhaftig nicht das Entscheidende sein konnte. Damit versäumten sie, ihre theologische Kritik dort anzusetzen, wo die lutherische Theologie tatsächlich Wesentliches zu sagen gehabt hätte, nämlich bei einem Kirchenbegriff, der durch einen Synodalbeschluß wahre von falschen Christen unterscheiden zu können glaubte.

So ließ sich dieser lutherische Einspruch verhältnismäßig leicht aufnehmen. In der endgültigen Fassung der Botschaft hieß es deshalb, daß die zur Leitung bestimmten Organe »... den Bekenntnissen entsprechend zusammengesetzt und gegliedert« seien.[164] Damit schien dieser Anstoß zunächst aus dem Wege geräumt.

Weit schwerer wog ein anderer Einwand gegen den geplanten Beschluß. War es grundsätzlich denkbar und sinnvoll, so fragten viele Synodale, daß Synode und Bruderrat die Kirchenleitung der ganzen Kirche beanspruchten, während sich ihr Einfluß tatsächlich nur auf die bekennenden Kirchen und Gemeinden beschränkte? Und hier kamen die Bedenken nun nicht nur aus Bayern und Württemberg, sondern auch aus jenen zerstörten Kirchengebieten, in denen die Bekenntnisgemeinschaft lediglich eine kleine Minderheit bildete. Im Namen von Mecklenburg und Schleswig-Holstein etwa warnte Reinhold von Thadden, der Vorsitzende des pommerschen Bruderrates: *»Überschätzen wir nicht unsere Kraft ganz maßlos!* Wo sprechen denn diese Menschen? Wir leben doch in einem Ghetto!« Der vorgesehene Beschluß käme überhaupt nicht in Frage.[165] Die Grundverschiedenheit der Ausgangslage in den einzelnen Kirchen wurde auch deutlich, als der Dortmunder Pfarrer Karl Lücking ruhig erklärte, Westfalen stimme diesen Beschlüssen zu, während der Eisenacher Pfarrer Ernst Otto, der die kleine thüringische Bekenntnisgemeinschaft vertrat, die Erklärung leidenschaftlich ablehnte. »Für Thüringen...«, so meinte er, sei »Absatz III unmöglich. Er mag für die ›beati possidentes‹ durchführbar sein, nicht für die zerstreuten, schwachen Bekenntnisgemeinden bei uns (auch Mecklenburg!).« Ungeschminkter konnte man das Problem von »Dahlem drei« schwerlich darstellen als Otto, der in diesem Zusammenhang erklärte: »Es wäre eine leere Fiktion und Lächerlichkeit zu behaupten, daß wir in Thüringen die Leitung der Kirche übernehmen ... Wir haben für ganz Thüringen nur 1000 Mitglieder der Bekenntnisgemeinde.«[166]

Überhaupt war die Offenheit, mit der in diesen Tagen auf der Synode um den zukünftigen Weg der Kirche gestritten wurde, eines ihrer bemerkenswertesten Kennzeichen. Schon allein dadurch widersprach die Synode dem Wesen des Führerstaates, in dem ja nicht Streit galt, sondern Befehl und Gehorsam. Wie es Größe und Grenze der katholischen Kirche bedeutete, daß sie in dieser Situation alle internen Auseinandersetzungen unterdrückte und sich eng um das Papsttum scharte, so bezeichnete es Größe und Grenze des Protestantismus, daß er selbst in dieser verzweifelten Lage nicht auf den offenen Streit um die Wahrheit verzichtete.

Ein neuer und scharfer Ton kam in die Debatte, als der Rostocker Theologe Helmuth Schreiner erklärte: »Nehmen Sie es nicht übel, aber die Bekenntnissynode erscheint uns, von Norddeutschland aus gesehen, als unsagbar schwach.« Es war offensichtlich auf den Schweriner Prozeß gegen die mecklenburgischen Pastoren gemünzt, wenn Schreiner fortfuhr: »Diese Schwäche hat sich ja allein schon darin gezeigt, daß, wenn Pfarrer zu Gefängnis verurteilt werden ..., dann schweigt des Sängers Höflichkeit.«[167]

Noch schwerer wog ein theologischer Vorwurf, den Schreiner ebenfalls mit aller Schärfe formulierte. Er nannte die Forderung, sich grundsätzlich von allen Deutschen Christen zu scheiden, eine »pharisäische Haltung« und erklärte mit Leidenschaft, »wenn diese Stimmung von Asmussen weiter herrscht, will ich lieber in seiner Ketzerkirche sein als in einer Pharisäerkirche«.[168]

Mit ihren Einwänden trafen die Kritiker der Dahlemer Beschlüsse zwei grundsätzliche theologische Probleme, die in der Kirchengeschichte wenn auch in jeweils spezifischer, unverwechselbarer Weise – immer wieder Gegenstand des Streites gewesen waren: die Frage, wann ein Schisma, also eine Kirchenspaltung, berechtigt ist und welches Selbstverständnis die Kirchenglieder in der neu ausgesagten christlichen Gemeinschaft gegenüber den ehemaligen Brüdern und Schwestern einnehmen sollten. Daß die fest auf dem Boden reformatorischer Theologie gegründete Bekennende Kirche allein aus der heilschaffenden Offenbarung Gottes die Wahrheit des Glaubens formulierte und diese Wahrheit nach über einem Jahr des vergeblichen Ringens über die wahrnehmbare kirchliche Einheit stellte, war sicher eine richtige Entscheidung. Aber hatte man damit zugleich eine Einigung zwischen allen Gliedern der Bekennenden Kirche auch darüber erzielt, daß die Situation nun einen völligen Abbruch der Beziehungen zu allen Deutschen Christen erforderlich machte? Immerhin war *rechtlich* das Bekenntnis von seiten der Deutschen Christen, ganz zu schweigen von den sogenannten Neutralen, nirgends angetastet worden.[169] Zeichnete sich hier nicht schon die Tendenz zu einem sektiererischen Kirchenbegriff ab, wonach nur noch die wahren Bekenner der reinen Lehre ins Heiligtum eintreten durften?

Wie der Fortgang der Ereignisse zeigte, *mußte* das nicht so sein, wenn man – wie Dietrich Bonhoeffer später in einer erregenden Debatte – vom Heilsruf des Evangeliums ausging, der nicht selbst seine Grenzen setze, sondern der auf Grenzen stoße.[170] Aber es *konnte* so sein, wenn sich der Anspruch der Bekennenden Kirche, allein Kirche Jesu Christi zu sein, zu einer Bekenntnisorthodoxie verfestigte, die jede evangelische Freiheit töten mußte. Man kann nicht sagen, daß die Bekennende Kirche dieser Gefahr ganz entgangen wäre. Vor allem später, etwa seit 1938, als sich nicht mehr viel bewegte, wurden die orthodoxen Züge stärker, und Dietrich Bonhoeffers Gedanken von der religionslosen Verkündigung waren ebenso gegen diese Verfestigungen gerichtet wie etwa Rudolf Bultmanns Programm der Entmythologisierung des Neuen Testaments.

Dies alles freilich lag in Dahlem noch fern. In den leidenschaftlichen Debatten jenes Freitagabends im Dahlemer Gemeindehaus ging es vielmehr darum, was nun gelten sollte, Wilhelm Niesels Satz: »Wir stehen vor der Frage des Glaubens, ob wir mit diesem Kirchenregiment wirklich brechen wollen oder nicht«,[171] oder Hans Greifensteins Mahnung: »Es ist nicht christlich und nicht lutherisch, wenn wir mit unseren Ansprüchen zu weit gehen. Wir sollten unser Kirchenregiment mit vollem Bewußtsein auf die bekennenden Gemeinden beschränken.«[172]

Zweifellos kam die bedrängte Situation der Kirche jenen entgegen, die eine radikale Entscheidung anstrebten. Und so gaben schließlich Koch und Niemöller den Ausschlag; der Präses mit dem Aufruf »Nun müssen wir durch!«

und der Erklärung, was hier beschlossen werde, sei eine »Notsache«;[173] der Dahlemer Pfarrer mit dem bestimmten Hinweis: »Wir sind in zwölfter Stunde.«[174]

Am Sonnabendmorgen, als die Synode fortgesetzt wurde, zeigte sich, welche Schwierigkeiten die Vorverlegung geschaffen hatte. Nur noch die Hälfte der Synodalen war anwesend, und auf ihnen lastete die Verantwortung, nun die wichtigsten kirchlichen Entscheidungen zu treffen.[175]

Auch Thomas Breit, der die nahezu zehnstündigen Ausschußverhandlungen geleitet hatte, befand sich inzwischen auf dem Rückweg nach München. An seiner Stelle trug Hans von Soden die Ergebnisse der Beratungen vor. Es war das erste Mal, daß der Marburger Theologe dergestalt in den Mittelpunkt rückte. Aber von nun an war er unermüdlich für die Bekennende Kirche tätig, unerschrocken, entschieden und gleichzeitig immer um Ausgleich bemüht, wie es seiner liberalen Herkunft entsprach.

Auch in der Begründung der Veränderungen, die vor allem der Abschnitt III der Botschaft in der langen nächtlichen Sitzung erfahren hatte, vertrat von Soden eine eher gemäßigte Linie. Der endgültige Text der beiden entscheidenden Punkte lautete jetzt: »2. Auf Grund des kirchlichen Notrechts der an Schrift und Bekenntnis gebundenen Kirchen, Gemeinden und Träger des geistlichen Amtes schafft die Bekenntnissynode der Deutschen Evangelischen Kirche neue Organe der Leitung. Sie beruft zur Leitung und Vertretung der Deutschen Evangelischen Kirche als eines Bundes bekenntnisbestimmter Kirchen den Bruderrat ... und aus seiner Mitte den Rat... zur Führung der Geschäfte. Beide Organe sind den Bekenntnissen entsprechend zusammengesetzt und gegliedert.«[176] Sollte damit vor allem den konfessionellen Bedenken der Lutheraner Rechnung getragen werden, so bemühte sich der dritte Punkt um Verständnis für jene, die angesichts der radikalen Formulierungen des Entwurfs zögerten. Statt von einem Abbruch der Beziehungen zu den Deutschen Christen war jetzt nur noch von einem Sichzurückziehen die Rede: »3. Wir fordern die christlichen Gemeinden, ihre Pfarrer und Ältesten auf, von der bisherigen Reichskirchenregierung und ihren Behörden keine Weisungen entgegenzunehmen und sich von der Zusammenarbeit mit denen zurückzuziehen, die diesem Kirchenregiment weiterhin gehorsam sein wollen. Wir fordern sie auf, sich an die Anordnungen der Bekenntnissynode... und der von ihr anerkannten Organe zu halten.«[177]

Soden begründete diese Abmilderungen mit dem Hinweis, es könne ja nicht jede Zusammenarbeit schlechthin – »... z. B. in Pfründensachen, Bausachen usw...« – abgelehnt werden,[178] vielmehr bedeute dieser Satz, »die Zusammenarbeit so weit einzustellen, wie es eben vom Bekenntnis her erforderlich und nach der konkreten Lage möglich ist, auch natürlich schrittweise, aber wirklich und wirksam«.[179] Dieses gemäßigte, die örtlichen Umstände berücksichtigende Verständnis ging freilich bald verloren, und die Vertreter einer radikalen Lösung bestanden immer mehr darauf, den Beschluß im Sinne der ursprünglichen Formulierung zu verstehen.

In der anschließenden Diskussion im Plenum der Synode kam die ganze Problematik der anstehenden Entscheidungen noch einmal dramatisch zum Ausdruck. Nun waren es einige Württemberger, die im Zusammenhang mit dem Abschnitt III,3 ihre schweren Bedenken gegen einen völligen Abbruch der Beziehungen zu allen Deutschen Christen geltend machten. Dagegen traten vor allem die Mitglieder des Bruderrates für – wie Karl Immer sagte »den großen Schritt« ein, nämlich »... die Scheidung der wahren von der falschen Kirche«.[180] Und erneut war es insbesondere Martin Niemöller, der in einer leidenschaftlichen Rede auf eine eindeutige Entscheidung drang. »Liebe Brüder«, so rief er den Württembergern zu, »Sie kommen nicht daran vorbei, das Wort, den Gehorsam aufzusagen gegen über einem Regiment, das vom Teufel ist, ernst zu nehmen, bis in die Fingerspitzen und bis zum Gemeindehausbau und bis in die Einreichung von statistischen Formularen. Wenn Herr Professor von Soden meint, daß das heute noch geht, dann irrt er, und wenn die Württemberger zum Teil das heute noch für möglich halten, dann werden sie ein schreckliches Erwachen erleben.«[181] Es gebe keine Gemeinsamkeiten mit den Deutschen Christen mehr, meinte Niemöller und fuhr mit der ihm eigenen Drastik fort, selbst eine gemeinsame Bibellektüre ohne die Feststellung, daß die Gemeinde Gottes von den Deutschen Christen verfolgt werde, sei »geistlicher Ehebruch«.[182]

Als die Synode schließlich über einen württembergischen Gegenantrag abstimmte, der nur ein Hinwirken auf klare Entscheidungen fordern wollte, zeigte sich, daß eine Mehrheit von 52 Stimmen der entschiedeneren Fassung des Bruderrates zu folgen bereit war. Immerhin blieb eine gewichtige Minderheit von 20 Stimmen unüberzeugt.[183]

Merkwürdigerweise ist von der Problematik dieser Dahlemer Abstimmungen später nie mehr die Rede gewesen. Vermutlich ging die Erinnerung daran ganz einfach verloren, und nach dem Kriege verhinderte der Mythos von

Dahlem die kritischen Rückfragen. Dabei zeigte sich gerade hier die Schwäche dieser Synode. Denn abgesehen davon, daß mit 52 Jastimmen faktisch nur ein gutes Drittel aller Synodalen den Beschluß trug, hätte eine so grundlegende Frage überhaupt nicht durch einfache Majorisierung entschieden werden dürfen. Als der altpreußische Bruderrat nach langen Diskussionen Ende 1944 die Grundzüge einer neuen Kirchenordnung vorlegte, hieß es im grundsätzlichen Teil ausdrücklich, »daß kirchliche Beratungen und Entscheidungen in brüderlichem Geist erfolgen und daß Mehrheitsbeschlüsse nach Möglichkeit vermieden werden ...« sollten.[184] Daß dieses Grundprinzip einer bruderrätlich-synodalen Kirchenordnung in Dahlem verletzt wurde, ist offenkundig. Und vielleicht lag es nicht zuletzt an diesem Umstand, daß die Dahlemer Beschlüsse die Bekennende Kirche fast vom ersten Tag an mehr trennten als verbanden.

Nach Lage der Dinge war mit der Abstimmung über den Abschnitt III,3 die Entscheidung gefallen. Denn wer hätte sich angesichts der bedrängten Lage auch danach noch weiterhin verweigern mögen? So gab es bei der Abstimmung über den gesamten Abschnitt III nur noch neun Gegenstimmen; bei der Schlußabstimmung über die ganze Botschaft schließlich erklärte nur noch ein Synodaler – es war der Stuttgarter Regierungsbaumeister Paul Zimmermann , den Beschluß nicht mittragen zu können.[185]

Die kirchlichen und theologischen Schwierigkeiten, die der dritte Abschnitt aufwarf, waren jedoch keineswegs die einzigen Probleme der Botschaft. Nicht minder schwer wog die ungelöste Frage, die sich hinter dem Abschnitt IV verbarg. Er enthielt die Bitte an die Reichsregierung, von der vollzogenen Entscheidung Kenntnis zu nehmen, und die Forderung, in Sachen der Lehre und Ordnung das Selbstbestimmungsrecht der Kirche anzuerkennen. Damit aber wurden Geltung und Durchführung der Dahlemer Beschlüsse in rechtlicher und praktischer Hinsicht von der Entscheidung des Staates abhängig. Wenn der Staat der Forderung der Botschaft nachkam und den Bruderrat als rechtmäßiges Kirchenregiment der Deutschen Evangelischen Kirche anerkannte, so stand einer Umgestaltung der Kirche im Sinne der Barmer und Dahlemer Beschlüsse nichts Entscheidendes mehr im Wege. Eine Übergangskirchenleitung konnte dann, wie es schon die Pläne im August vorgesehen hatten, die Kirche Schritt für Schritt zur bekenntnis- und verfassungsmäßigen Ordnung zurückführen.

Was aber sollte geschehen, wenn der Staat diese Anerkennung verweigerte? Überraschenderweise wurde in der Diskussion über Abschnitt IV von dieser naheliegenden Möglichkeit kaum gesprochen. Vielmehr gab es wie beim vorhergehenden Abschnitt auch hier eine Minderheit, die sich für eine weniger anspruchsvolle Formulierung aussprach. Im übrigen aber war nur sehr allgemein davon die Rede, daß die Kirche, falls der Staat ihre Freiheit nicht anerkenne, »eben darum kämpfen« müsse mit ihren Waffen, »nämlich Wort und Leiden«.[186]

Auch im Rückblick war dieses Problem für die Kirche unlösbar. Nur der Bruch und die Gründung einer eigenen, staatsunabhängigen Freikirche hätte es aus der Welt schaffen können. Solange Bekenntnissynode und Bruderrat jedoch mit guten Gründen daran festhielten, die einzige rechtmäßige Leitung und Vertretung der Deutschen Evangelischen Kirche zu sein, erhoben sie diesen Anspruch nicht nur für die Kirche des Bekenntnisses, sondern eben auch für eine Körperschaft des öffentlichen Rechts des Reichs und waren insoweit von der staatlichen Anerkennung abhängig.[187] Wurde sie versagt, so fehlte ein entscheidender Rechtstitel.

Auch für den Staat blieb die Sache übrigens ein Dilemma. Er war auf diese Weise enger mit der Kirche verbunden, als ihm lieb war, und sah sich zu einer Entscheidung genötigt, die er keineswegs treffen wollte.

Was das bedeutete, sollte sich schon bald zeigen. Die Synode beendete ihre Arbeit am frühen Nachmittag mit der Bestellung der neuen Leitungsorgane, die anstelle von Reichsbischof und Reichskirchenregierung das Kirchenregiment in der evangelischen Kirche ausüben sollten. Dazu wurde der bisher fünfzehnköpfige Bruderrat auf 22 Mitglieder erweitert; gleichzeitig wurde als engeres Leitungsgremium aus dem Bruderrat der sechsköpfige Rat gebildet. Ihm gehörten unter Vorsitz von Koch überwiegend entschiedene Anhänger der Dahlemer Beschlüsse an; neben Asmussen und Fiedler übernahmen nun Martin Niemöller als Unierter und Karl Barth als Reformierter zum ersten Mal unmittelbar ein kirchenleitendes Amt in der Bekennenden Kirche. Nur der bayerische Oberkirchenrat Breit, der als Lutheraner im Rat saß, vertrat die süddeutsche Richtung.[188]

Dann zogen die Synodalen zur abschließenden Andacht in die St. Annenkirche in Dahlem. Der Präses eröffnete sie mit der feierlichen Verkündigung der nunmehr beschlossenen »Botschaft der Bekenntnissynode der Deutschen Evangelischen Kirche«. Den Schlußchoral sang die Versammlung stehend, und gewiß bedeuteten die alten Verse in diesem Augenblick für manches bedrängte Herz Trost und Hoffnung zugleich:

»Die Sach und Ehr, Herr Jesu Christ,
nicht unser, sondern dein ja ist;
darum so steh du denen bei,
die sich auf dich verlassen frei.
Dein Wort ist unsers Herzens Trutz
und deiner Kirche wahrer Schutz;
dabei erhalt uns, lieber Herr,
daß wir nichts anders suchen mehr.«[189]

Die Synode von Dahlem war ohne Zweifel ein bedeutender und mutiger Versuch, sich gegen ein staatlich gestütztes, unchristliches Kirchenregiment zu behaupten. Ihre Entscheidungen waren begreiflich angesichts einer Situation, in der man die Kirche fest in der Hand der deutschchristlichen Kirchenregierung glaubte und deren feierliche staatliche Anerkennung unmittelbar erwartete. Dennoch wird das Urteil über diese Synode im Rückblick eher kritisch ausfallen.[190] Die Dahlemer Beschlüsse schärften allen Gliedern der Bekennenden Kirche ein, daß die Barmer Erklärung praktische Konsequenzen haben mußte, und das war richtig. Und richtig war auch, daß die Synode das Notrecht ausrief, die Kirchenleitung beanspruchte und die grundsätzliche Trennung von den deutschchristlichen Kirchenregimenten aussprach.

Falsch dagegen war, diese aus einer Notsituation geborenen Beschlüsse ohne Unterschied für alle Kirchen und Gemeinden zu einem Gesetz zu machen, das über Zugehörigkeit oder Nichtzugehörigkeit zur Bekennenden Kirche entschied.[191] Hier rächte sich, daß sich die Synode vom Gegner das Gesetz des Handelns hatte aufzwingen lassen. Schon acht oder zehn Tage später wären ihre Beschlüsse zweifellos anders ausgefallen. Zudem hätte die dann wieder mögliche Mitwirkung der süddeutschen Bischöfe der Synode auch in den Augen der zaudernden Lutheraner jene Verbindlichkeit verliehen, die sie nun entbehren mußte. Sie wäre überall als Synode der ganzen Bekennenden Kirche verstanden worden und nicht nur als Synode ihres radikalen Flügels. So aber blieben die Beschlüsse von Dahlem zwischen Reformierten und Lutheranern, zwischen dem preußischen Bruderrat und den süddeutschen Landeskirchen und ganz allgemein zwischen Menschen gleichen Glaubens, aber verschiedenen Temperaments umstritten. Das hatte zur Folge, daß sich die besten Kräfte der Bekennenden Kirche an Problemen verzehrten, die am Ende doch nur zweitrangige Bedeutung besaßen. Aus dem

Bekenntnis von Barmen wurde ein kirchenpolitischer Kampf um Abgrenzung und Ausgrenzung.

Niemand kann sagen, ob sich die Einheit der Bekennenden Kirche auf die Dauer hätte erhalten lassen. Aber daß die Dahlemer Beschlüsse von Anfang an für diese Einheit eine schwere Belastung darstellten, steht außer Frage.

Noch ehe man sich jedoch in der Bekennenden Kirche über die Bedeutung und die Auswirkungen der Dahlemer Synode klar werden konnte, trat ein völliger Umschwung der kirchenpolitischen Lage ein.

Schon am 19. Oktober, als die Synode in Dahlem zusammentraf, hatte Hitler entschieden, die Vereidigung des Reichsbischofs aufzugeben und den für Dienstag, den 23. Oktober, geplanten Empfang auf Donnerstag zu verschieben.[192]

Offensichtlich wollte er Zeit gewinnen und weitere Informationen einholen. Die Ereignisse der folgenden Tage, die zunächst über das Schicksal der Kirche entschieden, vermitteln zugleich ein ungewöhnlich anschauliches Bild vom Funktionieren des Führerstaates.

Als einer der ersten erfuhr der deutsche Botschafter in London von der Veränderung der Lage. Telephonisch informiert, meldete sich Hoesch am Montagmorgen unverzüglich beim Erzbischof von Canterbury, um ihm die Verschiebung des Termins mitzuteilen und eine Verlängerung des bis zum 24. Oktober befristeten bischöflichen Ultimatums zu erreichen. Cosmo Lang versicherte dem Botschafter selbstverständlich, daß er nichts »überstürzen« wolle, zumal er »... aus [den] Nachrichten der Vorwoche entnehmen zu können geglaubt« habe, »daß auch bei maßgebenden deutschen Stellen ...« sich gewisse Vorbehalte gegen das reichskirchliche Vorgehen gezeigt hätten. Interessant war in diesem Zusammenhang die Bemerkung des Erzbischofs, daß er deshalb »... die gestrige Nachricht vom vollzogenen Bruch der Opposition« – gemeint war die Dahlemer Botschaft – »mit einigem Erstaunen und Bedauern aufgenommen« habe. Als Lösung empfahl er nach wie vor, daß der Führer selbst die Dinge in die Hand nehme »... und diejenigen ausschalte, die sich der Aufgabe als nicht gewachsen erwiesen hätten«. Das Telegramm ging mit dem handschriftlichen Vermerk des Außenministers: »R.[eichs] K.[anzler] *Sofort*« in die Reichskanzlei, wo es am 23. vorlag.[193]

Gleichzeitig wurde Neurath vom zuständigen Referat auch über die Dahlemer Botschaft unterrichtet. Eine Einigung sei zwar noch möglich, hieß es in der Aufzeichnung, aber sie sei schwierig geworden, weil sich die Bekenntnissynode »... nicht mit einem Rücktritt Jägers begnügen, sondern auch den Rücktritt des Reichsbischofs selbst und eine klare und eindeutige Umkehr von den bisherigen Methoden fordern ...« werde.[194] Der Reichsaußenminister war also wohl informiert und zugleich persönlich engagiert,[195] als er am Mittwoch alle Aspekte der Kirchenfrage mit Hitler besprach und dabei zweifellos auf eine schnelle und umfassende Lösung im Sinne der Bekennenden Kirche drängte.[196]

Auch der Saarbevollmächtigte, der pfälzische Gauleiter Josef Bürckel, der schon im September wegen Ludwig Müllers mißglückter Rede in Hannover kategorisch die Abberufung des Reichsbischofs gefordert hatte,[197] wurde nun energisch. Denn inzwischen war das Vorgehen gegen die süddeutschen Kirchen in der unabhängigen Saar-Presse zum beherrschenden Thema des beginnenden Abstimmungskampfes geworden. Am 23. Oktober etwa erschien die »Neue Saar-Post« mit der Schlagzeile »Schärfster Kirchenkampf« und den Unterzeilen »Kundgebungen in München – Zusammenbruch der Hitlerschen Kirchenpolitik – Stark zunehmender Einfluß Rosenbergs – Das Ziel bleibt: Die deutsche Nationalkirche« und verband dies alles mit der Frage »Wird Adolf Hitler oberster Bischof?« In dem dazugehörenden Artikel erfuhren die vorwiegend katholischen Leser des Blattes, daß Hitler mit der Schaffung einer deutschen Nationalkirche Rosenbergscher Prägung sympathisiere und vermutlich ihr oberster Bischof werden würde.[198]

Nach Bürckels Meinung war nicht auszuschließen, daß die Fortsetzung dieser Kampagne bei der allgemein für labil gehaltenen Lage an der Saar den Ausschlag zuungunsten Deutschlands geben konnte. Daher suchte der pfälzische Gauleiter zu Beginn der Woche Hitler auf, um ihn über die Vorgänge in München zu unterrichten und auf eine Entlassung von Müller und Jäger zu drängen. Zu Bürckels Überraschung ergab sich dabei offenbar, daß Hitler im einzelnen bisher kaum unterrichtet war.[199] Vermutlich hatte Pfeffer bis zu diesem Tag tatsächlich mit einer allgemeinen Führervollmacht für Kirchenfragen operiert, deren Folgen für Hitler nun überall aufs unangenehmste bemerkbar wurden.

Neben dem Außenminister und dem Saarbevollmächtigten bemühte sich begreiflicherweise vor allem die bayerische Staatsregierung um eine Bereinigung der Lage. In pausenlos geführten Telephonaten versuchten Reichsstatthalter und Ministerpräsident zu Beginn der Woche, wenigstens die Aufhebung des Hausarrests des Landesbischofs zu erreichen. Aber niemand im Führerstaat fand sich bereit, die Verantwortung für diese Rücknahme ohne ausdrückliche Anweisung Hitlers zu übernehmen. Das Hin und Her zwischen München und Berlin nahm zeitweise groteske Formen an. So wurde das

Reichsministerium des Innern schon am 18. Oktober von München ausdrücklich ».. . auf die Unmöglichkeit des Tätigwerdens einer im angeblichen Auftrag des Führers handelnden Parteidienststelle unter Ausschaltung des zuständigen Reichsministers ...« hingewiesen.[200] Frick jedoch, obwohl von der Notwendigkeit einer Enthaftung Meisers völlig überzeugt, gestand Siebert, »er wolle über den Kopf der Partei, die durch Heß repräsentiert werde, keine Entscheidung treffen«.[201] Aber auch Heß, der Parteiminister, den Siebert daraufhin unmittelbar anging, erklärte sich für unzuständig. Man solle ihn, so beschied er den bayerischen Ministerpräsidenten am 22. Oktober, ».. . heute aus dem Spiel lassen, er möchte nicht den Auftrag dazu geben. Er habe sich für morgen 12.15 Uhr beim Führer zum Vortrag angesagt« – so lange müsse man eben warten.[202]

Aber das war für die Bayern nur ein schwacher Trost. Am Abend des 22. versammelte sich erneut eine besorgte Runde beim Reichsstatthalter, der dieser erklärte, man habe in Berlin von den Dingen keine Ahnung. »Die Lage ...« ist »so«, behauptete Epp, »daß ein großer Aufstand der gesamten evangelischen Kirche in ganz Bayern bevorstehe. Das Kirchenvolk stehe fest, in den Berichten der Amtswalter an ihre vorgesetzten Dienststellen werde vielfach gelogen ... Der Aufstand finde die Unterstützung des katholischen Volksteiles ... Es müsse Heß und dem Reichsinnenminister ... telefonisch gesagt werden, daß sie nicht richtig im Bilde seien.«[203]

Der 23. Oktober verstrich ohne Nachricht, und noch am Abend des 24. wartete man in München vergebens auf eine Entscheidung. Frick wußte auf eine dringende telephonische Anfrage des bayerischen Ministerpräsidenten lediglich, daß morgen ».. . die von dem Führer eingeleitete Aktion« stattfinde.[204] Eine Haftentlassung Meisers wolle er nicht anordnen.

Ganz so untätig, wie es hier schien, war Hitler jedoch keineswegs geblieben. Vielmehr hatte er inzwischen dem Reichsjustizminister den Auftrag gegeben, »beschleunigt die Frage nachzuprüfen, welchen Ausgang ein in der Revision beim Reichsgericht schwebender Rechtsstreit des Pfarrers Niemöller gegen die Gemeinde Dahlem voraussichtlich haben werde«.[205]

Mit diesem Auftrag hatte es folgende Bewandtnis: Noch im Februar hatte Martin Niemöller mit Zustimmung des Gemeindekirchenrats ja einen Prozeß gegen die Dahlemer Gemeinde angestrengt, um die Rechtmäßigkeit seiner Amtsenthebung gerichtlich überprüfen zu lassen. Am 5. Juli hatte das Berliner Landgericht auf Grund der Gutachten von Wilhelm Flor erwartungsgemäß die entsprechende Verfügung des Reichsbischofs für rechtswidrig erklärt, unter anderem weil ihre Grundlage, die vielzitierte »Verordnung zur Sicherung einheitlicher Führung der Deutschen Evangelischen Kirche der altpreußischen Union« vom 26. Januar verfassungswidrig sei.[206] Da mit dieser Entscheidung die gesamten Maßnahmen der Reichskirchenregierung in Zweifel gezogen waren, lag es im Interesse der Bekennenden Kirche, diese Frage in letzter Instanz klären zu lassen. Der Dahlemer Gemeindekirchenrat legte deshalb Revision beim Reichsgericht ein, von dessen Entscheidung damit Rechtmäßigkeit oder Unrechtmäßigkeit der ganzen Gleichschaltungspolitik des Jahres 1934 abhing.[207]

Was in den kirchlich-theologischen Auseinandersetzungen dieses Jahres nur als ferner Nebenkriegsschauplatz erschienen war, erwies sich jetzt politisch als entscheidender Punkt. Denn Hitler hätte sich möglicherweise zugetraut, die englischen Bischöfe hinzuhalten, auch die Saarbevölkerung zu beruhigen und in Bayern notfalls durchzugreifen, zumal er die Berichte aus München offenbar für übertrieben hielt.[208] Ein Urteil des Reichsgerichts gegen eine von ihm öffentlich unterstützte und mit dem Schreiben der Präsidialkanzlei vom 11. September ausdrücklich für rechtmäßig erklärte Politik war jedoch ein bedenkliches Risiko.

Eben dieser Fall aber schien nun bevorzustehen.

Am Dienstag, dem 23. Oktober, ließ sich Gürtner in Ausführung seines Auftrags von Reichsgerichtsrat Flor über den Stand der Dinge informieren.[209] Am Mittwoch, einen Tag vor dem noch immer festgehaltenen Termin des reichsbischöflichen Empfangs, erstattete der Reichsjustizminister dem Führer Bericht. »Der Herr Minister habe hierbei«, so hielt das Ministerbüro später fest, »seiner Auffassung dahin Ausdruck gegeben, daß an einem für die Beklagte und Revisionsklägerin (Gemeinde Dahlem) ungünstigen Ausgang des Prozesses kaum gezweifelt werden könne, da die gegen den Pfarrer Niemöller kirchenbehördlicherseits ergriffenen Maßnahmen der Rechtswirksamkeit entbehrten«.[210] Zum zweiten Mal war es damit wiederum Martin Niemöller, der Hitler unmittelbar in den Weg trat. Denn diese eindeutige Auskunft gab offenbar den Ausschlag. Jetzt endlich begriff Hitler, daß seine Kirchenpolitik nicht durchzusetzen war. Und so warf er kurz entschlossen das Steuer vollständig herum.

Als erstes berief er im Laufe des Donnerstags seinen Kirchenbeauftragten, den dubiosen Herrn von Pfeffer ab.[211] Mit Pfeffers Abgang aber war auch Jägers Fall besiegelt, denn in den letzten Wochen hatte nur noch Pfeffers Vollmacht den Rechtswalter gehalten.[212]

Die endgültige Entscheidung über den neuen Kurs aber fiel offenbar erst in letzter Minute. Um 4.30 Uhr nachmittags jedenfalls erschienen zwei aufgeregte bayerische Oberkichenräte in der Staatskanzlei in München und berichteten, sie hätten soeben telephonisch aus Berlin erfahren, »daß Jäger nun endgültig gefallen sei« und »daß der Führer einen heftigen Zorn auf den Reichsbischof Müller gefasst habe. Die Aktion, die für heute Nachmittag 5 Uhr angesagt gewesen sei, sei abgesagt, was unter den in Berlin anwesenden Bischöfen eine große Erregung ...« verursacht habe.[213]

Eine halbe Stunde später bestätigte der Reichsinnenminister persönlich am Telephon diese Nachrichten und fügte hinzu, der bayerische Ministerpräsident solle sich nun um die Freilassung Meisers bemühen.[214]

Zur gleichen Zeit stand Ludwig Müller in Berlin vor der unangenehmen Aufgabe, den zum feierlichen Staatsakt versammelten deutschchristlichen Bischöfen und Kirchenkommissaren die plötzliche Absage des Führers erklären zu müssen. Eine schlimmere Bloßstellung des Reichsbischofs war schwerlich denkbar. Noch am Tag zuvor hatte die Kirchenkanzlei nach München telegraphiert: »Gerüchte über Rücktritt Rechtswalters, Reichsbischofs oder sonstiger Personen frei erfunden.«[215] Nun mußte der Reichsbischof begründen, was zu dieser beispiellosen Desavouierung der Reichskirchenleitung geführt hatte. Ludwig Müller tat dies auf seine gewohnte, leichtfertige und verlogene Weise. Zunächst sprach er von dem großen Plan, Staat, Kirche und Partei in einem Amt zu verbinden, und von den organisatorischen Schwierigkeiten, die seine Durchführung bisher verhindert hätten. Offenbar hatte der Reichsbischof noch nicht begriffen, daß Jäger am Ende war, denn er behauptete, schon »Morgen oder übermorgen ...« könne der Rechtswalter »ins Innenministerium übersiedeln«.[216] Aber da seien eben die Probleme gewesen, die man noch habe klären wollen, und dann habe »... der Führer plötzlich Zahnschmerzen bekommen, worauf *alle* Besprechungen abgesagt worden ...« seien, und am Ende sei man gar froh gewesen, als es hieß, der Staatsakt solle verschoben werden.[217] Nur beiläufig ging der Reichsbischof auf die Rechtsfragen ein, um am Ende wieder einmal mit starken Worten zu versichern, er werde nun selbst die Verantwortung tragen und persönlich »... mit einem engeren Bischofsrat die Kirchenpolitik ... in die Hand ...« nehmen.[218]

Überraschenderweise gaben sich die deutschchristlichen Bischöfe mit diesen windigen Ausflüchten zunächst zufrieden. Erst am folgenden Tag wurde man deutlich. Nun sprach der Braunschweiger Landesbischof Johnsen von einer »Blamage«, wie sie in der Geschichte der evangelischen Kirche noch

Jäger tritt zurück

Der Rechtswalter der Evangelischen Kirche gibt seine kirchenpolitische Funktion zurück – Bildung eines evangelischen Bischofsrates

Kirchenamtlich wird mitgeteilt:

Die Deutschen Evangelischen Landesbischöfe und Bischöfe einschliesslich der süddeutschen geistlichen Kommissare waren am Donnerstag und Freitag am Sitz der Reichskirchenregierung versammelt. Unter dem Vorsitz des Reichsbischofs wurden innere Kirchenfragen besprochen. Es herrschte völlige Einmütigkeit. Der Reichsbischof berief einen Bischofsrat, der in der Hauptsache die kirchenpolitischen Fragen behandeln soll.

Vorher gab der Reichsbischof folgendes unter dem 26. Oktober an ihn gerichtetes Schreiben des Rechtswalters der Deutschen Evangelischen Kirche, Ministerialdirektor Jäger, bekannt:

„Herr Reichsbischof! Nach grundsätzlicher Erledigung der mir gestellten Aufgabe der organisatorischen Gestaltung der Deutschen Evangelischen Kirche lege ich, wie ich Ihnen schon vor einiger Zeit angekündigt habe,

meine kirchenpolitische Funktion in Ihre Hände zurück.

Es ist meine Ueberzeugung, dass der innere kirchliche Ausbau und Aufbau, der nun mit Einsatz aller Kräfte zu beginnen ist, nur auf die tätige Mitarbeit des Landes gegründet werden kann. Ich schlage Ihnen deshalb vor, einen engeren Rat der Bischöfe zu berufen, der Ihnen für die Aufbauarbeit im Sinne wahrhafter Befriedung zur Verfügung steht. Ich hoffe und wünsche, dass das Werk zum Heil des deutschen Volkes gelingt."

Das Rücktrittsschreiben Jägers kann nur mit Mühe den völligen Zusammenbruch der reichsbischöflichen Eingliederungspolitik verbergen.

nicht dagewesen sei, und verlangte Auskunft darüber, »welche Gründe zu diesem ungeheuren Zerwürfnis mit unserem Führer« beigetragen hätten. Der Pfälzer Kirchenpräsident Diehl ergänzte, die Lage der Kirche sei »viel kritischer«, als gestern mitgeteilt worden sei, er habe es »... von maßgebender staatlicher Stelle«.[219] Es müsse dringend etwas geschehen; die Absicht der Deutschen Christen, Kirche und Nationalsozialismus zusammenzuführen, sei im Begriff, ins Gegenteil umzuschlagen. Ludwig Müller wußte darauf nichts anderes zu erwidern, als daß man sich den Blick nicht verdüstern lassen solle, so ernst sei das alles nicht. Das geplante »ministerium in evangelicis« werde kommen;[220] man brauche eben die Hilfe des Staates, und diese sei auch zugesagt. Im übrigen werde er jetzt jeden Pfarrer »... aufs strengste ...« erledigen, der nicht »... aus dem Dreck der Kirchenpolitik ...« herauswolle.[221]

Soviel zweckoptimistisches Gerede war mittlerweile jedoch selbst August Jäger zuviel. In einer weiteren Sitzung am Nachmittag fuhr er den Reichsbischof an, die Lage schärfer zu sehen. Es gehe nicht um Einzelheiten, »sondern um die grundsätzliche Stellung des Führers, die jetzt in Gefahr ist, nackte Distanz zu werden«.[222] Als Gegenmaßnahme wußte der Rechtswalter freilich keinen anderen Rat, als auf sich selbst zu verweisen. Es warf ein bezeichnendes Licht auf die politische Konstellation der vergangenen Monate, wenn Jäger feststellte, mit dem Abgang Pfeffers stünde die Reichskirchenleitung »... jetzt ohne Zusammenhang mit der Partei«.[223] Schuld sei im übrigen der Verrat der Deutschen Christen, denen er unbequem geworden sei. Reiße die Verbindung der Kirche mit dem Staat und der Partei endgültig ab, so behauptete Jäger, so siege der Notbund, und es entstehe »... eine Kirche gegen den Staat«.[224] Deshalb müsse er seine rechtliche und politische Stellung halten und werde dem Reichsbischof lediglich seine kirchenpolitischen Funktionen zurückgeben.

In der Tat versuchte August Jäger noch am 26. Oktober durch entsprechende Schreiben an Reichsbischof und Reichsinnenminister, den drohenden Sturz abzuwenden.[225] Aber dies war die letzte Illusion des einst so mächtigen Rechtswalters. Schon am folgenden Tag erreichte ihn aus seinem Ministerium die bestimmte telephonische Anweisung, noch am selben Tag seine Versetzung in den einstweiligen Ruhestand zu beantragen.[226] Am 29. Oktober stellte Jäger daraufhin dem Reichsbischof sein Amt »... in vollem Umfange zur Verfügung ...«;[227] tags darauf meldete das Deutsche Nachrichtenbüro, daß August Jäger auch als Ministerialdirektor und Leiter der Geistlichen Abteilung des Ministeriums für Wissenschaft, Erziehung und Volksbildung ausgeschieden sei.[228]

Damit verschwand jener Mann endgültig von der kirchenpolitischen Bühne, der mehr als irgendein anderer die Verantwortung für die völlige Zerrüttung der evangelischen Kirche getragen hatte.

Jägers weitere Karriere im Dritten Reich entsprach dem Bild, das er als Kirchenkommissar und Rechtswalter gegeben hatte. Nach einer anderthalbjährigen Zwangspause wurde der einstige Wiesbadener Landgerichtsrat zum Senatspräsidenten am Berliner Kammergericht ernannt, wo er dem politischen Strafsenat vorstand und sich durch besondere Härte auszeichnete. 1938 trat er offiziell aus der Kirche aus.[229] Bei Kriegsbeginn ernannte ihn sein alter Gönner, Staatssekretär Stuckart, zum stellvertretenden Chef der Zivilverwaltung beim Militärbefehlshaber Posen; 1940 wurde er hier Regierungspräsident und als Stellvertreter des Reichsstatthalters einer der mächtigsten Männer im sogenannten Warthegau. Und in Posen stand er 1948 auch vor einem polnischen Gericht, angeklagt, »aus eigener Initiative oder in Ausführung verbrecherischer Befehle Beihilfe geleistet zu haben bei der Organisierung und Ausführung von Kriegsverbrechen und Verbrechen gegen die Menschlichkeit, wie Massenmorde von Zivilpersonen und Häftlingen, Mißhandlungen und Verfolgungen der polnischen Bevölkerung«.[230] Ein halbes

Die Landesbischöfe Wurm, Marahrens und Meiser (von links) vor dem Empfang bei Hitler am 30. Oktober 1934.

Jahr später wurde August Jäger zum Tode verurteilt und – trotz eines Gnadengesuches von Dibelius – am 17. Juni 1949 hingerichtet.[231]

Mag man im Rückblick über die Konsequenz schaudern, die von der Zerstörung der Kirche und des Rechts über die Zerstörung eines Landes und Volkes zum Tod an einem polnischen Galgen führte – in jenen Oktobertagen des Jahres 1934 empfand man in der Bekennenden Kirche die Abberufung des Rechtswalters wie ein Wunder. Und dieser Eindruck wurde verstärkt durch den Umstand, daß Hitler sich einen Tag nach dem abgesagten Staatsakt überraschend entschloß, statt der deutschchristlichen Kirchenführer die Bischöfe Meiser und Wurm und den Hannoveraner Marahrens zu empfangen.

Marie Wurm, die Frau des württembergischen Landesbischofs, hielt in ihrem Tagebuch das ungläubige Erstaunen fest, das diese neue Nachricht aus Berlin auslöste. »Um 1/2 6 Uhr: Welch ein Wunder! Zwei Telegramme von Berlin«, so trug sie unter dem 26. Oktober ein, »eins von Frick, eins von

Der vom Führer rehabilitierte Landesbischof Wurm wurde beim Verlassen der Leonhardskirche in Stuttgart am 11. November 1934 von 450 Tübinger Theologiestudenten stürmisch mit Heilrufen begrüßt.

Neurath. Vater eingeladen zu einer Unterredung zu Hitler, mit Meiser und Marahrens! Wir konnten fast nimmer vor Freude und Erstaunen. Dienstag 10 Uhr in die Reichskanzlei! Ich trug schnell die Rückantwort auf den Bahnhof mit dem Inhalt: Dank, Zusage und Bitte um sofortige und bedingungslose Aufhebung der Schutzhaft. Es kam richtig um 11 Uhr die telefonische Mitteilung vom hiesigen Innenministerium, daß Vater frei sei. Der Jubel war groß.«[232] Spät am Abend feierte man dann noch in der Wohnung des Landesbischofs auf eine sehr schwäbische Weise die große Wendung der Dinge. »Wir ... sangen zusammen: Lobe den Herren«, fuhr Marie Wurm fort, »Vater las den 118. Psalm und dann machten wir noch ein Festle. O, es war wunderbar.«[233]

Auch Meiser erhielt auf die telephonische Anregung Fricks hin noch am selben Abend seine Freiheit zurück.[234]

Damit schien nun tatsächlich eine völlige Veränderung der kirchenpolitischen Lage eingetreten. Als die beiden süddeutschen Bischöfe am Sonntag mit ihrer Begleitung nach Berlin reisten, glaubten sie zuversichtlich, daß die Zeit Ludwig Müllers nun endgültig abgelaufen sei und die rechtliche und bekenntnismäßige Erneuerung der Reichskirche unmittelbar bevorstehe.

Aber Hitler war keineswegs bereit, vor der Kirche zu kapitulieren. Und so verliefen die Dinge in den kommenden Wochen sehr viel schwieriger, als alle Beteiligten nach der großen kirchenpolitischen Wende erwarteten.

NACHWORT DER HERAUSGEBER

Im Januar 1984 schrieb Klaus Scholder in seinem Bericht an die Deutsche Forschungsgemeinschaft (DFG), es habe sich während der Arbeit am zweiten Band gezeigt, »daß die Darstellung der Ereignisse des Jahres 1934 sehr viel mehr Raum beanspruchte als ursprünglich vorgesehen. Tatsächlich stellt dieses Jahr ja mit den Bekenntnissynoden von Barmen und Dahlem unzweifelhaft den kirchlichen und theologischen Höhepunkt des Kirchenkampfes auf evangelischer Seite dar. Zugleich waren auf katholischer Seite die Verhandlungen zwischen Staat und Kirche um die Ausführung des Konkordats zum ersten Mal in aller Ausführlichkeit und unter Einbeziehung der politischen wie der kirchlichen Hintergründe zu entfalten.«

In der Detailforschung erwies sich also das Jahr 1934 nicht nur als derart ereignisreich, daß seine Darstellung vollauf genügte, ein umfangreiches Buch vorzulegen. Es wurde dem Verfasser auch immer deutlicher, welche Schlüsselstellung dieses Jahr und die ersten Monate des Jahres 1935 für sein Generalthema »Die Kirchen und das Dritte Reich« einnahmen. Darum sollte der zweite Band die Zeit vom Anfang des Jahres 1934 bis zur Ernennung des Reichskirchenministers im Sommer 1935 umfassen. Das Ganze war auf zwölf Kapitel konzipiert, von denen acht in der vom Autor zumeist noch selber überarbeiteten Fassung das Korpus des vorliegenden Bandes bilden.

Nicht zuletzt um die unverwechselbare Darstellungsweise des Verfassers möglichst unverändert zu erhalten, erfolgten editorische Eingriffe nur in äußerst seltenen Fällen und auch dann nur ganz behutsam. Die durch inzwischen erschienene Literatur notwendig gewordenen Ergänzungen und Korrekturen insbesondere im 5. Kapitel ließen sich zumeist ohne größere Textveränderungen bewerkstelligen, zumal bei der Bearbeitung auf jüngste Beiträge von Scholder selbst zurückgegriffen werden konnte. Der Anmerkungsapparat wurde anhand von Notizen und Hinweisen Scholders von den Herausgebern vervollständigt. Um aber den Fluß der Lektüre auch optisch nicht zu unterbrechen, verzichteten sie nach Abwägung aller Vor- und Nachteile auf eine besondere Kennzeichnung der wenigen Einschübe im Textteil. Es handelt sich im wesentlichen um die S. 199 ff. und S. 207 ff. Anders als im ersten Band wurden die Bilder in den Text integriert, um sie den Geschehnissen und Personen direkt zuzuordnen. Die Bildauswahl besorgten Eberhard Röhm und Jörg Thierfelder.

An dem *9. Kapitel* arbeitete Scholder bis wenige Wochen vor seinem Tode. Hier wollte er den Abschluß der in die interkonfessionelle Gesamtdarstellung verwobenen Auseinandersetzung um Einhaltung und Ausführung des Reichskonkordats (vgl. besonders die Kapitel 4 und 6) nachzeichnen. Den nur wenige Manuskriptseiten umfassenden Torso geben wir im folgenden wieder.

Der Kampf um das Konkordat

III: *Im Zeichen der Saarabstimmung*

In den deutschen Diözesen, aber auch in Rom, beobachtete man die Auseinandersetzungen in der evangelischen Kirche mit einer Mischung aus Selbstbewußtsein und Besorgnis. Einerseits war es angesichts der unbestrittenen Führung durch Rom und der unveränderten Geschlossenheit von Klerus und Kirchenvolk undenkbar, daß sich im deutschen Katholizismus etwas Ähnliches ereignete. Andererseits sahen weitsichtige katholische Beobachter in dem Versuch, den deutschen Protestantismus gleichzuschalten, nur den Vorläufer entsprechender Angriffe auf die katholische Kirche. In diesem Zusammenhang weckte vor allem der Begriff der über konfessionellen Nationalkirche, den der Reichsbischof im September unvorsichtigerweise in die Debatte geworfen hatte, die lebhaftesten Befürchtungen.

Dies alles ließ im Spätsommer und Herbst 1934 nur den Schluß zu, weiterhin im Rahmen des Reichskonkordats auf möglichst baldige und eindeutige Garantien der Reichsregierung zu drängen, von denen man annehmen durfte, daß sie am ehesten die befürchtete Entwicklung wenn nicht ganz verhindern so doch zumindest aufhalten würden. Wie bisher schon, so bestimmte also auch in den folgenden Monaten das Reichskonkordat die Grundzüge der katholischen Kirchenpolitik.

Dabei war die Verhandlungslage für die Kirche nicht einfacher geworden. Nachdem die Unterhändler beider Seiten nach wochenlangem Ringen am 29. Juni die Abmachungen endlich gutgeheißen hatten,[1] zweifelte niemand mehr ernstlich an ihrer endgültigen Bestätigung. Um so härter traf die bischöflichen Vertreter Pacellis Veto vom 23. Juli,[2] das das gesamte Verhandlungspaket kompromißlos verwarf. Zwar hatten die Bischöfe ausdrücklich unter dem

Vorbehalt verhandelt, daß die Ergebnisse vom Vatikan gebilligt werden müßten.[3] Aber sowohl Berning wie Gröber hatten gegenüber Buttmann deutlich durchblicken lassen, daß sie dieser Billigung gewiß seien.[4] Der staatliche Unterhändler durfte also davon ausgehen, daß die Zustimmung des Vatikans nur eine Formalität sei. Die Enttäuschung traf also auch ihn, aber noch mehr die Bischöfe. Denn sie befanden sich nun gegenüber der Reichsregierung in der unangenehmen Lage, von den so mühsam ausgehandelten und beschlossenen Ergebnissen offiziell abrücken zu müssen.

Die Schuld an diesem peinlichen Rückzieher trugen Rom und die deutschen Bischöfe gemeinsam. Pacelli war offensichtlich davon ausgegangen, daß die Bischöfe lediglich eine Verhandlungsvollmacht besaßen, ohne daß er dies ausdrücklich festgehalten hatte. Andererseits hatten die Vertreter des Episkopats es versäumt, sich vor den Verhandlungen über den Umfang ihrer rechtlichen Befugnisse in Rom zu erkundigen.

Für die Reichsregierung bot dieser offenkundige Abstimmungsfehler einen willkommenen Anlaß, mit wachsender Hartnäckigkeit auf dem definitiven Charakter der Vereinbarungen vom 29. Juni zu bestehen und sich damit eine nur schwer angreifbare Verhandlungsposition zu verschaffen.[5] Die kirchliche Seite dagegen hatte begreiflicherweise Mühe zu erklären, warum die von den deutschen Bischöfen gebilligten Ergebnisse keinesfalls akzeptabel seien.

Dazu kam die unglückliche Geschichte mit dem zurückgehaltenen Hirtenbrief vom 7. Juni.[6] Auch hier lag ein Verhandlungsfehler vor. Während die bischöfliche Verhandlungsdelegation offenbar den Eindruck erweckt hatte, daß mit dem befriedigenden Abschluß der Verhandlungen die Verlesung endgültig hinfällig geworden sei,[7] hielt man im deutschen Episkopat ebenso wie in Rom den Hirtenbrief erneut für aktuell, nachdem die Voraussetzungen für seine Zurückhaltung – nämlich vor allem die Erklärung Hitlers – entfallen waren. Um dies mit Nachdruck zu unterstreichen, veröffentlichte der »Osservatore Romano« am 3. August das umstrittene Dokument in vollem Wortlaut mit der Begründung, der Hirtenbrief sei in mehrfacher Hinsicht von besonderer Bedeutung und gebe jedem die Möglichkeit »... festzustellen, wie« – so der Bericht des deutschen Botschafters beim Vatikan – »deutscher Episkopat und von ihm verteidigte Grundsätze ausschließlich auf religiösem und sittlichem Gebiet blieben, das unanfechtbar geistlicher Leitung der Kirche unterstände«.[8]

Auch für den Breslauer Kardinal Bertram bedeuteten die Vorgänge um den Hirtenbrief eine erhebliche Belastung. Er richtete eine entsprechende Rückfrage an Berning, von der dieser seinerseits dem Freiburger Erzbischof Kenntnis gab, wobei er offenließ, ob Gröber vielleicht in seinen Privatgesprächen mit Buttmann diesem irgendwelche Zusicherungen gegeben habe.[9] Daraufhin reagierte Gröber mit der ungewöhnlich gereizten Bemerkung, es würde ihn »... nicht wundern, wenn ...« er »wieder einmal schuldlos den Sündenbock machen ...« müsse.[10]

In einem langen Schreiben an den Reichsinnenminister stellte Bertram daraufhin die kirchliche Sicht der Vorgänge dar.[11] Zugleich beruhigte er den Freiburger Erzbischof und bat ihn, die »... Auffassung, als suche irgendein Mitglied der Bischofskonferenz für eine unerwünschte Wendung im Gange der Arbeiten einen ›Sündenbock‹«, nicht aufrechtzuerhalten.[12] In der Arbeit der Bischofskonferenz habe vielmehr »... stets brüderliche gegenseitige Achtung, Dankbarkeit für alle Hilfe und Rücksichtnahme ... geherrscht«, und das solle auch so bleiben.[13] Die empfindliche Reaktion Gröbers zeigte, daß das Veto aus Rom nicht nur die Verhandlungsposition der Bischöfe gegenüber der Reichsregierung geschwächt, sondern auch innerhalb des Episkopats Unsicherheiten und Verdächtigungen hervorgerufen hatte. Pacelli war in Rom wohl doch zu weit von den deutschen Verhältnissen entfernt, um diese Folgen ganz abschätzen zu können.

Die »unerwünschte Wendung im Gange der Arbeiten«, wie Bertram diese unglückliche Entwicklung nannte, traf auch ihn selbst als Konferenzvorsitzenden. Denn bei ihm lag neben Rom die Hauptverantwortung für den Gang der Dinge in Deutschland. So beschloß der Breslauer Kardinal, um ein zweites Debakel dieser Art unter allen Umständen zu vermeiden, diesmal in der neuen Verhandlungsrunde Rom von Anfang an mit einzubeziehen. Anfang August erhielt deshalb Berning den Auftrag, »dem Heiligen Stuhl über den Stand der Verhandlungen und über die Vota der Bischöfe mündlich Bericht zu erstatten und weitere Weisungen einzuholen«.[14] Das hieß nichts anderes, als daß Bertram die Verantwortung für den Fortgang der Verhandlungen wenigstens ein Stück weit wieder Rom zuschob.

Noch ehe sich der Bischof von Osnabrück an den Tiber aufmachte, ließ eine Rede Hitlers das christliche Deutschland aufhorchen. Hitler sprach auf der großen Saarkundgebung, die am 26. August auf der Festung Ehrenbreitstein oberhalb von Koblenz stattfand, und allein die Tatsache, daß er den Religionsproblemen in dieser Rede relativ breiten Platz einräumte, machte deutlich, wie eng die Entwicklung der Kirchenfrage im Reich mit der Saarabstimmung verbunden war.

Hitler wies in diesem Zusammenhang den Vorwurf der Christentumsfeindlichkeit mit allem Nachdruck zurück und versicherte ungeniert, niemals habe ein »... Eingriff in die Lehre und Bekenntnisfreiheit der Konfessionen ... stattgefunden ...« noch werde er »jemals stattfinden. Im Gegenteil«, so erklärte er unter den minutenlangen Beifallsstürmen von 400000 Saarländern, »der Staat schützt die Religion, allerdings immer unter der Voraussetzung, daß sie nicht benutzt wird als Deckmantel für politische Zwecke (...)«. Dann wiederholte er, daß der »... Nationalsozialismus ... auf dem Boden eines wirklichen Christentums (...)« stehe und praktische »christliche Prinzipien« verfolge.[15] Dies, so schloß er diesen Abschnitt mit einer jener geschraubten Wendungen, die er so liebte, dies sehe man auch an den Erfolgen, »denn das Ergebnis unseres politischen Kampfes ist doch sicherlich kein von Gott ungesegnetes«.[16]

Das bedeutete für den Kirchenkampf im Reich so gut wie nichts, mochte aber für die Saarländer durchaus die erwünschte Wirkung haben. Wenn Hitler sich dem verhaßten Thema so relativ ausführlich widmete, so hatte das seinen besonderen Grund in einem Stimmungsumschwung, der seit einigen Wochen aus dem Saargebiet berichtet wurde. Neben KZ-Greueln, Röhm-Krise und Dollfuß-Mord waren es vor allem auch die kirchlichen Nachrichten aus dem Reich, die der saarländischen Opposition, die für den Status quo eintrat, das Hauptmaterial lieferte. Das betraf beide Kirchen, wobei freilich aus vielerlei Gründen der Katholizismus ganz im Vordergrund stand.

Allerdings befanden sich auch die evangelischen Gemeinden an der Saar – rund ein Viertel der Bevölkerung – in einer schwierigen Lage. Sie gehörten überwiegend zur rheinischen Landeskirche, deren deutschchristliche Kirchenleitung mit allen Mitteln versuchte, auch im Saargebiet deutschchristliche Mehrheiten durchzusetzen. Dagegen hatten sich nahezu drei Fünftel der evangelischen Pfarrer mit ihren Gemeinden der Bekenntnisbewegung angeschlossen, die sich am 1. Juli 1934 in der Schloßkirche zu Saarbrücken feierlich zur Barmer Erklärung bekannte.[17] Als glühende Anhänger des Anschlusses an das Reich sahen die Bekenntnispfarrer gleichzeitig mit wachsender Sorge, wie der Reichsbischof offenbar mit staatlicher Billigung die Gleichschaltung der Kirche im Reich vorantrieb. Dies führte am 9. September zu einer umfangreichen Eingabe an Hitler, um dem Reichskanzler die Schäden und Risiken vor Augen zu stellen, die eine weitere Unterstützung des Reichsbischofs – seine Einsetzung im Berliner Dom am 23. September stand unmittelbar bevor[18] – für die Saarabstimmung mit sich bringen würde. Zwar

Reichsausgabe

Evangelium im Dritten Reich

Die Kirchenzeitung der evangelischen Nationalsozialisten

Jahrgang 3 Berlin SW 11, 2. September 1934 Nummer 35

„Ja, ihr entfernt euch vom Christentum. Nein, nicht wir, sondern die vor uns haben sich davon entfernt. Wir haben bloß eine reinliche Trennung durchgeführt zwischen der Politik, die sich mit irdischen Dingen zu beschäftigen hat, und der Religion, die sich mit überirdischem beschäftigen muß. Kein Eingriff in die Lehre und Bekenntnisfreiheit der Konfessionen hat stattgefunden oder wird jemals stattfinden. Im Gegenteil, der Staat schützt die Religion, allerdings immer unter der einen Voraussetzung, daß sie nicht benutzt wird als Deckmantel für politische Zwecke . . . Der Nationalsozialismus ist weder antikirchlich noch antireligiös, sondern im Gegenteil, er steht auf dem Boden eines wirklichen Christentums. Und wir wollen nichts anderes, als loyal sein. Ich weiß, daß es Tausende und Zehntausende von Priestern gibt, die die Versöhnung mit dem heutigen Staate nicht nur gefunden haben, sondern die freudig an ihm mitarbeiten. Und ich bin der Überzeugung, daß diese Zusammenarbeit eine immer engere und innigere werden wird. Denn wo können die Interessen mehr zusammengehen, als in unserem Kampf gegen die Verfallserscheinungen einer heutigen Welt, in unserem Kampfe gegen den Kulturbolschewismus, gegen die Gottlosenbewegung, gegen das Verbrechertum, für die soziale Gemeinschaftsauffassung, für die Überwindung von Klassenkampf und Klassenhaß, von Bürgerkrieg und Unruhe, Streit und Hader. Das sind nicht antichristliche, sondern das sind christliche Prinzipien!

Und ich glaube, wenn wir diese Prinzipien nicht verfolgen würden, dann hätten wir auch nicht die Erfolge für uns, denn das Ergebnis unseres politischen Kampfes ist doch sicherlich kein von Gott ungesegnetes."

Adolf Hitler am Ehrenbreitstein.

Der Führer am Ehrenbreitstein

429

Hitler auf der großen Saarkundgebung am 26. August 1934 auf der Festung Ehrenbreitstein oberhalb von Koblenz. Hitlers »positive« Äußerungen zu Kirche und Christentum fanden bei den Deutschen Christen großen Anklang. Auch die Christen im Saarland, die Hitler eigentlich im Auge hatte, ließen sich blenden.

versicherten die drei unterzeichnenden Pfarrer, daß sie den »... Kampf für die Wiedervereinigung mit dem Reich aus dem Gehorsam gegen Gottes Wort ...« führten und deshalb weder »heimliche Vorbehalte« machen noch sich »die Rückgliederung mit Versprechungen und Garantien bezahlen ...« lassen könnten. Gleichwohl klang es doch wie eine nachdrückliche Erinnerung an die besondere Situation, wenn die Eingabe nach der ausführlichen Aufzählung aller Vorwürfe gegen das reichsbischöfliche Regiment mit den beschwörenden Sätzen schloß: »Hören Sie auf diesen Notschrei der Evangelischen von der Saar. Helfen Sie, daß nicht weiter im Raum der Kirche Gewalt gebraucht wird. Helfen Sie, daß in der Kirche wieder Recht und Gerechtigkeit ihre Stätte haben.«[19]

Die Eingabe war ein weiteres Beispiel für das fast unbegreifliche Vertrauen, das Hitler entgegengebracht wurde. Wer hätte wohl in der Weimarer Zeit je einen solchen Notruf an die Regierungschefs gerichtet? Nun aber hofften evangelische wie übrigens auch katholische Kirchenleitungen unverändert darauf, daß ein Wort Hitlers alle Probleme lösen, daß eine Entscheidung des Reichskanzlers alle Schwierigkeiten beseitigen werde. Der Führerstaat – dies machte der Glaube an Hitlers rettendes Einwirken deutlich – war in den Köpfen und Herzen ausgebildet, längst ehe er auch politisch und rechtlich vollständig verwirklicht war.

Im übrigen dürfte das umfangreiche und wenig geschickte Schreiben den Führer kaum erreicht haben. Jedenfalls vermerkte der Saarreferent des Auswärtigen Amtes, der Vortragende Legationsrat Voigt, Anfang Oktober auf einer Kopie der Eingabe, Superintendent Nold aus Saarbrücken habe sie dem Saarbevollmächtigten, Gauleiter Josef Bürckel, »mit der Bitte nur persönliche Übermittlung an den Führer« übergeben. Herr Bürckel habe dies auch zugesagt, aber bisher noch keine Gelegenheit gefunden.[20] So teilte diese Eingabe vermutlich das Schicksal eines sehr viel bedeutsameren katholischen Schreibens, von dem gleich die Rede sein wird. Tatsächlich übernahm es dann das Auswärtige Amt, die evangelischen Saarländer zu beruhigen.[21]

Allerdings unverhältnismäßig viel schwieriger lagen die Dinge auf katholischer Seite. Schon allein weil drei Viertel der Saarbevölkerung katholisch waren, kam einer Empfehlung der Kirche in der Abstimmungsfrage ein außerordentliches politisches Gewicht zu. Eben damit aber gerieten nun die beiden zuständigen deutschen Bischöfe, Ludwig Sebastian von Speyer und vor allem Franz Rudolf Bornewasser von Trier, seit dem Sommer 1934 zunehmend in Bedrängnis. Nur murrend hatte ein Teil der Saarkatholiken im Oktober 1933 die Auflösung der Zentrumspartei und ihre Gleichschaltung in der sogenannten »Deutsche[n] Front« hingenommen. Schon Anfang Januar 1934 existierten offenbar Pläne für eine Neugründung, die aber aus unbekannten Gründen zunächst nicht verwirklicht wurden.[22] Dafür erschien Anfang Mai die erste Nummer einer neuen Zeitung, die die katholische Opposition an der Saar zu sammeln versuchte. Gründer und Herausgeber der »Neue[n] Saar-Post« war der Journalist und frühere Zentrumspolitiker Johannes Hoffmann. Das Ziel dieser oppositionellen Gruppe, das sie mit den Linksparteien verband, war eine Mehrheit gegen den Anschluß und für den Status quo, ein Ergebnis, das ohne Frage eine entscheidende Niederlage für Hitler bedeutet hätte.

Es ist nicht leicht, den Rückhalt zu beurteilen, den diese Politik bei der katholischen Saarbevölkerung fand. Aber man darf wohl davon ausgehen, daß ein großer Teil der rund 230 amtierenden katholischen Geistlichen an der Saar mit der Haltung der »Neue[n] Saar-Post« sympathisierte.[23] Und sicher ist, daß die spektakulären Ereignisse des Sommers, Röhm-Krise, Dollfuß-Mord und das vorläufige Scheitern der Verhandlungen zwischen Staat und Kirche, dem oppositionellen katholischen Lager zahlreiche neue Anhänger zuführten.[24]

Zugleich versuchte die »Neue Saar-Post« offensichtlich den Eindruck zu erwecken, als ob sie und die mit ihr verbundenen Kreise die Sache der Kirche verträten. *»Die Saar wird den deutschen Katholizismus retten!«*, so hieß es etwa am 23. Juli in dem Blatt,[25] das damit den Anspruch erhob, gleichsam die wahre deutsche katholische Kirche gegen den unterdrückten und mundtot gemachten Katholizismus im Reich zu repräsentieren. Damit aber waren die deutschen Bischöfe, die bisher eher durch vertrauliche Weisungen gewirkt hatten, zu einer Stellungnahme herausgefordert. Bornewasser reagierte schnell und eindeutig.

Nach den Berichten über die Morde an Klausener und Adalbert Probst war es in vielen Gemeinden des Saargebietes zu Gedenkgottesdiensten und Protesterklärungen gekommen.[26] Als eine Protestkundgebung für den ermordeten Führer der »Deutsche[n] Jugendkraft« war auch der große Bekenntnistag gedacht, zu dem die katholische Saarjugend am Sonntag, den 29. Juli, in das Saarbrücker Stadion »Am Kieselhumes« gerufen wurde. Statt des erwarteten Redners, des Saarbrücker Pfarrers Franz Bungarten, der als letzter Vorsitzender des Zentrums leidenschaftlich gegen den Anschluß kämpfte, erschien zur allgemeinen Überraschung der Trierer Bischof.[27] Damit aber veränderte sich

Auf dem Tag der katholischen Saarjugend am 29. Juli 1934 mit Bischof Bornewasser (Trier) bekannten sich 50 000 Teilnehmer in ihrem Telegramm an Hindenburg demonstrativ zum Reich.

die Absicht der Veranstaltung vollkommen. Statt ein kritisches Wort zur Lage der Kirche im Reich zu sagen, distanzierte sich Bornewasser in aller Schärfe öffentlich von der »Neue[nj Saar-Post«: »Katholische Jugend, wenn dir einer sagt, dein Bischof stünde zu einer jüngst gegründeten neuen saarländischen Zeitung, dann sage ihm im Namen deines Bischofs: *Du bist ein Lügner!*«[28] Zumindest im Rückblick noch spektakulärer war freilich, was danach folgte. So sandten die Bischöfe von Speyer und Trier namens der Saarjugend nicht nur ein Ergebenheitstelegramm an den Papst nach Rom, sondern auch an den Reichspräsidenten, das ein demonstratives Bekenntnis zum Reich enthielt. »50000 katholische Jungmänner und Jungmädchen des Saargebietes, um ihre Oberhirten von Trier und Speyer zur katholischen Treuekundgebung in Saarbrücken versammelt, entbieten dem Oberhaupte des deutschen Reiches aus der deutschen Westmark den Gruss unentwegter Treue.«[29]

Diese öffentliche Stellungnahme der beiden deutschen Bischöfe war so auffällig, daß die internationale Kommission, die vom Völkerbund zur Überwachung der Abstimmung eingesetzt worden war, darin sogar eine Verletzung der von Deutschland zugesagten Neutralität sah. Folgen hatte die Beschwerde freilich nicht.[30]

Mit dieser Erklärung war die katholische Opposition an der Saar im Grunde bereits am Ende, bevor sie richtig begonnen hatte. Denn gegen den öffentlich erklärten Willen der zuständigen Bischöfe waren katholische Mehrheiten nicht zu gewinnen, so gut die Argumente auch sein mochten. Gleichwohl ließen sich die engagierten Anhänger der Opposition von ihrer Politik zunächst nicht abbringen. Ein weithin beachtetes Zeichen setzte in diesem Zusammenhang Pater Hugolinus Dörr, ein Mitglied des Steyler Missionsordens, durch sein Auftreten in Sulzbach am 26. August. An diesem Tag hatten Sozialdemokraten und Kommunisten zu einer Gegendemonstration gegen die Saarkundgebung auf dem Ehrenbreitstein aufgerufen. Nachdem die Redner der Linken gesprochen hatten, trat überraschend ein Priester ans Mikrophon, klagte das Dritte Reich der Kirchenverfolgung und des vielfachen Mordes an und forderte die Anwesenden auf, am 13. Januar gegen den Anschluß zu stimmen.[31]

Eine Zusammenarbeit der Kirche mit den Linksparteien, insbesondere mit den Kommunisten, war für den Zeitgeist etwas so Außergewöhnliches, daß dieser Auftritt eine lebhafte Erregung hervorrief und namentlich den Anhängern der Status-quo-Front eine unerwartete Stärkung brachte.

Es ist schwer abzuschätzen, was eine unmißverständliche Unterstützung der Anti-Hitler-Koalition an der Saar durch die katholische Kirche, also Papst und Bischöfe, bedeutet hätte und ob es auf diese Weise möglich gewesen wäre, zusammen mit den Linksparteien eine knappe Mehrheit gegen den Anschluß zu gewinnen. Dies wäre ohne Zweifel die erste große Niederlage Hitlers gewesen – mit allen Folgen, die das für seine Stellung in der internationalen Öffentlichkeit, aber gewiß auch für die Bischöfe und für die Kirche im Reich gehabt hätte. Aber der Historiker wird bei solchen Überlegungen alsbald an die Umstände und an die handelnden Personen denken. Und da läßt im Rückblick weder das eine – die Umstände – noch das andere – die handelnden Personen – auch nur den Schatten einer Chance für derartig weitreichende und radikale Entscheidungen erkennen.

Was in diesem Zusammenhang zunächst den Trierer Bischof und seine schwierige Lage betraf, so hatte Bornewasser persönlich keinerlei Mühe, vorbehaltlos für den Anschluß einzutreten. »Ich habe mich während meiner fast 13jährigen Amtszeit in die politischen Dinge des Saargebietes niemals eingemischt«, so schrieb er am 22. August in einem langen Brief an den Kardinalstaatssekretär, »obwohl ich in privaten Gesprächen keinen Hehl daraus machte, daß ich die Rückgliederung des reindeutschen Saargebietes an sein deutsches Vaterland nach 15 Jahren als etwas Selbstverständliches betrachtete.«[32] Deshalb habe er sich auch von der »Neue[n] Saar- Post« distanzieren müssen, da der Eindruck erweckt worden sei, als sympathisiere er mit ihren Absichten.[33] Für das Nationalbewußtsein des 68jährigen Bischofs gab es offensichtlich keine andere Möglichkeit als die Rückgliederung, so problematisch ihm in Deutschland auch vieles erscheinen mochte, und zugleich die Saargeistlichkeit anzuweisen, sich jeder Agitation für den Status quo zu enthalten. Zahlreiche Disziplinierungen sollten dem Nachdruck verschaffen. Auch an der Saar kam es zu der ja auch im Reich selber vielfach charakteristischen Situation, daß der Episkopat den politischen oppositionellen Klerus mundtot machte. So hieß es etwa Ende August in einem Bericht an das Auswärtige Amt triumphierend, durch anhaltenden Druck sei ein gewisser Pfarrer Busert genötigt worden, aus dem Altersheim der Barmherzigen Brüder in Saarbrücken auszuziehen, zusätzlich habe ihm der Bischof von Trier »... jegliche Zelebration und sonstige kirchliche Handlung in seiner Diözese verboten«.[34]

Andererseits war dem Trierer Bischof selbstverständlich klar, daß die Kirche mit der Saarabstimmung ein beträchtliches Druckmittel gegenüber der Führung des Reiches in der Hand hielt. Allerdings konnte man dieses Druckmittel nach Lage der Dinge nicht offen einsetzen, sondern mußte auf eine Gelegenheit warten, die jeden Schein einer politischen Erpressung möglichst vermied.

Diese Gelegenheit kam Ende August. Hitlers neuer Saarbevollmächtigter, der pfälzische Gauleiter Josef Bürckel, beobachtete die Entwicklung unter den Saarkatholiken begreiflicherweise mit wachsender Sorge. Deshalb bat er den Trierer Bischof um eine Unterredung; offensichtlich sollte nach Möglichkeiten gesucht werden, die Stimmung an der Saar zugunsten des Anschlusses zu verändern. Das lange Gespräch hatte offenbar ein doppeltes Ergebnis. Bornewasser versicherte dem Gauleiter, auch weiterhin gegenüber Klerus und Kirchenvolk die Linie des Anschlusses zu vertreten, was ihm nicht schwerfiel, da dies ohnehin seiner Überzeugung entsprach. Dafür versprach ihm Bürckel, ein Schreiben des Bischofs, in dem dieser seine Sorgen darlegen sollte, »persönlich dem Herrn Reichskanzler« zu überbringen.[35] Da das Problem der Bischöfe immer wieder die unmittelbare und authentische Information Hitlers schien, durfte Bornewasser dieses Versprechen durchaus als Erfolg werten.

[1934] 191

Kirchlicher Amtsanzeiger

für die

Diözese Trier.

Ausgabe 21. Trier, den 15. November 1934. **78. Jahrgang.**

Nr. 284. Betr. Politisches Auftreten der Geistlichen im Saargebiet.

Wir sehen uns veranlaßt, im Interesse einer gedeihlichen Seelsorge für alle katholischen Saarländer, im Interesse des Friedens in den Gemeinden, sowie im Hinblick auf die kommende Wertung des Abstimmungsergebnisses folgendes zu verfügen:

Alle Geistlichen der Diözesen Trier und Speyer werden angewiesen, im Geiste des Reichskonkordats sich jeden öffentlichen Auftretens in politischen Versammlungen im Saargebiet zu enthalten. Auch auf der Kanzel und in der katholisch-kirchlichen Vereinstätigkeit ist die gleiche Zurückhaltung geboten.

Diese Anweisung gilt auch für alle fremden, im Saargebiet sich aufhaltenden Priester.

Die Priester sollen es vermeiden, auf der Kanzel politische Zeitungen, Zeitschriften oder Bücher zu empfehlen.

Was ihre Mitarbeit an Zeitungen oder Zeitschriften angeht, so bedarf es der Genehmigung ihres Ordinarius (can. 1386, § 1).

Was wir durch diese Anweisung vermeiden wollen und müssen, ist die Hineintragung der Politik in die Kirche und Seelsorge. Unsere Anweisung berührt nicht die sittliche Pflicht der Liebe zum angestammten Volkstum und der Treue zum Vaterland. Diese Liebe und Treue sind vielmehr nach katholischer Lehre sittliche Tugenden.

Die Priester wie auch die Laien mögen nicht vergessen, die ernste und wichtige Frage der Abstimmung im Gebet und Opfer dem allgerechten und allgütigen Gott zu empfehlen.

Trier und Speyer, den 12. November 1934.

† **Franz Rudolf,** Bischof von Trier.

† **Ludwig,** Bischof von Speyer.

Nr. 285. Festum Pretiosissimi Sanguinis D. N. J. Chr.

Durch Dekret der hl. Ritenkongregation vom 25. April 1934 hat S. Heiligkeit Papst Pius XI. zum Gedächtnis der 19. Jahrhundertfeier der Erlösung das Fest des hl. Blutes am 1. Juli zu einem Fest dupl. I. cl. erhoben und neue Lektionen und eine neue Oration vorgeschrieben. (A. A. S. 1934, pag. 559.)

Trier, den 10. November 1934.

Bischöfliches General-Vikariat.

Nicht wenige katholische Geistliche im Saargebiet standen dem Anschluß an das Deutsche Reich skeptisch, ja ablehnend gegenüber. Einige beteiligten sich sogar an Protestkundgebungen gegen die Rückgliederung. Die für das Saarland zuständigen Bischöfe von Trier und Speyer mahnten zur politischen Zurückhaltung. Die Treue zum deutschen Vaterland galt für sie als selbstverständlich.

Das klar und wirkungsvoll formulierte Schreiben an den Reichskanzler, das Bornewasser am 27. August dem Saarbevollmächtigten zustellte, begann mit einer Warnung, daß die Abstimmung an der Saar »... *viel* mehr gefährdet...« sei, »als manche es im Reiche zu glauben scheinen und es in ihren Reden darstellen«.[36] Die Gründe für diese Lage seien zum einen *»im Saargebiet selbst«* zu suchen, wo eine Reihe von Ungeschicklichkeiten und Mißgriffen von nationalsozialistischer Seite die Menschen verärgert habe. Weit gravierender freilich sei, was über die Lage der Kirche *»im Reich«* bekannt werde. Und nun zählte der Bischof in sechs Punkten mit aller Deutlichkeit die bekannten Beschwerden auf: die »schmerzliche Behandlung der katholischen Jugend in der Rheinprovinz«, die völlig ungerechtfertigten Verhaftungen von Pfarrern durch die Geheime Staatspolizei, die antikatholischen Ausfälle führender Parteimänner in der Öffentlichkeit, das Verbot des jüngsten Hirtenschreibens und nicht zuletzt die Propaganda für das Neuheidentum. All dies, so erklärte der Bischof, habe im Saargebiet verheerend gewirkt und habe – er müsse »es mit tiefem Schmerze sagen – auch die Erfolge...« seiner »12jährigen oft bitteren und schweren Arbeit« für das Deutschtum »zum Teil zerschlagen...«.[37]

Erstaunlich und charakteristisch zugleich war das unbedingte Vertrauen des Bischofs in Hitler, das sich in nichts von dem der evangelischen Pfarrer unterschied. »Es gibt nur einen Mann in Deutschland«, so versicherte Bornewasser, »der noch in letzter Stunde Rettung in der saarländischen Gefahr bringen kann, das sind Sie, Herr Reichskanzler!«[38]

Wie diese Rettung zu bewerkstelligen sei, das ließ der Bischof zum Schluß des Schreibens vorsichtig durchblicken und stellte damit am Ende doch eine Verknüpfüng von Abstimmung und Konkordatsverhandlungen her, die die katholische Seite direkt nicht aussprechen durfte. Einen »tiefen befreienden Eindruck auf alle treudeutschen Saarländer... würde ein »starkes Wort Ew. Exzellenz« machen, »daß das... Reichskonkordat in allein seinen Teilen...« und auf allen Ebenen »loyal durchgeführt werden müsse«.[39]

Alle Umstände sprechen dafür, daß der Bischof von Trier in diesen Brief hohe Erwartungen setzte. Um so überraschender war es, daß der Saarbevollmächtigte entgegen seinem Versprechen das Schreiben keineswegs unverzüglich weiterbeförderte. Auch eine Nachfrage des Auswärtigen Amtes vom 19. September und die Betonung, »daß seitens des A.A. Wert darauf gelegt werde, daß der Brief möglichst bald in die Hände des Führers komme«,[40] änderte an der Lage nichts. Bis Anfang Oktober jedenfalls hatte Hitler den Brief noch nicht zu Gesicht bekommen. Kurz zuvor schon erbat sich der verärgerte Bischof das Original zurück und sandte, als seine Bitte vergebens blieb, am 3. Oktober eine Abschrift mit einem neuen Anschreiben persönlich an den Führer und Reichskanzler.[41]

Das *10. Kapitel* sollte den hinterlassenen Papieren Scholders zufolge den Titel tragen: *Neuordnungsversuche und 1. Vorläufige Kirchenleitung (November 1934 – Februar 1935).* Setzt man seine Interpretationslinie von Dahlem aus fort, so ergeben sich hieraus einige Rückschlüsse darauf, wie der Verfasser die Ereignisse des Winters 1934/35 dargestellt hätte. Denn die Unbeständigkeit der von ihm sehr kritisch beurteilten Dahlemer Beschlüsse trat schon im November 1934 klar hervor: Ganz im Widerspruch zu dem kaum zwei Wochen zuvor verabschiedeten Dahlemer Grundsatz, »daß in Sachen der Kirche, ihrer Lehre und Ordnung die Kirche unbeschadet des staatlichen Aufsichtsrechtes allein zu urteilen und zu entscheiden berufen« sei, nahm der Präses der Bekenntnissynode, Karl Koch, Verhandlungen mit dem NS-Reichsjustizminister Franz Gürtner auf, um das in Dahlem etablierte kirchliche Notrecht auch staatskirchenrechtlich zu verankern. Im Sinne einer »Frontverbreiterung« und gegen den dahlemitisch- bruderrätlichen Führungsanspruch in der evangelischen Kirche Deutschlands entschied man sich nach heftigen Diskussionen am 22. November 1934 schließlich für die Einsetzung eines vom Reichsbruderrat rechtlich unabhängigen, auch die verfaßten lutherischen Landeskirchen repräsentierenden Vorläufigen Kirchenregiments unter Vorsitz von Landesbischof Marahrens. Anders als der Reichsbruderrat entsprach die Zusammensetzung dieser *1. Vorläufigen Kirchenleitung der Deutschen Evangelischen Kirche* den Bestimmungen der Reichskirchenverfassung vom 11. Juli 1933 über die Bildung des Geistlichen Ministeriums, was nicht nur den intakten lutherischen Landeskirchen entgegenkam, sondern auch die Chance zu bieten schien, eine staatliche Anerkennung zu erreichen. Während die Mehrheit des Reichsbruderrates diese Entwicklung billigte und Präses Koch als Mitglied in das Vorläufige Kirchenregiment eintrat, protestierten Hans Asmussen, Martin Niemöller, Karl Barth, Hermann Albert Hesse und Karl Immer gegen diesen Mehrheitsbeschluß und legten – bis auf Asmussen – ihre Sitze im Reichsbruderrat vorerst (bis Mitte Mai 1935) nieder. Konstruktion und Zusammensetzung der 1. Vorläufigen Kirchenleitung trugen gewiß »deutliche Züge eines Kompromisses« (EStL 1975^2, Sp. 1184), sie entsprachen aber der kirchlichen Gesamtlage nach dem 30. Oktober 1934 mehr als die steilen, nur noch von einer kleinen Minderheit innerhalb der Bekennenden Kirche voll akzeptierten Dahlemer Grundsätze. Es trat eine, wenn auch nur vorübergehende Konsolidierungsphase der Bekennenden Kirche ein, deren Höhepunkt die dritte Bekenntnissynode der Deutschen Evangelischen Kirche in Augsburg Anfang Juni 1935 bildete.

Im *11. Kapitel*, überschrieben *»Der Kampf gegen das Neuheidentum (Frühjahr 1935)«* wollte Scholder, wie aus seinen Aufzeichnungen hervorgeht, ausführlich den massiven Propagandafeldzug der »Deutsche[n] Glaubensbewegung« darstellen, der im April 1935 in einer Großkundgebung im Berliner Sportpalast gipfelte. Seit Mai 1934 unter Führung von Jakob Wilhelm Hauer zentralistisch umorganisiert, vermochte die Deutsche Glaubensbewegung eine Zeitlang die öffentliche Aufmerksamkeit auf sich zu ziehen – nicht zuletzt auch wegen ihrer Angriffe auf die etablierten Kirchen. Bis zum 13. Januar 1935 allerdings, dem vorgesehenen Termin für die Abstimmung im Saarland, wollte die NSDAP auch durch die Völkisch-Religiösen keinerlei Beunruhigung, um der stark katholischen Bevölkerung keinen Anlaß zu geben, gegen die Rückgliederung des Saargebietes zu votieren. Aber nachdem sich dann 90,5 Prozent der saarländischen Wähler für Hitler-Deutschland ausgesprochen hatten, unternahm der NS-Staat keine Anstrengungen mehr, die jetzt voll einsetzende Werbekampagne der Deutschen Glaubensbewegung einzudämmen. Daraufhin wandte sich die 1. Vorläufige Kirchenleitung am 21. Februar 1935 in zwei öffentlichen Worten gegen die vom Staat zumindest geduldete Verbreitung des neuheidnischen Gedankengutes, eine weit schärfere Erklärung beschloß die Bekenntnissynode der Evangelischen Kirche der altpreußischen Union am 5. März 1935. Auf diese Vorgänge ging Scholder schon kurz in seinem *Kirchenkampf-Artikel im Evangelischen Staatslexikon* (a.a.O., Sp. 1187 f.) ein, der im übrigen das Grundkonzept des geplanten Gesamtwerkes wiedergibt. Über das hier Vorgetragene hinaus hatte er die Absicht, detailliert die Entstehungsgeschichte der bekenntniskirchlichen Abwehr nachzuzeichnen, aber auch die Distanzierungen von deutsch christlicher Seite im einzelnen zu berücksichtigen. Schließlich sollten die Überlegungen und Reaktionen auf Partei- und Staatsebene ausführlich dargestellt werden.

Nach dem letzten Stand seiner Überlegungen (4. Januar 1985) beabsichtigte Scholder, den zweiten Band mit dem *12. Kapitel »Die Einsetzung des Kirchenministers«* abzuschließen. Tatsächlich bildete die Bestellung des *»Reichskirchenministers für die kirchl. Angelegenheiten«*, Hanns Kerrl, am 16. Juli 1935 eine klare Zäsur im Kirchenkampf. Dieser Schritt kam dem öffentlichen Eingeständnis gleich, daß Hitlers Reichskirchenpläne gescheitert waren, und sollte zu einer Kirchenpolitik führen, die das Ziel hatte, die kirchlichen

Angelegenheiten weitgehend unter das verschärfte Aufsichtsrecht des Staates zu stellen (vgl. a.a.O., Sp. 1183f.). Gleichzeitig schloß diese Entscheidung eine Reihe von Alternativen aus, die ebenfalls in der Diskussion gewesen waren – zum Beispiel eine Erneuerung des staatlichen Summepiskopats oder den Plan einer »Reichskirchenverweserschaft« anstelle der Reichskirchenregierung; vollends waren damit alle Hoffnungen begraben, der Staat werde die Vorläufige Kirchenleitung anerkennen. Die alsbald einsetzenden kirchenpolitischen Maßnahmen Kerrls gehören bereits in die nächste Phase der Auseinandersetzungen.

Im Oktober 1984 äußerte Klaus Scholder gegenüber Gerhard Besier und Jörg Thierfelder, er wolle einen Teil des Werkes in die Hände seiner Schüler legen. Beide Autoren und der Verlag sind übereingekommen, das Werk nach dem Tode Scholders fortzusetzen und zu Ende zu führen, wobei an drei weitere Bände gedacht ist, die den Zeitraum November 1934 bis Mai 1949 umfassen sollen. Dabei wird der konzeptionelle Ansatz des Autors der ersten beiden Bände weiterverfolgt werden, »die allgemeinen politischen, kirchenpolitischen und ideologischen Entwicklungen auf der einen Seite und die jeweils besondere Reaktion der beiden großen Kirchen auf der anderen Seite in ihrem Zusammenhang zu erfassen« (aus einem DFG-Bericht Scholders).

ANMERKUNGEN

Anmerkungen zu Kapitel 1

1 DAZ 73 (1934), Nr. 48–49 v. 31. 1. 1934, 1.

2 Zit. nach dem Beitrag »Beifall der Welt für Hitler«, a. a. O., Nr. 50–51 v. 1. 2. 1934, 1.

3 Zur Gründung des Pfarrernotbundes vgl. K. Scholder, Bd. 1, 684–686; ferner vgl. J. Bentley, Martin Niemöller, 91–93.

4 Zu diesen Vorgängen vgl. K. Scholder, Bd. 1, bes. 781–805.

5 Die persönlichen und sachlichen Hintergründe des mit Oberheids Wirken in Berlin beginnenden neuen Abschnitts in den Auseinandersetzungen um die evangelische Kirche sind bisher noch nirgends dargestellt worden. Sie fehlen in Kurt Meiers umfangreicher Arbeit (K. Meier, Kirchenkampf I, 154–165) ebenso wie in der speziell diesen Problemen gewidmeten Untersuchung von L. Siegele-Wenschkewitz (L. Siegele-Wenschkewitz, Nationalsozialismus und Kirchen, bes. 79–89 und 159–171). Die folgende Darstellung, die auch vom letzten Kapitel meines ersten Bandes in manchem abweicht, beruht im wesentlichen auf zwei neuerschlossenen Quellen. Es handelt sich zum einen um eine 84seitige Aufzeichnung des Greifswalder Kirchenhistorikers Hermann Wolfgang Beyer mit dem Titel »Zwei Monate Kirchenminister«. Beyer befand sich im Dezember 1933 als unierter Kirchenminister im Zentrum des Geschehens und hat die Ereignisse wohl unmittelbar danach festgehalten. Seine internen Kenntnisse, verbunden mit der Schulung des Historikers, vereinen sich zu einer besonders wichtigen Quelle. Für die freundliche Überlassung der Aufzeichnung habe ich Frau Leni Beyer aufrichtig zu danken. Eine Kopie befindet sich im AS Tübingen. Die zweite Quelle stellt die Denkschrift dar, die der deutschchristliche Präsident des EOK, Dr. Friedrich Werner, auf Veranlassung von Ministerialrat Walter Conrad Mitte Januar 1934 über die Tätigkeit des Reichsbischofs anfertigte und

die eine Fülle überraschender Details enthält. Sie findet sich im ZStA Potsdam, Büro des Reichspräsidenten 281/3, Bl0.125–155. Zu Oberheids erstem Auftreten in Berlin vgl. H.W. Beyer, Zwei Monate Kirchenminister. Kopie, AS Tübingen, 6–13. Beyers Annahme, Oberheid habe bei dem Besuch sein Amt zur Verfügung stellen wollen, läßt sich mit Oberheids Charakter kaum vereinbaren, ist aber natürlich nicht auszuschließen.

6 Zu Oberheid vgl. ebd.; vgl. auch K. Scholder, Bd. 1, 756; ferner vgl. einen handschriftlichen Personalbogen in: EZA Berlin, l/C 1/43, und verschiedene Unterlagen im Berlin Document Center.

7 Vgl. H. W. Beyer, Zwei Monate Kirchenminister. Kopie, AS Tübingen, 46; vgl. auch die schriftliche Bestätigung durch Carl Schmitt in: C. Schmitt an K. Scholder v. 3. 10. 1981, AS Tübingen.

8 Vgl. G. v. Norden, Kirche in der Krise, 180.

9 Vgl. Die Rengsdorfer Thesen, u. a. in: Die Bekenntnisse 1933, 91.

10 H. Oberheid, Unpolitisches deutsches Christentum, 10. Das mir vorliegende kopierte Exemplar der Schrift trägt eine handschriftliche Widmung von Carl Schmitt v. 16. 2. 1936.

11 Vgl. F. Werner, Denkschrift, Bl. 135.

12 Zu den Einzelheiten vgl. a.a.O., Bl. 139; vgl. auch unten Kap. 1, 34.

13 H.W. Beyer, Zwei Monate Kirchenminister. Kopie, AS Tübingen, 7.

14 Zu Jägers Tätigkeit im Sommer 1933 vgl. K. Scholder, Bd. 1, bes. 509–540, zu seiner Niederlage vgl. a.a.O., 680.

15 Vgl. H. W. Beyer, Zwei Monate Kirchenminister. Kopie, AS Tübingen, 11–14; vgl. auch F. Werner, Denkschrift, Bl. 151; W. Conrad, Kampf um die Kanzeln, 61.

16 Vgl. K. Scholder, Bd. 1, 45–56.

17 Zu diesem Begriff vgl. A. Frhr. v. Campenhausen, Staatskirchenrecht, 105–112; ferner vgl. zur rechtlichen Problematik insgesamt A. Hollerbach, Verträge; zu den Vertragstexten selbst: Die deutschen Konkordate und Kirchenverträge.

18 Zu diesen Widerständen vgl. z. B. J. R. C. Wright, »Über den Parteien«, 43–65; vgl. auch K. Nowak, Evangelische Kirche und Weimarer Republik, 179–187.

19 Hitlers Regierungserklärung vor dem Reichstag v. 23. 3. 1933 in: M. Domarus, Hitler I, 1, 237.

20 Eine ausführliche Darstellung des Sachverhalts findet sich in einem Schreiben des Landesbischofs Schöffel an Reichsbischof Müller v. 7. 10.

1933, EZA Berlin, 1/A 4/245. Etwas abweichend schilderte Schöffel die Vorgänge auch am 23. 1. 1934 in: Besprechung nicht-deutschchristlicher Kirchenführer mit Theologieprofessoren und Vertretern des Pfarrernotbundes v. 23. 1. 1934, in: Verantwortung für die Kirche 1, Nr. 139, 229f.

21 Eine Einführung in den vorliegenden Zusammenhang bietet J. Fijalkowski, Die Wendung zum Führerstaat, 141–167. Zu Carl Schmitt und vor allem zu seiner politischen Theologie vgl. Religionstheorie und Politische Theologie 1; ferner vgl. nun auch die Würdigung von Kurt Sontheimer, Der Macht näher als dem Recht. Zum Tode Carl Schmitts, in: Die Zeit 40 (1985), Nr. 17 v. 19. 4. 1985, 7.

22 E.R. Huber, Die Totalität des völkischen Staates, in: Die Tat 26, 1 (1933/34), H. 1 v. April 1934, 30–42 (Zitat: 42). Zum Begriff »totaler Staat« vgl. H. Goetz, Totalitarismus, in: SZG 32 (1982), 163–174.

23 C. Schmitt, Staat, Bewegung, Volk, 7.

24 Akademie für deutsches Recht 1 (1933/34), 208.

25 C. Schmitt, Staat, Bewegung, Volk, 5.

26 K. Barth, Theologische Existenz heute!, 40. Barths Schrift erschien zunächst als Beiheft 2 (1933) in der Zeitschrift »Zwischen den Zeiten«. Inzwischen wurde die Schrift mit einem Apparat und mit Anmerkungen versehen von H. Stoevesandt neu herausgegeben (vgl. K. Barth, Theologische Existenz heute! (TEH NF 219), 86 und 162, Anm. 164).

27 K. Barth, Theologische Existenz heute!, 40; vgl. auch K. Barth, Theologische Existenz heute! (TEH NF 219), 86, Anm. *di* (so die Abk. des Hg.).

28 C. Schmitt, Staat, Bewegung, Volk, 32–46 (Zitat: 32).

29 A.a.O., 22.

30 Bei Carl Schmitt findet sich nur ein kurzer Hinweis auf das Problem (a.a.O., 17, Anm. 1). Unübersehbar jedoch ist seine Kritik am »politisches [n] Parteiwesen« der Kirchen in der Weimarer Zeit (a.a.O., 26f. (Zitat: 26).

31 Vgl. z. B. F. Giese, Das kirchenpolitische System der Weimarer Verfassung, in: AÖR NF 7 (1924), 1–70.

32 F. Giese, Die Rechtsstellung der Pfarrer als Gegenstand staatlicher Regelung, in: PPA 21 (1933), 297.

33 Zu Forsthoff vgl. J. Winter, Staatskirchenrecht im Dritten Reich, 71f.; dort auch weitere Nachweise.

34 E. Forsthoff, Der totale Staat, 9.

35 Zu W. Stapels Ansatz, der sich unmittelbar mit Forsthoffs Überlegungen traf, vgl. K. Scholder, Bd. 1, 598f.

36 F. Grüter (d.i. E. Forsthoff), Gegen ein evangelisches Konkordat, in: Deutsches Volkstum 15, 2 (1933), 2. Septemberheft 1933, 788–790 (Zitat: 789).
37 Ebd.
38 A.a.O., 790. Zum späteren Abrücken Forsthoffs von dieser radikalen Position vgl. J. Winter, Staatskirchenrecht im Dritten Reich, 96–106.
39 E. Forsthoff, Die staatliche Totalität und die evangelische Kirche, in: Deutsches Adelsblatt 51 (1933), 825f (Zitat: 826).
40 Kirche und Staat, in: Evangelium im Dritten Reich 3 (1934), Nr. 7 v. 18. 2. 1934, 75.
41 Ebd.
42 Ebd. Zu Heckels Wandlungen im Jahre 1933 vgl. K. Scholder, Bd. 1, 444 f., 560–563, 674, 771, 806; vgl. auch J. Winter, Staatskirchenrecht im Dritten Reich, 72. Heckel wurde – was bisher unbekannt war – auf persönlichen Antrag Ludwig Müllers vom 8. 9. 1933 für das WS 1933/34 zur »wissenschaftlichen Beratung« der Reichskirchenregierung von seinem Bonner Lehrstuhl beurlaubt. In einem erneuten Antrag vom 3. 3. 1934 für das SS 1934, dem ebenfalls stattgegeben wurde, schrieb der Reichsbischof, »Professor Heckel . . .« habe »seit dem Sommer des vorigen Jahres in meinem Stabe die wissenschaftliche Beratung für die Neugestaltung der Evangelischen Kirchenverfassung wahrgenommen« (L. Müller an den Preußischen Minister für Wissenschaft, Kunst und Volksbildung v. 3. 3. 1934, EZA Berlin, l/C 1/3; zum ganzen Vorgang vgl. dort die gesamte Akte). Für Heckels Verfasserschaft spricht außerdem die Tatsache, daß er am Jahresende 1933 zusammen mit Jäger und Oberheid ein entsprechendes Gutachten ausarbeitete (vgl. dazu unten Kap. 1, Anm. 54), sowie die inhaltliche Übereinstimmung der Ausführungen mit seinen späteren Auffassungen, wo Heckel von der »völkischen Verfassung« als der Grenze der kirchlichen Autonomie sprach und – nach dem Zusammenbruch der von ihm mitverantworteten Kirchenpolitik – eine *». . . verfassungsmäßig autonome Volkskirche im völkischen Reich . . .«* forderte, in der man unschwer die »volksgemäßen Ordnungen« des Beitrags wiederentdeckt (J. Heckel, Staats-, Verwaltungs- und Kirchenrecht, 29). Das Recht der staatlichen Organisationsgewalt gegenüber der Kirche vertrat Heckel auch noch 1938 im Ausschuß für Religionsrecht in der Akademie für deutsches Recht (vgl. J. Winter, Staatskirchenrecht im Dritten Reich, 107–109).
43 Kirche und Staat, in: Evangelium im Dritten Reich 3 (1934), Nr. 7 v. 18. 2. 1934, 75.

44 Zu Kittel vgl. L. Siegele-Wenschkewitz, Gerhard Kittel und die Judenfrage, in: ZThK, Beih. 4 (1978), 53–80; vgl. ferner die Entgegnung wenig später im kritischen Forum der »Evangelische[n] Theologie« durch M. Rese, Antisemitismus und neutestamentliche Forschung, in: EvTh 39 (1979), 557–570; vgl. weiter zur Fortsetzung dieser Kontroverse und zur theologischen Arbeit Kittels L. Siegele-Wenschkewitz, Neutestamentliche Wissenschaft vor der Judenfrage.

45 Zu Grundmann vgl. E. Stegmann, Der Kirchenkampf in der Thüringer evangelischen Kirche, 36, 40 f., 70, 78, 104 und 123 f.

46 Vgl. K. Scholder, Bd. 1, 811, Text der Thesen: Die 28 Thesen der sächsischen Volkskirche zum inneren Aufbau der Deutschen Evangelischen Kirche, in: Die Bekenntnisse 1933, 98–102.

47 A.a.O., 99. Die Thesen lösten eine lebhafte theologische Diskussion aus (vgl. a.a.O., 98 f., vgl. auch R. Seeberg, Gutachten der Theologischen Fakultät in Berlin zu den 28 Thesen, in: Die Bekenntnisse 1934, 31–35); vgl. ferner die von Grundmann selbst erläuterte Fassung (W. Grundmann, 28 Thesen).

48 A.a.O., 12.

49 Vgl. dazu Grundmanns Fassung im ganzen (a.a.O.); vgl. auch ders., Totale Kirche.

50 Vgl. H. Forsthoff, Theologie oder Glaube?

51 Vgl. K. Meier, Kirchenkampf 1, 324.

52 Vgl. Chronik der Kirchenwirren I, 143. Brief v. Oktober 1934, 146, vgl. auch Kap. 3, Anm. 61.

53 So der Herausgeber der Schriftenreihe, Grünagel, auf der Innenseite jedes Heftes seit Heft 2 (1934).

54 Der ungezeichnete Text befindet sich im Archiwum Państwowe w Poznaniu, Bestand Evangelisches Konsistorium Posen, NL August Jäger 1 (Über die Notwendigkeit der Verbindung zwischen Staat und evangelischer Kirche, AP Poznań Evang. Konsist. Posen, NL Jäger 1, Bl. 20–22). Von Jägers Hand ist hinzugefügt: »Januar 1934« und »(Auszug aus der Denkschrift)«. Es handelt sich offensichtlich um eine von Jäger angefertigte Zusammenfassung einer – bisher noch nicht aufgetauchten – Denkschrift von Oberheid, Jäger und Heckel. Deren Existenz und Heckels Mitwirkung bezeugen übereinstimmend H.W. Beyer bei einer Besprechung am 22. 1. 1934 (Besprechung mit Theologieprofessoren v. 22. 1. 1934, in: Verantwortung für die Kirche 1, Nr. 138, 220 f.) und F. Werner (F. Werner, Denkschrift, Bl. 151f).

55 Über die Notwendigkeit der Verbindung zwischen Staat und evangelischer Kirche, AP Poznań, Evang. Konsist. Posen, NL Jäger 1, Bl. 20.
56 A.a.O., 21.
57 A.a.O., 21f.
58 A.a.O., 22.
59 Zu diesem Begriff vgl. auch E. v. Rittberg, Der preußische Kirchenvertrag, 223, Anm. 27.
60 J. Jacke, Kirche zwischen Monarchie und Republik, 396, Anm. 144.
61 E. v. Rittberg, Der preußische Kirchenvertrag, 27; vgl. auch a.a.O., 26–29; ferner vgl. J. Jacke, Kirche zwischen Monarchie und Republik, 173f.
62 Über die Notwendigkeit der Verbindung zwischen Staat und evangelischer Kirche, AP Poznań, Evang. Konsist. Posen, NL Jäger 1, Bl. 22.
63 So nach F. Werner, Denkschrift, Bl. 151f.
64 So Jäger am 19. 3. 1934 in einer Geheimbesprechung mit Vertretern der deutsch-christlichen Kirchenleitungen in: Dokumentation Hessen und Nassau 2, 231–234.
65 Vgl. oben Kap. 1, 17.
66 Vgl. H.W. Beyer, Zwei Monate Kirchenminister. Kopie, AS Tübingen, 46.
67 Zu Johannes Popitz und seiner Rolle im Dritten Reich vgl. Die Mittwochs-Gesellschaft, bes. 17–20, 30–35, 37f., 40f. u. ö. Zum Verhältnis von Popitz und Carl Schmitt vgl. L.-A. Bentin, Johannes Popitz und Carl Schmitt, bes. 123–141.
68 Zit. nach Spiegelbild einer Verschwörung 1, 436f.
69 Alle Informationen nach H.W. Beyer, Zwei Monate Kirchenminister. Kopie, AS Tübingen, 45–47 (Zitat: 45f.); ähnlich auch Beyers Ausführungen am 23. 1. 1934 in: Besprechung nicht-deutsch-christlicher Kirchenführer mit Theologieprofessoren und Vertretern des Pfarrernotbundes v. 23. 1. 1934, in: Verantwortung für die Kirche 1, Nr. 139, 221.
70 Aufzeichnung F. v. Bodelschwinghs über eine Besprechung mit Reichsbischof Ludwig Müller in Hannover am 21. 12. 1933, HA Bethel, 2/39–51.
71 Vgl. K. Scholder, Bd. 1, 560–562, der Text der Verfassung der Deutschen Evangelischen Kirche v. 11. 7. 1933 in: GesBl. DEK 1933, Nr. 1 v. 7. 10. 1933, 2–6.
72 A.a.O., 3.
73 A.a.O., 2.
74 A.a.O., 3.
75 A. Jäger, Kirche im Volk, 38.

76 Vgl. K. Scholder, Bd. 1, 807–809; vgl. auch H.W. Beyer, Zwei Monate Kirchenminister. Kopie, AS Tübingen, 20–37.

77 Vgl, K. Scholder, Bd. 1, 814–820. Zum Text dieser Vereinbarung vgl. das Abkommen über die Eingliederung der evangelischen Jugend in die Hitler-Jugend v. 19. 12. 1933, in: Dokumente zur Kirchenpolitik 1, 183f. Ein Faksimile des Eingliederungsvertrags mit dem Datum 20. 11. 1933 befindet sich bei Riedel (H. Riedel, Kampf um die Jugend, 315) und bei Röhm und Thierfelder (Evangelische Kirche zwischen Kreuz und Hakenkreuz, 43).

78 Vgl. K. Scholder, Bd. 1, 814, 818 und 820f.

79 Zahlreiche Beispiele in: H.W. Beyer, Zwei Monate Kirchenminister. Kopie, AS Tübingen, 16, 39f., 66, 83 u.ö.; ebenso in: F. Werner, Denkschrift, Bl. 141; vgl auch Besprechung mit Ludwig Müller v. 5. 12. 1933, in: Verantwortung für die Kirche 1, Nr. 70, 166; Besprechung mit v. Bodelschwingh v. 8. 1. 1934, a.a.O., Nr. 94, 186f.; Besprechung mit Klein v. 12. 1. 1934, a.a.O., Nr. 112, 199 u.ö.

80 Verordnung betreffend die Wiederherstellung geordneter Zustände in der Deutschen Evangelischen Kirche, in: GesBl. DEK 1934, Nr. 1 v. 8. 1. 1934, 1.

81 A. Jäger, Kirche im Volk, 62.

82 Verordnung betreffend die Wiederherstellung geordneter Zustände in der Deutschen Evangelischen Kirche, in: GesBl. DEK 1934, Nr. 1 v. 8. 1. 1934, 1.

83 Durch diese Verordnung wurden die am 16. 11. 1933 außer Kraft gesetzten landeskirchlichen Gesetze zum Arierparagraphen aufgehoben und damit der Arierparagraph wieder eingeführt (vgl. dazu auch K. Meier, Kirchenkampf 1, 155).

84 So nach den Auslassungen Ludwig Müllers im Prozeß gegen Friedrich Werner (vgl. Begründung des Urteils der 36. Zivilkammer des Landgerichts Berlin v. 27. 3. 1934, Geschäftsnr. 236.0.140.34. Abschrift, EZA Berlin, 50/104).

85 Vgl. F. Werner, Denkschrift, Bl. 126f.

86 Vgl. L. Müller an Werner v. 14. 1. 1934, EZA Berlin, I/A 4/38 (darin befindet sich ein Vermerk Werners v. 15. 1. 1934); vgl. auch Werner an L. Müller v. 15. 1.1934, a.a.O.

Anmerkungen zu Kapitel 2

1 Die Berufsstatistik des Deutschen Reiches nach dem Stand vom 16. 6. 1933 weist 18860 evangelische Geistliche und Missionare und 18841 katholische Geistliche und Missionare aus (Volks-, Berufs- und Betriebszählung v. 16. 6. 1933 (Statistik des Deutschen Reichs, Bd. 453,2), Berufs-Nr. 350 und 351, 191). Die Mitgliederzahlen des Pfarrernotbundes finden sich in: W. Niemöller, Evangelische Kirche im Dritten Reich, 112.

2 Etwas anders lag es jedenfalls zum Teil mit den bayerischen und württembergischen Beitritten (vgl. dazu Schäfer, Dokumentation 2, 860–874).

3 Zur Person Martin Niemöller vgl. die Biographie von J. Bentley, Martin Niemöller, ferner vgl. auch den Beitrag von K.-A. Odin, Martin Niemöller, 367–381.

4 Vgl. Rundschreiben Nr. 6 des Pfarrernotbundes v. 11. 1. 1934, in: W. Niemöller, Pfarrernotbund, 186–188; vgl. auch J.Schmidt, Martin Niemöller, 163f.

5 Text u. a. in: JK 2 (1934), H. 2 v. 20. 1. 1934, 71–73 (Zitat: 72).

6 A.a.O., 73.

7 Vgl. dazu E. Bethge, Dietrich Bonhoeffer, 397; ferner vgl. die Aussage Bentleys, daß bereits am 7. 1. »... rund 3500 dem Bund angehörende Pfarrer in den Gottesdiensten ...« die Erklärung verlesen haben sollen (J. Bentley, Martin Niemöller, 106).

8 M.U. Kaiser, Deutscher Kirchenkampf und Schweizer Öffentlichkeit, 91.

9 The Manchester Guardian v. 9. 1. 1934, in: Ausschnitte aus der ausländischen Presse zum evangelischen Kirchenstreit, BA Koblenz, R 43 11/161a.

10 News Chronicle v. 8. 1. 1934, a.a.O.

11 Bericht von Unbekannt. Abschrift, a.a.O.

12 Vgl. Ausschnitte aus der ausländischen Presse zum evangelischen Kirchenstreit, a.a.O.

13 Vgl. z.B. Chronik der Kirchenwirren 1, 142. Brief v. September 1934, 130.

14 Telegramm v. 9. 1. 1934 der Württ. Landeskirche an den Reichsbischof, in: G. Schäfer, Dokumentation 2, 1023. Bei Schäfer wird auch die außerordentlich gespannte Situation im Lande deutlich, die die Zurückhaltung Wurms erklärt (vgl. a.a.O., 1024–1045).

15 Kanzelabkündigung des Pfarrernotbundes v. 7. 1. 1934, LKA Stuttgart, D 1/47,1.

16 Zu Flor vgl. P. Haller, Der Rechtskampf, 9–12; vgl. auch die kleine biographische Skizze von H. Kloppenburg, Wilhelm Flor, 24–27; ferner vgl. H. Schieckel, Wilhelm Flor, 173–188; ebenso vgl. G. Flor, Erinnerungen an einen Vater, in: JK 3(1982), 306–309.
17 A.a.O., 309.
18 Vgl. W. Flor, Der Kirchenstreit vom Rechtsstandpunkt aus beurteilt, in: JK 1 (1933), Nr. 16 v. 19. 10. 1933, 226–239 (Zitat: 226, *Anm.)*.
19 Ebd.
20 Zum Staatseingriff in Preußen im Juni 1933 vgl. K. Scholder, Bd. 1, 506–540.
21 W. Flor, Der Kirchenstreit vom Rechtsstandpunkt aus beurteilt, in: JK 1 (1933), Nr. 16 v. 19. 10. 1933, 227.
22 A.a.O., 227f.
23 A.a.O., 236.
24 A.a.O., 235.
25 Rechtsauffassung über die Gültigkeit der Verordnung des Reichsbischofs vom 4. 1. 1934, in: JK 2 (1934), H. 2 v. 20. 1. 1934, 74–76 (Zitat: 75). Der nur mit »A.« gekennzeichnete Beitrag stammt nach Stil und Inhalt ohne Zweifel aus der Feder Flors.
26 Vgl. ebd.
27 Vgl. P. Haller, Der Rechtskampf, vgl. auch unten Kap. 3, 107f. und Anm. 190.
28 Vgl. Protokoll der Sitzung des Bruderrates v. 3. 1. 1934, ZAEKHN Darmstadt, 62/1023.
29 Vgl. W. Conrad, Kampf um die Kanzeln, 62, vgl. auch J. Schmidt, Martin Niemöller, 165.
30 So nach einem Gespräch zwischen Ralf Tyra und Martin Niemöller. Ein Tonbandprotokoll dieses Gesprächs befindet sich im AS Tübingen.
31 Vgl. Bodelschwingh an Röhricht v. 14. 1. 1934, HA Bethel, 2/39–35; vgl. auch L. Graf Schwerin v. Krosigk, Persönliche Erinnerungen II, 152f.
32 Vgl. K. Scholder, Bd. 1, 522f.
33 Mackensen an Hindenburg (zusammen mit einem Brief von Riethmüller) v. 3. 1. 1934, BA-MA Freiburg, N 39/371.
34 Krosigk an Meißner (mit Kopfbogen »Der Reichsminister der Finanzen«) v. 6. 1. 1934, ZStA Potsdam, 281/3.
35 Vgl. Protokoll der Sitzung des Bruderrates v. 3. 1. 1934, ZAEKHN Darmstadt, 62/1023.

36 Aufzeichnung von Ministerialrat Doehle v. 8. 1. 1934, ZStA Potsdam, 281/3.
37 So der Bericht in: Evangelium im Dritten Reich 3 (1934), Nr. 2 v. 14. 1. 1934, 19; vgl. auch Chronik der Kirchenwirren 1, 142. Brief v. September 1934, 132.
38 Aufzeichnung von Ministerialrat Doehle v. 8. 1. 1934, ZStA Potsdam, 281/3.
39 A.a.O.
40 Telegraphischer Runderlaß des Geheimen Staatspolizeiamtes v. 8. 1. 1934, in: Dokumente zur Kirchenpolitik II, 2. Eine Abschrift aus dem Landratsamt Schlüchtern trägt den handschriftlichen Vermerk des Landrats: »Über etwaige Vorkommnisse ist mir stets sofort telef.[onisch] zu berichten« (Funkspruch der Polizeifunkstelle Hanau. Aufgenommen am 9. 1. 1934, 8.50 Uhr, HStA Wiesbaden, 483/5824).
41 Rundschreiben 2/34 der Landesleitung Schlesien der Deutschen Christen, in: JK 2 (1934), H. 2 v. 20. 1. 1934, 83; vgl. auch die Erklärung der Württ. DC zur Kanzelabkündigung des Pfarrernotbundes am 14. 1. in: G. Schäfer, Dokumentation 2, 1031f.
42 Vgl. W. Stapel, Kampf um die evangelische Kirche, in: Deutsches Volkstum 16 (1934), 1. Januarheft 1934, 33–36. Auszugsweiser Nachdruck u.a. in: NS-Kurier 4 (1934), Abend-Ausgabe Nr. 18 v. 12. 1. 1934, 2; vgl. auch G. Schäfer, Dokumentation 2, 1026f., vgl. ferner dazu H. Thomke, Politik und Christentum bei Wilhelm Stapel, 449–451 und 473–480.
43 W. Stapel, Kampf um die evangelische Kirche, in: Deutsches Volkstum 16 (1934), 1. Januarheft 1934, 36.
44 Telegramm der nationalsozialistischen Mitglieder des Gemeindekirchenrates der Kirchengemeinde Berlin-Tempelhof an die Geheime Staatspolizei v. 14. 1. 1934. Abschrift Pfarrer Pfeiffers v. 16. 1. 1934, BA Koblenz, R 43 II/161.
45 Kube an Diels v. 18. 1. 1934, BA Koblenz, NS 26/1240; vgl. auch W. Conrad, Kampf um die Kanzeln, 64.
46 Murr an Hitler v. 22. 1. 1934, in: G. Schäfer, Dokumentation 2, 1048.
47 Die Fronten samt den wichtigsten Quellen sind zum ersten Mal dargestellt worden von J. Glenthøj, Hindenburg, Göring und die evangelischen Kirchenführer, 45–91. Die Ereignisse sind allerdings in der Literatur bisher kaum aufgenommen worden, möglicherweise weil der Einblick in die dahinterstehende geistige und politische Konzeption fehlte (vgl. etwa

J. S. Conway, Die nationalsozialistische Kirchenpolitik, 93f; K. Meier, Kirchenkampf I, 156–160; E.Ch. Helmreich, The German Churches under Hitler, 153–155).

48 Zit. nach Aktennotiz Meißners v. 12. 1. 1934, in: Dokumente zur Kirchenpolitik II, 6.

49 Zit. nach a.a.O., 7; zur ganzen Aktennotiz vgl. a.a.O., 6–8.

50 Besprechung mit von Bodelschwingh v. 11. 1. 1934, in: Verantwortung für die Kirche 1, Nr. 107, 196.

51 Aktennotiz Meißners v. 12. 1. 1934, in: Dokumente zur Kirchenpolitik II, 8.

52 Vgl. Aktennotiz Meißners v. 12. 1. 1934, a.a.O., 8f (Zitat: 8).

53 Vgl. J. Schmidt, Martin Niemöller, 165; vgl. auch W. Conrad, Kampf um die Kanzeln, 63f.; ferner vgl. Bodelschwingh an Krosigk v. 14. 1. 1934, HA Bethel 2/39–35.

54 Aktennotiz Meißners v. 12. 1. 1934, in: Dokumente zur Kirchenpolitik II, 9.

55 Meißner an Lammers v. 16. 1. 1934, a.a.O., 9f. (Zitat: 10).

56 Zu Verlauf und Ergebnis der Sitzung der Kirchenführer v. 13. 1. 1934 vgl. folgende Quellen: Besprechung mit Buttmann v. 12. 1. 1934, in: Verantwortung für die Kirche I, Nr. 115, 200f., Besprechung nicht-deutsch-christlicher Kirchenführer mit Buttmann v. 13. 1. 1934, a.a.O., Nr. 116, 201f., Besprechung nicht-deutsch-christlicher Kirchenführer v. 13. 1. 1934, a.a.O., Nr. 117, 203f.; Besprechung mit Ludwig Müller v. 13. 1. 1934, a.a.O., Nr. 118, 204f., Sitzung der führenden Amtsträger der deutschen evangelischen Landeskirchen v. 13. 1. 1934, a.a.O., Nr. 119, 205–210; Besprechung nicht-deutsch-christlicher Kirchenführer v. 13. 1. 1934, a.a.O., Nr. 120, 210f.; Einladungsschreiben des Reichsbischofs v. 10. 1. 1934, EZA Berlin, 1/A 4/180; Erklärung des Reichsbischofs v. 13. 1. 1934, in: Dokumentation Hessen und Nassau, 1, 174f.

57 W. Niemöller, Hitler und die evangelischen Kirchenführer, 17.

58 W. Conrad, Kampf um die Kanzeln, 64; vgl. auch Besprechung nicht-deutsch-christlicher Kirchenführer v. 13. 1. 1934, in: Verantwortung für die Kirche 1, Nr. 120, 210f.

59 Vgl. Sitzung der führenden Amtsträger der deutschen evangelischen Landeskirchen v. 13. 1. 1934, a.a.O., Nr. 119, 205, Anm. 2 und 208, Anm. 8.

60 Persönliche Erklärung Fricks v. 13. 1. 1934. Abschrift, EZA Berlin, 1/A 4/238.

61 Vgl. oben Kap. 1, Anm. 5. Die Denkschrift trägt den handschriftlichen

Vermerk: »Herrn Staatssekretär Meissner sehr ergebenst zur streng vertraulichen Kenntnisnahme zugesandt. Die Aufzeichnung stammt vom Präsidenten des E.O.K., der Nationalsozialist und 'Deutscher Christ' ist. Conrad, 16/1«(F. Werner, Denkschrift, Bl. 125).

62 Vgl. das Schreiben der deutschen evangelischen Pfarrer Londons an den Reichspräsidenten v. 15. 1. 1934, in: D. Bonhoeffer, Ges. Schriften 2, 159f; vgl. auch Meißner an Lammers v. 18. 1. 1934, in: J. Glenthøj, Hindenburg, Göring und die evangelischen Kirchenführer, 74 f.

63 Aktenvermerk Meißners v. 19. 1. 1934, ZStA Potsdam, 281/3.

64 Vgl. ebd.; vgl. auch W. Conrad, Kampf um die Kanzeln, 65 (nach Conrad waren es sogar volle zwei Stunden, die Müller warten mußte); vgl. ferner Besprechung mit Berck, Niemöller und Schöffel v. 18. 1. 1934, in: Verantwortung für die Kirche I, Nr. 127, 214 f. Die später verbreitete Nachricht, Hitler habe Ludwig Müller unmittelbar darauf doch noch empfangen, verrät deutlich die Absicht und ist wenig wahrscheinlich (vgl. Mitteilung Rankes v. 19. 1. 1934, a.a.O., Nr. 133, 217 f.; vgl. auch Besprechung mit Conrad v. 19. 1. 1934, a.a.O., Nr. 134, 218).

65 Bodelschwingh an Krosigk v. 14. 1. 1934, HA Bethel, 2/39-35; vgl. auch Krosigk an Meißner v.15. 1. 1934, ZStA Potsdam, 281/3; demgegenüber vgl. Besprechung mit von Bodelschwingh und Stratenwerth v. 19. 1. 1934, in: Verantwortung für die Kirche I, Nr. 132, 217.

66 Bestätigung einer Vereinbarung zwischen Ministerialrat Dr. Jahnke vom Reichspropagandaministerium und dem Beauftragen des Reichsbischofs »über die Veröffentlichung kirchlicher Angelegenheiten in der Presse . . .« v. 10. 1. 1934 (gez. Ludwig Müller), EZA Berlin, 1/C 4/52. Danach sollten nur von Oberheid abgegebene Erklärungen veröffentlicht werden.

67 L. Müller an Göring v. 12. 1. 1934, EZA Berlin, I/C 4/73.

68 Vgl. L. Müller an Frick v. 15. 1. 1934, in: J. Glenthøj, Hindenburg, Göring und die evangelischen Kirchenführer, 73 f.

69 Zur ganzen Aktion vgl. die Greifswalder Erklärung gegen den »Maulkorberlaß« v. 9. 1. 1934, in: Theologie und Kirche im Wirken Hans von Sodens, 74 f., Anm. 5; zur Unterschriftenliste und dem Bericht über das Gespräch mit Jäger vgl. H. v. Soden an H. Mulert v. 25. 1. 1934, a.a.O., 76 f.

70 Die Vorgänge sind aus dem Telegraphischen Runderlaß des Geheimen Staatspolizeiamtes an alle Staatspolizeistellen v. 20. 1. 1934 zu erschließen (Text in: J. Glenthøj, Hindenburg, Göring und die evangelischen Kir-

chenführer, 85; vgl. auch die ungenaue Wiedergabe in: Dokumente zur Kirchenpolitik II, 19).

71 Telegraphischer Runderlaß des Geheimen Staatspolizeiamtes an alle Staatspolizeistellen v. 20. 1. 1934, in: J. Glenthøj, Hindenburg, Göring und die evangelischen Kirchenführer, 85.

72 Göring an Hitler v. 24. 1. 1934, in: Dokumente zur Kirchenpolitik II, 19.

73 Vgl. dazu J. Glenthøj, Hindenburg, Göring und die evangelischen Kirchenführer, 86.

74 Politische Ausschreitungen evangelischer Geistlicher, BA Koblenz, R 43 II/ 161a.

75 A.a.O.

76 A.a.O.

77 Zur Entstehung des »Forschungsamtes« vgl. U. Kittel, Reichsluftfahrtministerium Forschungsamt. Geschichte und Arbeitsweise eines Nachrichtendienstes, IfZ München, ZS 1734; vgl. auch R. Diels, Lucifer, 230–232; zu seiner späteren Bedeutung vgl. D. Irving, Hitlers Weg zum Krieg, 75 f., 260 f. u.ö. Die rechtliche Grundlage der Tätigkeit des Forschungsamtes bildete die »Beschränkung des Brief-, Post-, Telegrafen- und Fernsprechgeheimnisses« aufgrund der Verordnung v. 28. 2.1933 (zit. nach S. Aronson, Heydrich, 89; vgl. auch a.a.O., 89 f.)

78 Vgl. Einladungsschreiben des Reichsinnenministers v. 19. 1. 1934, in: Dokumente zur Kirchenpolitik II, 18.

79 Vgl. Vermerk Lammers v. 22. 1. 1934, ebd.; vgl. auch M. Domarus, Hitler I, 1, 348.

80 Besprechung nicht-deutsch-christlicher Kirchenführer mit Theologieprofessoren und Vertretern des Pfarrernotbundes, in: Verantwortung für die Kirche I, Nr. 139, 221; zur ganzen Besprechung vgl. a.a.O., 221–233.

81 A.a.O., 224.

82 A.a.O., 226.

83 A.a.O., 228.

84 A.a.O., 230.

85 A.a.O., 228.

86 A.a.O., 230.

87 A.a.O., 232.

88 A.a.O., 233.

89 Ein ausgearbeiteter Text dieses 7-Punkte-Katalogs befindet sich in: G. Schäfer, Dokumentation 2, 1050 f.; ferner in: W. Niemöller, Hitler und die

evangelischen Kirchenführer, 29f; vgl. auch Besprechung mit Beyer, Koopmann, Niemöller u.a. im kleineren Kreis v. 23. 1. 1934, in: Verantwortung für die Kirche I, Nr. 140, 234–237.

90 Zit. nach W. Niemöller, Hitler und die evangelischen Kirchenführer, 24.

91 Zu den Vorgängen im einzelnen vgl. den ausführlichen Bericht des inzwischen ebenfalls nach Berlin gereisten H. Hesse (a.a.O., 23–30) und den Bericht von Barths Mitarbeiterin Charlotte von Kirschbaum an Eduard Thurneysen v. 26. 1. 1934 (Karl-Barth-Archiv Basel).

92 K. Barth/G. Kittel, Ein theologischer Briefwechsel, 34.

93 A.a.O., 35.

94 Ich folgte hier der Darstellung von Charlotte von Kirschbaum (Charlotte v. Kirschbaum an Eduard Thurneysen v. 26. 1. 1934, Karl-Barth-Archiv Basel). Eine etwas abweichende Darstellung gibt Hesse (vgl. W. Niemöller, Hitler und die evangelischen Kirchenführer, 23–30). Meiser hat diesen Teil der Sitzung nur noch stichwortartig festgehalten (vgl. Besprechung nicht-deutschchristlicher Kirchenführer mit Theologieprofessoren und Vertretern des Pfarrernotbundes (Fortsetzung), in: Verantwortung für die Kirche I, Nr. 141, 238). Es heißt hier lediglich: »Aussprache der Professoren. Angriff Barths auf Fezer: ›Sie haben einen anderen Gott.‹«

95 Vgl. K. Barth/G. Kittel, Ein theologischer Briefwechsel, 34 f.

96 Charlotte v. Kirschbaum an Eduard Thurneysen v. 26. 1. 1934, Karl-Barth-Archiv Basel.

97 So nach der Besprechung nicht-deutschchristlicher Kirchenführer mit Theologieprofessoren und Vertretern des Pfarrernotbundes (Fortsetzung), in: Verantwortung für die Kirche I, Nr. 141, 238, Anm. 2.

98 Vgl. den Text in: W. Niemöller, Hitler und die evangelischen Kirchenführer, 27, Anm. 30.

99 Text des Memorandums v. 24. 1. 1934, a.a.O., 28f (Zitat: 28).

100 Ebd.

101 A.a.O., 29.

102 Das Memorandum wurde noch am Morgen des 25. Januar von Bodelschwingh persönlich zum Reichspräsidenten befördert (vgl. Bodelschwingh an Stratenwerth v. 24. 1. 1934, HA Bethel, 2/39–35).

103 Zum Vertrag vom 26. 1. 1934 vgl. H. Roos, Polen und Europa, 110–128; vgl. auch H.-A. Jacobsen, Nationalsozialistische Außenpolitik, 403–406; vgl. ferner K. Hildebrand, Deutsche Außenpolitik, 37 f.

104 Der anderthalbstündige Empfang der evangelischen Kirchenführer bei

Hitler am Mittag des 25. 1. 1934 gehört zu den denkwürdigsten und am meisten beschriebenen Ereignissen in dieser Zeit überhaupt. Keiner der Beteiligten – auch Hitler selbst nicht – hat ihn je vergessen. Viele Teilnehmer haben seinen Verlauf beschrieben oder doch wenigstens ihre Eindrücke festgehalten, manche unmittelbar danach, manche erst später. Keiner dieser Berichte gleicht dem anderen, viele erwähnen ganz verschiedene Dinge. Das Ganze ist ein geradezu klassisches Beispiel für die Parteilichkeit des menschlichen Aufnahme- und Erinnerungsvermögens. Diese Darstellung stützt sich auf die folgenden Quellen: Bericht Otto Webers nach einer Niederschrift von H. Hesse v. 25. 1. 1934, in: W. Niemöller, Hitler und die evangelischen Kirchenführer, 33 f., Aufzeichnung Th. Wurms: »Der Empfang der Kirchenführer bei dem Reichskanzler in Berlin am 25. 1. 1934«, in: Dokumente zur Kirchenpolitik 11, 23–25; Wurm an Hammerschmidt v. 5. 4. 1939, EZA Berlin, 50/81; Bericht Meisers v. 31. 1. 1934 in: H. Baier, Lutherische Bischöfe, 106–110; Vortrag Cochs über die kirchliche Lage v. 1. 2. 1934, in: AELKZ 67 (1934), Nr. 8 v. 23. 2. 1934, Sp. 177–181; M. Niemöller, Rundschreiben v. 16. 2. 1934, in: Dokumente zur Kirchenpolitik 11, 27–29; A. Marahrens, Und nun?! Ein Wort zur kirchlichen Lage, in: AELKZ 67 (1934), Nr. 18 v. 4. 5. 1934, Sp. 415–417; B. Adler, Der Empfang der Kirchenführer bei Hitler am 25. Januar 1934. Aufzeichnung Adlers v. 18. 2. 1954, EvAG München; Darstellung Kinders in: Chr. Kinder, Neue Beiträge, 44–47, Hitlers Erinnerungen nach dem Tagebucheintrag A. Rosenbergs v. 19. 1. 1940 und dem Tischgespräch Hitlers v. 7. 4. 1942, in: Dokumente zur Kirchenpolitik 11, 20 f., H. Göring, Befragungsprotokoll v. 20. 7. 1945, NARS Washington, Record Group No. 238; H. Lammers, Aufzeichnung v. 27. 7. 1945, a.a.O. Um die Erforschung des Verlaufs haben sich vor allem W. Niemöller und J. Glenthøj verdient gemacht (W. Niemöller, Hitler und die evangelischen Kirchenführer; ders., Epilog zum Kanzlerempfang, in: EvTh 20 (1960), 107–124; J.Glenthøj, Hindenburg, Göring und die evangelischen Kirchenführer, 45–49. Die Darstellung Irvings (D. Irving, Hitlers Weg zum Krieg, 399–402) ist vollkommen falsch und unbrauchbar. Weitere Literatur in: Dokumente zur Kirchenpolitik II, 17. Vgl. nun auch J. Bentley, Martin Niemöller, 108–113.

105 Das Gespräch wurde unter vier Augen geführt. Meißner hielt am 25. 1. 1934 in einem Aktenvermerk den Inhalt fest (Aktennotiz Meißners v. 25. 1. 1934, ZStA Potsdam, 281/3).

106 Ebd.
107 Vgl. ebd.
108 Die auf das bekannte braune Papier des Forschungsamtes geschriebene Aufzeichnung befindet sich als zusätzliches Einzelstück in der Göring-Mappe (Aufzeichnung v. 25. 1. 1934, in: Göring-Mappe, BA Koblenz, R 43 11/161a). Abdruck u.a. in: Dokumente zur Kirchenpolitik 11, 20, Anm. 7. In der gesamten Literatur (zuletzt: K. Meier, Kirchenkampf I, 162) wird behauptet, Göring habe den Text des Telefongesprächs verändert und dramatisiert. Die Aufzeichnung der Beteiligten unmittelbar nach dem Empfang – insbesondere von Weber, Wurm, Meiser und Niemöller selbst – geben dafür keine Anhaltspunkte. Die Dramatisierung stammt vielmehr von dem sächsischen Bischof Friedrich Coch in seinem Vortrag vom 1. Februar und ist von dort in die Literatur übernommen worden.
109 Vgl. dazu W. Künneth, Lebensführungen, 133.
110 Tischgespräch Hitlers v. 7. 4. 1942, in: Dokumente zur Kirchenpolitik II, 20.
111 Zit. nach J. Glenthøj, Hindenburg, Göring und die evangelischen Kirchenführer, 62.
112 Zit. nach W. Niemöller, Hitler und die evangelischen Kirchenführer, 39.
113 So nach Meisers Bericht v. 31. 1. 1934, in: H. Baier, Lutherische Bischöfe, 107.
114 Zit. nach »Es spricht der Führer«, 148.
115 Wurm an Buttmann v. 2. 2. 1934, LKA Stuttgart, D 1, 47, 2.
116 Vgl. W. Conrad, Kampf um die Kanzeln, 67 und 91f. Conrad behielt jedoch das katholische Referat.
117 Vgl. L. Graf Schwerin v. Krosigk, Persönliche Erinnerungen II, 153.
118 K. Scharf, Der Pfarrernotbund, in: Bekennende Kirche, 139.
119 Vgl. Rundschreiben Nr. 8 v. 26. 1. 1934, in: W. Niemöller, Pfarrernotbund, 190.
120 Vgl. K. Meier, Kirchenkampf I, 163 und Anm. 614.
121 W. Niemöller, Epilog zum Kanzlerempfang, in: EvTh 20 (1960), 109.
122 So nach Meisers Bericht v. 31. 1. 1934 in: H. Baier, Lutherische Bischöfe, 108; ebenso nach dem Protokoll der Besprechung v. 26. 1. 1934 nach W. Niemöller, Epilog zum Kanzlerempfang, in: EvTh 20 (1960), 109–116.
123 Zit. nach W. Niemöller, Hitler und die evangelischen Kirchenführer, 54.
124 Vgl. Text der Ansprache Müllers nach dem Stenogramm von Meiser, a.a.O., 54–59; vgl. auch Sitzung der führenden Amtsträger der deutschen

evangelischen Landeskirchen v. 27. 1. 1934, in: Verantwortung für die Kirche I, Nr. 143, 240–249.

125 Zit. nach H. Baier, Lutherische Bischöfe, 109; vgl. auch W. Conrad, Kampf um die Kanzeln, 67.

126 Text u.a. in: Chronik der Kirchenwirren I, 142. Brief v. September 1934, 138.

127 Vgl. Bericht Wurms über die kirchliche Lage v. 29. 1. 1934, in: G. Schäfer, Dokumentation 2, 1065.

128 Vgl. H. Baier, Lutherische Bischöfe, 109; Text des Schreibens v. 28. 1. 1934, in: W. Niemöller, Hitler und die evangelischen Kirchenführer, 63.

129 Adolf Hitler hat gesprochen!, in: Evangelium im Dritten Reich 3 (1934), Nr. 5 v. 4. 2. 1934, 53. Diesen Artikel kommentierte der reformierte Pfarrer Paul Humburg in einem Brief an seinen Sohn Werner mit der Bemerkung: »Das ist die ganz berechtigte und schneidige Quittung, die dieses Verfahren der Kirchenführer verdient hat. Jetzt soll ihnen noch einer glauben, daß sie aus Gründen des Bekenntnisses zu unserem Herrn gegen den Reichsbischof gestanden haben« (P. Humburg an W. Humburg v. 6. 2. 1934. Abschrift, AS Tübingen).

130 Brief des Pfarrernotbundes an die lutherischen Bischöfe in: JK 2 (1934), H. 4 v. 20. 2. 1934, 155. Wie tief die Enttäuschung über das Verhalten der Kirchenführer war, wird auch aus dem obenerwähnten Brief von Paul Humburg deutlich, wenn dort zu lesen ist: »Aus welchem Grund haben sie [die Kirchenführer] sonst auf einmal alles verbrannt, was sie früher anbeteten? Und warum beten sie jetzt das an, was sie früher verbrannt haben? Ein kümmerliches Schauspiel! Doppelt traurig, wenn man so gar nichts merkt von dem Glauben und von dem Rechnen mit Gott!« (P. Humburg an W. Humburg v. 6. 2. 1934. Abschrift, AS Tübingen).

131 Ebd.

132 Vgl. Schöffel an Niemöller v. 8. 2. 1934, in: W. Niemöller, Hitler und die evangelischen Kirchenführer, 67f., vgl. auch »Diffamierung und Ehre«. Eine Erklärung von Simon Schöffel, in: AELKZ 67 (1934), Nr. 20 v. 18. 5. 1934, Sp. 469–472 (Zitat: Sp. 469); vgl. ferner Marahrens' Rundschreiben v. 10.2. 1934, in: Dokumente zur Kirchenpolitik 11, 26f.

133 Zu Meisers Rücktrittsabsichten vgl. H. Baier, Deutsche Christen Bayerns, 88; ferner vgl. W. Niesel, Kirche unter dem Wort, 23, Anm. 86.

134 Vgl. W. Niemöller, Pfarrernotbund, 58f.

135 Vgl. zum Dorotheenpakt G. Schäfer, Dokumentation 2, 1065–1067 (Zitat: 1067); vgl. dazu auch Th. Dipper, Evangelische Bekenntnisgemeinschaft in Württemberg, 38f.

136 Pfarrer Pfeiffer an Wurm v. 3. 2. 1934, in: G. Schäfer, Dokumentation 2, 1070; vgl. zum ganzen Vorgang auch W. Niemöller, Pfarrernotbund, 61–66.

137 Vgl. Mitteilung H. Kellers an die Mitglieder des Pfarrernotbundes v. 5. 2. 1934, in: G. Schäfer, Dokumentation 2, 1071; vgl. auch W. Niemöller, Pfarrernotbund, 58f.

138 Runderlaß Görings v. 29. 1. 1934, in: Dokumente zur Kirchenpolitik II, 34.

139 Vgl. W. Niemöller, Hitler und die evangelischen Kirchenführer, 46f.

140 Vgl. a.a.O., 47f. (Zitat 47).

141 Vgl. E. Chr. Helmreich, The German Churches under Hitler, 156.

142 Zu Preußen vgl. Aktenvermerk des EOK (gez. Fürle) v. 22. 2. 1934, EZA Berlin, I/A 4/238; zu Sachsen vgl. Schreiben von Sup. Ficker an Meiser v. 31. 1. 1934, in: W. Niemöller, Hitler und die evangelischen Kirchenführer, 70f.; zu Nassau vgl. Rundschreiben des Nassauischen Pfarrernotbundes v. 3. 2. 1934, in: Dokumentation Hessen und Nassau 1, 360–362; ein Gesamtüberblick findet sich in: Chronik der Kirchenwirren 1, 142. Brief v. September 1934, 143f.

143 Vgl. K. Meier, Kirchenkampf I, 304f.

144 Zit. nach Chronik der Kirchenwirren I, 142. Brief v. September 1934, 142; eine ausführliche Darstellung der Einführung findet sich auch in: Evangelium im Dritten Reich 3 (1934), Nr. 6 v. 11. 2. 1934, 64–67.

145 Oberkirchenrat Zentgraf an Oberkonsistorialrat Rapmundt v. 10. 1. 1934, in: Dokumentation Hessen und Nassau I, 170.

146 Vgl. R. E. Heinonen, Anpassung und Identität, 43f. u.ö.

147 Vgl. Verordnung zur Sicherung einheitlicher Führung der Evangelischen Kirche der altpreußischen Union v. 26. 1. 1934, in: GesBl. DEK 1934, Nr. 3 v. 29. 1. 1934, .

148 Vgl. zum Inhalt der Verordnungen JK 2 (1934), H. 4 v. 20. 2. 1934, 160–162 (Zitat: 161).

149 Evangelium im Dritten Reich 3 (1934), Nr. 7 v. 18. 2. 1934, 76.

150 A.a.O., 77.

151 Vgl. W. Flor, Rechtsgutachten. Ist die Verordnung zur Sicherung einheitlicher Führung der Evangelischen Kirche der altpreußischen Union vom

26. Januar 1934 verfassungsmäßig zulässig?, in: JK 2 (1934), H. 4 v. 20. 2. 1934, 150–153.

152 A.a.O., 152.

153 A.a.O., 153.

154 Vgl. E. Noack, Das Entstehen der deutschen evangelischen Kirche vom 11. Juli 1933. Gutachten v. 14. 11. 1934, EZA Berlin, I/A 4/227.

155 M. Domarus, Hitler I, 1, 352f.

156 A.a.O., 353.

157 Evangelium im Dritten Reich 3 (1934), Nr. 6 v. 11. 2. 1934, 67.

158 Briefentwurf L. Müllers an Hitler v. 6. 2. 1934, EZA Berlin, 1/A 4/246. Ein ähnlicher Briefentwurf Jägers v. Februar 1934 befindet sich im AP Poznań, Evang. Konsist. Posen, NL Jäger I, Bl. 23f. Vgl. auch Dokumente zur Kirchenpolitik II, 8, Anm. 9.

159 Bruderrat des Notbundes »An die Herren Kirchenführer, z.H. von Herrn Landesbischof Schöffel« v. 31. 1. 1934, in: W. Niemöller, Hitler und die evangelischen Kirchenführer, 67.

Anmerkungen zu Kapitel 3

1 Vgl. Zur Lage. Hektographiertes Exemplar ohne Verfasserangabe v. Februar 1934, EZA Berlin, 50/14; Handschriftlicher Zusatz: »Erwägung von Haehnelt und Wolter Strasburg«.

2 A.a.O.

3 A.a.O.

4 Vgl. K. Barth, Gottes Wille und unsere Wünsche. Zur Erklärung der reformierten Synode; vgl. auch K. Scholder, Bd. I, 740–742.

5 K. Barth, Gottes Wille und unsere Wünsche, 5.

6 Vgl. K. Barth, Erklärung über das rechte Verständnis der reformatorischen Bekenntnisse in der Deutschen Evangelischen Kirche der Gegenwart, in: J. Beckmann, Rheinische Bekenntnissynoden, 34–46.

7 K. Barth an Hitler v. 13. 2. 1934, BA Koblenz, R 43 II/162.

8 A.a.O.

9 Zum Vermerk der Reichskanzlei v. 27. 2. 1934 vgl. a.a.O.

10 K. Barth, Gottes Wille und unsere Wünsche, 4.

11 A.a.O., 9; ebenso ders., Erklärung über das rechte Verständnis der reformatorischen Bekenntnisse in der Deutschen Evangelischen Kirche der Gegenwart, in: J. Beckmann, Rheinische Bekenntnissynoden, 34.

12 A.a.O., 36.; ebenso K. Barth, Gottes Wille und unsere Wünsche, 10. Zum Verhältnis der Erklärung der Freien Reformierten Synode von Barmen v. 3./4. 1. 1934 und der Theologischen Erklärung der Barmer Synode v. 29.-31. 5. 1934 vgl. K. Scholder, Die theologische Grundlage des Kirchenkampfes, in: EvTh 44 (1984), 505-524 (bes. 510-512).
13 K. Barth, Gottes Wille und unsere Wünsche, 6f..
14 Beschluß des Konsistoriums der Rheinprovinz v. 7. 2. 1934, in: J. Beckmann, Rheinische Bekenntnissynoden, 56f. (Zitat: 57).
15 Der Bruderrat an die synodalen Vertrauensleute v. 12. 2. 1934, a.a.O., 57f. (Zitat: 57).
16 Ebd.
17 Vgl. a.a.O., 57f.
18 A.a.O., 58.
19 Freie Evangelische Synode im Rheinland zu Barmen-Gemarke v. 18. und 19. 2. 1934. Vorwort des Berichtsheftes, a.a.O., 59.
20 Vgl. ebd.
21 Vgl. dazu W. Koch, Heinemann im Dritten Reich, 24-32; vgl. auch H. Lindemann, Gustav Heinemann, 41-45.
22 Vgl. Zur Lage. Hektographiertes Exemplar ohne Verfasserangabe v. Februar 1934, EZA Berlin, 50/14.
23 Vgl. F. Graeber, Abraham, das Urbild der wahren Kirche, in: J. Beckmann, Rheinische Bekenntnissynoden, 60-65.
24 A.a.O., 60.
25 A.a.O., 61.
26 A.a.O., 62.
27 Ebd.
28 A.a.O., 64.
29 Vgl. W. See/R. Weckerling, Frauen im Kirchenkampf, vgl. auch J.-Chr. Kaiser, Frauen in der Kirche, 163-262.
30 J. Beckmann, Rheinische Bekenntnissynoden, 65. Zu dieser Predigt vgl. auch W. Koch, Heinemann im Dritten Reich, 37f.
31 Vgl. J. Beckmann, Reformatorisches Bekenntnis heute, in: ders., Rheinische Bekenntnissynoden, 66-83.
32 A.a.O., 72.
33 A.a.O., 73.
34 A.a.O., 74.
35 A.a.O., 79.

36 A.a.O., 80.
37 A.a.O., 81.
38 A.a.O., 82.
39 J. Graeber, Die Ordnung der evangelischen Kirche in Deutschland heute, a.a.O., 84–88.
40 A.a.O., 86.
41 A.a.O., 87.
42 Vgl. J. Schlingensiepen, Widerstand und verborgene Schuld, 26–38.
43 Vgl. J. Beckmann, Rheinische Bekenntnissynoden, 49.
44 Entschließung der »Freien Evangelischen Synode im Rheinland«, a.a.O., 89.
45 Vgl. J. Schmidt, Martin Niemöller, 192f. und 482, Anm. 47 und 48. Am 10. Januar 1934 schrieb Jacobi an den Reichsbischof: Lassen »... Sie uns auseinandergehen, solange es noch im Guten geht. Tun Sie eine Kirche nach Ihrem Sinn auf ... Wir anderen wollen eine lutherische Kirche sein« (Jacobi an den Reichsbischof v. 10. 1. 1934. Abschrift, LKA Oldenburg, A I 1–1).
46 Zum Problem »Volkskirche-Freikirche« vgl. G. Harder, Die Bedeutung der Kirchengliedschaft im Kirchenkampf, in: EvTh 20 (1960), 71–90 (bes. 76–83); ferner vgl. dazu K. Meier, Bedeutung volkskirchlicher Konzeptionen, 165–197 (bes. 179–197).
47 Bruderrat des Pfarrer-Notbundes bittet um Aufnahme in die Freie evangelische Synode, in: JK 2 (1934), H. 5 v. 10. 3. 1934, 203.
48 Rundschreiben v. 28. 2. 1934, in: W. Niemöller, Pfarrernotbund, 195.
49 F. Hildebrandt, Freie evangelische Synode in Berlin, in: JK 2 (1934), H. 6 v. 24. 3. 1934, 228f (Zitat: 228).
50 Vgl. J. Beckmann, Reformatorisches Bekenntnis heute, a.a.O., 229–233. Vgl. zu der Synode ferner H. Vogel, *Erklärung* über die *»Evangelische Antwort«* und die *»Barmer Erklärung«* vor der freien evangelischen Synode in Berlin-Brandenburg am 7. März 1934, a.a.O., 232–236.
51 Zu G. Jacobi und der Bezeichnung »Großstadtpfarrer« vgl. K. Scholder, Bd. 1, 178f.
52 Zur Zusammensetzung des Bruderrates vgl. W. Niemöller, Evangelische Kirche im Dritten Reich, 123. Zu Arnim-Kröchlendorff und Arnim-Lützlow vgl. die bewegenden Kurzbiographien von Hans v. Arnim (H. v. Arnim, Detlev von Arnim-Kröchlendorff, 11–15; ders., Wilhelm von Arnim-Lützlow, 16–20); zu Scharf vgl. die biogaphischen Skizzen (Kurt Scharf. Brücken und Breschen, 42–88 (bes. 60)).

53 H. Vogel, Erklärung über die *»Evangelische Antwort«* und die *»Barmer Erklärung«* vor der freien evangelischen Synode in Berlin-Brandenburg am 7. März 1934, in: JK 2 (1934), H. 6 v. 24. 3. 1934, 234.

54 Zit. nach F. Hildebrandt, Freie evangelische Synode in Berlin, in: JK 2 (1934), H.6 v. 24. 3. 1934, 229; vgl. zum Ganzen auch den Bericht von Kurt Scharf an die Mitglieder des Pfarrernotbundes Brandenburg v. 7. 3. 1934, in: Für ein politisches Gewissen der Kirche, 34–36.

55 Reichsgesetzblatt 1934, Nr. 11 v. 30. 1. 1934, 75.

56 Zit. nach K. D. Bracher/W. Sauer/G. Schulz, Machtergreifung, 598. Im sogenannten »Bormann-Tagebuch« ist unter dem 30. 1. 1934 notiert: »Reichstagssitzung; Ermächtigungsgesetz beschlossen« (Hitler's daily activities, IfZ München, F 19/13).

57 C. Schmitt, Das neue Verfassungsgesetz, in: VB, Berliner Ausgabe, 47 (1934), Nr. 32 v. 1. 2. 1934, 2.

58 A. Jäger, Kirche im Volk, 71. Auf den Zusammenhang hat dann erneut Werner Weber 1940 aufmerksam gemacht (vgl. W. Weber, Föderalismus und Einheitskirchentum, in: AEvKR 4 (1940), 227; jetzt auch in: ders., Staat und Kirche, 77 f.). Die Überlegungen Webers sind in einem interessanten Aufsatz von Krumwiede aufgegriffen worden (H.-W. Krumwiede, Reichsverfassung und Reichskirche, in: JGNKG 59 (1961), 142–167 (insbes. 160–167)).

59 A. Jäger, Denkschrift v. 26. 2. 1934, AP Poznań, Evang. Konsist. Posen, NL Jäger I, Bl. 29. Zu den Verordnungen vom 26. Januar sowie 3. und 5. Februar 1934 vgl. oben Kap. 2, 70 f.

60 Der Reichsminister des Innern an den Reichsbischof v. 10. 2. 1934, EZA Berlin, 1/A 4/239.

61 Vgl. Kreuz-Zeitung, Nr. 48 v. 25. 2. 1934, EZA Berlin, I/A 4/37; vgl. auch Chronik der Kirchenwirren I, 143. Brief v. Oktober 1934, 146.

62 Vgl. Verordnung über die Übertragung der Befugnisse des Landesbischofs auf die Deutsche Evangelische Kirche v. 1. 3. 1934, in: GesBl. DEK 1934, Nr. 6 v. 3. 3. 1934, 11 f. Diese Verordnung erschien, da noch zur Gesetzgebung der preußischen Kirche gehörig, lediglich als »Bekanntmachung« (a.a.O., 11).

63 Kirchengesetz über die Leitung der Evangelischen Kirche der altpreußischen Union v. 2. 3. 1934, in: GesBl. DEK 1934, Nr. 6 v. 3. 3. 1934, 12 f.

64 A.a.O., 12.

65 Vgl. die Berichte über die Sitzungen der Provinzialsynoden in: Chronik der Kirchenwirren I, 143. Brief v. Oktober 1934, 158 und 160.
66 Kirchengesetz über die Leitung der Evangelischen Kirche der altpreußischen Union v. 2. 3. 1934, in: GesBl. DEK 1934, Nr. 6 v. 3. 3. 1934, 12.
67 Zur Durchführung dieses Gesetzes vgl. unten Kap. 3, 98f.
68 A. Jäger, Denkschrift v. 26. 2. 1934, AP Poznań, Evang. Konsist. Posen, NL Jäger I, Bl. 25.
69 Vgl. K. Scholder, Bd. 1, 743.
70 A. Jäger, Denkschrift v. 26. 2. 1934, AP Poznań, Evang. Konsist. Posen, NL Jäger I, Bl. 25.
71 A.a.O., Bl. 25f.
72 A.a.O., Bl. 26.
73 Kirchengesetz über die Leitung der Evangelischen Kirche der altpreußischen Union v. 2. 3. 1934, in: GesBl. DEK 1934, Nr. 6 v. 3. 3. 1934, 13.
74 Vgl. Verordnung zur Neuregelung der Verwaltung der Deutschen Evangelischen Kirche v. 7. 3. 1934, in: GesBl. DEK 1934, Nr. 7 v. 10. 3. 1934, 15.
75 Vgl. Chronik der Kirchenwirren I, 143. Brief v. Oktober 1934, 152.
76 Kirchengesetz über den Haushalt der Deutschen Evangelischen Kirche 1934 v. 13. 3. 1934, in: GesBl. DEK 1934, Nr. 8 v. 16. 3. 1934, 17–19 (Zitat: 17); vgl. auch K. Scholder, Bd. 1, 772–774.
77 Vgl. E. Klügel, Die lutherische Landeskirche Hannovers, 102–105.
78 Vgl. K. Meier, Die Deutschen Christen, 75–93.
79 Vgl. zum folgenden die Abschrift nach dem Stenogramm des hessischen Landesbischofs Dietrich, ZAEKHN Darmstadt, 44/125 (danach auch zitiert); unvollständiger Text auch in: Dokumentation Hessen und Nassau 2, 231–234.
80 Abschrift nach dem Stenogramm des hessischen Landesbischofs Dietrich, ZAEKHN Darmstadt, 44/125.
81 A.a.O., 2.
82 A.a.O., 3.
83 A.a.O., 2.
84 A.a.O., 4.
85 Vgl. J. Thierfelder, Die Auseinandersetzungen um den Stiftsephorus Karl Fezer.
86 Vgl. Ministerialrat Achelis an Reichsbischof Müller v. 27. 2. 1934, EZA Berlin, 1/A 4/246; Protokoll der Besprechung zwischen Hirsch, Gogarten, Kittel und Weber v. 1. 3. 1934, a.a.O.; Reichsbischof Müller an Ministerial-

rat Achelis v. 29. 3. 1934, a.a.O.; vgl. auch W. Trillhaas, Aufgehobene Vergangenheit, 147.

87 Boll an Tügel v. 22. 2. 1934, LKA Hamburg, Deutsche Christen Hamburg, Nr. 208.

88 Bischofswahl und Bischofsrede in Hamburg, in: AELKZ 67 (1934), Nr. 11 v. 16. 3. 1934, Sp. 247–252 (Zitat: Sp. 252), Wortlaut der Rede auch in: F. Tügel, Mein Weg, 430–435; zu den Vorgängen vgl. ferner a.a.O., 253–264; dort beschreibt ein gewandelter Tügel eindrucksvoll die Motive, Hoffnungen und Fehler dieser Zeit.

89 Zit. nach a.a.O., 261.

90 AELKZ 67 (1934), Nr. 11 v. 16. 3. 1934, Sp. 261.

91 Zit. nach ebd.

92 Evangelium im Dritten Reich für Groß-Berlin 3 (1934), Nr. 8 v. 25. 2. 1934, 59.

93 Der Reichsbischof spricht im Sportpalast, in: Evangelium im Dritten Reich 3 (1934), Nr. 10 v. 11. 3. 1934, 115.

94 Chr. Kinder, Die Sendung der Deutschen Christen, a.a.O., Nr. 9 v. 4. 3. 1934, 101–104,106 und 108. Der Vortrag ist zusammen mit dem Vortrag des Reichsbischofs in einer etwas abgemilderten Fassung auch als Sonderdruck in einer Auflage von 40000 Exemplaren erschienen (vgl. Die Reden des Reichsbischofs und des Reichsleiters).

95 Chr. Kinder, Die Sendung der Deutschen Christen, in: Evangelium im Dritten Reich 3 (1934), Nr. 9 v. 4. 3. 1934, 101–104, 106 und 108 (Zitat: 104).

96 A.a.O., 106.

97 Ebd.

98 Der Reichsbischof spricht im Sportpalast, a.a.O., Nr. 10 v. 11. 3. 1934, 116.

99 Vgl. K. Scholder, Bd. 1, 786 f. und 791 f.

100 Der Reichsbischof spricht im Sportpalast, in: Evangelium im Dritten Reich 3 (1934), Nr. 10 v. 11. 3. 1934, 116.

101 A.a.O., 118.

102 Bischof Zänker an Unbekannt v. 12. 3. 1934, EZA Berlin, 50/27, vgl. auch E. Hornig, Die Bekennende Kirche in Schlesien, 12–18.

103 So nach dem Bericht von Pfarrer Egbert Winde (E. Winde, Bericht an das Konsistorium v. 9. 3. 1934. Abschrift, ZStA Potsdam, Büro des Reichspräsidenten, 281/6); vgl. auch Chronik der Kirchenwirren I, 143. Brief v. Oktober 1934, 153; ferner vgl. JK 2 (1934), H. 17 v. 8. 9. 1934, 727.

104 Runderlaß des Reichsinnenministers an die Landesregierung v. 12. 2. 1934, in: Dokumente zur Kirchenpolitik II, 60 f. (Zitat: 60). Vgl. auch die Anweisung an die Bayerische Politische Polizei v. 23. 2. 1934, in: F. Zipfel, Kirchenkampf in Deutschland, 270 f.; ferner die Anweisung der Bayerischen Politischen Polizei an Polizeidirektionen, Staatspolizeiämter, Bezirksämter und Polizeiämter der kreisunmittelbaren Städte v. 7. 3. 1934, in: H. Baier, Deutsche Christen Bayerns, 378 f.; vgl. das Rundschreiben Bormanns an alle Reichsleiter und Gauleiter v. 27. 3. 1934, BA Koblenz, NS 6/216.

105 Diels an den Reichsinnenminister v. 3. 3. 1934, in: Dokumente zur Kirchenpolitik II, 70–72 (Zitat: 71).

106 Vgl. a.a.O., 72.

107 Geheimes Staatspolizeiamt. Mitteilungen Nr. 4 (Geheim) v. 10. 3. 1934, EZA Berlin, 1/A 4/247. Die als geheim eingestuften Mitteilungen wurden am 13. 3. 1934 von Diels an den Reichsbischof übersandt (vgl. Diels an L. Müller v. 13. 3. 1934, EZA Berlin, I/A 4/227); vgl. ebenso die Denkschrift des Geheimen Staatspolizeiamtes über die Tätigkeit des Pfarrernotbundes v. 28. 2. 1934, in: Dokumente zur Kirchenpolitik II, 72–77 und 72, Anm. 6.

108 Der Preußische Ministerpräsident – Geheime Staatspolizei – an die Reichskanzlei v. 10. 3. 1934, in: Dokumente zur Kirchenpolitik II, 77 f. (Zitat: 78). Laut Vermerk von W. [ienstein] v. 13. 3. 1934 (BA Koblenz, R 43 11/162) erhielt das Innenministerium den gleichen Bericht und der Reichsbischof einen Durchschlag (vgl. der Preußische Ministerpräsident – Geheime Staatspolizei – an L. Müller v. 10. 3. 1934, EZA Berlin, I/A 4/247).

109 Zit. nach dem Artikel »Noch immer Sportpalast – Echo«, in: Evangelium im Dritten Reich für Groß-Berlin 3 (1934), Nr. 11 v. 18. 3. 1934, 77; vgl. auch M.U. Kaiser, Deutscher Kirchenkampf und Schweizer Öffentlichkeit, 111–120.

110 Wurm an Frick v. 22. 2. 1934, in: G. Schäfer, Dokumentation 3, 82–84 (Zitat: 83).

111 Vgl. das Schreiben des Württ. Oberkirchenrats an das Reichsinnenministerium v. 10. 3. 1934, a.a.O., 86 f.; vgl. auch das ausführliche Schreiben von Wurm und Meiser an den Reichsbischof v. 12. 3. 1934, a.a.O., 94–100.

112 Memorandum von Wurm und Meiser an Hitler v. 8. 3. 1934 (mit Aktenvermerken von Lammers), a.a.O., 89–91 (Zitat: 90).

113 Ebd.; vgl. auch Wurm an Lammers v. 7. 3. 1934, in: J. Glenthøj, Hindenburg, Göring und die evangelischen Kirchenführer, 88; Wurm an Neurath v. 8. 3. 1934, in: Dokumente zur Kirchenpolitik II, 79; Meiser an die Pfarrer der Evangelisch-lutherischen Kirche in Bayern v. 28. 3. 1934, in: JK 2 (1934), H. 8 v. 21. 4. 1934, 339f.
114 Th. Wurm, Erinnerungen aus meinem Leben, 94.
115 Zit. nach H. Schmid, Apokalyptisches Wetterleuchten, 61.
116 A.a.O., 62.
117 Vgl. K. Scholder, Judentum und Christentum, 183–200.
118 Zit. nach Th. Wurm, Erinnerungen aus meinem Leben, 94.
119 Zit. nach H. Schmid, Apokalyptisches Wetterleuchten, 62.
120 Zum Ganzen vgl. Meisers Bericht, a.a.O., 60–63; eine abweichende Fassung in: Dokumente zur Kirchenpolitik II, 79–81; vgl. auch Wurms Bericht in: G. Schäfer, Dokumentation 3, 100f.; Tagebuchaufzeichnungen von Marie Wurm, Eintragung v. 15. 3. 1934, 14 f.
121 So nach der Niederschrift einer Unterredung Pfeffers mit H. Bennecke i.A. des IfZ v. 20. 2. 1953, JfZ München, ZS 177/1; vgl. auch Niederschrift einer Unterredung Pfeffers mit H. Bennecke i.A. des IfZ v. 21. 4. 1963, IfZ München, ZS 177/II.
122 Vgl. Aufzeichnung Meisers über eine Unterredung mit Pfeffer v. 22. 3. 1934, in: Dokumente zur Kirchenpolitik II, 84–87; zu Meisers Taktik, Pfeffer durch junge Pastoren, die zugleich langjährige Parteigenossen waren, zu gewinnen und zu dem Gespräch der beiden Bischöfe mit Pfeffer vgl. C. Nicolaisen, Der Weg nach Barmen, 10f. und 13 f.
123 Zit. nach J. Schmidt, Martin Niemöller, 197.
124 K. Koch, Die Zeit des Bekennens ist gekommen! Eröffnungsrede des Präses D. Koch zur Westfälischen Provinzialsynode am 16. März 1934 in Dortmund, in: RKZ 84 (1934), Nr. 12 v. 25. 3. 1934, 95–98 (Zitat: 98); vgl. dazu auch die Berichte in: Chronik der Kirchenwirren I, 143. Brief v. Oktober 1934, 159. Zur Entwicklung in Westfalen vgl. im übrigen die vorzügliche Arbeit von Hey (B. Hey, Kirchenprovinz Westfalen 1933–1945).
125 W. Niesel, Westfälische Provinzialsynode und Westfälische Bekenntnissynode am 16. März 1934 in Dortmund, in: RK-Z 84 (1934), Nr. 12 v. 25. 3. 1934, 98f. (Zitat: 98). Dort befindet sich auch der Bericht über das Ende der Synode.
126 Zit. nach ebd.

127 Vgl. das Urteil der 5. Zivilkammer des Landgerichts Bielefeld v. 2. 11. 1934, Aktenzeichen 50. 178/34. Abschrift, LKA Bielefeld, O,3, Nr. 5.

128 W. Niesel, Westfälische Provinzialsynode und Westfälische Bekenntnissynode am 16. März 1934 in Dortmund, in: RKZ 84 (1934), Nr. 12 v. 25. 3. 1934, 98.

129 Vgl. Die Bildung der neuen Westfälischen Provinzialsynode. Beglaubigte Abschrift, LKA Bielefeld, O,3, Nr. 5.

130 W. Niesel, Westfälische Provinzialsynode und Westfälische Bekenntnissynode am 16. März 1934 in Dortmund, in: RKZ 84 (1934), Nr. 12 v. 25. 3. 1934, 98.

131 A.a.O., 99.

132 Vgl. G. Lehmann, Erwachte Gemeinden stehen auf, a.a.O., 100; vgl. auch K. Koch, Die Zeit des Bekennens ist gekommen!, in: JK 2 (1934), H. 6 v. 24. 3. 1934, 242f.

133 Besprechung mit Held, Immer, Niesel u.a. v. 19. 3. 1934, in: Verantwortung für die Kirche I, Nr. 145, 264.

134 Evangelisches Kirchengesangbuch Nr. 223 (allgemeiner Teil). Das Lied ist erst nach dem Krieg ins Gesangbuch aufgenommen worden. Zur Verbreitung vgl. Rhein.-Westf. Gemeindetag »Unter dem Wort« am 18. März 1934 Westfalenhalle/Dortmund, in: J. Beckmann, Rheinische Bekenntnissynoden, 103 (danach zitiert); vgl. auch die Zusammenfassung von G. Merz in: JK 2 (1934), H. 8 v. 21. 4. 1934, 349f.

135 P. Humburg, Wahrheit wider Irrlehre, in: J. Beckmann, Rheinische Bekenntnissynoden, 106–115. Zu Humburg vgl. auch: Es geschah in Barmen und Stuttgart 1936.

136 P. Humburg, Wahrheit wider Irrlehre, in: J. Beckmann, Rheinische Bekenntnissynoden, 109.

137 A.a.O., 112.

138 Zit. nach a.a.O., 114.

139 F. v. Bodelschwingh, Rein, frei und fest!, a.a.O., 119f.

140 Das Kirchenvolk bei den Deutschen Christen. Reichsbischof und Reichsleiter sprechen vor 18000 in der Westfalenhalle in Dortmund, in: Evangelium im Dritten Reich 3 (1934), Nr. 13 v. 1. 4. 1934, 162.

141 A.a.O., 161.

142 Zu den Zahlen im einzelnen vgl. B. Hey, Die Kirchenprovinz Westfalen 1933–1945, 67–84.

143 Außer den beiden süddeutschen Bischöfen nahmen an diesem folgenrei-

chen Gespräch aus Bayern noch Meinzolt, Putz und Stoll sowie aus Berlin Pfarrer Riethmüller teil. Der Westen war durch Präses Koch sowie die Pfarrer Held, Immer, Lücking, Niesel und Stratenwerth vertreten (vgl. Besprechung mit Held, Immer, Niesel u.a. v. 19. 3. 1934, in: Verantwortung für die Kirche I, Nr. 145, 252–268 (bes. 252)).

144 A.a.O., 264.

145 A.a.O., 265.

146 A.a.O., 263.

147 A.a.O., 267.

148 A.a.O., 268.

149 Zur ganzen Besprechung vgl. a.a.O., 252–268.

150 Zit. nach E. Bethge, Dietrich Bonhoeffer, 419.

151 Vgl. G. Rupp »I seek my brethren«, 9.

152 Vgl. hierzu und zum folgenden R.C.D. Jaspers, George Bell, 105–120, vgl. auch K. Slack, George Bell. Die vollständige Korrespondenz sowie zahlreiche z.T. noch ungedruckte Dokumente in: LPL London, Bishop Bell's Papers, Vol. 5; 6; 11; 12, 13; 42 (Bonhoeffer).

153 »It helped as regards Germany, that Bell was a ‹Lordbischof› – and in England, too, for part of the definition of an Anglican Bishop is that he is one whose letters will always be printed by *The Times.*« G. Rupp, »I seek my brethren«, 8.).

154 Vgl. George Bell – Alphons Koechlin.

155 Vgl. K. Scholder, Bd. 1, 761, vgl. auch E. Bethge, Dietrich Bonhoeffer, 382–480.

156 Vgl. a.a.O., 465–471.

157 Zit. nach a.a.O., 471.

158 A.a.O.

159 Bell an L. Müller v. 18. 1. 1934, in: A. Boyens, Kirchenkampf und Ökumene, 315 f.

160 Vgl. Verordnung betreffend die Kirchliche Auslandsarbeit v. 21. 2. 1934, in: GesBl. DEK 1934, Nr. 5 v. 23. 2. 1934, 9; vgl. auch a.a.O., 10.

161 Vgl. die Protokolle der Verhandlung der Delegation der DEK in London v. 8./9. 2. 1934 in: Die mündige Welt V, 144–150.

162 Vgl. Bell an Koechlin v. 13. 2. 1934, in: George Bell – Alphons Koechlin, 107–109 (Zitat: 108).

163 Vgl. Informelle Notizen Bells, a.a.O., 109 f.

164 Vgl. Bell an OKR Heckel v. 10. 2. 1934, in: A. Boyens, Kirchenkampf

und Ökumene, 317, vgl. auch Bell an OKR Heckel v. 13. 2. 1934, a.a.O., 318f.
165 Vgl. Bell an den Herausgeber der Londoner *Times* v. 19. 3. 1934, a.a.O., 321f.
166 Dibelius an Eidem v. 2. 2. 1934, in: E. Murtorinne, Erzbischof Eidem, 101f. (Zitat: 102).
167 Vgl. a.a.O., 55–57.
168 Vgl. Bericht über den Besuch von Forell in der Erzbischöflichen Kurie in Breslau am 25. 2. 1934, AA Wrocław, I A 25-z 15.
169 Vgl. N. Ehrenström an B. Forell v. 21. 3. 1934, BA Koblenz, NL Forell, Bd. 7. Zu diesem Schreiben siehe E. Murtorinne, Erzbischof Eidem, 58, Anm. 2; zum ganzen Zusammenhang vgl. H. v. Koenigswald, Birger Forell, 97f. (Zitat: 98).
170 Bell an Karlström v. 23. 3. 1934; englischer Text: A. Boyens, Kirchenkampf und Ökumene, 323–325; deutscher Text BA Koblenz, NL Forell, Bd. 7; ebenso in: E. Murtorinne, Erzbischof Eidem, 105–109 (Zitat: 105).
171 Vgl. E. Bethge, Dietrich Bonhoeffer, 415.
172 Bell an Karlström v. 23. 3. 1934, in: E. Murtorinne, Erzbischof Eidem, 106.
173 Ebd.
174 A.a.O., 106f.
175 A.a.O., 106.
176 Bericht des deutschen Botschafters v. Hoesch, London, über den Besuch Bischof Bells am 30.4.1934 v. 9. 5. 1934, in: A. Boyens, Kirchenkampf und Ökumene, 328f. (Zitat: 329).
177 Vgl. G. Bell, A Message, in: D. Bonhoeffer, Ges. Schriften 1, 192f, Übersetzung, a.a.O., 434–436.
178 Vgl. Aufzeichnung Erzbischof Eidems über seinen Besuch bei Hitler v. 2. 5. 1934, in: Dokumente zur Kirchenpolitik II, 126–130.
179 Aufzeichnung Roedigers (o. Datum), PA Bonn, Kult VI A, Evang. Angelegenheiten 2, Bd. 4.
180 Vgl. Aufzeichnung Erzbischof Eidems über seinen Besuch bei Hitler v. 2. 5. 1934, in: Dokumente zur Kirchenpolitik II, 127. Zur Vorgeschichte im Auswärtigen Amt und in der Reichskanzlei vgl. die Vorgänge im Politischen Archiv des Auswärtigen Amtes (PA Bonn, Kult VI A, Evang. Angelegenheiten 2, Bd. 4).
181 Vgl. J.C. Fest, Hitler, 627–629.
182 Politischer Bericht der Deutschen Gesandtschaft Stockholm v. 23. 4.

1934, PA Bonn, Kult VI A, Evang. Angelegenheiten, Bd. 4. Aktenvermerk der Reichskanzlei v. 2. 5. 1934: »Der Herr Reichskanzler hat Kenntnis« (ebd.).

183 Vgl. Eidems Promemoria an Hitler, in: E. Murtorinne, Erzbischof Eidem, 113-117.

184 Aufzeichnung Erzbischof Eidems über seinen Besuch bei Hitler v. 2. 5. 1934, in: Dokumente zur Kirchenpolitik II, 128.

185 A.a.O., 129.

186 A.a.O., 128.

187 Bericht Faulhabers über eine Unterredung mit Hitler v. 4./5. 11. 1936, in: Akten Faulhaber II, 193.

188 A.a.O., 194.

189 Frick an L. Müller v. 21. 3. 1934, in: Dokumente zur Kirchenpolitik II, 83f. (Zitat: 83).

190 Vgl. JK 2 (1934), H. 8 v. 21. 4. 1934, 333f.

191 Vgl. Wort des Reichsbischofs an die Pfarrer v. 24. 3. 1934, in: GesBl. DEK 1934, Nr. 9 v. 27. 3. 1934, 21-23.

192 Zur Verfasserschaft Engelkes vgl. G. Schäfer, Dokumentation 3, 274.

193 Wort des Reichsbischofs an die Pfarrer v. 24. 3. 1934, in: GesBl. DEK 1934, Nr. 9 v. 27. 3. 1934, 22.

194 A.a.O., 23.

195 Vgl. »Unser Wort an die Gemeinden«. Die Antwort des Bruderrates des Pfarrer-Notbundes auf die Karfreitag-Kundgebung des Reichsbischofs v. 5. 4. 1934, in: JK 2 (1934), H. 8 v. 21. 4. 1934, 329-331.

196 A.a.O., 329.

197 A.a.O., 330.

198 W. Frhr. v. Pechmann an L. Müller, in: JK 2 (1934), H. 8 v. 21. 4. 1934, 336f. (Zitat: 337). Eine Abschrift mit Schreiben an den Reichsinnenminister befindet sich auch im Nachlaß Buttmann, Stockdorf (vgl. Pechmann an Frick v. 5. 4. 1934. Abschrift, NL Buttmann, Stockdorf; Pechmann an L. Müller v. 2. 4. 1934. Abschrift, a.a.O.).

199 Pechmann an Meiser v. 9. 4. 1934, in: W. F. Kantzenbach, Widerstand und Solidarität, 82, vgl. auch Meiser an Pechmann v. 6. 4. 1934, ebd., vgl. ferner die weiteren Briefe zum Vorgang (a.a.O., 76-85).

200 Botschaft des Reichsbischofs und des Geistlichen Ministeriums der Deutschen Evangelischen Kirche, in: GesBl. DEK 1934, Nr. 12 v. 13. 4. 1934, 33.

201 Vgl. Botschaft des Reichsbischofs zum kirchlichen Frieden v. 13. 4. 1934, a.a.O., Nr. 13 v. 14. 4. 1934, 35.
202 Vgl. zum folgenden das Kirchengesetz zur Befriedung der kirchlichen Lage v. 13. 4. 1934, a.a.O., 35f.
203 Verordnung zur Neuregelung der Verwaltung der Deutschen Evangelischen Kirche v. 19. 4. 1934, a.a.O., Nr. 15 v. 20. 4. 1934, 39.
204 Vgl. Dokumente zur Kirchenpolitik II, 6, Anm. 2; vgl. auch Beurlaubungsverfügung Oberheids durch den Reichsbischof v. 9. 6. 1934, EZA Berlin, I/C 1/43.
205 Vgl. Steger und Rehm an Jäger v. 28. 3. 1934, in: G. Schäfer, Dokumentation 3, 117–121 (Zitat: 121); eine umfangreiche Dokumentation der Vorgänge befindet sich a.a.O., 111–239.
206 A.a.O., 126, Anm. 139.
207 Zum Einladungsschreiben zur Kundgebung v. 28. 3. 1934 vgl. a.a.O., 125f.; dort auch der Erlaß der Württ. Politischen Polizei v. 6. 4. 1934 (a.a.O., 133f.).
208 So nach der für die württembergischen Pfarrämter bestimmten Darstellung der Vorgänge durch den Oberkirchenrat v. 19. 4. 1934, a.a.O., 145–157; Text der »Verordnung« mit Datum vom 15. 4. 1934 in: GesBl. DEK 1934, Nr. 14 v. 15. 4. 1934, 37; vgl. ferner Th. Wurm, Erinnerungen aus meinem Leben, 95–99.
209 Erklärung des Kirchengemeinderats der Johanneskirche in Stuttgart v. 15.4.1934, in: G. Schäfer, Dokumentation 3, 179.
210 Vgl. Die Stimme der Gemeinde [Informationsdienst des Oberkirchenrats] Nr. 1 (1934), a.a.O., 187–192 (Zitat: 188).
211 Vgl. oben Kap. 3, 106f..
212 Vgl. H. Baier/E. Henn, Chronologie des bayerischen Kirchenkampfes, 61.
213 Vgl. dazu J. Schmidt, Martin Niemöller, 201; zu Martin Niemöllers Zusammenstoß mit Eugen Gerstenmaier vgl. E. Gerstenmaier, Streit und Friede hat seine Zeit, 51; ferner vgl. C. Nicolaisen, Der Weg nach Barmen, 15f.
214 Vgl. Lebenslauf E. Fiedlers, LKA Bielefeld, 5,1, Nr. 331.
215 Meiser an Wurm v. 12. 4. 1934 in: K.D. Schmidt, Fragen zur Struktur der Bekennenden Kirche, in: ZevKR 9 (1962/63), 227; vgl. auch a.a.O., 201–203.
216 Vgl. G. Niemöller, Die erste Bekenntnissynode I, 56, Anm. 1.
217 Vgl. Meiser an Wurm v. 12. 4. 1934 in: K. D. Schmidt, Fragen zur Struktur

der Bekennenden Kirche, in: ZevKR 9 (1962/63), 227; vgl. auch Kämpfer wider Willen, 68.
218 Vgl. J. Schmidt, Martin Niemöller, 201.
219 Kämpfer wider Willen, 68 f. (Zitat 68).
220 Vgl. ebd.
221 Vgl. hierzu im einzelnen E. Mayer, Deutschkirche oder Bekenntniskirche, 9–1. Laut freundlicher Auskunft von M. Onnasch (Naumburg) wird die »Ulmer Erklärung« in seinem kurz vor der Vollendung stehenden »Barmen«-Buch ausführlich behandelt werden.
222 E. Mayer, Deutschkirche oder Bekenntniskirche, 11. Um diese von Hans Asmussen eingebrachte Formulierung gab es heftige Kontroversen. Landesbischof Wurm, der bei der Beratung über diesen Passus nicht zugegen war, zeigte sich über ihn so entsetzt, daß er die Erklärung im Ulmer Münster nicht verlesen wollte, sondern Meiser diesen öffentlichen Akt überließ (vgl. K.D. Schmidt, Fragen zur Struktur der Bekennenden Kirche, in: ZevKR 9 (1962/63), 201f, und C. Nicolaisen, Der Weg nach Barmen, 20 f.).
223 Die Ulmer Erklärung v. 22. 4. 1934, in: JK 2 (1934), H. 9 v. 5. 5. 1934, 371.
224 Ebd.
225 Vgl. a.a.O., 371 f.; vgl. auch die Kundgebung der evangelischen Bekenntnisfront in Deutschland v. 22. 4. 1934, in: Chronik der Kirchenwirren I, 145. Brief v. Dezember 1934, 181.
226 Vgl. Protokoll Seiz' über den Besuch Wurms bei der Reichskirchenregierung am 23. 4. 1934 in: G. Schäfer, Dokumentation 3, 270 und 276 (Zitat: 270); vgl. auch Evangelium im Dritten Reich 3 (1934), Nr. 18 v. 6. 5. 1934, 230; ferner vgl. E. Mayer, Deutschkirche oder Bekenntniskirche, 12–21.
227 Vgl. H. Diem, Ja oder nein, 52 f. (Zitat: 53).
228 Wie können wir Kirche bleiben? Ein Wort württembergischer Pfarrer, in: JK 2 (1934), H. 13 v. 1. 7. 1934, 533–540; Text auch in: G. Schäfer, Dokumentation 3, 364–375.
229 Wie können wir Kirche bleiben? Ein Wort württembergischer Pfarrer, in: JK 2 (1934), H. 13 v. 1. 7. 1934, 535.
230 A.a.O., 538.
231 A.a.O., 539.
232 Vgl. auch die kritischen »Anfragen zur Ulmer Erklärung« von Ernst Wolf, in denen es u. a. heißt: »Hoffentlich ist hier keine Verwechslung unterlaufen, die, statt von einem störenden Eingriff in den so glänzend

ausbalancierten Apparat württembergischer Kirchlichkeit zu reden, von einer Antastung des Bekenntnisses spricht« (E. Wolf, Anfragen zur Ulmer Erklärung, LKA Bielefeld, 5,1, Nr. 54). Vgl. ferner H. Diem, Ja oder nein, 54.

233 Beschlüsse der Westfälischen Bekenntnissynode und der Freien Evangelischen Synode im Rheinland auf der Tagung in Dortmund am 29. 4. 1934, in: J. Beckmann, Rheinische Bekenntnissynoden, 137.

234 A.a.O., 139f.

Anmerkungen zu Kapitel 4

1 So sank unter dem wachsenden Druck der Partei die Mitgliedschaft im Katholischen Jungmännerverband »... von 365000 Mitgliedern Anfang 1933 auf 252000 Mitglieder im Mai 1934 ...« (B. Schellenberger, Katholische Jugend, 126).

2 Vgl. dazu zuletzt H. J. Reese, »Bekenntnisstand«, 107–131 (bes. 123–131).

3 Zu diesem Vorgang vgl. K. Scholder, Bd. 1, 729f.

4 So nach dem Bericht des Trierer Bischofs (Bornewasser an Bertram v. 24. 11. 1933, in: Akten deutscher Bischöfe I, 463). Die Entscheidung wurde am 27. 11. 1933 von Bertram dem deutschen Episkopat mitgeteilt (vgl. a.a.O., 478–480). Zum Begriff der »Causa maior« vgl. CIC 1917, can. 220.

5 Gröber an Bertram v. 24. 11. 1933, in: Akten deutscher Bischöfe I, 865.

6 Dies konnte von K. Scholder und damit in diesem Band nur noch zum Teil ausgeführt werden.

7 Zum folgenden vgl. K. Scholder, Bd. 1, 541–587.

8 Die deutschen Konkordate und Kirchenverträge, 28; dort auch der gesamte Text des Reichskonkordats v. 20. 7. 1933, 14–29 bzw. 32.

9 Bertram an den deutschen Episkopat v. 18. 1. 1934, in: Akten deutscher Bischöfe I, 514–516.

10 Die deutschen Konkordate und Kirchenverträge, 28.

11 Ebd.

12 Vgl. K. Scholder, Bd. 1, 580.

13 Das Promemoria stellte eine Antwort auf die deutsche Note v. 15. 1. 1934 dar (vgl. a.a.O., 658f.).

14 Zu den folgenden Punkten vgl. das Promemoria des Heiligen Stuhles an die Deutsche Reichsregierung v. 31. 1. 1934, in: Der Notenwechsel 1, 47–71 (bes. 6067); vgl. dazu auch K. Nowak, »Euthanasie«, 106–119.

15 Promemoria des Heiligen Stuhles an die Deutsche Reichsregierung v. 31. 1. 1934, in: Der Notenwechsel I, 61.
16 A.a.O., 63.
17 A.a.O., 65.
18 A.a.O., 50.
19 A.a.O., 52 f.
20 A.a.O., 53.
21 A.a.O., 59.
22 A.a.O., 62.
23 A.a.O., 69.
24 A.a.O., 69 f.
25 Vgl. a.a.O., 70.
26 Kaas an Gröber v. 1. 1. 1934, in: Akten deutscher Bischöfe I, 497.
27 Pacelli an Gröber v. 4. 1. 1934, a.a.O., 508.
28 Vgl. L. Volk, Der deutsche Episkopat, in: Kirche, Katholiken und Nationalsozialismus, 50f.
29 W. Adolph, Geheime Aufzeichnungen, 133.
30 Handschriftlicher Entwurf Bertrams »An die hochwürdigsten Herren Oberhirten der Diözesen Deutschlands« v. 31. 12. 1933, AA Wrocław, I A 25-k 114.
31 Ebd.
32 Vgl. Bertram an den deutschen Episkopat v. 4. 1. 1934, in: Akten deutscher Bischöfe I, 508–512. Den durchgestrichenen Abschnitt im Konzept hat man sich hier auf 510 zwischen dem vorletzten und letzten Abschnitt zu denken.
33 A.a.O., 511.
34 Pacelli an Bertram v. 4. 1. 1934 (Eingangsstempel v. 10. 1. 1934), AA Wrocław, I A 25-k 114; ähnlich auch Kaas an Bertram v. 7. 1. 1934, a.a.O., vgl. auch Pacelli an Gröber v. 4. 1. 1934, in: Akten deutscher Bischöfe I, 507f.
35 Vgl. K. Scholder, Bd. 1, 818 f.
36 Aufzeichnung Cl.(emens) v. 8. 1. 1934, AA Wrocław, I A 25-k 114.
37 Zu den Antworten der Bischöfe von Regensburg, München und Freiburg/Br. vgl. Buchberger an Bertram v. 7. 1. 1934, a.a.O.; Faulhaber an Bertram v. 9. 1. 1934, a.a.O.; Gröber an Bertram v. 12. 1. 1934, a.a.O.; als eine der von Bertram erbetenen Stellungnahmen von vier Mitgliedern des Domkapitels vgl. die Antwort Kapitularvikar Steinmanns (Steinmann an Bertram v. 14. 1. 1934, A.a.O.).

38 Bertram an den deutschen Episkopat v. 18. 1. 1934, in: Akten deutscher Bischöfe I, 516,

39 Vgl. Faulhaber an Bertram v. 9. 1. 1934, in: Akten Faulhaber I, 840f.

40 Vgl. K. Scholder, Bd. 1, 706f. Zum Werdegang Franz v. Papens vgl. H. Rein, Franz von Papen.

41 Die christlichen Grundsätze im Dritten Reich. Programmatische Rede des Vizekanzlers in Gleiwitz. Land unterm Kreuz, in: Germania 64 (1934), Nr. 14 v. 15. 1. 1934, 1; vgl. auch die Korrespondenz zwischen dem Abt von Grüssau/Schlesien, Albert Schmitt, und Kaas 1933/34 (Erste Jahreswende unter Hitler, in: StZ 199 (1981), 314–326).

42 Die christlichen Grundsätze im Dritten Reich. Programmatische Rede des Vizekanzlers in Gleiwitz. Land unterm Kreuz, in: Germania 64 (1934), Nr. 14 v. 15. 1. 1934, 2.

43 Papen an Bergen v. 7. 4. 1934, in: Akten zur deutschen auswärtigen Politik C II, 2, 700.

44 Ebd.

45 Vgl. K. Scholder, Bd. 1, 604–611; zu Lortz vgl. a.a.O., 544f.

46 J. Lortz, Katholisch und doch nationalsozialistisch, in: Dritte Beilage der Germania 64 (1934), Nr. 27 v. 28. 1. 1934, 1.

47 Selbst ein erneuter Vorstoß Papens beim Kölner Erzbischof am 23.3. 1934 fand nicht das erwünschte Echo (vgl. Der Stellvertreter des Reichskanzlers an den Erzbischof von Köln v. 23. 3. 1934, AA Wrocław, I A 25-z 55; vgl. auch die Antwort des Erzbischofs von Köln v. 27. 3. 1934, a.a.O.).

48 Papen an Bergen v. 7. 4. 1934, in: Akten zur deutschen auswärtigen Politik C II,2, 703.

49 Gröber an Brombacher, den Beauftragten der AKD für den Gau Baden, v. 1. 2. 1934, in: Akten deutscher Bischöfe I, 532; vgl. auch K. Scholder, Bd. 1, 708.

50 Zur Gründung der »Arbeitsgemeinschaft der Deutschen Glaubensbewegung« vgl. a.a.O., 573–575; zum ganzen Zusammenhang vgl. auch H. Cancik, ›Neuheiden‹ und totaler Staat, 176–212.

51 Zu Hauer vgl. H. Buchheim, Glaubenskrise im Dritten Reich, 157–202 (der Nachweis: 167).

52 Einer der frühesten Hinweise auf die ganze Problematik findet sich schon im August 1933 in der »Junge[n] Kirche« (vgl. JK 1 (1933), Nr. 7 v. 10. 8. 1933, 87–89); vgl. zum Ganzen auch JK 1 (1933), Nr. 13 v. 21. 9. 1933, 149–164.

53 Zu den Faulhaber-Predigten vgl. K. Scholder, Bd. 1, 736f.
54 Dem Ganzen liegt ein 15seitiger Tagungsbericht von H. Franke, Paderborn, für den Breslauer Kardinal zugrunde (Bericht H. Frankes über die Tagung der »Deutschen Glaubensbewegung« in Berlin v. 26.-28. 1. 1934, AA Wrocław, I A 25-d 19, 1.
55 Vgl. K. Scholder, Bd. I, 783–786.
56 Bericht H. Frankes über die Tagung der »Deutschen Glaubensbewegung« in Berlin v. 26.-28. 1. 1934, AA Wrocław, I A 25-d 19, 3.
57 Vgl. E. Bergmann, Die deutsche Nationalkirche.
58 Vgl. ders., Die 25 Thesen der Deutschreligion.
59 Bericht H. Frankes über die Tagung der »Deutschen Glaubensbewegung« in Berlin v. 26.-28. 1. 1934, AA Wrocław, I A 25-d 19, 6.
60 E. Bergmann, Die 25 Thesen der Deutschreligion, 21.
61 A.a.O., 9.
62 Bericht H. Frankes über die Tagung der »Deutschen Glaubensbewegung« in Berlin v. 26.-28. 1. 1934, AA Wrocław, I A 25-d 19,12. Zu Wirth vgl. die ausführliche Darstellung von Gloege (G. Gloege, Die Weltanschauung Hermann Wirths, 464–505). Eine zusammenfassende Darstellung der Deutschen Glaubensbewegung bietet Hutten (K. Hutten, Die Deutsche Glaubensbewegung, 505–533).
63 Bericht H. Frankes über die Tagung der »Deutschen Glaubensbewegung« in Berlin v. 26.-28. 1. 1934, AA Wrocław, I A 25-d 19, 13.
64 A.a.O., 2.
65 R. Bollmus, Das Amt Rosenberg, 54f.
66 A. Rosenberg, Mythus, 614f., zu Rosenberg vgl. auch K. Scholder, Bd. 1, 274f.
67 Vgl. A. Rosenberg, Mythus, 2f.
68 R. Bollmus, Das Amt Rosenberg, 55.
69 Vgl. H. Picker, Hitlers Tischgespräche, 269.
70 Zu den Begriffen »Angelegenheiten des Staates« und »Gefährdung des öffentlichen Friedens« bei dem Vergehen des Kanzelmißbrauchs vgl. Entscheidungen des Reichsgerichts in Strafsachen 71 (1938), 250.
71 Vgl. F. Zipfel, Kirchenkampf in Deutschland, 55.
72 Zu den Auflagenzahlen des »Mythus« im einzelnen vgl. R. Baumgärtner, Weltanschauungskampf im Dritten Reich, 82.
73 Eindrucksvolle Beispiele für die Wirkung Rosenbergs a.a.O., 126–134.
74 Vgl. K. Scholder, Bd. 1, 131–146.

75 A. Rosenberg, Der Kampf um die Weltanschauung, 18–20 (Zitat: 19).
76 A.a.O., 20.
77 Lateinischer Text des Dekrets in: Kölner Aktenstücke, 21f.
78 So der Titel eines Beitrags in der Civiltà Cattolica; zit. nach F. Sandmann, Die Haltung des Vatikans zum Nationalsozialismus, 59, Anm. 22.
79 Vgl. Deutsche Botschaft beim Heiligen Stuhl an das Auswärtige Amt v. 14. 2. 1934, BA Koblenz, R 43 I/160.
80 Vgl. unten Kap. 4, 146f und Anm. 125.
81 Ecclesiastica XIV (1934), Nr. 47 v. 24. 11. 1934, 346; zur Empfehlung Bertrams, solche Gesuche abzulehnen, vgl, a.a.O., Nr. 50 v. 15. 12. 1934, 374.
82 In diesem Sinne auch die »Seelsorgerliche[n] Winke des Kardinals Bertram« v. 28. 10. 1934, a.a.O., 372–375.
83 Zu den Texten dieser vier Hirtenbriefe vgl. a.a.O., Nr. 47 v. 24. 11. 1934, 345–349; vgl. auch a.a.O., Nr. 48 v. 1. 12. 1934, 353–357.
84 Vgl. a.a.O., 341 f.; vgl. ebenso den Osterhirtenbrief Galens v. 26. 3. 1934 in: Akten deutscher Bischöfe I, 649–653.
85 Gauleiter Röver an die Reichskanzlei v. 6. 4. 1934 mit dem Vermerk der Reichskanzlei von W.(ienstein) v. 20. 4. 1934, BA Koblenz, R 43 II/174.
86 Bertram an Kolbe v. 3. 1. 1934, AA Wrocław, I A 25-r 97.
87 Gröber an Brombacher v. 1. 2. 1934, in: Akten deutscher Bischöfe I, 532.
88 L. Volk, Der bayerische Episkopat, 175.
89 So nach der Schulordnung des Reichsministers des Innern v. 18. 12. 1933; zit. nach dem Protokoll der Konferenz der Bischöfe der Kölner Kirchenprovinz v. 18. und 19. 2. 1934, in: Akten deutscher Bischöfe 1, 596, Anm. 2.
90 Abendgebet der »Steinschule« Breslau (o. Datum), AA Wrocław, I A 25- z 16.
91 Vgl. Ehrenfried an Faulhaber v. 30. 1. 1934, in: Akten Faulhaber I, 849 f.; vgl. auch Der Notenwechsel I, 54.
92 Text der Ansprache in: Deutsches Volksblatt (Stuttgart), v. 23. und 24. 1. 1934.
93 NS-Kurier 4 (1934), Morgen-Ausgabe Nr. 33 v. 22. 1. 1934, 1.
94 A.a.O., 4.
95 Vgl. den Bericht Lörchers an den Hauptschriftleiter des NS-Kuriers Overdyck v. 7. 2. 1934, BA Koblenz, R 53/198. Der ganze umfangreiche Vorgang befindet sich im Bundesarchiv in Koblenz (a.a.O.).
96 So nach dem Bericht von Bischof Sproll (Sproll an das Württembergische Staatsministerium v. 24. 1. 1934. Abschrift, a.a.O.).

97 Das Württembergische Kultministerium an das Akademische Rektoramt Tübingen v. 25. 1. 1934. Abschrift, a.a.O.; vgl. auch NS-Kurier 4 (1934), Abend-Ausgabe Nr. 44 v. 27. 1. 1934, 3.
98 Papen an Staatssekretär Funk v. 13. 2. 1934, BA Koblenz, R 53/198.
99 Vgl. Staatssekretär Funk an Papen v. 28. 2. 1934, a.a.O.
100 Vgl. das Württembergische Staatsministerium an den Reichsminister des Innern v. 23. 3. 1934, a.a.O.
101 C.-F. v. Savigny, Vermerk über ein Telefongespräch mit Ministerialrat Conrad v. 19. 6. 1934, a.a.O.; vgl. auch Papen an Frick v. 19. 4. 1934, a.a.O.
102 Vermerk Sprolls v. 25. 1. 1934, AA Wrocław, I A 25-v 13; vgl. auch Sproll an das Württembergische Staatsministerium v. 24. 1. 1934. Abschrift, BA Koblenz, R 53/198.
103 Vgl. Ecclesiastica XIV (1934), Nr. 39 v. 29. 9. 1934, 291 f. (Zitat: 291); dort wird als Datum der Rede Essers der 22. 1. angegeben; vgl. dagegen aber Hauck an Epp v. 31. 1. 1934, in: Akten Faulhaber I, 850 f.; ebenso vgl. L. Volk, Der bayerische Episkopat, 174.
104 Ecclesiastica XIV (1934), Nr. 39 v. 29. 9. 1934, 292.
105 Vgl. die Verlautbarung des Erzbischöflichen Sekretariats v. 28. 1. 1934; in: Akten Faulhaber I, 848.
106 Zu einem Anruf von Menshausen zu diesem Vorfall vgl. den Vermerk der bayerischen Staatskanzlei v. 1. 2. 1934, in: Dokumente zur Kirchenpolitik II, 35 f. (Zitat: 36); zur Antwort vgl. das Schreiben des bayerischen Ministerpräsidenten an das Auswärtige Amt v. 22. 2. 1934, a.a.O., 36 f.
107 Niederschrift, aufgenommen in der Ministerratssitzung v. 6. 2. 1934 in der Staatskanzlei des Freistaates Bayern zu München, GStA München, MA 99 526.
108 Schreiben des Reichsaußenministers an den bayerischen Ministerpräsidenten v. 7. 3. 1934, in: Dokumente zur Kirchenpolitik II, 37 f. (Zitat: 38); zu Sieberts Reaktion vgl. den Vermerk des bayerischen Ministerpräsidenten v. 14. 3. 1934, a.a.O., 38.
109 Darstellung im folgenden nach U. v. Hehl, Katholische Kirche und Nationalsozialismus, 57 f.; vgl. auch B. Schellenberger, Katholische Jugend, 64 f.
110 U. v. Hehl, Katholische Kirche und Nationalsozialismus, 74.
111 Neues Lied der Hitlerjugend (o. Datum), AA Wrocław, 1 A 25-v 137; mit etwas abweichendem Text vgl. die Abschrift, AA Wrocław, I A 25-r 97, vgl. auch Promemoria des Heiligen Stuhles an die Deutsche Reichsregierung v. 14. 5. 1934, in: Der Notenwechsel I, 137.

112 Zit. nach U. v. Hehl, Katholische Kirche und Nationalsozialismus, 57 und Anm. 50.
113 Vgl. a.a.O., 58 und Anm. 52. Text der Polizeiverordnungen über das öffentliche Auftreten konfessioneller Jugendverbände, in: B. Schellenberger, Katholische Jugend, 182f. (Zitat: 182).
114 Vgl. U. v. Hehl, Katholische Kirche und Nationalsozialismus, 75.
115 Kanzelverkündigung der Kölner Pfarrgeistlichkeit v. 4. 2. 1934: Verwahrung gegen Verunglimpfung der katholischen Jugend, in: Kölner Aktenstücke, 18f. (Zitat: 18).
116 Vgl. oben Kap. 2 und Anm. 5.
117 Kanzelverkündigung der Kölner Pfarrgeistlichkeit v. 4. 2. 1934: Verwahrung gegen Verunglimpfung der katholischen Jugend, in: Kölner Aktenstücke, 19.
118 A.a.O., 18; zum Text vgl. auch Akten deutscher Bischöfe I, 561–563.
119 Die in der Literatur überall behauptete Anregung Papens (so zuletzt U. v. Hehl, Katholische Kirche und Nationalsozialismus, 63) ist m. W. nirgends belegt. Dafür hat Detten 1951 in einer Zeugenaussage erklärt, er habe auf »... die Weisung eines Mannes, der täglich bei Hitler zu Tisch war« gehandelt, nicht ohne sich vergewissert zu haben, »ob Hitler auch wirklich ausdrücklich das Treffen mit dem Kardinal gewünscht habe« (H. Buchheim, Bericht über K. v. Detten, IfZ München, ZS 2207). Auch in der Niederschrift von Menshausen (Aufzeichnung des Vatikanreferenten im Auswärtigen Amt über seinen Besuch beim Kölner Erzbischof v. 8. 2. 1934, in: Dokumente zur Kirchenpolitik II, 59) und in den Erinnerungen Simons v. 15. 6. 1946 (Kölner Aktenstücke, 347) ist jeweils nur von Detten die Rede.
120 Vgl. Promemoria Schultes v. 7. 2. 1934, in: Akten deutscher Bischöfe I, 548–550.
121 A.a.O., 548.
122 A.a.O., 549.
123 A.a.O., 550.
124 Aufzeichnung Schultes v. 7. 2. 1934, a.a.O., 539; vgl. auch oben Kap. 4, 136 und Anm. 69.
125 Aufzeichnung Schultes v. 7. 2. 1934, in: Akten deutscher Bischöfe I, 539f. Da von der Aufzeichnung nur ein Bruchstück überliefert ist, muß für den weiteren Gesprächsverlauf auf andere Quellen zurückgegriffen werden (vgl. unten Kap. 4, Anm. 127 und 128).

126 Am 31. Januar überreichte Göring der Reichskanzlei »... eine Sammlung besonders bezeichnender Einzelfälle politischer Ausschreitungen katholischer Geistlicher gegen Staat und nationalsozialistische Bewegung« mit dem Bemerken, »daß innerhalb der katholischen Geistlichkeit ein fester Block nach wie vor in Abwehr gegen Ziele und Ideen des nationalsozialistischen Staates steht« (Der Preußische Ministerpräsident – Geheime Staatspolizei an die Reichskanzlei v. 31. 1. 1934, BA Koblenz, R 43 II/174). Laut Aktenvermerk Lammers wurde die Zusammenstellung am 7. 2. 1934 dem Reichskanzler vorgelegt (vgl. ebd.).
127 So nach dem Bericht Schultes an Conrad v. 8. 2. 1934, in: Dokumente zur Kirchenpolitik II, 46, Anm. 27.
128 Kölner Aktenstücke, 347.
129 Papen an Schulte v. 9. 2. 1934, in: Akten deutscher Bischöfe I, 879–881 (Zitat: 880).
130 Heß an Schulte v. 10. 2. 1934, a.a.O., 881f.
131 A.a.O., 881.
132 A.a.O., 882.
133 Anordnung des Stellvertreters des Führers zur Bildung einer »Abteilung für kulturellen Frieden« bei der Reichsleitung der NSDAP v. 27. 2. 1934, in: Dokumente zur Kirchenpolitik II, 65.
134 Zu Detten vgl. K. Breuning, Die Vision des Reiches, 227f., Anm. 21; vgl. auch W. Conrad, Kampf um die Kanzeln, 134.
135 Frick an Schulte v. 10. 3. 1934 (mit Abschriftsvermerken vom gleichen Tag), BA Koblenz, R 43 11/174. Dr. Friedrich-Wilhelm Schucht war im Reichsinnenministerium als Nachfolger Conrads für die evangelischen Angelegenheiten zuständig.
136 Vgl. Schulte an Pacelli v. 30. 3. 1934, in: Akten deutscher Bischöfe I, 540–547.
137 Pfundtner an Schulte v. 3. 4. 1934, a.a.O., 565–573 (Zitat: 572).
138 Schulte an Hitler v. 13. 4. 1934, a.a.O., 573–584 (Zitat: 584).
139 Vgl. K. Scholder, Bd. 1, 731f.
140 Vgl. oben Kap. 4, 124f.
141 Vgl. zum folgenden die Aufzeichnungen Buttmanns v. 6.-13. 2. 1934, in: Dokumente zur Kirchenpolitik II, 39–55.
142 A.a.O., 39.
143 A.a.O., 40.
144 A.a.O., 49.

145 A.a.O., 50.
146 A.a.O., 51.
147 A.a.O., 54; vgl. auch a.a.O., 55.
148 W. Conrad, Kampf um die Kanzeln, 108; vgl. auch das Schreiben Ministerialdirektor Buttmanns an den deutschen Vatikanbotschafter v. 20. 2. 1934; in: Dokumente zur Kirchenpolitik 11, 55f.
149 Schreiben des Reichsjugendführers v. Schirach an den Vizekanzler v. Papen v. 20. 2. 1934, in: Der Notenwechsel 1, 99f. (Zitat: 99).
150 A.a.O., 100.
151 Ebd.
152 Vgl. Thun an Gröber v. 24. 2. 1934, in: Akten deutscher Bischöfe I, 607.
153 Vgl. Dokumente zur Kirchenpolitik II, 100f., Anm. 17.
154 Der Botschafter beim Heiligen Stuhl von Bergen (z. Z. Berlin) an den Reichsminister des Auswärtigen Freiherrn von Neurath v. 29.3. 1934, in: Akten zur deutschen auswärtigen Politik C II, 2, 675f. (Zitat: 676).
155 Pacelli an den deutschen Episkopat v. 23. 2. 1934, in: Akten deutscher Bischöfe I, 599f (Zitat: 599).
156 Vgl. Gutachten (Bertrams; o. Datum) zu den Fragen vom 23. Februar 1934, AA Wrocław, I A 25-k 114; vgl. auch die undatierte Antwort Bornewassers in: Akten deutscher Bischöfe I, 600f., Anm. 1; ebenso vgl. das Schreiben Riemers an Pacelli v. 3. 3. 1934, a.a.O., 614–616.
157 Faulhaber an Pacelli v. 28. 2. 1934, in: Akten Faulhaber I, 856–859 (Zitat: 857).
158 Gröber an Pacelli v. 2.3. 1934, in: Akten deutscher Bischöfe I, 611–614 (Zitat: 612).
159 Bergen an Neurath v. 19. 2. 1934, PA Bonn, Büro Reichsminister, Kurie, Bd. 3.
160 Vgl. die Aufzeichnung des Vatikanreferenten im Auswärtigen Amt v. 1. 3. 1934, in: Dokumente zur Kirchenpolitik II, 66–68.
161 A.a.O., 66.
162 A.a.O., 67.
163 A.a.O., 68.
164 A.a.O., 67.
165 A.a.O., 68.
166 Vgl. das Promemoria der Deutschen Reichsregierung an den Heiligen Stuhl v. 14.3. 1934, in: Der Notenwechsel I, 81–99 (bes. 92–95).
167 A.a.O., 85.

168 A.a.O., 87.
169 A.a.O., 88.
170 Aufzeichnungen Buttmanns v. 9.-19. 4. 1934, in: Dokumente zur Kirchenpolitik II, 100.
171 Promemoria des Heiligen Stuhles an die Deutsche Reichsregierung v. 14. 5. 1934, in: Der Notenwechsel I, 141.
172 A.a.O., 142.
173 In einem Rundschreiben der Bayerischen Politischen Polizei v. 18. 3. 1934 heißt es über die »Behandlung von Geistlichen«: »Verschiedene Ordinariate haben sich beschwerdeführend an das Kultusministerium gewandt, weil durch die Inschutzhaftnahme von Geistlichen die Seelsorge in einzelnen Gemeinden empfindlich gestört worden sei. Die Ordinariate haben ersucht, in Zukunft von der Inschutzhaftnahme von Geistlichen abzusehen und sich bereit erklärt, Geistliche, welche ein staats- oder regierungsfeindliches Verhalten an den Tag legen, zu disziplinieren. Auf Anregung des Staatsministeriums für Unterricht und Kultus ergeht daher folgende Weisung: Die Anordnung v. 2. 7. 33, wonach Geistliche nur auf Anordnung des Politischen Polizeikommandeurs Bayern in Schutzhaft genommen werden dürfen, ist unbedingt einzuhalten. Bei kleineren Vergehen, welche sich Geistliche zuschulden kommen lassen, ist grundsätzlich von einer Inschutzhaftnahme abzusehen. Es ist über den Fall Mitteilung an das zuständige Ordinariat zu geben, welches prüfen wird, ob das Verhalten der Geistlichen disziplinär zu ahnden ist. Handelt es sich dabeu[i] um eine nach den weltlichen Gesetzen strafbare Handlung, so ist gleichzeitig Strafanzeige an das zuständige Gericht abzugeben. In schwereren Fällen sind die Verhandlungen der Bayerischen Politischen Polizei zur Prüfung der Schutzhaftfrage vorzulegen« (Rundschreiben der Bayerischen Politischen Polizei v. 18. 3. 1934, BA Koblenz, R 58/264).
174 W. Adolph, Geheime Aufzeichnungen, 13.
175 So nach dem umfassenden Lagebericht des Chefs des Sicherheitsamtes des Reichsführers SS v. Mai/Juni 1934, in: Berichte des SD, 29; vgl. auch a.a.O., 29–31.
176 Vgl. H. Müller, Katholische Kirche und Nationalsozialismus, 266.
177 Vgl. Katholische Jugend in der NS-Zeit, 222, Anm. 67.
178 Hauck an Schemm v. 18. 4. 1934, in: Akten deutscher Bischöfe I, 657f. (Zitat: 658).

179 Ansprache Papst Pius' XI. v. 3. 4. 1934, in: Ecclesiastica XIV (1934), Nr. 20 v. 19. 5. 1934, 149. Der Text erschien am 6. 4. 1934 im »Osservatore Romano«, später auch in der »Junge[n] Front« (vgl. K. Gotto, Junge Front, 112 f.); eine private Nachschrift der Rede befindet sich in: Katholische Jugend in der NS-Zeit, 146f.
180 Vgl. U. v. Hehl, Katholische Kirche und Nationalsozialismus, 77f.
181 Berichte des SD, 30.
182 Stapo Köln an Gestapo v. 27. 3. 1934; zit. nach U. v. Hehl, Katholische Kirche und Nationalsozialismus, 80.
183 Aufzeichnungen Buttmanns v. 9.-19. 4. 1934, in: Dokumente zur Kirchenpolitik II, 96.
184 Zit. nach a.a.O., 101; vgl. auch a.a.O., 100–102, vgl. ebenso die Darstellung Pacellis (Schreiben des Kardinalstaatssekretärs Pacelli an Kardinal Bertram v. 20. 4. 1934, in: Der Notenwechsel I, 111–117) und den Vorschlag Buttmanns (Schreiben Buttmanns an Pacelli v. 13.4.1934, in: Dokumente zur Kirchenpolitik II, 107 f.) sowie den Gegenvorschlag Pacellis (Schreiben des Kardinalstaatssekretärs Pacelli an Ministerialdirektor Buttmann v. 14. 4. 1934, in: Der Notenwechsel I, 101–104).
185 Entwurf einer Vereinbarung betr. Ausführung von Art. 31 Abs. 1 des Reichskonkordats bezüglich der katholischen Jugendorganisationen v. 14. 4. 1934, a.a.O., 102.
186 A.a.O., 103; zum Ganzen vgl. 102–104 und Aufzeichnungen Buttmanns v. 9.-19. 4. 1934, in: Dokumente zur Kirchenpolitik II, 101–105.
187 Schreiben des Kardinalstaatssekretärs Pacelli an Ministerialdirektor Buttmann v. 28. 4. 1934, in: Der Notenwechsel I, 105.
188 Vgl. Aufzeichnungen Buttmanns v. 9.-19. 4. 1934, in: Dokumente zur Kirchenpolitik II, 105f.
189 Schreiben des Kardinalstaatssekretärs Pacelli an Kardinal Bertram v. 20. 4. 1934, in: Der Notenwechsel I, 113.
190 Pacelli an Bertram v. 29. 4. 1934, AA Wrocław, I A 25-v 4.
191 Vgl. Der Notenwechsel I, XV f; eine Übersicht über den Inhalt des ersten Weißbuches befindet sich in: E. Deuerlein, Reichskonkordat, 347–350.
192 Kaas an Bertram v. 29.4.1934, AA Wrocław, 1 A 25-v 4.
193 Zu dieser umstrittenen Frage vgl. K. Scholder, Altes und Neues zur Vorgeschichte des Reichskonkordats, in: VZG 26 (1978), 552–557.
194 Kaas an Bertram v. 29. 4. 1934, AA Wrocław, I A 25-v 4. Zu Kaas' Haltung vgl. Erste Jahreswende unter Hitler, in: StZ 199 (1981), 323 f.

195 Schreiben des Kardinalstaatssekretärs Pacelli an Kardinal Bertram v. 20. 4. 1934, in: Der Notenwechsel I, 117.

196 Anordnung Dr. Leys v. 27. 4. 1934, in: Amtsblatt Freiburg Nr. 21 v. 14. 8. 1935, 433; zit. nach Akten deutscher Bischöfe I, 665, Anm. 1; zum ganzen Vorgang vgl. die ausführliche Darstellung von Aretz (J. Aretz, Katholische Arbeiterbewegung, 117–128).

197 Vgl. Bertram an Frick v. 3. 5. 1934, in: Akten deutscher Bischöfe I, 665–667.

198 Vgl. J. Aretz, Katholische Arbeiterbewegung, 121 f. und Anm. 110.

199 Vgl. die Note des Kardinalstaatssekretärs Pacelli an Botschafter v. Bergen v. 8. 5. 1934, in: Der Notenwechsel I, 119f.

200 Vgl. das Protokoll der Plenarkonferenz des deutschen Episkopats v. 5.-7. 6. 1934, in: Akten deutscher Bischöfe I, 677.

201 Bertram an den deutschen Episkopat v. 4. 1. 1934, a.a.O., 512.

Anmerkungen zu Kapitel 5

1 Interview mit Jäger v. 24. 4. 1934, AP Poznań, Evang. Konsist. Posen, NL Jäger 1, Bl. 35–40 (nach diesem vollständigen Text auch im folgenden zitiert); Auszug u.a. in: Chronik der Kirchenwirren I, 144. Brief v. November 1934, 173; vgl. auch Der Sieg des lutherischen Denkens. Ein entscheidendes Wort zur kirchenpolitischen Lage, in: Evangelium im Dritten Reich 3 (1934), Nr. 16 v. 22. 4. 1934, 196 f., Pg. August Jäger, a.a.O., 197 f., Pg. Jäger über die kirchliche Lage, a.a.O., Nr. 20 v. 20. 5. 1934, 253 f..

2 Interview mit Jäger v. 24. 4. 1934, AP Poznań, Evang. Konsist. Posen, NL Jäger 1, Bl. 35.

3 A.a.O., Bl. 37.

4 A.a.O., Bl. 39.

5 Eidesstattliche Versicherung von Frau Edith Jäger, geb. Grunow, v. 25. 9. 1934. Abschrift, EZA Berlin, 50/173.

6 Vgl. oben Kap. 3, 109.

7 Vgl. Hitler's daily activities, IfZ München, F 19/13, 1.

8 Zur Einrichtung der »Abteilung« vgl. die Anordnung des Stellvertreters des Führers (Heß) zur Bildung einer »Abteilung für kulturellen Frieden« bei der Reichsleitung der NSDAP v. 27. 2. 1934, in: Dokumente zur Kirchenpolitik II, 65. Zur Funktion der »Abteilung« vgl. L. Siegele-Wenschkewitz, Nationalsozialismus und Kirchen, 155–159.

9 Evangelium im Dritten Reich 3 (1934), Nr. 16 v. 22. 4. 1934, 197.

10 Der Sieg des lutherischen Denkens. Ein entscheidendes Wort zur kirchenpolitischen Lage, a.a.O., 197; ebenso in: Chronik der Kirchenwirren I, 144. Brief v. November 1934, 173.

11 In Jägers Personalfragebogen, Spalte »Parteitätigkeit in der NSDAP«, hieß es: »1934: Amtswalter in der Reichsleiter [!] im Referat f. Fragen d. relig. Friedens« (Jägers Personalfragebogen für die Anlegung der SA-Personalakte v. 29. 8. 1941, DC Berlin).

12 Vgl. K. Scholder, Bd. 1, 698.

13 Bericht über eine Pastorenversammlung in Leipzig v. 11. 5. 1934, in: AELKZ 67 (1934), Nr. 20 v. 18. 5. 1934, Sp. 478.

14 Zu den Personalveränderungen in dieser Zeit vgl. GesBl. DEK 1934, Nr. 23 v. 6. 6. 1934, 56f.; vgl. auch a.a.O., Nr. 31 v. 10. 7. 1934, 88.

15 Vgl. die Charakterisierung Christiansens, der übrigens später bis 1956 als Pfarrer in Büsum amtierte, als »hervorragende[n] Persönlichkeit« (Chr. Kinder, Neue Beiträge, 17; zu Büsum vgl. a.a.O., 60).

16 Vgl. W. Birnbaum, Zeuge meiner Zeit, 157–159; vgl. auch H.-A. Jacobsen, Nationalsozialistische Außenpolitik, 94. Langmann trat nach seinem Ausscheiden aus der Reichskirchenregierung 1936 ins Auswärtige Amt ein und wurde 1938 deutscher Gesandter in Uruguay (vgl. a.a.O., 626 und 632).

17 Vgl. W. Birnbaum, Zeuge meiner Zeit, 160.

18 A.a.O., 173.

19 Vgl. Niederschrift über eine Besprechung von Vertretern nord- und mitteldeutscher Landeskirchen mit Ministerialdirektor Jäger v. 23. 4. 1934, in: Dokumente zur Kirchenpolitik II, 110–112.

20 A.a.O., 111.

21 Vgl. K. Scholder, Bd. 1, 741.

22 Gedächtnisprotokoll Tangs über eine »Unterredung« zwischen Landesbischof Dietrich und Pfarrer Tang v. 13. 4. 1934, in: Dokumentation Hessen und Nassau 2, 272. Tang wurde am 28. 5. 1934 in den einstweiligen Ruhestand versetzt (vgl. a.a.O., 314 und 330f.).

23 Vgl. W. Lueken, Kampf, Behauptung und Gestalt der Evangelischen Landeskirche in Nassau-Hessen, 77f.

24 Wiesbadener Zeitung v. 27. 4. 1934, zit. nach Dokumentation Hessen und Nassau 2, 285.

25 Vgl. a.a.O., 283–286, vgl. auch Wiesbadener Zeitung v. 23.4. 1934, a.a.O., 280.

26 Evangelisches Gemeindeblatt für Offenbach v. 27.4. 1934; zit. nach a.a.O., 287; vgl. auch Chronik der Kirchenwirren I, 145. Brief v. Dezember 1934, 188.

27 Kirchengesetz über die Übertragung der Befugnisse des Landeskirchenrates und der Landessynode der Evangelischen Landeskirche Nassau-Hessen auf die Deutsche Evangelische Kirche v. 27. 4. 1934, in: GesBl. DEK 1934, Nr. 16 v. 7. 5. 1934, 41.

28 Vgl. J. Fischer, Die sächsische Landeskirche im Kirchenkampf, 22–30.

29 Amtl. Kundgebung des Evang.-luth. Landeskirchenrats Sachsens v. 2. 5. 1934, in: AELKZ 67 (1934), Nr. 20. v. 18. 5. 1934, Sp. 478.

30 Ebd.

31 Vgl. Kirchengesetz über die Übertragung der Befugnisse der evangelisch-lutherischen Landeskirche des Freistaats Sachsen auf die Deutsche Evangelische Kirche v. 4. 5. 1934, in: GesBl. DEK 1934, 43; vgl. auch den Kommentar in: Evangelium im Dritten Reich 3 (1934), Nr. 19 v. 13. 5. 1934, 244; ferner vgl. J. Fischer, Die sächsische Landeskirche im Kirchenkampf, 29 f.; K. Meier, Kirchenkampf I, 486–488.

32 Vgl. Rundschreiben des Vorsitzenden des Pfarrernotbundes in Sachsen, Hugo Hahn, an die Mitglieder des Pfarrernotbundes und der Gemeindebewegung Evangelische Volksirche v. 25. 4. 1934, in: J. Fischer, Die sächsische Landeskirche im Kirchenkampf, 191 f. (Zitat: 191).

33 Vgl. a.a.O., 28.

34 Vgl. a.a.O., 29 f.

35 Kundgebung der Bekenntnis-Gemeinschaft der evangelisch-lutherischen Kirche in Sachsen v. 6. 5. 1934, in: JK2(1934), H. 10 v. 19. 5. 1934,431–433 (Zitat: 433).

36 Text des Schreibens der Bekenntnisgemeinschaft der evangelisch-lutherischen Kirche in Sachsen an die Sächsische Staatsregierung v. 7. 5. 1934, in: J. Fischer, Die sächsische Landeskirche im Kirchenkampf, 189–191.

37 A.a.O., 190. Zum Urteil im Werner-Prozeß vgl. oben Kap. 2, 49.

38 Vgl. oben Kap. 3, 99.

39 Verhandlungsniederschrift über die Sitzung des Geistlichen Ministeriums v. 7. 5. 1934, EZA Berlin, 1/A 4/111.

40 Vgl. ebd.

41 Vgl. unten Kap. 7, 307.

42 Bekanntmachung Jägers v. 7. 5. 1934, in: GesBl. DEK, Nr. 16 v. 7. 5. 1934, 42.

43 Vgl. unten Kap. 7, 307 und 310.
44 Vgl. K. Scholder, Bd. 1, 280–282. Zu den Deutschen Christen in Thüringen und vor allem zu Leffler und Leutheuser vgl. E. Stegmann, Der Kirchenkampf in der Thüringer evangelischen Kirche, 35–38, 125 f. u.ö.
45 Vgl. K. Scholder, Bd. 1, 796 f. (Zitat: 796).
46 Ebd.
47 Richtlinien der Kirchenbewegung Deutsche Christen in Thüringen v. 11. 12. 1933, in: JK 2 (1934), H. 2 v. 20. 1. 1934, 79 f. (Zitat: 80). Zur Entwicklung der Thüringer Kirchenbewegung »Deutsche Christen« in den Jahren 1934 und 1935 vgl. vor allem die detailreiche Darstellung von K. Meier, Die deutschen Christen, 75–80.
48 Vgl. S. Leffler, Christus im Dritten Reich der Deutschen.
49 L. Müller auf dem Landeskirchentag in Eisenach v. 14. 5. 1934, in: Chronik der Kirchenwirren I, 145. Brief v. Dezember 1934, 192.
50 Vgl. Chronik des Kirchenkampfes in der Thüringer evangelischen Kirche 1933–1945. Durchschlag, LKA Eisenach, 35; vgl. auch K. Meier, Kirchenkampf I, 477.
51 Vgl. E. Klügel, Die lutherische Landeskirche Hannovers, 112–118, vgl. auch Die »Eingliederung« der Evangelisch-lutherischen Landeskirche Hannovers, in: JK 2 (1934), H. 11 v. 2. 6. 1934, 461–469 (Zitat: 462).
52 Vgl. E. Klügel, Die lutherische Landeskirche Hannovers, 121.
53 Vgl. Kirchengesetz betreffend die Übertragung von Befugnissen der Organe der Evangelisch-lutherischen Landeskirche Hannovers auf die Deutsche Evangelische Kirche v. 15. 5. 1934, in: GesBl. DEK 1934, Nr. 20 v. 17. 5. 1934, 49.
54 E. Klügel, Die lutherische Landeskirche Hannovers, 123.
55 Kirchengesetz betreffend die Übertragung von Befugnissen der Organe der Evangelisch-lutherischen Landeskirche Hannovers auf die Deutsche Evangelische Kirche v. 15. 5. 1934, in: GesBl. DEK 1934, Nr. 20 v. 17. 5. 1934,49; vgl. auch E. Klügel, Die lutherische Landeskirche Hannovers, 122–124; vgl. ferner das Rundschreiben von Marahrens v. 4.6.1934. Antwort auf die Angriffe der DC-Mitglieder des Kirchensenats, in: E. Klügel, Die lutherische Landeskirche Hannovers. Dokumente, 35–44.
56 Resolution der Bekenntnisversammlung im Rusthaus v. 23. 5. 1934, a.a.O., 34 f. (Zitat: 34).
57 Vgl. E. Klügel, Die lutherische Landeskirche Hannovers, 138 und bes. Anm. 116 (29 wollten sich nicht entscheiden, 70 schwiegen).

58 Vgl. dazu die reichskirchenamtliche Mitteilung über die »freiwillige Eingliederung der Landeskirche« v. 15. 5. 1934, in: Chronik der Kirchenwirren I, 145. Brief v. Dezember 1934, 192 und 194.
59 Rede Hitlers auf dem Tempelhofer Feld v. 1. 5. 1934, in: M. Domarus, Hitler I, 1, 379–381 (Zitat: 380).
60 A.a.O., 381.
61 Vgl. C. Nicolaisen, Der Weg nach Barmen, 23f.
62 Die Ulmer Erklärung, in: JK 2 (1934), H. 9 v. 5. 5. 1934, 371.
63 Barth an Asmussen v. 2. 5. 1934, Karl-Barth-Archiv Basel.
64 Protokoll der 2. Sitzung des Nürnberger Ausschusses in Berlin v. 2. 5. 1934. Abschrift, ZAEKHN Darmstadt, 62/1026.
65 Die Berliner Erklärung der Bekenntnisgemeinschaft der DEK v. 2. 5. 1934, in: Chronik der Kirchenwirren I, 145. Brief v. Dezember 1934, 191.
66 Protokoll der 2. Sitzung des Nürnberger Ausschusses in Berlin v. 2. 5. 1934. Abschrift, ZAEKHN Darmstadt, 62/1026.
67 Vgl. a.a.O. Zum Altonaer Bekenntnis vgl. K. Scholder, Bd. 1, 267–270; zum reformierten Bekenntnis vgl. a.a.O., 824–827.
68 Barth an Koch v. 3. 5. 1934, in: C. Nicolaisen, Der Weg nach Barmen, 64.
69 Protokoll Fiedlers über die 3. Sitzung des Nürnberger Ausschusses in Kassel v. 7. 5. 1934. Abschrift, in: C. Nicolaisen, Der Weg nach Barmen, 65–68 (Zitat 66); vgl. auch die Mitschrift Lückings über die 3. Sitzung des Nürnberger Ausschusses in Kassel v. 7. 5. 1934, a.a.O., 68–71.
70 Vgl. dazu etwa W. Elert an einen Pfarrer in Oldenburg v. 20. 5. 1934, in: Die erste Bekenntnissynode II, 146, Anm. 17.
71 Protokoll Fiedlers über die 3. Sitzung des Nürnberger Ausschusses in Kassel v. 7. 5. 1934. Abschrift, in: C. Nicolaisen, Der Weg nach Barmen, 65–68 (Zitat: 66).
72 Barth an Unbekannt v. 21. 5. 1934, Karl-Barth-Archiv Basel. Die Bemerkung bezog sich auf ein Rundschreiben der Freien Evangelischen Synode im Rheinland v. 15. 5. 1934, wonach »‹die Bruderschaft› der Männer« den »Kern jeder bekennenden Gemeinde« bilden sollte (J. Beckmann, Rheinische Bekenntnissynoden, 145); vgl. auch J.-Chr. Kaiser, Frauen in der Kirche, 163–262; W. See/R. Weckerling, Frauen im Kirchenkampf.
73 Protokoll Fiedlers über die 3. Sitzung des Nürnberger Ausschusses in Kassel v. 7. 5. 1934. Abschrift, in: C. Nicolaisen, Der Weg nach Barmen, 65–68 (Zitat: 67).
74 Vgl. dazu K. Meier, Kirchenkampf I, 177f.

75 Die Kasseler Erklärung der Bekenntnisgemeinschaft der Deutschen Evangelischen Kirche v. 7. 5. 1934, in: JK 2 (1934), H. 10 v. 19. 5. 1934, 439.

76 A.a.O., 439 f.

77 Koch an Barth v. 8. 5. 1934, in: C. Nicolaisen, Der Weg nach Barmen, 72.

78 Vgl. ebd.

79 Vgl. Bonhoeffer an Bell v. 14. 3. 1934, in: D. Bonhoeffer, Ges. Schriften 1, 184 f.; Übersetzung, a.a.O., 428.

80 Vgl. Bonhoeffer an Bell v. 15. 4. 1934, a.a.O., 187–189; Übersetzung, a.a.O., 430–432.

81 Vgl. E. Bethge, Dietrich Bonhoeffer, 429 f.

82 Bericht des deutschen Botschafters v. Hoesch, London, über den Besuch Bischof Bells v. 9. 5. 1934, in: A. Boyens, Kirchenkampf und Ökumene, 328.

83 A.a.O., 329.

84 Vgl. H. Jaeger, Art.: Hoesch (ev.), in: NDB 9 (1972), 364 f., vgl. auch E. Verchau, Art.: Hoesch, Leopold v., a.a.O., 367 f.

85 Zur Reaktion des Auswärtigen Amtes vgl. unten Kap. 7, 270 f.

86 Botschaft in bezug auf die Deutsche Evangelische Kirche – an die Vertreter der Kirchen im Ökumenischen Rat für Praktisches Christentum – vom Bischof von Chichester v. 10. 5. 1934, in: D. Bonhoeffer, Ges. Schriften I, 192 f. (Zitat: 192); Übersetzung, a.a.O., 434–436; vgl. auch den vorausgegangenen Briefwechsel zwischen Bell und Bonhoeffer, a.a.O., 189–191; Übersetzung, a.a.O., 432–434.

87 So etwa die »Junge Kirche« (vgl. JK 2 (1934), H. 12 v. 16.6.1934, 511 f.); ferner in: Chronik der Kirchenwirren I, 145. Brief v. Dezember 1934, 190; mit abgeschwächter Tendenz in: EvDt 11 (1934), Nr. 21 v. 27. 5. 1934, 187.

88 Vgl. G. Niemöller, Die erste Bekenntnissynode I, 61 f.

89 Grundsätze für den Zusammentritt einer Deutschen Bekenntnissynode v. 18. 5. 1934, LKA Bielefeld, 5,1, Nr. 708, fasc. 1.

90 K. D. Schmidt, Fragen zur Struktur der Bekennenden Kirche, in: ZevKR 9 (1962/63), 209.

91 Grundsätze für den Zusammentritt einer Deutschen Bekenntnissynode v. 18. 5. 1934, LKA Bielefeld, 5,1, Nr. 708, fasc. 1.

92 Ebd.

93 So nach der Tagebuchnotiz von Charlotte von Kirschbaum in: Chr. Barth,

Bekenntnis im Werden, 24, Anm. 76; auch in: C. Nicolaisen, Der Weg nach Barmen, 28f.

94 Barth an W. Niemöller v. 17. 10. 1953; zit. nach E. Busch, Karl Barth, 258.

95 K. Barth, Zur Entstehungsgeschichte der Barmer Thesen, 222.

96 Barth an Niesel v. 21. 5. 1934, Karl-Barth-Archiv Basel; vgl. auch Barth an Thurneysen v. 20.5. 1934, a.a.O.; ferner vgl. Barth an Sartorius v. 1.6.1934, a.a.O.

97 Die historische Bearbeitung der Vorgeschichte der Barmer Erklärung befand sich bis 1984 in einem schlechthin desolaten Zustand. Die letzten umfassenden Arbeiten dazu stammten aus der Feder von Gerhard Niemöller aus den Jahren 1954 und 1959 (G. Niemöller, Die erste Bekenntnissynode I, Die erste Bekenntnissynode II). Ihre Unzulänglichkeit bedarf keines Belegs. Inzwischen haben sich durch den Anstoß des Jubiläums die Dinge tatsächlich verändert. Hinzuweisen ist hier vor allem auf den materialreichen Sammelband von Wolf-Dieter Hauschild, Georg Kretschmar und Carsten Nicolaisen (Die lutherischen Kirchen). Insbesondere in dem Beitrag von Carsten Nicolaisen (C. Nicolaisen, Der lutherische Beitrag zur Entstehung der Barmer Theologischen Erklärung, a.a.O., 13–38) wird zum ersten Mal die dramatische Vorgeschichte der Theologischen Erklärung im Vorfeld der Synode dargestellt. In den historischen Einzelheiten folgt auch die vorliegende Darstellung weitgehend seinen Forschungsergebnissen, die jetzt im Detail veröffentlicht sind (C. Nicolaisen, Der Weg nach Barmen). Die unveröffentlichte Dissertation von Hartmut Ludwig (H. Ludwig, »Ein Ruf nach Vorwärts«. Zur Entstehungs- und Wirkungsgeschichte der Barmer Theologischen Erklärung, Berlin(Ost) 1985) ist zum großen Teil eine Zusammenstellung von schon früher publizierten Aufsätzen. Ludwigs historische Darstellung leidet stark unter einseitigen Urteilen, als deren Konsequenz eine »reine Barmer Lehre« postuliert wird, der außer Barth und Martin Niemöller in der Folgezeit kaum noch jemand wirklich genügte.

Zur Diskussion um die Barmen-Rezeption heute vgl. den Briefwechsel zwischen Helmut Gollwitzer und Klaus Scholder (Wo steht die »Evangelische Theologie«?, in: EvTh 44 (1984), 193–205), Bekennende Kirche wagen; W. Huber, Folgen christlicher Freiheit; Barmer Theologische Erklärung 1934–1984; O. Bayer, Natürliche Theologie des Kreuzes? in: EK 17 (1984), 367–370. Zum Ganzen vgl. auch die Beiträge, die auf dem internationalen Symposium in Seattle im April 1984 gehalten wurden und nun veröffentlicht vorliegen (The Church confronts the Nazis).

98 Barth an H. Vogel v. 19.5. 1934, Karl-Barth-Archiv Basel.

99 Dies läßt das im übrigen leider etwas unklare Protokoll Asmussens von der ersten Besprechungsrunde deutlich erkennen (vgl. G. Niemöller, Die erste Bekenntnissynode I, 95–97); vgl. auch die neu veröffentlichte stenographische Mitschrift Asmussens (Besprechung Asmussen, Barth, Breit v. 15. und 16. 5. 1934, in: C. Nicolaisen, Der Weg nach Barmen, 74–77).

100 So nach der Erinnerung von Hans Asmussen (H. Asmussen, Bleibende Strukturen?, in: LM 7 (1968), 331).

101 Es handelt sich um das nach seinem Aufbewahrungsort im Karl-Barth-Archiv Basel genannte »Basler Manuskript«, auf das Charlotte von Kirschbaum zu Recht notierte: »Barmer Erklärung 1934 (Urschrift)« (Chr. Barth, Bekenntnis im Werden, 20; der Text ist dort auf den Seiten 10–18 in Faksimile und Umschrift wiedergegeben), vgl. jetzt auch C. Nicolaisen, Der Weg nach Barmen, 161.

102 Diese Notizen liegen, wie ein Vergleich mit Asmussens Protokoll zeigt (Besprechung Asmussen, Barth, Breit v. 15. und 16. 5. 1934, in: C. Nicolaisen, Der Weg nach Barmen, 74–77), z. T. in dem von Christoph Barth aus dem väterlichen Papierkorb geborgenen Blatt vor (vgl. Chr. Barth, Bekenntnis im Werden, 8f. und 28f.). Zum Text der vier Artikel vgl. a.a.O., 41–44; und – in einer späteren Fassung – in: Die Bekenntnisse 1933, 98f.; vgl. auch C. Nicolaisen, Der Weg nach Barmen, 31.

103 Vgl. Freie reformierte Synode in Barmen-Gemarke am 3. und 4. Januar 1934. Erklärung über das rechte Verständnis der reformatorischen Bekenntnisse in der Deutschen Evangelischen Kirche der Gegenwart, in: Die Bekenntnisse 1934, 22–25.

104 Vgl. C. Nicolaisen, Der Weg nach Barmen, 32f.

105 Vgl. a.a.O., 33–35.

106 Barth an Niesel v. 21. 5. 1934, Karl-Barth-Archiv Basel; vgl. hierzu auch K. Scholder, Die theologische Grundlage des Kirchenkampfes, in: EvTh 44 (1984), 507; ferner vgl. C. Nicolaisen, Der Weg nach Barmen, 35f.

107 Asmussen an Koch v. 17. 5. 1934, a.a.O., 80f.

108 Zit. nach C. Nicolaisen, Der lutherische Beitrag, 28.

109 Zit. nach a.a.O., 29.

110 Carsten Nicolaisen nimmt an, daß Koch vor Versendung bzw. Verteilung der Vorlage die Änderungen (in der Präambel statt »Freie Deutsche Na-

tionalsynode« »Deutsche Bekenntnissynode« und in These 5 statt »Anordnung« »Ordnung«) auf Grund der Vorlagen für die Sitzung des Rechtsausschusses in Saalfeld vornahm (C. Nicolaisen, Der Weg nach Barmen, 39 f.).

111 Vgl. Leipziger Entwurf, in: C. Nicolaisen, Der Weg nach Barmen, 162–192.

112 Vgl. zu den drei Entwürfen ebd.

113 Barth an Asmussen v. 23. 5. 1934, in: C. Nicolaisen, Der Weg nach Barmen, 93.

114 Vgl. Einladungsschreiben Kochs v. 22. 5. 1934, in: Die erste Bekenntnissynode 11, 10; vgl. auch G. Niemöller, Die erste Bekenntnissynode 1, 74 f.

115 Vgl. K. E. Reimers, Lübeck im Kirchenkampf, 114. Die entscheidende Sitzung des Lübecker Kirchenausschusses fand am 27. 5. 1934 statt.

116 G. Niemöller, Die erste Bekenntnissynode I, 75.

117 Zu den Mitgliederlisten vgl. Die erste Bekenntnissynode II, 11–20.

118 Wochenblatt »Unter dem Wort« v. 10.6.1934; zit. nach a.a.O., 27 f.

119 A.a.O., 28.

120 Bericht O. Seiz' über die 1. Tagung der Bekenntnissynode der Deutschen Evangelischen Kirche in Wuppertal-Barmen 29.–31. Mai 1934 v. 8. 6. 1934, LKA Stuttgart, D 1/49.

121 Vgl. eine entsprechende Einladung an die Vertrauensleute der Westfälischen Bekenntnissynode v. 25. 5. 1934, LKA Bielefeld, 5,1, Nr. 708, fasc. 1.

122 Vgl. Rundschreiben des Pfarrernotbundes v. 25. 5. 1934, in: Texte zur Geschichte des Pfarrernotbundes, 55–57.

123 So nach dem Bericht O. Seiz' über die 1. Tagung der Bekenntnissynode der Deutschen Evangelischen Kirche in Wuppertal-Barmen 29.–31. Mai 1934 v. 8. 6. 1934, LKA Stuttgart, D 1/49.

124 Vgl. H. Buchheim, Die SS, 46 f.

125 Lagebericht des Chefs des Sicherheitsamtes des Reichsführers SS v. Mai/Juni 1934, in: Berichte des SD, 60.

126 Herrn Pfarrer Röhricht für Niemöller (v. 2. 6. 1934). Abschrift, LKA Bielefeld, 5,1, Nr. 748, fasc. 1. Die Nachricht stammte von Dr. Horst Michael, Mitglied des Berlin-Brandenburgischen Bruderrates und kirchlicher Korrespondent der »Tägliche[n] Rundschau«. Er hatte sie von Dr. Rudolf Biedermann von der Abt. »Kultfried« erfahren. Zum Hinweis auf Biedermann als Informant vgl. G. Niemöller, Die erste Bekenntnissynode I, 67, Anm. 11.

127 Vgl. K. Scholder, Bd. 1, 488, vgl. auch Kämpfer wider Willen, 75.

128 Vgl. Die Kirche vor ihrem Richter, 8–13.

129 A.a.O., 8.
130 A.a.O., 10.
131 A.a.O., 11.
132 A.a.O., 13.
133 Die erste Bekenntnissynode II, 45.
134 Vgl. C. Nicolaisen, Der lutherische Beitrag, 34.
135 So G. Merz an Meiser v. 8. 7. 1936, in: C. Nicolaisen, Der Weg nach Barmen, 154–157 (Zitat: 155).
136 Vgl. K. Immer (jun.), Barmen, 141.
137 Vgl. C. Nicolaisen, Der Weg nach Barmen, 51 f.
138 Vgl. die nicht verhandelte Ausfertigung einer Synodalvorlage, a.a.O., 108 f.
139 Zu Asmussens »Vortrag über die Theologische Erklärung zur gegenwärtigen Lage der Deutschen Evangelischen Kirche« vgl. Bekenntnissynode Barmen, 11–24; vgl. auch Die erste Bekenntnissynode 11, 49–66; Die Barmer Theologische Erklärung, 41–58, ferner vgl. C. Nicolaisen, Der Weg nach Barmen, 110–139.
140 So z.B. der bayerische Oberkirchenrat Meinzolt; zit. nach Die erste Bekenntnissynode II, 68 f. (Zitat: 69).
141 Zit. nach a.a.O., 70.
142 Vgl. a.a.O., 71 f.
143 So nach dem Bericht O. Seiz' über die 1. Tagung der Bekenntnissynode der Deutschen Evangelischen Kirche in Wuppertal-Barmen 29.-31. Mai 1934 v. 8.6.1934, LKA Stuttgart, D 1/49.
144 Die Mitglieder dieses kleineren Ausschusses sind aufgeführt in: Die erste Bekenntnissynode II, 141, Anm. 8.
145 Vgl. Bericht O. Seiz' über die 1. Tagung der Bekenntnissynode der Deutschen Evangelischen Kirche in Wuppertal-Barmen 29.–31. Mai 1934 v. 8. 6. 1934, LKA Stuttgart, D 1/49.
146 Text der Eingabe an den Luth. Konvent in: Die erste Bekenntnissynode II, 153, Anm. 19. Vgl. hierzu und zum folgenden auch C. Nicolaisen, Der Weg nach Barmen, 54–56.
147 Auch Karl Barth lag sehr daran, mit den Lutheranern zu einer gemeinsamen Erklärung zu kommen; darum formulierte er in einer Beratungspause die 5. These so um, daß sie sofort von allen Ausschußmitgliedern gebilligt werden konnte (vgl. dazu im einzelnen a.a.O., 57).
148 Zum Verlauf dieser Sitzung vgl. G. Niemöller, Die erste Bekenntnissynode I, 97–101.

149 H. Sasse an den Präses der Bekenntnissynode, Koch, v. 31. 5. 1934, in: In Statu Confessionis, 280 f. (Zitat: 281). Zu den grundsätzlichen Bedenken Sasses vgl. auch dessen Brief an Meiser vom 21. Mai (Sasse an Meiser v. 21. 5. 1934, in: C. Nicolaisen, Der Weg nach Barmen, 83–85); ferner vgl. zur Haltung Sasses W. v. Loewenich, Erlebte Theologie, 132–136.

150 Zum Referat Fiedlers »Bekenntnisgemeinschaft und Reichskirchenverfassung« vgl. Bekenntnissynode Barmen, 28–37; ebenso in: Die erste Bekenntnissynode II, 76–83.

151 A.a.O., 80.

152 Ebd.

153 A.a.O., 81.

154 A.a.O., 82.

155 A.a.O., 81.

156 Zur Erläuterung der Thesen vgl. Bekenntnissynode Barmen, 34–37; Text der »Erklärung zur Rechtslage der Bekenntnissynode der Deutschen Evangelischen Kirche« a.a.O., 37 f.; ebenso in: Die erste Bekenntnissynode 11, 202 f.; Die Barmer Theologische Erklärung, 64 f.

157 A.a.O., 64.

158 Die erste Bekenntnissynode II, 84.

159 Die Barmer Theologische Erklärung, 64.

160 Zu Flors Vortrag »Studium der neuesten Kirchlichen Gesetzgebung« vgl. Bekenntnissynode Barmen, 38–48; vgl. auch Die erste Bekenntnissynode II, 87–99 (Zitat: 99).

161 Vgl. a.a.O., 141–149, vgl. auch C. Nicolaisen, Der Weg nach Barmen, 147–153.

162 Die Barmer Theologische Erklärung, 58 (dort nicht kursiv).

163 Ebd.

164 Rinckhartsches Danklied, u.a. in: Bekenntnissynode Barmen, 28 (danach zitiert).

165 Vgl. Protokoll der 6. Sitzung des Arbeitsausschusses der Bekenntnissynode der Deutschen Evangelischen Kirche (Nürnberger Ausschuß) v. 31. 5. 1934, LKA Bielefeld, 5,1, Nr. 704, fasc. 2.

166 Vgl. Die erste Bekenntnissynode II, 174 f.

167 A.a.O., 180.

168 A.a.O., 186; vgl. auch a.a.O., 175–177.

169 A.a.O., 187.

170 A.a.O., 144.

171 Verfassung der Deutschen Evangelischen Kirche v. 11. 7. 1933, in: GesBl. DEK 1933, Nr. 1 v. 7. 10. 1933, 2.
172 Die Barmer Theologische Erklärung, 33.
173 Vgl. M. Lienhard, Lutherisch-reformierte Kirchengemeinschaft heute. Zum Text der Konkordie reformatorischer Kirchen in Europa (Leuenberger Konkordie) vgl. a.a.O., 1-X.
174 Bekenntnissynode Barmen, 9. In gleicher Form waren alle anderen Thesen abgedruckt.
175 Vgl. dazu G. Besier, »Barmen« und der Humanismus Gottes, in: EvTh 44 (1984), 542–562.
176 Die Barmer Theologische Erklärung, 48; vgl, dazu auch die erste These der Januar-Erklärung (Freie reformierte Synode in Barmen-Gemarke am 3. und 4. Januar 1934. Erklärung über das rechte Verständnis der reformatorischen Bekenntnisse in der Deutschen Evangelischen Kirche der Gegenwart, in: Die Bekenntnisse 1934, 22).
177 Die Barmer Theologische Erklärung, 48.
178 Vgl. dazu H.A. Oberman, Wurzeln des Antisemitismus, 95, 139 u.ö.
179 K. Barth, KD 11,1, 197.
180 So die Verwerfung der 1. These (Die Barmer Theologische Erklärung, 34).
181 So auch K. Barth, KD 11,1, 195f.
182 Die Barmer Theologische Erklärung, 35.
183 Ebd.
184 A.a.O., 50.
185 Ebd.
186. A.a.O., 36.
187 A.a.O., 37, vgl. dazu auch A. Stein, »Barmen« und »Dahlem«, 195–198.
188 So nur handschriftlich im Entwurf der Frankfurter Konkordie und später erneut als Vorschlag im Redaktionsausschuß (vgl. G. Niemöller, Die erste Bekenntnissynode I, 106).
189 Vgl. K. Scholder, Bedeutung des Barmer Bekenntnisses, in: EvTh 27 (1967), 435–461.
190 Die Barmer Theologische Erklärung, 36.
191 Vgl. dazu vor allem die von A. Stein herausgegebene und eingeleitete Denkschrift (Die Denkschrift des altpreußischen Bruderrates »Von rechter Kirchenordnung«, 164–196 (bes. 164, Anm. 1 und 189)).
192 Vgl. C. Nicolaisen, Der Weg nach Barmen, 151f.

193 A.a.O., 152. Zur Interpretation von Barmen V vgl. E. Jüngel, Mit Frieden Staat zu machen; vgl. auch G. Brakelmann, Barmen V, in: EvTh 45(1985), 3–20.
194 Die Barmer Theologische Erklärung, 38.
195 D. Bonhoeffer, Die Kirche vor der Judenfrage, in: Ges. Schriften 2, 46.
196 Die Barmer Theologische Erklärung, 38.
197 A.a.O., 55.
198 A.a.O., 38.
199 Entwurf Barths, in: C. Nicolaisen, Der Weg nach Barmen, 185.
200 Allein mit dem Begriff der »göttlicher[n] Anordnung« hatte die Synode die ganze neulutherische Staatsphilosophie hinter sich gelassen, jene seit Friedrich Julius Stahl weitverbreitete Anschauung, die dem Staat als einer »göttlichen Ordnung« unmittelbare göttliche Würde zugesprochen hatte. Vgl. zu Stahl A. Nabrings, Friedrich Julius Stahl.
201 J. Mehlhausen. Bekenntnis und Staat, 214; vgl. auch Fiedlers Referat »Bekenntnis-Gemeinschaft und Reichskirchenverfassung« auf der Barmer Synode am 30. Mai in: Die erste Bekenntnissynode II, 76–83.
202 Vgl. oben Kap. 1, 30f u.ö.
203 Vgl. K. Scholder, Die Krise der dreißiger Jahre, 101–119.
204 Die Diskussionen des Jahres 1935 um die Wiedereinführung des Summepiskopates sind gemessen an den theologischen Gedanken des Vorjahres nur noch ein unbedeutendes Nachspiel (vgl. dazu J. Mehlhausen, Bekenntnis und Staat, 218f.).
205 Die Barmer Theologische Erklärung, 39f.
206 (A. Keller), Entscheidende Wendung in der deutschen Kirchenrevolution – Die Synode der Bekenntnissynode verkündet das Schisma, in: Der Bund v. 10. 6. 1934; zit. nach M.U. Kaiser, Deutscher Kirchenkampf, 131f. (Zitat: 132). Über Kellers Verfasserschaft des anonym erschienenen Beitrags vgl. a.a.O., 131, Anm. 13; vgl. auch entsprechende Befürchtungen im Bericht der »Basler Nachrichten« v. 8. 6. 1934, in: Die erste Bekenntnissynode 11, 31f.
207 R. Hermann an Asmussen v. 19. 6. 1934, LKA Bielefeld, 5,1, Nr. 766, fasc. 1.
208 Vgl. Lietzmann an Soden v. 11. 7. 1935, in: Glanz und Niedergang, 820f.; vgl. auch Soden an Lietzmann v. 15. 7. 1935, a.a.O., 821f.; ferner vgl. Lietzmann an Albertz o. Datum, a.a.O., 831f.; Soden an Lietzmann v. 14. 10. 1935, a.a.O., 832f.
209 Barth an H. Hesse v. 1. 6. 1934, Karl-Barth-Archiv Basel.

210 Vgl. Bericht von K.-H. Kern, Neben Kirchenfahne wehte Hakenkreuz, in: Heilbronner Stimme 38 (1983), Nr. 23 v. 29. 1. 1983, 68.
211 Vgl. G. Niemöller, Die erste Bekenntnissynode I, 71.
212 Vgl. Mitteilung des Sekretariats von Pastor Immer an Präses Koch v. 30. 6. 1934, LKA Bielefeld, 5,1, Nr. 755.
213 Vgl. den Bericht von Martin Niemöller in: Die erste Bekenntnissynode II, 3438 (Zitat: 38).
214 So nach Immers Bericht auf der 2. Sitzung des Bruderrates am 2. 7. 1934 (vgl. Protokoll Asmussens über die Bruderratssitzung v. 2. 7. 1934, LKA Bielefeld, 5,1, Nr. 704, fasc. 2); zur Angabe über die Höhe der 1. Auflage vgl. das ebenfalls maschinenschriftlich vorliegende, wahrscheinlich offizielle Protokoll Fiedlers (Protokoll Fiedlers über die Bruderratssitzung v. 2. 7. 1934, a.a.O.).
215 Ausführlicher Titel des Heftes: Bekenntnissynode der Deutschen Evangelischen Kirche. Barmen 1934. Vorträge und Entschließungen, im Auftrage des Bruderrates der Bekenntnissynode herausgegeben von Karl Immer, Kommissionsverlag Emil Müller, Wuppertal-Barmen (1934) (=Bekenntnissynode Barmen). Ein zweites Heft (Die Kirche vor ihrem Richter) enthielt neben Berichten über die Synode die Predigten (mit Ausnahme der Andacht von Marahrens) und die biblischen Zeugnisse des anschließenden Gemeindetages.
216 Vgl. Immer an Hindenburg v. 25. 6. 1934, ZStA Potsdam, 281/4; vgl. auch Meißner an Immer v. 4. 7. 1934, a.a.O.
217 P. Glück an Unbekannt v. 10. 7. 1934, LKA Bielefeld, 5,1, Nr. 708, fasc. 2.
218 Rundschreiben des Präses der Bekenntnissynode der Deutschen Evangelischen Kirche mit Unterschriften von Koch, Asmussen und Fiedler v. 7. 6. 1934, LKA Bielefeld, 5,1, Nr. 752, fasc. 1.
219 Vgl. ebd.; vgl. zum folgenden auch G. Niemöller, Organisation und Aufbau der Bekennenden Kirche, 105–120.
220 Rundschreiben des Präses der Bekenntnissynode der Deutschen Evangelischen Kirche mit Unterschrift i.A. Asmussen v. 9. 6. 1934, LKA Bielefeld, 5,1, Nr. 752, fasc. 1.
221 H. v. Soden an Koch v. 9.6.1934, LKA Bielefeld, 5,1, Nr. 701, fasc. 1.
222 Rundschreiben des Präses der Bekenntnissynode der Deutschen Evangelischen Kirche mit Unterschrift i.A. Asmussen v. 9. 6. 1934, LKA Bielefeld, 5,1, Nr. 752, fasc. 1.
223 Von der 1. Reichsbruderratssitzung am 14. 6. 1934 existieren drei Nach-

schriften: das offizielle Protokoll Fiedlers mit Vermerk »für Asmussen« (Protokoll Fiedlers über die Bruderratssitzung v. 14. 6. 1934, LKA Bielefeld, 5,1, Nr. 704, fasc. 2); eine ausführliche Mitschrift Asmussens (Mitschrift Asmussens über die Bruderratssitzung v. 14. 6. 1934, a.a.O.); ferner die inzwischen veröffentlichte Aufzeichnung Meisers (Sitzung des Bruderrats der Bekenntnissynode der Deutschen Evangelischen Kirche (Reichsbruderrat) v. 14.6.1934, in: Verantwortung für die Kirche I, Nr. 156, 297–300).

224 Vgl. dazu Wurm an die Reichskirchenleitung v. 9. 6. 1934, in: G. Schäfer, Dokumentation 3, 391 f.

225 Mitschrift Asmussens über die Bruderratssitzung v. 14. 6. 1934, LKA Bielefeld, 5,1, Nr. 704, fasc. 2.

226 Protokoll Fiedlers über die Bruderratssitzung v. 14. 6. 1934, a.a.O.

227 Zum Streit um diesen Entwurf vgl. Chronik der Kirchenwirren II, 148. Brief v. März 1935, 226 und 228.

228 Protokoll Fiedlers über die Bruderratssitzung v. 14. 6. 1934, LKA Bielefeld, 5,1, Nr. 704, fasc. 2.

229 So notiert von Meiser (Sitzung des Bruderrats der Bekenntnissynode der Deutschen Evangelischen Kirche (Reichsbruderrat) v. 14. 6. 1934, in: Verantwortung für die Kirche I, Nr. 156, 301 f.).

230 A.a.O., 302.

231 Mitschrift Asmussens über die Bruderratssitzung v. 14. 6. 1934, LKA Bielefeld, 5,1, Nr. 704, fasc. 2.

232 Protokoll Fiedlers über die Bruderratssitzung v. 14. 6. 1934, a.a.O.

233 Vgl. auch unten Kap. 5, 215.

234 Protokoll Fiedlers über die Bruderratssitzung v. 14. 6. 1934, LKA Bielefeld, 5,1, Nr. 704, fasc. 2.

235 Vgl. K. Scholder, Bd. 1, 420–424.

236 Vgl. G. Niemöller, Die erste Bekenntnissynode 1, 125 f. Text des Berichtes in den »Basler Nachrichten« v. 7. 5. 1934 (»Deutsche Christen schlagen ›Lutherische Konferenz‹ in Erlangen vor. Reichsführer Kinder stößt auf verständigungsfeindliche Tendenzen«) in: Chr. Stoll, Dokumente zum Kirchenstreit III, 57 f.

237 Aufzeichnung über eine Besprechung in Lobetal bei Berlin v. 18. 5. 1934 mit Bodelschwingh, Merz, Birnbaum und Langmann, HA Bethel, 2/39–181.

238 Bericht über die kirchenpolitische Lage v. 5. 6. 1934 (handschriftlicher

Zusatz von Jäger: »Vertraulich! 5. Juni 1934«), AP Poznań, Evang. Konsist. Posen, NL Jäger 1, Bl. 41–48 (Zitat: Bl. 47).

239 Herrn Pfarrer Röhricht für Niemöller (v. 2. 6. 1934). Abschrift, LKA Bielefeld, 5,1, Nr. 748, fasc. 1 (vgl. dazu oben Kap. 5, Anm. 126).

240 Zur Charakteristik Elerts vgl. W. v. Loewenich, Erlebte Theologie, 117–122.

241 Vgl. W. Elert, Morphologie des Luthertums I und II.

242 W. Elert, Morphologie des Luthertums I, 443.

243 Vgl. a.a.O., 433–446 (Zitat: 442).

244 W. Elert, Morphologie des Luthertums II, 47.

245 Vgl. a.a.O., 37–49 (Zitat: 48).

246 Vgl. a.a.O., 125.

247 A.a.O., 127.

248 G. Niemöller, Die erste Bekenntnissynode I, 142.

249 Zum historischen »Ansbacher Ratschlag« vgl. W. Elert, Morphologie des Luthertums I, 80 f.

250 Text des Ansbacher Ratschlags v. 11. 6. 1934, u.a. in: Die Bekenntnisse 1934, 102–104; ebenso in: AELKZ 67 (1934), Nr. 25 v. 22. 6. 1934, Sp. 584–586; vgl. zu Text und Geschichte ferner G. Niemöller, Die erste Bekenntnissynode I, 142–156; zum »Ansbacher Kreis« vgl. H. Baier, Deutsche Christen Bayerns, 97–101; zur theologischen Kritik vgl. E. Wolf, Barmen, 99–101.

251 Althaus entschloß sich, wie er nach 1945 erklärte, nur auf Bitten Elerts und erst nach einigen Korrekturen zur Unterschrift, weil er »... Anfang Juni 1934 die große Sorge hatte, daß der notwendige Kampf gegen die ›Deutschen Christen‹ im Verfolg der Barmer Tagung und Erklärung wesentlich mit den Waffen der Barthschen Theologie geführt würde«. Dabei aber, so fürchtete Althaus, müßten »... unaufgebbare Wahrheiten der lutherischen politischen Ethik ... völlig unter den Tisch fallen« (P. Althaus, Zum Ansbacher Ratschlag, o. Datum (1947?), NL Althaus, Gräfelfing).

252 Vgl. G. Niemöller, Die erste Bekenntnissynode I, 142, Anm. 27.

253 Ansbacher Ratschlag in: AELKZ 67 (1934), Nr. 25 v. 22. 6. 1934, Sp. 585.

254 Ebd.

255 Ebd.

256 P. Althaus, Zum Ansbacher Ratschlag, o. Datum (1947?), NL Althaus, Gräfelfing.

257 Ansbacher Ratschlag in: AELKZ 67 (1934), Nr. 25 v. 22. 6. 1934, Sp. 586.

258 W. Elert, Die Zukunft der evangelisch-theologischen Fakultäten, in: Luth. 46 (1935), 111; vgl. auch E W. Kantzenbach, Georg Merz, in: ZBKG 43 (1974), 455 f.

259 Vgl. H. Baier, Deutsche Christen Bayerns, 99 f.

260 Führende Theologen widerlegen Barmen. Der »Ansbacher Ratschlag« zu der Barmer »Theologischen Erklärung«, in: Evangelium im Dritten Reich 3 (1934), Nr. 26 v. 1. 7. 1934, 331 f. (Zitat: 332).

261 Vgl. a.a.O., 331.

262 W. Elert, Confessio Barmensis, in: AELKZ 67 (1934), Nr. 26 v. 29. 6. 1934, Sp. 603.

263 A.a.O., Sp. 604.

264 A.a.O., Sp. 606; zum Ganzen vgl. a.a.O., Sp. 602–606; vgl. ferner G. Besier, »Barmen« und der Humanismus Gottes, in: EvTh 44 (1984), 542 f. und 548 f.

265 P. Althaus, Bedenken zur »Theologischen Erklärung« der Barmer Bekenntnissynode, in: Lutherische Kirche 16 (1934), H. 7 v. 1. 7. 1934, 117–121.

266 A.a.O., 117.

267 Zu Althaus' Theologie vgl. u.a. K. Scholder, Bd. 1, insbes. 164–167.

268 P. Althaus, Bedenken zur »Theologischen Erklärung« der Barmer Bekenntnissynode, in: Lutherische Kirche 16 (1934), H. 7 v. 1. 7. 1934, 120 f.

269 A.a.O., 121. Zur weiteren lutherischen Kritik an Barmen etwa von Gerhard Kittel, Hermann Sasse und Erich Stange vgl. G. Niemöller, Die erste Bekenntnissynode I, 156–168 und 170–182.

270 Der Beitrag erschien zunächst am 2. Juli 1934 im »Korrespondenzblatt für die evangelisch-lutherischen Geistlichen in Bayern« und wurde dann wieder abgedruckt in der »Junge[n] Kirche« (W. Trillhaas, Die genuin lutherische Stimme?, in: JK 2 (1934), H. 18 v. 22. 9. 1934, 745–747).

271 Vgl. H. Lilje, Kritik an Barmen, a.a.O., H. 17 v. 8. 9. 1934, 692–699. Zum Vortrag vgl. a.a.O., 692 f., Anm. 1.

272 Vgl. H. Ehrenberg, Die Gabe Gottes und das Gesetz Gottes. Zur Kritik an Barmen, a.a.O., H. 18 v. 22. 9. 1934, 742–745; und ders., Gottes Gabe und Gottes Gesetz. Weiteres zur Kritik an Barmen, a.a.O., H. 20 v. 20. 10. 1934, 848–853 (Zitat: 852). Weitere Literatur zum Streit um Barmen bis 1957 in: Bibliographie zur Geschichte des Kirchenkampfes 1933–1945, 96–98; eine Darstellung der Kontroverse auch in: K. Meier, Kirchenkampf 1, 192–203.

273 Die Barmer Theologische Erklärung, 58.

274 Vgl. Protokoll Fiedlers über die Bruderratssitzung v. 14. 6. 1934, LKA Bielefeld, 5,1, Nr. 704, fasc. 2.
275 Vgl. G. Niemöller, Die erste Bekenntnissynode I, 198–200; vgl. auch Verantwortung für die Kirche 1, 299f., Anm. 8 und 322, Anm. 2.
276 Vgl. Evangelium im Dritten Reich 3 (1934), Nr. 25 v. 24. 6. 1934, 324. Ein ausführlicher Bericht über die Tagung befindet sich im Zentralen Staatsarchiv in Potsdam (Acta betreffend die Neuordnung der Evangelischen Landeskirchen (Reichskirche) I, ZStA Potsdam, 23463, 514–517).
277 So zumindest nach einer Aufzeichnung Fiedlers über eine Besprechung mit Herrn Sup. Hahn in Dresden v. 19. 6. 1934, LKA Bielefeld, 5,1, Nr. 708, fasc. 1. Meiser dementierte die Nachricht aufgrund einer Erklärung Elerts in der Sitzung des Reichsbruderrates v. 2. 7. 1934 (vgl. Protokoll Fiedlers über die Bruderratssitzung v. 2. 7. 1934, LKA Bielefeld, 5,1, Nr. 704, fasc. 2); vgl. auch G. Niemöller, Die erste Bekenntnnissynode I, 130, Anm. 7.
278 Vgl. Bericht Pastor Immers über die Aussprache in Nürnberg v. 29. 6. 1934 für Oeynhausen, LKA Bielefeld, 5,1, Nr. 758, fasc. 1; vgl. auch Meinzolt an Bodelschwingh v. 30. 6. 1934, HA Bethel, 2/39–47; vgl. ferner Fezer an L. Müller, Althaus und Gogarten v. 30. 6. 1934, AEvStift Tübingen, Korr. Fezer, Kasten X.
279 Meinzolt an Koch v. 6. 7. 1934, LKA Bielefeld, 5,1, Nr. 701, fasc. 1.
280 Zum folgenden vgl. auch W. Niesel, Kirche unter dem Wort, 26–50; vgl. ferner J. Schmidt, Martin Niemöller, 212–216.
281 Der Aufbau der »Bekennenden Kirche der altpreußischen Union«, in: JK 2 (1934), H. 13 v. 1. 7. 1934, 559f.
282 A.a.O., 559.
283 A.a.O., 560.
284 Vgl. Die Rechtslage der Evangelischen Kirche der altpreußischen Union, a.a.O., 560–562 (Zitat: 562); zur Preußensynode vgl. auch Bekenntnissynode der Evangelischen Kirche der altpreußischen Union, in: Um Verkündigung und Ordnung der Kirche, 7–11.
285 In der »Erklärung zur praktischen Arbeit der Bekenntnissynode der Deutschen Evangelischen Kirche« hieß es unter »II. Aufbau der Bekennenden Gemeinde«: »Die Bekennende Gemeinde ist zum Dienst willig, muß aber noch dafür gerüstet werden. Es soll hier nicht eine Kirchenordnung der Bekennenden Gemeinde gezeichnet werden. Es wird verwiesen auf den Beschluß der Preußischen Bekenntnissynode: »Der Aufbau der

Bekennenden Kirche der altpreußischen Union«« (Bekenntnissynode Barmen, 70–72 (Zitat: 71)).

286 K. Scharf, Tagung der Bekenntnissynode der Deutschen Evangelischen Kirche in Wuppertal-Barmen v. 29.-31. 5. 1934, EZA Berlin, 50/81.

287 A.a.O.

288 Vgl. Protokoll über die am 21. und 22. Juni 1934 in Dahlem im Hause Niemöller gehabten Besprechungen, EZA Berlin, 50/273.

289 Original mit Anschreiben v. K. Scharf an Joh. Hahn v. 2. 8. 1934, EZA Berlin, 1/A 4/105. Die Karten waren seit Mitte Juli 1934 im Umlauf. Die meisten Karteien der Bekennenden Kirche sind verloren; einige – darunter die Kartei der Bekenntnisgemeinde der Kaiser-Wilhelm-Gedächtniskirche – befinden sich im Evangelischen Zentralarchiv in Berlin.

290 Vgl. B. Hey, Die Kirchenprovinz Westfalen 1933–1945, 68.

291 Vgl. Auszug aus dem Protokoll über die Sitzung des Bruderrates der bekennenden Kirche der altpreußischen Union v. 4. 7. 1934, EZA Berlin, 50/273. Zum Fall Rahmel vgl. seine eigene Darstellung (M. Rahmel, Tarnowke, 164–170).

292 Rundschreiben Niemöllers v. 7. 7. 1934, in: Dokumentation Hessen und Nassau 2, 368 f. (Zitat: 369); vgl. auch Auszug aus dem Protokoll über die Sitzung des Bruderrates der bekennenden Kirche der altpreußischen Union v. 4. 7. 1934, EZA Berlin, 50/273

293 E. Bethge, Dietrich Bonhoeffer, 473 f., 480 und 484–560.

294 Zahlreiche bewegende Beispiele u.a. in: Die Stunde der Versuchung.

295 Der Regierungspräsident in Minden an Jäger v. 6. 7. 1934, EZA Berlin, I/A 4/ 105.

296 Dill an Fezer v. 4. 6. 1934, AEvStift Tübingen, Korr. Fezer, Kasten X.

297 Material zur kirchlichen Lage im Reich aus dem Monat Juni 1934 (Streng vertraulich! Nicht weitergeben!), LKA Bielefeld, 5,1, Nr. 750, fasc. 1.

298 Vgl. ebd.

299 Sondergerichte zur Aburteilung politischer Straftaten nach den Verordnungen des Reichspräsidenten v. 28. 2. und 21. 3. 1933 wurden bereits am 21. 3. 1933 eingerichtet (vgl. Justiz im Dritten Reich, 54). Danach gab es bei Sondergerichten »... weder eine Voruntersuchung noch einen Eröffnungsbeschluß; die Sondergerichtsurteile wurden sofort rechtskräftig, Rechtsmittel waren nicht vorgesehen« (ebd.).

300 Verordnung des Reichspräsidenten zur Abwehr heimtückischer Angriffe

gegen die Regierung der nationalen Erhebung v. 21. 3. 1933, in: Reichsgesetzblatt 1933, 1, Nr. 24 v. 22. 3. 1933, 135.

301 Zum Prozeßverlauf vgl. die ausführlichen zeitgenössischen Berichte: E Julius, Der Schweriner Prozeß, in: JK 2 (1934), H. 13 v. 1. 7. 1934, 542–555; ebenso in: Chronik der Kirchenwirren II, 147, Brief v. Februar 1935, 223–229; ferner N. Beste, Kirchenkampf in Mecklenburg, 83–87. Der folgende Bericht folgt im wesentlichen der Darstellung in der »Junge[nl Kirche«.

302 Zu H. Holstein vgl. P. Haller, Der Rechtskampf, 20–24.

303 Vgl. F. Julius, Der Schweriner Prozeß, in: JK 2 (1934), H. 13 v. 1. 7. 1934, 546.

304 A.a.O., 549.

305 A.a.O., 550.

306 Ebd.

307 A.a.O., 552.

308 Vgl. ebd. Die Urteile fielen unter die Amnestie v. 7. 8. 1934 und wurden deshalb nicht vollstreckt. Eine Wiederaufnahme des Verfahrens, die Holstein beantragt hatte, fand nicht statt (vgl. N. Beste, Kirchenkampf in Mecklenburg, 86 f.).

309 Material zur kirchlichen Lage im Reich aus dem Monat Juni 1934 (Streng vertraulich! Nicht weitergeben!), LKA Bielefeld, 5,1, Nr. 750, fasc. 1.

Anmerkungen zu Kapitel 6

1 Pacelli an Bertram v. 20. 4. 1934, in: Der Notenwechsel I, 113; vgl. auch Kap. 4, 156 f.

2 Frick an Bertram v. 3. 5. 1934, in: Akten deutscher Bischöfe I, 736 f. (Zitat: 737).

3 Vgl. L. Volk, Der bayerische Episkopat, 196.

4 Gröber an Pacelli v. 2. 6. 1934, in: Akten deutscher Bischöfe I, 673–675 (Zitat: 674). Zur durchgehenden Haltung Gröbers in dieser Zeit vgl. den Aufsatz von C. Bauer, Erzbischof Gröber, in: Alemannisches Jahrbuch 1970, 287–331; vgl. auch die vorzügliche, gleichermaßen um Wahrheit wie um Gerechtigkeit bemühte Studie über den Freiburger Erzbischof von H. Ott, Möglichkeiten, in: HJ 92 (1972), 312–333.

5 So nach einem Schreiben Gröbers v. 7. 6. 1946, in: IMT, dt. Ausgabe, Bd. 42, 493 f. (Zitat: 494).

6 A.a.O., 494.
7 Im Gründungsschreiben v. 15. 3. 1929 hieß es ausdrücklich: *»Durch die Aufnahme als Mitglied in die FM-Organisation der SS wird der Antragsteller nicht Angehöriger der aktiven SS und auch nicht Mitglied der NSDAP«* (a.a.O., 492 f.). Andererseits betonte das Organisationsbuch der NSDAP: »Die FM.-Organisation ist für den Bestand der Schutzstaffel von größter Bedeutung ...« (Organisationsbuch der NSDAP, 423); vgl. auch E. Keller, Conrad Gröber, 150 f. Entgegen Kellers Behauptung, der Erzbischof habe »... schon fünf Monate später seine Mitgliedschaft ...« wieder aufgekündigt (a.a.O., 150), ist Gröber nach seiner eigenen Aussage erst später ausgeschlossen worden (vgl. das Schreiben Gröbers v. 7. 6. 1946, in: IMT, dt. Ausgabe, Bd. 42, 494).
8 Zu Bischof Berning vgl. W. Seegrün, Wilhelm Berning, in: Osnabrücker Mitteilungen 79 (1972), 79–92.
9 W. Berning, Katholische Kirche und Deutsches Volkstum, München 1934, 9; zit. nach G. Lewy, Katholische Kirche, 180.
10 Berning an Hitler v. 5. 5. 1934; zit. nach ebd.
11 W. Seegrün, Wilhelm Berning, in: Osnabrücker Mitteilungen 79 (1972), 85.
12 A.a.O., 86; vgl. auch U. v. Hehl, Bischof Berning, in: Osnabrücker Mitteilungen 86 (1980), 89.
13 Vgl. Aufzeichnung Adolphs v. 28. 1. 1937, in: W. Adolph, Geheime Aufzeichnungen, 39 f., vgl. auch L. Volk, Der deutsche Episkopat, in: Kirche, Katholiken und Nationalsozialismus, 55; dort wird als Termin der ersten Vatikanischen Weisung der Sommer 1935 genannt. Zur anfänglichen Unterstützung des Vatikans vgl. W. Seegrün, Berning und Laienverbände, in: Osnabrücker Mitteilungen 80 (1973), 165.
14 Aufzeichnung Adolphs v. 21./24. 6. 1936, in: W. Adolph, Geheime Aufzeichnungen, 26–29 (Zitat: 28).
15 Vgl. Der Notenwechsel III, XXV f.
16 Buchberger an Faulhaber v. 30. 5. 1934, in: Akten Faulhaber I, 869.
17 A.a.O., 870.
18 Michael Schäffler (d.i. Alois Dempf), Die Glaubensnot der deutschen Katholiken, 3. Von der mutigen Schrift ist später auffälligerweise nicht mehr die Rede (vgl. etwa W. Marcus, Antlitz im Werk, in: PhJ 68 (1960), 26; zur Verfasserschaft Dempfs vgl. a.a.O., 16.
19 Michael Schäffler (d.i. Alois Dempf), Die Glaubensnot der deutschen Katholiken, 26.

20 A.a.O., 25.
21 A.a.O., 19.
22 H. Hürten, Waldemar Gurian, 33.
23 W. Gurian, Der säkularisierte Katholizismus (1925); zit. nach H. Hürten, Waldemar Gurian, 22.
24 Vgl. S. Kirchmann (d.i. W. Gurian), St. Ambrosius und die deutschen Bischöfe.
25 Vgl. unten Kap. 6, 254 f.
26 S. Kirchmann (d.i. W. Gurian), St. Ambrosius und die deutschen Bischöfe, 11.
27 A.a.O., 11 f.
28 A.a.O., 10.
29 A.a.O., 17 f.
30 A.a.O., 19.
31 Vgl. H. Hürten, Waldemar Gurian, 96 f.
32 Zu den »Deutsche[n] Briefe[nj« vgl. die Darstellung und Analyse a.a.O., 96–127.
33 Vgl. a.a.O., 126 f.
34 Vgl. H. Brüning, Memoiren, 678 f.; vgl. auch E Muckermann, Im Kampf, 570.
35 H. Brüning, Memoiren, 673, vgl. auch a.a.O., 677.
36 H. Brüning an P. J. Barry v. 7. 12. 1935, in: H. Brüning, Briefe und Gespräche, 95.
37 A.a.O., 96.
38 Vgl. K. Scholder, Bd. 1, 360 f.
39 Vgl. E. Muckermann, Im Kampf, 572 f., vgl. auch Donders an Faulhaber v. 24. 7. 1934, in: Akten Faulhaber I, 878 f.
40 F. Muckermann, Im Kampf, 568.
41 Ebd.
42 Vgl. a.a.O., 612–614.
43 Promemoria des Heiligen Stuhles an die Deutsche Reichsregierung v. 14. 5. 1934, in: Der Notenwechsel I, 130.
44 A.a.O., 146.
45 A.a.O., 157.
46 A.a.O., 164.
47 Vgl. Chronik der Kirchenwirren I, 145. Brief v. Dezember 1934, 190; vgl. auch die Aufzeichnung Menshausens v. 17. 5. 1934, in: Der Notenwechsel III, 31 f.

48 Geheime Vorlage Ministerialrat Conrads »Zur kirchenpolitischen Lage auf katholischem Gebiet« v. 19. 5. 1934, in: Dokumente zur Kirchenpolitik II, 132–135 (Zitat: 132).
49 A.a.O., 135.
50 Vgl. oben Kap. 4, 151 f.
51 Frick an Ley v. 29.5. 1934; zit. nach J. Aretz, Katholische Arbeiterbewegung, 131.
52 Zit. nach ebd.
53 Zur Rolle der katholischen Kirche bei der Saarfrage vgl. das von K. Scholder am 4. 1. 1985 begonnene, jedoch unvollendet gebliebene Kap. 9, das ins editorische Nachwort aufgenommen wurde.
54 Auszüge aus dem III. Teil des Versailler Vertrags und aus dem Anhang zu Art. 50 [Saar-Statut] in: Akten zur deutschen auswärtigen Politik C III, 1, 224.
55 Vgl. den Runderlaß des Auswärtigen Amts v. 12. 6. 1934, in: Akten zur deutschen auswärtigen Politik C II, 2, 878–881.
56 Vgl. G. Lewy, Katholische Kirche, 203.
57 Schulte an Pacelli v. 9. 1. 1922. Abschrift, AA Wrocław, I A 25-k 154; zit. nach L. Volk, Reichskonkordat, 19.
58 Bericht des Bischofs von Trier über seine Verhandlungen betr. Saargebiet v. 20. 11. 1933, als Anlage in: Das Auswärtige Amt an den Stellvertreter des Reichskanzlers und Saarbevollmächtigten v. Papen, in: Akten zur deutschen auswärtigen Politik C II, 1, 164–169 (Zitat: 167).
59 Bornewasser an Papen v. 30. 3. 1934; zit. nach G. Lewy, Katholische Kirche, 205; vgl. auch 206.
60 Zit. nach ebd.
61 Vgl. die entsprechende Analyse der Lage an der Saar im Lagebericht des Chefs des Sicherheitsamtes des Reichsführers SS vom Mai/Juni 1934: Die Saarfrage und der politische Katholizismus, in: Berichte des SD, 43–50.
62 Der 27jährige Ammerlahn war seit Oktober 1933 Obergebietsführer Ost. Zu den Vorgängen in Schlesien vgl. die Beschwerden Bertrams an Frick v. 16. 5. 1934 in: Akten deutscher Bischöfe I, 671 f. (Zitat: 672); vgl. auch Bertram an Berning v. 14. 8. 1934, a.a.O., 783 f. Das dort (a.a.O., 672, Anm. 2) als vermißt genannte Flugblatt befindet sich in Wrocław (AA Wrocław, 1 A 25-v 13).
63 Vermerk von C.-F. v. Savigny über ein Telefongespräch mit dem Hilfsre-

ferenten für katholische Angelegenheiten im Propaganda-Ministerium, zur Klampen, v. 11. 6. 1934, BA Koblenz, R 53/199. Schon am 24. 5. teilte der Informationsdienst der Abteilung P der Reichsjugendführung streng vertraulich mit, aus »... besonderen Gründen ...« scheine es angebracht, »den Kampf gegen den politischen Katholizismus vorläufig einzuschränken« (BA Koblenz, NS 26/357).

64 Funkspruch der Bayer. Politischen Polizei v. 18. 5. 1934, EvAG München, Fa 119/1, 40.

65 Zit. nach S. Aronson, Heydrich, 143.

66 Zu Patin vgl. a.a.O., 143 f.

67 Zur Tendenz des Lageberichts vgl. Berichte des SD, inbes. 3 f., 13 f., 22 f. u.ö.

68 Ecclesiastica XIV (1934), Nr. 25 v. 23. 6. 1934, 189 f. (Zitat: 190).

69 Faulhaber an Bertram v. 28. 5. 1934, in: Akten Faulhaber I, 868 f. (Zitat: 869).

70 Der Text des Hirtenbriefes des deutschen Episkopates v. 7. 6. 1934 in: Akten deutscher Bischöfe I, 704–715 (Zitat: 708).

71 A.a.O., 710 f.

72 A.a.O., 711.

73 A.a.O., 712.

74 Goebbels' Tagebücher, Vermerk v. 29. 6. 1934, BA Koblenz, NL Goebbels, Bd. 82 (handschriftlich nachgetragen steht über dem Wort »zugreifen« »packen«).

75 Aufzeichnungen Sebastians von der Plenarkonferenz des deutschen Episkopates v. 5.-7. 6. 1934, in: Akten deutscher Bischöfe I, 697.

76 A.a.O., 698, Anm. 1 und 699 (Zitat: 699), vgl. auch das offizielle Protokoll der Plenarkonferenz des deutschen Episkopates v. 5.-7. 6. 1934, a.a.O., 678 f.

77 Vgl. Faulhaber an Bertram v. 22. 6. 1934, in: Akten Faulhaber I, 873 f.

78 Entwurf Faulhabers für ein Schreiben an Hitler v. 6./22. 6. 1934 in: Akten deutscher Bischöfe I, 717–725 (Zitat: 717 f.; vgl. dazu auch den Protest Buchbergers v. 30. 6. 1934, a.a.O., 718, Anm. 1; zum Ganzen vgl. L. Volk, Der bayerische Episkopat, 197 f.

79 Entwurf Faulhabers an Hitler v. 22. 6. 1934, in: Akten deutscher Bischöfe I, 725.

80 Über den Zeitpunkt der Wahl ist keine völlige Klarheit zu gewinnen. Das offizielle Protokoll nennt den Nachmittag des 5. 6. (a.a.O., 677), Sebastians Nachschrift den Nachmittag des 6. (a.a.O., 699).

81 Vgl. L. Volk, Fuldaer Bischofskonferenz, 49. Bauer sieht darin ein »... Indiz für das Zurückgehen des Einflusses Gröbers innerhalb des deutschen Episkopates ...« (C. Bauer, Erzbischof Gröber, in: Alemannisches Jahrbuch 1970, 323 f. (Zitat: 323)).
82 Vgl. L. Volk, Der bayerische Episkopat, 197.
83 Protokoll der Plenarkonferenz des deutschen Episkopates v. 5.-7. 6. 1934, in: Akten deutscher Bischöfe I, 682-688; vgl. auch a.a.O., 703.
84 Vgl. Bertram an Frick v. 8. 6. 1934, a.a.O., 716 f., vgl. auch Frick an Gröber, Berning und Bares v. 19. 6. 1934, a.a.O., 736.
85 Vgl. dazu K.D. Bracher/W. Sauer/G. Schulz, Machtergreifung, 897-966; vgl. auch Ch. Bloch, Die SA und die Krise des NS-Regimes 1934, insbes. 67-95.
86 Vgl. K.D. Bracher/W. Sauer/G. Schulz, Machtergreifung, 952.
87 A.a.O., 949.
88 Vgl. a.a.O., 953.
89 Vgl. F. G. v. Tschirschky, Erinnerungen, 100-104 und 121-212; vgl. ferner die zusammenfassende Darstellung von K.M. Graß, Edgar J. Jung, 50-58.
90 Zu Edgar Jung vgl. neben Graß (K. M. Graß, a.a.O.) auch die Darstellung von Mohler (A. Mohler, Konservative Revolution in Deutschland 1918-1932, 138-142, 191 f. und 412 f.); vgl. weiter K. Breuning, Die Vision des Reiches, 107-113; vgl. ferner Edgar J. Jung.
91 A. Mohler, Konservative Revolution in Deutschland 1918-1932, 413.
92 K. Breuning, Die Vision des Reiches, 108.
93 Vgl. ebd., Anm. 68.
94 Zit. nach a.a.O., 109; vgl. dazu auch K.M. Graß, Edgar Jung, 21 f.
95 E. Jung, Neubelebung von Weimar?, in: Deutsche Rundschau v. Juni 1932; zit. nach K. Sontheimer, Antidemokratisches Denken, 363.
96 Vgl. z.B. E. J. Jung, Sinndeutung, 54-57.
97 Vgl. K. M. Graß, Edgar Jung, 39f; vgl. auch F. G. v. Tschirschky, Erinnerungen, 72 f.; vgl. weiter K. Breuning, Die Vision des Reiches, 112 f.
98 Vgl. F. G. v. Tschirschky, Erinnerungen, 154-163 und 172-179.
99 Vgl. den Text der Rede des Vizekanzlers *von Papen* vor dem Universitätsbund v. 17. 6. 1934 nach der im Juni im Germania-Verlag Berlin erschienene Druckschrift, u.a. abgedruckt in: IMT, dt. Ausgabe, Bd. 40, 543-558.
100 So zu Recht K. M. Graß: »Papens Marburger Rede war die schärfste *öffentliche* Kritik, die der Nationalsozialismus je in Deutschland ... von einem führenden Manne erfahren hat« (K.M. Graß, Edgar Jung, 234).

101 Rede des Vizekanzlers *von Papen* vor dem Universitätsbund v. 17. 6. 1934, in: IMT, dt. Ausgabe, Bd. 40, 545.
102 A.a.O., 550.
103 A.a.O., 551.
104 A.a.O., 554.
105 A.a.O., 552. Zu Papens Behauptung, er habe die »christlichen Formulierungen« in Jungs Reden eingearbeitet, vgl. K. Breuning, Die Vision des Reiches, 111, Anm. 85.
106 Vgl. K. M. Graß, Edgar Jung, 236f.; vgl. auch F. G. v. Tschirschky, Erinnerungen, 172 (dort Zitat).
107 Vgl. K. M. Graß, Edgar Jung, 242–246; vgl. auch F. G. v. Tschirschky, Erinnerungen, 175f.
108 Vgl. a.a.O., 172–176.
109 Vgl. W. Adolph, Erich Klausener, 98f.
110 Vgl. Der Katholikentag des Bistums Berlin, in: Germania 64 (1934), Nr. 173 v. 25. 6. 1934, 1; vgl. auch E. Klausener, Widerstand der Katholiken, 9.
111 Der Katholikentag des Bistums Berlin, in: Germania 64 (1934), Nr. 173 v. 25. 6. 1934, 1.
112 Ebd. Den Inhalt der Rede Klauseners faßte sein Sohn in einem 1982 gehaltenen Vortrag wie folgt zusammen: Dort »... war von der Liebe die Rede, die alle Volksgenossen umfassen müsse« (E. Klausener, Widerstand der Katholiken, 9). Ein ausführlicher Bericht findet sich auch in: Katholisches Kirchenblatt Berlin 30 (1934), Nr. 28 v. 15. 7. 1934.
113 Aufzeichnung Adolphs v. 21. 6. 1936, in: W. Adolph, Geheime Aufzeichnungen, 18.
114 Vgl. K. Scholder, Bd. 1, 345 und Abb. 47; vgl. auch F. Zipfel, Kirchenkampf, 61.
115 Vgl. K. Gotto, Art.: Klausener, in: NDB 11 (1977), 715f.; vgl. auch F. Zipfel, Kirchenkampf, 60–66.
116 E. Klausener, Widerstand der Katholiken, 9.
117 Lagebericht des Chefs des Sicherheitsamtes des Reichsführers SS v. Mai/Juni 1934, in: Berichte des SD, 13–15 (Zitat: 13).
118 Die in der Literatur fast überall angenommene Verbindung zwischen Klausener und den Plänen des Vizekanzlers bestand wahrscheinlich nicht. H. Brüning behauptete nach dem Krieg, Papen habe Klausener aufgefordert, in einem neuen Kabinett Reichsinnenminister zu werden (H. Brüning, Briefe und Gespräche, 27). Klauseners Sohn hat diese Darstel-

lung – nicht zuletzt im Blick auf das gespannte Verhältnis zwischen Klausener und Papen – nachdrücklich bestritten (E. Klausener, Stellungnahme, in: IKaZ 4 (1975), 286–288). Trotzdem ist natürlich nicht auszuschließen, daß Klauseners Name im Zusammenhang mit den politischen Plänen Papens genannt wurde. Einen anderen Grund für Klauseners Ermordung nannte Professor Dovifat. Danach hätte Klausener die Wahrheit über den Reichstagsbrand gewußt und Anschluß an verschiedene Oppositionskreise gesucht (vgl. Ch. Bloch, Die SA und die Krise des NS-Regimes 1934, 172); vgl. zum Ganzen auch E. Klausener, Widerstand der Katholiken.

119 Zu Görings Verantwortung vgl. W. Adolph, Erich Klausener, 100–102.

120 So Buttmann am 7. 11. 1934 (vgl. Niederschrift Gröbers, Bernings und Bares' über Verhandlungen betr. Ausführung von Artikel 31 v. 7. 11. 1934, in: Akten deutscher Bischöfe II, 26).

121 Zu den Teilnehmern vgl. den Entwurf (Buttmanns) für eine Ansprache des Reichsinnenministers am 25. Juni 1934, in: Dokumente zur Kirchenpolitik II, 141–143 (Zitat: 143). Die Ansprache ist so nicht gehalten worden. Über die Verhandlungen existieren als wichtigste Quellen ein ausführliches Protokoll von Berning (Niederschrift Bernings v. 25.-30. 6. 1934, in: Akten deutscher Bischöfe I, 726–735 (nebst Anlagen 736–750); ferner eine kürzere private Niederschrift von Buttmann in: E. Deuerlein, Reichskonkordat, 160 f.); vgl. auch die Erinnerungen Conrads (W. Conrad, Kampf um die Kanzeln, 115 f.).

122 Vgl. die Niederschrift Bernings v. 25.-30. 6. 1934, in: Akten deutscher Bischöfe I, 727 f.; vgl. auch E. Deuerlein, Reichskonkordat, 160.

123 Vgl. Text der Fragen Bernings, Gröbers und Bares an die Regierungsvertreter v. 25. 6. 1934, in: Akten deutscher Bischöfe I, 737 f.

124 W. Conrad, Kampf um die Kanzeln, 116.

125 Vgl. E. Deuerlein, Reichskonkordat, 160.

126 So Bertram an Galen v. 27. 6. 1934, AA Wrocław, 1 A 25- b 48; vgl. dazu auch ein ähnliches Schreiben Bertrams an Faulhaber vom gleichen Tag, aber ohne Zeitangabe in: Akten Faulhaber 1, 874.

127 Vgl. Niederschrift Bernings v. 25.–30. 6. 1934, in: Akten deutscher Bischöfe I, 728.

128 Vgl. den Text der Antworten der Regierungsvertreter an Berning, Gröber und Bares v. 26. 6. 1934, a.a.O., 738 f.

129 Vgl. Niederschrift Bernings v. 25.–30. 6. 1934, a.a.O., 729; zu den Fra-

gen Pfeffers an Berning, Gröber und Bares v. 26. 6. 1934 vgl. a.a.O., 740 f.
130 Niederschrift Bernings v. 25.–30. 6. 1934, a.a.O., 729.
131 A.a.O., 730.
132 Erlaß des Auswärtigen Amts an Bergen v. 12. 10. 1934, in: Notenwechsel I, 181, Anm. 2.
133 Zit. nach Bertram an den deutschen Episkopat v. 27. 6. 1934, in: Akten deutscher Bischöfe I, 751.
134 Berning an Gröber v. 1. 8. 1934, a.a.O., 776, Anm. 3.
135 Vgl. Bornewasser an Bertram v. 30. 6. 1934, AA Wrocław, 1 A 25-b 48, vgl. auch Sebastian an Bertram v. 30. 6. 1934, a.a.O.
136 Bertram an Sebastian v. 2. 7. 1934, in: Akten deutscher Bischöfe I, 751, Anm. 4.
137 Vgl. dazu L. Volk, Fuldaer Bischofskonferenz, 53 f.
138 Vgl. z.B. handschriftlichen Entwurf des Schreibens Bertrams an die Pfarrämter und Kuratieämter der Erzdiözese v. 27. 6. 1934, AA Wrocław, 1 A 25-b 48.
139 Die Ausführungen Hitlers sind zit. nach der privaten Niederschrift Buttmanns, in: E. Deuerlein, Reichskonkordat, 160.
140 Niederschrift Bernings v. 25.–30. 6. 1934, in: Akten deutscher Bischöfe I, 731 f. (Zitat: 732).
141 Ebd.
142 Das Tagebuch Rosenbergs, Eintragung v. 28. 6. 1934, 43.
143 Niederschrift Bernings v. 25.–30. 6. 1934, in: Akten deutscher Bischöfe I, 732.
144 Zit. nach der privaten Niederschrift Buttmanns, in: E. Deuerlein, Reichskonkordat, 160 f.
145 Vgl. Entwurf 11 einer Vereinbarung betr. Ausführung von Artikel 31 Bernings, Gröbers, Bares' und der Regierungsvertreter v. 29. 6. 1934, in: Akten deutscher Bischöfe I, 744–746 (Zitat: 744).
146 Ebd.
147 A.a.O., 745.
148 A.a.O., 744.
149 A.a.O., 745.
150 A.a.O., 746.
151 Vgl. Niederschrift Bernings v. 25.–30. 6. 1934, a.a.O., 735. Zur Fassung der politischen Seite vgl. den Entwurf einer Vereinbarung zwischen Parteistel-

len und Episkopat, über die am 29. 6. 1934 ebenfalls grundsätzliches Einverständnis erzielt wurde (in: W. Conrad, Kampf um die Kanzeln, 143).

152 Vgl. a.a.O., 116f.

153 Schreiben des Reichsinnenministers an den Staatssekretär in der Reichskanzlei v. 4. 8. 1934, in: Dokumente zur Kirchenpolitik II, 148.

154 Vgl. K. Scholder, Bd. 1, 131–146.

155 Schreiben des Reichsinnenministers an den Staatssekretär in der Reichskanzlei v. 4. 8. 1934, in: Dokumente zur Kirchenpolitik II, 148. Zur Entstehung des endgültigen Textes bis zur offiziellen Anerkennung vgl. a.a.O., 145–149.

156 Vgl. Bericht Bernings v. 30. 6. 1934, in: Akten deutscher Bischöfe I, 748–750.

157 Vorlage Buttmanns für den Reichsinnenminister v. 22. 1. 1935, in: Dokumente zur Kirchenpolitik 11, 243f. (Zitat: 244).

158 Erlaß des Auswärtigen Amts an Bergen v. 12. 10. 1934, in: Der Notenwechsel I, 181, Anm. 2.

159 L. Volk, Fuldaer Bischofskonferenz, 50.

160 J. Aretz, Katholische Arbeiterbewegung, 133.

161 Niederschrift Bernings v. 25.-30. 6. 1934, in: Akten deutscher Bischöfe I, 735.

162 W. Conrad, Kampf um die Kanzeln, 116.

163 Zit. nach der privaten Niederschrift Buttmanns, in: E. Deuerlein, Reichskonkordat, 161.

164 Zum folgenden vgl. K.D. Bracher/W. Sauer/G. Schulz, Machtergreifung, 954–966; vgl. auch K.M. Graß, Edgar Jung, 271–291; vgl. weiter die etwas dramatisierte Darstellung von M. Gallo, Der schwarze Freitag, 207–269; ferner vgl. H. Höhne, Mordsache Röhm, 247–296 (bes. 266–296). Die Zahl der Opfer insgesamt geben Höhne (a.a.O., 296) und Graß (K.M. Graß, Edgar Jung, 292–294) mit 85 an.

165 VB, Norddt. Ausgabe 47 (1934), Nr. 182/183 v. 1./2. 7. 1934, 1; vgl. dazu auch den etwas abweichenden Text in: M. Domarus, Hitler I, 1, 398f.

166 Das Tagebuch Rosenbergs, Eintragung v. 28. 6. 1934, 43.

167 Zu den Einzelheiten vgl. F. G. v. Tschirschky, Erinnerungen, 188–212.

168 Vgl. die Eidesstattliche Versicherung des Roderich Graf Thun v. 18. 4. 1946, in: IMT, dt. Ausgabe, Bd. 40, 563–565.

169 Vgl. Kap. 4, 158f.; vgl. auch K. Scholder, Bd. 1, 706–708.

170 So nach den Akten des Verfahren gegen Kurt Gildisch vor dem Berliner

Landgericht in den Jahren 1951–1953 (vgl. W. Adolph, Erich Klausener, 104–152); vgl. auch den ausführlichen Bericht des Berliner bischöflichen Ordinariats v. 13. 7. 1934, BA Osnabrück, 04–62-33. Der Sohn Klauseners verwies in seinem Vortrag auf eine Aussage Görings: »Hermann Göring hat später bei Verhören in Nürnberg gesagt, er nehme diesen Mord auf seine Kappe, der Mann habe ja wenige Tage vor seinem Tod 70000 Menschen versammelt« (E. Klausener, Widerstand der Katholiken, 9).

171 Vgl. A. Coppenrath, Meine Kanzelmeldungen, 23–42 (bes. 23 f.).

172 Vgl. dazu W. Adolph, Erich Klausener, 113; vgl. auch W. Pünder, Erlebnisbericht, in: VZG 19 (1971), 404–431.

173 Bericht des Berliner Bischöflichen Ordinariats v.13. 7. 1934, in: M. Domarus, Hitler I, 1 405.

174 Offenbar hat sich der Minister, der politisch eher naiv war, von der Darstellung des Selbstmordes tatsächlich täuschen lassen (vgl. J. Huck, Reichsminister Paul Frhr. v. Eltz-Rübenach, in: Unser Porz 2 (1961), 30–65).

175 Vgl. ebd.; vgl. auch W. Adolph, Erich Klausener, 113 f.

176 A.a.O., 117.

177 Vgl. K. Scholder, Bd. 1, 260–263.

178 Text der Verfügung v. 20. 7. 1934, in: M. Domarus, Hitler I, 1, 425 f. (Zitat: 426).

179 Vgl. S. Aronson, Heydrich, 224 f.

180 DAZ 73 (1934), Nr. 301–302 v. 3. 7. 1934, 1.

181 Text der amtlichen Mitteilung v. 2. 7. 1934, in: M. Domarus, Hitler I, 1, 405.

182 Zit. nach dem amtlichen Kommuniqué v. 3. 7. 1934, a.a.O., 406.

183 So im Leitartikel »Geradeaus« der »Deutschen Allgemeinen Zeitung« (DAZ 73 (1934), Nr. 301–302 v. 3. 7. 1934, 1).

184 Promemoria eines bayerischen Richters zu den Juni-Morden 1934, in: VZG 5 (1957), 102–104 (Zitat: 102).

185 A.a.O., 103.

186 A.a.O., 104.

187 Deutschland Bericht der Sopade I (1934), 197.

188 So im Leitartikel »Vorwärts!« des »Völkischer[n] Beobachter[s]« (VB, Norddt. Ausgabe 47 (1934), Nr. 184 v. 3. 7. 1934, 1).

189 Chr. Kinder, An Adolf Hitler! v. 1. 7. 1934, in: Evangelium im Dritten Reich 3 (1934), Nr. 27 v. 8. 7. 1934, 343.

190 Dokumentation Hessen und Nassau 2, 365.
191 Vgl. a.a.O., 374–378 u.ö.
192 So nach der Vorlage Asmussens »zu den jüngsten politischen Ereignissen und zum Staat« für die Bruderratssitzung am 2. 7. 1934, LKA Bielefeld, 5,1, Nr. 704, fasc. 2.
193 Ebd., vgl. auch Asmussen an Lücking (der am 30. 6. zu den Anrufern gehörte) v. 30. 6. 1934, a.a.O., Nr. 747, fasc. 2.
194 Vgl. die Protokolle der 2. Sitzung des Reichsbruderrates v. 2. 7. 1934 in Würzburg von Asmussen und Fiedler, LKA Bielefeld 5,1, Nr. 704, fasc. 2.
195 Vgl. oben Kap. 6, Anm. 170.
196 Zu Probst vgl. B. Schellenberger, Katholische Jugend, 137f.; vgl. auch Deutschland-Bericht der Sopade 1 (1934), 301. Zu Gerlich vgl. K. Scholder, Bd. 1, 198; vgl. ferner B. Zittel, Dr. Fritz Michael Gerlich, 521–531. Von Gerlichs Ermordung in Dachau scheint man freilich in kirchlichen Kreisen kaum Notiz genommen zu haben. Jedenfalls findet sich in den gedruckten Faulhaber-Akten keinerlei Hinweis auf Gerlich. Außerdem vgl. zu Probst und Gerlich H. Höhne, Mordsache Röhm, 319f.
197 S. Kirchmann (d.i. Waldemar Gurian), St. Ambrosius und die deutschen Bischöfe, 20f.
198 A.a.O., 6.
199 A.a.O., 21.
200 A.a.O., 21f.
201 So brachte etwa die *Times* vom 5. 7. 1934 eine ausführliche Darstellung des Putschplans und unterschied dabei drei Gruppen: Die Schleicher-Gruppe, die Röhm-Gruppe und die katholische Gruppe (so nach einem Bericht der DAZ 73 (1934), Nr. 307–308 v. 6. 7. 1934).
202 VB, Norddt. Ausgabe 47 (1934), Nr.185 v. 4. 7. 1934, 1; ebenso DAZ 73 (1934), Nr. 303–304 v. 4. 7. 1934.
203 Vgl. VB, Norddt. Ausgabe 47 (1934), Nr. 185 v. 4. 7. 1934, 1.
204 Vgl. W. Adolph, Erich Klausener, 124f.
205 Bericht des Bischöflichen Ordinariats Berlin v. 13. 7. 1934, BA Osnabrück, 04-62-33(7).
206 Vgl. ebd.; vgl. auch A. Coppenrath, Meine Kanzelvermeldungen, 26–28 (auch 28ff.).
207 Der Text in: W. Adolph, Erich Klausener, 127f.
208 Bares an Hitler v. 21. 11. 1934, in: a.a.O., 134f. (Zitat: 135); ebenso in: Akten deutscher Bischöfe II, 44f.

209 Zit. nach B. Schellenberger, Katholische Jugend, 37 f.
210 Von persönlichen Feinden in der SS ist bei B. Schellenberger (a.a.O., 138, Anm. 377) die Rede.
211 Text der Nachricht Wolkers v. 11. 7. 1934, in: Katholische Jugend in der NS-Zeit, 122 f. (Zitat: 123).
212 Dechant Menghins an Generalvikar David v. 9. 8. 1934, zit. nach U. v. Hehl, Katholische Kirche und Nationalsozialismus, 71, Anm. 185.
213 M. Domarus, Hitler I, 1, 421.
214 Bertram an Pacelli v. 6. 7. 1934, in: Akten deutscher Bischöfe I, 752.
215 A.a.O., 753.
216 So auch Berning an Bertram v. 15. 7. 1934, AA Wrocław, 1 A 25-v 4.
217 Bertram an Pacelli v. 6. 7. 1934, in: Akten deutscher Bischöfe I, 753.
218 Bergen an das Auswärtige Amt. Für Herrn Reichsminister v. 1. 7. 1934, PA Bonn, Pol 2, Vatikan, Bd. 5.
219 Telegramm Bergens v. 31. 7. 1934. Abschrift, BA Koblenz, R 43 II/176a.
220 So auch W. Conrad, Kampf um die Kanzeln, 117.
221 Vgl. die Note des Kardinalstaatssekretärs Pacelli an Geschäftsträger Dr. Klee, in: Der Notenwechsel I, 184 f., Anm. 1.
222 Aufzeichnung Bülows v. 10. 7. 1934, in: Der Notenwechsel III, 38 f. (Zitat: 39); vgl. auch Aufzeichnung Bülows v. 26. 7. 1934, a.a.O., 42 f.
223 Vgl. die Note des Kardinalstaatssekretärs Pacelli an Botschafter v. Bergen v. 4. 7. 1934, in: Der Notenwechsel I, 174 f.; vgl. auch die Note des Kardinalstaatssekretärs Pacelli an Botschafter v. Bergen v. 18. 7. 1934, a.a.O., 176–178.
224 Pacelli an Bertram v. 23. 7. 1934, in: Akten deutscher Bischöfe I, 762–769 (Zitat: 763).
225 A.a.O., 764.
226 A.a.O., 765.
227 A.a.O., 767.
228 A.a.O., 766.
229 A.a.O., 769.
230 Vgl. oben Kap. 6 und Anm. 97.
231 Sproll an Bertram v. 6. 8. 1934, in: Akten deutscher Bischöfe I, 770–772 (Zitat: 771).
232 Stellungnahme Galens v. 5. 8. 1934, in: Akten Faulhaber 1, 884–888 (Zitat: 887).
233 A.a.O., 888.

234 Faulhaber an Bertram und Berning v. 6. 8. 1934, a.a.O., 888–891 (Zitat: 888).
235 A.a.O., 889.
236 A.a.O., 890.
237 »Wenn die ganze Verhandlung allein mit Worten abgeschlossen wird, bringt sie kaum irgendeinen Nutzen ... Es ist Zeit, daß die Regierung nicht nur mit dem Wort, sondern auch mit der Tat den christlichen Sinn wenigstens auf irgendeine Weise bekennt« (Hugo an Bertram v. 4. 8. 1934, AA Wrocław, 1 A 25-v 4).
238 Zum folgenden vgl. vor allem D. Ross, Hitler und Dollfuß, 236–243; vgl. auch die Dokumente in: Akten zur deutschen auswärtigen Politik C III, 1, 228–241.
239 Ecclesiastica XIV (1934), Nr. 36 v. 8. 9. 1934, 257. Zur engen Verbindung zwischen dem Vatikan und Österreich in dieser Zeit vgl. insbes. auch F. Engel-Janosi, Vom Chaos zur Katastrophe, 147–150.
240 Osservatore Romano, Nr. 172 v. 27. 7. 1934; zit. nach Ecclesiastica XIV (1934), Nr. 36 v. 8. 9. 1934, 259, Anm. 1 (rechte Spalte).
241 Vgl. dazu etwa die Berichte des Botschafters in Rom v. Hassell an den Staatssekretär des Auswärtigen Amts v. Bülow v. 26. 7. und an das Auswärtige Amt v. 29. 7. 1934, in: Akten zur deutschen auswärtigen Politik C III, 1, 235 und 260–262.
242 Hitler an Papen v. 26. 7. 1934, a.a.O., 245, ebenso in: VB, Norddt. Ausgabe 47 (1934), Nr. 209 v. 28. 7. 1934, 1, unter der Schlagzeile: »Der Führer entsendet von Papen in Sondermission nach Wien«.
243 Vgl. F. G. v. Tschirschky, Erinnerungen, 215 f.
244 Vgl. Ecclesiastica XIV (1934), Nr. 36 v. 8. 9. 1934, 259 f.
245 Vgl. Hitler an Heß, Goebbels, v. Papen und Gestapo v. 8. 8. 1934, in: F. G. v. Tschirschky, Erinnerungen, 220.
246 Verhandlungen v. 17. 6. 1946, in: G.M. Gilbert, Nürnberger Tagebuch, 380–383 (Zitat: 383).
247 A.a.O., 382.
248 A.a.O., 383.
249 Goebbels' Tagebücher, Vermerk v. 25. 8. 1933, BA Koblenz, NL Goebbels, Bd. 82.
250 DNB.-Text v. 2. 8. 1934; zit. nach M. Domarus, Hitler I, 1, 430. Zum Staatsstreichcharakter dieser Vereidigung vgl. K.D. Bracher/W. Sauer/G. Schulz, Machtergreifung, 968 f.
251 Vgl. A. Gerlach-Praetorius, Kirche vor der Eidesfrage, 68; das Protokoll

der Vernehmung Karl Barths v. 27. 11. 1934 ist abgedruckt in: H. Prolingheuer, Der Fall Karl Barth, 254–256.

252 Schreiben Hitlers an den Reichsinnenminister v. 2. 8. 1934; zit. nach M. Domarus, Hitler I,1, 431.

253 Die Vorbereitung wurde Albert Speer übertragen (vgl. A. Speer, Erinnerungen, 66f).

254 Das Tagebuch Rosenbergs, Eintragung v. 6. 8. 1934, 55.

255 F. Dohrmann, Die Kirche am Sarge Hindenburgs, in: AELKZ 67 (1934), Nr. 33 v. 17. 8. 1934, Sp. 769–771 (Zitat: 769).

256 A.a.O., Sp. 770.

257 A.a.O., Sp. 771.

258 Zu Dohrmann vgl. Gott läßt sich nicht spotten, insbes. 98–104; vgl. auch Messerschmidt, Militärseelsorgepolitik, in: Militärgeschichtliche Mitteilungen I (1968), 77.

259 Text in: VB, Norddt. Ausgabe 47 (1934), Nr. 220 v. 8. 8. 1934, 1, unter der Schlagzeile: »Die Weiherede des Führers«; Text auch in: M. Domarus, Hitler I, 1, 437 f.

260 Das Tagebuch Rosenbergs, Eintragung v. 19. 8. 1934, 55.

261 A.a.O., 56.

262 Ehrenberg an den westfälischen Bruderrat (?) v. 5. 8. 1934. Abschrift (durch freundliche Vermittlung von Günter Brakelmann), AS Tübingen; zu Ehrenberg vgl. auch G. Brakelmann, Kirche und Judenchristentum, 128–161.

Anmerkungen zu Kapitel 7

1 Mitteilung Roedigers an das Kirchliche Außenamt über einen Bericht aus Washington v. 19. 4. 1934. Konzept v. 16. 5. 1934, PA Bonn, Kult VI A, Evang. Angelegenheiten 2, Bd. 4.

2 Deutsche Botschaft, Paris, an das Auswärtige Amt v. 18. 5. 1934. Betr. Buch von Delekat, a.a.O., Bd. 5.

3 Bericht Pastor v. Hases über die Haltung der amerikanischen Kirchen zur kirchlichen Entwicklung in Deutschland v. 27. 7. 1934, a.a.O., Bd. 6. Der 14seitige Bericht ist meisterhaft auf seinen Zweck abgestimmt. Hase bat bezeichnenderweise darum, »den Bericht unter keinen Umständen an eine kirchliche Instanz weiterzugeben«. Im Auswärtigen Amt behandelte man ihn daraufhin »Vertraulich« und der Referent bemerkte dazu am

Rand: »Der *vorzügliche* Bericht bestätigt durchaus ähnliche mir von anderen Seiten zugegangene Urteile« (a.a.O.).

4 A.a.O.

5 A. Wiener, Untersuchungen zum Widerhall des deutschen Kirchenkampfes in England (1933–38). Anhang I (J.W. Bruegel, Berichte der NSDAP-Vertreter in England zum Kirchenkampf), 227 f. (Zitat: 228).

6 A.a.O. (Bericht des stellvertretenden Ortsgruppenleiters, Pg. Dr. Markau, v. 1. 6. 1934) 230 f. (Zitat: 230).

7 A.a.O., 231.

8 Aufzeichnung des Vortragenden Legationsrats Stieve v. 18. 6. 1934, in: Akten zur deutschen auswärtigen Politik C III, 1, 37–40 (Zitat: 37).

9 A.a.O., 39.

10 A.a.O., 40; vgl. auch den Text in: Dokumente zur Kirchenpolitik II, 137–139; ebenso vgl. den Entwurf Roedigers v. 18. 6. 1934, PA Bonn, Kult VI A, Evang. Angelegenheiten, Bd. 5.

11 Vermerk Lammers v. 21. 6. 1934, BA Koblenz, R 43 11/162.

12 Vermerk Meißners v. 2. 7. 1934, ZStA Potsdam, 281/4.

13 In der Aufzeichnung Stieves v. 18. 6. 1934 hieß es, die Reichskirchenregierung werde »... sowohl durch unmittelbare Beziehungen als auch vom Auswärtigen Amt über die aus dem Ausland eingehenden Berichte in kirchlichen Fragen laufend unterrichtet ...« (Aufzeichnung des Vortragenden Legationsrats Stieve v. 18. 6. 1934, in: Akten zur deutschen auswärtigen Politik C III, 1, 40)

14 Vgl. oben Kap. 5.

15 Vgl. zu den Teilnehmern (Zu- und Absagen) Chronik der Kirchenwirren II, 149. Brief v. April 1935, 254. Zur Unterstützung der Einladung vgl. Der Reichsminister für Wissenschaft, Erziehung und Volksbildung, in Vertretung Stuckart, an Fezer v. 3. 7. 1934. Abschrift, AEvStift Tübingen, Korr. Fezer, Kasten X. Das über Stuttgart geleitete Schreiben traf allerdings erst mit 14 Tagen Verspätung in Tübingen ein.

16 Vgl. L. Müller an Seeberg, v. 5. 7. 1934, BA Koblenz, NL Seeberg, 94; vgl. auch Seeberg an L. Müller v. 7. 7. 1934, a.a.O.

17 J. Heckel, Gutachten über die »Umgestaltung der Nationalsynode« v. 2. 7. 1934. Abschrift, EZA Berlin, I/A 4/19, Auszüge auch in: Die Deutsche Evangelische Nationalsynode am 9. August 1934, 11. Zur Gutachtertätigkeit Heckels vgl. auch Chr. Kinder, Neue Beiträge, 49 und 58.

18 Zu Engelke vgl. oben Kap. 3, 99.

19 Ansprache von D. Engelke, Mitglied des Geistl. Ministeriums, zum Beginn der Tagung des Verfassungsausschusses der Deutschen Evangelischen Kirche am 6. Juli 1934 in der Augustinerkirche in Erfurt, in: GesBl. DEK 1934, Nr. 38 v. 21. 7. 1934, 101–104 (Zitat: 103).

20 Ebd.

21 So nach dem ausführlichen, »amtlich genehmigten Bericht« (Aufbauarbeit in Erfurt. Die erste Tagung des Verfassungsausschusses der Deutschen Evangelischen Kirche, in: Evangelium im Dritten Reich 3 (1934), Nr. 28 v. 15. 7. 1934, 356).

22 Vgl. Wurm an Jäger v. 26. 7. 1934, AEvStift Tübingen, Korr. Fezer, Kasten X. Das Schreiben ging am 31. 7. mit neun Unterschriften an Jäger ab (Althaus, Bodelschwingh, Elert, Fezer, Gogarten, Marahrens, Meiser, Wurm, Zöllner). Vgl. auch Jäger an Wurm v. 25. 7. 1934 in: G. Schäfer, Dokumentation 3, 425f.; ferner vgl. die Schreiben Wurms an L. Müller v. 23. 7. 1934, a.a.O., 420 und an Jäger v. 23. 7. 1934, a.a.O., 422.

23 Aufbauarbeit in Erfurt. Die erste Tagung des Verfassungssausschusses der Deutschen Evangelischen Kirche, in: Evangelium im Dritten Reich 3 (1934), Nr. 28 v. 15. 7. 1934, 356f. (Zitat: 356).

24 Zur politischen Theologie von Emanuel Hirsch vgl. K. Scholder, Bd. 1, 151–154, 156f. und 594–597.

25 Aufbauarbeit in Erfurt. Die erste Tagung des Verfassungsausschusses der Deutschen Evangelischen Kirche, in: Evangelium im Dritten Reich 3 (1934), Nr. 28 v. 15. 7. 1934, 357.

26 A.a.O., 359.

27 Die Tagung des Verfassungsausschusses in Erfurt (Schluß des Berichtes.), in: Evangelium im Dritten Reich 3 (1934), Nr. 29 v. 22. 7. 1934, 367.

28 Bericht über die zweite Tagung des Verfassungsausschusses der Deutschen Evangelischen Kirche in Erfurt, in: GesBl. DEK 1934, Nr. 46 v. 11. 8. 1934, 131137 (Zitate: 131f.).

29 Vgl. Kirchengesetz über die Bestellung der Mitglieder der Nationalsynode v. 7. 7. 1934, in: GesBl. DEK 1934, Nr. 31 v. 10. 7. 1934, 85f.

30 Verfassung der Deutschen Evangelischen Kirche v. 11. 7. 1933, in: GesBl. DEK 1933, Nr. 1 v. 7. 10. 1933, 4.

31 J. Heckel, Gutachten über die »Umgestaltung der Nationalsynode« v. 2. 7. 1934. Abschrift. EZA Berlin, I/A 4/19.

32 Vgl. Gesetz zur Änderung des Reichswahlgesetzes v. 3. 7. 1934, in: Reichsgesetzblatt 1934, 1, Nr. 71 v. 3. 7. 1934, 530.

33 W. Flor, Was bedeutet das Gesetz der Deutschen Evangelischen Kirche vom 7. Juli 1934 über die Bestellung der Mitglieder der Nationalsynode?, LKA Stuttgart, D 1/121.
34 A.a.O.
35 A.a.O.
36 A.a.O.; Auszüge auch in: Chronik der Kirchenwirren II, 150. Brief v. Mai 1935, 260 und 262.
37 Zu den Beschlüssen des Bruderrates auf der Synode am 25. 7. 1934 vgl. Protokoll Fiedlers über die Bruderratssitzung in Frankfurt a. M. v. 25. 7. 1934, LKA Bielefeld, 5,1, Nr. 704, fasc. 2. Zu den drei Schreiben vom 29. Juli 1934 vgl. LKA Bielefeld, Nr. 747, fasc. 2.
38 Vgl. Entlassungsschreiben Jägers v. 9. 7. 1934. Entwurf, EZA Berlin, I/A 4/19 (dort Zitat) und die dazugehörenden Briefe (Hossenfelder an Jäger v. 18.7.1934, a.a.O.; W. Kittel an Jäger v. 30. 7. 1934, a.a.O.).
39 Eine genaue Aufstellung befindet sich in: JK 2 (1934), H. 17 v. 8. 9. 1934, 715f.; vgl. auch Chronik der Kirchenwirren II, 150. Brief v. Mai 1935, 260.
40 Hossenfelder an Jäger v. 18. 7. 1934, EZA Berlin, 1/A 4/19.
41 Zit. nach Chronik der Kirchenwirren II, 151. Brief v. Juni 1935, 285.
42 W. Kittel an Jäger v. 30. 7. 1934, EZA Berlin, I/A 4/19.
43 Zur Rolle von Pfeffers vgl. Dokumente zur Kirchenpolitik II, 160, Anm. 4; ferner vgl. unten Kap. 8, 329.
44 Kinder an Frick v. 6. 7. 1934, in: Dokumente zur Kirchenpolitik II, 158–160 (Zitat: 159).
45 A.a.O., 160. Zum ganzen Vorgang vgl. auch Siegele-Wenschkewitz (L. Siegele-Wenschkewitz, Nationalsozialismus und Kirchen, 187–190). In Kinders Erinnerungen, einem Musterbeispiel an rückblickender Irreführung und Verharmlosung, ist von diesen Vorgängen nirgends die Rede. Statt dessen behauptet Kinder, die DC hätten sich schon frühzeitig von Müller, Jäger und Heckel distanziert (!) (vgl. Chr. Kinder, Neue Beiträge, 58f.).
46 Vgl. Wurm an Buttmann v. 13. 7. 1934, NL Buttmann, Stockdorf.
47 Vgl. K. Scholder, Bd. 1, 139f.
48 Vgl. Dokumente zur Kirchenpolitik II, 159f., Anm. 1–4.
49 Buttmann an Kinder v. 16. 7. 1934. Entwurf, a.a.O., 160–162 (Zitat: 161).
50 A.a.O., 162.
51 Runderlaß des Reichsinnenministers v. 9. 7. 1934, a.a.O., 149f. u.ö.
52 VB, Norddt. Ausgabe, 47 (1934), Nr. 195 v. 14. 7. 1934, 1.

53 Zur Gleichschaltung in Baden vgl. Chronik der Kirchenwirren II, 147. Brief v. Februar 1935, 210–212.
54 Zu den Kasseler Vorgängen vgl. a.a.O., 247f. (Zitat: 247).
55 Koch an Lammers v. 15. 7. 1934 (mit Anlage: Koch an Hitler), BA Koblenz, R 43 11/162.
56 M. Luther, Appellatio M. Lutheri a Caietano ad Papam (1518), WA 2, 27–33 (Zitat: 32, Z. 31–38).
57 Vgl. Koch an Lammers v. 15. 7. 1934, BA Koblenz, R 43 II/162; dort heißt es: »Der Herr Reichskanzler hat Kenntnis« (Vermerk Lammers v. 17. 7. 1934, a.a.O.). Eine Beschwerde Pfeffers gegen die Entgegennahme des Schreibens durch die Reichskanzlei wurde gleichfalls Hitler vorgetragen, blieb aber unbeachtet (vgl. Pfeffer an Lammers v. 16. 7. 1934, in: Dokumente zur Kirchenpolitik II, 157).
58 Vgl. Vermerk Jägers für die Reichskanzlei v. 17. 7. 1934, BA Koblenz, R 43 11/162.
59 Vgl. Chr. Kinder, Neue Beiträge, 149f. Das dort angegebene Datum, Juni 1934, ist vermutlich in 18. Juli zu korrigieren.
60 Notiz der Reichskanzlei mit Vermerk Md. [Meerwald] v. 19. 7. 1934, BA Koblenz, R 43 11/162.
61 Im Vermerk Meerwalds heißt es: »Der Herr Reichskanzler hat Kenntnis und ist mit der Veröffentlichung der vorstehenden Pressenotiz einverstanden« (ebd.); veröffentlicht u.a. in: VB, Norddt. Ausgabe 47 (1934), Nr. 201 v. 20. 7. 1934, 1.
62 Telegramm L. Müllers an Hitler v. 23. 7. 1934, in: Dokumente zur Kirchenpolitik II, 163f.
63 A.a.O., Anm. 3.
64 Schucht an Buttmann v. 25. 7. 1934, a.a.O., 164f. (Zitat: 164); vgl. auch Pfundtner an den Verbindungsstab der NSDAP v. 25. 7. 1934. Abschrift, a.a.O., 165.
65 Koch an Hindenburg v. 21. 7. 1934, ZStA Potsdam, 281/4.
66 Das Schreiben trägt den handschriftlichen Vermerk »Als Abschrift mir persönlich übergeben von Herrn Präses D. Koch; Original in Neudeck. D.[oehle] 22. 7. 1934« (a.a.O.). Eine ausführliche Darstellung der Beschlagnahmeaktion, die fast das ganze Aktenmaterial in Oeynhausen betraf, befindet sich in der Beschwerde Kochs (Koch an das Reichsinnenministerium v. 21. 7. 1934, LKA Bielefeld, 5,1, Nr. 747, fasc. 2).

67 Vgl. K. Barth, Kommentar zur Barmer theologischen Erklärung (Fragment), in:EvTh 36 (1976), 568–572 (Zitat: 569).
68 Barth an Lempp v. 29. 7. 1934, Karl-Barth-Archiv Basel; Auszüge auch in: K. Barth, Kommentar zur Barmer theologischen Erklärung (Fragment), in: EvTh 36 (1976), 569.
69 Vgl. E. Busch, Karl Barth, 258.
70 Vgl. Barth an W. Vischer v. 29. 7. 1934, Karl-Barth-Archiv Basel.
71 Barth an Lempp v. 18. 8. 1934 (auszugsweise abgedruckt und danach zitiert in: K. Barth, Kommentar zur Barmer theologischen Erklärung (Fragment), in: EvTh 36 (1976), 570).
72 K. Barth, Der Christ als Zeuge, 3.
73 Die groteske These von H. Prolingheuer, in Wahrheit sei die Bekennende Kirche schuld an Barths »Vertreibung«, bedarf angesichts dieser offenkundigen Entwicklungen kaum der Widerlegung (vgl. H. Prolingheuer, Der Fall Karl Barth, XV f. u.ö.).
74 Sitzung des Bruderrats der Bekenntnissynode der Deutschen Evangelischen Kirche (Reichsbruderrat) v. 17. 7. 1934, in: Verantwortung für die Kirche I, Nr. 158, 313. Zu Niemöllers Haltung in dieser Zeit vgl. J. Schmidt, Martin Niemöller, 215, 219 und bes. 222–224. Der dort auf Seite 219 zitierte Entwurf einer Kundgebung, die bereits eine Art Exkonimunikation von Müller und Jäger enthielt, ist nicht veröffentlicht worden.
75 Sitzung des Bruderrats der Bekenntnissynode der Deutschen Evangelischen Kirche (Reichsbruderrat) v. 17. 7. 1934, in: Verantwortung für die Kirche I, Nr. 158, 314. Zur Exkommunikation in der evangelischen Kirche vgl. Chr. Link, Art.: Bann, V. Reformation und Neuzeit, in: TRE V, 186–189.
76 Vgl. G. Niemöller, Die erste Bekenntnissynode I, 115 f.
77 Barth an Asmussen v. 13. 8. 1934, Karl-Barth-Archiv Basel. Zur ganzen Frage vgl. auch J. Schmidt, Martin Niemöller, 222–224.
78 Kundgebung des Reichsbruderrats zur Einführung des Reichsbischofs v. 18. 9. 1934, in: KJ 60–71 (1933–1944), 78 f. (Zitat: 79).
79 Sitzung des Bruderrats der Bekenntnissynode der Deutschen Evangelischen Kirche (Reichsbruderrat) v. 25. 7. 1934, in: Verantwortung für die Kirche I, Nr. 159, 321.
80 »Der Bruderrat der Bekenntnissynode der Deutschen evangelischen Kirche grüßt die Gemeinden und die Brüder in der Zerstreuung!«, in: Chronik der Kirchenwirren II, 150. Brief v. Mai 1935, 271.

81 Vgl. G. Ritter, Carl Goerdeler, 66–73. Goerdelers Vermittlungstätigkeit ist Ritter allerdings unbekannt geblieben. Lediglich aus Goerdelers umfangreicher Denkschrift an Hitler vom August 1934 wird auch von einer kirchenpolitischen Stellungnahme gegen »Zwangsmittel zur Einigung« berichtet (a.a.O., 71).

82 Die Pläne gehen nur in Umrissen aus einigen verschlüsselten Schreiben Flors und Fiedlers hervor (vgl. Flor an Fiedler v. 28. 6. 1934, LKA Bielefeld, 5,1, Nr. 704, fasc. 2; und vor allem Fiedler an Flor v. 13. 7. 1934, a.a.O., Nr. 332). Im Zusammenhang mit dem »Gedankengang G« heißt es in letzterem Brief: »Hauptzweck meines Schreibens ist aber, Ihnen zu sagen, dass ich das, was wir am Sonntag in Leipzig besprachen, eingehend mit den beiden anderen Herren des Präsidiums durchgesprochen habe und dass sie mit mir der Meinung sind, wir sollten der uns zugegangenen Anregung gegenüber uns positiv verhalten. Wir haben auch überlegt, welche Personen für ein solches unparteiliches Kollegium in Frage kämen und sind uns weiter schlüssig geworden, daß ich die Verhandlungen mit der Persönlichkeit, die sich an Sie wandte, fortführen soll, aber dergestalt, dass ich ihr gegenüber nur für meine Person spreche, da für eine offizielle Stellungnahme vom Präsidium und Bruderrat die Zeit noch nicht gekommen sein dürfte.« Verstreute Hinweise auf diese Aktion finden sich auch in: W. Niemöller, Evangelische Kirche im Dritten Reich, 262f.; ferner in: Chr. Luther, Das kirchliche Notrecht, 42–44 (bes. Anm. 103).

83 Protokoll der Bruderratssitzung in Frankfurt a.M. v. 25. 7. 1934, LKA Bielefeld, 5,1, Nr. 704, fasc. 2.

84 Vgl. Vorschläge der Bekenntnissynode für die Ordnung in der Deutschen Evangelischen Kirche, in: AELKZ 67 (1934), Nr. 40 v. 5. 10. 1934, Sp. 953f. (Zitat: Sp. 953), vgl. auch Chronik der Kirchenwirren II, 151. Brief v. Juni 1935 (dort jedoch in falschem Zusammenhang); ferner vgl. W. Niemöller, Evangelische Kirche im Dritten Reich, 262f.

85 Vgl. a.a.O., 263.

86 Vgl. die Materialien der Unterausschüsse im LKA Oldenburg (LKA Oldenburg, OKR A 1–25); vgl. bes. das Protokoll Dietrichs über die Verhandlungen des Unterausschusses für den Gemeindeaufbau (a.a.O.).

87 Vgl. zu »Deutsches Volkstum« K. Scholder, Bd. 1, 154f.

88 Bericht über die zweite Tagung des Verfassungsausschusses der Deutschen Evangelischen Kirche in Erfurt, in: GesBl. DEK 1934, Nr. 46 v. 11. 8. 1934, 131–137 (Zitat: 132), zu den Teilnehmern vgl. a.a.O., 136f.

89 Vgl. die Texte in der Anlage, a.a.O., ohne durchlaufende Seitenzählung; ansonsten vgl. Über Kirche und Bekenntnis. Denkschrift, hg. v. der Reichskirchenregierung, in: Die Bekenntnisse 1934, 107–114; und Über das grundsätzliche Verhältnis von evangelischem Christentum und politischer Bewegung. Denkschrift, hg. v. der Reichskirchenregierung, a.a.O., 114–127. Die Texte wurden in Erfurt angekündigt und auf der Nationalsynode ausgegeben (vgl. P. Fleisch, Zu der Denkschrift der Reichskirchenregierung (RKR) über »Bekenntnis und Kirche« und über »Das grundsätzliche Verhältnis von evangelischem Christentum und politischer Bewegung«, in: AELKZ 67 (1934), Nr. 36 v. 7. 9. 1934, Sp. 844, Anm. 1; ferner vgl. Bericht über die Tagung der Nationalsynode am 9. August 1934 im Preußenhaus zu Berlin, in: GesBl. DEK 1934, Nr. 56 v. 17. 9. 1934, 165).

90 Vgl. oben Kap. 5.

91 Über das grundsätzliche Verhältnis von evangelischem Christentum und politischer Bewegung. Denkschrift, hg. v. der Reichskirchenregierung, in: Die Bekenntnisse 1934, 120 f.

92 A.a.O., 126.

93 Bericht über die zweite Tagung des Verfassungsausschusses der Deutschen Evangelischen Kirche in Erfurt, in: GesBl. DEK 1934, Nr. 46 v. 11. 8. 1934,133.

94 An gleicher Stelle hatte im April 1933 die 1. Reichstagung der Deutschen Christen stattgefunden (vgl. K. Scholder, Bd. 1, 413–417 und Bild Nr. 50).

95 Ein ausführlicher Bericht liegt in einem von Th. Breit herausgegebenen Heft vor (Die Deutsche Evangelische Nationalsynode am 9. August 1934). Zu den amtlichen Texten vgl. GesBl. DEK 1934: Kirchengesetz über die Leitung der Deutschen Evangelischen Kirche und der Landeskirchen v. 9. 8. 1934, a.a.O., Nr. 44 v. 10. 8. 1934, 121; Kirchengesetz zur Sicherung des reformierten Bekenntnisstandes v. 9. 8. 1934, a.a.O., 12 f.; Kirchengesetz über den Diensteid der Geistlichen und Beamten v. 9. 8. 1934, a.a.O., 122 ff.; Kirchengesetz über die Rechtmäßigkeit von gesetzlichen und Verwaltungsmaßnahmen v. 9. 8. 1934, a.a.O., 123; Kirchengesetz über die Beflaggung von Kirchen und kirchlichen Gebäuden v. 9. 8. 1934, a.a.O., 123; Kirchengesetz über die Tagegelder und Reisekosten der Mitglieder der Nationalsynode v. 9. 8. 1934, a.a.O., 124; Rede des Rechtswalters der Deutschen Evangelischen Kirche auf der Tagung der Deutschen Evangelischen Nationalsynode am 9. August 1934, a.a.O., Nr. 45 v. 11. 8. 1934,

125–129; Gottesdienst in der Dreifaltigkeitskirche zur Tagung der Nationalsynode, a.a.O., Nr. 56 v. 17. 9. 1934, 168–170; Ansprache des Reichsbischofs zur Eröffnung der Nationalsynode, a.a.O., 170–172; Die Deutsche Evangelische Nationalsynode gibt sich folgende Geschäftsführung, a.a.O., 172; vgl. ferner Die Nationalsynode hat getagt, in: Evangelium im Dritten Reich 3 (1934), Nr. 33 v. 19. 8. 1934, 409–411; Chronik der Kirchenwirren II, 151. Brief v. Juni 1935, 273–281.

96 Ansprache des Reichsbischofs zur Eröffnung der Nationalsynode, a.a.O., Nr. 56 v. 17. 9. 1934, 171.

97 Vgl. Die Deutsche Evangelische Nationalsynode gibt sich folgende Geschäftsführung, a.a.O., 172.

98 Die Deutsche Evangelische Nationalsynode am 9. August 1934, 8.

99 A.a.O., 12.

100 Kirchengesetz über die Leitung der Deutschen Evangelischen Kirche und der Landeskirchen v. 9. 8. 1934, in: GesBl. DEK 1934, Nr. 44 v. 10. 8. 1934, 121.

101 Ebd.

102 Die Deutsche Evangelische Nationalsynode am 9. August 1934, 19; vgl. auch Das Kirchenvolk bei den Deutschen Christen, in: Evangelium im Dritten Reich 3 (1934), Nr. 13 v. 1. 4. 1934, 162.

103 Die Deutsche Evangelische Nationalsynode am 9. August 1934, 28.

104 A.a.O., 29.

105 Vgl. zum Ganzen a.a.O., 21–31.

106 Die Nationalsynode hat getagt, in: Evangelium im Dritten Reich 3 (1934), Nr. 33 v. 19. 8. 1934, 411.

107 Vgl. Kirchengesetz über den Diensteid der Geistlichen und Beamten v. 9. 8. 1934, in: GesBl. DEK 1934, Nr. 44 v. 10. 8. 1934, 122f.

108 Die Deutsche Evangelische Nationalsynode am 9. August 1934, 38.

109 Vgl. Kirchengesetz über die Rechtmäßigkeit von gesetzlichen und Verwaltungsmaßnahmen v. 9. 8. 1934, in: GesBl. DEK 1934, Nr. 44 v. 10. 8. 1934, 123.

110 Vgl. Gesetz über Maßnahmen der Staatsnotwehr v. 3. 7. 1934, in: Reichsgesetzblatt 1934, 1, Nr. 71 v. 3. 7. 1934, 529; Gesetz über die Rechtmäßigkeit von Verordnungen und Verwaltungsakten v. 3. 7. 1934, a.a.O., 530.

111 Die Deutsche Evangelische Nationalsynode am 9. August 1934, 39f.

112 Vgl. Bericht über die Tagung der Nationalsynode am 9. August 1934 im Preußenhaus zu Berlin, in: GesBl. DEK 1934, Nr. 56 v. 17. 9. 1934, 165.

113 L. Müller an Pfeffer v. 11. 8. 1934, EZA Berlin, I/A 4/246.
114 Darstellung der kirchengeschichtlichen Entwicklung seit dem Sommer 1933. Abschrift (handschriftlicher Vermerk: 28. August 1934), AP Poznań, Evang. Konsist. Posen, NL Jäger 1, Bl. 49–54 (Zitat: Bl. 52 f.).
115 A.a.O., Bl. 54.
116 Evangelium im Dritten Reich 3 (1934), Nr. 37 v. 16. 9. 1934, 452.
117 Adolf Hitlers Botschaft an die deutsche Nation. Der 6. Parteitag der Bewegung feierlich eröffnet, in: VB, Norddt. Ausgabe 47 (1934), Nr. 249 v. 6. 9. 1934, 4.
118 Abgedruckt wurde das Bild u. a. in: Evangelium im Dritten Reich 3 (1934), Nr. 37 v. 16. 9. 1934, 449. Das Bild wurde vom Verlag des »Evangelium[s] im Dritten Reich« mit Schreiben v. 8. 9. 1934 auch den deutschchristlichen Gauleitungen zugesandt (vgl. LKA Hamburg, Deutsche Christen, Nr. 1).
119 Zit. nach B. Hey, Die Kirchenprovinz Westfalen, 92; vgl. auch a.a.O., 92 f.
120 Protokoll der Sitzung des Reichsbruderrates v. 10. 8. 1934 in Hamburg, LKA Bielefeld, 5,1, Nr. 704, fasc. 2.
121 Kanzelabkündigung des Reichsbruderrates (verlesen am 12. 8. 1934), in: Chronik der Kirchenwirren II, 151. Bief v. Juni 1935, 282.
122 W. Flor, Sind die von der »Nationalsynode« am 9. August 1934 beschlossenen Gesetze rechtsgültig?, in: JK 2 (1934), H. 17 v. 8. 9. 1934, 687–691.
123 A.a.O., 690 f.
124 A.a.O., 691. Am 2. 9. 1934 erstattete Flor zusammen mit Fiedler und zwei anderen Juristen noch ein weiteres »Gutachten über Zusammensetzung und über Beschlüsse der Nationalsynode der Deutschen Evangelischen Kirche vom 9. August 1934«, das speziell für gerichtliche Entscheidungen bestimmt war (W. Flor u. a., Gutachten über Zusammensetzung und Beschlüsse der Nationalsynode der Deutschen Evangelischen Kirche vom 9. August 1934. Druckvorlage, NL Flor, Berlin).
125 So ausdrücklich die Weisungen des Bruderrates der Bekenntnissynode der DEK betr. Eidesleistung v. 15. 8. 1934, in: Chronik der Kirchenwirren II, 151. Brief v. Juni 1935, 283. Vgl. zum Ganzen auch A. Gerlach-Praetorius, Kirche vor der Eidesfrage, 61–67.
126 Vgl. Bekanntmachung des bayerischen Landeskirchenrates und Landesbischofs zum kirchlichen Diensteid v. 21. 8. 1934, in: Chronik der Kirchenwirren, 151. Brief v. Juni 1935, 284 f. (Zitat: 284).
127 Der Notbund zur Eidesfrage, ebd.

128 O. Dibelius, Der Eid in der Kirche, in: JK 2 (1934), H. 17 v. 8. 9. 1934, 680–687 (Zitat: 685); vgl. auch A. Gerlach-Praetorius, Kirche vor der Eidesfrage, 66 f.
129 Barth an Niesel v. 7. 9. 1934, Karl-Barth-Archiv Basel.
130 Vgl. Verordnung über die Vereidigung der kirchlichen Beamten v. 13. 9. 1934, in: GesBl. DEK 1934, Nr. 54 v. 14. 9. 1934,157. Möglicherweise geschah die Aufhebung auf Intervention Dettens und Kinders (vgl. Präsidium der Bekenntnissynode an Detten v. 27. 8. 1934, LKA Bielefeld, 5,1, Nr. 747, fasc. 2; dazu Detten an den Präses der Bekenntnissynode der Deutschen Evangelischen Kirche v. 29. 8. 1934, a.a.O.).
131 Jäger an Meiser v. 17. 7. 1934, GStA München, MA 107, 291. Ein Durchschlag ging an das Bayerische Staatsministerium. Das entsprechende Schreiben an Wurm in: G. Schäfer, Dokumentation 3, 420 f.
132 Vgl. Kirchengesetz über die Leitung der Deutschen Evangelischen Kirche und der Landeskirchen v. 9. 8. 1934, in: GesBl. DEK 1934, Nr. 44 v. 10. 8. 1934, 121.
133 Vgl. G. Schäfer, Dokumentation 3, 499 f. (Zitat: 500).
134 Meiser an Frick v. 14. 8. 1934 in: Die Deutsche Evangelische Nationalsynode am 9. August 1934, 45–47.
135 A.a.O., 46.
136 A.a.O., 47.
137 Meiser und Wurm an Hitler v. 14. 8. 1934. Entwurf, in: G. Schäfer, Dokumentation 3, 500–502 (Zitat: 502).
138 Meißner an Wurm v. 11. 9. 1934. Abschrift von Abschrift, AP Poznań, Evang. Konsist. Posen, NL Jäger 12, Bl. 69; Auszug auch in: Chronik der Kirchenwirren II, 153. Brief v. August 1935, 308; der ganze Vorgang in: ZStA Potsdam 281/4.
139 Zit. nach Chronik der Kirchenwirren II, 152. Brief v. Juli 1935, 291.
140 Vgl. Die bayerische August-Synode am 23. August 1934, a.a.O., 288–291.
141 Text der Erklärung v. 23. 8. 1934, a.a.O., 291.
142 Vgl. E. Henn, Führungswechsel, in: ZBKG 43 (1974), 396 (1974), 396.
143 Kundgebung des bayerischen Landesbischofs v. 24.8.1934, in: Chr. Stoll, Dokumente zum Kirchenstreit V, 13.
144 Bericht Epps an Frick v. 20. 9. 1934; zit. nach H. Baier, Deutsche Christen Bayerns, 108.
145 Ein anschauliches Beispiel für die Aktion bieten die Akten des Staatspo-

lizeiamtes Coburg (vgl. a.a.O., 403). Zu den kirchlichen Reaktionen vgl. a.a.O., 109.

146 Vgl. G. Schäfer, Dokumentation 3, 504–507.

147 Kanzelabkündigung v. 24. 8. 1934, a.a.O., 511 f. (Zitat: 512).

148 Besprechung lutherischer Kirchenführer und Theologieprofessoren v. 25. 8. 1934, in: Verantwortung für die Kirche I, Nr. 160, 322.

149 Ebd.

150 Vgl. Merz an Asmussen v. 3. 9. 1934 in: G. Niemöller, Die erste Bekenntnissynode I, 205, Anm. 73; vgl. auch a.a.O., 207.

151 Besprechung lutherischer Kirchenführer und Theologieprofessoren v. 25. 8. 1934, in: Verantwortung für die Kirche I, Nr. 160, 324.

152 Vgl. a.a.O., 327.

153 A.a.O., 324.

154 A.a.O., 325.

155 A.a.O., 326. Zu Zoellners Aufruf und Plan vgl. K. Scholder, Bd. 1, 420–427, und W. Philipps, Wilhelm Zoellner, 115–126.

156 Vgl. Lutherische Kundgebung zur Not der kirchlichen Lage, in: AELKZ 67 (1934), Nr. 35 v. 31. 8. 1934, 821; ebenso in: Chronik der Kirchenwirren II, 152. Brief v. Juli 1935, 297 und 299; zur Kritik vgl. G. Niemöller, Die erste Bekenntnissynode I, 206–209. Zur Berufung Elerts in den lutherischen Rat vgl. Besprechung lutherischer Kirchenführer und Theologieprofessoren v. 25. 8. 1934, in: Verantwortung für die Kirche I, Nr. 160, 327.

157 Vgl. oben Kap. 3, 108 und Anm. 177.

158 Vgl. E. Bethge, Dietrich Bonhoeffer, 437.

159 Bonhoeffer an de Félice v. 4. 7. 1934, in: Ges. Schriften 6, 352 (Zitat: 353).

160 Zit. nach M. U. Kaiser, Deutscher Kirchenkampf, 321.

161 Zit. nach ebd., Anm. 21.

162 Vgl. Henriod an Bonhoeffer v. 7. 7. 1934, in: D. Bonhoeffer, Ges. Schriften I, 197–200; Übersetzung, a.a.O., 437–440 (Zitat: 439).

163 Bonhoeffer an Henriod v. 12. 7. 1934, a.a.O., 200–202; Übersetzung, a.a.O., 440–442 (Zitat: 440).

164 A.a.O., 441.

165 Vgl. Bell an Ammundsen v. 7. 7. 1934, a.a.O., 203, Übersetzung, a.a.O., 442 f. Bell an Koechlin v. 7. 7. 1934, in: George Bell – Alphons Koechlin, 138; und Koechlins wichtige Antwort (Koechlin an Bell v. 10. 7. 1934, a.a.O., 140 f.).

166 Bell an Koch v. 18. 7. 1934, in: D. Bonhoeffer, Ges. Schriften 1, 204; Übersetzung, a.a.O., 443 f.
167 Vgl. oben Anm. 48, vgl. auch »Notiz: Telephongespräch von Präses Koch mit A[uswärtigem] A[mt] Berlin« a. 21. 7. 1934, in: A. Boyens, Kirchenkampf und Ökumene, 330 f.
168 Merz an Koch v. 30. 7. 1934, a.a.O., 331–333 (Zitat: 332).
169 Bonhoeffer an Ammundsen v. 8. 8. 1934, in: D. Bonhoeffer, Ges. Schriften I, 205.
170 A.a.O., 205 f.
171 A. Boyens, Kirchenkampf und Ökumene, 111, Anm. 123.
172 Koch an Bell v. 10. 8. 1934, a.a.O., 333 f. (Zitat: 334).
173 Präsidium der Bekenntnisgemeinschaft an Bell v. 20. 8. 1934, LKA Bielefeld, 5,1, Nr. 708, fasc. 2.
174 Zit. nach A. Boyens, Kirchenkampf und Ökumene, 110 f.
175 Bell an Heckel v. 9. 8. 1934, a.a.O., 334.
176 Heckel an Bell v. 14. 8. 1934, a.a.O., 335–337 (Zitat: 336).
177 Vgl. E. Bethge, Dietrich Bonhoeffer, 443; vgl. dazu auch M. Boegner, Ein Leben für die Ökumene, 80 f.; vgl. ferner O. Dudzus, Dem Rad in die Speichen fallen, 79 f.
178 Vgl. E. Bethge, Dietrich Bonhoeffer, 445 f. (Zitat: 446); vgl. auch D. Bonhoeffer, Kirche und Völkerwelt, in: ders., Ges. Schriften I, 216–219.
179 A.a.O., 216. Allerdings hatte Bonhoeffer schon 1932 auf der Jugendfriedenskonferenz in Černohorske Kupele (Tschechoslowakei) in seinem Vortrag »Zur theologischen Begründung der Weltbundarbeit« grundlegende theologische Gedanken zum Thema »Krieg und Frieden« vorgetragen (vgl. a.a.O., 140–158).
180 D. Bonhoeffer, Kirche und Völkerwelt, 216.
181 A.a.O., 217 f.
182 A.a.O., 218. Vgl. dazu auch E.-A. Scharffenorth, Bonhoeffers Pazifismus, 363–387. Scharffenorth vertritt die These, »Bonhoeffer ...« habe sich »... an dieser Stelle auf den Boden einer Gesinnungsethik« gestellt (a.a.O., 380) und »... die Kirche ...« aufgefordert, »ihre Friedensverantwortung wahrzunehmen, aber nicht einem säkularen Pazifismus zu verfallen« (a.a.O., 385).
183 D. Bonhoeffer, Kirche und Völkerwelt, in: ders., Ges. Schriften I, 219; vgl. dazu auch E. Bethge, Dietrich Bonhoeffer, 448–450; vgl. auch O. Dudzus, Dem Rad in die Speichen fallen, 73 f.

184 Zur Interpretation der Bonhoefferschen Position in Fanø vgl. W. Maechler, Bonhoeffers Fanø-Friedensrede zwischen Pazifismus und Widerstand, in: ZdZ 38(1984),189f, vgl. auch Bonhoeffers Ethik, wo er in den Jahren 1940 und 1941 mit dem Machiavellischen Begriff der »necessità« »Notwendigkeiten« aufzeigt, die »jenseits der Gesetze der ratio« den Staatsmann auch zu einem Kriege nötigen könnten. Und er gab in diesem Zusammenhang dem englischen Politiker Baldwin Recht, der gesagt habe, »daß es nur ein größeres Übel gebe als die Gewalt, nämlich die Gewalt als Prinzip, als Gesetz, als Norm. Er wollte damit nicht die außerordentliche, als Grenzfall sich ereignende Notwendigkeit des Gewaltgebrauchs der ultima ratio bestreiten – er wäre sonst ein Schwärmer und kein Staatsmann –, aber er wollte um keinen Preis das Außerordentliche, den Grenzfall mit dem Normalen, dem Gesetz verwechselt sehen.« (D. Bonhoeffer, Ethik, 253f). Siehe auch H. E. Tödt, Dietrich Bonhoeffers ökumenische Friedensethik, 85–117.

185 Zum folgenden vgl. vor allem W. Birnbaum, Zeuge meiner Zeit, 165–172; vgl. auch M. Boegner, Ein Leben für die Ökumene, 81 f.

186 So nach der Tagebuchnotiz von Julius Rieger vom 11. 9. 1934 in: D. Bonhoeffer, Ges. Schriften 6, 324.

187 Zit. nach M. Boegner, Ein Leben für die Okumene, 82.

188 E. Bethge, Dietrich Bonhoeffer, 444.

189 Protest Heckels gegen die Kooptierung Präses Kochs v. 30. 8. 1934 in: A. Boyens, Kirchenkampf und Okumene, 339, Übersetzung, a.a.O., 455 f. (Zitat: 455).

190 Vgl. u. a. JK 2 (1934), H. 17 v. 8. 9. 1934, 700–705.

191 A.a.O., 700.

192 A.a.O., 701.

193 Ebd.

194 A.a.O., 702.

195 A.a.O., 704.

196 Vgl. dazu u. a. M. U. Kaiser, Deutscher Kirchenkampf, 320–324.

197 Duckwitz an das Auswärtige Amt v. 4. 9. 1934, BA Koblenz, R 4311/150; ähnlich die Deutsche Gesandtschaft in Stockholm an das Auswärtige Amt v. 5. 9. 1934, A.a.O.

198 Protokoll der Sitzung des Reichsbruderrats in Würzburg v. 3. 9. 1934, Auszug in: D. Bonhoeffer, Ges. Schriften I, 220 f. (Zitat: 221).

199 Bonhoeffer an Bell v. 7. 9. 1934, a.a.O., 222; Übersetzung, a.a.O., 449 f. (Zitat: 450).
200 Vgl. u. a. Evangelischer Bischofstag in Berlin, in: Evangelium im Dritten Reich 3 (1934), Nr. 36 v. 9. 9. 1934, 442.
201 Das Wort des deutschen evangelischen Bischofstages, a.a.O., 444.
202 Protokoll der Sitzung des Landeskirchenausschusses am 11. 9. 1934 in Oldenburg. Abschrift, LKA Oldenburg, OKR A I-29.
203 Ebd.
204 Evangelischer Bischofstag in Berlin, in: Evangelium im Dritten Reich 3 (1934), Nr. 36 v. 9. 9. 1934, 442.
205 Verordnung betreffend das Inkrafttreten der §§ 1 und 3 des Kirchengesetzes über die Leitung der Deutschen Evangelischen Kirche und der Landeskirchen vom 9. August 1934 v. 3. 9. 1934, in: GesBl. DEK 1934, Nr. 51 v. 3. 9. 1934, 149. Der Veröffentlichung voraus gingen ein Ultimatum sowie Verhandlungen zwischen Jäger und Vertretern Württembergs am 28. 8. 1934 in Berlin (vgl. G. Schäfer, Dokumentation 3, 513–518).

Amerkungen zu Kapitel 8

1 Vgl. C. Gröber, Nationalkirche? (Zitat: 1).
2 A.a.O., 75; vgl. auch a.a.O., 55–59.
3 Monatsbericht des Ansbacher Regierungspräsidenten v. 9. 1. 1935, in: Die kirchliche Lage in Bayern II, 45.
4 Der Katholikentag und der Kampf gegen den bekenntnistreuen Protestantismus, in: Deutsche Briefe I, Nr. 3 v. 19. 10. 1934, 36.
5 A.a.O., 37.
6 Vgl. Der Weg des Protestantismus nach Rom. Sonderbericht des Chefs des Sicherheitshauptamtes des Reichsführers SS v. August 1935, in: Berichte des SD, 79–104.
7 Anfrage Wurms an sämtliche Pfarrer der Landeskirche v. 7. 9. 1934, in: G. Schäfer, Dokumentation 3, 526.
8 Vgl. a.a.O., 527, 533 und 535. Etwas abweichende Zahlen in: Chronik der Kirchenwirren II, 154. Brief v. September 1935, 322.
9 Vgl. den ausführlichen Bericht über die Vorgänge bei G. Schäfer (Die Vorgänge in der Württ. Landeskirche v. 3.–13. 9. 1934, in: G. Schäfer, Dokumentation 3, 526–531 (Zitat: 529)).
10 Vgl. a.a.O., 529 f. (Zitat: 530).

11 Sonderkommissar für die evangelische Landeskirche Württemberg, in: NS-Kurier 4 (1934), Morgen-Ausgabe Nr. 420 v. 10. 9. 1934, 3; ebenso auch in: Die Vorgänge in der Württ. Landeskirche v. 3.-13. 9. 1934, in: G. Schäfer, Dokumentation 3, 527.

12 Vgl. a.a.O., 527 f.; vgl. auch Chronik der Kirchenwirren II, 154. Brief v. September 1935, 324.

13 Vgl. etwa das Rundschreiben des Geistlichen Kommissars an sämtliche Pfarrämter v. 17. 9. 1934, in: G. Schäfer, Dokumentation 3, 547 f.; Zu den Vorgängen in der evang. Kirche, in: NS-Kurier 4 (1934), Abend-Ausgabe Nr. 443 v. 22. 9. 1934,3; Die entzogenen Kirchengelder, a.a.O., Morgen-Ausgabe Nr. 462 v. 4. 10. 1934, 1 (ebenso in: G. Schäfer, Dokumentation 3, 553 f.); Rehms Anschuldigungen in: Protokoll der Sitzung der neugebildeten Württ. Landessynode v. 9. 10. 1934, a.a.O., 599.

14 Vgl. Urteilsbegründung der 3. Strafkammer des Landgerichts Stuttgart v. 20. II. 1934, a.a.O., 667–670.

15 Vgl. a.a.O., 533.

16 Vgl. Vorgänge in der Württ. Landeskirche, a.a.O., 539–541.

17 Pfarrbericht des Dekans von Künzelsau über die Gemeinde Forchtenberg v. 1927, LK-A Stuttgart, A 29/1284.

18 Vgl. Protokoll der Sitzung der neugebildeten Württ. Landessynode v. 9. 10. 1934, in: G. Schäfer, Dokumentation 3, 597 f.

19 Meißner an Meiser und Wurm v. 11.9.1934, a.a.O., 533 f.; dort finden sich auch Hinweise zur Entstehung des Schreibens.

20 Zit. nach E. Jahn/K. Maute, Kriegschronik der evang. Kirchengemeinde Ebingen für die Zeit von 1933–1948 (maschinenschriftliches Manuskript o. J.). Kopie, AS Tübingen, 22; vgl. auch Rundschreiben des Geistlichen Kommissars an sämtliche Pfarrämter v. 17. 9. 1934, in: G. Schäfer, Dokumentation 3, 546.

21 Walzer an L. Müller v. 19. 9. 1934, a.a.O., 544 f., Anm. 43. Vgl. den Verweis auf ein Schreiben des württ. Kultministeriums v. 17. 9. 1934, a.a.O., 534 und Anm.26.

22 Rundschreiben des stellvertretenden Gauleiters der NSDAP, Gau Württemberg und Hohenzollern, Schmidt, v. 12. 10. 1934, a.a.O., 609.

23 Gutachten von Reichsgerichtsrat Flor v. 8. 10. 1934; zit. nach a.a.O., 533 f., Anm. 24.

24 Der »Deutsche Sonntag«, v. 16. 9. 1934, a.a.O., 555 f. (Zitat: 555).

25 Zur Wiederbegründung der württ. Bekenntnisgemeinschaft und ihrer Or-

ganisation vgl. Th. Dipper, Evangelische Bekenntnisgemeinschaft in Württemberg, 47–57; zur Zusammensetzung des ersten Bruderrates vgl. a.a.O., 49.

26 Rundschreiben der Bekenntnisgemeinschaft an ihre Pfarrer v. 14. 9. 1934, in: G. Schäfer, Dokumentation 3, 535.

27 A.a.O., 537.

28 Verordnung des Württ. Innenministeriums v. 17. 9. 1934, a.a.O., 556.

29 Beispiele u. a. in: Chronik der Kirchenwirren II, 154. Brief v. September 1935, 334 und 336.

30 Vgl. Wurm an die Dekane der Bekenntnisfront v. 25. 9. 1934, in: G. Schäfer, Dokumentation 3, 570 f.

31 Vgl. dazu die Verordnung der Politischen Landespolizei in Stuttgart v. 1. 10. 1934, a.a.O., 585 f.

32 Bericht des Evang. Dekanatamts Balingen v. 23. und 24. 9. 1934, a.a.O., 582–585.

33 A.a.O., 585.

34 Vermerk des bayerischen Ministerpräsidenten Siebert über eine Besprechung beim Reichsstatthalter v. 22. 10. 1934, in: Dokumente zur Kirchenpolitik II, 187.

35 Zu Zwörner vgl. ebd., Anm. 19; vgl. auch H. Baier, Deutsche Christen Bayerns, 93.

36 Zur Biographie Wolf Meyers vgl. vor allem a.a.O., 57, Anm. 62; ferner vgl. E. Stegmann, Der Kirchenkampf in der Thüringer Evangelischen Kirche, 104 f. und 126. Als die nationalsozialistische Kirchenpolitik immer restriktiver wurde, geriet Meyer 1938 in Konflikt mit dem sächsischen Gauleiter Mutschmann (vgl. H.-J. Sonne, Deutsche Christen, 90–100 und 232). 1947 bestätigte ihm der »Antifaschistische[r] Block« in Jena Betätigung »... an der Widerstandsbewegung im Kampfe gegen das Naziregime ...« (Bescheinigung des Antifaschistischen Blocks v. 6. 5. 1947, a.a.O., 249); später wurde Wolf Meyer Pfarrer in der Evangelischen Kirche von Hessen und Nassau und erhielt 1962 das Bundesverdienstkreuz (vgl. H. Baier, Deutsche Christen Bayerns, 57, Anm. 62).

37 Zit. nach a.a.O., 95.

38 A.a.O., 101.

39 Fränkische Tageszeitung v. 6. 7. 1934; zit. nach a.a.O., 386.

40 Fränkische Tageszeitung. Extrablatt v. 17. 9. 1934; zit. nach a.a.O., 408–412 (Zitat: 408).

41 A.a.O., 411.
42 A.a.O., 412.
43 Vgl. a.a.O., 113f.
44 Vgl. dazu die instruktive Studie von R. Hambrecht, Der Aufstieg der NSDAP in Mittel- und Oberfranken, insbes. die Zusammenfassung 404–411. Wichtig ist hier auch der Abschnitt über die unterschiedliche Haltung der Kirchen vor 1933 (vgl. a.a.O., 284–292); vgl. ferner H. Glaser, Franken und der Nationalsozialismus, 7–19.
45 Vgl. J. Schieder, Hans Meiser, 23f.
46 Zit. nach K. Geuder, Die Bibelkreise im »Dritten Reich«, 85.
47 Vgl. H. Baier, Deutsche Christen Bayerns, 120.
48 Die kirchliche Lage in Bayern II, 34–36 (Zitat: 36).
49 Vgl. unten Kap. 8.
50 H. Baier, Deutsche Christen Bayerns, 85.
51 Vgl. oben Kap. 5.
52 Zur Gründung der Pfarrergemeinde vgl. H. Baier, Deutsche Christen Bayerns, 111.
53 Vgl. Friede in der Kirche! v. 9. 9. 1934, a.a.O., 406f.
54 Vgl. Erklärung v. 17. 9. 1934, a.a.O., 407.
55 Vgl. a.a.O., 118.
56 Der Bürgermeister von Rohr (Mittelfranken) an den Reichsbischof v. 18. 9. 1934, a.a.O., 405f. (Zitat: 406).
57 A.a.O., 405, Anm. 43.
58 Rede L. Müllers in Hannover v. 19. September 1934, in: Chronik der Kirchenwirren II, 153. Brief v. August 1935, 310.
59 Zit. nach dem Pressebericht des Auswärtigen Amtes, PA Bonn, Pol 2, Saargebiet, Bd. 5.
60 Botschaftsrat von Bismarck an das Auswärtige Amt v. 17. 9. 1934, in: Akten zur deutschen auswärtigen Politik C III, 1, 403f. (Zitat: 404).
61 Aufzeichnung Neuraths über eine Unterredung mit dem Reichsbischof v. 20. 9. 1934, in: Dokumente zur Kirchenpolitik II, 174–176 (Zitat: 175).
62 Telegramm Bürckels an Hitler v. 21. 9. 1934, a.a.O., 175, Anm. 4.
63 Telegramm Bürckels an L. Müller v. 21. 9. 1934, ebd.
64 Vgl. Erklärung des Reichsbischofs v. 20. 9. 1934, u.a. in: Akten zur deutschen auswärtigen Politik C III, 1, 407, Anm. 4; vgl. dazu auch Dokumente zur Kirchenpolitik II, 175, Anm. 5.

65 Aufzeichnung Buttmanns über die Verhandlungen zwischen Regierungsvertretern und Vertretern des Episkopats v. 20. 9. 1934, a.a.O., 174.
66 Meißner an Pfeffer v. 21. 9. 1934, ZStA Potsdam, 281/6.
67 So nach einer Besprechung Bodelschwinghs mit Meißner v. 14. 9. 1934, HA Bethel, 2/39-182.
68 Vgl. Chronik der Kirchenwirren II, 153. Brief v. August 1935, 312.
69 Vgl. »Volksgemeinschaft und religiöse Vertiefung«. Die Reichstagung der Deutschen Christen, in: Evangelium im Dritten Reich 3 (1934), Nr. 39 v. 30. 9. 1934, 480-484.
70 Vgl. Das Programm der Reichstagung v. 21.-23. 9. 1934, 457-459.
71 »Volksgemeinschaft und religiöse Vertiefung«. Die Reichstagung der Deutschen Christen, a.a.O., Nr. 39 v. 30. 9. 1934, 480.
72 Vgl. Chronik der Kirchenwirren II, 153. Brief v. August 1935, 314; vgl. auch F. Tügel, Mein Weg, 275.
73 Reichsminister Pg. Frick grüßt die Reichstagung der Deutschen Christen, in: Evangelium im Dritten Reich 3 (1934), Nr. 38 v. 23. 9. 1934, 461.
74 H. Weidemanns Grußwort in: Wir wollen Christum dem Deutschen Volk predigen, a.a.O., 465.
75 Festliche Kundgebung in der Kroll-Oper, a.a.O., Nr. 39 v. 30. 9. 1934, 486.
76 Ansprachen des Rechtswalters der Deutschen Evangelischen Kirche und des Reichsbischofs bei dem Festakt am 23. September 1934 im Preußenhaus zu Berlin, in: GesBl. DEK 1934, Nr. 58 v. 27. 9. 1934, 175-178 (Zitat: 176).
77 Chronik der Kirchenwirren II, 153. Brief v. August 1935, 316.
78 Vgl. Gottesdienst zur feierlichen Einführung des Reichsbischofs am 23. September 1934 im Dom zu Berlin, in: GesBl. DEK 1934, Nr. 58 v. 27. 9. 1934, 179-185.
79 F. Tügel, Mein Weg, 278.
80 Vgl. a.a.O., 279.
81 Vgl. Kirchengesetz zur Änderung der Verfassung der Evangelischen Landeskirche Württembergs v. 28. 8. 1934, in: GesBl. DEK 1934, Nr. 59 v. 29. 9. 1934, 193f.
82 Zum Veranstaltungsplan vgl. Rundschreiben des Geistlichen Kommissars an sämtliche Dekanat- und Pfarrämter v. 27. 8. 1934, in: G. Schäfer, Dokumentation 3, 579f.
83 Heilbronner Zeitung v. 29. 9. 1934, in: Chronik der Kirchenwirren II, 155. Brief v. Oktober 1935, 340.

84 Predigt des Landesbischofs v. 4. 10. 1934 in Stuttgart, in: G. Schäfer, Dokumentation 3, 590.
85 Hirtenbrief des Landesbischofs v. 4. 10. 1934, a.a.O., 586 f. (Zitat: 587).
86 Erlaß des Württ. Innenministers an den Landesbischof v. 6. 10. 1934, a.a.O., 593 f.
87 Vgl. Protokoll der Sitzung der Württ. Landessynode v. 9. 10. 1934, a.a.O., 597–602; Verfügung des Geistl. Kommissars über die Absetzung Wurms v. 9. 10. 1934, a.a.O., 602. Nach § 35 des Württ. Kirchenverfassungsgesetzes kann die rechtmäßige Landessynode mit Zweidrittelmehrheit den Rücktritt des Landesbischofs beschließen (vgl. Kirchliches Gesetz, betr. die Verfassung der evangelischen Landeskirche in Württemberg (Kirchenverfassungsgesetz) v. 24. 6. 1920, in: Amtsblatt des württ. Evang. Konsist. 19 (1920), Nr. 37 v. 25. 6. 1920, 199–209 (bes. 207).
88 Lutherische Kirche deutscher Nation oder romfreie deutsche Nationalkirche!, in: Amtsblatt für die Ev.-Luth. Kirche in Bayern rechts des Rheins, Nr. 33 v. 1. 10. 1934, in: Die Bekenntnisse 1934, 139–142 (Zitat: 141 f.). Das Rosenberg-Zitat stammt aus dem »Mythus« (A. Rosenberg, Mythus, 614 f.), wo es allerdings einschränkend hieß: »... ist *mit* die größte Aufgabe ...« (Hervorhebung vom Verfasser).
89 Vgl. H. Meiser, Offener Brief an den Herrn Reichsbischof Ludwig Müller v. 2. 10. 1934, in: JK 2 (1934), H. 20 v. 20. 10. 1934, 853–858.
90 A.a.O., 854.
91 A.a.O., 856.
92 A.a.O., 857.
93 A.a.O., 858.
94 Vgl. H. Baier/E. Henn, Chronologie des bayerischen Kirchenkampfes, 85.
95 W. Meyer-Erlach an L. Müller, Jäger und Kinder v. 5. 10. 1934, EZA Berlin, 1/A 4/293.
96 Vgl. Chr. Kinder, Neue Beiträge, 58 f., ähnlich W. Birnbaum, Zeuge meiner Zeit, 190 f. Beides ist gegenüber den Quellen freilich stark verharmlosend.
97 Aktennotiz Meißners v. 4. 10. 1934, ZStA Potsdam, 281/4, 155. Es ist wohl kein Zufall, daß sich im gleichen Aktenbestand eine eidesstattliche Erklärung der früheren Frau Jägers v. 25. 9. 1934 befindet, die eine vernichtende Darstellung von Jägers Charakter enthält; vgl. dazu auch oben Kap. 5, 159 f.

98 Vgl. Verfügung Jägers v. 5. 10. 1934, in: Chr. Stoll, Dokumente zum Kirchenstreit V, 18f.
99 Jäger an die obersten Behörden der Landeskirchen und die Evangelischen Konsistorien der altpreußischen Union v. 5. 10. 1934, EZA Berlin, 1/A 4/239; ebenfalls im ZAEKHN Darmstadt, 1/95 u.ö.
100 Für diese Annahme könnte eine Bemerkung Meißners sprechen, der am 14. 9. 1934 Bodelschwingh erklärte: »Der Kanzler habe die Sorge, daß sich hinter dem Widerstand von Bayern und Württemberg politischer Partikularismus verberge. Das könne nicht geduldet werden« (Besprechung Bodelschwinghs mit Meißner v. 14. 9. 1934, HA Bethel, 2/39-182.
101 Siebert an Frick v. 12. 10. 1934, in: Dokumente zur Kirchenpolitik II, 181. Nur ein Vertreter Schemms scheint gegen den Beschluß protestiert zu haben. Vgl. zum Ganzen auch H. Baier/E. Henn, Chronologie des bayerischen Kirchenkampfes, 85f.
102 Vgl. Vermerk Sieberts über eine Besprechung beim Reichsstatthalter v. 22. 10. 1934, in: Dokumente zur Kirchenpolitik II, 187.
103 Funkspruch der Polizeidirektion Hof v. 11. 10. 1934, in: H. Baier, Deutsche Christen Bayerns, 415.
104 Funkspruch der Ansbacher Regierung v. 11. 10. 1934, ebd.
105 Zum folgenden vgl. Chronik der Kirchenwirren II, 155–156. Brief v. Oktober/November 1935, 337–366 (hiernach auch zitiert: 339); vgl. auch die zusammenfassende Darstellung mit Quellennachweisen in: H. Baier, Deutsche Christen Bayerns, 128–172.
106 Zur Biographie Gollwitzers vgl. a.a.O., 130, Anm.18; zu Sommerer vgl. a.a.O., 97, Anm. 65.
107 Münchner Neueste Nachrichten v. 12. 10. 1934, in: Chr. Stoll, Dokumente zum Kirchenstreit V, 19.
108 A.a.O., 20.
109 Zit. nach dem Bericht der AELKZ 67 (1934), Nr. 42 v. 19. 10. 1934, Sp. 991f. (Zitat: Sp. 991).
110 Ebd.
111 A.a.O., Sp. 991f.
112 Vgl. Chronik der Kirchenwirren II, 155. Brief v. Oktober 1935, 343.
113 A.a.O., 345 und 347 (Zitat: 347).
114 Vermerk Sieberts über eine Besprechung beim Reichsstatthalter v. 22. 10. 1934, in: Dokumente zur Kirchenpolitik II, 187.
115 Siebert an Frick v. 15. 10. 1934, a.a.O., 182f.

116 A.a.O., 182.
117 A.a.O., 182f.
118 A.a.O., 183.
119 Vgl. dazu Chronik der Kirchenwirren II, 155. Brief v. Oktober 1935, 353, 355 und 357, vgl. auch JK 2 (1934), H. 21 v. 3.11.1934, 904–908 (bes. 904).
120 Siebert an Frick v. 20. 10. 1934, GStA München, MA 107 291. Vgl. zu den ganzen Ereignissen auch die ausführlichen Berichte in: Chronik der Kirchenwirren II, 155. Brief v. Oktober 1935, insbes. 351, 355 und 357; JK 2 (1934), H. 21 v. 3. 11. 1934, 894–908; H. Baier, Deutsche Christen Bayerns, 143–157.
121 Siebert an Frick v. 20. 10. 1934, GStA München, MA 107, 291.
122 Siebert an Frick mit Vermerk Fricks v. 16. 10. 1934, in: Dokumente zur Kirchenpolitik II, 182.
123 Vgl. Bell an Koechlin v. 1. 10. 1934, in: George Bell – Alphons Koechlin, 146–148.
124 Bismarck an das Auswärtige Amt v. 12. 10. 1934, in: Akten zur deutschen auswärtigen Politik C III, 1, 465f. (Zitat: 465).
125 A.a.O., 466.
126 Erweiterungen und Randvermerk Neuraths in: Aufzeichnung Roedigers v. 15. 10. 1934, in: Akten zur deutschen auswärtigen Politik C III, 1, 473, Anm. 5.
127 Hoesch an das Auswärtige Amt v. 16. 10. 1934, a.a.O., 473–476 (Zitat: 474).
128 A.a.O., 475.
129 Telegramm aus London v. 17. 10. 1934, BA Koblenz, R 43 II/163.
130 Zum Randvermerk Lammers in: Aufzeichnung Roedigers v. 15.10.1934, in: Akten zur deutschen auswärtigen Politik C III, 1, 475, Anm. 8. Ich revidiere hier ein früher geäußertes Urteil (vgl. K. Scholder, Die evangelische Kirche in der Sicht der nationalsozialistischen Führung bis zum Kriegsausbruch, in: VZG 16 (1968), 24f.).
131 Reichsinnenministerium an Lammers v. 18. 10. 1934, BA Koblenz, R 43 II/163.
132 Ebd.
133 L. Müller an verschiedene Geistliche v. 18. 10. 1934. Entwurf, EZA Berlin, 1/A 4/25.
134 Reichsinnenministerium an Lammers v. 18. 10. 1934, BA Koblenz, R 43 II/163.
135 Vgl. Protokoll der Sitzung des Reichsbruderrates v. 3. 9. 1934, in: Die

Zweite Bekenntnissynode, 18. Die völlig unzureichende Edition ist leider noch immer die einzige umfassende Darstellung dieser wichtigen Synode.

136 Asmussen an Link v. 25. 9. 1934, a.a.O., 19.

137 Protokollauszug der Sitzung des Reichsbruderrates v. 3. 9. 1934, a.a.O., 19–21 (Zitat: 19f.). Vgl. dazu auch das umfangreiche Sitzungsprotokoll von Heinz Kloppenburg (Protokoll Kloppenburgs über die Sitzung des Reichsbruderrates v. 3. 9. 1934, LKA Oldenburg, AI-3b). Mit dieser ersten Niederschrift beginnt eine umfangreiche Überlieferung, die neben den – leider lückenhaften – offiziellen Protokollen in Aufzeichnungen von Meiser eine der wichtigsten internen Quellen für die Geschichte der Bekennenden Kirche darstellt. Eine Würdigung der Tätigkeit Kloppenburgs für die Bekennende Kirche fehlt bisher; einige Hinweise finden sich in der Festschrift für H. Kloppenburg (vgl. Versöhnung und Friede).

138 Meinzolt an Koch v. 12. 10. 1934, in: Die zweite Bekenntnissynode, 21.

139 Weisung des Bruderrates v. 12. 10. 1934 an alle evangelischen Gemeinden, in: Chronik der Kirchenwirren II, 155. Brief v. Oktober 1935, 337.

140 Kundgebung des Bruderrates der Bekenntnissynode der DEK *»zu dem rechtswidrigen Eingriff der deutschchristlichen Kirchenregierung in die bayrische Landeskirche«*, ebd.

141 Vgl. Einladungsschreiben für die Bekenntnissynode in Dahlem v. 14. 10. 1934, in: Die zweite Bekenntnissynode, 21.

142 So Jacobi nach dem Protokoll der Sitzung des Reichsbruderrates v. 14. 10. 1934, a.a.O., 22.

143 Ebd.

144 Eines der ersten Zeugnisse für eine modifiziertere Position Barths ist ein im Sommer 1935 entstandener Beitrag für den »Zwingli-Kalender« 1936: »Bekennende Kirche im national-sozialistischen Deutschland«, in dem es hieß: »Sie [die Kirche] hat einigermaßen ernst um die Freiheit und Reinheit ihrer Verkündigung gekämpft, aber sie hat z. B. zu dem Vorgehen gegen die Juden, zu der erstaunlichen Behandlung der politischen Gegner, zu der Unterdrückung der Wahrheit ... und zu so viel anderem, zu dem die alttestamentlichen Propheten sicher geredet hätten, geschwiegen« (Karl Barth zum Kirchenkampf, 29–35 (Zitat: 34.)).

145 Zu dem vom Bruderrat vorgelegten Entwurf vgl. Die zweite Bekenntnissynode, 35f.

146 Auch von der Dahlemer Synode wurde ein Berichtsheft herausgegeben,

jedoch mit dem Vermerk »nur für Mitglieder der Bekennenden Kirche« (Bekenntnissynode Dahlem); dort der Text der endgültigen Fassung (a.a.O., 44f.). Die »Botschaft der Bekenntnissynode der Deutschen Evangelischen Kirche« wurde auch abgedruckt in: Chronik der Kirchenwirren II, 145. Brief v. Oktober 1935, 377 und 379; dann wieder bei Wilhelm Niemöller (Die zweite Bekenntnissynode, 37f.).

147 A.a.O., 35.

148 A.a.O., 36.

149 Bekenntnissynode Dahlem, 45; ebenso in: Die zweite Bekenntnissynode, 38.

150 So der Entwurf in: Die zweite Bekenntnissynode, 36.

151 Vollständiges Verzeichnis der Mitglieder der Dahlemer Synode, a.a.O., 30–34; ebenso in: Bekenntnissynode Dahlem, 52–54.

152 Vgl. Die zweite Bekenntnissynode, 25.

153 Vgl. die Eröffnungsreden von Karl Koch (Bekenntnissynode Dahlem, 7f.; ebenso in: Die zweite Bekenntnissynode, 197f.) und Alphons Koechlin (Bekenntnissynode Dahlem, 8f.; ebenso in: Die zweite Bekenntnissynode, 198f.).

154 So in seinem Vortrag »Entscheidung und Scheidung« in: Bekenntnissynode Dahlem, 21; ebenso in: Die zweite Bekenntnissynode, 214.

155 Vgl. a.a.O., 19–21; ebenso in: Die zweite Bekenntnissynode, 211–214.

156 Zum Referat Müllers »Das Recht der kirchlichen Selbsthilfe« vgl. Bekenntnissynode Dahlem, 22–26 (Zitat: 23); ebenso in: Die zweite Bekenntnissynode, 215–220 (Zitat: 216).

157 Bekenntnissynode Dahlem, 25; ebenso in: Die zweite Bekenntnissynode, 218f.

158 Bekenntnissynode Dahlem, 26; ebenso in: Die zweite Bekenntnissynode, 219.

159 Vgl. Bekenntnissynode Dahlem, 26; vgl. ebenso Die zweite Bekenntnissynode, 219. Zum Begriff »Rat« beachte Bekenntnissynode Dahlem, 47.

160 Zum abschließenden Beitrag Fiedlers »Die Forderungen an die Gemeinden« vgl. Bekenntnissynode Dahlem, 26–30; vgl. ebenso Die zweite Bekenntnissynode, 220–225. Das sogenannte »Notrecht« von Dahlem und seine theologische und kirchenrechtliche Begründung hat damals und später zu einer umfangreichen Diskussion geführt. Ihr Ertrag ist jedoch – abgesehen von der grundsätzlichen Feststellung, daß alles Kirchenrecht sich am Bekenntnis prüfen lassen muß – gering geblieben. Eine Zusam-

menfassung bietet Chr. Luther, Das kirchliche Notrecht; vgl. auch den Exkurs in: K. Meier, Kirchenkampf I, 241–260.

161 Vgl. Die zweite Bekenntnissynode, 74–82.

162 Althaus gab der Bekenntnissynode bekannt, er habe seine Unterschrift unter den Ansbacher Ratschlag zurückgezogen (a.a.O., 50).

163 Vgl. a.a.O., 84 f.

164 Bekenntnissynode Dahlem, 44f; ebenso in: Die zweite Bekenntnissynode, 37 f.

165 A.a.O., 87f (Zitat: 88).

166 A.a.O., 91.

167 A.a.O., 94 (Auslassungen im Text).

168 Ebd.

169 So K. D. Schmidt, Fragen zur Struktur der bekennenden Kirche, in: ZevKR 9 (1962/63), 225.

170 Vgl. D. Bonhoeffer, Zur Frage der Kirchengemeinschaft, in: ders., Ges. Schriften 2, 217–241.

171 Die zweite Bekenntnissynode, 95.

172 A.a.O., 96.

173 A.a.O., 100 f. (Zitat: 101).

174 A.a.O., 102 f. (Zitat: 102).

175 An der entscheidenden Abstimmung über Dahlem III,3 nahmen 72 Synodale teil (vgl. a.a.O., 163), an der Abstimmung über Dahlem IV 70 Synodale (vgl. a.a.O., 184).

176 Bekenntnissynode Dahlem, 45; ebenso in: Die zweite Bekenntnissynode, 38.

177 Bekenntnissynode Dahlem, 45; ebenso in: Die zweite Bekenntnissynode, 38.

178 Vgl. zu v. Sodens »Bericht über die Beratung des Ausschusses« Bekenntnissynode Dahlem, 33–42 (Zitat: 40); ebenso vgl. Die zweite Bekenntnissynode, 228–239 (Zitat: 237).

179 Die zweite Bekenntnissynode, 71.

180 A.a.O., 142–145 (Zitat: 144).

181 A.a.O., 149.

182 A.a.O., 150.

183 Vgl. a.a.O., 163.

184 Die Denkschrift des altpreußischen Bruderrates »Von rechter Kirchenordnung«, 189.

185 Zu den Abstimmungsergebnissen zum gesamten Abschnitt III vgl. Die zweite Bekenntnissynode, 166; zum Abschnitt IV (49:21!) vgl. a.a.O., 184; zur Schlußabstimmung vgl. a.a.O., 186.

186 So Stratenwerth, a.a.O., 168f. (Zitat: 168).

187 Vgl. Gesetz über die Verfassung der Deutschen Evangelischen Kirche v. 14. 7. 1933, in: GesBl. DEK 1933, Nr. 1 v. 7. 10. 1934, 9: »Die Deutsche Evangelische Kirche ist Körperschaft des öffentlichen Rechts des Reichs« (Artikel II, Abs. 1).

188 Zu den Namen vgl. oben Kap. 8, Anm. 151.

189 Vgl. Bekenntnissynode Dahlem, 44–46 (Lied: 46); ebenso vgl. Die Zweite Bekenntnissynode, 204; das Lied wurde zit. nach EKG 207, Strophe 7 u. 8.

190 In den »Flugblättern der Bekennenden Kirche« schrieb Hans Asmussen rückblickend über »Die Bedeutung der Synode von Dahlem« und kritisierte besonders die durch »Unklarheiten« bedingte Lagerbildung als Konsequenz der 2. Bekenntnissynode der DEK (vgl. H. Asmussen, Die Bedeutung der Synode von Dahlem (Flugblätter der Bekennenden Kirche, Nr. 2); vgl. dazu auch P. Fleischs »Bemerkungen zu dem Flugblatt«, LKA Hannover, E VI, 139.

191 Asmussen konstatierte 1946: »Wir haben von keiner Gruppe aus [also weder die ›intakten‹ noch die Bruderräte] das in Dahlem Beschlossene in überzeugender Weise zur Durchsetzung bringen können. Gerade von der Dahlemer Synode aus muß man feststellen, daß die Konvention von Treysa [vom August 1945] innerlich notwendig war. Sie stellte sich auf den Boden des Gewordenen ... In der Zeit vor 1945 war es modern, auf die Inkonsequenzen der Bruderräte zu verweisen, wenn man von der Dahlemer Synode und ihren Folgen sprach. Seit dem Zusammenbruch wird es modern, die intakten Kirchen in der Öffentlichkeit deswegen anzuklagen, weil sie keine klare Stellung zu Dahlem eingenommen haben« (H. Asmussen, Die Bedeutung der Synode von Dahlem, a.a.O.).

192 Vgl. oben Kap. 8, 336.

193 Telegramm Hoeschs an das Auswärtige Amt v. 22.10. 1934 (Ankunft: 22. 10. 1934, 23.40 Uhr), BA Koblenz, R 43 II/163.

194 Aufzeichnung Roedigers v. 22. 10. 1934, PA Bonn, Kult VIA, Evang. Angelegenheiten 2, Bd. 7.

195 Zum persönlichen Engagement Neuraths liegt eine schriftliche Äußerung Wurms für den Nürnberger Prozeß vom 20. 3. 1946 vor. Darin heißt es, Neurath habe »... als Landsmann und als Spross einer Familie,

die der evangelischen Kirche zugetan war ... im Herbst 1934 ... zusammen mit dem Innenminister Dr. Frick und dem Reichsjustizminister Dr. Gürtner meine Haftentlassung und meine Wiederanerkennung als Bischof durch den Staat durchgesetzt und eine Aussprache in der Reichskanzlei herbeigeführt, die eine Zurücknahme der rechtswidrigen Gesetzgebung des Reichsbischofs zur Folge hatte« (IMT, dt. Ausgabe, Bd. 40, 435–437 (Zitat: 435)).

196 Auf dem Telegramm Hoeschs an das Auswärtige Amt vom 22. Oktober 1934 vermerkte Lammers am 24. 10.: »Der Führer hat Kenntnis. Er hat die Angelegenheit mit dem Herrn RAußMin besprochen« (Telegramm Hoeschs an das Auswärtige Amt v. 22. 10. 1934, BA Koblenz, R 43 II/163).

197 Vgl. oben Kap. 8, 363.

198 Neue Saar-Post 1 (1934), Nr. 168 v. 23. 10. 1934, 1, NL Buttmann, Stockdorf.

199 So nach einer Mitteilung des pfälzischen Regierungsrates Rehm an die Bayerische Staatskanzlei (Vermerk Bezolds v. 24. 10. 1934, GStA München, MA 107 291; vgl. auch Dokumente zur Kirchenpolitik II, 193, Anm. 38).

200 Vermerk des Büros des Reichsstatthalters v. 18. 10. 1934, a.a.O., 184.

201 Vermerk Sieberts v. 24. 10. 1934, a.a.O., 191 f. (Zitat: 192); vgl. auch Aufzeichnung Sieberts v. 23. 10. 1934, a.a.O., 191.

202 Vermerk Sieberts über eine Besprechung beim Reichsstatthalter v. 22. 10. 1934, a.a.O., 189.

203 A.a.O., 190.

204 Vermerk Sieberts v. 24. 10. 1934, a.a.O., 191 f.

205 Antwort auf eine Anfrage des Preußischen Kultusministeriums v. 29. 11. 1934. Entwurf, in: Tagebuch des Ministerbüros, Eintrag v. 1. 12. 1934, BA Koblenz, R 22/131.

206 Zur Verordnung zur Sicherung einheitlicher Führung der Deutschen Evangelischen Kirche der altpreußischen Union v. 26. 1. 1934 vgl. oben Kap. 2, 70 f. und Anm. 147.

207 Zu Niemöllers Prozeß vgl. J. Schmidt, Martin Niemöller, 189–191.

208 Vgl. dazu Hitlers Bemerkung auf der Reichsstatthalterkonferenz vom 1. 11. 1934, die »... Nachrichten über große Demonstrationen ... « hätten ihn »veranlaßt ..., einen Münchener Standartenführer nach diesen Demonstrationen zu fragen«. Dieser hätte jedoch »... von Demonstrationen nichts gemerkt« (Ausführungen Hitlers zu kirchlichen Fragen auf der

Reichsstatthalterkonferenz v. 1. 11. 1934, in: Dokumente zur Kirchenpolitik II, 198f. (Zitat: 198)).
209 So Flor auf der Sitzung des Bruderrates am 29. 10. 1934 (vgl. Protokoll Kloppenburgs über die Sitzung des Reichsbruderrates v. 29. 10. 1934, LKA Oldenburg, A I-3b).
210 Antwort auf eine Anfrage des Preußischen Kultusministeriums v. 29. 11. 1934. Entwurf, in: Tagebuch des Ministerbüros, Eintrag v. 1. 12. 1934, BA Koblenz, R 22/131.
211 Der Vorgang war Martin Bormann eine eigene Notiz wert. Am 25. 10. notierte er: »v. Pfeffer als Leiter der Abteilung für den kulturellen Frieden zurückgetreten« (Hitler's daily activities, IfZ München, F 19/13).
212 Vgl. Jäger an den preußischen Kultusminister v. 27. 10. 1934, in: Dokumente zur Kirchenpolitik II, 195f.
213 Vermerk Bezolds v. 25. 10. 1934, GSTA München, MA 107 291.
214 Vgl. Vermerk Sieberts v. 25. 10. 1934, in: Dokumente zur Kirchenpolitik II, 192.
215 Telegramm der Kirchenkanzlei an Walzer v. 24. 10. 1934, EZA Berlin, 1/A 4/ 239.
216 Nach dem ausführlichen Protokoll des hessischen Landesbischofs Dietrich v. 25. 10. 1934, ZAEKHN Darmstadt, 44/125, 1.
217 A.a.O., 2.
218 A.a.O., 3.
219 A.a.O., 10.
220 A.a.O., 11.
221 A.a.O., 12.
222 Geheimsitzung der Bischöfe, a.a.O., 14.
223 A.a.O., 13.
224 Ebd.
225 Vgl. Jäger an L. Müller v. 26. 10. 1934, in: Chronik der Kirchenwirren II, 156. Brief v. November 1935, 362; vgl. auch Jäger an Staatssekretär Pfundtner v. 27. 10. 1934, in: Dokumente zur Kirchenpolitik II, 194f.
226 Vgl. Jäger an Rust v. 27. 10. 1934, a.a.O., 195f.
227 Jäger an Dietrich v. 3. 11.1934 (Abschrift an Tügel), LKA Hamburg, B IX b 12, Anhang.
228 Vgl. Dokumente zur Kirchenpolitik II, 195, Anm. 3.
229 Vgl. Jägers Personalfragebogen für die Anlegung der SA-Personalakte v. 29. 8. 1941, DC Berlin.

230 Mitteilung der Kanzlei der Evang. Kirche in Deutschland an die Leitungen der deutschen evangelischen Landeskirchen v. 7. 1. 1949, EZA Berlin, 7/Gen. I, 66 I.

231 Vgl. epd. B, Nn 19 v. 15. 7. 1949, a.a.O.

232 Tagebuchaufzeichnungen von Marie Wurm, Eintragung v. 26. 10. 1934, 36.

233 Ebd. In Wahrheit handelte es sich, wie aus dem Wortlaut des zweiten Telegramms hervorgeht, um zwei Nachrichten (Faksimile des Telegramms in: H. Prolingheuer, Der Fall Karl Barth, 253).

234 Vermerk Sieberts v. 26. 10. 1934, in: Dokumente zur Kirchenpolitik II, 193 f.

Anmerkungen zum Nachwort

1 Vgl. Niederschrift Bernings v. 25.–30. 6. 1934, in: Akten deutscher Bischöfe I, 726–735 (bes. 734 f.).

2 Vgl. Pacelli an Bertram v. 23. 7. 1934, a.a.O., 762–769; vgl. auch E. Deuerlein, Reichskonkordat, 162.

3 Vgl. Niederschrift Bernings v. 25.-30. 6. 1934, in: Akten deutscher Bischöfe I, 735.

4 Vgl. Vorlage Buttmanns für den Reichsinnenminister v. 22. 1. 1935, in: Dokumente zur Kirchenpolitik II, 244.

5 Vgl. dazu C. Bauer, Erzbischof Gröber, in: Alemannisches Jahrbuch 1970, 327.

6 Vgl. oben Kap. 6, 266 f., 276 und 279.

7 Vgl. dazu die Anweisung des Auswärtigen Amtes an Bergen v. 8. 8. 1934 in: Der Notenwechsel I, 179 f., Anm. 1; vgl. auch den Erlaß des Auswärtigen Amtes an Bergen v. 12. 10. 1934, a.a.O., 181 f., Anm. 2, vgl. ferner C. Bauer, Erzbischof Gröber, in: Alemannisches Jahrbuch 1970, 325 f., Anm. 122.

8 Bericht Bergens an das Auswärtige Amt v. 3. 8. 1934 in: Der Notenwechsel I, 179, Anm. 1.

9 Vgl. Berning an Gröber v. 1. 8. 1934, in: Akten deutscher Bischöfe I, 776 f., Anm. 3,

10 Gröber an Berning v. 2. 8. 1934, a.a.O., 777 f., Anm. 5 (Zitat: 778).

11 Vgl. Bertram an Frick v. 11. 8. 1934, a.a.O., 776–781.

12 Bertram an Gröber v. 13. 8. 1934, a.a.O., 782 f. (Zitat: 782).

13 A.a.O., 782 f.
14 Berning an Sproll v. 1. 7. 1935, in: Akten deutscher Bischöfe II, 199.
15 Saarkundgebung Hitlers auf dem Ehrenbreitstein (Auszug) v. 26. 8. 1934, in: Dokumente zur Kirchenpolitik II, 168 f. (Zitat: 168).
16 A.a.O., 169. Weitere Auszüge aus der Rede Hitlers in: M. Domarus, Hitler I, 1, 445 f.
17 Vgl. E Jacoby, Die evangelische Kirche an der Saar, 283.
18 Vgl. oben Kap. 8, 351 f.
19 Eingabe der Pfarrer Wehr, Bleek und Richter an Hitler v. 17. 9. 1934, PA Bonn, Pol 2, Saargebiet, Bd. 5.
20 Vermerk Voigts v. 2. 10. 1934, ebd.
21 Vgl. F. Jacoby, Die evangelische Kirche an der Saar, 284.
22 Vgl. P. v. zur Mühlen, »Schlagt Hitler an der Saar!«, 74–80 und 132 f.; vgl. auch M. Zenner, Parteien und Politik im Saargebiet, 289–291 und 306 f. Für zur Mühlens Vermutung, das Reich habe auf diplomatischem Wege die Neugründung einer katholischen Oppositionspartei verhindert, gibt es keine Anhaltspunkte.
23 Vgl. R v. zur Mühlen, »Schlagt Hitler an der Saar!«, 133.
24 Vgl. ebd.; vgl. auch G. Lewy, Katholische Kirche, 206; ferner vgl. M. Zenner, Parteien und Politik im Saargebiet, 307.
25 Neue Saar-Post 1 (1934), Nr. 76 v. 23. 7. 1934, BA Trier, 113/25.
26 Vgl. G. Lewy, Katholische Kirche, 206; ferner vgl. P. v. zur Mühlen, »Schlagt Hitler an der Saar!«, 133 f.
27 Vgl. P. v. zur Mühlen, »Schlagt Hitler an der Saar!«, 133.
28 Text der Ansprache Bornewassers in: Saarbrücker Landes-Zeitung 15 (1934), Nr. 199 v. 30. 7. 1934, BA Trier, 113/25 (dort Zitat); vgl. dazu auch Neue Saar-Post 1 (1934), Nr. 83 v. 30. 7. 1934, a.a.O.
29 Abdruck des Telegramms an Hindenburg in: Ecclesiastica XV (1935), Nr. 28–29 v. 20. 7. 1935, 214.
30 Vgl. das Schreiben des Präsidenten der Abstimmungskommission, A. E. Rodhe, an den Generalsekretär des Völkerbundes v. 24. 8. 1934. Übersetzung, BA Trier, 113/25.
31 Vgl. P. v. zur Mühlen, »Schlagt Hitler an der Saar!«, 134.
32 Bornewasser an Pacelli v. 22. 8. 1934, BA Trier, 59/48.
33 Vgl. a.a.O.
34 Mitteilung an das Auswärtige Amt v. 25. 8. 1934 (gez. Kopp), PA Bonn, Pol 2, Saargebiet, Bd. 5.

35 Bornewasser an Bürckel (mit Brief an Hitler) v. 27. 8. 1934, BA Trier, 59/48.

36 Bornewasser an Hitler v. 27. 8. 1934, in: Akten deutscher Bischöfe II, 416–421 (Zitat: 416); Abschriften des Briefes an Hitler mit Begleitschreiben v. 27. 8. 1934 erhielten außerdem Staatssekretär von Bülow, der Bischof von Speyer, Prälat Kaas in Rom und Kardinal Bertram (vgl. die einzelnen Begleitschreiben Bornewassers v. 27. 8. 1934, BA Trier, 59/48).

37 Bornewasser an Hitler v. 27. 8. 1934, in: Akten deutscher Bischöfe II, 420.

38 Ebd.

39 A.a.O., 420f.

40 Vermerk Voigts v. 19. 9. 1934, PA Bonn, Pol 2, Saargebiet, Bd. 5. Zu weiteren Vermerken bis zum 30. 9. 1934 vgl. a.a.O.

41 Zum ganzen Vorgang vgl. Akten deutscher Bischöfe II, 421, Anm. 2. Ein Durchschlag des Schreibens an Hitler befindet sich im Bistumsarchiv Trier (Bornewasser an Hitler v. 3. 10. 1934, BA Trier, 59/48).

ABKÜRZUNGEN IM LITERATURVERZEICHNIS

AELKZ	Allgemeine Evangelisch-Lutherische Kirchenzeitung
AEvKR	Archiv für Evangelisches Kirchenrecht
AGK	Arbeiten zur Geschichte des Kirchenkampfes
AGK.E	Arbeiten zur Geschichte des Kirchenkampfes. Ergänzungsreihe
AKIZ	Arbeiten zur kirchlichen Zeitgeschichte
– A	–. Reihe A: Quellen
– B	–. Reihe B: Darstellungen
AÖR NF	Archiv des öffentlichen Rechts. Neue Folge
BEvTH	Beiträge zur evangelischen Theologie
BSHST	Basler Studien zur historischen und systematischen Theologie
CIC	Codex Iuris Canonici
DAZ	Deutsche Allgemeine Zeitung
EHS	Europäische Hochschulschriften
EK	Evangelische Kommentare
EStL	Evangelisches Staatslexikon
EvDt	Das Evangelische Deutschland
EvTh	Evangelische Theologie
HJ	Historisches Jahrbuch
IBF	Internationales Bonhoeffer Forum
IKaZ	Internationale katholische Zeitschrift
IMT	International Military Tribunal (Internationaler Militärgerichtshof)
JGNKG	Jahrbuch der Gesellschaft für niedersächsische Kirchengeschichte
JK	Junge Kirche
JusEcc	Jus Ecclesiasticum
KD	Kirchliche Dogmatik
KJ	Kirchliches Jahrbuch
LM	Lutherische Monatshefte
Luth.	Luthertum. Erlangen

NDB	Neue Deutsche Biographie
ÖkPer	Ökumenische Perspektiven
PhJ	Philosophisches Jahrbuch der Görres-Gesellschaft
PPA	Preußisches Pfarrarchiv
RKZ	Reformierte Kirchenzeitung
StZ	Stimmen der Zeit
SZG	Schweizerische Zeitschrift für Geschichte
TEH	Theologische Existenz heute
- NF	Theologische Existenz heute. Neue Folge
TRE	Theologische Realenzyklopädie
VB	Völkischer Beobachter
VHKB	Veröffentlichungen der Historischen Kommission zu Berlin beim Friedrich-Meinecke-Institut der Freien Universität Berlin
VKZG	Veröffentlichungen der Kommission für Zeitgeschichte bei der katholischen Akademie in Bayern
–. F	–. Reihe B: Forschungen
–. Q	–. Reihe A: Quellen
VZG	Vierteljahrshefte für Zeitgeschichte
WA	Weimarer Ausgabe
ZBKG	Zeitschrift für bayerische Kirchengeschichte
ZdZ	Die Zeichen der Zeit
ZevKR	Zeitschrift für evangelisches Kirchenrecht
ZThK	Zeitschrift für Theologie und Kirche
–, Beih.4	–, Beiheft 4

QUELLEN- UND LITERATURVERZEICHNIS

A. Ungedruckte Quellen

1. Akten aus staatlichen Archiven in Deutschland

a) Bundesrepublik Deutschland und Berlin (West)

Bayerisches Hauptstaatsarchiv, Abt. II: Geheimes Staatsarchiv, München (GStA München)
Berlin Document Center (DC Berlin)
Bundesarchiv Koblenz (BA Koblenz)
Bundesarchiv-Militärarchiv Freiburg (BA-MA Freiburg)
Evangelisches Zentralarchiv in Berlin (EZA Berlin)
Hessisches Hauptstaatsarchiv Wiesbaden (HStA Wiesbaden)
Politisches Archiv des Auswärtigen Amtes, Bonn (PA Bonn)

b) Deutsche Demokratische Republik

Zentrales Staatsarchiv Potsdam (ZStA Potsdam)

2. Akten aus staatlichen Archiven im Ausland

Archiwum Państwowe w. Poznaniu (AP Poznań)
Archiwum Archidiecezjalne Wrocław (AA Wrocław)
National Archives and Records Service Washington (NARS Washington)

3. Akten aus kirchlichen Archiven

Bistumsarchiv Osnabrück (BA Osnabrück)
Bistumsarchiv Trier (BA Trier)

Hauptarchiv der v Bodelschwinghschen Anstalten Bethel, Sarepta und Nazareth (HA Bethel)
Lambeth Palace Library, London (LPL London)
Landeskirchliches Archiv Bielefeld (LKA Bielefeld)
Landeskirchliches Archiv Eisenach (LKA Eisenach)
Landeskirchliches Archiv Hamburg (LKA Hamburg)
Landeskirchliches Archiv Hannover (LKA Hannover)
Landeskirchliches Archiv Oldenburg (LKA Oldenburg)
Landeskirchliches Archiv Stuttgart (LKA Stuttgart)
Zentralarchiv der Evangelischen Kirche in Hessen und Nassau, Darmstadt
(ZAEKHN Darmstadt)

4. Akten aus sonstigen Archivbeständen, Sammlungen und Nachlässen

Archiv des Evangelischen Stifts Tübingen (AEvStift)
Archiv Scholder, Tübingen (AS Tübingen)
Evangelische Arbeitsgemeinschaft für kirchliche Zeitgeschichte, München (EvAG München)
Institut für Zeitgeschichte München (IfZ München)
Karl-Barth-Archiv Basel
Nachlaß Paul Althaus, Gräfelfing (NL Althaus)
Nachlaß Rudolf Buttmann, Stockdorf (NL Buttmann)
Nachlaß Wilhelm Flor, Berlin (NL Flor)

B. Gedruckte Quellen und Darstellungen

Adolph, Walter, Erich Klausener, Berlin 1955
(W. Adolph, Erich Klausener)
– Geheime Aufzeichnungen aus dem nationalsozialistischen Kirchenkampf 1935–1943, bearb. v. Ulrich v. Hehl (VKZG.Q 28), Mainz ²1980
(W. Adolph, Geheime Aufzeichnungen)
Akademie für Deutsches Recht. Jahrbuch 1 (1933/34), hg. v. Hans Frank, München/Berlin/ Leipzig 1934
(Akademie für Deutsches Recht 1 [1933/34])
Akten deutscher Bischöfe über die Lage der Kirche 1933–1945.
I. 1933–1934, bearb. v. Bernhard Stasiewski (VKZG.Q 5), Mainz 1968

II. 1934–1935, bearb. v. Bernhard Stasiewski (VKZG.Q 20), Mainz 1976
Akten deutscher Bischöfe I/II)
Akten Kardinal Michael von Faulhabers 1917–1945.
I. 1917–1934, bearb. v. Ludwig Volk (VKZG. Q 17), Mainz 1975
I. 1935–1945, bearb. v. Ludwig Volk (VKZG. Q 26), Mainz 1978
(Akten Faulhaber I/II)
Akten zur deutschen auswärtigen Politik 1918–1945. Serie C: 1933–1937. Das Dritte Reich: Die ersten Jahre.
Band II, 1. 14. Oktober 1933 bis 31. Januar 1934, Göttingen 1973
Band III, 1. 14. Juni bis 31. Oktober 1934, Göttingen 1973
(Akten zur deutschen auswärtigen Politik C II, 1/2; C III, 1)
Allgemeine Evangelisch-Lutherische Kirchenzeitung 67 (1934), Leipzig (AELKZ 67 [1934])
Althaus, Paul, Bedenken zur »Theologischen Erklärung« der Barmer Bekenntnissynode, in: Lutherische Kirche I6 (1934), 117–121
Amtsblatt des württembergischen Evangelischen Konsistoriums und des Synodus, Bd. 19, Stuttgart 1920
(Amtsblatt des württ. Evang. Konsist. 19 [1920])
Asmussen, Hans, Bleibende Strukturen?, in: LM 7 (1968), 331–333
– Die Bedeutung der Synode von Dahlem (Flugblätter der Bekennenden Kirche, Nr. 2), Stuttgart 1946
Aretz, Jürgen, Katholische Arbeiterbewegung und Nationalsozialismus. Der Verband katholischer Arbeiter- und Knappenvereine Westdeutschlands 1923–1945 (VKZG.F 25), Mainz 1978
(J. Aretz, Katholische Arbeiterbewegung)
von Arnim, Hans, Detlev von Arnim-Kröchlendorff, in: Lebensbilder (s. u.), 11–15
(H. v. Arnim, Detlev von Arnim-Kröchlendorff)
– Wilhelm von Arnim-Lützlow, in: Lebensbilder (s. u.), 16–20
(H.v. Arnim, Wilhelm von Arnim-Lützlow)
Aronson, Shlomo, Reinhard Heydrich und die Frühgeschichte von Gestapo und SD (Studien zur Zeitgeschichte), Stuttgart 1971
(S. Aronson, Heydrich)
Baier, Helmut, Das Verhalten der lutherischen Bischöfe gegenüber dem nationalsozialistischen Staat. 1933/34, in: Tutzinger Texte. Sonderband I. Kirche und Nationalsozialismus. Zur Geschichte des Kirchenkampfes, hg. v. Paul Riegerund Johannes Strauß, München 1969, 87–116
(H. Baier, Lutherische Bischöfe)

– Die Deutschen Christen Bayerns im Rahmen des bayerischen Kirchenkampfes (Einzelarbeiten aus der Kirchengeschichte Bayerns, Bd. 46), Nürnberg 1968
(H. Baier, Deutsche Christen Bayerns)
Baier, Helmut/Henn, Ernst, Chronologie des bayerischen Kirchenkampfes 1933–1945 (Einzelarbeiten aus der Kirchengeschichte Bayerns, Bd. 47), Nürnberg 1969
(H. Baier/E. Henn, Chronologie des bayerischen Kirchenkampfes)
Barmer Theologische Erklärung 1934–1984. Geschichte – Wirkung – Defizite. Vorträge und Podiumsgespräche des Barmen-Symposiums in Arnoldshain vom 9. bis 11. April 1983, bearb. i. A. der Arnoldshainer Konferenz und der Evangelischen Akademie Arnoldshain v. Wilhelm Hüffmeier und Martin Stöhr (Unio und Confessio, Bd. 10), Bielefeld 1984
(Barmer Theologische Erklärung 1934–1984)
Barth, Christoph, Bekenntnis im Werden. Neue Quellen zur Entstehung der Barmer Erklärung, Neukirchen-Vluyn 1979
(Chr. Barth, Bekenntnis im Werden)
Barth, Karl, Der Christ als Zeuge (TEH 12), München 1934
(K. Barth, Der Christ als Zeuge)
– Die Kirche Jesu Christi (TEH 5), München 1933
(K. Barth, Die Kirche Jesu Christi)
– Die kirchliche Dogmatik. Zweiter Band. Die Lehre von Gott, Erster Halbband, Zürich 1948
(K. Barth, KD II, 1)
– Gottes Wille und unsere Wünsche (TEH 7), München 1934
(K. Barth, Gottes Wille und unsere Wünsche)
– Kommentar zur Barmer theologischen Erklärung (Fragment). Mit einem Editionsbericht von Hinrich Stoevesandt, in: EvTh 36 (1976), 568–593 (K. Barth, Kommentar zur Barmer theologischen Erklärung, in: EvTh 36 [1976])
– Theologische Existenz heute! (TEH 1), München 1933
(K. Barth, Theologische Existenz heute!)
– Theologische Existenz heute! (1933), neu hg. und eingel. v. Hinrich Stoevesandt (TEH NF 219), München 1984
(K. Barth, Theologische Existenz heute! [TEH NF 219])
– Zur Entstehungsgeschichte der Barmer Thesen. Gespräch mit Tübinger Studenten am 2. März 1964, in: ders., Texte zur Barmer Theologischen Er-

klärung. Mit einer Einleitung von Eberhard Jüngel und einem Editionsbericht hg. v. Martin Rohkrämer, Zürich 1984, 221–226.

Barth, Karl/Kittel, Gerhard, Ein theologischer Briefwechsel, Stuttgart 1934
(K. Barth/G. Kittel, Ein theologischer Briefwechsel)

Bauer, Clemens, Erzbischof Gröber und das Reichskonkordat, in: Alemannisches Jahrbuch 1970, 287–331.
(C. Bauer, Erzbischof Gröber, in: Alemannisches Jahrbuch 1970)

Baumgärtner, Raimund, Weltanschauungskampf im Dritten Reich. Die Auseinandersetzung der Kirchen mit Alfred Rosenberg (VKZG.F 22), Mainz 1977
(R. Baumgärtner, Weltanschauungskampf im Dritten Reich)

Bayer, Oswald, Natürliche Theologie des Kreuzes? Barmen zwischen Barth und Luther, in: EK 17 (1984), 367–370
(O. Bayer, Natürliche Theologie des Kreuzes?, in: EK 17 [1984])

Beckmann, Joachim, Reformatorisches Bekenntnis heute, in: JK 2 (1934), 229–233

– Rheinische Bekenntnissynoden im Kirchenkampf. Eine Dokumentation aus den Jahren 1933–1945, Neukirchen-Vluyn 1975
(J. Beckmann, Rheinische Bekenntnissynoden)

Bekennende Kirche. Martin Niemöller zum 60. Geburtstag, München 1952
(Bekennende Kirche)

Bekennende Kirche wagen. Barmen 1934–1984, hg. v. Jürgen Moltmann, München 1984
(Bekennende Kirche wagen)

Bekenntnissynode der Deutschen Evangelischen Kirche. Barmen 1934. Vorträge und Entschliessungen, i. A. des Bruderrates der Bekenntnissynode hg. v. Karl Immer, Wuppertal-Barmen 1934
(Bekenntnissynode Barmen)

Bekenntnissynode der Deutschen Evangelischen Kirche. Dahlem 1934. Vorträge und Botschaft. Als Handschrift gedruckt, nur für Mitglieder der Bekennenden Kirche, Göttingen 1935
(Bekenntnissynode Dahlem)

Bendersky, J. W., Carl Schmitt – Theorist for the Third Reich, Princeton University Press 1983

Bentin, Lutz-Arwed, Johannes Popitz und Carl Schmitt. Zur wirtschaftlichen Theorie des totalen Staates in Deutschland (Münchner Studien zur Politik, Bd. 19), München 1972
(L.-A. Bentin, Johannes Popitz und Carl Schmitt)

Bentley, James, Martin Niemöller. Eine Biographie, aus dem Englischen übertr. v. Karl Heinz Silber, München 1985
(J. Bentley, Martin Niemöller)
Bergmann, Ernst, Die deutsche Nationalkirche, Breslau 1933
(E. Bergmann, Die deutsche Nationalkirche)
– Die 25 Thesen der Deutschreligion. Ein Katechismus, Breslau [3]1934
(E. Bergmann, Die 25 Thesen der Deutschreligion)
Berichte des SD und der Gestapo über Kirchen und Kirchenvolk in Deutschland 1934–1944, bearb. v. Heinz Boberach (VKZG.Q 12), Mainz 1971
(Berichte des SD)
Besier, Gerhard, »Barmen« und der Humanismus Gottes. Zur historisch-theologischen Kritik aktueller Auslegungen der Theologischen Erklärung, in: EvTh 44 (1984), 542–562
(G. Besier, »Barmen« und der Humanismus Gottes, in: EvTh 44 [1984])
Beste, Niklot, Der Kirchenkampf in Mecklenburg von 1933 bis 1945. Geschichte, Dokumente, Erinnerungen (AGK.E 9), Göttingen 1975
(N. Beste, Kirchenkampf in Mecklenburg)
Bethge, Eberhard, Dietrich Bonhoeffer. Theologe – Christ – Zeitgenosse, München [4]1978 ([5]1984)
(E. Bethge, Dietrich Bonhoeffer)
Bibliographie zur Geschichte des Kirchenkampfes 1933–1945, bearb. v. Otto Diehn (AGK 1), Göttingen 1958
(Bibliographie zur Geschichte des Kirchenkampfes 1933–1945)
Birnbaum, Walter, Zeuge meiner Zeit. Aussagen zu 1912 bis 1972, Göttingen/Frankfurt/Zürich 1973
(W. Birnbaum, Zeuge meiner Zeit)
Bloch, Charles, Die SA und die Krise des NS-Regimes 1934, Frankfurt a.M. 1970
(Ch. Bloch, Die SA und die Krise des NS-Regimes 1934)
Boegner, Marc, Ein Leben für die Ökumene. Erinnerungen und Ausblicke, ins Deutsche übertr. v. Herbert P. M. Schaad, Frankfurt a. M./Stuttgart 1970
(M. Boegner, Ein Leben für die Ökumene)
Bollmus, Reinhard, Das Amt Rosenberg und seine Gegner. Studien zum Machtkampf im nationalsozialistischen Herrschaftssystem, Stuttgart 1970
(R. Bollmus, Das Amt Rosenberg)
Bonhoeffer, Dietrich, Ethik, zusammengestellt und hg. v. Eberhard Bethge,

München [10]1984
(D. Bonhoeffer, Ethik)
- Band 1: Ökumene · Briefe · Aufsätze · Dokumente. 1928 bis 1942, München 1958
Band 2: Kirchenkampf und Finkenwalde. Resolutionen · Aufsätze · Rundbriefe. 1933 bis 1943, München 1959
- Band 6: Tagebücher · Briefe · Dokumente. 1923 bis 1945, München 1974
(D. Bonhoeffer, Ges. Schriften I/2/6)
Boyens, Armin, Kirchenkampf und Ökumene 1933–1939. Darstellung und Dokumentation, München 1969
(A. Boyens, Kirchenkampf und Ökumene)
Bracher, Karl Dietrich/Sauer, Wolfgang/Schulz, Gerhard, Die nationalsozialistische Machtergreifung. Studien zur Errichtung des totalitären Herrschaftssystems in Deutschland 1933/34 (Schriften des Instituts für Politische Wissenschaft, Bd. 14), Köln/Opladen [2]1962
(K. D. Bracher/W. Sauer/G. Schulz, Machtergreifung)
Brakelmann, Günter, Kirche und Judenchristentum: Hans Ehrenberg – ein judenchristliches Schicksal im »Dritten Reich«, in: ders., Kirche in Konflikten ihrer Zeit. Sechs Einblicke, München 1981, 128–161
(G. Brakelmann, Kirche und Judenchristentum)
- Barmen V – ein historisch-kritischer Rückblick, in: EvTh 45 (1985), 3–20
Breuning, Klaus, Die Vision des Reiches. Deutscher Katholizismus zwischen Demokratie und Diktatur (1929–1934), München 1969
(K. Breuning, Die Vision des Reiches)
Brüning, Heinrich, Briefe und Gespräche 1934–1945, hg. v. Claire Nix u. a., Stuttgart 1974
(H. Brüning, Briefe und Gespräche)
- Memoiren 1918–1934, Stuttgart 1970
(H. Brüning, Memoiren)
Buchheim, Hans, Die SS – Das Herrschaftsinstrument. Befehl und Gehorsam (Anatomie des SS-Staates, Bd. 1), Olten/Freiburg i. Br. 1965
(H. Buchheim, Die SS)
- Glaubenskrise im Dritten Reich. Drei Kapitel nationalsozialistischer Religionspolitik, Stuttgart 1953
(H. Buchheim, Glaubenskrise im Dritten Reich)
Busch, Eberhard, Karl Barths Lebenslauf. Nach seinen Briefen und autobiographischen Texten, München 3 1978
(E. Busch, Karl Barth)

Campenhausen, Axel Frhr. von, Staatskirchenrecht. Ein Studienbuch, München 21983
(A. Frhr. v. Campenhausen, Staatskirchenrecht)

Cancik, Hubert, »Neuheiden« und totaler Staat. Völkische Religion am Ende der Weimarer Republik, in: Religions- und Geistesgeschichte der Weimarer Republik, hg. v. Hubert Cancik, Düsseldorf 1982, 176–212
(H. Cancik, »Neuheiden« und totaler Staat)

Chronik der Kirchenwirren.
Erster Teil: Vom Aufkommen der »Deutschen Chisten« 1932 bis zur Bekenntnis-Reichssynode im Mai 1934, hg. v. Joseph Gauger (Gotthard-Briefe, 138. Brief v. Mai 1934 - 145. Brief v. Dezember 1934), Wuppertal-Elberfeld 1934
Zweiter Teil: Von der Barmer Bekenntnis-Reichssynode im Mai 1934 bis zur Einsetzung der Vorläufigen Leitung der Deutschen evangelischen Kirche im November 1934, hg. v. Joseph Gauger (Gotthard-Briefe, 146. Brief v. Januar 1935 - 158. Brief v. Dezember 1935), Wuppertal-Elberfeld 1935
(Chronik der Kirchenwirren I/II)

Codex Juris Canonici Pii X Pontificis Maximi iussu digestus Benedicti Papae XV auctoritate promulgatus, praefatione Eñi Petri Card. Gasparri et indice analytico-alphabetico auctus, Romae [1917] 1965
(CIC 1917)

Conrad, Walter, Der Kampf um die Kanzeln. Erinnerungen und Dokumente aus der Hitlerzeit, Berlin 1957
(W. Conrad, Kampf um die Kanzeln)

Conway, John S., Die nationalsozialistische Kirchenpolitik 1933–1945. Ihre Ziele, Widersprüche und Fehlschläge, deutsche Fassung v. Carsten Nicolaisen, München 1969
(J. S. Conway, Die nationalsozialistische Kirchenpolitik)

Coppenrath, Albert, Meine Kanzelvermeldungen und Erlebnisse im Dritten Reich, Köln 1946
(A. Coppenrath, Meine Kanzelvermeldungen)

Das Evangelische Deutschland. Kirchliche Rundschau für das Gesamtgebiet der Deutschen Evangelischen Kirche I1 (1934), Berlin
(EvDt 11 [1934])

Das politische Tagebuch Alfred Rosenbergs. 1934/35 und 1939/40, hg. v. Hans-Günther Seraphim, München 1964
(Das Tagebuch Rosenbergs)

Der Notenwechsel zwischen dem Heiligen Stuhl und der Deutschen Reichsregierung.
I. Von der Ratifizierung des Reichskonkordats bis zur Enzyklika »Mit brennender Sorge«, bearb. v. Dieter Albrecht (VKZG.Q 1), Mainz 1965
II. 1937–1945, bearb. v. Dieter Albrecht (VKZG.Q 10), Mainz 1969
III. Der Notenwechsel und die Demarchen des Nuntius Orsenigo 1933–1945, bearb. v. Dieter Albrecht (VKZG.Q 29), Mainz 1980
(Der Notenwechsel I/II/III)

Der Prozess gegen die Hauptkriegsverbrecher vor dem Internationalen Militärgerichtshof. Nürnberg 14. November 1945–1. Oktober 1946, veröffentlicht in Nürnberg, Deutschland 1949,
Band 40: Amtlicher Text. Deutsche Ausgabe. Urkunden und anderes Beweismaterial. Bormann-11 bis Raeder-7
Band 42: –. Col. Neave Report bis Affidavit SS-87
(IMT, dt. Ausgabe, Bd. 40/42)

Der Reichsbischof. Die Deutschen Christen. Die Reden des Reichsbischofs und des Reichsleiters der Deutschen Christen, Dr. jur. *Kinder,* im Berliner Sportpalast am *28. Februar 1934* hg. v. Verlag Gesellschaft für Zeitungsdienst G.m.b.H. Berlin 1934
(Die Reden des Reichsbischofs und des Reichsleiters)

Deuerlein, Ernst, Das Reichskonkordat. Beiträge zur Vorgeschichte, Abschluß und Vollzug des Konkordates zwischen dem Heiligen Stuhl und dem Deutschen Reich vom 20. Juli 1933, Düsseldorf 1956
(E. Deuerlein, Reichskonkordat)

Deutsche Allgemeine Zeitung 73 (1934), Berlin
(DAZ 73 [1934])

Deutsche Briefe 1934–1938. Ein Blatt der katholischen Emigration. I. 1934–1935, bearb. v. Heinz Hürten (VKZG.Q 6), Mainz 1969
(Deutsche Briefe I)

Deutschland-Bericht der Sopade. Erster Jahrgang 1934 (Deutschland-Berichte der Sozialdemokratischen Partei Deutschlands [Sopade]. 1934–1940), Salz hausen/ Frankfurt a. M. 1980
(Deutschland-Bericht der Sopade 1 [1934])

Dibelius, Otto, Der Eid in der Kirche, in: JK 2 (1934), 680–687

Die Barmer Theologische Erklärung. Einführung und Dokumentation, hg. v. Alfred Burgsmüller und Rudolf Weth, Neukirchen-Vluyn ^{4}1984
(Die Barmer Theologische Erklärung)

Die Bekenntnisse und grundsätzlichen Äußerungen zur Kirchenfrage des Jahres 1933, ges. und eingel. v. Kurt Dietrich Schmidt, Göttingen 1934 (=Band 1) Band 2: Das Jahr 1934, Göttingen 1935
(Die Bekenntnisse 1933/1934)

Die Denkschrift des altpreußischen Bruderrates »Von rechter Kirchenordnung«. Ein Dokument zur Rechtsgeschichte des Kirchenkampfes, hg. und eingel. v. Albert Stein, in: Zur Geschichte des Kirchenkampfes. Gesammelte Aufsätze II (AGK 26), Göttingen 1971, 164–196
(Die Denkschrift des altpreußischen Bruderrates)

Die Deutsche Evangelische Nationalsynode am 9. August 1934. Bericht als Manuskript gedruckt, hg. v. Thomas Breit, München 1934
(Die Deutsche Evangelische Nationalsynode am 9. August 1934)

Die deutschen Konkordate und Kirchenverträge der Gegenwart. Textausgabe mit den amtlichen Begründungen sowie mit Ergänzungsbestimmungen, vergleichenden Übersichten, Schrifttumshinweisen und einem Sachverzeichnis, hg. v. Werner Weber, Göttingen 1962 (= Band 1)
(Die deutschen Konkordate und Kirchenverträge)

Die erste Bekenntnissynode der Deutschen Evangelischen Kirche zu Barmen. II. Text – Dokumente – Berichte, hg. v. Gerhard Niemöller (AGK 6), Göttingen 1959
(Die erste Bekenntnissynode II)

Die Kirche vor ihrem Richter. Biblische Zeugnisse auf der Bekenntnissynode der Deutschen Evangelischen Kirche, Wuppertal-Barmen 1934, i. A. des Bruderrates der Bekenntnissynode hg. v. Karl Immer, Wuppertal-Barmen 1934
(Die Kirche vor ihrem Richter)

Die kirchliche Lage in Bayern nach den Regierungspräsidentenberichten 1933–1945. II. Regierungsbezirk Ober- und Mittelfranken, bearb. v. Helmut Witetschek (VKZG.Q 8), Mainz 1967
(Die kirchliche Lage in Bayern)

Die lutherischen Kirchen und die Bekenntnissynode von Barmen. Referate des Internationalen Symposiums auf der Reisensburg 1984, hg. v. Wolf-Dieter Hauschild u. a., Göttingen 1984
(Die lutherischen Kirchen)

Die Mittwochs-Gesellschaft. Protokolle aus dem geistigen Deutschland 1932 bis 1944, hg. und eingel. v. Klaus Scholder, Berlin 1982
(Die Mittwochs-Gesellschaft)

Die mündige Welt V. Dokumente zur Bonhoeffer-Forschung 1928–1945, hg. v. Jørgen Glenthøj, München 1969
(Die mündige Welt V)
Die zweite Bekenntnissynode der Deutschen Evangelischen Kirche zu Dahlem. Text-Dokumente-Berichte, hg. v. Wilhelm Niemöller (AGK 3), Göttingen 1958
(Die zweite Bekenntnissynode)
Diels, Rudolf, Lucifer ante portas ... es spricht der erste Chef der Gestapo ..., Stuttgart 1950
(R. Diels, Lucifer)
Diem, Hermann, Ja oder nein. 50 Jahre Theologe in Kirche und Staat, Stuttgart/Berlin 1974
(H. Diem, Ja oder nein)
Dipper, Theodor, Die Evangelische Bekenntnisgemeinschaft in Württemberg 1933–1945. Ein Beitrag zur Geschichte des Kirchenkampfes im Dritten Reich (AGK 17), Göttingen 1966
(Th. Dipper, Evangelische Bekenntnisgemeinschaft in Württemberg)
Dohrmann, Franz, Die Kirche am Sarge Hindenburgs, in: AELKZ 67 (1934), Sp. 769–771
Dokumentation zum Kirchenkampf in Hessen und Nassau.
Bd. 1. Die Evangelische Landeskirche in Hessen. Die Evangelische Landeskirche Frankfurt am Main bis zum faktischen Zusammenschluß am 8. Februar 1934, bearb. und hg. i. A. der Evangelischen Landeskirche in Hessen und Nassau v. Martin Hofmann u. a., Darmstadt 1974
Bd. 2. Die Evangelische Landeskirche Nassau-Hessen bis zur Vorgeschichte der Bekenntnissynode von Dahlem 1934, bearb. und hg. i. A. der Evangelischen Kirche in Hessen und Nassau v. Martin Hofmann u. a., Darmstadt 1979
(Dokumentation Hessen und Nassau 1/2)
Dokumente zur Kirchenpolitik des Dritten Reiches.
Band I. Das Jahr 1933, bearb. v. Carsten Nicolaisen, hg. i. A. der Evangelischen Arbeitsgemeinschaft für kirchliche Zeitgeschichte v. Georg Kretschmar, München 1971
Band II. 1934/35. Vom Beginn des Jahres 1934 bis zur Errichtung des Reichsministeriums für die kirchlichen Angelegenheiten am 16. Juli 1935, bearb. v. Carsten Nicolaisen, hg. i. A. der Evangelischen Arbeitsgemeinschaft für kirchliche Zeitgeschichte v. Georg Kretschmar, München 1975
(Dokumente zur Kirchenpolitik I/II)

Domarus, Max, Hitler. Reden und Proklamationen. 1932–1945. Kommentiert von einem deutschen Zeitgenossen. Band I Triumph. Erster Halbband 1932–1934, Wiesbaden 1973
(M. Domarus, Hitler I,1)
Dudzus, Otto, Dem Rad in die Speichen fallen, in: Begegnungen mit Dietrich Bonhoeffer. Ein Almanach, hg. v. Wolf-Dieter Zimmermann, München 1964, 66–75
(O. Dudzus, Dem Rad in die Speichen fallen)
Ecclesiastica. Archiv für zeitgenössische Kirchengeschichte. Mit besonderer Berücksichtigung der Beziehungen zwischen Kirche und Staat XIV (1934) und XV (1935), Freiburg (Schweiz)
(Ecclesiastica XIV [1934]/XV [1935])
Edgar J. Jung. Ein konservativer Revolutionär. 30. Juni 1934, berichtet v. Edmund Forschbach, Pfullingen 1984
(Edgar J. Jung)
Ehrenberg, Hans, Die Gabe Gottes und das Gesetz Gottes. Zur Kritik an Barmen, in: JK 2 (1934), 742–745
Elert, Werner, Confessio Barmensis, in: AELK-Z 67 (1934), Sp. 602–606
- Die Zukunft der evangelisch-theologischen Fakultäten, in: Luth. 46 (1935), 97–112
- Morphologie des Luthertums.
Erster Band. Theologie und Weltanschauung des Luthertums hauptsächlich im 16. und 17. Jahrhundert, München 1952
Zweiter Band. Soziallehren und Sozialwirkungen des Luthertums, München 1953
(W. Elert, Morphologie des Luthertums I/II)
Engel-Janosi, Friedrich, Vom Chaos zur Katastrophe. Vatikanische Gespräche 1918 bis 1938. Vornehmlich auf Grund der Berichte der österreichischen Gesandten beim Heiligen Stuhl, Wien/München 1971
(F. Engel-Janosi, Vom Chaos zur Katastrophe)
Entscheidungen des Reichsgerichts in Strafsachen. Bd. 71 (Entscheidungen des Reichsgerichts), Berlin/Leipzig 1938
(Entscheidungen des Reichsgerichts in Strafsachen 71 [1938])
Erste Jahreswende unter Hitler. Ein unbekannter Briefwechsel zwischen Ludwig Kaas und dem Abt von Grüssau. Zum 100. Geburtstag des Zentrumspolitikers am 23. Mai 1981, eingel. und kommentiert v. Ludwig Volk, in: StZ 199 (1981), 314–326
(Erste Jahreswende unter Hitler, in: StZ 199 [1981])

Es geschah in Barmen und Stuttgart 1936. Die »Knospenfrevelpredigt« von Paul Humburg und ihre Folgen. Eine Dokumentation aus der Zeit des Kirchenkampfes, hg. v. Werner Humburg und Arno Pagel, Marburg a. d. L. 1985
(Es geschah in Barmen und Stuttgart 1936)
»Es spricht der Führer«. 7 exemplarische Hitler-Reden, hg. und erl. v. Hildegard v. Kotze u. a., Gütersloh 1966
(»Es spricht der Führer«)
Evangelische Kirche zwischen Kreuz und Hakenkreuz. Bilder und Texte einer Ausstellung, zusammengestellt und kommentiert v. Eberhard Röhm und Jörg Thierfelder für die Evangelische Arbeitsgemeinschaft für kirchliche Zeitgeschichte i. A. des Rates der Evangelischen Kirche Deutschlands, mit einer Einführung von Klaus Scholder, Stuttgart ^{3}1983
(Evangelische Kirche zwischen Kreuz und Hakenkreuz)
Evangelium im Dritten Reich. Kirchenzeitung für Christentum und Nationalsozialismus, Ausgabe Groß-Berlin, 3 (1934), Berlin
(Evangelium im Dritten Reich 3 [1934])
Evangelium im Dritten Reich für Groß-Berlin 3 (1934), Berlin
(Evangelium im Dritten Reich für Groß-Berlin 3 [1934])
Fest, Joachim C., Hitler. Eine Biographie, Frankfurt a. M./Berlin/Wien ^{2}1973
(J. C. Fest, Hitler)
Fijalkowski, Jürgen, Die Wendung zum Führerstaat. Ideologische Komponenten in der politischen Philosophie Carl Schmitts (Schriften des Instituts für Politische Wissenschaft, Bd. 12), Köln/Opladen 1958
(J. Fijalkowski, Die Wendung zum Führerstaat)
Fischer, Joachim, Die sächsische Landeskirche im Kirchenkampf 1933–1937 (Arbeiten zur Kirchengeschichte und Religionswissenschaft, Bd. 4), Halle (Saale) 1972
(J. Fischer, Die sächsische Landeskirche im Kirchenkampf)
Fleisch, Paul, Zu der Denkschrift der Reichskirchenregierung (RKR) über »Bekenntnis und Kirche« und »Das grundsätzliche Verhältnis von evangelischem Christentum und politischer Bewegung«, in: AELKZ 67 (1934), Sp. 844–848
Flor, Georg, Erinnerungen an einen Vater. Wilhelm Flor 1882–1938, in: JK 43 (1982), 306–309
(G. Flor, Erinnerungen an einen Vater, in: JK 43 [1982])
Flor, Wilhelm, Der Kirchenstreit vom Rechtsstandpunkt aus beurteilt, in: JK 1 (1933), 226–239

- Rechtsgutachten. Ist die Verordnung zur Sicherung einheitlicher Führung der Evangelischen Kirche der altpreußischen Union vom 26. Januar 1934 verfassungsmäßig zulässig?, in: JK 2 (1934), 150–153
- Sind die von der »Nationalsynode« am 9. August 1934 beschlossenen Gesetze rechtsgültig?, in: JK 2 (1934), 687–691

Forsthoff, Ernst, Der totale Staat, Hamburg 21934
(E. Forsthoff, Der totale Staat)
- Die staatliche Totalität und die evangelische Kirche, in: Deutsches Adelsblatt 51(1933), 825f.

Forsthoff, Heinrich, Theologie oder Glaube? Zur Sache der Deutschen Christen (Kirche in Bewegung und Entscheidung, H. 2), Bonn 1934
(H. Forsthoff, Theologie oder Glaube?)

Für ein politisches Gewissen der Kirche. Aus Reden und Schriften 1932 bis 1972 von Kurt Scharf, hg. v. Wolfgang Erk, Stuttgart 1972
(Für ein politisches Gewissen der Kirche)

Gallo, Max, Der schwarze Freitag der SA. Die Vernichtung des revolutionären Flügels der NSDAP durch Hitlers SS im Juni 1934, aus dem Französischen übertr. v. Carl Schönfeldt, Wien/München/Zürich 1972
(M. Gallo, Der schwarze Freitag)

George Bell – Alphons Koechlin. Briefwechsel 1933–1954, hg., eingel. und kommentiert v. Andreas Lindt (Originalbriefe übers. aus dem Englischen v. Elsie Steck), Zürich 1969
(George Bell – Alphons Koechlin)

Gerlach-Praetorius, Angelika, Die Kirche vor der Eidesfrage. Die Diskussion um den Pfarrereid im »Dritten Reich« (AGK 18), Göttingen 1967
(A. Gerlach-Praetorius, Kirche vor der Eidesfrage)

Gerstenmaier, Eugen, Streit und Friede hat seine Zeit. Ein Lebensbericht, Frankfurt a. M./Berlin/Wien 1981
(E. Gerstenmaier, Streit und Friede hat seine Zeit)

Gesetzblatt der Deutschen Evangelischen Kirche (1933) und (1934), Berlin
(GesBl. DEK 1933/1934)

Geuder, Karl, Die Bibelkreise im »Dritten Reich«, in: Aus der Geschichte der Schüler-Bibel-Kreise (BK) in Bayern, hg. von Hermann Kolb, Bad Kissingen (1968), 60–115
(K. Geuder, Die Bibelkreise im »Dritten Reich«)

Giese, Friedrich, Das kirchenpolitische System der Weimarer Verfassung, in: AÖR NF 7 (1924), 1–70

– Die Rechtsstellung der Pfarrer als Gegenstand staatlicher Regelung, in: PPA 21 (1933), 289–298
Gilbert, G. M., Nürnberger Tagebuch, aus dem Amerikanischen übertr. v. Margaret Carroux u. a., Frankfurt a. M. 1962
(G. M. Gilbert, Nürnberger Tagebuch)
Glanz und Niedergang der deutschen Universität. 50 Jahre deutscher Wissenschaftsgeschichte in Briefen an und von Hans Lietzmann (1892–1942), mit einer einführenden Darstellung hg. v. Kurt Aland, Berlin/New York 1979
(Glanz und Niedergang)
Glarner, Julius, Der evangelische Mensch im nationalsozialistischen Staat (Kirche in Bewegung und Entscheidung, H. 2), Bonn 1934
Glaser, Hermann, Franken und der Nationalsozialismus – Fränkischer Nationalsozialismus, in: Der Nationalsozialismus in Franken. Ein Land unter der Last seiner Geschichte (Tutzinger Studien 2/1979), München 1979, 7–19
(H. Glaser, Franken und der Nationalsozialismus)
Glenthøj, Jørgen, Hindenburg, Göring und die evangelischen Kirchenführer. Ein Beitrag zur Beleuchtung des staatspolitischen Hintergrundes der Kanzleraudienz am 25. Januar 1934, in: Zur Geschichte des Kirchenkampfes. Gesammelte Aufsätze (AGK 15) [= Gesammelte Aufsätze I], Göttingen 1965, ^{4}569
(J. Glenthøj, Hindenburg, Göring und die evangelischen Kirchenführer)
Gloege, Gerhard, Die Weltanschauung Hermann Wirths, in: Die Nation vor Gott. Zur Botschaft der Kirche im Dritten Reich, hg. v. Walter Künneth und Helmuth Schreiner, Berlin 31934, 464–505
(G. Gloege, Die Weltanschauung Hermann Wirths)
Goetz, Helmut, Totalitarismus. Ein historischer Begriff, in: SZG 32 (1982), 163–174
(H. Goetz, Totalitarismus, in: SZG 32 [1982])
Gott läßt sich nicht spotten. Franz Dohrmann. Feldbischof unter Hitler, hg. v. Hermann Kunst, Hannover 1983
(Gott läßt sich nicht spotten)
Gotto, Klaus, Art.: Klausener, Erich, in: NDB 11 (1977), 715 f.
– Die Wochenzeitung Junge Front/Michael. Eine Studie zum katholischen Selbstverständnis und zum Verhalten der jungen Kirche gegenüber dem Nationalsozialismus, Diss. phil. (VKZG.F 8), Saarbrücken 1969
(K. Gotto, Junge Front)

Graß, Karl Martin, Edgar Jung, Papenkreis und Röhmkrise 1933/34, Diss. phil., Heidelberg 1966
(K. M. Graß, Edgar Jung)
Gröber, Conrad, Nationalkirche? Ein aufklärendes Wort zur Wahrung des konfessionellen Friedens, Freiburg i. Br . ^{2}1935
(C. Gröber, Nationalkirche)
Grüter, Friedrich (d. i. E. Forsthoff), Gegen ein evangelisches Konkordat, in: Deutsches Volkstum 15,2 (1933), 788–790
Grundmann, Walter, Die 28 Thesen der Deutschen Christen, Dresden o. J.
(W. Grundmann, 28 Thesen)
– Totale Kirche im totalen Staat, Dresden 1934
(W. Grundmann, Totale Kirche)
Haller, Peter, Der Rechtskampf der Bekennenden Kirche und ihre Juristen, Diss. jur., Freiburg i. Br. 1963
(P. Haller, Der Rechtskampf)
Hambrecht, Rainer, Der Aufstieg der NSDAP in Mittel- und Oberfranken (1925–1933) (Nürnberger Werkstücke zur Stadt- und Landesgeschichte, Bd. 17), Nürnberg 1976
(R. Hambrecht, Der Aufstieg der NSDAP in Mittel- und Oberfranken)
Harder, Günther, Die Bedeutung der Kirchengliedschaft im Kirchenkampf, in: EvTh 20 (1960), 71–90
Heckel, Johannes, Staats-, Verwaltungs- und Kirchenrecht im Dritten Reich, in: ders. u. a., Berichte über die Lage und das Studium des öffentlichen Rechts (Der deutsche Staat der Gegenwart, H. 12), Hamburg 1935, 9–29
(J. Heckel, Staats-, Verwaltungs- und Kirchenrecht)
Hehl, Ulrich von, Bischof Berning und das Bistum Osnabrück im »Dritten Reich«, in: Osnabrücker Mitteilungen 86 (1980), 83–104
(U.v. Hehl, Bischof Berning, in: Osnabrücker Mitteilungen 86 [1980])
– Katholische Kirche und Nationalsozialismus im Erzbistum Köln 1933–1945 (VKZG.B 23), Mainz 1977
(U.v. Hehl, Katholische Kirche und Nationalsozialismus)
Heinonen, Reijo E., Anpassung und Identität. Theologie und Kirchenpolitik der Bremer Deutschen Christen 1933–1945 (AKIZ B 5), Göttingen 1978
(R. E. Heinonen, Anpassung und Identität)
Helmreich, Ernst Christian, The German Churches under Hitler. Background, struggle and epilogue, Detroit 1979
(E. Chr. Helmreich, The German Churches under Hitler)

Henn, Ernst, Führungswechsel, Ermächtigungsgesetz und das Ringen um eine neue Synode im bayerischen Kirchenkampf, in: ZBKG 43 (1974), 325–443 (E. Henn, Führungswechsel, in: ZBKG 43 [1974])

Hey, Bernd, Die Kirchenprovinz Westfalen 1933–1945 (Beiträge zur Westfälischen Kirchengeschichte, Bd. 2), Bielefeld 1974 (B. Hey, Die Kirchenprovinz Westfalen 1933–1945)

Hildebrand, Klaus, Deutsche Außenpolitik 1933–1945. Kalkül oder Dogma?, Stuttgart/Berlin/Köln/Mainz 1971 (K. Hildebrand, Deutsche Außenpolitik)

Hildebrandt, Franz, Freie evangelische Synode in Berlin, In: JK 2 (1934), 228 f.

Höhne, Heinz, Mordsache Röhm. Hitlers Durchbruch zur Alleinherrschaft 1933–1934, Reinbek bei Hamburg 1984 (H. Höhne, Mordsache Röhm)

Hollerbach, Alexander, Verträge zwischen Staat und Kirche in der Bundesrepublik Deutschland (Juristische Abhandlungen, Bd. 3), Frankfurt a. M. 1965 (A. Hollerbach, Verträge)

Hornig, Ernst, Die Bekennende Kirche in Schlesien 1933–1945. Geschichte und Dokumente (AGK.E 10), Göttingen 1977 (E. Hornig, Die Bekennende Kirche in Schlesien)

Huber, Rudolf Ernst, Die Totalität des völkischen Staates, in: Die Tat 26,1 (1933/34), 30–42

Huber, Wolfgang, Folgen christlicher Freiheit. Ethik und Theorie der Kirche im Horizont der Barmer Theologischen Erklärung (Neukirchener Beiträge zur Systematischen Theologie, Bd. 4), Neukirchen-Vluyn 1983 (W. Huber, Folgen christlicher Freiheit)

Huck, Jürgen, Reichsminister Paul Frhr. v. Eltz-Rübenach. Sein Leben und Wirken 1875–1943, in: Unser Porz. Beiträge zur Geschichte von Amt und Stadt Porz, H. 2, hg. v. Heimatverein Porz e. V. in Verbindung mit dem Stadtarchiv Porz, Porz 1961, 30–65 (J. Huck, Reichsminister Paul Frhr. v. Eltz-Rübenach, in: Unser Porz 2 [1961])

Hürten, Heinz, Waldemar Gurian. Ein Zeuge der Krise unserer Welt in der ersten Hälfte des 20. Jahrhunderts (VKZG.F 11), Mainz 1972 (H. Hürten, Waldemar Gurian)

Hutten, Kurt, Die Deutsche Glaubensbewegung, in: Die Nation vor Gott. Zur Botschaft der Kirche im Dritten Reich, hg. v. Walter Künneth und Helmuth Schreiner, Berlin ³1934, 506–533 (K. Hutten, Die Deutsche Glaubensbewegung)

Immer (jun.), Karl, Barmen: Ruf zur Umkehr, Ruf nach vorwärts, in: Joachim Beckmann u. a., Dann werden die Steine schreien. 50 Jahre Theologische Erklärung Barmen. Kirchenkampf im Dritten Reich, Bielefeld 1983, 141–153 (K. Immer [jun.], Barmen)

In Statu Confessionis. Gesammelte Aufsätze von Hermann Sasse, hg. v. Friedrich Wilhelm Hopf, Berlin/Hamburg 1966
(In Statu Confessionis)

Irving, David, Hitlers Weg zum Krieg, aus dem Englischen übers. v. Georg Auerbach, München/Berlin 1978
(D. Irving, Hitlers Weg zum Krieg)

Jacke, Jochen, Kirche zwischen Monarchie und Republik. Der preußische Protestantismus nach dem Zusammenbruch von 1918 (Hamburger Beiträge zur Sozial- und Zeitgeschichte, Bd. 12), Hamburg 1976
(J. Jacke, Kirche zwischen Monarchie und Republik)

Jacobsen, Hans-Adolf, Nationalsozialistische Außenpolitik 1933–1938, Frankfurt a. M./Berlin 1968
(H.-A. Jacobsen, Nationalsozialistische Außenpolitik)

Jacoby, Fritz, Die evangelische Kirche an der Saar im Abstimmungskampf 1933 bis 1935, in: Die evangelische Kirche an der Saar gestern und heute, hg. v. den Kirchenkreisen Ottweiler, Saarbrücken und Völklingen der Evangelischen Kirche im Rheinland, Saarbrücken 1975, 279–285
(F. Jacoby, Die evangelische Kirche an der Saar)

Jäger, August, Kirche im Volk. Ein Beitrag zur Geschichte der nationalsozialistischen Rechtsentwicklung, Berlin o. J.
(A. Jäger, Kirche im Volk)

Jaeger, Hans, Art.: Hoesch (ev.), in: NDB 9 (1972), 364

Jasper, Ronald C. D., George Bell. Bishop of Chichester, London 1967
(R. C. D. Jasper, George Bell)

Jüngel, Eberhard, Mit Frieden Staat zu machen. Politische Existenz nach Barmen V, München 1984
(E. Jüngel, Mit Frieden Staat zu machen)

Junge Kirche. Halbmonatsschrift für reformatorisches Christentum 1 (1933) und 2 (1934), Göttingen
(JK 1 [1933] und 2 [1934])

Julius. F., Der Schweriner Prozeß, in: JK 2 (1934), 542–555

Jung, Edgar Julius, Sinndeutung der deutschen Revolution, Oldenburg 1933
(E. J. Jung, Sinndeutung)

Justiz im Dritten Reich. Eine Dokumentation, hg. v. Ilse Staff, Frankfurt a. M. ^{2}1978
(Justiz im Dritten Reich)
Kaiser, Jochen-Christoph, Frauen in der Kirche. Evangelische Frauenverbände im Spannungsfeld von Kirche und Gesellschaft 1890–1945. Quellen und Materialien, hg. v. Annette Kuhn (Geschichtsdidaktik, Studien, Materialien, Bd. 27), Düsseldorf 1985
(J.-Chr. Kaiser, Frauen in der Kirche)
Kaiser, Marcus Urs, Deutscher Kirchenkampf und Schweizer Öffentlichkeit in den Jahren 1933 und 1934 (BSHST 17), Zürich 1972
(M. U. Kaiser, Deutscher Kirchenkampf)
Kämpfer wider Willen. Erinnerungen des Landesbischofs von Sachsen D. Hugo Hahn aus dem Kirchenkampf 1933–1945, bearb. und hg. v. G. Prater, Metzingen 1969
(Kämpfer wider Willen)
Kantzenbach, Friedrich Wilhelm, Georg Merz und die kirchliche Hochschule des 20. Jahrhunderts, in: ZBKG 43 (1974), 451–468
(E W. Kantzenbach, Georg Merz, in: ZBKG 43 [19741)
– Widerstand und Solidarität der Christen in Deutschland 1933–1945. Eine Dokumentation zum Kirchenkampf aus den Papieren des D. Wilhelm Freiherrn von Pechmann (Einzelarbeiten aus der Kirchengeschichte Bayerns, Bd. 51), Neustadt a. d. Aisch 1971
(F. W. Kantzenbach, Widerstand und Solidarität)
Karl Barth zum Kirchenkampf. Beteiligung – Mahnung – Zuspruch (TEH NF 49), München 1956
(Karl Barth zum Kirchenkampf)
Katholische Jugend in der NS-Zeit unter besonderer Berücksichtigung des Katholischen Jungmännerverbandes. Daten und Dokumente, zusammengestellt v. Heinrich Roth (Dokumente. Quellenschriften zur Katholischen Jugendseelsorge und Jugendführung, H. 7), Düsseldorf 1959
(Katholische Jugend in der NS-Zeit)
Katholisches Kirchenblatt für das Bistum Berlin 30 (1934), Berlin
(Katholisches Kirchenblatt Berlin 30 [1934])
Keller, Erwin, Conrad Gröber 1872–1948. Erzbischof in schwerer Zeit, Freiburg/Basel/Wien ^{2}1981
(E. Keller, Conrad Gröber)
Kern, Karl-Hans, Neben Kirchenfahne wehte Hakenkreuz. Die evangelische Kirche in Heilbronn während des Dritten Reiches, in: Heilbronner Stimme 38 (1983), Nr. 23 v. 29. 1. 1983, 68

Kinder, Christian, Die Sendung der Deutschen Christen, in: Evangelium im Dritten Reich 3 (1934), 101–104, 106, 108

– Neue Beiträge zur Geschichte der evangelischen Kirche in Schleswig-Holstein und im Reich. 1924–1945, Flensburg ²1966
(Chr. Kinder, Neue Beiträge)

Kirche, Katholiken und Nationalsozialismus, hg. v. Klaus Gotto und Konrad Repgen, Mainz 1980
(Kirche, Katholiken und Nationalsozialismus)

Kirchliches Jahrbuch für die Evangelische Kirche in Deutschland 60–71 (1933–1944), begr. v. Johannes Schneider, hg. v. Joachim Beckmann, Gütersloh ²1976 (KJ 60–71 [1933–1944])

Kirchmann, Stefan (d. i. Waldemar Gurian), St. Ambrosius und die deutschen Bischöfe, Luzern 1934

Klausener, Erich, Zum Widerstand der Katholiken im Dritten Reich (Beiträge zum Thema Widerstand 22), Berlin 1982
(E. Klausener, Widerstand der Katholiken)

– Stellungnahme, in: IKaZ 4 (1975), 286–288

Kloppenburg, Heinz, Wilhelm Flor, in: Lebensbilder (s. u.), 24–27
(H. Kloppenburg, Wilhelm Flor)

Klügel, Eberhard, Die lutherische Landeskirche Hannovers und ihr Bischof 1933–1945, Berlin/Hamburg 1964
(E. Klügel, Die lutherische Landeskirche Hannovers)

--. Dokumente, Berlin/Hamburg 1965
(E. Klügel, Die lutherische Landeskirche Hannovers. Dokumente)

Koch, Karl, Die Zeit des Bekennens ist gekommen!, in: JK 2 (1934), 236–243

– Die Zeit des Bekennens ist gekommen! Eröffnungsrede des Präses D. Koch zur Westfälischen Provinzialsynode am 16. März 1934 in Dortmund, in: RKZ 84 (1934), 95–98

Koch, Werner, Heinemann im Dritten Reich. Ein Christ lebt für morgen, Wuppertal 1972
(W. Koch, Heinemann im Dritten Reich)

Koenigswald, Harald von, Birger Forell. Leben und Wirken in den Jahren 1933–1958, Witten/Berlin 1962
(H. v. Koenigswald, Birger Forell)

Kölner Aktenstücke. Zur Lage der katholischen Kirche in Deutschland 1933–1945, i. A. ges. und hg. v. Wilhelm Corsten, Köln 1949
(Kölner Aktenstücke)

Krumwiede, Hans-Walter, Reichsverfassung und Reichskirche. Motive nationalsozialistischer Politik in ihrer Auswirkung auf die ev. Landeskirchen, in: JGNKG 59 (1961), 142–167
(H.-W. Krumwiede, Reichsverfassung und Reichskirche, in: JGNKG 59 [1961])
Künneth, Walter, Lebensführungen. Der Wahrheit verpflichtet, Wuppertal 1979
(W. Künneth, Lebensführungen)
Lebensbilder aus der Bekennenden Kirche, hg. v. Wilhelm Niemöller, Bielefeld 1949
(Lebensbilder)
Leffler, Siegfried, Christus im Dritten Reich der Deutschen. Wesen, Weg und Ziel der Kirchenbewegung »Deutsche Christen«, Weimar ^{2}1935
(S. Leffler, Christus im Dritten Reich der Deutschen)
Lehmann, G., Erwachte Gemeinden stehen auf, in: RKZ 84 (1934), 100
Lewy, Guenter, Die katholische Kirche und das Dritte Reich, aus dem Arnerikanischen übers. v. Hildegard Schulz, München 1965
(G. Lewy, Katholische Kirche)
Lienhard, Marc, Lutherisch-reformierte Kirchengemeinschaft heute. Der Leuenberger Konkordienentwurf im Kontext der bisherigen lutherisch-reformierten Dialoge (ÖkPer 2), Frankfurt a. M. ^{2}1973
(M. Lienhard, Lutherisch-reformierte Kirchengemeinschaft heute)
Lilje, Hans, Kritik an Barmen, in: JK 2 (1934), 692–699
Lindemann, Helmut, Gustav Heinemann. Ein Leben für die Demokratie, München 1978
(H. Lindemann, Gustav Heinemann)
Link, Christian, Art.: Bann, V. Reformation und Neuzeit, in: TRE V, 182–190
Loewenich, Walther von, Erlebte Theologie. Begegnungen. Erfahrungen. Erwägungen, München 1979
(W. v. Loewenich, Erlebte Theologie)
Lortz, Joseph, Katholisch und doch nationalsozialistisch, in: Dritte Beilage der Germania 64 (1934), Nr. 27 v. 28. 1. 1934
Ludwig, Hartmut, »Ein Ruf nach Vorwärts.« Zur Entstehungs- und Wirkungsgeschichte der Barmer Theologischen Erklärung, Berlin (Ost) 1985
Lueken, Wilhelm, Kampf, Behauptung und Gestalt der Evangelischen Landeskirche Nassau-Hessen (AGK 12), Göttingen 1963
(W. Lueken, Kampf, Behauptung und Gestalt der Evangelischen Landeskirche Nassau-Hessen)

Luther, Christian, Das kirchliche Notrecht, seine Theorie und seine Anwendung im Kirchenkampf 1933–1937 (AGK 21), Göttingen 1969
(Chr. Luther, Das kirchliche Notrecht)

Luther, Martin, Appellatio M. Lutheri a Caietano ad Papam (1518), WA 2, 27–33

Maechler, Winfried, Bonhoeffers Fanø-Friedensrede zwischen Pazifismus und Widerstand, in: ZdZ 38 (1984), 189f.
(W. Maechler, Bonhoeffers Fanoe-Friedensrede, in: ZdZ 38 (1984))

Marahrens, August, Und nun?! Ein Wort zur kirchlichen Lage, in: AELKZ 67 (1934), Sp. 415–417

Marcus, Wolfgang, Antlitz im Werk. Versuch einer Würdigung des Gesamtwerks von Alois Dempf, in: PhJ 68 (1960), 23–35
(W. Marcus, Antlitz im Werk, in: PhJ 68 [1960])

Mayer, Eberhard, Deutschkirche oder Bekenntniskirche. Der Ulmer Bekenntnistag 1934 und der Kampf um die rechtmäßige Evangelische Kirche Deutschlands, Langenau-Ulm 1984
(E. Mayer, Deutschkirche oder Bekenntniskirche)

Mehlhausen, Joachim, Bekenntnis und Staat. Die historische und gegenwärtige Bedeutung der 5. Barmer These, in: Charisma und Institution, hg. v. Trutz Rendtorff, Gütersloh 1985, 2–14
(J. Mehlhausen, Bekenntnis und Staat)

Meier, Kurt, Die Deutschen Christen. Das Bild einer Bewegung im Kirchenkampf des Dritten Reiches, Göttingen 1964
(K. Meier, Die Deutschen Christen)

– Die zeitgeschichtliche Bedeutung volkskirchlicher Konzeptionen im deutschen Protestantismus zwischen 1918 und 1945, in: Nordische und deutsche Kirchen im 20. Jahrhundert. Referate auf der Internationalen Arbeitstagung in Sandbjerg/Dänemark 1981, hg. v. Carsten Nicolaisen (AKIZ B 13), Göttingen 1982, 165–197
(K. Meier, Bedeutung volkskirchlicher Konzeptionen)

– Der evangelische Kirchenkampf. Gesamtdarstellung in drei Bänden. Band 1. Der Kampf um die »Reichskirche«, Göttingen 1976
(K. Meier, Kirchenkampf I)

Messerschmidt, Alfred, Aspekte der Militärseelsorgepolitik in nationalsozialistischer Zeit, in: Militärgeschichtliche Mitteilungen 1 (1968), 63–105
(M. Messerschmidt, Militärseelsorgepolitik, in: Militärgeschichtliche Mitteilungen 1 [1968])

Mohler, Armin, Die konservative Revolution in Deutschland 1918–1932. Ein Handbuch, Darmstadt ^{2}1972
(A. Mohler, Konservative Revolution in Deutschland 1918–1932)
Muckermann, Friedrich, Im Kampf zwischen zwei Epochen. Lebenserinnerungen, bearb. v. Nikolaus Junk (VKZG.Q 15), Mainz 1973
(F. Muckermann, Im Kampf)
Mühlen, Patrik von zur, »Schlagt Hitler an der Saar!«. Abstimmungskampf, Emigration und Widerstand im Saargebiet. 1933–1935 (Forschungsinstitut der Friedrich-Ebert-Stiftung. Reihe: Politik- und Gesellschaftsgeschichte, Bd. 7), Bonn 1979
(P. v. zur Mühlen, »Schlagt Hitler an der Saar!«)
Müller, Hans, Katholische Kirche und Nationalsozialismus. Dokumente 1930–935, München 1963
(H. Müller, Katholische Kirche und Nationalsozialismus)
Murtorinne, Eino, Erzbischof Eidem zum deutschen Kirchenkampf. 1933–1934 (Schriften der Finnischen Gesellschaft für Missiologie und Ökumenik, Bd. 15), Helsinki 1968
(E. Murtorinne, Erzbischof Eidem)
Nabrings, Arie, Friedrich Julius Stahl – Rechtsphilosophie und Kirchenpolitik (Unio und Confessio 9), Bielefeld 1983
(A. Nabrings, Friedrich Julius Stahl)
Nicolaisen, Carsten, Der lutherische Beitrag zur Entstehung der Barmer Theologischen Erklärung, in: Die lutherischen Kirchen (s. o.), 13–38
(C. Nicolaisen, Der lutherische Beitrag)
– Der Weg nach Barmen. Die Entstehungsgeschichte der Theologischen Erklärung von 1934, Neukirchen-Vluyn 1985
(C. Nicolaisen, Der Weg nach Barmen)
Niemöller, Gerhard, Die erste Bekenntnissynode der Deutschen Evangelischen Kirche zu Barmen. I. Geschichte, Kritik und Bedeutung der Synode und ihrer Theologischen Erklärung (AGK 5), Göttingen 1959
(G. Niemöller, Die erste Bekenntnissynode I)
– Organisation und Aufbau der Bekennenden Kirche in ihren Anfängen, in: Zur Geschichte des Kirchenkampfes. Gesammelte Aufsätze 11 (AGK 26), Göttingen 1971, 105–120
(G. Niemöller, Organisation und Aufbau der Bekennenden Kirche)
Niemöller, Wilhelm, Der Pfarrernotbund. Geschichte einer kämpfenden Bruderschaft, Hamburg 1973
(W. Niemöller, Pfarrernotbund)

- Die evangelische Kirche im Dritten Reich. Handbuch des Kirchenkampfes, Bielefeld 1956
(W. Niemöller, Evangelische Kirche im Dritten Reich)
- Epilog zum Kanzlerempfang, in: EvTh 20 (1960), 107–124
- Hitler und die evangelischen Kirchenführer. (Zum 25. Januar 1934), Bielefeld 1959
(W. Niemöller, Hitler und die evangelischen Kirchenführer)

Niesel, Wilhelm, Kirche unter dem Wort. Der Kampf der Bekennenden Kirche der altpreußischen Union 1933–1945 (AGK 11), Göttingen 1978
(W. Niesel, Kirche unter dem Wort)
- Westfälische Provinzialsynode und Westfälische Bekenntnissynode am 16. März 1934 in Dortmund, in: RKZ 84 (1934), 98 f.

Norden, Günther van, Kirche in der Krise. Die Stellung der evangelischen Kirche zum nationalsozialistischen Staat im Jahre 1933, Düsseldorf 1963
(G. v. Norden, Kirche in der Krise)

Nowak, Kurt, »Euthanasie«und Sterilisierung im »Dritten Reich«. Die Konfrontation der evangelischen und katholischen Kirche mit dem »Gesetz zur Verhütung erbkranken Nachwuchses« und der »Euthanasie«-Aktion (AGK.E 12), Göttingen 1978
(K. Nowak, »Euthanasie«)
- Evangelische Kirche und Weimarer Republik. Zum politischen Weg des deutschen Protestantismus zwischen 1918 und 1932, Göttingen 1981
(K. Nowak, Evangelische Kirche und Weimarer Republik)

NS-Kurier. Südwestdeutsche Tageszeitung für Politik, Wirtschaft, Kultur, Morgen-Ausgabe und Abend-Ausgabe 4 (1934), Stuttgart
(NS-Kurier 4 [1934], Morgen-Ausgabe und Abend-Ausgabe)

Oberheid, Heinrich, Unpolitisches deutsches Christentum. Ein Wort über das »Politische Christentum« *des Professors Paul Althaus*, Bonn 1936
(H. Oberheid, Unpolitisches Christentum)

Oberman, Heiko A., Wurzeln des Antisemitismus. Christenangst und Judenplage im Zeitalter von Humanismus und Reformation, Berlin 1981
(H. A. Oberman, Wurzeln des Antisemitismus)

Odin, Karl-Alfred, Martin Niemöller, in: Protestantische Profile. Lebensbilder aus fünf Jahrhunderten, hg. v. Klaus Scholder und Dieter Kleinmann, Königstein/Ts. 1983, 367–381
(K.-A. Odin, Martin Niemöller)

Organisationsbuch der NSDAP, hg. v. Reichsorganisationsleiter der NSDAP,

München ^{4}1937
(Organisationsbuch der NSDAP)
Ott, Hugo, Möglichkeiten und Formen kirchlichen Widerstands gegen das Dritte Reich von seiten der Kirchenbehörde und des Pfarrklerus. Dargestellt am Beispiel der Erzdiözese Freiburg im Breisgau, in: HJ 92 (1972), 312–333
(H. Ott, Möglichkeiten, in: HJ 92 [1972])
Philipps, Werner, Wilhelm Zoellner – Mann der Kirche in Kaiserreich, Republik und Drittem Reich. Mit einer Bibliographie von Mechthild Köhn (Beiträge zur West fälischen Kirchengeschichte, Bd. 6), Bielefeld 1985
(W. Philipps, Wilhelm Zoellner)
Picker, Henry, Hitlers Tischgespräche im Führerhauptquartier 1941–1942, neu hg. v. Percy Ernst Schramm, Stuttgart 21965
(H. Picker, Hitlers Tischgespräche)
Prolingheuer, Hans, Der Fall Karl Barth 1934–1935. Chronographie einer Vertreibung, Neukirchen-Vluyn ^{2}1984
(H. Prolingheuer, Der Fall Karl Barth)
Promemoria eines bayerischen Richters zu den Juni-Morden 1934, in: VZG 5 (1957), 102–104
Pünder, Werner, Erlebnisbericht Werner Pünders über die Ermordung Klauseners am 30. Juni 1934 und die Folgen, in: VZG 19 (1971), 404–431
(W. Pünder, Erlebnisbericht, in: VZG 19 [1971])
Rahmel, Max, Tarnowke, in: Die Stunde der Versuchung. Gemeinden im Kirchenkampf 1933–1945. Selbstzeugnisse, hg. v. Günther Harder und Wilhelm Niemöller, München 1963, 164–170
(M. Rahmel, Tarnowke)
Rechtsauffassung über die Gültigkeit der Verordnung des Reichsbischofs vom 4. 1. 1934, in: JK 2 (1934), 74–76
Reese, Hans-Jörg, »Bekenntnisstand«, »Lehre der Kirche«, »Irrlehre« in der theologischen Diskussion vom 19. Jahrhundert, in: Die lutherischen Kirchen (s. o.), 107–131
(H.-J. Reese, »Bekenntnisstand«)
Reichsgesetzblatt. Teil I (1933) und Teil 1 (1934), Berlin
(Reichsgesetzblatt 1933/1934)
Rein, Hans, Franz von Papen im Zwielicht der Geschichte. Sein letzter Prozeß, Baden-Baden 1979
(H. Rein, Franz von Papen)

Religionstheorie und Politische Theologie, hg. v. Jacob Taubes, Band 1: Der Fürst dieser Welt. Carl Schmitt und die Folgen, München/Paderborn/Wien/Zürich 1983
(Religionstheorie und Politische Theologie 1)

Rese, Martin, Antisemitismus und neutestamentliche Forschung. Anmerkungen zu dem Thema »Gerhard Kittel und die Judenfrage«, in: EvTh 39 (1979), 557–570
(M. Rese, Antisemitismus und neutestamentliche Forschung, in: EvTh 39 [1979])

Riedel, Heinrich, Kampf um die Jugend. Evangelische Jugendarbeit 1933–1945, München 1976
(H. Riedel, Kampf um die Jugend)

Rittberg, Else von, Der preußische Kirchenvertrag von 1931. Seine Entstehung und seine Bedeutung für das Verhältnis von Staat und Kirche in der Weimarer Republik, Bonn 1960
(E. v. Rittberg, Der preußische Kirchenvertrag)

Ritter, Gerhard, Carl Goerdeler und die Deutsche Widerstandsbewegung, Stuttgart 1954
(G. Ritter, Carl Goerdeler)

Roos, Hans, Polen und Europa. Studien zur polnischen Außenpolitik 1931–1939
(Tübinger Studien zur Geschichte und Politik, Nr. 7), Tübingen 1957

Rosenberg, Alfred, Der Kampf um die Weltanschauung (Hier spricht das neue Deutschland!, H. 1), München ^{2}1935
(A. Rosenberg, Der Kampf um die Weltanschauung) –

– Der Mythus des 20. Jahrhunderts. Eine Wertung der seelisch-geistigen Gestaltenkämpfe unserer Zeit, München $^{33-34}$1934
(A. Rosenberg, Mythus)

Ross, Dieter, Hitler und Dollfuß. Die deutsche Österreich-Politik 1933–1934 (Hamburger Beiträge zur Zeitgeschichte, Bd. 3), Diss. phil., Hamburg 1966
(D. Ross, Hitler und Dollfuß)

Rupp, Gordon, ›I seek my brethren‹. Bishop George Bell and the German Churches, London 1975
(G. Rupp, ›I seek my brethren‹.

Sandmann, Fritz, Die Haltung des Vatikans zum Nationalsozialismus im Spiegel des »Osservatore Romano« (von 1929 bis zum Kriegsausbruch), Diss. phil., Mainz 1965
(F. Sandmann, Die Haltung des Vatikans zum Nationalsozialismus)

Schäfer, Gerhard, Die Evangelische Landeskirche in Württemberg und der Nationalsozialismus. Eine Dokumentation zum Kirchenkampf.
Band 2. Um eine Deutsche Reichskirche 1933, Stuttgart 1972
Band 3. Der Einbruch des Reichsbischofs in die Württ. Landeskirche 1934, Stuttgart 1974
(G. Schäfer, Dokumentation 2/3)

Schäffler, Michael (d. i. Alois Dempf), Die Glaubensnot der deutschen Katholiken, Zürich 1934

Scharf, Kurt, Brücken und Breschen
Biographische Skizzen, hg. v. Wolf-Dieter Zimmermann, Berlin 1977
(Kurt Scharf, Brücken und Breschen)

Scharf, Kurt, Der Pfarrernotbund, in: Bekennende Kirche, 136–141

Scharffenorth, Ernst-Albert, Bonhoeffers Pazifismus, in: Schöpferische Nachfolge. Festschrift für Heinz Eduard Tödt, hg. v. Christofer Frey und Wolfgang Huber (Texte und Materialien der Forschungsstätte der Evangelischen Studiengemeinschaft, Reihe A, Nr. 5), Heidelberg 1978, 363–387
(E.-A. Scharffenorth, Bonhoeffers Pazifismus)

Schellenberger, Barbara, Katholische Jugend und Drittes Reich. Eine Geschichte des Katholischen Jungmännerverbandes 1933–1939 unter besonderer Berücksichtigung der Rheinprovinz (VK-ZG.F 17), Mainz 1975
(B. Schellenberger, Katholische Jugend)

Schieckel, Harald, Wilhelm Flor. 1882–1938 in: Niedersächsische Lebensbilder, Bd. 6, hg. v. Edgar Kalthoff, Hildesheim 1969, 173–188
(H. Schieckel, Wilhelm Flor)

Schieder, Julius, D. Hans Meiser DD. Wächter und Haushalter Gottes, München 1956
(J. Schieder, Hans Meiser)

Schlingensiepen, Johannes, Widerstand und verborgene Schuld. Erinnerungen an den Kampf der Bekennenden Kirche in Barmen, Wuppertal 1976
(J. Schlingensiepen, Widerstand und verborgene Schuld)

Schmid, Heinrich, Apokalyptisches Wetterleuchten. Ein Beitrag der Evangelischen Kirche zum Kampf im »Dritten Reich«, München 1947
(H. Schmid, Apokalyptisches Wetterleuchten)

Schmidt, Jürgen, Martin Niemöller im Kirchenkampf (Hamburger Beiträge zur Zeitgeschichte, Bd. 8), Hamburg 1971
(J. Schmidt, Martin Niemöller)

Schmidt, Kurt Dietrich, Fragen zur Struktur der Bekennenden Kirche, in: ZevKR 9 (1962/63), 201–228

Schmitt, Carl, Das neue Verfassungsgesetz, in: VB, Berliner Ausgabe, 47 (1934), Nr. 32 v. 1. 2. 1934
- Staat, Bewegung, Volk. Die Dreigliederung der politischen Einheit (Der deutsche Staat der Gegenwart, H. 1), Hamburg 1934 (C. Schmitt, Staat, Bewegung, Volk)

Scholder, Klaus, Altes und Neues zur Vorgeschichte des Reichskonkordats. Erwiderung auf Konrad Repgen, in: VZG 26 (1978), 535–570 (K. Scholder, Vorgeschichte des Reichskonkordats, in: VZG 26 [1978])
- Art.: Kirchenkampf, in: ESTL, ^{2}1975, Sp. 1177–1200
- Die Bedeutung des Barmer Bekenntnisses für die Evangelische Theologie und Kirche. Ernst Wolf zum 65. Geburtstag, in: EvTh 27 (1967), 435–461 (K. Scholder, Bedeutung des Barmer Bekenntnisses, in: EvTh 27 [1967])
- Die evangelische Kirche in der Sicht der nationalsozialistischen Führung bis zum Kriegsausbruch, in: VZG 16 (1968), 15–35
- Die Kirchen und das Dritte Reich. Band 1. Vorgeschichte und Zeit der Illusionen 1918–1934, Frankfurt a. M./Berlin/Wien 1977 (1980) (K. Scholder, Bd. 1)
- Die Krise der dreißiger Jahre als Fragen an Christentum und Kirchen, in: Die Große Krise der dreißiger Jahre. Vom Niedergang der Weltwirtschaft zum Zweiten Weltkrieg, hg. v. Gerhard Schulz, Göttingen 1985, 101–119 (K. Scholder, Die Krise der dreißiger Jahre)
- Die theologische Grundlage des Kirchenkampfes. Zur Entstehung und Bedeutung der Barmer Erklärung, in: EvTh 44 (1984), 505–524 (K. Scholder, Die theologische Grundlage des Kirchenkampfes, in: EvTh 44 [1984])
- Judentum und Christentum in der Ideologie und Politik des Nationalsozialismus 1919–1945, in: Papers presented to the International Symposium on Judaism and Christianity under the impact of National-Socialism (1919–1945), ed. by Yitzchak Mais, Jerusalem 1982, 183–200 (K. Scholder, Judentum und Christentum)
- Über den Umgang mit unserer jüngsten Geschichte, München 1979

See, Wolfgang/Weckerling, Rudolf, Frauen im Kirchenkampf. Beispiele aus der Bekennenden Kirche Berlin-Brandenburg 1933 bis 1945, Berlin 1984 (W. See/R. Weckerling, Frauen im Kirchenkampf)

Seegrün, Wolfgang, Bischof Berning von Osnabrück und die katholischen Laienverbände in den Verhandlungen um Artikel 31 des Reichskonkordats 1933–1936, in: Osnabrücker Mitteilungen 80 (1973), 150–182

(W. Seegrün, Berning und Laienverbände, in: Osnabrücker Mitteilungen 80 [1973])
- Wilhelm Berning (1877–1955). Ein Lebensbild, in: Osnabrücker Mitteilungen 79 (1972), 79–92
(W. Seegrün, Wilhelm Berning, in: Osnabrücker Mitteilungen 79 [1972])
Siegele-Wenschkewitz, Leonore, Die Evangelisch-theologische Fakultät Tübingen in den Anfangsjahren des Dritten Reichs. II. Gerhard Kittel und die Judenfrage, in: ZTHK, Beih. 4 (1978), 53–80
(L. Siegele-Wenschkewitz, Gerhard Kittel und die Judenfrage, in: ZTHK, Beih. 4 [1978])
- Nationalsozialismus und Kirchen. Religionspolitik von Partei und Staat bis 1935 (Tübinger Schriften zur Sozial- und Zeitgeschichte, Bd. 5), Düsseldorf 1974
(L. Siegele-Wenschkewitz, Nationalsozialismus und Kirchen)
- Neutestamentliche Wissenschaft vor der Judenfrage. Gerhard Kittels theologische Arbeit im Wandel deutscher Geschichte (TEH NF 208), München 1980
(L. Siegele-Wenschkewitz, Neutestamentliche Wissenschaft vor der Judenfrage)
Schwerin von Krosigk, Lutz Graf Schwerin von, Persönliche Erinnerungen. II. Teil. 25 Jahre Berlin 1920 bis 1945, o. O. und o. J.
(L. Graf Schwerin v. Krosigk, Persönliche Erinnerungen II)
Slack, Kenneth, George Bell, London 1971
(K. Slack, George Bell)
Sonne, Hans-Joachim, Die politische Theologie der Deutschen Christen. Einheit und Vielheit deutsch-christlichen Denkens, dargestellt anhand des Bundes für »Deutsche Christen« und der Christlich-deutschen Bewegung (Göttinger theologische Arbeiten, Bd. 21), Göttingen 1982
(H.-J. Sonne, Deutsche Christen)
Sontheimer, Kurt, Antidemokratisches Denken in der Weimarer Republik. Die politischen Ideen des deutschen Nationalsozialismus zwischen 1918 und 1933, München [2]1964
(K. Sontheimer, Antidemokratisches Denken)
- Der Macht näher als dem Recht. Zum Tode Carl Schmitts, in: Die Zeit 40 (1985), Nr. 17 v. 19. 4. 1985, 7
Speer, Albert, Erinnerungen, Frankfurt a. M.//Berlin 1969
(A. Speer, Erinnerungen)
»Spiegelbild einer Verschwörung«. Die Opposition gegen Hitler und der

Staatsstreich vom 20. Juli 1944 in der SD-Berichterstattung. Geheime Dokumente aus dem ehemaligen Reichssicherheitshauptamt, hg. v. Hans-Adolf Jacobsen, Bd. 1, Stuttgart 1984
(Spiegelbild einer Verschwörung I)
Stapel, Wilhelm, Kampf um die evangelische Kirche, in: Deutsches Volkstum 16 (1934), 33–36
Stegmann, Erich, Der Kirchenkampf in der Thüringer Evangelischen Kirche 1933–1945. Ein Kapitel Thüringer Kirchengeschichte, Berlin 1984
(E. Stegmann, Der Kirchenkampf in der Thüringer Evangelischen Kirche)
Stein, Albert, Der Stellenwert von »Barmen« und »Dahlem« für die Entwicklung von Theorie und Praxis der evangelischen Kirchenverfassung, in: Die lutherischen Kirchen (s. o.), 186–205
(A. Stein, »Barmen« und »Dahlem«)
Stoll, Christian, Dokumente zum Kirchenstreit.
III. Teil. Der Kampf um das Bekenntnis, München 1935
V. Teil. Der Weg der Evang.-Luth. Kirche in Bayern, München 1935
(Chr. Stoll, Dokumente zum Kirchenstreit III/V)
Tagebuchaufzeichnungen aus der Zeit des Kirchenkampfes. Zur Erinnerung an Frau Marie Wurm, hg. v. Theophil Wurm, Stuttgart 1951
(Tagebuchaufzeichnungen von Marie Wurm)
Texte zur Geschichte des Pfarrernotbundes, hg. und mit einer Einführung versehen v. Wilhelm Niemöller (Kleine Texte für Vorlesungen und Übungen, Bd. 180), Berlin 1958
(Texte zur Geschichte des Pfarrernotbundes)
The Church confronts the Nazis: Barmen then and now, ed. by Hubert G. Locke (Toronto Studies in Theology, Vol. 16), New York/Toronto 1984
(The Church confronts the Nazis)
Theologie und Kirche im Wirken Hans von Sodens. Briefe und Dokumente aus der Zeit des Kirchenkampfes 1933–1945, hg. v. Erich Dinkler und Erika Dinkler von Schubert, bearb. v. Michael Wolter (AKIZ A 2), Göttingen 1984
(Theologie und Kirche im Wirken Hans von Sodens)
Thierfelder, Jörg, Die Auseinandersetzung um den Stiftsephorus Karl Fezer nach dem Zweiten Weltkrieg, in: Wahrheit und Freiheit. 450 Jahre Evangelisches Stift in Tübingen, hg. v. Friedrich Hertel, Stuttgart 1986.
(J. Thierfelder, Die Auseinandersetzung um den Stiftsephorus Karl Fezer)
Thomke, Helmut, Politik und Christentum bei Wilhelm Stapel. Ein Beitrag zur Analyse des totalitaristischen Habitus sowie des Kirchenkampfes im

Dritten Reich. 1. Teilband, Diss. ev. theol., Mainz 1973
(H. Thomke, Politik und Christentum bei Wilhelm Stapel)
Tödt, Heinz Eduard, Dietrich Bonhoeffers ökumenische Friedensethik, in: Frieden – das unumgängliche Wagnis. Die Gegenwartsbedeutung der Friedensethik Dietrich Bonhoeffers, hg. v. Hans Pfeifer (IBF 5), München 1982, 85–117
(H. E. Tödt, Dietrich Bonhoeffers ökumenische Friedensethik)
Trillhaas, Wolfgang, Aufgehobene Vergangenheit. Aus meinem Leben, Göttingen 1976
(W. Trillhaas, Aufgehobene Vergangenheit)
– Die genuin lutherische Stimme?, in: JK 2 (1934), 745–747
Tschirschky, Fritz Günther von, Erinnerungen eines Hochverräters, Stuttgart 1972
(F. G. v. Tschirschky, Erinnerungen)
Tügel, Franz, Mein Weg 1888–1946. Erinnerungen eines Hamburger Bischofs, hg. v. Carsten Nicolaisen, Hamburg 1972
(F. Tügel, Mein Weg)
Um Verkündigung und Ordnung der Kirche. Die Bekenntnissynoden der Evangelischen Kirche der altpreußischen Union 1934–1943, hg. v. Wilhelm Niesel, Bielefeld 1949
(Um Verkündigung und Ordnung der Kirche)
Verantwortung für die Kirche. Stenographische Aufzeichnungen und Mitschriften von Landesbischof Hans Meiser 1933–1955. Band 1: Sommer 1933 bis Sommer 1935, bearb. v. Hannelore Braun und Carsten Nicolaisen (AKIZ A 1), Göttingen 1985
(Verantwortung für die Kirche I)
Versöhnung und Friede. Heinz Kloppenburg zum 65. Geburtstag, hg. i. A. des Internationalen Versöhnungsbundes, Deutscher Zweig, v. Hans Gressel und Otto Herrnfeld, Leer 1968
(Versöhnung und Friede)
Völkischer Beobachter. Kampfblatt der national-sozialistischen Bewegung Großdeutschlands, Norddeutsche Ausgabe, 47 (1934), Berlin (VB, Norddt. Ausgabe 47 [1934])
Vogel, Heinrich, Erklärung über die »Evangelische Antwort« und die »Barmer Erklärung« vor der freien evangelischen Synode in Berlin-Brandenburg am 7. März 1934, in: JK 2 (1934), 232–236
Volk, Ludwig, Das Reichskonkordat vom 20. Juli 1933. Von den Ansätzen in

der Weimarer Republik bis zur Ratifizierung am 10. September 1933 (VKZG.F 5), Mainz 1972
(L. Volk, Reichskonkordat)
- Der bayerische Episkopat und der Nationalsozialismus 1930–1934 (VKZG.F 1), Mainz 1965
(L. Volk, Der bayerische Episkopat)
- Der deutsche Episkopat, in: Kirche, Katholiken und Nationalsozialismus, 49–62
- Die Fuldaer Bischofskonferenz von Hitlers Machtergreifung bis zur Enzyklika »Mit brennender Sorge«, in: Katholische Kirche im Dritten Reich. Eine Aufsatzsammlung, hg. v. Dieter Albrecht, Mainz 1976, 35–65
(L. Volk, Fuldaer Bischofskonferenz) ,

Volks-, Berufs- und Betriebszählung vom 16. Juni 1933. Berufszählung. Die berufliche und soziale Gliederung der Bevölkerung des Deutschen Reiches. Heft 2: Die Erwerbstätigkeit der Reichsbevölkerung, bearb. im Statistischen Reichs -amt (Statistik des Deutschen Reiches, Bd. 453,2), Berlin 1936
(Volks-, Berufs- und Betriebszählung v. 16. 6. 1933, Statistik des Deutschen Reiches, Bd. 453,2)

Weber, Werner, Föderalismus und Einheitskirchentum in der Deutschen Evangelischen Kirche, in: AEVKR 4 (1940), 225–239
- Staat und Kirche in der Gegenwart. Rechtswissenschaftliche Beiträge aus vier Jahrzehnten (JusEcc 25), Tübingen 1978
(W. Weber, Staat und Kirche)

Wiener, Alfred, Untersuchungen zum Widerhall des deutschen Kirchenkampfes in England (1933–38). Anhang I, in: On the Track of Tyranny. Essays presented by the Wiener Library to Leonardo G. Montefiore, O.B.E., on the occasion of his seventieth birthday, ed. by Max Beloff, London 1960, 211–232
(A. Wiener, Untersuchungen zum Widerhall des deutschen Kirchenkampfes in England (1933–38). Anhang I)

Winter, Jörg, Die Wissenschaft vom Staatskirchenrecht im Dritten Reich (EHS, Reihe II: Rechtswissenschaft, Bd. 212), Frankfurt a. M./Bern/Las Vegas 1979
(J. Winter, Staatskirchenrecht im Dritten Reich)

Wo steht die »Evangelische Theologie«? Ein Briefwechsel zwischen Helmut Gollwitzer und Klaus Scholder, in: EvTh 44 (1984), 193–205
(Wo steht die »Evangelische Theologie«?, in: EvTh 44 [1984])

Wolf, Ernst, Barmen. Kirche zwischen Versuchung und Gnade (BEvTh 27),

München 31984
(E. Wolf, Barmen)

Wright, Jonathan R. C., »Über den Parteien«. Die politische Haltung der evangelischen Kirchenführer 1918–1933 (AKIZ B 2), Göttingen 1977
(J.R.C. Wright, »Über den Parteien«)

Wurm, Theophil, Erinnerungen aus meinem Leben, Stuttgart 1953
(Th. Wurm, Erinnerungen aus meinem Leben)

Zenner, Maria, Parteien und Politik im Saargebiet unter dem Völkerbundsregime 1920–1935 (Veröffentlichungen der Kommission für saarländische Landesgeschichte und Volksforschung, Bd. 3), Saarbrücken 1966
(M. Zenner, Parteien und Politik im Saargebiet)

Zipfel, Friedrich, Kirchenkampf in Deutschland 1933–1945. Religionsverfolgung und Selbstbehauptung der Kirchen in der nationalsozialistischen Zeit (VHKB 11), Berlin 1965
(F. Zipfel, Kirchenkampf)

Zittel, Bernhard, Dr. Fritz Michael Gerlich. Ein Märtyrer für die Wahrheit, in: Der Mönch im Wappen. Aus der Geschichte und Gegenwart des katholischen München, München 1960, 521–532
(B. Zittel, Dr. Fritz Michael Gerlich)

PERSONENREGISTER

BILDNACHWEIS

Archive und Leihgeber

Publikationen

W. Adolph, Erich Klausener, Berlin 1955 274, 284, 285
Die Evang. Welt. Monatliches Beiblatt zu rheinischen Gemeindeblättern, 1934 Nr. 12 194 li, 194 Mitte
G. Graff u.a. Unterwegs zur mündigen Gemeinde, Stuttgart 1982 229
Hamburger Nachrichten vom 6. 3. 1934 105
P. J. Hilmer, Die Kath. Kirche in der heutigen Zeit, Berlin 1937 150, 253
R. Jasper, George Bell, London 1967 340
Kath. Saarjugend bekennt. Zusammengestellt von P. Lentes, Saarbrücken 1934 412
S. Kessmeier, Kath. Publizistik im NS-Staat, Münster 1973 163
W. Köhler (Hg.), Materialsammlung zur Ausstellung »Die evang.-luth. Landeskirche in Braunschweig und der Nationalsozialismus«, Braunschweig 1982 347 li
Wiesbadener Tageblatt vom 27. 4. 1934 183

Econ
Adolf Holl
Die linke Hand Gottes
Biographie des Heiligen Geistes